刑法论丛

2020年第2卷 第62卷

CRIMINAL LAW REVIEW VOL. 62

高铭暄／学术顾问
赵秉志／主　编
阴建峰／副主编
张　磊　苏明月　彭新林／专业编辑

中文社会科学引文索引（CSSCI）来源集刊

法律出版社
LAW PRESS CHINA

目录

〔反恐专栏〕

1 预防性恐怖活动犯罪立法的正当性根据
——从非传统安全理论切入 …………… 王雪莲

33 论国际法中的煽动恐怖主义犯罪
……………………… 张 一 Sten Idris Verhoeven

72 准备实施恐怖活动罪研究 ………… 赵 远 余 璇

〔中国刑法〕

107 论我国刑事司法机械化倾向
——从赵春华非法持有枪支案谈起 …… 陈银珠

127 论罪量限制下我国未完成罪的成立范围 …… 胡同春

156 刑事职业禁止司法适用实证研究 …………… 刘 剑

199 冲突与平衡:媒体报道未决刑事案件的限度
……………………………………………… 宋鹏举

217 醉驾超标电动自行车的刑法认定 …………… 董晓松

235　股权众筹中非法集资行为刑法规制路径探究
…………………………………… 张蔚伟　邹旖旎
258　职业性刷单行为的界定与刑法规制
…………………………………… 徐　立　李学良
282　我国人体器官犯罪立法中的争议问题 ……… 骆　群
300　二审刑事案件中认罪认罚的实体性思考 …… 赵　菁

〔外国刑法〕

327　日本刑法中的过失共同正犯理论 …………… 谭　堃
360　英国法人非预谋杀人刑事责任的形成、发展及启示
…………………………………………………… 史　蔚

〔比较刑法〕

397　比较刑法研究意见在司法中的运用 ………… 叶小琴

〔区际刑法〕

429　澳门清洗黑钱犯罪扩容研究 ……… 李洪江　段　鹏

〔刑事执行法〕

453　我国农村社区矫正队伍建设问题研究
…………………………………… 吴宗宪　张　威

〔犯罪学与刑事政策〕

477　犯罪化 vs 非犯罪化:焦点争议梳理与探究
…………………………………… 朱笑延　张　旭
504　基于犯罪预防的多机构合作策略与实践
——来自英国的经验及其启示
………………………………… 史立梅　张丽霞

540 揭开“传销式非法集资行为”的面纱
——“传销式非法集资行为”的刑法处遇
………………………………………… 王 筱

CONTENTS

[Special Column for Anti-terrorism]

The Legitimate Basis of the Legislation to Prevent Terrorist Crime
—Approaching from Non-traditional Security Theory
······ Wang Xuelian 1

The Offence of Incitement to Terrorism in International Law ······ Zhang Yi & Sten Idris Verhoeven 33

Study on the Crime of Preparing to Commit Terrorist Activities ······ Zhao Yuan & Yu Xuan 72

[Chinese Criminal Law]

On the Mechanical Inclination of Criminal Justice
—Starting with the Case of Zhao Chunhua about Illegally Possessing Weapons ······ Chen Yinzhu 107

On the Scope of Inchoate Crimes in China under the Limitation of the Quantity of Crime ······ Hu Tongchun 127

Empirical Study on Judicial Application of Occupation Prohibition in Criminal Law ······ Liu Jian 156

Conflict and Balance: Media Coverage of Pending Criminal Cases ········ Song Pengju 199
Study on the Criminal Regulation on Drunk Driving Over Standard Electric Bicycle ········ Dong Xiaosong 217
Research on the Criminal Laws and Regulations System of Illegal Fund Raising in Equity Crowdfunding ········ Zhang Weiwei & Zou Yini 235
The Definition of Professional Brush Behavior and the Regulation of Criminal Law ········ Xu Li & Li Xueliang 258
Several Issues in the Legislation of Human Organ Crimes ········ Luo Qun 282
The Theory of Confession in Criminal Cases of Second Instance ········ Zhao Jing 300
[Foreign Criminal Law]
The Theory of Joint Negligence Principal Offender in Criminal Law of Japan ········ Tan Kun 327
Corporate Manslaughter as a Criminal Offense in the UK and Its Implications for China ········ Shi Wei 360
[Comparative Criminal Law]
Application of Comparative Criminal Law Research Opinions in Judicial Practice ········ Ye Xiaoqin 397
[Interregional Criminal Law]
Study on Expansion of Money Laundering Crime in Macao ········ Li Hongjiang & Duan Peng 429

[Criminal Enforcement Law]

Research on the Team Construction for Community Corrections in Rural Areas ········· Wu Zongxian & Zhang Wei 453

[Criminology and Criminal Policy]

Criminalization vs Decriminalization: Combing and Exploring of the Focus Disputes ···················· Zhu Xiaoyan & Zhang Xu 477

Multi-agency Cooperative Strategies and Practices Based on Juvenile Delinquency Prevention
—Lessons from England and Its Implications ······································ Shi Limei & Zhang Lixia 504

Lift the Veil of "the Pyramid Selling Illegal Fund-raising"
—The Criminal Judgment of "the Pyramid Selling Illegal Fund-raising" ·· Wang Xiao 540

〔反恐专栏〕

预防性恐怖活动犯罪立法的正当性根据
——从非传统安全理论切入

王雪莲*

目　次

一、引言
二、预防性恐怖活动犯罪立法的安全理论基础
三、预防性恐怖活动犯罪立法是维护安全的需要
四、预防性恐怖活动犯罪立法契合刑法法理
五、预防性恐怖活动犯罪立法应处理好的几个关系
六、对现行刑法恐怖活动犯罪规定的评析及完善建议
七、结论

一、引　言

进入21世纪以来，以恐怖活动犯罪为代表的影响国家安全、公共安全的非传统安全犯罪增多，对传统刑法所追求的自由与安全的衡平原则及原理形成挑战，而人类行为全球化、以信息技术为代表的科技迅猛发展则放大了这种失衡的后果，国家、社会和个人面临的不确定风险

* 中国人民大学刑法学博士研究生，中国人民公安大学副教授。

增大。规避风险是人类从原始本能发展而来的理性选择。为有效控制社会风险,世界各国纷纷探寻应对方略。对刑法进行修正以积极应对新型犯罪(特别是以网络为工具的恐怖活动犯罪扩张)便是应对措施之一。对这种行为的犯罪化是以行为的较大风险为基础,与传统刑法规定的犯罪以结果和危险为基础不同,前者带有明显的预防性,即国家刑罚权更早地介入犯罪的早期阶段,以避免具体危害后果的发生。由于恐怖活动即具有这种不确定且严重的风险,因而刑法将这类行为规定为犯罪,学理上称为“预防性恐怖活动犯罪”。从这个角度看,我国刑法分则第二章规定的恐怖活动犯罪都属于这一类型。

1997 年《刑法》修订时,《刑法》中并未规定“恐怖活动罪”,而是规定了“组织、领导、参加恐怖活动组织罪”,当行为人实施杀人、爆炸、绑架等犯罪活动时则依相应的罪名定罪处罚,并根据《刑法》第 69 条的规定适用数罪并罚。事实上,行为人参加恐怖活动组织,甚至组织、领导恐怖活动组织,在其尚未实施恐怖活动时,对公共安全造成的具体危险以及对个体性人身、财产权利造成的具体危险或实害都没有直接显现。然而,由于恐怖活动组织对恐怖活动的实施存在巨大的精神和物质支持,其对恐怖行为的组织和发动能力使其已经具有较高的社会危害性,因而即便行为人尚未实施恐怖活动,恐怖活动组织存在本身就是对国家和社会的巨大潜在威胁。应当说,我国刑法规定组织、领导、参加恐怖活动组织罪,就是为了预防恐怖活动的实害结果发生。其后将恐怖活动犯罪纳入洗钱罪的上游犯罪,也是为了预防涉恐资金用于资助恐怖活动犯罪。2015 年《刑法修正案(九)》所增加的帮助恐怖活动罪,准备实施恐怖活动罪,宣扬恐怖主义、极端主义、煽动实施恐怖活动罪,强制穿戴宣扬恐怖主义、极端主义服饰、标志罪,非法持有宣扬恐怖主义、极端主义物品罪,以及与恐怖活动相关的“偷越国边境罪”,这些犯罪的构成要件都不属于直接实施恐怖活动的情形,而是为了预防恐怖活动发生,将恐怖活动发生之前可能实施的若干种行为或者与实施恐怖活动相关联的行为入罪,体现出鲜明的预防性质。

《刑法修正案(九)》大幅增加恐怖活动犯罪后,我国恐怖活动犯罪在刑法中已经自成体系和规模。与传统犯罪相比,规定这类犯罪的刑法规范具有三方面的功能：一是恐怖风险行为禁止功能。目前已经入罪的恐怖活动犯罪中，除与实施恐怖活动关联较为密切的组织、领导、参加恐怖活动组织、帮助恐怖活动、准备实施恐怖活动等已明确犯罪化外，强制穿戴宣扬恐怖主义、极端主义服饰、标志行为，非法持有宣扬恐怖主义、极端主义物品行为也纳入其中，表明了国家对与恐怖活动犯罪“远端关联”行为的严厉禁止。国家以刑法的方式规定与恐怖活动相关联的一系列行为都是严令禁止的，否则将被科以刑罚，这是国家动用的最为严厉的行为规制手段。恐怖活动犯罪圈的大幅扩张的确表明国家以强力规范公民的行为，禁止其向恐怖活动接近的任何企图。值得注意的是，以往违反这类禁止规范的行为通常会以行政处罚方式予以应对，只有造成严重后果的，才可能作为犯罪处罚；而预防性恐怖活动犯罪的规定，使行政处罚这一环节极大弱化，进而刑法规范的禁止功能被凸显出来。二是对国家和公共安全的强力保护功能。由于《刑法》第 120 条被放置在“危害公共安全罪”中，多数学者认为“恐怖活动的性质，决定了本罪属于危害公共安全的犯罪”。[①] 诚然，恐怖活动犯罪为制造恐怖效应，会尽力扩大受害人范围，因此其往往选择公共场所、人员密集地区，对公共安全的威胁最为严重。不过也应当看到，由于恐怖活动犯罪具有强烈的政治、意识形态目的，在选择被害人时也会指向特定个人（如具有标志性意义的国家元首、政府首脑）和具有标志性意义的场所、活动、设施等目标。[②] 在这类案件中，恐怖活动犯罪对国家安全中非传统安全的侵害也非常明显。基于此，我国刑法对预防性恐怖活动犯罪的规定，正是体现了对国家安全和社会公共安全的双重保护。三是个体性合法利益的预防维护功能。无论是组织、领导、参加恐怖活动组织行为，还是帮助、准备实施、宣扬、煽动、利用极端主义破坏法律实施、强制穿戴、非法持有行为，以上行为并非直接对社会造成现

① 张明楷：《刑法学》（第 4 版），法律出版社 2011 年版，第 617 页。

② 例如，2013 年 10 月 28 日发生在北京天安门广场的吉普车冲撞金水桥案件和 2001 年 9 月 11 日发生在美国的劫机冲撞世贸中心、白宫、五角大楼案件都是具有明确的政治指向和目的，都直接危害了国家安全。

实危害。《刑法》之所以将以上行为入罪,就是要调整刑法的干涉"节点",将与恐怖活动实行行为密切关联的各种远端和外围行为纳入刑法规制范畴,通过刑事司法的手段将恐怖活动实行行为发生的危险降至最低,从而阻断潜在的恐怖活动实行行为的发生,通过这种提前"阻断"的方法,可以最大限度地避免恐怖活动行为对个体性利益(主要包括人身权利、财产权利)的现实危害。从这个角度看,预防性恐怖活动犯罪的规定,可以形成一个"阻断"效果,进而维护个体性合法权益(都是重要的权益)免受恐怖实行行为的危害,以营造公民在社会中生存的安全感,即刑法"如何为个人存在提供制度上的安全保障开始支配政策的走向"。①

以恐怖活动犯罪圈扩大为标志,在以应对新型犯罪特别是非传统安全犯罪为直接目的的广泛动态调整中,"刑法一改传统矜持节制的面容,呈现出明显的预防性特征"。但是,此种"预防性"特征或者取向,在《刑法修正案(九)》的立法过程中就曾受到广泛质疑。其中,对若干罪名入罪必要性的争议最大,有学者指出"《刑法修正案(九)》规定的有些条款如《刑法》第120条之五规定的强制穿戴宣扬恐怖主义、极端主义服饰、标识罪和第120条之六规定的非法持有宣扬恐怖主义、极端主义的物品罪不无正当性的疑问"。② 也有学者认为"'极端主义'入罪有兜底条款之嫌,这有损《刑法》的规范性"。③ 人们担心这些预防性犯罪在刑法中的出现会导致刑法边界无限扩大,担心国家刑罚权范围扩大侵害公民权利,有学者提出"国家将这种普通日常行为予以犯罪化、从而限制公民日常普通生活中最基本自由的犯罪化正当根据理论是什么?"④的疑问,甚至有学者提出要"警惕恐怖主义的泛化"。⑤

---

① 劳东燕:《风险社会中的刑法——社会转型与刑法理论的变迁》,北京大学出版社2015年版,第33页。

② 何荣功:《"预防性"反恐刑事立法思考》,载《中国法学》2016年第3期。

③ 王林:《警惕恐怖主义的"泛化"》,载《四川警察学院学报》2016年第5期。

④ 胡莎:《论我国持有恐怖主义物品犯罪化的根据及模式——适用刑法第120条之6的三点规则》,载《犯罪研究》2017年第3期。

⑤ 王林:《警惕恐怖主义的"泛化"》,载《四川警察学院学报》2016年第5期。

我国刑法中出现的预防性恐怖活动犯罪的刑法规定是否具有必要性？其入罪的事实根据和理论根据是什么？在刑法适用中，是否会出现学者担心的侵犯公民自由权利的问题？在刑法预防性恐怖活动犯罪适用中应该注意的问题是什么？本文仅以非传统安全理论为切入点，探讨预防性恐怖活动犯罪立法的正当性基础。

二、预防性恐怖活动犯罪立法的安全理论基础

恐怖活动犯罪因其危害范围广、暴力程度高，引起社会的高度关注，因此各国动用各种社会资源对其采取的预防性措施是具有较大程度的合理性的，其最根本的动因来自人对安全的需求。预防性恐怖活动犯罪立法的理论基础来自人们对“安全”不断深入的认识。

（一）安全需求理论

按照马斯洛“人的需要层次理论”，人类的需要是一个层次系统：生理的需要、安全的需要、爱与归属的需要、尊重的需要和自我实现的需要是一个由低到高的层次系统。只有低级需要被满足时，人才会寻求更高级的需要。在这个需要层次中，“安全需要”处于人的五大需要的第二位阶，是紧随“生理需要”之后人的较低层次的需求。“当生理需要得到满足后，安全的需要便出现了：人们需要远离痛苦和恐惧，需要有规律地生活以感到世界是井然有序的。”①“幸福有很多根源，但安全绝对是最重要的一个。”②由此可见，安全对于人类的生存和发展来说，是非常重要的要素。而此种安全需要同样适用于人群和社会。为了达到安全的状态，更确切地说，为了得到“安全感”，人们必须在现有

① [美]马斯洛：《马斯洛人本哲学》，唐译编译，吉林出版集团有限责任公司2013年版，第27～29页。

② [美]丹·考德威尔、罗伯特·E.威廉姆斯：《危中求安——如何在动荡的世界寻求安全》，彭子臣译，金城出版社2017年版，第4页。

条件下创造安全的环境,排除不安全的因素。因此,预防性措施就是获得安全的途径之一。不同时代不同人群面临的安全挑战不尽相同,人们对安全的迫切诉求推动人类不断规避所面临的危险,运用人类的智慧在危险来临之前进行防范,并为此创设出合理的理论解释,预防性司法也就应运而生。近年来,我国犯罪治理出现了"预防性"的特征,特别是恐怖活动犯罪入罪的立法实践体现了鲜明的预防性,多数学者对此表达了认可的态度,指出刑法中积极预防恐怖活动犯罪具有正当性。①

(二)非传统安全理论

日益成熟的非传统安全理论为研究恐怖活动犯罪提供了充足的理论依据。其对非传统安全威胁特征的研究,使我们加深了对恐怖活动犯罪的认识,同时对于恐怖活动犯罪的预防和打击也形成了系统的理论指导。虽然我国对非传统安全的研究是在西方国际政治学研究成果的基础上发展起来的,但是社会发展的迫切需要促使我国学者对非传统安全理论的研究日渐深入和宽广。② 在笔者看来,对非传统安全威胁特征的研究及系统化概括,对于认识恐怖活动犯罪的非传统安全犯罪特征尤为重要。我国学者将非传统安全威胁的特征概括为不对称性、不确定性、不单一性和不易控性。③ 而恐怖活动犯罪正是因其上述特征,才使其侵犯的犯罪客体不仅限于社会公共安全,更是直接侵害了国家安全。由此,其社会危害性势必重于普通刑事犯罪,足以使国家动用足够的司法资源和社会资源严密预防此类犯罪,而非传统安全理论则成为研究预防性恐怖活动犯罪丰富而必要的理论基础。

---

① 参见周光权:《积极刑法立法观在中国的确立》,载《法学研究》2016 年第 4 期。

② 参见廖丹子:《中国非传统安全研究 40 年(1978 ~2017):脉络、意义与图景》,载《国际安全研究》2018 年第 4 期。

③ 参见余潇枫主编:《非传统安全概论》(第 2 版),北京大学出版社 2015 年版,第 52 页。

将非传统安全理论作为预防性恐怖活动犯罪的安全理论基础，相应地得出如下认识。

1. 预防性恐怖活动犯罪的规定，表明人们的安全观念发生了变化，而国家为维护公众对安全的需求必然在行政法和刑法上做出反应。从现实情势看，安全问题已经发生了根本变化，当下社会越来越多地面临非传统安全的影响。相对于传统的政治安全、军事安全等影响国家安全的传统因素，以恐怖主义为最典型代表的非传统安全因素已然伴随全球化和信息技术的发展超出其原有的影响范围，波及国家安全。在传统的国家安全观念中，非国家行为体的越界行为、非法行为甚至犯罪行为，都难以危及国家安全，但“冷战”后国家间敌对态势的缓和、全球化速度的加快、通信等科技的迅猛发展使得跨国毒品犯罪、跨国军火犯罪、恐怖主义犯罪等传统上不足以危及国家安全的犯罪后果已然直接造成危害国家安全的后果，国家安全观相应转型。① 可以说，非传统安全理论的出现是“冷战”后国家安全理念的重大突破。而非传统安全这一概念的出现，是与人类安全环境的变化息息相关的。“冷战”结束后，威胁人类安全的军事因素逐渐消退，而非军事性灾难的威胁上升，从事国际关系研究的学者开始建构出非传统安全的理论框架。② 这一概念随着国际政治环境的变化被人们逐渐接受并被广泛研究。我国学者在接受这一概念后，将其逐步引入国内视野，在《中国共产党第十六次全国代表大会上的报告》中对其正式确认。③ 随着我国对国家安全研究的不断深入，非传统安全的概念影响范围也逐渐扩大。2014 年 4 月 15 日，在中央国家安全委员会第一次会议上，习近平总书记提出“总体国家安全观”时，着重解释了总体国家安全观的五大要素和五对关系，他指出：要“既重视传统安全，又重视非传统安全，强调传统安全与

---

① 参见刘跃进：《非传统的总体国家安全观》，载《国际安全研究》2014 年第 6 期。

② 参见傅勇：《非传统安全及其相关概念辨析》，载上海社会科学院世界经济与政治研究院编：《国家安全与非传统安全》，时事出版社 2008 年版，第 81 页。

③ 中国共产党十六大报告将“非传统安全”定义为：“相对于传统安全因素而言，指除军事、政治和外交冲突以外的其他对主权国家及人类整体的生存与发展构成威胁的因素。”

非传统安全威胁相互影响,并在一定条件下可能相互转化。”①可见,从非传统安全角度审视并重视国家安全研究已经得到国家层面的认可。

2. 集团化恐怖活动犯罪严重危及国家和公共安全,且带有新时期“不对称战争”或“不对称叛乱”性质。近代以来的恐怖活动犯罪具有鲜明的暴力性、突发性、隐蔽性特征,一些大规模的、集团化的恐怖活动犯罪被视为是针对国家和社会发动的“不对称战争”行为。② 此种“不对称”,在2001年美国发生的“9·11”事件中表现得极为突出,以至于事件发生后布什总统立刻宣布美国进入“战争状态”。③ 此种“战争”已经完全超越了传统意义上主权国家之间相互征伐的概念,是一种典型的非传统安全条件下的不对称战争行为。主要表现为:(1)对抗主体的不对称。区别于传统战争中对抗双方或多方均为国家主体,恐怖活动犯罪的行为主体多为非国家行为体,④多数时候表现为国际(如“基地”组织)或国内(如“爱尔兰共和军”)恐怖组织,但从目前的发展看,恐怖活动犯罪主体向分散化发展的趋势非常明显,呈现小群体化甚至“独狼”(个体恐怖分子)特征。(2)攻防手段的不对称。传统意义上的“战争”,攻防双方或多方的国家,都会动用本国军队开展进攻与防卫的军事行为,双方或多方发动战争的成本极高。对于现代战争来说,取得绝对的战争胜利成为奢望。而恐怖活动犯罪攻防态势的严重不对等使发动犯罪的成本极低,而社会防范成本极高。恐怖分子在发动恐怖袭击之前,隐藏在众多的社会人群之中,甄别工作极为困难,加之恐

---

① 《总体国家安全观干部读本》编委会:《总体国家安全观干部读本》,人民出版社2016年版,第19~22页。

② 参见谢立忱:《从不对称性制衡视角看“伊斯兰国”崛起的原因、特征与影响》,载《世界宗教文化》2017年第1期。

③ 参见孙昂:《国际反恐前沿——恐怖主义挑战国际法》,黑龙江教育出版社2013年版,第14页。

④ 参见张燕军:《非国家行为体与中东军备竞赛研究》,载《内蒙古民族大学学报(社会科学版)》2018年第3期。

怖活动犯罪的手段多为爆炸、车辆冲撞、枪击、劫持等,[①]使用的武器也多为小型武器或生产生活中的常用工具,社会防范防不胜防、难上加难。虽然表面上分散弱小的恐怖分子对抗统一强大的国家,但事实上此种攻防手段极为不对称。(3)实力对比不对称。恐怖活动犯罪的实施者,无论是恐怖活动组织还是恐怖活动个人,其秉承某种政治或意识形态目的,以国家、社会或者某一政治集团为对立面,其在综合实力上呈现"不对称"状态,作为实力极其弱小的一方使用正常手段根本无力对抗强大的国家、社会或政治集团时,往往采用攻击对方最薄弱部位的方式打击对方实力。(4)因果关系的不对称。从恐怖活动目的与结果的一致性上看,恐怖活动犯罪经历了从"不是让更多人死,而是让更多人看"到"不仅让更多人看,也要让更多人死"的发展历程,其滥杀无辜的特性表现得越发强烈。以"9·11"事件为例,"基地"组织发动袭击的原因是为了报复美国多年来对中东地区的霸权干预,挑战其政治意识形态,但袭击的直接结果却是3000多无辜平民的丧生和社会重大的经济损失,其损害后果不亚于当代的中等规模的战争。与当前世界上大多数恐怖袭击的结果一样,该事件的直接受害者与恐怖组织和恐怖分子之间并没有直接的仇恨关系,因此,其在因果关系上表现出极大的不对称。恐怖活动犯罪的此种不对称"战争"特性使国家的应对策略不能按照普通刑事犯罪标准展开。这类恐怖活动犯罪和传统意义上的战争行为,其政治目的及追求的效果是一样的,只是前者利用恐怖活动营造恐怖效果,进而达到使对方屈服进而实现其政治目的的效果,而后者是国家动用军队实现以上目的。

一些小规模的恐怖活动犯罪则带有"叛乱"性质。以往叛乱行为,都表现为集团性的公开对抗,其目的是推翻合法政权;而恐怖活动则是通过零星的、有具体目标或无具体目标的行为,营造恐怖氛围迫使政府让步,或者达到政府垮台的效果。此种带有"叛乱"性质的恐怖活动犯罪,以20世纪六七十年代欧洲极"左"恐怖主义活动最为突出。西方

① 参见胡联合:《全球反恐论:恐怖主义何以发生与应对》,中国大百科全书出版社2011年版,第129页。

无政府主义思潮影响下的欧洲“极左”恐怖组织在当时动荡的国家局势下,因其对西方政府的极度不满,企图通过暗杀、绑架国家元首、政府首脑、经济领导人、外国政要来动摇政府的统治秩序,从而改变政治进程,达到夺取政权的目的。① 这种恐怖活动的性质与叛乱并没有差别。对于这种实质上带有“非对称战争”或“非对称叛乱”的、危害安全的行为,国家以非常规手段,更确切地说国家以超出普通刑事司法范畴的手段应对恐怖活动犯罪就具备了理论上和道义上的依据。为使国家和社会免于陷入恐怖活动犯罪造成的极大危险状态,国家采取预防性措施,特别是在刑法典中规定预防性恐怖活动犯罪就极为必要。

3. 个体化恐怖活动犯罪多具有仇恨犯罪的特征。“仇恨犯罪”这一概念多出现在欧美犯罪学研究文献中,其外在表现形式与恐怖活动犯罪具有一定的相似性,但与恐怖活动犯罪有着本质的不同。应该说,仇恨犯罪与恐怖活动犯罪在根源上都是社会矛盾激发的产物,其关联性表现在:一是被害人多为无利益冲突人群,且行为时表现出无差别选择被害人的随机性。当然,恐怖活动犯罪也可能针对具体个人,但此种具体个人通常具有一定的象征意义(如国家元首、政府首脑,通称重点人员)。但是,现代防卫技术的发展使袭击重点人员的难度加大,因此恐怖活动犯罪的被害人通常是随机选择的无差别人群,与仇恨犯罪高度相似。二是犯罪手段高度相似,通常选择可能造成更大规模人群伤亡的暴力性手段。已发案件显示,爆炸、枪击、砍杀、汽车冲撞成为两种犯罪使用频率最高的手段。三是行为人主观上都有仇恨的内容,追求重大伤亡的犯罪结果。虽然两种犯罪动因和仇恨的对象有很大区别,但其主观上都具有仇恨的内容。仇恨犯罪的仇恨对象通常有具体的目标或由具体目标引起,其内心的仇恨无以发泄才报复社会;而恐怖活动犯罪的仇恨对象和内容相对比较抽象,表现为因某种政治目的或意识形态目的,仇视整个国家的政策或某种意识形态。从这种关联关系看,两者在事实层面上存在一定的重叠关系。也就是说,有些恐怖活动犯

① 参见胡联合:《当代世界恐怖主义与对策》,东方出版社 2001 年版,第 72 ~ 79 页。

罪同时也属于仇恨犯罪。当然,两者在概念界定上并不相同。

从非传统安全角度分析,恐怖活动犯罪与仇恨犯罪也具有相同之处。后者往往出于宗教、种族、民族、阶级等方面矛盾的原因,而其打击对象也不特定,其手段与恐怖袭击方式也相同。将两者联系起来予以分析,有助于理解"独狼式"恐怖袭击活动。在很多"独狼式"袭击活动中,其政治诉求并不清晰,但是其宗教、种族、民族等极端意识是明确的。对于这种既属于恐怖活动犯罪又具有仇恨犯罪特征的行为,国家的对抗方式也要提前展开,即同样要采取预防性打击的方式。这也是基于非传统安全观得出的结论。

4. 恐怖活动犯罪对安全冲击的"非传统性"表现为对风险的充分运用。"二战"后恐怖活动的发展,正是恐怖势力利用现代科技不断发挥其"不对称恐怖平衡"的过程。"二战"后一段时期发生的爆炸、绑架、刺杀等恐怖行为,其实行行为的手段仍较为传统,而随着科技的飞速发展,恐怖分子对科技的掌握程度及运用程度,使恐怖袭击更具威慑力,进而弥补了其在军事力量上的严重不足。简言之,就是利用恐怖实现力量上的平衡,进而达到迫使对方屈服的效果。从这个角度说,恐怖活动犯罪不是风险社会的产物,但却充分利用风险社会的风险进而使恐怖效果最大化。

随着工业化、信息化和技术进步,人们面临的风险越来越多,而且越来越隐蔽,越来越不确定,越来越突发,越来越广泛,"风险社会"理论由此应运而生。德国社会学家乌尔里希·贝克提出"风险社会"理论是基于科技发展给人类带来巨大挑战这一现代性命题,其创设的实践基础就是现代科技将人类面临的传统风险扩大数倍,甚或扩至人类无法控制的范围。这种风险势必在司法领域有所展现,当科技使传统犯罪行为的后果倍增时,产生于传统社会并作为维护社会安全底线手段的刑法必然要对此有所回应,调动刑法资源预防和制止这种犯罪结果的发生,"风险刑法""预防性司法"应运而生。"刑法的镇压性(旨在对过去的犯罪行为进行惩罚的)功能不断地向预防性(旨在对未来的犯罪直接进行阻止的)功能发生转变。”①

纵观恐怖活动犯罪发展的历史,我们发现这一类型犯罪也是随着时代和技术的发展不断变化的,形成当前的犯罪特征。从早期的“荆轲刺秦”②到近代的“拉宾被刺”,③在漫长的历史发展中,恐怖活动犯罪在选取犯罪对象上大多以确定的对象为目标,而选取不特定多数人,特别是无辜平民为恐怖袭击目标的趋势,是在“冷战”后才表现出来的。④ 这一趋势与防卫技术发展密切相关,正是由于恐怖分子难以接近确定性标志性目标,才使其犯罪对象的选择范围出现扩大化和不确定性。而“恐怖主义打击的目标与恐怖组织(分子)不满的真正原因的相关性越少,其行为就越具有恐怖主义性质,恐怖效果就越大”。⑤ 与此同时,随着互联网技术的发展,信息的传播速度更快、传播范围更广,恐怖活动犯罪的犯罪过程势必造成更强的恐怖效果。⑥ 从这些针对无辜平民的恐怖袭击事件的作案主体、作案手段、作案对象和伤亡结果、财产损失上看,此种恐怖活动犯罪带来的危害风险甚至是人类无法承受的,使用“风险社会”理论的研究成果对其进行解释和预防具备充足的理论基础。因此,作为在国家司法体系内维护社会秩序的最后手段,刑法出现的此种预防风险发生的功能性转变甚为必要。

---

① [德]乌尔里希·齐白:《全球风险社会与信息社会中的刑法——二十一世纪刑法模式的转换》,周遵友、江溯等译,中国法制出版社2012年版,“自序”第4页。

② 参见臧建国:《自杀性恐怖犯罪论》,东南大学出版社2013年版,第36页。

③ 参见胡联合:《当代世界恐怖主义与对策》,东方出版社2001年版,第57页。

④ 胡联合认为:“恐怖主义攻击的主要目标从外交目标、政府目标等政治代表性强的官方目标,逐步转向非官方目标(商业目标与其他平民目标),商业目标在(20世纪)80年代末成为第一攻击目标,其他平民目标在(20世纪)80年代初以来也始终不是第一便是第二攻击目标。”胡联合:《当代世界恐怖主义与对策》,东方出版社2001年版,第409页。

⑤ 胡联合:《当代世界恐怖主义与对策》,东方出版社2001年版,第408页。

⑥ 2013年9月,肯尼亚内罗毕西门购物中心恐怖袭击事件和2019年3月,新西兰基督城清真教堂枪击事件中,犯罪嫌疑人都对恐怖袭击进行网络直播。

三、预防性恐怖活动犯罪立法是维护安全的需要

非传统安全理论的提出有其特定的社会背景，而预防性恐怖活动犯罪进入刑法典，也是基于同样的社会背景。正是这类行为的出现使安全观及理论发生了改变，相应地在刑法立法上予以表现出来。

恐怖活动犯罪在我国刑法中的出现及扩张，与恐怖活动犯罪发展的形势密切相关。可以说，恐怖活动犯罪的入刑进程是刑法对社会犯罪形势的积极、理性回应。在我国刑法的立法进程中，第一次出现恐怖活动犯罪是在1950年中央人民政府法制委员会草拟的《中华人民共和国刑法大纲草案》中，该草案第41条规定的“恐怖行为罪”指“行为人以反革命为目的，袭击机关、部队、团体，或对于国家工作人员、民主爱国人士，或各种民主事业中的英雄模范、积极分子及其家属实施杀害，或为其他强暴恐怖行为”。① 1950年，中华人民共和国刚刚成立，国民党残余势力不甘心丧失政权，对我国社会主义新生政权疯狂破坏，并由此引发了“镇反”运动。② 虽然这部法律后来没有施行，但其能够将当时政治目的鲜明的反革命破坏活动列为“恐怖行为罪”，显示了高明的政治远见和高超的立法技术。1987～1989年，“西藏青年大会”制造了1987年、1988年、1989年的三次拉萨骚乱，③这些骚乱带有鲜明的政治目的和暴力指向，具有典型的恐怖主义特征。在此背景下，1988年《中华人民共和国刑法（修改稿）》第98条规定了“恐怖活动罪”，其叙明罪状为：行为人以危害国家安全或者引起国际纠纷、制造政治事端为目的，进行绑架、杀害或者其他恐怖活动。④ 可以说，这一规定在当时的政治法律环境下，是具有一定开创性的。遗憾的是，这一法案并没有施

---

① 杜邈：《中国反恐立法的回顾与展望》，载《西部法学评论》2012年第6期。

② 参见《镇压反革命运动》，载 https://baike. baidu. com/item/% E9% 95% 87% E5% 8E% 8B% E5% 8F% 8D% E9% 9D% A9% E5% 91% BD% E8% BF% 90% E5% 8A% A8/2452948? fr = aladdin，2019年2月1日访问。

③ 参见陈小茹：《“藏青会”四大头目》，载《环球人物》2008年第10期。

④ 参见杜邈：《中国反恐立法的回顾与展望》，载《西部法学评论》2012年第6期。

行。直至 1997 年,我国《刑法》进行修订时,恐怖活动犯罪才以“组织、领导、参加恐怖组织罪”的唯一罪名第一次出现在具有法律效力的刑法典中。当时,在长期“双泛思想”[①]影响下,我国新疆地区“三股势力”[②]持续制造恐怖事件。据不完全统计,自 1990～2001 年,境内外“东突”恐怖势力在中国新疆境内制造了至少 200 余起恐怖暴力事件,造成各民族群众、基层干部、宗教人士等 162 人丧生,440 多人受伤。[③]而该文公布的恐怖活动犯罪案例大多集中在 20 世纪 90 年代中期,恐怖活动犯罪的实施主体大多表述为“‘东突’恐怖组织”,其时“恐怖组织”成为制造恐怖事件的主力军,对“恐怖组织”的遏制和打击也是反恐工作的重中之重。1997 年《刑法》首次将第 120 条规定为“组织、领导、参加恐怖组织罪”,就是要通过刑法规范禁止的效应阻止“恐怖组织”的扩大,避免由此引发更大规模的恐怖活动犯罪浪潮。

“9·11”事件后,为履行联合国第 1373 号决议的国际义务,我国着手预防和打击资助恐怖主义行为。2001 年 12 月通过的《刑法修正案(三)》在《刑法》第 120 条之后增加第 120 条之一“资助恐怖活动罪”,也是为了回应国际社会因“9·11”事件引发的对恐怖势力资金限制的迫切需要。及至 2015 年《刑法修正案(九)》大幅度增加恐怖活动犯罪罪名的立法背景,正是在宗教极端主义影响和国际恐怖组织蛊惑下,我国出现了暴力恐怖犯罪的狂潮。[④] 由于此时我国的反恐工作已经积累了足够的经验,对恐怖活动犯罪的根源达成共识,深刻认识到铲除恐怖主义、极端主义生存土壤的必要性。因此,《刑法修正案(九)》中增加了与实施恐怖活动犯罪密切相关的预备、帮助、外围、不作为犯罪的相

---

① “双泛思想”,指泛突厥主义、泛伊斯兰主义。

② “三股势力”指民族分裂势力、宗教极端势力和暴力恐怖势力。参见国务院新闻办公室:《〈新疆的反恐、去极端化斗争与人权保障〉白皮书》,2019 年 3 月 18 日发布。

③ 参见国务院新闻办公室:《“东突”恐怖势力难脱罪责》,载 http://www.people.com.cn/GB/shizheng/3586/20020121/652705.html,2019 年 2 月 1 日访问。

④ 据 2019 年 3 月国务院新闻办公室发布的《〈新疆的反恐、去极端化斗争与人权保障〉白皮书》公布的自 2011 年 7 月 30 日至 2016 年 12 月 28 日发生的 15 起暴力恐怖案件中,共死亡 209 人,受伤 531 人。

关罪名,使我国刑法典中的恐怖活动犯罪已经自成体系。

非传统安全理论要求刑法对恐怖活动犯罪的规定更具有社会防卫作用,进言之,就是尽可能将恐怖活动扼杀于萌芽中。我国《反恐怖主义法》确立了“综合施策,标本兼治”的反恐工作方针①以及“防范为主、惩防结合和先发制敌、保持主动”的反恐工作原则。② 在此方针和原则指导下,我国开展了包括军事、司法、民族、宗教、教育、外交等多种手段参与的反恐怖主义工作。通过全方位社会治理手段的参与,近年来在我国持续高发的恐怖活动犯罪高潮已经回落。截至 2019 年 3 月,“新疆已连续 2 年多未发生暴力恐怖案件,包括危安案件、公共安全事件在内的刑事案件、治安案件大幅下降,极端主义渗透得到有效遏制,社会治安状况明显好转,人民生活安宁祥和”。③ 这与世界大多数国家“越反越恐”的情形产生了极大的反差。美国自“9·11”事件至 2017 年发生的 209 起本土极端主义案件中有超过 20% 发生在 2017 年。④欧洲 2017 年重大恐怖袭击事件进入“高发期”,英国、法国、德国、比利时、西班牙、瑞典、芬兰、奥地利、意大利都发生了恐怖袭击事件,发生恐袭的欧洲国家数量创 2001 年以来的新高。⑤ 而我国自 2016 年以来,国内恐怖活动犯罪的态势得到根本性遏制,这与我国采取的一系列综合治理的社会手段密不可分。

事实证明,我国坚持把预防性反恐放在第一位⑥的策略已经取得了反恐怖主义斗争的阶段性胜利。在这些策略措施中,刑事实体法中的预防性恐怖活动犯罪刑法化功不可没。笔者对中国裁判文书网中公

① 参见《反恐怖主义法》第 4 条。

② 参见《反恐怖主义法》第 5 条。

③ 国务院新闻办公室:《〈新疆的反恐、去极端化斗争与人权保障〉白皮书》,2019 年 3 月 18 日。

④ 参见中国现代国际关系研究院:《2017 国家恐怖主义反恐怖斗争年鉴》,时事出版社 2018 年版,第 29 页。

⑤ 同上书,第 42 页。

⑥ 参见国务院新闻办公室:《〈新疆的反恐、去极端化斗争与人权保障〉白皮书》,2019 年 3 月 18 日发布。

布的71份恐怖活动犯罪案件法律文书进行修梳理后发现,我国适用刑法典的恐怖活动犯罪主要集中在以下罪名:组织、领导、参加恐怖组织罪,①帮助恐怖活动罪,②宣扬恐怖主义、极端主义、煽动实施恐怖活动罪,③非法持有宣扬恐怖主义、极端主义物品罪。④ 其中以宣扬恐怖主义、极端主义、煽动实施恐怖活动罪和非法持有宣扬恐怖主义、极端主义物品罪定罪量刑的法律文书高达61份。可以说,这些罪名中刑法所规制的禁止性行为规范都是针对实施恐怖活动的预备和外围行为,这些禁止性规范虽然不能直接制止和惩罚实施恐怖活动犯罪,却可以有效预防恐怖主义和极端主义社会氛围的形成,阻断恐怖主义、极端主义宣传品的传播。抛开此种规范究竟是法益保护还是规范禁止的刑法功能的争议,最直接的效果是营造禁止公民接触、非法持有、传播含有恐怖主义、极端主义内容的各种载体的社会大环境,起到有效的法制宣传作用。这对于铲除恐怖主义、极端主义滋生的土壤,培育公民健康、守法的法治意识至关重要。事实上,我国对恐怖活动犯罪的有效遏制已经充分证明此类预防性恐怖活动犯罪入刑的必要性。

四、预防性恐怖活动犯罪立法契合刑法法理

如前所述,预防性恐怖活动犯罪的入罪为当前社会实践所需要。由于这些预防性恐怖活动犯罪主要是实施恐怖活动犯罪的前端、外围犯罪,其与实施恐怖活动的实害结果并非直接因果关系,进而引发是否符合刑法基本法理的争议。从非传统安全理论出发,能够清晰地认识到,预防性恐怖活动犯罪符合国家和社会对非传统安全方面的诉求,刑法法理应当与变化中的安全观保持一致。结合非传统安全观,我们认为,预防性恐怖活动犯罪的规定同样符合刑法基本法理。以下主要从

---

① 在71份文书中占8份。

② 在71份文书中占2份。

③ 在71份文书中占40份。

④ 在71份文书中占21份。

三个方面论证。

（一）从比例性原则判断

法律对于公民行为的规制手段和性质，要取决于该种行为对社会危害的程度，以及行为人对行为后果和需要承担法律责任的正比关系。如果行为仅违反普通社会管理法律，社会危害较轻时，对其进行行政处罚就足以阻止该行为继续危害社会；如果行为人所表现出的行为已经具有一定社会危险性，基于社会防卫的目的，国家也可对其适用监禁、职业禁止等具有司法处分性质的保安处分；而当行为已经严重危害社会，必须对其进行严厉的禁止和惩罚时，作为司法体系里社会防卫的最后手段，刑法就必须在此时发挥作用。考察作为宪法原则的比例性原则对预防性恐怖活动犯罪立法的意义，不能离开比例性原则的三个含义：其一，预防性恐怖活动犯罪入罪的适当性。比例性原则的适当性意即立法的“合目的性”。顾名思义，预防性恐怖活动犯的入罪目的就是要阻止实施恐怖活动，刑法禁止公民从事与实施恐怖活动犯罪相关联的远端行为与外围行为是否能够实现阻止恐怖活动实施的目的，如前所述，无论法理还是事实上都已经充分证明了。由于恐怖活动发端于极端主义氛围，阻止行为人对恐怖主义、极端主义物品、服饰和宣传品的持有、传播，事实上就是阻断了恐怖主义思想传播的途径，能够有效预防恐怖活动犯罪的实施。其二，预防性恐怖活动犯罪入罪的必要性。这一问题是学界对《刑法修正案（九）》关于预防性恐怖活动犯罪规定质疑最为突出的部分。考察某一行为入罪的必要性时，最重要的是要考虑如果以较之刑法效力更低的法律规范是否能够制止该行为的社会危害性。以持有恐怖主义、极端主义物品行为为例，在《刑法修正案（九）》实施前，我国对此行为并没有明确的法律处罚条款，实践中均以《治安管理处罚法》予以行政处罚；而 2015 年将以上行为入刑，最直接的依据即为此种持有、宣扬恐怖主义、极端主义行为已经严重危害我国社会安全，其行为与发生恐怖活动的危险结果具有密切的关联关系，足以使国家使用暴力手段制止和惩罚此种行为。换言之，如果不对该种持有行为规定刑事处罚,就不足以阻止实施恐怖活动犯罪,因此该行为入罪不违反“最小侵害”原则。其三,预防性恐怖活动犯罪入罪的均衡性。所谓均衡性,意即某一行为入罪时必然禁止公民行使某种权利,那么此种权利是否以刑罚手段予以禁止,必须权衡其利弊得失。我国刑法中的预防性恐怖活动犯罪中涉及剥夺的公民权利包括帮助、宣扬、煽动、强制穿戴、持有等行为涉及的权利,这些行为指向的是恐怖主义、极端主义及其标识,刑法之所以将此种行为列为绝对禁止的行为,而忽略由此引发的与公民言论、人身等相关权利被剥夺的可能性,就是因为恐怖主义、极端主义及其标识对国家安全和社会公共安全可能带来的极大危险已经超出对公民权利限制的危险,因此对以上行为的限制甚至剥夺所带来的公共安全价值足以支撑以上行为的入罪合理性。

(二)从社会危害性原则分析

社会危害性是行为入罪的必要条件,不具有社会危害性的行为是不能够被认定为是犯罪的。评判我国刑法中的恐怖活动犯罪是否具有社会危害性,需要结合行为对社会造成的实际影响,也需要考虑行为对社会危害结果发生的危险程度。因此,要用全面的观点考察其社会危害性。“要全面综合各种主客观情况。不仅要看到有形的、物质性的危害,还要看到对社会政治、对人们的社会心理带来的危害。”①以宣扬恐怖主义、极端主义行为为例,数据显示,近年来,“东伊运”制作的恐怖音视频数量呈明显增长态势,尤其是在2013出现爆发式增长。而这一年,也是中国境内发生暴恐事件数量激增的一年。② 2014年,我国发生的恐怖活动犯罪案件中,“涉案人员无一例外观看、收听过宣扬、煽

---

① 高铭暄、马克昌主编:《刑法学》(第6版),北京大学出版社、高等教育出版社2014年版,第46页。

② 参见李丹丹:《上半年“东伊运”发布73部恐怖音视频》2014年6月25日,载中国新闻网:http://www.chinanews.com/fz/2014/06-25/6316981.shtml,2019年2月5日访问。

动暴力恐怖的音视频。中国境内发生的暴恐事件都与'东伊运'以及其发布的恐怖音视频有直接关联"。[①] 以上事实说明,暴恐音视频传播与我国恐怖活动数量急剧上升有直接因果关系,宣扬、煽动恐怖主义、极端主义的行为已经严重危害国家安全和社会安全。某种行为对社会造成的潜在危险越大、越不确定,国家暴力越需要提前,这也是社会运转的保障机制。当行为已经严重危及社会安全,仅依靠行政法和保安处分不足以保护社会安全时,此种行为入刑就顺理成章了。

(三)从谦抑原则审视

恐怖活动犯罪因其主观上追求最大限度的恐怖效应,因此在犯罪手段上会竭尽全力选择最为残酷的手段,以造成最大的人身伤亡和财产损失。此种行为,无论其动机带有何种"悲壮"的色彩,都不能否认其根本性质上的罪恶本质。刑法作为国家和社会司法框架内最后也是最严厉的法律手段,维护国家安全,保障社会公共安全是其最基本的功能。但是,并不是说为了维护国家安全和公共安全就可以抛开刑法作为最后法、保障法的性质。有学者将世界各国应对恐怖活动犯罪高涨而相继开展预防性反恐刑事立法,恐怖活动犯罪圈扩大的现象称为"象征性回应趋势加剧"[②]这一论断是没有事实依据的,更没有依据证明"刑法演变为降低公众和被害人怨愤的工具,或者为了迎合公众和被害人,抵消或克扣犯罪人的权利"。[③] 刑法将帮助恐怖活动行为,准备实施恐怖活动行为,宣扬恐怖主义极端主义、煽动实施恐怖活动行为,利用极端主义破坏法律实施行为,强制穿戴宣扬恐怖主义、极端主义服饰、标志行为,非法持有宣扬恐怖主义、极端主义物品行为规定为犯罪行为,是因为此类行为已经严重侵犯社会安全,直接催生实施恐怖

---

① 国信办发布"恐怖主义的网上推手"专题片揭"东伊运",2014 年 6 月 24 日,载 http://politics.people.com.cn/n/2014/0624/c1001-25194450.html,2019 年 2 月 6 日访问。

② 姜敏:《刑法反恐立法的边界研究》,载《政法论坛》2017 年第 5 期。

③ 同上。

活动的犯罪后果,其行为性质已经严重到必须由国家出面对其严厉打击尚足以将其严重危害社会的后果和危险限定在一定范围内,因此,其并不违反刑法谦抑的原则;相反,将以恐怖活动犯罪为代表的非传统安全犯罪入刑时,恰恰应该严格贯彻刑法谦抑原则。

五、预防性恐怖活动犯罪立法应处理好的几个关系

面对非传统安全犯罪的挑战,预防性刑法为社会构建起了安全屏障,一定程度上阻断了非传统安全犯罪带来的现实风险。但是,面对以恐怖活动犯罪为代表的非传统安全犯罪的侵蚀,此种预防性刑事法律规范必须有所限制,特别是刑法对于预防性恐怖犯罪要在捍卫基本人权的框架下,坚持比例性和法定性。

(一)预防性恐怖活动犯罪立法与人权保障

近代刑法出现了对犯罪人宽容的立法趋势,这一观点被我国学者多次引证。① 但是,在考察法律发展趋势时不能脱离立法的社会背景。近世刑法对人权保障的价值追求与启蒙运动相关,也与经济社会发展的社会条件密切相关。“二战”之后,西方国家刑法中表现出的对“人权”诉求的强烈愿望,这与“二战”中纳粹对人权的野蛮践踏有一定联系。但人类社会发展的历史证明,“矫枉过正”似乎是每一次社会进步的伴生物。对于“人权”的强烈期许,必须与社会发展的整体需要相匹配,不能脱离社会实践需求一味地追求所谓“价值”。在任何社会阶段,安全需要也是低于尊重需要和自我实现需要的基本要求。抛开“敌人刑法”的理论框架,将恐怖活动犯罪嫌疑人视为司法体系内的“市民”,当国家安全和社会公共安全与恐怖活动犯罪嫌疑人的“个体

① 参见何荣功:《“预防性”反恐刑事立法思考》,载《中国法学》2016年第3期;姜敏:《刑法反恐立法的边界研究》,载《政法论坛》2017年第5期。两位学者都强调刑法既是市民自由的大宪章,也是犯罪人的大宪章。

人权”发生冲突时，作为保障社会安全和保护个体人权的国家，有责任和义务首先保护社会安全。既然“刑法与时转则治，与世宜则有功”，①在恐怖活动犯罪已经成为威胁社会安全的最严重犯罪时，强调“传统刑法立法体现出对犯罪人的怜悯和同情，强调对犯罪人自由和权利的保护”，②是对“安全”与“自由”平衡关系的误读。笔者并不否定维护“自由”对于法治的重要性，但是在对“安全”与“自由”平衡要素进行选择时，还是认为近期“安全”的价值远远大于远期的“自由”。人类高层次需求的“自由”价值（属于尊重需求和自我实现需求）必须让位于低层次需求的“安全”。

当然，预防性恐怖活动犯罪入罪并不是毫无限度的，必须在保障公民基本人权的限度内。以宣扬恐怖主义、极端主义为例，我国刑法对该罪的入罪标准较低，并没有“情节严重”或者“造成严重后果”的限定。也就是说，只要认定为宣扬恐怖主义、极端主义行为，该行为就要受到刑法的追究。那么，由于恐怖主义、极端主义属于思想范畴的内容，对此不加区分地进行刑事处罚是不是有侵犯人权之虞？恐怖主义是人类社会的公敌，已经成为当前危及人类安全的最为突出的非传统安全问题，如果不对其进行严厉的打击和控制，必将贻害无穷；而极端主义是恐怖主义的基础，是滋生和培养恐怖主义的沃土。人类社会对抗恐怖主义的侵害，必须坚决阻断恐怖主义传播的途径、铲除其滋生的土壤，否则此种思想蔓延，其结果必然是恐怖活动蔓延。因此，不设定门槛对宣扬恐怖主义、极端主义入罪并不涉嫌侵犯人权。

（二）预防性恐怖活动犯罪立法与罪刑法定原则

“法无明文规定不为罪、法无明文规定不处罚。”③作为刑法基本原

① 何荣功：《“预防性”反恐刑事立法思考》，载《中国法学》2016 年第 3 期。

② 姜敏：《刑法反恐立法的边界研究》，载《政法论坛》2017 年第 5 期。

③ ［意］贝卡利亚：《论犯罪与刑罚》，黄风译，中国大百科全书出版社 1993 年版，第 11 页。

则的“罪刑法定原则”在预防性恐怖活动犯罪规制中显得尤为重要。由于我国刑法中恐怖活动犯罪规定的预防性质与个体公民的言论、人身等权利存在一定冲突,在实践中如果适用不当就会引发一定的人权风险。此时,强调刑法立法和司法中的法定性就尤为重要。在法律适用中,必须严格把握“恐怖主义”和“极端主义”的法律界定。我国《反恐怖主义法》第3条明确规定了“恐怖主义”的概念,强调恐怖主义是“以实现其政治、意识形态等目的的主张和行为”,这一规定对于限定刑法中恐怖活动犯罪的适用具有明确的法律规制意义,将实践中案发比较多的“仇恨犯罪”等反社会性质的恐怖行为排除在恐怖活动犯罪之外,体现了法定性对刑法适用的限定意义。而《刑法修正案(九)》通过之初在我国刑法学界广受争议的“极端主义”犯罪的法律限制在《反恐怖主义法》第4条中也予以定义性规定。[①] 将极端主义的手段限定为“歪曲宗教教义”或“其他方法”,将宗教极端主义的实质界定为“煽动仇恨、煽动歧视、鼓吹暴力”。以上规定对刑法中适用预防性恐怖活动犯罪进行了法律上的限定,事实上也是划定了预防性恐怖活动犯罪规制的范围,成为准确认定和适用犯罪的基本原则。

坚持罪刑法定原则,对预防性恐怖活动犯罪的构成要件进行严格解释是实践中避免预防性恐怖活动犯罪扩张与人权风险冲突的最有效途径。2014年9月,最高人民法院、最高人民检察院、公安部联合出台了《关于办理暴力恐怖和宗教极端刑事案件适用法律若干问题的意见》,对于当时刑法中有关恐怖活动犯罪比较笼统的规定进行了细化的解释。《刑法修正案(九)》通过后,2018年5月,最高人民法院、最高人民检察院、公安部、司法部联合印发《关于办理恐怖活动和极端主义犯罪案件适用法律若干问题的意见》细化了恐怖活动犯罪认定中的标准,对于准确认定恐怖活动犯罪具有指导意义,此举对于实践中统一认识,正确适用法律非常重要,也是贯彻罪刑法定原则的重要规定之一。

---

① 参见王爱立主编:《中华人民共和国反恐怖主义法解读》,中国法制出版社2016年版,第26页。

(三)预防性恐怖活动犯罪立法与反恐行政法

世界各国的反恐刑事立法都是恐怖活动犯罪高潮的伴生物。① 而最近一波恐怖活动犯罪的高潮有其特定的宗教、社会和国际背景,也有其犯罪发生的特定规律。我国刑法与世界上大多数国家一样,反恐刑事实体法的立法进程与恐怖活动犯罪发展的形势呈正向发展关系,正是恐怖活动犯罪的严峻形势催生了预防性恐怖活动犯罪的入罪。应该说,从恐怖活动犯罪入刑的立法进程上看,预防性恐怖活动犯罪在刑法中的出现和扩张,恰恰体现了刑事立法的比例性原则。但是,从社会防控的整体利益来看,不能一味强调恐怖活动犯罪对国家和社会安全的危害,而罔顾公民自由的权利。某种实施恐怖活动犯罪的远端、外围行为是否入罪,以及入罪后如何处罚,必须将其对社会危害的因果关系、危害程度进行科学评估。如果某一行为对社会危害的因果关系、危害程度没有达到危及公共安全、催生实施恐怖活动的程度,运用行政处罚或保安处分足以阻止其进一步危害社会时,就不必要将此种行为入刑,这也是对公民个人甚至整个社会自由的保障。在我国现有的法律体系中,有相当数量的反恐行政法规范对公民行为进行约束,这些规范不仅包括对违反国家反恐怖法律的处罚,也包括大量预防性反恐措施。当这些行政规范足以预防和打击违反反恐怖法律法规的行为时,就没有必要动用刑法进行调整。国家法律体系的层次性和处罚程度的适当性是国家法治现代化的重要特征。

---

① 《俄罗斯刑法典》于1994年7月增加关于恐怖主义犯罪的条款,其时正是车臣分离主义分子在俄罗斯大肆制造恐怖活动之时;1986年《法国刑法典》开始设立恐怖主义行为罪,20世纪80年代法国连续发生带有恐怖主义性质的枪击、爆炸案;英国没有成文的刑法典,1974年《恐怖主义活动(暂行规定)法》是英国第一部针对大不列颠境内的恐怖主义犯罪的法律,其时英国正经历爱尔兰共和军袭击的高潮。参见杜邈:《反恐刑法立法研究》,法律出版社2009年版,第83~93页。

六、对现行刑法恐怖活动犯罪规定的评析及完善建议

《刑法修正案(九)》所确立的我国恐怖活动犯罪体系虽然已经建立,但我们发现,目前已经入罪的恐怖活动犯罪全部具有预防性刑事法律性质,根据其对恐怖活动实行行为的作用,可以分为以下几类:(1)预备行为正犯化。实施恐怖活动实行行为着手之前的预备行为,主要有两个罪名:第 120 条之一准备实施恐怖活动罪和第 322 条偷越国(边)境罪的第二种情形。准备实施恐怖活动罪是在所有预防性恐怖活动犯罪中最接近实施恐怖活动实行行为的一个罪名,在恐怖活动实施前将其阻断并以刑罚控制准备实施恐怖活动的人员,是将预备行为正犯化的典型;第 322 条偷越国(边)境罪的第二种情形使用叙明罪状描述了与恐怖活动相关的偷越国(边)境的三种目的:为参加恐怖活动组织、接受恐怖活动培训或者实施恐怖活动。虽然这个罪名放在了第六章妨害社会管理秩序罪中,但实践中为以上三个目的偷越国(边)境人员的最终目的,无不是为了去境外参加国际恐怖组织、实施恐怖活动,因此,这种偷越国(边)境的行为实际上是参加恐怖组织、实施恐怖活动的预备行为,同样是恐怖活动犯罪的预备正犯。(2)帮助行为正犯化。我国《刑法》只规定了三种帮助恐怖活动行为,即资助、帮助招募、帮助运送。资助恐怖活动罪是 2001 年为执行联合国 1373 号决议而在刑法中新增的罪名,反映出我国立法者当时即深刻认识到资助行为对完成实施恐怖活动的推动作用。而帮助招募和帮助运送两种行为入罪,却是犯罪形势推动的结果。2012 年以来,受国际恐怖组织“伊斯兰国”的影响,我国境内大量具有宗教极端思想的人员疯狂从事偷越国(边)境、企图出境参加“圣战”的“伊吉拉特”活动,在国家严厉打击和控制的态势下,如果没有得到外力的帮助,很难成功出境。[①] 实践中,正是帮助招募和帮助运送的行为使这些从事“伊吉拉特”人员得以

---

① 参见陈曾福:《当前我国“伊吉拉特”活动的特点及对策分析》,载《云南警官学院学报》2017 年第 1 期。

出境,甚至成功参加国际恐怖组织。(3)外围行为正犯化。此处所称"外围",是指行为人虽未实施恐怖活动,但是其非法持有、宣扬、煽动、强制穿戴、利用恐怖主义、极端主义破坏法律实施等与实施恐怖活动密切相关的行为,对于制造保守封闭极端的社会氛围、影响青年及外围人员具有极大危害,此种氛围和危害是催生实施恐怖活动犯罪的土壤,间接促成实施恐怖活动犯罪。人类在遏制恐怖主义活动的艰难历程中,已经用非常沉重的代价深刻认识到,相较于严厉打击,甚至不惜使用战争方式应对,铲除恐怖主义、极端主义滋生土壤甚至比打击更为重要。(4)不作为正犯。作为我国恐怖活动犯罪体系中唯一的例外,拒绝提供恐怖犯罪证据罪是唯一针对恐怖活动犯罪(包括预备、帮助、外围犯罪)实施后设定的犯罪,不具有预防作用。这一罪名是在赋予公民具有与国家合作防范和打击恐怖主义义务的前提下进行的规制,一方面能对普通公民起到一般预防的作用,另一方面可以促进节约国家诉讼成本,更有效打击恐怖活动犯罪。

《刑法修正案(九)》颁布后,学界对于我国刑法恐怖活动犯罪的体系化入罪高度关注,认为虽然在恐怖活动犯罪高发态势下预防性反恐刑事立法具有正当性,但是仍然对预防性恐怖活动犯罪圈的扩大表达了广泛的担忧。笔者认为,客观地看,2015年《刑法修正案(九)》修订时我国恐怖活动犯罪猖獗高发的态势确实导致刑事立法出现"应激反应"现象,从刑法发展的整体性进程和当前我国反恐怖工作形势综合判断,对刑法典关于恐怖活动犯罪的规定进行适当修正,特别是宏观采纳非传统安全理论认识恐怖活动犯罪的性质,有利于我国刑法的体系性建构。

(一)将恐怖活动犯罪纳入危害国家安全罪

非传统安全理论为我们打开了审视国家安全的新视角。如前所述,恐怖活动犯罪不同于普通刑事犯罪。由于其在主观上具有追求政治、意识形态的目的(此种目的恰恰是发动犯罪的根本原因),因此,尽管在客观上其暴力或以暴力相威胁的行为方式与危害公共安全罪的行为方式极为相似,客观上也确实危害了公共安全,但是其实质上却是对国家政权、国家统治秩序和国家尊严的严重挑衅,在根本上和实质上危害国家安全。换言之,其在犯罪客体上既侵犯国家安全,又侵犯公共安全。鉴于恐怖活动犯罪近期的严重社会危害性和远期对国家安全的威胁,将其列入危害国家安全罪,更有利于提高全社会对该种行为危害的认识,更有效预防和打击恐怖活动犯罪。

(二)增加实施恐怖活动罪

通过对我国刑法中恐怖活动犯罪的分析,我们发现,尽管当前我国刑法中的恐怖活动犯罪已经自成体系,但是其数量、类型、范围都存在较大的完善空间。其中最突出的"短板"就是,缺乏实施恐怖活动罪。现有罪名,基本上是为了预防或者事后追诉实施恐怖活动罪,而最应该入罪的实行行为却没有单独的罪名,这使我国恐怖活动犯罪体系缺乏"骨架"罪名。这种情况与世界绝大多数国家的立法现实差距较大,[①]也与我国的现实需要存在一定差距。[②]新增后的实施恐怖活动罪可以囊括所有采取暴力手段进行恐怖主义活动的犯罪行为,而不必与杀人罪、爆炸罪、以危险方法危害公共安全罪数罪并罚,此种规定使刑法对恐怖活动犯罪的打击更直接明了,也更能使恐怖活动犯罪分子"罪有应得"。

(三)将宣扬恐怖主义、极端主义罪与煽动实施恐怖活动罪合并

恐怖活动犯罪不同于普通刑事犯罪,其主观上必须具有恐怖主义、

---

① 学者杜邈在其专著《反恐刑法立法研究》中指出,包括美国、俄罗斯、奥地利、西班牙、南非、古巴、菲律宾、加拿大、新西兰、澳大利亚、乌干达、特立尼达和多巴哥等国和我国澳门特别行政区都规定了恐怖主义实行罪。

② 早在1950年我国就根据当时犯罪形势需要,起草设立了包含"恐怖行为罪"的刑法,但该草案未能实施。

极端主义特征。在恐怖主义研究领域,尽管研究者的信仰、立场、国籍、目的千差万别,但对恐怖主义概念抽象类型化之后,发现以下三种要素是绝大多数研究者认同的:暴力、政治或意识形态特征、恐怖效应。① 也有论者认为“宣扬性”是恐怖主义的特征之一。② 事实上,恐怖主义本身就具有“以行动做宣传”③的目的,因此,恐怖活动犯罪在犯罪目的上有着鲜明的特点,即追求恐怖效应。基于此,在看待宣扬恐怖主义、极端主义行为时,我们不能机械地将其与普通刑事犯罪相提并论,也不能将此种宣扬行为视为普通刑事犯罪的共犯中的教唆犯。有学者提及该罪的入罪门槛过低,认为“这些犯罪化均未设置严格的限制条件,把公民的言论自由行为与企图引起严重恐怖犯罪的宣扬/煽动行为予以区别,这就有极高的侵犯言论自由权的风险”。而且认为“对恐怖犯罪分子表达了理解、宽容之情,但也间接宣扬和美化了恐怖主义”。④ 笔者认为,这是对我国《刑法》第120条之三的严重误解。法条规定的罪状非常清楚,该罪定罪必须具备两种情形,而且这两种情形都要求宣扬恐怖主义、极端主义内容,无论是制作、散发宣传品,还是讲授、发布恐怖主义、极端主义思想,其传播的内容必须是恐怖主义或极端主义,如前作者所说,对恐怖犯罪分子表达理解、宽容之情,其内容并不涉及恐怖主义、极端主义,是不应以本罪论处的。笔者认为,学界这种谈“言论自由”即色变的状况,实际上是另一种极端表现。对宣扬、煽动恐怖主义、极端主义行为进行犯罪化处理,已经在世界上得到大范围共识。根据联合国的资料,2006年即有21个国家法律规定煽动恐怖主义构

① 胡联合是我国最早研究恐怖主义的学者之一,他最早对恐怖主义概念进行了定量和定性分析。参见胡联合:《当代世界恐怖主义与对策》,东方出版社2001年版,第15页。

② 参见胡联合:《当代世界恐怖主义与对策》,东方出版社2001年版,第23页。

③ [美]布丽奇特·L.娜克丝:《反恐原理:恐怖主义、反恐与国家安全战略》(第4版),陈庆、郭刚毅译,金城出版社、社会科学文献出版社2016年版,第362页。

④ 姜敏:《刑法反恐立法的边界研究》,载《政法论坛》2017年第5期。

成犯罪。①

我国《刑法》第 120 条之三以叙明罪状的方式描述了宣扬恐怖主义、极端主义罪的罪状：一是制作、散发宣扬恐怖主义、极端主义的图书、音频视频资料或者其他物品；二是通过讲授、发布信息等方式宣扬恐怖主义、极端主义。我国刑法并不是第一次将宣传行为入罪，②在同一罪名中，同在《刑法》第 120 条之三的煽动实施恐怖活动行为入罪也未引起争议，偏偏宣扬恐怖主义、极端主义罪引起较大争议。笔者认为，这一争议的缘由是学者对宣扬恐怖主义、极端主义行为的社会危害性认识存在差异。根据我国刑法对犯罪概念的规定，犯罪的基本特征就是社会危害性、刑事违法性和应受惩罚性。而行为的社会危害性是刑事违法性的基础。③ 由此，分析宣扬恐怖主义、极端主义行为是否具有社会危害性及其社会危害性的程度是判断该行为是否入罪的根据。从我国近年的司法实践看，绝大多数实施恐怖活动犯罪的案件当事人是观看了暴恐音视频之后，思想上发生极端化转变，从而实施暴力恐怖犯罪。④ 美国有案例显示，恐怖组织曾经用 6 个星期对一名大学生进行恐怖宣传和培训，从而使其实施暴恐活动。而“有经验的煽动者只需半小时就能将原本与恐怖主义毫无关系的人说服成自杀式袭击者”。⑤ 事实上，宣扬、煽动恐怖主义、极端主义的危害并不是其行为本身，而是宣扬后受众实施恐怖活动的可能性。宣扬恐怖主义、极端主义的根本目的，就是要煽动更多的人去实施恐怖活动，将此种宣扬行为直

① 这些国家均规定，无论是否有人因受到煽动而去实施恐怖活动，只要煽动恐怖主义就是犯罪。参见孙昂：《国际反恐前沿——恐怖主义挑战国际法》，黑龙江教育出版社 2013 年版，第 208 页。

② 1979 年《刑法》中就规定了“反革命宣传煽动罪”，1997 年《刑法》中也有“煽动分裂国家罪、煽动颠覆国家政权罪”等规定。

③ 参见高铭暄、马克昌主编：《刑法学》(第 6 版)，北京大学出版社、高等教育出版社 2014 年版，第 44 ~ 47 页。

④ 据不完全统计，“东伊运”组织从 2010 ~ 2014 年共发布暴恐音视频 282 部。参见丁红军：《网络暴恐音视频管控研究》，载《信息安全与技术》2015 年第 3 期。

⑤ 孙昂：《国际反恐前沿——恐怖主义挑战国际法》，黑龙江教育出版社 2013 年版，第 200 页。

接定性为煽动实施恐怖活动罪更能反映此行为的本质。

(四)强制穿戴宣扬恐怖主义、极端主义服饰、标志罪增加“情节严重”

从现有的文献看,我国学者大多将强制穿戴宣扬恐怖主义、极端主义服饰、标志罪归入“恐怖主义犯罪的关联行为”,[①]属于前置化的刑事立法。诚然,穿戴或强制穿戴宣扬恐怖主义、极端主义服饰、标志的行为大多发生于恐怖犯罪活动发生之前或者犯罪活动发生过程中。[②] 从表面看,穿戴或强制穿戴并不能直接引发恐怖活动犯罪,甚至表面上看也仅仅是侵犯被害人的“穿衣戴帽”的人身权利,再严重些,如果被害人为少数民族,最多侵犯少数民族风俗习惯。因此,有学者对此提出质疑“这种危险性的程度有多高?”认为将此种行为入罪“不无正当性的疑问”。[③] 如前所述,判定某种行为是否犯罪,前提是判定其社会危害性是否达到需要刑法规制的程度。我国《刑法》第 120 条之五规定的强制穿戴宣扬恐怖主义、极端主义服饰、标志罪需要具备如下条件:一是以暴力、胁迫等方式强制他人;二是在公共场所;三是强制穿着、佩戴的是宣扬恐怖主义、极端主义服饰、标志。综合以上三个条件,我们发现,当三个条件同时具备时,该行为侵犯的权益显然已经不仅仅是被害人“穿衣戴帽”的人身权利了。宣扬恐怖主义、极端主义服饰、标志并不是普通的服饰、标志,其外形、图案、文字具有特定的标志意义,在公共场所展现这种标志,具有明显的宣扬恐怖主义、极端主义效果,毫无疑问会产生恐怖的效应。“在我国某些特定地区的特定时期,穿着宣扬恐怖主义、极端主义服饰已经成为危害公共安全的暴力犯罪分子的

① 王志祥、王艺丹:《恐怖主义犯罪前置化处置研究》,载《铁道警察学院学报》2018 年第 4 期。

② 如 2014 年 3 月 1 日,昆明火车站暴恐事件中,5 名犯罪嫌疑人中的两名女性身着极端主义标志服饰“吉里巴甫服”行凶作案。

③ 何荣功:《“预防性”反恐刑事立法思考》,载《中国法学》2016 年第 3 期。

常用标志",①因此,此种行为的入罪必要性已经毋庸置疑,但是笔者也并不赞同对此种行为不加限定地入罪,而应当对强制行为限定于"情节严重",从而对暴力、威胁行为的程度划定法律解释的范围,否则在实践中极易出现打击面过大的情况。

七、结　论

鉴于恐怖活动犯罪形势和刑法应对风险的预防性转型及保障国家安全的需要,现有刑法中恐怖活动犯罪体系有其正当性根据。我国刑法中预防性恐怖犯罪的规定在实践运用中已经实现其规范禁止功能、犯罪客体保护功能和犯罪预防功能。由于这些行为具有极大的社会危害性,对其进行入罪处理并无扩大犯罪圈的"侵权危险",相反,事实证明,刑法抑制恐怖活动犯罪的功能已得到发挥。我国刑法规定的恐怖活动犯罪均具有预防实施恐怖活动的性质,从功能上看,这些入罪规定既能代表国家对实施恐怖活动的远端和外围行为进行否定性评价,对社会所有公民起到规范禁止作用,又能保护国家安全和社会公共安全,最终预防恐怖活动犯罪的实施。

非传统安全理论为审视和规制恐怖活动犯罪打开了新的视角。由于恐怖活动犯罪在发展过程中呈现的集团化叛乱特征和个体化仇恨特征使恐怖活动犯罪的风险指数急剧升高,为维护基本安全,预防性恐怖活动犯罪的立法应运而生。其在刑法法理上符合比例性原则、社会危害性原则和谦抑原则。预防性恐怖活动犯罪立法与人权保护原则并不冲突,在立法和实践中恪守罪刑法定原则是预防性恐怖活动犯罪入罪的底线。我国刑法中的恐怖活动犯罪虽然已经自成体系,但是仍有完善空间,特别是体系性调整有待讨论。在非传统安全理论视角下,将恐怖活动犯罪纳入危害国家安全罪是符合社会发展的恰当选择,而增加

---

① 黎宏:《〈刑法修正案(九)〉中有关恐怖主义、极端主义犯罪的刑事立法——从如何限缩抽象危险犯的成立范围的立场出发》,载《苏州大学学报(哲学社会科学版)》2015年第6期。

实施恐怖活动罪,将宣扬恐怖主义、极端主义罪与煽动实施恐怖活动罪合并,强制穿戴宣扬恐怖主义、极端主义服饰、标志罪增加"情节严重"则是对恐怖活动犯罪进行微观完善的合适路径。

The Legitimate Basis of the Legislation to Prevent Terrorist Crime

—Approaching from Non-traditional Security Theory

Wang Xuelian

[**内容摘要**]"预防性恐怖活动犯罪"立法是刑法积极应对恐怖活动犯罪增多的现实举措,也是维护国家安全和公共安全的需要,其安全理论基础是"安全需求理论"和"非传统安全理论"。从比例性原则、社会危害性原则及刑法谦抑原则看,预防性恐怖活动犯罪契合刑法法理。我国刑法立法应处理好其与人权保障、罪刑法定原则和反恐行政法的关系,将该类犯罪纳入危害国家安全罪,增加实施恐怖活动罪,将宣扬恐怖主义、极端主义罪与煽动实施恐怖活动罪合并,将"情节严重"纳入强制穿戴宣扬恐怖主义、极端主义服饰、标志罪罪状。

[**关键词**]非传统安全;预防性恐怖活动;犯罪正当性根据

Abstract: "The legislation to prevent terrorist crime" is a kind of practical significant action that the criminal law deals with the increase of terrorist crime. The legislation which is based on the theory "demand for security" and the theory of "non-traditional security" is necessary to maintain national security and public security. In respect of the principle of proportionality, social harmfulness and austerity of criminal law, the legislation to prevent terrorist crime is consistent with the legal principle of criminal law. The criminal legislation of our country should handle the relationship well with the protection of human rights, the legal principle of crime and punishment, and anti-terrorism executive law. We ought to put "the legislation to prevent terrorist crime" into the crime of jeopardizing national security, add the crime of committing terrorist ACTS, merge the crime of promoting terrorism and the crime of incitement to terroris. At last, we ought to keep the word "gravity of the circumstances" into the crime of mandatory wear of terrorism symbols.

Keywords: non-traditional security; preventive terrorist crime; legitimate basis

论国际法中的煽动恐怖主义犯罪

张　一[*]　Sten Idris Verhoeven[**]

目　　次

一、导言
二、煽动恐怖主义的国际法律框架
三、国家法律制度下的煽动恐怖主义
四、国际公认的煽动恐怖主义定义必要性讨论
五、总结

一、导　　言

将煽动恐怖主义行为规定为犯罪,作为打击恐怖主义的一种行之有效的方法,在近些年来逐渐被各国所接受。2005 年 7 月 7 日伦敦爆炸案发生后,煽动恐怖主义行为成为舆论的焦点。在一致通过的第 1624(2005)号决议中,安理会首次呼吁联合国各成员国通过法律的形式禁止煽动恐怖主义。① 这一项决议由英国提出,并受到了数个月前

---

* 西北政法大学刑事法学院、刑事法律科学研究中心讲师,法学博士。

** 澳门大学法学院助理教授,博士生导师,法学博士。

① See UN Security Council, "Resolution" 1624 (2005), *UN Doc.* S/RES/1624 (2005), para. 1(a).

刚通过的欧盟委员会《防止恐怖主义公约》的影响。[①] 将煽动恐怖主义行为规定为犯罪,是预防恐怖袭击的一个重要工具,尤其是防止由本土恐怖分子发动的恐怖袭击。因为,在说服人们对其同胞实施恐怖攻击时,势必需要经过长期的宣传、美化或采取煽动等方式进行恐怖活动的灌输。[②] 此外,打击和预防煽动恐怖主义的行为对于防止外国恐怖主义战斗人员同样重要,这一措施可以防止被煽动者出国参与恐怖组织及实施恐怖活动。[③] 在所有媒体中,互联网作为十分有效的工具,被用于进行恐怖主义宣传、发布招募信息和传播其他信息。[④] 由于互联网具有全球性、易访问性、相对匿名性以及隐藏踪迹的可能性,因此其成

① See D. Barak-Erez and D. Scharia, "Freedom of Speech, Support for Terrorism, and the Challenge of Global Constitutional Law", (2011) 2 *Harvard Nat. Sec. J.* 20; B. Saul, "Speaking of Terror: Criminalising Incitement to Violence", (2005) 28 *U. N. S. WalesL. J.* 870; B. van Ginkel, "Incitement to Terrorism: A Matter of Prevention or Repression", *ICCT Research Paper*, 2011, p. 18, at www. icct. nl/download/file/ICCT-Van-Ginkel-Incitement-To-Terrorism-August-2011. pdf.

② See B. Saul, "Speaking of Terror: Criminalising Incitement to Violence", (2005) 28 *U. N. S. WalesL. J.* 868; Y. Ronen, "Incitement to Terrorist Acts and International Law", (2010) 23 *Leiden J. I. L.* 655; A. Spataro, "Why Do People Become Terrorists? A Prosecutor's Experiences", (2008) 6 *J. I. Crim. Just.* 509.

③ UN Security Council, Resolution 2178, *UN Doc.* S/RES/2178(2014), paras. 24–25; Counter-terrorism Committee Executive Directorate, Global Survey of the Implementation of Security Council Resolution 1624 (2005) by Member States, *UN Doc.* S/2016/50, para. 3.

④ See United Nations Office on Drugs and Crime (UNODC), "The Use of the Internet for Terrorist Purposes", pp. 3 and ff., at www. unodc. org/documents/frontpage/Use_of_Internet_for_Terrorist_Purposes. pdf; *UN Doc.* S/2015/358, paras. 52–53; International Peace Institute, "Combating Incitement of Terrorism and Promoting Intercultural Dialogue", p. 3, at www. ipinst. org/wp-content/uploads/publications/combating_incitement_meetingnote_oct2010. pdf; Counter-Terrorism Implementation Task Force, "Countering the Use of the Internet for Terrorist Purposes, CTITF Report", para. 86, at www. un. org/en/terrorism/ctitf/pdfs/ctitf_internet_wg_2009_report. pdf.

为恐怖组织用来接触易受意识形态或宗教极端思想影响人群的便捷手段。①

尽管有必要对煽动恐怖主义行为予以禁止，但这项罪行在国际层面几乎没有条文规定。安理会第1624(2005)号决议本身也并没有对煽动恐怖主义相关定义进行界定。而在欧洲范围内情况则有所不同，根据欧盟委员会第2008/919/JHA号框架决议，以及欧盟(EU)第2017/541号指令第5条所制定的欧洲委员会《防止恐怖主义公约》中，对于煽动恐怖主义相关概念进行了定义。② 并且这一定义被认为是国际社会对于煽动恐怖主义行为犯罪化的范本。③

关于煽动恐怖主义罪，争论的焦点在于该罪是否包括间接煽动。间接煽动的特点是其并没有呼吁暴力，取而代之的是公开为实施恐怖主义行为辩护，或美化恐怖分子、恐怖活动的行为。④ 这些言论并不一

---

① See United Nations Office on Drugs and Crime (UNODC), "The Use of the Internet for Terrorist Purposes", p. 3 and p. 6; European Parliament, Foreign Affairs Committee, "Cyber Security and Politically, Socially, and Religiously Motivated Violence, Chatham House (by P. Cornish)", pp. 11 – 13, at www. europarl. europa. eu/RegData/etudes/etudes/join/2009/406997/EXPO-AFET _ ET (2009) 406997 _ EN. pdf; Counter-terrorism Committee Executive Directorate, Global Survey on the Implementation by Member States of Security Council Resolution 1624 (2005), *UN Doc.* S/2012/16, para. 96; European Commission, *Terrorist Recruitment: Addressing the Factors Contributing to Violent Radicalisation*, p. 4, at eur-lex. europa. eu/legal-content/EN/TXT/PDF/? uri = CELEX: 52005DC0313&from = EN.

② Art 5 Convention on the Prevention of Terrorism, *ETS* No. 196; Art (1)(1) Council Framework Decision 2008/919/JHA, *OJ* 9 December 2008, L 330/21; Directive (EU) 2017/541 of the European Parliament and of the Council of 15 March 2017 on combating terrorism and replacing Council Framework Decision 2002/475/JHA and amending Council Decision 2005/671/JHA, *OJ* 31 March 2017, L 088/6.

③ See "Report of the Special Rapporteur on the Promotion and Protection of Human Right and Fundamental Freedoms While Countering Terrorism", *UN Doc.* A/HRC/16/51, paras. 29 – 32.

④ See Committee of Experts on Terrorism, "Apologie du terrorism and Incitement to Terrorism, Analytical Report", 3rd Meeting, Strasbourg, 6 – 8 July 2004, CODEXTER (2004), p. 5.

定能够达到刑事定罪的程度,但却是对社会大众,尤其是恐怖主义犯罪受害者的侮辱和冒犯。[①] 此外,从人权的角度来看,将间接煽动恐怖主义规定为犯罪,也必然会对言论自由这一权利进行一定的限制,也因此会引起一些争议。即便明确了煽动所包含的内容,也仍旧缺少国际公认的恐怖主义的定义。各国在其国内法中对于恐怖主义的定义,也存在定义过于宽泛的情况。对于间接煽动行为的引入再加上模糊或宽泛的定义,有可能使罪行扩展到大量没有恐怖主义目的的言论上,从而可能导致违反合法性原则或破坏表达自由情况的发生。[②] 本罪其他具有争议的问题还包括煽动行为是否需要公开进行,如果是,当一段言论可以被视为公开发表时,那么煽动行为与恐怖行为之间的因果关系是不是必需的,以及其所要求的犯罪意图(*mens rea*)是什么。

本文旨在澄清煽动恐怖主义行为的范围,并认为在国际层面对煽动恐怖主义罪行作出明确的定义是有必要的。此外,本文还将探讨国际法对该罪所定义的边界,并对各国定义进行比较研究。在提出对该罪的定义时尝试借鉴了对煽动种族灭绝罪的相关界定。需要指出的

---

① See UN Secretary-General, "The Protection of Human Rights and Fundamental Freedoms While Countering Terrorism", *UN Doc.* A/63/337, para. 61.

② See United Nations Office on Drugs and Crime (UNODC), "The Use of the Internet for Terrorist Purposes", p. 6; UN Secretary-General, "The Protection of Human Rights and Fundamental Freedoms While Countering Terrorism", *UN Doc.* A/63/337, para. 53; "Report of the Special Rapporteur on the Promotion and Protection of Human Rights and Fundamental Freedoms While Countering Terrorism", *UN Doc.* A/65/258, para. 46; Human Rights Committee, "General Comment No. 34, Article 19: Freedom of Opinion and Expression", *UN Doc.* CCPR/C/GC/34, para. 46; OSCE, ODIHR, "Countering the Incitement and Recruitment of Foreign Terrorist Fighters: The Human Dimension", p. 4, at www. osce. org/odihr/166646? download = true; "Joint Declaration by the UN Special Rapporteur on Freedom of Opinion and Expression, OSCE Representative on Freedom of the Media and the OAS Special Rapporteur on Freedom of Expression", at www. oas. org/en/iachr/expression/showarticle. asp? artID = 650&lID = 1; International Commission of Jurists, "Response to the European Commission Consultation on Inciting, Aiding or Abetting Terrorist Offences", p. 4, at www. un. org/en/sc/ctc/specialmeetings/2011/docs/icj/icj-2007-ec-questionaire. pdf.

是,虽然具有一定的价值,但本文的主要着眼点并非对于恐怖主义本身定义进行研究。

因此,本文第2节将阐述有关煽动恐怖主义犯罪的国际法律框架。由于各国必须在打击恐怖主义的同时遵守人权法,①因此对煽动恐怖主义罪行的规定也必须符合人权法的紧迫性原则。第2节同时将考察国际和区域层面对该罪的认定。然而,由于在国际层面没有关于该罪的详细定义,且无论在国际层面还是在欧洲层面都没有创设将煽动恐怖主义行为纳入国家法律制度的义务,因此第3节将探讨不同国家如何尝试将煽动行为纳入国内法律体系。鉴于篇幅有限,本节将讨论除俄罗斯联邦之外的其他安理会常任理事国的国家实践。五个常任理事国在国际反恐中发挥着重要作用,推动联合国安理会相关决议的通过。作者将采取比较法的形式,对于各国以母语呈现的原始法律资料,尤其是成文法及判例法进行研究。由于本文作者中没有人能流利地使用俄语,因此本文不论及俄罗斯联邦煽动恐怖主义立法。作为替代,作者将对西班牙国内的相关立法进行讨论,因为其在煽动恐怖主义行为的犯罪化方面有着丰富的经验。通过考察这些国家的立法实践,探索其如何响应国际和区域对煽动恐怖主义行为犯罪化的呼吁,该罪定义的边界和构成要件将变得清晰。此外,各国对于煽动恐怖行为的国内立法也能够表明各国可以接受的国际定义范围。最后,第4节对不同的法域进行了比较,并分析煽动种族灭绝罪能否作为本罪犯罪化的蓝图或启示,尝试讨论了本罪在国际法中能够被接受定义的构成要件。

① UN Security Council, Resolution 1624 (2005), *UN Doc.* S/RES/1624(2005), Preamble, para. 2; Convention on the Prevention of Terrorism, Preamble paras. 8 – 9; Recitals (13) – (14) and Art 2 Council Framework Decision 2008/919/JHA; Recital (35) Directive (EU) 2017/541 of the European Parliament and of the Council of 15 March 2017 on combating terrorism and replacing Council Framework Decision 2002/475/JHA and amending Council Decision 2005/671/JHA.

二、煽动恐怖主义的国际法律框架

(一)煽动恐怖主义和人权法

禁止煽动恐怖主义,无论是在刑事上还是在其他方面,必然意味着对国际和区域人权公约所保护的言论自由权利的限制。① 言论自由是民主社会中最为重要的原则之一,因为这一权利使反对政治多数人的声音可以被听到。因而无论对于民主社会的进步还是个体的自我实现来说,言论自由都是非常重要的。② 所以,言论自由不限于在社会中发表的为社会所广泛接受的言论,其同样包括被认为具有攻击性、令人感到震惊或不安的言论。③ 因而,表达同情恐怖分子或恐怖行为的观点在道德上可能是不正确的、与社会价值相违背或冒犯受害者的,但同时也可能会因表达及观点自由而受到保护。

然而,任何一个国家、组织或个人都不能以人权为借口,去否认他人的人权或过分限制他人的权利。④ 通常,一个组织要推动法律改革或者拟议的改革,即使该改革在法律上是提倡的,但如果通过非法和不民主的手段来进行,也会破坏民主及其价值,将无法获得人权法上

① Art. 19 International Covenant on Civil and Political Rights (ICCPR), 999 *UNTS* 171; Art. 10 European Convention on the Protection of Human Rights and Fundamental Freedoms (ECHR), *ETS* No. 5; Art. 13 American Convention on Human Rights (ACHR), 1144 *UNTS* 143; Art. 9(2) African Charter on Human and People's Rights (ACHPR), CAB/LEG/67/3 rev. 5.

② *Perinçek v. Switzerland*, 15 October 2015, European Court of Human Right, No. 27510/08, para. 196, at hudoc. echr. coe. int/eng? i = 001 - 158235; Human Rights Committee, "General Comment No. 34, Article 19: Freedom of Opinion and Expression", *UN Doc.* CCPR/C/GC/34, para. 2.

③ *Handyside v. The United Kingdom*, 7 December 1976, European Court of Human Rights, No. 54/93/72, para. 49, at hudoc. echr. coe. int/eng # {"itemid": ["001 - 57499"]}.

④ Art. 5(1) ICCPR; Art. 17 ECHR; Art. 29 ACHR; Art. 27(2) ACHPR.

的保护。[①]《欧洲人权公约》(ECHR)第 17 条也对国际争端的和平解决以及生命的神圣性进行了规定。[②] 恐怖组织的活动显然属于《欧洲人权公约》第 17 条的范围,因为恐怖行为旨在通过暴力和恐吓手段改变政治、经济或社会基础。《欧洲人权公约》第 17 条同样可以适用于煽动暴力的行为,因为该条款通常在针对少数民族或宗教团体发起的仇恨言论的情形下被援引。[③] 然而,欧洲人权法院对这一条款的适用并不一致,并且似乎仅限于存在明显仇恨意图的例外情况。[④] 然而,在 Kasymakhunov, Sybatalov 诉俄罗斯案(*Kasymakhunov and Saybatalov v. Russia*)中,欧洲人权法院令人意外地适用了《欧洲人权公约》第 17 条,而非第 10 条。两名申请人都是伊斯兰团体 Hizb ut-Tahrir al-Islami(伊斯兰解放党)的积极成员,这一团体主张在中东建立哈里发并引入伊斯兰教法,并反对民主以及公民享有政治权利。[⑤] 俄罗斯法律认定该团体为恐怖组织,因而判处 Kasymakhunov 与 Sybatalov 煽动参与恐怖组织活动罪。欧洲人权法院认为,这一组织提倡暴力和反犹太主义;此外,引入伊斯兰教法从而拒绝民主和政治自由的目的也属于《欧洲人权公约》第 17 条的适用范围。[⑥]

---

① *Kasymakhunov and Saybatalov v. Russia*, 14 March 2013, European Court of Human Rights, Nos. 26261/05 and 26377/06, para. 105, at hudoc. echr. coe. int/eng? i = 001 - 117127.

② *Hizb Ut-Tahrir and Others v. Germany*, 12 June 2012, European Court of Human Rights, No. 31098/08, para. 74, at hudoc. echr. coe. int/eng? i = 001 - 111532.

③ E. g.: *Norwood v. The United Kingdom*, 16 November 2004, European Court of Human Rights, No. 23131/03, at hudoc. echr. coe. int/eng? i = 001 - 67632; *Garaudy v. France*, 24 June 2003, European Court of Human Rights, No. 65831/01, at hudoc. echr. coe. int/eng? i = 001 - 23829; *W. P. and Others v. Poland*, 2 September 2004, European Court of Human Rights, No. 42264/98, at hudoc. echr. coe. int/eng? i = 001 - 66711.

④ *Perinçek v. Switzerland*, 15 October 2015, European Court of Human Right, No. 27510/08, para. 114.

⑤ *Kasymakhunov and Saybatalov v. Russia*, 14 March 2013, European Court of Human Rights, Nos. 26261/05 and 26377/06, paras. 5 - 53.

⑥ *Kasymakhunov and Saybatalov v. Russia*, 14 March 2013, European Court of Human Rights, Nos. 26261/05 and 26377/06, paras. 102 - 115.

此外,煽动恐怖主义在限制观点和表达自由的一般规定下有可能是正当的。法律要求这些限制符合正当目的且为民主社会所必须。对此的第一项要求,即须有法律规定,要求法律本身遵循合法性原则,相应地要求其限制的范围必须足够明确。① 对此的第二项要求,即须具有正当目的,维护公共秩序、国家安全、公众安全、预防犯罪以及他人的权利均是限制表达自由权的正当理由。② 具体而言,《欧洲人权公约》中已经将以公开言论的方式招募恐怖组织成员和支持恐怖组织的禁止行为认定为合法。③ 第三项要求,即为民主社会所必须,也就是要求对于观点和表达自由的限制必须有紧迫的社会需要。④ 各国在认定是否需要这种限制时具有一定的裁量余地,欧洲人权法院则会基于国家安全的考虑对该类限制进行严格审查,⑤然而对于针对特定人的暴力煽动则会赋予各国更宽松的裁量空间。⑥ 尽管如此,如果相关的言论是出于政治辩论或对于公共利益进行讨论,则被认为是具有重大意义的,因而很少受到上述的限制。⑦ 此外,对于批评政府言论的容许尺度要

① See Human Rights Committee,"General Comment No. 34,Article 19: Freedom of Opinion and Expression",*UN Doc.* CCPR/C/GC/34,paras. 25,46.

② Art 19(3) ICCPR; Art 10(2) ECHR; Art 13(2) ACHR; Art 9 (2) *juncto* Art 27 (2) ACHPR.

③ *Hogefeld v. Germany*, 20 January 2000, European Court of Human Rights, No. 35402/97,athudoc. echr. coe. int/eng? i=001 -5103.

④ *Sunday Times v. United Kingdom* (*No.* 1), 26 April 1979, European Court of Human Rights, No. 6538/74, para. 62, at hudoc. echr. coe. int/eng? i=001 -57584.

⑤ *Incal v. Turkey*, 9 June 1998, European Court of Human Rights, No. 22678/93, para. 58, at hudoc. echr. coe. int/eng? i=001 -58197.

⑥ *Arslan v. Turkey*, 8 July 1999, European Court of Human Rights, No. 23462/94, para. 46, at hudoc. echr. coe. int/eng? i=001 -58271.

⑦ See Human Rights Committee,"General Comment No. 34,Article 19: Freedom of Opinion and Expression", *UN Doc.* CCPR/C/GC/34, paras. 20, 34; *Féret v. Belgium*, 16 July 2009, European Court of Human Rights, No. 15615/07, para. 63, at hudoc. echr. coe. int/eng? i=001 -93627; *Sürek v. Turkey*(*No.* 1),8 July 1999, European Court of Human Rights, No. 26682/95, para. 61, at hudoc. echr. coe. int/eng? i=001 -58279.

大于针对个体的批评。① 在评估各国是否逾越其裁量余地时，欧洲人权法院会审查该国对于言论自由的干涉是否与其所追求的正当目的是符合比例原则的，并会审查该限制的理由是否合理和充分。② 关于仇恨言论，法院会考虑现有政治和社会背景因素，考察其在具体环境下是间接还是直接呼吁暴力，抑或为暴力、仇恨或偏见进行辩护，以及这些言论的表达方式和造成间接或直接伤害的关联。③ 当对不法言论处罚的严厉程度与相关言论危害性不成比例时，就会导致对观点和表达自由权利的侵犯。④

对于恐怖主义和煽动暴力行为，在大多数情况下都会根据《欧洲人权公约》第 10 条内容进行处理。对于明确煽动暴力的行为，即便该煽动行为不会造成危害，也可以被认为违反"欧洲人权公约"第 10 条的相关规定。在这方面，欧洲人权法院不仅仅着眼于言论实际的措辞，还会考虑这些言论内容直接的和更为深层的含义。因此，根据通常理解并非明确煽动暴力的言论也可能会被欧洲人权法院认定为煽动暴力的言论。⑤ 然而，根据《欧洲人权公约》第 10 条的规定，并非所有"恶意"言论都不会受保护，尤其是当这些言论不是煽动暴力行为，而是鼓动实施合法行为手段时。⑥

---

① *Incal v. Turkey*, 9 June 1998, European Court of Human Rights, No. 22678/93, para. 54.

② *Handyside v. The United Kingdom*, 7 December 1976, European Court of Human Rights, No. 54/93/72, paras. 48 – 50; *Sunday Times v. United Kingdom* (No. 1), 26 April 1979, European Court of Human Rights, No. 6538/74, para. 62.

③ *Perinçek v. Switzerland*, 15 October 2015, European Court of Human Right, No. 27510/08, paras. 205 – 207.

④ *Sürek v. Turkey* (*No.* 1), 8 July 1999, European Court of Human Rights, No. 26682/95, para. 64; *Leroy v. France*, 2 October 2008, European Court of Human Rights, No. 36109/03, para. 47, at hudoc. echr. coe. int/eng? i = 001 – 88715.

⑤ *Zana v. Turkey*, 25 November 1997, European Court of Human Rights, No. 18954/91, paras. 50 – 60, <hudoc. echr. coe. int/eng? i = 001 – 58115>, 30 April 2018; *Sürek v. Turkey* (*No.* 1), 8 July 1999, European Court of Human Rights, No. 26682/95, paras. 61 – 65.

⑥ *Ceylan v. Turkey*, 8 July 1999, European Court of Human Rights, No. 23556/94, paras. 33 – 38, at http://hudoc. echr. coe. int/eng? i = 001 – 58270; *Incal v. Turkey*, 9 June 1998, European Court of Human Rights, No. 22678/93, paras. 49 – 59.

对于颂扬(glorification)恐怖主义的行为,在Leroy诉法国(*Leroy v. France*)一案中,欧洲人权法院认为,对一名颂扬恐怖主义的漫画家判处1500欧元罚款的判决并不违反《欧洲人权公约》第10条的规定。这幅漫画发表于2001年9月13日的《巴斯克周刊》(*Basque Weekly*),描绘了世贸中心的毁灭,并配以标题:"我们都梦想过……哈马斯做到了。"①法院认定,这幅漫画连同标题实际上是在颂扬对美国使用暴力,已然超出了仅仅针对美国政策的批评。这一认定考虑到了信息的形式,即利用漫画和讽刺形式,本身就具有挑衅的意味,再加上发表的时间是在恐怖袭击后不久,并且巴斯克地区正处于动荡局势中。② 此外,认定该处罚合理也说明其对言论自由权的限制是符合比例的。③

从Leroy诉法国(*Leroy v. France*)案可以看出,没有哪种表达形式是被排除在煽动恐怖主义的范围之外的,尤其是当其通过媒体传播时。尽管如此,某些表达的形式会因为它们的性质而不太可能构成煽动恐怖主义。在Karata诉土耳其(*Karata v. Turkey*)案中,欧洲人权法院认定对申请人出版诗选行为的定罪违背了《欧洲人权公约》第10条,认为不应将申请人的诗选解释为对武装叛乱推翻土耳其的颂扬以对战争中殉道的赞美。④ 这是由于诗歌本质上不会引起大众的关注,并且也没有通过大众传播媒介进行传播,因此对国家安全的危害是有限的。同时再加上对于作者的处罚过重,法院因此认定违反了《欧洲人权公约》第10条。⑤

① *Leroy v. France*, 2 October 2008, European Court of Human Rights, No. 36109/03, paras. 4 – 17.

② *Leroy v. France*, 2 October 2008, European Court of Human Rights, No. 36109/03, paras. 36 – 46.

③ *Leroy v. France*, 2 October 2008, European Court of Human Rights, No. 36109/03, para. 47.

④ *Karata v. Turkey*, 8 July 1999, European Court of Human Rights, No. 23168/94 paras. 8 – 15, at hudoc. echr. coe. int/eng? i = 001 – 58274.

⑤ *Karata v. Turkey*, 8 July 1999, European Court of Human Rights, No. 23168/94 paras. 49 – 54.

（二）联合国与煽动恐怖主义的犯罪化

联合国在大会决议和安理会决议中都对煽动恐怖主义进行了谴责。大会决议首先强调，各国有不支持或容忍对他国实施恐怖主义行为的义务，该类行为特别包括教唆恐怖主义的行为。① 此外，大会决议概括性地谴责了煽动恐怖主义，②联合国全球反恐战略也进一步纳入了禁止煽动恐怖主义的措施。③ 虽然联合国大会有所行动，但占据反恐斗争中心地位的是安理会。安理会第 1373 号决议已经指出煽动恐怖主义违反《联合国宪章》的宗旨。④ 安理会第 1624 号决议更是规制煽动恐怖主义罪行的关键。但是略有遗憾的是，该决议并没有创设在国内法中禁止煽动恐怖主义的义务。为了确定成员国是否有根据《联合国宪章》第 25 条执行一项特定决议的义务，相关决议中的强制性措辞是进行判断的决定因素。⑤ 然而安理会第 1624 号决议中使用的是“吁请”（to call upon），其为劝诫性的措辞，因而并没有创设具有约束

---

① Declaration on Principles of International Law concerning Friendly Relations and Co-operation among States, in Accordance with the Charter of the United Nations, Annex to UN General Assembly Resolution 2625（XXV）, *UN Doc.* A/RES/25/2625；UN General Assembly Resolution 40/61, *UN Doc.* A/RES/40/61, para. 6；Declaration on Measures to Eliminate International Terrorism, Annex to UN General Assembly Resolution 49/60, *UN Doc.* A/RES/49/60, para. 5（a）.

② UN General Assembly Resolution 59/195, *UN Doc.* A/RES/59/195, para. 12；Declaration to Supplement the 1994 Declaration on Measures to Eliminate Terrorism, Annex to General Assembly, Resolution 59/210, *UN Doc.* A/RES/51/210, para. 2.

③ Plan of Action, Measures to Address the Conditions Conductive to the Spread of Terrorism, para. 4, Annex to General Assembly Resolution 60/228, The United Nations Global Counter-terrorism Strategy, *UN Doc.* A/RES/60/228.

④ UN Security Council Resolution 1373, *UN Doc.* S/RES/1373（2001）, para. 5.

⑤ *Legal Consequences for States of the Continued Presence of South Africa in Namibia*（*South West Africa*）*notwithstanding Security Council Resolution* 276, 21 June 1971, International Court of Justice, Advisory Opinion, *ICJ Rep.* 1971, para. 114.

力的义务。[1] 但是,反恐怖主义委员会将监督决议的执行情况,[2]这也就在实践中对成员国施加了遵循决议的影响力。[3]

由于安理会第1624号决议没有对煽动进行定义,因而仍不清楚煽动行为是否也包括间接煽动。一方面,煽动可能包括直接和间接煽动;另一方面,序言部分对煽动和颂扬恐怖主义作了明确区分,也表明安理会并未将两个概念等同。[4] 此外,国际刑法中煽动行为的一般含义要求直接和明确地鼓励实施一个罪行。[5] 因此,颂扬恐怖主义的行为似乎无法被煽动恐怖主义所包含。[6] 但无论如何,煽动均被认为是针对不特定人以及公众的表达。[7]

安理会第1624(2005)号决议似乎不要求在煽动行为和实际发生恐怖活动结果之间具有因果关系。[8] 这对于直接煽动实施恐怖主义犯罪是合理的,但对于间接煽动则存在一些问题,因为在这样的标准之下,所有在一定程度上支持恐怖分子及其行为的言论都有可能成立犯罪,即便这些言论可能本身并不会增加恐怖活动发生的可能性。[9] 在这方面,联合国秘书长和特别报告员要求煽动恐怖主义必须制造一种

---

① See A. Conte, *Human Rights in the Prevention and Punishment of Terrorism* (Heidelberg, Springer, 2010), p. 451.

② UN Security Council Resolution 1624 (2005), *UN Doc.* S/RES/1624 (2005), para. 5; UN Security Council Resolution 1963 (2010), *UN Doc.* S/RES/1963 (2010).

③ See I. Roele, "Disciplinary Power and the UN Security Council Counter Terrorism Committee", (2014) 19 *J. Conf. Sec. L.* 49.

④ See Y. Ronen, "Incitement to Terrorist Acts and International Law", (2010) 23 *Leiden J. I. L.* 663.

⑤ See A. Cassese. *International Criminal Law* (Oxford, Oxford UP, 2003), p. 218.

⑥ See D. Barak-Erez and D. Scharia, "Freedom of Speech, Support for Terrorism, and the Challenge of Global Constitutional Law", (2011) 2 *Harvard Nat. Sec. J.* 21.

⑦ See B. van Ginkel, "Incitement to Terrorism: A Matter of Prevention or Repression", *ICCT Research Paper*, 2011, p. 19.

⑧ See Y. Ronen, "Incitement to Terrorist Acts and International Law", (2010) 23 *Leiden J. I. L.* 667.

⑨ See B. van Ginkel, "Incitement to Terrorism: A Matter of Prevention or Repression", *ICCT Research Paper*, 2011, p. 19.

危险，即所主张的行为可能实现。① 最后，安理会第1624(2005)号决议对主观犯意(mens rea)没有作出明文规定。因此由于安理会第1624号决议的不确定性，使得联合国成员国在执行决议时有相当大的自由裁量权，也就导致了实践中执行上的分歧。②

(三)欧洲和欧盟对煽动恐怖主义的犯罪化

煽动恐怖主义首先是在欧洲层面上提出的。《防止恐怖主义公约》第5条第2款规定，各国必须将公开煽动恐怖主义罪行规定为犯罪。《防止恐怖主义公约》第5条第1款对公开煽动的定义作出了有价值的规定，即“带有煽动实施恐怖主义犯罪意图的，以向公众发布信息或其他方式使信息处于可获取的状态，该行为无论是否直接鼓吹恐怖主义犯罪，只要导致其鼓吹的一个或多个行为有实现的危险即可。”这一对煽动的定义主要依据《网络犯罪公约附加议定书》第3条。此外，在欧盟委员会公约和安全理事会第1624(2005)号决议的推动下，欧盟通过了委员会第2008/919/JHA号框架决议，其中包含实质基本相同的关于煽动恐怖主义的定义。③ 这一定义为近期通过的欧盟第2017/541号指令第5条中公开鼓吹恐怖主义的概念界定提供了蓝图，该条要求成员国将下述行为规定为犯罪，即“带有煽动‘恐怖主义罪行’(a terrorist offence)的意图，通过线上或线下等任何方式，以发布或任何其

① See UN Secretary-General, “The Protection of Human Rights and Fundamental Freedoms While Countering Terrorism”, *UN Doc.* A/63/337, para. 61; Report of the Special Rapporteur on the Promotion and Protection of Human Right and Fundamental Freedoms While Countering Terrorism, UN Doc. A/HRC/16/51, p. 16; Report of the Special Rapporteur on the Promotion and Protection of the Right to Freedom of Opinion and Expression UN Doc. A/66/290, para. 34.

② See Counter-terrorism Committee Executive Directorate, “Global Survey on the Implementation by Member States of Security Council Resolution 1624 (2005)”, *UN Doc.* S/2012/16, para. 96; the country reports are available at www. un. org/sc/ctc/resources/assessments/.

③ Art 1(1) Council Framework Decision 2008/919/JHA.

他方式使信息处于公众所能获得的状态，其中该行为直接或间接鼓吹实施恐怖主义罪行，如通过美化恐怖主义行为的间接鼓吹，从而导致所鼓吹的一项或多项罪行有被实施的危险”。

《防止恐怖主义公约》和欧盟第2017/541号指令并未将煽动的范围限定为直接煽动，而是也将间接煽动包含在内，诸如对恐怖主义进行颂扬、辩解的行为。① 但其时常会受到因果关系要求的限制：直接或间接煽动恐怖主义行为必须导致一项或多项所煽动的犯罪有被实施的危险。判断结果取决于所使用的措辞、发言者和受众的性质以及背景环境；此外，还必须考虑言论可能造成的危险的严重性和确定性。② 但是，煽动恐怖主义行为并不要求所煽动的犯罪实际发生，因为根据《防止恐怖主义公约》和指令，煽动是一种未完成罪。③ 此外，根据这一定义，煽动恐怖主义行为必须要公开进行，私下进行的煽动行为并不包括在内。④ 最后，《防止恐怖主义公约》和指令中煽动行为的主观要件要求煽动者明知且故意，并且煽动者还需要具有煽动他人实施恐怖主义犯罪的特定目的，⑤这就要求煽动者本身具有恐怖主义所要求的特定意图。⑥

---

① See Council of Europe, “Explanatory Report to the Council of Europe Convention on the Prevention of Terrorism”, paras. 94 – 96, at https://rm.coe.int/16800d3811; Recital (10) and Art 5 Directive (EU) 2017/541.

② See Council of Europe, “Explanatory Report to the Council of Europe Convention on the Prevention of Terrorism”, para. 100; Recital (10) Directive (EU) 2017/541.

③ Art 8 Convention on the Prevention of Terrorism; Art 13 Directive (EU) 2017/541.

④ See J.-P. Laborde and M. DeFeo, “Problems and Prospects of Implementing UN Action against Terrorism”, (2006) 4 *JI. Crim. Just.* 1097; Y. Ronen, “Incitement to Terrorist Acts and International Law”, (2010) 23 *Leiden J. I. L.* 666.

⑤ See European Commission, “Proposal for a Directive of the European Parliament and the Council on Combating Terrorism and Replacing Council Framework Decision 2002/475/JHA on Combating Terrorism”, COM(2015) 625 final, p. 16.

⑥ See Y. Ronen, “Incitement to Terrorist Acts and International Law”, (2010) 23 *Leiden J. I. L.* 669; B. van Ginkel, “Incitement to Terrorism: A Matter of Prevention or Repression”, *ICCT Research Paper*, 2011, p. 14.

三、国家法律制度下的煽动恐怖主义

安理会第1624(2005)号决议缺少国际层面上对于煽动恐怖主义的定义,这使联合国成员国在其国内刑法中界定相关定义时具有一定的自由裁量权。尽管欧洲在相关区际文件中对于煽动恐怖主义定义进行了规定,但《防止恐怖主义公约》、理事会第2008/919/JHA号框架决议以及欧盟第2017/541号指令并没有要求各国在其国内法中引入精确定义,而是仅仅要求将这种行为犯罪化。① 因此,可以预见,煽动恐怖主义犯罪的定义在欧洲层面上也会存在一定的差异。尽管如此,根据各国对煽动恐怖主义行为的处罚仍然可以确定出犯罪的共同要件,这对于形成国际能够普遍接受的统一定义具有十分重要的意义。

(一)中　　国

在中国,有许多法律都对恐怖主义相关犯罪进行了规定。然而关于煽动恐怖主义,2015年11月1日生效的《刑法修正案(九)》才第一次将其规定为具体犯罪。在《刑法修正案(九)》生效之前,煽动恐怖主义行为通常会以组织、领导、参加恐怖组织罪,煽动分裂国家罪,或煽动民族仇恨、民族歧视罪进行处罚。

此外,2016年1月1日生效的《反恐怖主义法》同样规定了煽动恐怖主义行为。不过与《刑法修正案(九)》不同,《反恐怖主义法》是一部行政法,②其主要功能是建立中国的反恐体系,从宏观上规定反恐立

① Council of Europe, "Explanatory Report to the Council of Europe Convention on the Prevention of Terrorism", para. 98.

② 参见赵秉志、牛忠志:《〈反恐怖主义法〉与反恐刑法衔接不足之探讨》,载《法学杂志》2017年第2期。

法的基本规则。[①]《反恐怖主义法》第 79 条和第 80 条规定了煽动恐怖主义的法律责任,任何人宣扬恐怖主义、极端主义,煽动他人实施恐怖活动将依据该法追究刑事责任。[②]《刑法修正案(九)》中对于煽动恐怖主义行为的规定为:"以制作、散发宣扬恐怖主义、极端主义的图书、音频视频资料或者其他物品,或者通过讲授、发布信息等方式宣扬恐怖主义、极端主义的,或者煽动实施恐怖活动……"[③]

这一条款实际上包含了两项罪名,分别为宣扬恐怖主义、极端主义行为以及煽动实施恐怖活动的行为。对于宣扬恐怖主义、极端主义行为而言,其规制的主要行为是对恐怖主义、极端主义相关思想的传播,而不是具体的恐怖活动。要求行为人主观上明知资料中含有恐怖主义或极端主义思想内容的信息,仍然制作或散发该资料。[④] 而对于煽动实施恐怖活动而言,要求行为人明知其煽动行为可能引起他人产生实施恐怖行为的犯罪意图。[⑤] 因此,这两项罪名的主观要件均为直接故意,[⑥]其中煽动实施恐怖活动要求行为人有意识地希望这种煽动将导致或可能导致危险的结果。[⑦]

此外,根据《刑法修正案(九)》,煽动恐怖主义行为既包括直接煽

---

① 参见贾宇:《中国反恐怖主义法教程》,中国政法大学出版社 2017 年版,第 12 ~ 17 页;王爱立:《中华人民共和国反恐怖主义法解读》,中国法制出版社 2016 年版,第 311 ~ 314 页;朗胜、王爱立:《中华人民共和国反恐怖主义法释义》,法律出版社 2016 年版,第 292 页。

② 参见《反恐怖主义法》第 79、80 条。

③ 参见《刑法》第 120 条之三。

④ 参见雷建斌:《〈中华人民共和国刑法修正案(九)〉释解与适用》,人民法院出版社 2015 年版,第 81 页;沈德咏:《〈刑法修正案(九)〉条文及配套司法解释理解与适用》,人民法院出版社 2015 年版,第 95 页。

⑤ 参见沈德咏:《〈刑法修正案(九)〉条文及配套司法解释理解与适用》,人民法院出版社 2015 年版,第 95 页。

⑥ 参见高铭暄、马克昌:《刑法学》(第 7 版),北京大学出版社、高等教育出版社 2016 年版,第 109 ~ 110 页。

⑦ 参见沈德咏:《〈刑法修正案(九)〉条文及配套司法解释理解与适用》,人民法院出版社 2015 年版,第 95 页;赵秉志:《〈中华人民共和国刑法修正案(九)〉理解与适用》,中国法制出版社 2016 年版,第 119 ~ 120 页。

动也包括间接煽动。但是煽动行为只适用于恐怖主义活动，而不适用与极端主义行为。① 直接和间接煽动不必然发生在公共场所：秘密布道、邮寄书籍或使用私人网络聊天室也违反相关规定。② 本罪中，“制作”是指写作、出版、印刷、复制和其他类似行为，而“散发”包括通过人或使用邮件、文本、互联网、通信应用程序等其他方式传播。③ 与恐怖主义有关的资料范围也很广，可以包括报纸，杂志、电子资料、图片、传单、标语、符号、文字、服装、纪念品等，无论这些资料是存在于电话、可移动存储介质、电子阅读器里还是互联网上。④ 此外，间接煽动同样包括对恐怖主义的颂扬和辩护，如对“圣战”的支持行为。⑤

（二）法　　国

《法国刑法典》第 421－2－5 条规定了煽动、颂扬恐怖主义犯罪，其将直接煽动恐怖主义和公开颂扬恐怖主义行为规定为犯罪。这一罪名最早规定在 1881 年 7 月 29 日《新闻自由法》第 24 条中，作为滥用自由的形式之一。在 2014 年，这一罪名从《新闻自由法》中删除，随后被

① 参见雷建斌：《〈中华人民共和国刑法修正案（九）〉释解与适用》，人民法院出版社 2015 年版，第 80 页；沈德咏：《〈刑法修正案（九）〉条文及配套司法解释理解与适用》，人民法院出版社 2015 年版，第 95 页。

② 参见雷建斌：《〈中华人民共和国刑法修正案（九）〉释解与适用》，人民法院出版社 2015 年版，第 81～82 页；沈德咏：《〈刑法修正案（九）〉条文及配套司法解释理解与适用》，人民法院出版社 2015 年版，第 95 页。

③ 参见雷建斌：《〈中华人民共和国刑法修正案（九）〉释解与适用》，人民法院出版社 2015 年版，第 80 页；沈德咏：《〈刑法修正案（九）〉条文及配套司法解释理解与适用》，人民法院出版社 2015 年版，第 95 页；赵秉志：《〈中华人民共和国刑法修正案（九）〉理解与适用》，中国法制出版社 2016 年版，第 119 页。

④ 参见雷建斌：《〈中华人民共和国刑法修正案（九）〉释解与适用》，人民法院出版社 2015 年版，第 81～82 页；沈德咏：《〈刑法修正案（九）〉条文及配套司法解释理解与适用》，人民法院出版社 2015 年版，第 95 页；赵秉志：《〈中华人民共和国刑法修正案（九）〉理解与适用》，中国法制出版社 2016 年版，第 120 页。

⑤ 参见雷建斌：《〈中华人民共和国刑法修正案（九）〉释解与适用》，人民法院出版社 2015 年版，第 81～82 页。

纳入《法国刑法典》之中。这样做的原因主要是煽动、颂扬恐怖主义的行为不再仅仅被视为对新闻或表达自由的侵犯,而被认为是恐怖活动的根源。因而应当根据《法国刑事诉讼法典》的一般原则及其中所载的针对恐怖主义的特别调查方法对这些行为进行起诉,而这些方法是调查与新闻有关的犯罪行为时所不允许的。①

法国刑法中的煽动恐怖主义只包括直接煽动行为,对于煽动结果如何在所不问。此外,根据法条内容,无论是公开还是私下,只要是直接煽动行为,均构成犯罪。所有形式的间接煽动都归于颂扬行为,该范围远远大于直接煽动,并且涵盖了对犯罪行为的任何辩解行为。② 在查理·赫布多(Charlie Hebdo)枪击案后,内政部长通告对颂扬行为作出了更加宽泛的定义,“描述或评论恐怖主义时带有赞许的道德评价”也被纳入颂扬恐怖主义的定义中。③ 随后,法国的判例也遵循了部长通告中的更为宽泛的定义。例如,将查理·赫布多枪击案中被击毙的嫌疑人等同于恐怖袭击受害者的行为,就被认定为构成了对恐怖主义的颂扬。④ 此外,在2009年9月11日出生的名为“圣战”(Jihad)的孩子穿着一件一面写着“圣战,9月11日出生”(Jihad, born on 11 September),另一面写着“我是一颗炸弹”(I am a bomb)T恤的行为,

---

① Assemblée Nationale,“Projet de Loi no. 2110 renforçant les dispositions relatives à la lutte contre le terrorisme”, p. 6, www. assemblee-nationale. fr/14/pdf/projets/pl2110. pdf; Assemblée Nationale,“Projet de Loi renforçant les dispositions relatives à la lutte contre le terrorisme, Etude d'impact”, pp. 10 – 11, at www. assemblee-nationale. fr/14/pdf/projets/pl2110-ei. pdf.

② Assemblée Nationale,“Projet de Loi renforçant les dispositions relatives à la lutte contre le terrorisme, Etude d'impact”, p. 43, at www. assemblee-nationale. fr/14/pdf/projets/pl2110-ei. pdf.

③ Ministère de Justice,“Principales qualifications susceptibles d'être retenues en matières de racisme, de discrimination, de provocation au terrorisme et d'apologie du terrorisme”, at http://www. justice. gouv. fr/publication/circ _ 20150113 _ infractions _ commises_suite_attentats201510002055. pdf.

④ Cour de cassation, Chambre criminelle, Judgment of 25 April 2017, N° 16 – 83. 331.

同样被认为是一种颂扬恐怖主义行为。①

《法国刑法典》第421－2－5条所规定的煽动行为既包括私下煽动,也包括公开煽动,煽动的适用范围包括不对公众开放的网络论坛,但对于颂扬行为只有公开时才被认定为犯罪。② 而对于"公开"的界定也十分宽泛:在显示出公开颂扬意图的情况下,高声发出颂扬的言论就足够了。③ 即使在囚犯运输和在法庭监狱中只有警察在场的情况下,高声支持恐怖主义同样满足公开颂扬的要求。④ 此外,在公开场合衣服里穿着美化恐怖袭击的T恤也构成颂扬恐怖主义。⑤ 法国国内法中并不要求直接煽动和颂扬必须导致危险的产生,这就使法国对于煽动恐怖主义的规定比《防止恐怖主义公约》和欧盟第2017/541号指令中的相关定义更为宽泛。对于主观犯意,《法国刑法典》要求煽动者煽动他人实施特定犯罪。也就是说,煽动行为中必须包含煽动犯罪的相关要件。⑥ 因此,煽动恐怖主义要求行为人具有煽动他人实施恐怖犯罪的意图,这意味着煽动者同时必须具有其所煽动的恐怖主义犯罪的犯罪意图。而颂扬恐怖主义,则不需要特定意图,只要行为人存在有意公开为恐怖袭击辩护的事实就足够了,即使行为人实际上并没有美化恐怖活动的目的。⑦

---

① Cour de cassation, Chambre criminelle, Judgment of 17 March 2015, N° 13－87.358.

② Assemblée Nationale, "Rapport fait au nom de la commission des lois constitutionelles, de la législation et de l'administration générale de la République sur le projet de loi (No. 2110), renforçant les dispositions relatives à la lutte contre le terrorisme", No. 2173, p. 25, at www.assemblee-nationale.fr/14/pdf/rapports/r2173.pdf.

③ Cour de cassation, Chambre criminelle, Judgment of 11 July 2017, N° 16－86.965.

④ Cour de cassation, Chambre criminelle, Judgment of 11 July 2017, N° 16－86.965.

⑤ Cour de cassation, Chambre criminelle, Judgment of 17 March 2015, N° 13－87.358.

⑥ Assemblée Nationale, "Projet de Loi renforçant les dispositions relatives à la lutte contre le terrorisme, Etude d'impact", p. 43.

⑦ Cour de cassation, Chambre criminelle, Judgment of 25 April 2017, N° 16－83.331.

(三)西 班 牙

《西班牙刑法典》第18条将直接煽动行为规定为犯罪,并且将直接煽动定义为通过报刊、广播或其他类似有效通信手段或在面对人群时的煽动行为。同条也对颂扬行为进行了规定,将颂扬行为定义为:面对人群或通过任何通信手段赞美犯罪或颂扬犯罪者的思想或学说的表达。其中颂扬行为只是作为煽动的一种形式,并且要求其自身性质或所处环境必须达到直接煽动的要求。① 煽动行为也只有在刑法中明确规定对某一特定犯罪的煽动可处罚的前提下才能进行惩罚。②《西班牙刑法典》第18条中规定的煽动必须是直接的,不包含含糊、不精确或不确定的煽动。当公开指示某人实施某项特定、具体犯罪时,就可认定为直接煽动,同时煽动还必须有足够的可能性引起被煽动的犯罪的实施。③

《西班牙刑法典》第579条对于煽动恐怖主义进行了更广义的规定。第579条第1款主要规定的是通过互联网或其他大众传媒手段进行煽动,其主要目的在于打击伊斯兰极端主义。④ 其中规定了两种公开传播的犯罪形式,分别为公开传播旨在煽动他人实施恐怖活动的信

---

① Tribunal Supremo, Salo de lo Penal, Recurso No. 10071/2017, Sentencia, 5 July 2017, p. 38, at http://www. poderjudicial. es/search/index. jsp; J. Bernal del Castillo, "Enaltecimiento del Terrorismo y la Humillación a Sus Víctimas como Formas del 'Discurso del Odio'", 2016 *Rev. Der. Pen. Crim.* No. 16, p. 18; J. Bernal del Castillo, "Actos Preparatorios y Provocación al Terrorismo", (2017) *Cuadernos de Políca Criminal* 2017, No. 122, p. 7 and p. 11.

② Article 18(2) Criminal Code.

③ S. Barber Burusco, "Del Delito de 'Difusión' o 'Propaganda' Terorista a la Desmesurada Expansión de la Punición de Actos Preparatorios", (2015) *Cuadernos de Política Criminal*, No. 116, pp. 45 – 46.

④ J. Bernal del Castillo, "Actos Preparatorios y Provocación al Terrorismo", (2017) *Cuadernos de Políca Criminal*, No. 122, pp. 35 – 36.

息或口号以及公开传播内容为煽动他人实施恐怖主义罪行的信息或口号。① 这两者的区别在于,前一种煽动形式与信息的内容无关,即使内容本身不包含煽动类语言,如果其传播信息的目的在于煽动,仍然可以被视为煽动。在这种情况下,就需要对行为人主观目的进行证明,即通过传播信息来实现煽动的目的。②《西班牙刑法典》第579条第2款则规定了另外一种形式的煽动恐怖主义犯罪:公开或在一群具有一致想法的人面前煽动恐怖主义犯罪(incitement in public or before a concurrence of persons to commit a terrorist offence)。第579条第1款要求煽动是通过信息传播进行的,但第2款所规定的煽动方式并不要求这一要素,只需要煽动者在公开场合或者在一群"志同道合"的人面前进行表述即可。③ 最后,《西班牙刑法典》第579条第3款规定了上述两款规定的煽动行为不适用于《西班牙刑法典》中规定的其他具体煽动犯罪。

在西班牙国内法中,将煽动恐怖主义视为恐怖主义犯罪的预备行为。④ 尽管西班牙最高法院(Tribunal Supremo)认为在任何情况下煽动都必须是直接的,即必须去煽动实施一个特定的恐怖主义犯罪,⑤但

---

① S. Barber Burusco, "Del Delito de 'Difusión' o 'Propaganda' Terorista a la Desmesurada Expansión de la Punición de Actos Preparatorios", (2015) *Cuadernos de Política Criminal*, No. 116, p. 58.

② S. Barber Burusco, "Del Delito de 'Difusión' o 'Propaganda' Terorista a la Desmesurada Expansión de la Punición de Actos Preparatorios", (2015) *Cuadernos de Política Criminal*, No. 116, p. 58.

③ J. Bernal del Castillo, "Actos Preparatorios y Provocación al Terrorismo", (2017) *Cuadernos de Políca Criminal*, No. 122, p. 38.

④ J. Bernal del Castillo, "Enaltecimiento del Terrorismo y la Humillación a Sus Víctimas como Formas del 'Discurso del Odio'", (2016) *Rev. Der. Pen. Crim.*, No. 16, p. 36; J. Bernal del Castillo, "Actos Preparatorios y Provocación al Terrorismo", (2017) *Cuadernos de Políca Criminal*, No. 122, p. 36.

⑤ Tribunal Supremo, Salo de lo Penal, Recurso No. 10071/2017, Sentencia, 5 July 2017, p. 38, at http://www.poderjudicial.es/search/index.jsp.

学者认为第579条第1款和第2款中也包含了间接煽动。[①] 根据《西班牙刑法典》第579条,煽动是一个预备行为且必须以实施恐怖主义犯罪为目的,因此行为人必须具有煽动他人实施恐怖主义罪行的特定意图。这就要求煽动者必须具有相关恐怖主义犯罪的意图。如果煽动行为导致所煽动犯罪的实施,则实施挑唆的行为人以教唆犯起诉,[②]按正犯定罪。[③]

《西班牙刑法典》第578条第1款对颂扬恐怖主义罪行的定罪比《西班牙刑法典》第18条对颂扬的定罪更为灵活,[④]将其规定为独立犯罪,而不是预备行为。[⑤] 该条款禁止通过任何形式的公开或交流方式为恐怖犯罪、恐怖分子进行任何美化或辩解,或是对恐怖犯罪的受害者及其家属进行诋毁、侮辱。第578条第1款实际上规定了两种行为:颂扬恐怖主义行为、恐怖分子或为其辩解的行为,以及侮辱恐怖主义罪行的受害者或其家属的行为。[⑥] 前者的目的是保护社会免遭恐怖主义犯罪的危险,而后者则保护恐怖主义行为的受害者免遭羞辱,不论其是否存在危险。[⑦] 因此,后一罪行与上下文中的煽动恐怖主义并不相关。第578条第1款并不要求辩解或颂扬恐怖主义的行为构成直接煽动实

① J. Bernal del Castillo, "Actos Preparatorios y Provocación al Terrorismo", (2017) *Cuadernos de Políca Criminal*, No. 122, pp. 38 – 39; S. Barber Burusco, "Del Delito de 'Difusión' o 'Propaganda' Terorista a la Desmesurada Expansión de la Punición de Actos Preparatorios", (2015) *Cuadernos de Política Criminal*, No. 116, p. 60.

② Art 18(2) Criminal Code.

③ Art 28 Criminal Code; "Report of Spain on the Implementation of Security Council Resolution 1624 (2005) on Further Measures to Combat Terrorism", *UN Doc.* S/2007/164, p. 2.

④ "Report of Spain on the Implementation of Security Council Resolution 1624 (2005) on Further Measures to Combat Terrorism", *UN Doc.* S/2007/164, p. 2.

⑤ J. Bernal del Castillo, "Actos Preparatorios y Provocación al Terrorismo", (2017) *Cuadernos de Políca Criminal*, No. 122, p. 13 and p. 16.

⑥ "Report of Spain on the Implementation of Security Council Resolution 1624 (2005) on Further Measures to Combat Terrorism", *UN Doc.* S/2007/164, p. 3.

⑦ Tribunal Supremo, Salo de lo Penal, Recurso No. 46/2017, Sentencia, 25 July 2017, p. 3, at www. poderjudicial. es/search/index. jsp.

施恐怖主义犯罪，而只是一般性地禁止这种为恐怖主义辩解或赞美的行为，但是如果这种颂扬或赞美构成直接煽动恐怖主义的要求，则应当以《西班牙刑法典》第579条的规定进行处理。① 由此可见，在西班牙的法律中，对于恐怖主义或恐怖分子的辩解及颂扬，并不被认为是一种恐怖主义犯罪。②

关于煽动恐怖主义犯罪的客观要件，首先，必须具有颂扬或者辩解的语言或行为。所谓颂扬就是赞美或称赞，赞美某人或某事的品质或优点；辩解意味着将明显的犯罪行为证明为合法且正当。其次，颂扬或辩解的对象是《西班牙刑法典》第571～577条所包含的恐怖主义罪行，或任何参与执行了这些犯罪的人。这些颂扬或辩解的内容无须明确指出是针对哪一个或哪些特定的人，只要指向一个犯罪团体即可。最后，颂扬或辩解的行为可以通过任意的方式进行表达或散布，诸如报刊或公开演讲等。③ 西班牙宪法法院还在判例中增加了对于危险要素的考量，以满足宪法、人权法和欧盟法的相关要求。这里的危险要素同时还包括了对于第三人人身、第三方权利或者整个自由体系可能造成的危险。④ 当审视这种危险是否已经现实化时，必须考虑具体情况，如信息的制作者和接受者，以及行为所处的环境。对于危险的严重性和可能性也应当予以考虑。⑤ 西班牙最高法院也将怖主

① Tribunal Supremo, Salo de lo Penal, Recurso No. 46/2017, Sentencia, 25 July 2017, p. 3.

② Tribunal Supremo, Salo de lo Penal, Recurso No. 10071/2017, Sentencia, 5 July 2017, pp. 37－38.

③ Tribunal Supremo, Salo de lo Penal, Recurso No. 10071/2017, Sentencia, 5 July 2017, p. 37.

④ Tribunal Constitucional, Sentencia 112/2016, 28 July 2016, paras. II. 3-II. 4, at hj. tribunalconstitucional. es/en/Resolucion/Show/25026.

⑤ Tribunal Supremo, Salo de lo Penal, Recurso No. 8/2017, Sentencia, 25 May 2017, p. 6, at www. poderjudicial. es/search/index. jsp.

义行为所能产生的危害纳入考量之中。[①] 对于主观要件,行为人必须明知其传播的信息载有对恐怖主义犯罪或恐怖分子的颂扬或辩解,并且持故意态度。[②]

(四)英　国

英国相关立法中已经规定了可以对恐怖主义的宣传行为进行处罚,[③]但在《反恐怖主义法2006》(Terrorism Act 2006)第1节中,进一步将鼓励恐怖主义的行为(encouragement to terrorism)列为具体罪行。在《反恐怖主义法2006》颁布后,恐怖主义罪[④]与恐怖主义相关行为[⑤]的定义中都纳入了鼓励恐怖主义行为。

根据《反恐怖主义法2006》第1节的规定,煽动恐怖主义是指任何"可能为公众中的部分或全部理解为直接或间接鼓励、诱导他们实施、筹备或教唆他人实施恐怖主义或触犯公约规定的罪行的言论"。[⑥] 犯罪的物质要件包括言论的发表,其中言论的发布是指以任何方式向公众发布,或以电子方式提供使公众能访问到该言论的任何服务,或利用

① Tribunal Supremo, Salo de lo Penal, Recurso No. 8/2017, p. 6, at www. poderjudicial. es/search/index. jsp; Tribunal Supremo, Salo de lo Penal, Recurso No. 46/2017, p. 5, at www. poderjudicial. es/search/index. jsp.

② Tribunal Supremo, Salo de lo Penal, Recurso No. 1619/2016, p. 6, at www. poderjudicial. es/search/index. jsp; Tribunal Supremo, Salo de lo Penal, Recurso No. 1998/2016, 29 March 2017, p. 10, at www. poderjudicial. es/search/index. jsp.

③ Section 12, Section 57 and 58 Terrorism Act 2000; Section 2 Terrorism Act 2006. C. Walker, "The War of Words with Terrorism: An Assessment of Three Approaches to Pursue and Prevent", (2017) 22 *J. Conf. Sec. L.* 529 – 534.

④ S 27(1)(d) Counter-Terrorism Act 2008.

⑤ S 4(1)(c) Terrorism Prevention and Investigation Measures Act 2011; Schedule 1, S 1(1)(10)(c) Counter-Terrorism and Security Act 2015.

⑥ "Convention offences" refer to specified offences in Schedule 1 or equivalent offences under the law of a country or territory outside the United Kingdom: S 20(2) Terrorism Act 2006.

他人以电子方式向其提供的服务,以使公众能够或更便利地接触到该言论。[①] 因此,发布的行为不仅包括发出言论的人,也同样可以包括网络服务提供者和拥有论坛和留言板的网站运营者。[②] 言论则是指"任何内容的传递,包括没有语言的声音、图像或两者兼而有之"。[③] 言论必须向公众发表,如果言论在会议上发表,则该会议必须向大众开放。[④] 因此,私人的谈话被排除在该罪行范围之外。[⑤] 但是,这一罪名并不要求公众成员中的大多数被成功煽动,只要"某些"成员被成功煽动就已足够,而对于数量并没有特定的要求,从一名到所有成员均可。[⑥] 对于什么样的言论会被认定为鼓励恐怖主义言论这一问题,取决于言论内容的整体及其发表时的情况和发布时所采用的方式。[⑦] 英国的刑法并不要求这种鼓励行为会造成恐怖活动实际发生的危险。[⑧] 对于该罪的主观要求则非常宽泛,只需要行为人希望被煽动者直接或间接地受其言论的鼓励或诱导,从而准备或实施所煽动的恐怖主义行为,或者行为人放任其言论产生上述效果即可。[⑨] 此处的"放任"要求行为人意识到其言论具有产生鼓励恐怖主义的危险,而依据当时他已知的情况仍去制造这种危险。[⑩] 然而,对于放任的情形,被告可以证明发表的言论并没有表达出他的观念或者不是他所支持的,且在当时的

---

① S 20(4) Terrorism Act 2006.

② A. Hunt, "Criminal Prohibitions on Direct and Indirect Encouragement of Terrorism", (2007) *Crim. L. Rev.* 444.

③ S 20(6) Terrorism Act 2006.

④ S 20(3) Terrorism Act 2006.

⑤ C. Walker, *Terrorism and the Law*, Oxford, Oxford UP, 2011, p. 365.

⑥ C. Walker, *Terrorism and the Law*, Oxford, Oxford UP, 2011, p. 366.

⑦ S 1(4) Terrorism Act 2006.

⑧ House of Lords & House of Commons, Joint Committee on Human Rights, "Third Report of Session 2005 – 06, Counter-Terrorism Policy and Human Rights: Terrorism Bill and Related Matters, HL Paper 75 – I/HC 561 – I", para. 34.

⑨ S. 1(2)(b) Terrorism Act (2006).

⑩ Home Office, "The Terrorism Act 2006", at https://www.gov.uk/government/publications/the-terrorism-act-2006.

环境下该言论没有表达出他的观念或者不是他所支持的是显而易见的。[①]

《反恐怖主义法2006》第1(1)节中同时规定了直接和间接鼓励。虽然没有对什么是间接鼓励进行明确界定,但在第1(3)节指出了包含颂扬恐怖主义,“颂扬”的概念在《反恐怖主义法2006》第20(2)节中被定义为包括“赞扬或庆祝”。第1(3)节进而阐明,颂扬是指可以合理地期待大众将推断在他们所处的环境下去仿效正在被美化的事物是值得称赞的。不像第1(1)节和其他形式的间接煽动,这里的颂扬一个客观的评价,并不要求受众实际上相信所赞美的内容。[②] 此外,这一条还将对于古代历史上恐怖主义行为的颂扬行为排除在外,因为这些对历史中恐怖主义的赞美不大可能导致人们因此在现有的环境中效仿进行恐怖活动。其他的没有明确刺激内容的间接煽动行为,则不要求任何可以被效仿的条件。[③] 尽管如此,言论本身虽然是间接的,但仍必须包含鼓励内容,仅仅具有鼓励效果的言论并不属于《反恐怖主义法2006》第1节的范围。[④] 因此,间接煽动必须至少是含蓄地煽动他人从事恐怖主义行为。[⑤] 这一做法与普通法相符,尽管未认定间接煽动,但在一些具体情况下会对鼓励进行扩张解释。[⑥] 例如,在马洛案(Marlow)中,上诉法院认为,一本解释如何种植大麻但并未鼓励实施违法行为的书同样构成对实施该犯罪的鼓励。[⑦] 同样,刊登侦测警察扫描仪的广告也会被认为是鼓励实施超速罪。[⑧] 因此,英国反恐法中对于鼓励的宽

① S. 1(6) Terrorism Act 2006.

② See J. Keiler, “Terrorist Speech and the Criminal Law-A Comparative Analysis”, (2017) 25 *Eur. J. Crime. Crim. L. & Crim. Just.* 243.

③ See C. Walker, *Terrorism and the Law*, Oxford, Oxford UP, 2011, p. 368.

④ See A. Hunt, “Criminal Prohibitions on Direct and Indirect Encouragement of Terrorism”, (2007) *Crim. L. Rev.* 452 – 453.

⑤ See A. Hunt, “Criminal Prohibitions on Direct and Indirect Encouragement of Terrorism”, (2007) *Crim. L. Rev.* 453 – 454.

⑥ See C. Walker, *Terrorism and the Law*, Oxford, Oxford UP, 2011, p. 368.

⑦ *R v. Marlow*, (1997) EWCA Crim 1833.

⑧ *Invicta Plastics Ltd. v. Clare*, (1976) Crim. L. R. 131.

泛定义使其能够将间接煽动行为包含在内,只要该鼓励的言辞或行为能够构成他人实施相关犯罪的积极步骤即可,①但是这里所说的间接煽动并不包含颂扬行为在内。在任何情况下,仅仅表达出理解或解释恐怖主义的行为都不构成间接鼓励。②

(五)美　　国

在美国,宪法第一修正案对言论自由的强力保障限制了对煽动恐怖主义行为的犯罪化。最高法院在布兰登堡诉俄亥俄州(*Brandenburg v. Ohio*)一案的判例中指出,"宪法对言论自由和新闻自由的保障不允许某一个州禁止或排斥倡导使用武力或违背法律,除非这种倡导意在煽动或制造迫在眉睫的不法行为,且该行为有可能被煽动或实施"。③这一判例导致大多数对恐怖主义的美化或辩解行为不能在美国被起诉。只有在演讲者意欲煽动迫在眉睫的不法行为时才能被起诉,相关言论必须有可能煽动成功,此外不法行为则必须具有迫在眉睫发生的可能性。④ 所谓迫在眉睫,是指该煽动可能导致立即发生不法行为,因此,在一天或几天或几周后的不确定时间里煽动起来的不法行为则超出了布兰登堡诉俄亥俄州案所确立的范围。⑤ 因此,若以写作进行煽动实际上是不可能满足严格的布兰登堡标准中的迫在眉睫这一要求

---

① *R v. Marlow*,(1997)EWCA Crim 1833.

② See D. McKeefer,"The Human Rights Act and Anti-terrorism in the UK: One Great Leap forward by Parliament,but are the Courts Able to Slow the Steady Retreat that has followed?",(2018) *Public Law*,January,p. 128.

③ *Brandenburg v. Ohio*,395 U. S. 444,p. 447 (1969).

④ See A. K. Chen,"Free Speech and the Confluence of National Security and Internet Exceptionalism",(2017 – 2018) 86 *Fordham. L. R.* 384.

⑤ *Hess v. Indiana*,414 U. S. 105,pp. 106 – 109 (1973); *NAACP v. Claiborne Hardware Co.*,458 U. S. 886,p. 928 (1982); but see: *People v. Rubin*,158 Cal. Rptr. 488,p. 493 (Cal. Ct. App. 1979); *US. v. Timimi*(1:04cr385,2005).

的。[①] 这意味着,几乎所有的线上煽动行为都不能被起诉,因为在信息发布和被看到之间可能有相当长的一段时间,并且恐怖组织的宣传也更侧重于长期灌输。[②] 而对于煽动行为最终应造成所煽动犯罪具有发生的可能性这一条件,最高法院并没有对这一标准进行详细描述。有学者认为这一标准应近似于合理根据标准(probable cause standard),也就是所煽动的犯罪具有实质的机会或合理的概率会发生。[③] 此外,对于这一原则是否同时适用于公开煽动与私下煽动也是不清晰的。[④] 而这一案件本身,在农场召开的 Ku Klux Klan 会议中也仅有少数三K党成员参加,[⑤]这是否也从一个侧面表明布兰登堡标准并不局限适用于在大众面前倡导暴力。无论如何,这一判例几乎完全否定了禁止为恐怖活动或组织辩解的言论的空间,更不用说禁止煽动或颂扬恐怖主义的行为了。[⑥] 这表明美国并没有颁布立法来响应安理会第1624号决议中关于将煽动恐怖主义规定为犯罪的呼吁。[⑦]

然而在实践中,存在者对煽动恐怖主义进行处罚的替代方案。布兰登堡标准不适用于威胁、引诱、共谋等情形,因而这些行为不受第一

---

① See M. Buchhandler-Raphael, "Over criminalizing Speech", (2014 - 2015) 36 *Cardozo L. R.* 1685.

② See A. K. Chen, "Free Speech and the Confluence of National Security and Internet Exceptionalism", (2017 - 2018) 86 *Fordham. L. R.* 395.

③ See T. Healey, "Brandenburg in Times of Terror", (2009) 84 *NotreDame. L. R* 714 - 715; M. Buchhandler-Raphael, "Over criminalizing Speech", (2014 - 2015) 36 *Cardozo L. R.* 1727.

④ See T. Healey, "Brandenburg in Times of Terror", (2009) 84 *NotreDame. L. R* 722 - 726; R. S. Tanenbaum, "Preaching Terror: Free Speech or Wartime Incitement?", (2006) 55 *Am. U. L. R.* 815 - 819.

⑤ *Brandenburg v. Ohio*, 395 U. S. 444, pp. 445 - 447 (1969).

⑥ See D. Barak-Erez and D. Scharia, "Freedom of Speech, Support for Terrorism, and the Challenge of Global Constitutional Law", (2011) 2 *Harvard Nat. Sec. J.* 16.

⑦ See K. Roach, *The* 9/11 *Effect Comparative Counter-Terrorism* (Cambridge, Cambridge UP, 2009), p. 227.

修正案的保护。[①] 虽然上述这些情形在概念上与煽动不同,但界限并不总是清晰的。在美国诉拉赫曼(*U. S. v. Rahman*)案中,Sheik Omar Ahmad Ali Abdel Rahman 被判为共谋的头目,[②]尽管他主要只是倡导使用武力。[③] 美国第二巡回法庭驳回了拉赫曼援引第一修正案来辩解其行为是基于政治和宗教信仰的上诉,依据是其行为涉及的是共谋使用武力,而不仅仅是倡导使用武力。第二巡回法庭因此认定拉赫曼的言论等同于共谋使用武力和教唆。[④] 关于威胁的情形,如果煽动行为能够构成"真正的威胁"(true threat),而不被认定为"政治夸张"(political hyperbole),[⑤]则同样可以不适用布兰登堡原则。"真正的威胁"是指"演讲者希望将意图实施非法暴力行为的严肃言论传达给某一特定的个体或群体"。[⑥] 例如,在网上发布个人照片和信息,并隐含或明确表示要对这些个体实施暴力,即构成真正的威胁,从而不属于第一修宪法正案所保护的言论的范围。[⑦]

第二种可替代方案是,将相关的支持行为归入"物质支持"(material support)[⑧]罪并进行处罚。在 Holder 诉人道主义法律计划(*Holder v. Humanitarian Law Project*)案中,最高法院认定联邦法律禁止物质支持是符合宪法的,虽然这一判决对于言论进行了限制。"人道主义法律计划"旨在向特定的恐怖组织提供关于如何使用法律和平

---

① See T. Healey, "Brandenburg in Times of Terror", (2009) 84 *NotreDame. L. R* 669; *NAACP v. Claiborne Hardware Co.*, 458 U. S. 886, p. 916 (1982).

② *U. S. v. Rahman*, 189 F. 3d 88 (2nd Circuit, 1999).

③ See T. Healey, "Brandenburg in Times of Terror", (2009) 84 *NotreDame. L. R* 670 - 671.

④ *U. S. v. Rahman*, 189 F. 3d 88, pp. 114 - 115 (2nd Circuit, 1999).

⑤ *Watts v. United States*, 394 U. S. 705, pp. 707 - 708 (1969).

⑥ *Virginia v. Black*, 538 U. S. 343, p. 359 (2003).

⑦ *Planned Parenthood of Columbia/Willamette, Inc. v. American Coalition of Life Activists*, 244 F. 3d 1007 (9th Cir. 2001), rev'd en banc, 290 F. 3d 1058 (9th Cir. 2002); *United States v. Fullmer*, 584 F. 3d 132 (2009); *United States v. Turner*, 720 F. 3d 411 (2013).

⑧ 18 US Code S 2339B(a)(1).

解决争端的培训。最高法院指出，其提供培训并不违宪，除非“在发言者明知其所服从指挥或合作的外国团体是恐怖组织，但仍在该团体指挥下或合作中发表的言论”才能够构成物质支持。① 另外，“与恐怖组织合作”这一要件并不需要直接的联系：在网上张贴“基地”组织资料的英文翻译以及到国外参加恐怖训练营，即使不成功，也属于禁止的物质支持的范围。② 因此，不受恐怖组织指导或未与之合作的宣传活动仍然受到布兰登堡标准的保护。但是，如果相关的煽动、美化、鼓吹是在特定的恐怖组织指导下或合作中进行的，则相关行为就应当被禁止。③

四、国际公认的煽动恐怖主义定义必要性讨论

第三节表明，对于如何将煽动恐怖主义定为刑事犯罪，不同国家存在不同的做法。因此，在国际范围内对这一罪行提出一个被广泛接受的定义并不容易。我们可以以欧洲对这一罪行的定义为起点，但该定义非常广泛，且与欧洲人权法院健全的人权保障机制相平衡，而在全球范围内缺乏这种人权保障的背景。因此，欧洲对煽动恐怖主义的广泛定义可能并不适用于欧洲之外的国家和地区，并且可能会危及言论自由。促进和保护人权和基本自由问题特别报告员将“是否直接(directly)鼓吹恐怖主义”改为“是否明确(expressly)鼓吹恐怖主义”，正是为了保障言论自由。④

---

① *Holder v. Humanitarian Law Project* 561 U. S. 1, p. 21 (2010).

② *United States v. Mehanna*, 735 F. 3d 32, pp. 49 – 50 (1st Cir, 2013).

③ See O. Fiss, "The World We Live In", (2010 – 2011) 83 *Temple. L. R.* 296; A. Tsesis, "Terrorist Speech on Social Media", (2017) 70 *Vanderbilt. L. R.* 673 – 674; L. Zachary, "Terror on Your Timeline: Criminalizing Terrorist Incitement on Social Media through Doctrinal Shift", (2017 – 2018) 86 *Fordham. L. R.* 814; D. S. Han, "Terrorist Advocacy and Exceptional Circumstances", (2017 – 2018) 86 *Fordham. L. R.* 505 – 506.

④ See "Report of the Special Rapporteur on the Promotion and Protection of Human Right and Fundamental Freedoms While Countering Terrorism", *UN Doc.* A/HRC/16/51, para. 30.

除美国外，其他考察的司法区域都在煽动或美化恐怖主义方面进行广泛的沟通。虽然美国保护言论自由，但在一定程度上必须诉诸其他起诉理由，而其他国家则更倾向于保护其社会免受恐怖主义宣传的不利影响。尤其是中国、法国和英国在广义上将煽动和美化恐怖主义行为定为刑事犯罪。西班牙采取了一个美国和其他三国之间的立场，引入美化恐怖主义的风险因素，以保证言论自由权不被过度侵犯，同时不认为不构成直接煽动的美化行为是恐怖主义罪行。

考虑到多元化的国家实践，煽动恐怖主义罪的拟定义可以从其他煽动类犯罪中汲取灵感。可惜对一个国际罪行的煽动行为在国际上很少受到惩罚，因此很难进行类比。不过有一个例外，那就是煽动灭绝种族罪。煽动灭绝种族和煽动恐怖主义有相似之处，因为这两种行为都有必要的先决条件，即通过使目标群体失去人性①来动员犯罪者实施灭绝种族行为或恐怖行为，因此应该以同样的方式来定罪。煽动灭绝种族罪规定在《防止及惩治灭绝种族罪公约》第 3 条（c）项，被定义为一种独立罪名。② 该罪行是一种未完成罪，其要素如下：煽动必须是直接的、公开的、故意的，其特定意图是全部或部分摧毁一个民族、种族、族裔或宗教团体。③ 煽动灭绝种族罪已经被应用于卢旺达问题国际刑事法庭（ICTR），并且法庭已对罪行的要素和范围作了一些解释说明。《欧洲预防恐怖主义公约》和欧盟第 2017/541 号指令对煽动恐怖主义

---

① See UN Secretary-General Kofi Annan, "Uniting against Terrorism: Recommendations for a Global Counter-terrorism Strategy", *UN Doc.* A/60/825, paras. 22 – 23; Y. Ronen, "Incitement to Terrorist Acts and International Law", (2010) 23 *Leiden J. I. L.* 655 – 656.

② Art 25(3)(e) Rome Statute of the International Criminal Court.

③ Art Ⅲ(e) Genocide Convention; *Prosecutor v. Bikindi*, 2 December 2008, ICTR, No. ICTR – 01 – 72 – T, Judgment, para. 419, at www. unictr. org/en/cases/ictr – 01 – 72; *Nahimana et al. v. Prosecutor*, 28 November 2007, ICTR, No. ICTR – 99 – 52 – A, Judgment, paras. 677 – 678, at www. unictr. org/en/cases/ictr – 99 – 52; *Prosecutor v. Kajelijeli*, 1 December 2003, ICTR, No. ICTR – 98 – 44A – T, Judgment and Sentence, paras. 850 – 855 at www. unictr. org/en/cases/ictr – 98 – 44a; *Prosecutor v. Akayesu*, 2 September 1998, ICTR, No. ICTR – 96 – 4 – T, Judgment, paras. 560 – 562, at www. unictr. org/en/cases/ictr – 96 – 4.

的定义同样包含了直接性、公开性和特定意图等要素。它增加了可能发生煽动行为的危险的要求。

(一)直接煽动和间接煽动

煽动恐怖主义最具争议的方面在于煽动是否应限于直接煽动,因为如果包含间接煽动则可能会引起对保障言论自由的担心。正是源于这种担忧,特别在美国,煽动种族灭绝的行为仅限于直接煽动。① 在煽动灭绝种族罪方面,直接煽动被描述为"具体敦促另一个人立即采取行动,而不是仅仅提出模糊或间接的建议"。② 卢旺达国际刑庭(ICTR)拒绝将煽动种族灭绝的间接煽动,如对某些群体的仇恨言论,列入煽动种族灭绝的范围,尽管其承认这种言论助长了一种可能造成种族灭绝的气氛。③ 因此,可以说,在国际层面上,只有直接煽动恐怖主义才应被定为刑事犯罪。这符合安理会第1624(2005)号决议,也符合联合国秘书长和特别报告员关于在打击恐怖主义的同时促进和保护人权和基本自由的意见。④ 对直接煽动的限制也为保护言论自由提供

① See W. A. Schabas, *Genocide in International Law*, *The Crime of Crimes* (Cambridge, Cambridge UP, 2009), pp. 319 – 324.

② "Report of the International Law Commission on the Work of Its Forty-Eighth Session, 6 May – 26 July 1996", *Yearbook of the International Law Commission* 1996, Vol. II (2), p. 22; *Prosecutor v. Akayesu*, 2 September 1998, ICTR, No. ICTR – 96 – 4 – T, Judgment, para. 557.

③ *Prosecutor v. Bikindi*, 2 December 2008, ICTR, No. ICTR – 01 – 72 – T, Judgment, para. 388; *Nahimana et al. v. Prosecutor*, 28 November 2007, ICTR, No. ICTR – 99 – 52 – A, Judgment, paras. 692 – 693.

④ See UN Secretary-General, "The Protection of Human Rights and Fundamental Freedoms While Countering Terrorism", *UN Doc.* A/63/337, para. 61; "Report of the Special Rapporteur on the Promotion and Protection of Human Rights and Fundamental Freedoms While Countering Terrorism", *UN Doc.* A/65/258, para. 30; Counter-terrorism Committee Executive Directorate, Global Survey of the Implementation of Security Council Resolution 1624 (2005) by Member States, *UN Doc.* S/2016/50, para. 19.

了更好的保障，因此，在像美国这样拥有强烈的保护言论自由的传统的国家是可以接受的。另外，将煽动灭绝种族罪限制为直接煽动，并不意味着间接煽动行为不受其他人权公约的惩罚。[①] 同样，间接煽动恐怖主义也同样值得定罪，因为它为激进化和接受恐怖主义作为实现某些目标的正当手段制造了气氛。也正是如此，上述很多讨论过的国家也将间接煽动恐怖主义规定为犯罪。此外，欧洲人权法院也并不认为间接煽动恐怖主义的定罪必然侵犯言论自由的权利。

间接煽动这个难题的解决办法也可能在言论的内容中找到。煽动往往是不明确的，是通过委婉的方式表达出来的。卢旺达刑庭的经验表明，含蓄的语言也同样可能达到直接煽动种族灭绝的效果。煽动是否是直接的也取决于具体的文化和语言内容，作者的立场，环境，以及受众的理解等多个方面的因素。[②] 即使是诗歌语言也不能被排除在外，只要它足够明确就能构成间接的煽动。[③] 欧洲人权法院就采取了类似的做法，该法院不仅会研究煽动行为使用的措辞，而且还会考虑在其发生的背景下，这种措辞是否可能煽动暴力，包括恐怖活动和对恐怖主义行为的辩解或美化之间的地点和时间间隔。[④] 欧洲人权法院同样

---

① Article 20 ICCPR, Article 4 International Convention on the Elimination of Racial Discrimination.

② *Prosecutor v. Bikindi*,2 December 2008,ICTR,No. ICTR－01－72－T,Judgment,para. 387; *Nahimana et al. v. Prosecutor*,28 November 2007,ICTR,No. ICTR－99－52－A,Judgment, para. 701; *Prosecutor v. Kajelijeli*,1 December 2003,ICTR,No. ICTR－98－44A－T,Judgment and Sentence,para. 853; *Prosecutor v. Akayesu*,2 September 1998,ICTR,No. ICTR－96－4－T, Judgment,paras. 557－558.

③ *Prosecutor v. Bikindi*,2 December 2008,ICTR,No. ICTR－01－72－T,Judgment, para. 421.

④ *Zana v. Turkey*,25 November 1997,European Court of Human Rights,No. 18954/91,para. 59; *Sürek v. Turkey*(No. 1),8 July 1999,European Court of Human Rights,No. 26682/95,para. 62; *Leroy v. France*,2 October 2008,European Court of Human Rights,No. 36109/03,para. 45; *Perinçek v. Switzerland*, 15 October 2015, European Court of Human Right,No. 27510/08,para. 234.

也调查了艺术表达形式,这些表达本身并没有被排除在外。[①] 因此,在一定环境之下,并且如果目标受众理解辩护和美化是对恐怖行动的呼吁,那么这种对恐怖主义的辩护和美化实际上很可能相当于直接煽动。在上述研究的国家中,西班牙在将挑衅行为定为犯罪方面即采取了这一立场。因此,如果辩解和美化的行为不能构成直接煽动,建议将其排除在今后煽动恐怖主义罪的国际定义范围之外,以防止过度的起诉,从而保障言论自由权。

(二)公开特征

公开煽动的危险性在于它面向大量受众主张实施暴力行为,使其中的个体更容易响应号召,它同样可能导致群众暴动。[②] 公开煽动的定义是"在公共场所向若干人或一般公众呼吁采取犯罪行为"。[③] 为明确煽动行为的公开特征,卢旺达刑庭充分考虑了煽动行为是否发生在公共场所,是否具有选择性或有范围限制。[④] 同样,煽动恐怖主义也必须是公开的,至少根据《欧洲防止恐怖主义公约》和欧盟第2017年/441号指令的定义是这样的。这意味着,煽动行为必须针对一般受众,而不是特定和有限的受众,演讲的地点通常情况下也必须是广大公众可以进入的。[⑤] 由于煽动恐怖主义经常是通过互联网进行的,当互联网和

---

① *Karata v. Turkey*, 8 July 1999, European Court of Human Rights, No. 23168/94 paras. 49 - 54.

② "Report of the International Law Commission on the Work of Its Forty-Eighth Session, 6 May-26 July 1996", *Yearbook of the International Law Commission* 1996, Vol. Ⅱ (2), p. 22.

③ "Report of the International Law Commission on the Work of Its Forty-Eighth Session, 6 May-26 July 1996", *Yearbook of the International Law Commission* 1996, Vol. Ⅱ (2), p. 22.

④ *Prosecutor v. Akayesu*, 2 September 1998, ICTR, No. ICTR - 96 - 4 - T, Judgment, para. 556.

⑤ See Y. Ronen, "Incitement to Terrorist Acts and International Law", (2010) 23 *Leiden J. I. L.* 667.

社交媒体的使用公开时就会产生问题。根据《欧洲防止恐怖主义公约》的说明报告，通过电子邮件或在聊天室散布的信息就被认定是公开的。[①] 然而，这并不像说明报告所声称的那样清晰明确。因为并非所有的信息都是通过网络或社交媒体向公众传播的，聊天室也并不总是向所有人开放，社交媒体上的信息大多也只能被煽动者的社交网络里的人看到。例如，西班牙一家法院认为，发布在脸书简介和推特上的信息如果并不限于某些用户，而是所有用户都能访问，则可以认定为公开。[②] 相反，如果信息不能被所有用户访问，则结果很可能会有所不同。因此，直接和公开煽动恐怖主义是否包括封闭的在线论坛和受限制的社交网络，这点是值得商榷的。

（三）意　　图

就煽动种族灭绝罪而言，煽动者必须具有灭绝种族的意图，这种意图通常来自言论本身的内容和言论产生的背景。[③] 原因很简单：煽动者的目的是使被煽动着树立起一种这样的意识：他们之所以杀人是因为他们属于一个民族、种族、族裔或宗教团体。同样，欧洲对煽动恐怖主义的定义也要求具备具体的犯罪意图，即煽动实施恐怖主义罪行的意图。因此，煽动者是在蓄意通过煽动他人实施恐怖行为来传播恐惧

---

① Council of Europe, "Explanatory Report to the Council of Europe Convention on the Prevention of Terrorism", para. 104.

② Audiencia Nacional, Sala de lo Penal, 25 May 2015, Sentencia No. 14/2015, SAN 1906/2015, at www. poderjudicial. es/search/indexAN. jsp; Audiencia Nacional, Sala de lo Penal, 15 July 2015, Sentencia No. 30/2015, SAN 2810/2015, at www. poderjudicial. es/search/indexAN. jsp.

③ *Prosecutor v. Bikindi*, 2 December 2008, ICTR, No. ICTR – 01 – 72 – T, Judgment, paras. 419 – 420; *Nahimana et al. v. Prosecutor*, 28 November 2007, ICTR, No. ICTR – 99 – 52 – A, Judgment, para. 677; *Prosecutor v. Akayesu*, 2 September 1998, ICTR, No. ICTR – 96 – 4 – T, Judgment, para. 560.

和威胁。[①] 在上述讨论的将煽动恐怖主义定为刑事犯罪的四个国家中,法国和西班牙遵循欧洲关于挑唆的定义,并要求行为人具有特定意图;而英国要求煽动者具有诱导实施恐怖主义行为的故意或者放任后果发生的主观思想。中国规定了煽动的直接故意:煽动者希望暴力结果的实现,但不需要具有恐怖主义罪行的特定意图。尽管在实践中存在差异,但煽动罪最好将具体意图纳入构成要件之中。煽动者的目的不仅是挑起暴力,而且意图是为了特定的原因实施暴力,即通过散布恐惧、恐吓民众或胁迫政府来推进某些目标。这些目标意在破坏或改变现有的社会、经济或政治秩序。因此,煽动恐怖主义并不包括公开对盲目实施暴力的呼吁;煽动恐怖主义的目标是使恐怖分子的意识形态成为既定秩序的象征,或者向人民施加压力,使恐怖分子的意识形态转变为社会、经济和政治秩序。就这点而言,煽动恐怖主义罪行的人坚持恐怖主义意识形态,通过煽动他人实施犯罪来推进这种意识形态。

(四)因果关系

煽动灭绝种族罪作为一项未完成罪,并不要求煽动导致灭绝种族行为的发生或者十有八九会发生,主要原因是起草者认为煽动灭绝种族行为本身的危险性极大,值得受到刑罚处罚。[②] 另外,对于煽动恐怖主义,必须有造成危险发生的可能性,这符合欧洲人权法院关于这一问题的判例法。[③] 在这点上,《欧洲防止恐怖主义公约》和欧盟第2017/541号指令都指出,煽动必须引起可能实施恐怖行为的危险。尽管如此,中国、法国和英国都不要求此罪具有任何直接或间接煽动的风险。

---

① B. Van Ginkel, *Incitement to Terrorism: A Matter of Prevention or Repression*, *ICCT Research Paper*, 2011, p. 14; Y. Ronen, "Incitement to Terrorist Acts and International Law", (2010) 23 *Leiden J. I. L.* 669.

② *Prosecutor v. Akayesu*, 2 September 1998, ICTR, No. ICTR – 96 – 4 – T, Judgment, para. 562.

③ Council of Europe, "Explanatory Report to the Council of Europe Convention on the Prevention of Terrorism", para. 100.

西班牙对直接煽动不要求任何风险因素，但却在颂扬恐怖主义中提出了风险要求。虽然将煽动恐怖主义的行为限制为直接煽动，并要求特定的犯罪意图，能够起到免于起诉的保护作用，但通过增加一项风险因素，即排除那些虽然具有煽动性，但实际上不会导致恐怖主义罪行的言论，能够进一步保障言论自由的权利。因此，考虑到对恐怖主义罪行的严厉处罚，那些不存在任何伤害风险的煽动行为不应被定为刑事犯罪。

关于对风险要求的实质内容，联合国秘书长提出了比欧洲的定义更为严格的要求，即如果言论"对增加恐怖主义行为发生的实际可能性有直接因果责任"，或者在刑事司法语境中，"可能导致刑事犯罪行为"，那么言论自由就可能受到限制。① 其他国家也提出了类似的标准。② 在上述5个国家中，美国采用了最为严格的风险标准，即煽动行为很可能产生违法行动，而且迫在眉睫。然而，这一严格的标准将排除几乎所有在网上发布的书面资料，而这正是国际社会最关注的。虽然欧洲的定义标准符合欧洲人权法院的判例法，但欧洲法院从未打算建立严格的可能性检测。在确定危险的重要性时，它考虑到了信息的发件人和收件人，以及犯罪的背景。③ 虽然这一标准可能适用于人权保护的语境，但在刑事犯罪的语境下显得过于开放和宽泛，因为几乎任何煽动行为都可能取决于具体情况，而导致煽动行为可能发生的危险。在这方面，对可能性的要求更客观，因此也更具有可预测性，同时排除了那些虽然煽动恐怖主义，但不太可能造成任何损害的言论。

---

① UN Secretary-General, "The Protection of Human Rights and Fundamental Freedoms While Countering Terrorism", *UN Doc.* A/63/337, paras. 61 – 62.

② International Commission of Jurists, "Response to the European Commission Consultation on Inciting, Aiding or Abetting Terrorist Offences", p. 6; "The Johannesburg Principles on National Security, Freedom of Expression and Access to Information, Article 19", p. 9, at www.article19.org/data/files/pdfs/standards/joburgprinciples.pdf.

③ Council of Europe, "Explanatory Report to the Council of Europe Convention on the Prevention of Terrorism", para. 100.

五、总　　结

联合国安理会在对煽动恐怖主义没有明确定义的情况下将其认定为刑事犯罪的呼吁导致了对这一罪行在国家层面的不同解释。即使欧洲在《防止恐怖主义公约》和欧盟第 2017/541 号指令中对"煽动恐怖主义"作出了权威定义,对该罪行的讨论也依然存在分歧。因此,本文探讨了在国际层面上对这一罪行的可能性定义,同时考虑到大范围的刑事定罪可能对人权法造成的破坏,并借鉴了对煽动灭绝种族罪研究中的经验。尽管对煽动恐怖主义行为的禁止并不必然导致违反言论自由权,但在起草罪行定义时,仍应当注意对其范围的限定不能过于宽泛。就这点而言,欧洲的定义过于宽泛以致无法在全球范围内适用,因为在缺少类似欧洲人权法院等人权保护机制的情况下,言论自由权可能会受到过度限制,尤其将间接煽动恐怖主义列入是不合适的。而煽动灭绝种族罪就没有将间接煽动行为包含在内。一个言论是否构成煽动种族灭绝取决于其具体的背景,如文化和语言内容、作者立场、环境状况和受众的理解。而同样的标准可用于确定在当时特定情况下该信息是否导致对煽动恐怖主义行为的直接煽动。本文还得出以下结论:与煽动种族灭绝一样,煽动恐怖主义行为应当具有公开性和特殊意图。此外,煽动恐怖主义的定义还包括因果联系的要求。据此,本文对于煽动恐怖主义提出了以下定义:"向公众散发或以其他方式提供信息,意图煽动恐怖主义罪行,且根据其具体的背景,这种行为构成直接煽动,并可能造成恐怖主义罪行的危险。"

The Offence of Incitement to Terrorism in International Law

Zhang Yi & Sten Idris Verhoeven

[**内容摘要**]联合国安全理事会在第 1624(2005)号决议中呼吁各成员在国内立法中对煽动恐怖主义行为进行规制,并将其视为防止恐怖袭击和打击网络恐怖主义宣传的不可或缺的机制。然而,这一决议

并没有对煽动恐怖主义犯罪的客观和主观要件进行界定。在区域层面，欧洲委员会和欧盟对这一罪行作出了宽泛的定义。国际层面定义的缺失和欧洲层面宽泛的定义引发了对表达自由权的关注。本文将选择一组国家考察其如何对煽动恐怖主义行为进行刑事立法，从而明确该类犯罪的犯罪构成要件并提出立法可能引发的问题。本文同时借鉴煽动灭绝种族罪，并基于对人权的关注和对国家经验的考察，尝试提出煽动恐怖主义罪的定义。

[**关键词**]煽动恐怖主义犯罪；煽动灭绝种族犯罪；国际法

Abstract: In Resolution 1624 (2005) the Security Council called upon Member States to prohibit incitement to terrorism in national law as an indispensable mechanism in preventing terrorist attacks and combating online terrorist propaganda. The resolution did not, however, define the material and mental elements of the crime of incitement to terrorism. At the regional level, the Council of Europe and the EU have provided a broad definition of the crime. The lack of an international definition and the broad definition at the European level raise concerns with regard to the right of freedom of expression. The contribution will examine how incitement to terrorism has been criminalised in a selected group of States in order to determine the key elements of the crime and the problems criminalization raises. The contribution will equally draw inspiration from the crime of incitement to genocide to propose a definition of the crime of incitement to terrorism, taking into account human rights concerns and national experiences.

Keywords: offence of incitement to terrorism; offence of incitement to genocide; international law

准备实施恐怖活动罪研究

赵　远[*]　余　璇[**]

目　　次

一、本罪之立法创制考察
二、本罪之构成特征研析
三、本罪的司法适用界限区分
四、本罪的特殊犯罪形态问题探讨
五、本罪的法定刑设置研析

恐怖活动犯罪的准备行为是社会危害性巨大的恐怖活动犯罪的最开端。将此种犯罪准备行为升格为犯罪实行行为并以独立罪名予以严惩，是我国2015年《刑法修正案(九)》基于法益保护前置理念欲有力防治恐怖活动犯罪的立法新举措，也是当前贯彻对恐怖活动犯罪"打早打小"的反恐刑事政策的一个鲜明体现。对准备实施恐怖活动罪这一崭新的罪名之立法蕴含与司法适用问题进行探讨，是当前我国反恐刑法领域具有重要理论价值和实践意义的课题。

---

* 澳门特别行政区保安司一等高级技术员、法学博士，北京师范大学反恐怖法治研究中心特邀研究员。

** 北京市海淀区人民检察院助理检察员，法学硕士。

一、本罪之立法创制考察

（一）本罪的立法背景与动因

20世纪90年代以来，恐怖主义犯罪的实施方式正在发生剧烈的变化。恐怖分子贸然实施恐怖袭击以宣扬其意识形态、制造恐怖气氛的案件逐渐减少，取而代之的是精心策划、详细布局、组织严密、准备充分的恐怖活动犯罪。

21世纪之初震惊世界的美国“9·11”恐怖袭击事件是人类文明史上最黑暗的时刻之一，也是近几十年来全球影响最大的恐怖袭击事件。这一恐怖袭击事件撞毁了美国经济心脏纽约市的地标建筑——双子塔，并造成2996人死亡、6000余人受伤的重大伤亡结果。而关于财产损失，各方的统计有所出入，联合国的报告中称此次事件给美国所造成的经济损失超过2000亿美元，占2001年美国生产总值的2%；[①]而对全球经济所造成的损害则超过了1万亿美元。[②] 在“9·11”事件发生后近10年，经过长期坚持不懈的追踪，美国情报机构终于锁定了“9·11”事件罪魁祸首“基地”组织领导人本·拉登的藏身之处，美军特种部队采用直升机跨国突袭方式，于2011年5月1日突袭巴基斯坦阿伯塔巴德本·拉登的藏身处，成功地击毙了本·拉登。美国时任总统奥巴马在5月1日当晚的新闻记者会上称这是美国反恐战争以来取得的最大胜利，并表示人们从来没有忘记“9·11”的恐怖袭击事件及遇害者和他们的亲属，呼吁美国人应该永远铭记那个令人感到悲伤也

---

① 参见《联合国报告称“9·11”令美国经济损失2000亿美元》，载中新网香港2001年11月16日报道：http://www.chinanews.com/2001-11-16/26/139178.html，2019年10月20日访问。

② 参见王勇：《“9·11事件”全球经济损失一万亿》，载《国际金融报》2001年9月19日，第1版。

令美国团结的日子。[①] 甚至在十余年后,"9·11"事件的阴云仍未散尽。据纽约邮报报道,截至 2015 年 8 月,"9·11"事件的相关人员中(大部分为救援人员)约有 3700 人被诊断出患有癌症,其中大多数为肺癌且被指出与"9·11"事件中的粉尘及有毒气体吸入直接相关。[②]

"9·11"这种如此难以实施却得以实现并造成巨大危害后果的恐怖袭击事件,当然不会是恐怖分子临时突发奇想而草率为之,其背后必定有周密的计划,而这一计划的制订和准备必定经历了很长的时间。有关调查证明,早在 1993 年纽约世贸中心爆炸案[③]结束后,"9·11"事件的主谋、"基地"组织的重要人物哈利德·谢赫·穆罕默德就开始考虑对美国纽约世贸中心予以再次打击。1993~1996 年,哈利德辗转于苏丹、也门、马来西亚等世界各地的"圣战组织",为"9·11"事件做准备并寻找同盟者。1996 年,"9·11"事件的初步策划已经形成,哈利德前往阿富汗山区与"基地"组织领导人本·拉登碰面商议。又过了两年,哈利德将"9·11"事件的策划推入了具体规划的阶段,他指派"基地"组织的"骨干"分工合作,招募、培训人员,购买武器,了解各航空公司的情况,具体踩点等。"基地"组织和哈利德经过 8 年的详细筹划,最终于 2001 年 9 月 11 日将这一看似天方夜谭的恐怖袭击谋划变为现实。[④]

2009 年以来,我国也连续出现了多起严重的暴恐事件,如 2009 年"7·5"新疆乌鲁木齐暴恐事件,2013 年"10·28"北京天安门金水桥暴恐事件、2014 年"3·1"云南昆明火车站暴恐事件、2014 年"4·30"新疆乌鲁木齐火车站爆炸案等,恐怖组织或恐怖分子在实施这些恐怖袭

---

① 参见中国现代国际关系研究院反恐怖研究中心编、李伟主编:《国际恐怖主义与反恐怖斗争年鉴(2011)》,时事出版社 2012 年版,第 219~241 页。

② See Number of Ground Zero responders with 9/11 – linked cancers hits 3,700, New York Post, 2015. 8. 9.

③ 1993 年 2 月 26 日,纽约世贸中心北座停车场中的一辆汽车爆炸,导致 6 人死亡,1042 人受伤。

④ 参见《"9·11"委员会报告》,赵秉志等译,中国人民公安大学出版社 2004 年版,第 154~162 页。

击之前也都经过了详细的策划和准备。以“3·1”昆明火车站暴恐事件为例,这起暴恐案件发生在2014年3月1日,而恐怖分子对于这次袭击的谋划却早在数月前就开始了。2013年12月,同属一恐怖组织的依斯坎达尔·艾海提等共同谋划在我国多地实施恐怖暴力犯罪,而云南昆明火车站也是该组织准备实施犯罪的地点之一。其后的3个月内,该恐怖组织一边不断完善此次实施恐怖活动犯罪的计划,一边准备工具、发展新成员。2014年2月27日,依斯坎达尔·艾海提等3人因涉嫌偷越国境在云南省红河州沙甸被捕,但他们并没有供述准备袭击昆明火车站的计划。2014年3月1日晚,因联系不上依斯坎达尔·艾海提,阿卜杜热伊木·库尔班等依照原计划实施了昆明火车站暴恐事件。该事件共造成31人死亡、141人受伤的严重后果。①

总之,造成重大危害后果和广泛影响的恐怖事件背后的准备与策划时间,往往长达数月甚至数年。在准备的过程中,恐怖组织与恐怖分子除了制订与商议犯罪计划外,还会准备犯罪工具、寻求与联络同盟者、招募与培训人员,有时甚至还会涉及调研、演练与踩点。若能及时阻断其中的任何一环,都可能及时阻止恐怖袭击的实施,甚至顺藤摸瓜捣毁该恐怖组织。在“严厉打击暴恐犯罪活动”“打早打小”的刑事政策指导下,我国不仅需要从司法层面上加强反恐方面的刑事侦查和追诉工作,还要从立法层面上对准备恐怖活动的犯罪予以有效和有力的防治。而刑法立法上遏制恐怖犯罪之准备活动的一个有力的举措,就是将准备实施恐怖活动的行为升格为实行行为并设立为单独罪名予以惩治,以将其扼杀于萌芽之中。

梳理国家立法机关专家们的有关论述,我国《刑法修正案(九)》决定增设本罪的立法背景暨立法理由,主要有以下三点:一是恐怖活动犯罪一旦发生,其危害和破坏性极大,为将暴恐犯罪活动消灭在萌芽状态,以有效地降低、减少其付诸实施的巨大社会危害与广泛影响,有必要增设本罪,将刑事法网和法益保护前置;二是以往对于实践中出现的

① 参见袁定波:《“3·01”昆明火车站严重暴恐案当庭宣判》,载《法制日报》2014年9月13日,第1版。

“独狼式”恐怖分子和临时结伙的涉恐团伙，难以认定为恐怖活动组织，对于他们实施的涉恐准备活动，难以按照组织、领导、参加恐怖组织罪处理，也难以按照某种具体的恐怖活动犯罪之预备犯处罚或者处罚过轻，为有效、有力地惩处这些涉恐犯罪的预备行为，有必要增设本罪；三是立足于我国反恐怖斗争的实践和现实需要，并借鉴相关国际公约和外国的反恐法治经验，也有必要把为实施恐怖活动犯罪所进行的预备、联络、培训、策划等准备行为单独规定为犯罪。[①]

但是，在对《刑法修正案(九)(草案)》进行第三次立法审议时，有全国人大常委会委员提出：我国刑法总则规定预备犯可以比照既遂犯定罪，并从轻、减轻或免除处罚。本罪拟规定的犯罪行为都属于恐怖活动犯罪的预备行为，因而没有必要单独规定，故建议删除拟设置本罪的条文。[②] 在《刑法修正案(九)》通过并设立本罪后，对于设立本罪的必要性也还有质疑的声音。

笔者认为，我国立法机关设立本罪有其现实的必要性与合理性，主要理由如下：

首先，恐怖主义犯罪是非常严重的犯罪，这类犯罪在世界范围内造成的危害结果都是难以估量的，必须予以严惩。将恐怖活动犯罪的预备行为单独规定并严厉打击，既是我国社会反恐现实的需要，又是加强我国反恐刑事立法的要求，还是贯彻我国当今反恐刑事政策的体现。在 2014 年美国发布的 2013 全球恐怖主义报告(2013 Country Reports on Terrorism)中提出：2013 年全球共发生恐怖袭击 9707 起，造成逾 17,800 人死亡，超过 32,500 人受伤，2990 余人被绑架或劫持为人质。

---

① 参见郎胜：《中华人民共和国刑法释义》(第 6 版)，法律出版社 2015 年版，第 140 页；雷建斌：《〈中华人民共和国刑法修正案(九)〉释解与适用》，人民法院出版社 2015 年版，第 72～73 页；臧铁伟、李寿伟：《〈中华人民共和国刑法修正案(九)〉条文说明、立法理由及相关规定》，北京大学出版社 2016 年版，第 42～43 页；臧铁伟：《中华人民共和国刑法修正案(九)解读》，中国法制出版社 2015 年版，第 36～37 页。

② 参见《中华人民共和国刑法修正案(九)(草案)》参阅资料，第十二届全国人大常委会第十一次会议参阅资料(三)，全国人大常委会办公厅秘书局 2014 年 10 月 23 日编印。

这一数字直观到可怕,但是将2014年与2015年的数据进行对比,更加令人不寒而栗。2015年美国发布的全球恐怖主义报告中,2014年全球共发生13,463起恐怖袭击,造成超过32,700人死亡及34,700人受伤。也就是说,与2013年相比,2014年世界范围内恐怖袭击增加了近40%,而死亡人数则增加了近100%。再回想近年来发生在我国境内的一连串恐怖袭击事件,这一可怕的压力极易造成社会公众人人自危的局面。而由这一原因而造成的社会秩序混乱,间接造成的经济损失更是无法估量。恐怖主义活动的一个重要特点,就是恐怖事件一旦发生,往往就会带来极大的危害,事后的惩罚措施由于其无补救功能,往往使反恐怖斗争陷入被动。刑法的设立应当考虑到社会现实状况以及社会公众所迫切要求保护的法益。"人们之所以要创造出一定的法律命题,是因为现实的社会生活提出了这种要求,如果现实中并不存在这种要求,就不可能为保障其实现而提出法律命题。"①因此,刑法不能仅仅作为一种在恐怖活动发生后的处罚手段,针对一旦实施其危害后果极其严重、社会影响极其广泛的暴恐犯罪活动,刑法还有必要适时提前出击,将恐怖活动犯罪的一些预备行为、帮助行为分离出来单独定罪,以做到对恐怖主义犯罪的"打小打早"。

其次,本罪的设立强化了对重大法益之刑事保护应适当予以前置的理念,而法益保护前置的理念正是当今这一非常时期我国乃至全球的反恐刑法立法趋势之一。法益保护前置的理念早在20世纪90年代初就有学者阐明并加以研究。德国著名学者希尔早在1992年就曾指出:"对于在实害的前一阶段就实行犯罪化以提前预防危险来说,最重要的方法就是确切地提出提前保护的法益,以及在实害的前一阶段上构造出犯罪构成要件的类型。"②实际上,关于预备犯的刑罚规定本就不仅体现了法益保护前置,也体现了刑事处罚的前置。然而,本罪又不

① 参见[日]川岛武宜:《现代化与法》,申政武等译,中国政法大学出版社2004年版,第221页。

② See Kurt Seelmann, Risikostrafrecht, Die Risikogesellschaft und ihresymbolische GesetzgebungimUmwelt-und Bet ubungsmittelstrafrecht, Krit V, 1992, p.453.

是普通的预备犯。在传统刑法理论中,预备犯和实行犯一般适用同一法条定罪量刑。但是,如前所述,恐怖活动犯罪,特别是暴力恐怖活动犯罪在实践中具有极强的社会危害性,事后的惩罚又往往于事无补。一种犯罪,其对国家、社会和公民的威胁和导致灾难的可能性越大,国家权力介入防治的必要性就越高,这就是世界各国为何普遍将恐怖犯罪中的预备行为、帮助行为和关联行为规定为独立的犯罪的根本原因。[①] 而且刑法的威慑性以及特殊预防效果在恐怖活动犯罪中并不明显,恐怖分子往往根本不考虑自己的生命安全,特别是那些出于极端宗教动机的犯罪人事实上愿意牺牲自己的生命,刑法无从谈起对其可能产生特殊预防效果或威慑。[②] 因此,刑法不能坐等恐怖活动造成巨大的实害后才加以处罚,而有必要将对恐怖活动的处罚时机提前,将一些预备犯分离出来单独定罪,规定独立的罪名和法定刑。[③] 将特定的涉恐预备行为"实行行为"化(以及帮助行为正犯化)是《刑法修正案(九)》修正的反恐刑法中最显著的特点之一,而准备实施恐怖活动罪的设立正是这一特点的鲜明体现,这将有助于在我国反恐刑事立法领域贯彻"法益保护前置"的理念,并由此使我国对恐怖活动的刑法规制从"被动式惩处"转变为"积极式预防"。[④]

最后,注意对恐怖主义、恐怖活动犯罪的预备行为予以处罚,这也是各国反恐立法和司法的趋势。"9·11"事件发生后的数年内,各国的反恐专门立法相继出台或修改,不约而同地赋予执法和司法部门更大的权力,以预防、侦查和惩处恐怖活动犯罪。大量的恐怖主义预备行为、帮助行为被纳入刑事制裁范围;某些国家甚至引入了严格责任以规

---

① See Andrew and Lucia Zender, *Preventive Justice*, Oxford University Press, 2014, p. 180.

② 参见莫洪宪、何荣功:《"预防性"反恐刑事立法及其法治思考》,载赵秉志:《有组织犯罪的防制对策》,清华大学出版社2018年版,第159页。

③ 参见赵秉志、杜邈:《刑法修正案(九):法益保护前置织密反恐法网》,载《检察日报》2015年9月28日,第2版。

④ 参见高丽丽:《准备实施恐怖活动罪——以预备行为实行行为化为视角的宏观解构》,载《法学论坛》2018年第2期。

避恐怖主义之主观认定上的困难。① 有学者认为,尽管这些立法对公民权利和自由有所克减,但并没有损害人权核心价值的保护,可以看作维护国家安全必须付出的代价。② 更有学者指出,世界主要国家和地区的反恐刑法立法已从人权保障转向社会保护。③ 我国《刑法修正案(九)》只将恐怖活动的部分犯罪预备行为单独设立罪名,而对于其他恐怖活动犯罪的预备行为则仍按照我国刑法总则所规定的预备犯的处罚原则予以规制的模式,④这一方面符合现代国际社会法治反恐的新趋势,另一方面也未过分侵犯人权,未将所有恐怖活动的预备行为都划归准备实施恐怖活动罪。

因此,无论是出于阻减恐怖活动犯罪严重危害性的考虑,还是参照国际反恐刑法立法的趋势,在我国刑法中将为实施严重恐怖主义犯罪活动的准备行为独立出来单独设立为准备实施恐怖活动罪,都有其现实的必要性与合理性。

(二)本罪的立法过程

准备实施恐怖活动罪系《刑法修正案(九)》新增设的罪名,我国1979年《刑法》、1997年《刑法》以及《刑法修正案(九)》颁行前出台的各个单行刑法和前八个刑法修正案中,均没有关于此罪的规定。在本次修法之前,准备实施恐怖活动的犯罪行为若被查证属实,属于行为人

---

① 参见阴建峰、侯日欣:《我国新时期反恐刑法立法宏观问题论要》,载《北京师范大学学报(社会科学版)》2015年第6期。

② 参见刘昂:《人权视野下"9·11"后反恐与反酷刑的博弈》,载《中国人民公安大学学报(社会科学版)》2010年第6期。

③ 参见杜邈:《反恐刑法立法研究》,法律出版社2009年版,第207页。

④ 对本罪这样的将预备行为设置为独立罪名的模式,有学者称为"独立预备罪";对于按照刑法总则关于犯罪预备的规定在故意犯罪中规制的犯罪预备形态,学者则称为"从属预备罪"。参见张明楷:《刑法学》(下),法律出版社2016年版,第705~706页。笔者认为,这种区别称谓有助于区分和把握法律规制这两种犯罪预备行为的不同的立法立场及两者各自的特点。

将要实施的具体恐怖活动犯罪之犯罪预备行为,可按相关涉恐犯罪的预备犯追究其刑事责任。本罪在《刑法修正案(九)(草案第一次审议稿)》中尚未涉及,当时的《刑法修正案(九)(草案一审稿)》第6条规定:在《刑法》第120条之一后增加四条,作为《刑法》第120条之二(宣扬恐怖主义、极端主义、煽动实施恐怖活动罪)、第120条之三(利用极端主义破坏法律实施罪)、第120条之四(非法持有宣扬恐怖主义、极端主义物品罪)和第120条之五(拒绝提供恐怖主义犯罪、极端主义犯罪证据罪)。①

《刑法修正案(九)(草案第二次审议稿)》中,在草案一审稿的第5条与第6条之间增加1条,即上文所述的资助恐怖活动罪与招募、运送恐怖活动人员罪。这使《刑法修正案(九)(草案)》原本第6条变为第7条,同时二审稿在第7条中增加了本罪即准备实施恐怖活动罪,作为《刑法》第120条之二,原先第120条本款之二至之五向后顺延一位成为第120条之三至之六。本罪遂作为我国《刑法》第120条之二,在《刑法修正案(九)》草案二审稿第7条中规定:"有下列情形之一的,处五年以下有期徒刑、拘役、管制或者剥夺政治权利,并处罚金;情节严重的,处五年以上有期徒刑,并处罚金或者没收财产:(一)为实施恐怖活动准备凶器、危险物品或者其他工具的;(二)组织恐怖活动培训或者积极参加恐怖活动培训的;(三)为实施恐怖活动与境外恐怖活动组织或者人员联系的;(四)为实施恐怖活动进行策划或者其他准备的。有前款行为,同时构成其他犯罪的,依照处罚较重的规定定罪处罚。"②

《刑法修正案(九)(草案第三次审议稿)》直至最后通过,都未再对草案二审稿中的本罪法条做实质改动,仅是作了文字上的微调,将本罪具体表现第三种情形中的"联系"改为了"联络"。③ 一般而言,在文

① 参见赵秉志:《〈中华人民共和国刑法修正案(九)〉理解与适用》,中国法制出版社2016年版,第383页。

② 同上书,第397页。

③ 同上书,第410页。

法上,“联系”与“联络”都可以作为动词,“联系”更多的时候用来表达抽象,而“联络”则更多地表达具体化。相比之下,本罪法条中将“联系”改用“联络”更为恰当。但总的来说,这只是微小的变动,影响不大。①

不仅在《刑法修正案(九)》所有修改或新增的罪名中,乃至在我国《刑法》所涉及的所有罪名中,准备实施恐怖活动罪都可以说是十分特殊的罪名。保护法益是我国刑法的主要目的,而这种保护的体现主要是通过事先的威慑防范及犯罪后的定罪处罚。而根据本罪的规定,仅仅是行为人进行特定的犯罪准备行为时,就会被追究刑事责任,而且还被以单独的罪名定罪处罚。这就是法益保护的前置。

一般而言,一起完整的故意犯罪一般都要经过犯罪预备阶段,再到着手实施犯罪的实行行为阶段,最后达到犯罪既遂即犯罪完成形态。在犯罪实行前的预备阶段或着手实施实行行为后的实行阶段,犯罪分子都有可能因为自己意志以内或意志以外的原因而自愿或者被迫放弃犯罪的继续实施和完成。行为人若在犯罪预备阶段自愿或被迫放弃犯罪预备或着手实施的,可能构成预备阶段的犯罪中止形态或犯罪预备形态;行为人若在着手实施犯罪实行行为后又自愿或被迫放弃犯罪继续实施和完成的,则可能会构成实行阶段的犯罪中止形态或者犯罪未遂形态。② 通常情况下,我国《刑法》中具体个罪的条文都是以犯罪既遂为蓝本进行描述的。而犯罪预备、犯罪中止以及犯罪未遂等犯罪的未完成形态,则是依照刑法总则的规定认定其特殊的构成,并比照该罪既遂形态之处罚予以适度的从宽处罚或者免除处罚,而不会在分则条文中逐罪描述。这也是我国刑法简约性的体现。我国《刑法》总则第22条对犯罪预备形态即预备犯作了规制。而本罪将实施恐怖活动犯罪之实行行为前的预备行为作为一种独立的新罪名加以规定,这种情

① 参见赵秉志:《〈中华人民共和国刑法修正案(九)〉理解与适用》,中国法制出版社2016年版,第110页。

② 参见高铭暄:《刑法学原理》(第2卷),中国人民大学出版社1993年版,第268页;高铭暄、马克昌:《刑法学》(第8版),北京大学出版社、高等教育出版社2017年版,第143~145页。

况在我国《刑法》中有所存在,但所占比例较低。①

二、本罪之构成特征研析

依据经《刑法修正案(九)》第7条修改补充的我国《刑法》第120条之二的规定,我国刑法中的准备实施恐怖活动罪,是指行为人为实施恐怖活动而准备工具或者进行培训、联络、策划等准备活动的行为。

应当怎样认识和把握我国刑法中的准备实施恐怖活动罪的主要构成特征?

(一)本罪的犯罪主体概要

准备实施恐怖活动罪的犯罪主体是一般主体,即达到刑事责任年龄(年满16周岁)、具备刑事责任能力的自然人均可构成。这里的自然人既可以是中国人,也可以是外国人,还可以是无国籍人。单位不能构成本罪的主体。与组织、领导、参加恐怖组织罪相同,虽然实践中可能存在经过单位领导层,甚至全体成员的表决或同意,而以单位的形式实施准备实施恐怖活动犯罪行为的情况,但依据我国《刑法》第30条的规定,以及相关的立法解释②,法律没有规定为单位犯罪的,只能处罚单位直接负责的主管人员和其他直接责任人员,而单位不能作为犯罪主体承担本罪的刑事责任。

(二)本罪的主观方面研究

准备实施恐怖活动罪的犯罪主观方面表现为故意,并且只能为直

---

① 与之相似的罪名有煽动分裂国家罪,煽动颠覆国家政权罪,组织、领导、参加恐怖组织罪,煽动民族仇恨、民族歧视罪等。

② 参见全国人民代表大会常务委员会2014年4月24日《关于〈中华人民共和国刑法〉第三十条的解释》。

接故意,行为人具有将来要实施恐怖活动的目的。过失、间接故意的心态皆不能构成本罪。以实施恐怖活动为目的,是法律明确要求的本罪下述的第一、三、四类行为表现的主观前提,不具备这一目的不能构成本罪;而本罪下述的第二类行为即组织恐怖活动培训或者积极参加恐怖活动培训的,并不需要有证据特别证明行为人具有实施恐怖活动的目的,其行为本身的危害性质即足以证明行为人具有实施恐怖活动之目的。同时要指出,关于本罪行为人主观上所必须具有的"以实施恐怖活动为目的",既可以表现为以实施某种具体的恐怖活动为目的,也可以表现为将来要实施恐怖活动的概括的意图。①

本罪下述第一、三、四类行为要求行为人必须是"为实施恐怖活动"而进行这些准备行为,即行为人主观上必须具有"实施恐怖活动的目的"。这就涉及对恐怖活动和作为本罪之主观目的中的"恐怖活动"之内涵与外延应当怎样理解的问题。

关于恐怖活动的内涵与外延,我国全国人大常委会 2011 年 10 月 29 日通过的《关于加强反恐怖工作有关问题的决定》规定,恐怖活动是指以制造社会恐慌、危害公共安全或者胁迫国家机关、国际组织为目的,采取暴力、破坏、恐吓等手段,造成或者意图造成人员伤亡、重大财产损失、公共设施损坏、社会秩序混乱等严重危害社会的行为,以及煽动、资助或者以其他方式协助实施上述活动的行为。我国全国人大常委会随后于 2015 年 12 月 27 日通过的《中华人民共和国反恐怖主义法》(以下简称《反恐怖主义法》)进一步发展和完善了关于恐怖活动的规范,根据其第 3 条第 1 款的规定,该法所称恐怖主义,"是指通过暴力、破坏、恐吓等手段,制造社会恐慌、危害公共安全、侵犯人身财产,或者胁迫国家机关、国际组织,以实现其政治、意识形态等目的的主张和行为"。根据其第 3 条第 2 款的规定,该法所称恐怖活动,"是指恐怖主义性质的下列行为:(一)组织、策划、准备实施、实施造成或者意图造

① 有学者指出,行为人成立本罪只要求其具有将要实施恐怖活动的一般目的即可,不要求行为人在其实施准备行为时就已经具备实施特定恐怖活动的具体目的。参见张明楷:《刑法学》(下),法律出版社 2016 年版,第 705 页。

成人员伤亡、重大财产损失、公共设施损坏、社会秩序混乱等严重危害社会的活动的;(二)宣扬恐怖主义,煽动实施恐怖活动,或者非法持有宣扬恐怖主义的物品,强制他人在公共场所穿戴宣扬恐怖主义的服饰、标志的;(三)组织、领导、参加恐怖活动组织的;(四)为恐怖活动组织、恐怖活动人员、实施恐怖活动或者恐怖活动培训提供信息、资金、物资、劳务、技术、场所等支持、协助、便利的;(五)其他恐怖活动"。对恐怖活动之内涵与外延,在《反恐怖主义法》出台之前,应当根据《关于加强反恐怖工作有关问题的决定》来理解;在《反恐怖主义法》颁行之后,当然应当根据该法律来把握。

那么,能否将上述法律关于恐怖活动的规范直接套用于本罪主观方面"实施恐怖活动的目的"中的"恐怖活动"之界定?理论研究上见解不一。

一是有观点认为,本罪的"恐怖活动",在我国《反恐怖主义法》正式通过以前,应当参照 2011 年 10 月 29 日全国人大常委会通过的《关于加强反恐怖工作有关问题的决定》的规定,具体是指以制造社会恐慌、危害公共安全或者胁迫国家国家机关、国际组织为目的,采取暴力、破坏、恐吓等手段,造成或者意图造成人员伤亡、重大财产损失、公共设施损坏、社会秩序混乱等严重社会危害的行为,以及煽动、资助或者以其他方式协助实施上述活动的行为。①

二是也有论者在《刑法修正案(九)》通过后而《反恐怖主义法》在立法审议过程中提出,依照《反恐怖主义法(草案)》的规定,恐怖活动是指以恐怖主义为目的实施下列行为:(1)组织、策划、实施造成或者意图造成人员伤亡、重大财产损失、公共设施损坏、社会秩序混乱等严重社会危害的活动的;(2)宣传恐怖主义或者煽动、教唆实施恐怖活动的;(3)组织、领导、参加恐怖活动组织的;(4)为恐怖活动组织或者人员提供信息、资金、物资设备或者技术场所等支持、协助、便利的;(5)其他恐怖活动。《反恐怖主义法》作为我国打击恐怖主义的专门立

---

① 参见雷建斌:《〈中华人民共和国刑法修正案(九)〉释解与适用》,人民法院出版社 2015 年版,第 72 ~ 73 页。

法且通过在即，本罪犯罪目的中关于“恐怖活动”的界定应该与《反恐怖主义法》相配合，尽量保持一致。①

三是还有论者认为，本罪的设立初衷是由于恐怖活动犯罪的危害巨大，事后难以补救，因此，应当将本罪犯罪目的中的“恐怖活动”在一定范围内作扩大化解释，既包括带有恐怖主义性质的具体暴力犯罪，也包括我国刑法所规定的其他涉恐犯罪。具体而言，“恐怖活动”应该包括：(1)组织、领导、参加恐怖组织的行为；(2)资助恐怖活动的行为；(3)招募、运送恐怖活动人员的行为；(4)宣扬恐怖主义的行为；(5)煽动实施恐怖活动的行为；(6)利用极端主义煽动、胁迫群众破坏法律实施的行为；(7)强制他人穿戴宣扬恐怖主义、极端主义服饰、标志的行为；(8)涉恐的偷越国(边)境行为；(9)涉恐的洗钱行为；(10)涉恐的暴力犯罪行为。②

简言之，上述前两种观点都是主张按照现行法律关于恐怖活动的规范来把握本罪之主观目的中的“恐怖活动”之范围，第三种观点则作了其范围包括所有涉恐犯罪的更宽泛的解释。这三种观点的共同点，是主张本罪主观目的中的“恐怖活动”既包括暴恐犯罪活动也包括非暴力的涉恐犯罪活动。

笔者认为，这三种观点均不太妥当。我们从准备实施恐怖活动罪的行为本身出发考察，其规定的四种情形实际上都是从不同方面为之后实施暴力恐怖活动创造条件的。如笔者研究恐怖活动犯罪分类时所述，③除恐怖活动犯罪的基本犯外，恐怖活动犯罪的修正犯[包括组织、领导、参加恐怖组织罪，准备实施恐怖活动罪，帮助恐怖活动罪，宣扬恐怖主义、极端主义、煽动实施恐怖活动罪，强制穿戴宣扬恐怖主义、极端

① 参见时延安等：《〈中华人民共和国刑法修正案(九)〉解释与适用》，人民法院出版社2015年版，第86~87页。

② 参见《〈中华人民共和国刑法修正案(九)〉(草案)参阅资料》，第十二届全国人大常委会第十一次会议参阅资料(三)，全国人大常委会办公厅秘书局2014年10月23日编印。

③ 参见赵远：《当代中国反恐刑法研究》，北京师范大学2016年博士学位论文，第190~191页。

主义服饰、标志罪,非法持有宣扬恐怖主义、极端主义物品罪,以及涉恐的偷越国(边)境罪]以及恐怖活动犯罪的关联犯(包括利用极端主义破坏法律实施罪,拒绝提供间谍犯罪、恐怖主义犯罪、极端主义犯罪证据罪,涉恐的洗钱罪,以及编造、故意传播虚假恐怖信息罪)所包含的行为范围大体上都是暴力恐怖活动犯罪的准备行为与帮助、支持行为,若将这两类非暴力的恐怖活动犯罪也纳入本罪的犯罪目的中"恐怖活动"之范畴,就会出现行为人实施了非暴力的恐怖活动犯罪之犯罪预备行为的情况。对这类情况若均以准备实施恐怖活动罪予以定罪处罚,势必大大扩张准备实施恐怖活动罪的规制范围,而且出现法定刑的不协调乃至倒挂,①显然不符合我国刑法中罪责刑相适应的基本原则暨设立本罪的立法原意。因此,本罪主观目的中的"恐怖活动",应当限于并且实际上就是指"暴力恐怖活动"。只有将本罪之主观目的中的"恐怖活动"限定于暴恐犯罪活动,即行为人是为了实施暴力恐怖犯罪活动而进行本罪所规定的准备工具、制造条件行为的,才能构成本罪,这样才是合乎法理的,也是符合严格本罪之入罪条件的立法精神的。因而前述三种观点将非暴力恐怖活动也作为本罪犯罪目的中的"恐怖活动"之范围的理解与主张,是值得商榷的。

(三)本罪之客观行为分析

准备实施恐怖活动罪在其本来的行为性质上是恐怖活动犯罪的预

---

① 准备实施恐怖活动罪的最高法定刑是 15 年有期徒刑,而帮助恐怖活动罪、宣扬恐怖主义、极端主义、煽动实施恐怖活动罪、利用极端主义破坏法律实施罪和编造、故意传播虚假恐怖信息罪的最高法定刑也是 15 年有期徒刑,若上述后四种犯罪之准备行为可以认定为准备实施恐怖活动罪予以处罚,就会出现法定刑的不协调,即对犯罪预备行为的处罚与对犯罪实行行为和犯罪既遂的处罚一样;而涉恐的洗钱罪的最高法定刑是 10 年有期徒刑,强制穿戴宣扬恐怖主义、极端主义服饰、标志罪、非法持有宣扬恐怖主义、极端主义物品罪、拒绝提供间谍犯罪、恐怖主义犯罪、极端主义犯罪证据罪和涉恐的偷越国(边)境罪的最高法定刑都是 3 年有期徒刑,若可以将上述这些涉恐的非暴力犯罪之准备行为都以准备实施恐怖活动罪论处,就会出现法定刑的倒挂,即对犯罪预备行为的处罚要比对犯罪实行行为和犯罪既遂的处罚还要严厉。

备行为。关于犯罪预备行为,我国《刑法》第19条第1款有简明而确切的界定,即"为了犯罪,准备工具、制造条件的,是犯罪预备"。据此法律规定,我国刑法理论一般认为,犯罪预备行为可以区分为两种类型:一类是准备犯罪工具的行为,包括制造犯罪工具、寻求犯罪工具,以及加工犯罪工具使之适合于犯罪需要。准备犯罪工具是犯罪预备最常见的形式,所以我国《刑法》将其明列出来。另一类是制造条件的行为,即除准备犯罪工具外其他为实施犯罪创造便利条件的行为。① 犯罪预备的这两类行为在准备实施恐怖活动罪的客观行为之法律规定中都得到了体现。依照《刑法》第120条之二第1项的明文规定,本罪的客观方面表现为为实施恐怖活动而实行的四类准备行为,其中第1项的行为属于"准备犯罪工具"的性质,其余3项的行为属于其他为犯罪实施"创造便利条件"的行为。下面予以分述。

其一,为实施恐怖活动而准备凶器、危险物品或者其他工具的行为(第1款第1项)。这类行为的前提是"为实施恐怖活动",而且与笔者上述主张相协调,确切而言应该是"为实施暴力恐怖活动"。

这里规定的"凶器",是指行为人准备用来实施恐怖犯罪行为,能够对人体健康、生命、财物、设施等造成危险与危害的枪支等武器、爆炸物、刀具、棍棒等物品。关于"凶器"的把握,笔者认为,似还可以参照最高人民法院、最高人民检察院2013年4月2日公布的《关于办理盗窃刑事案件适用法律若干问题的解释》中的相关规定。该解释第3条第3款将"凶器"界定为"枪支、爆炸物、管制刀具等国家禁止个人携带的器械",以及"其他足以危害他人人身安全的器械"。由此可见,这里的"凶器"主要分为两类:第一类是国家管制类器械,即器械本身属于国家管制类,如枪支、爆炸物、管制刀具等国家明令禁止个人携带的器械。第二类是行为人为实施违法犯罪而携带的除国家管制器械外的其他足以危害他人人身安全的器械,如冰锥、长钉、锤子、砖头等。需要注

① 参见赵秉志:《当代刑法学》,中国政法大学出版社2009年版,第198~199页;高铭暄、马克昌:《刑法学》(第9版),北京大学出版社、高等教育出版社2019年版,第148页。

意的是,本罪原本就是将犯罪预备行为升格为独立犯罪的,因而这里对其行为及行为所涉及的"凶器"的把握,就必须做严格限定。

何为这里所规定的"危险物品"?刑法及相关解释中目前还没有可以参照的规定。尽管最高人民法院 1993 年 10 月公布的《关于执行(铁路法)中刑事罚则若干问题的解释》曾对 1979 年《刑法》第 136 条危险物品肇事罪中的"危险物品"作了补充说明,但因为犯罪性质不同等原因,该解释并不适合套用于本罪。笔者认为,定义本罪中的"危险物品",应该考虑到暴力恐怖活动犯罪的行为方式。众所周知,暴恐犯罪活动多采取杀人、爆炸、放火、投放危险物质等方式。因此,这里所指的危险物品,从法理和司法实务的结合上来理解,应当是指具有爆炸性、燃烧性、腐蚀性、毒害性、放射性等特性,能够引起人员伤亡或者公共设施毁损、重大财产损害的物品,如剧毒物品、放射性物品和其他易燃易爆物品。需要注意的是,并不是准备了这些危险物品的就成立本罪,还需要证明行为人准备这些危险物品是为了实施恐怖活动犯罪,即以实施暴恐犯罪活动为目的而准备这些危险物品。

至于这里所规定的"其他工具",一般是指能够为实施暴力恐怖活动犯罪提供便利条件,或者有助于提高暴恐活动实施能力的物品,如汽车、摩托车等交通工具,手机、电脑等通信联络工具,地图、指南针等物品。是否属于本罪所规定的"其他工具",也要结合行为人的主观目的及涉案物品的性能等情况来认定。

外国立法例中也有将此类预备行为单独成罪的规定。如根据《法国刑法典》(1992 年通过,修订至 2015 年)第 421 - 2 - 6 条的规定,意图实施法定的恐怖主义犯罪的两类预备行为均构成恐怖主义行为罪:第一类是"持有、寻找、获得或者制造能够对他人造成危险的物品或者物质";第二类行为包括:"a)收集能够在某地采取行动、能够侵害某人、能够监控该地和该人的关于该地和该人的信息;b)练习或学习掌握武器、各种形式的战斗、制造或使用爆炸物、可燃物、核物质、放射物、生物物质、化学物质,或者练习或学习掌握飞行器或船只;c)经常浏览一项或多项在线交流服务平台或者持有直接教唆实施恐怖主义行为或颂扬恐怖主义行为的资料；d)曾在国外的恐怖主义组织军事战区居留。”①《法国刑法典》上述规定中的第一类行为，与我国《刑法》第120条之二第1项的规定大体相同，都属于为实施恐怖活动犯罪“准备工具”的行为；其上述规定的第二类行为，与下面将要论述的我国《刑法》第120条之二第2~4项的规定大体相同，都属于为实施恐怖活动犯罪的其他“创造条件”的行为。

其二，组织恐怖活动培训或者积极参加恐怖活动培训的行为(第1款第2项)。

这里所谓“组织”，是指鼓动、召集、招募若干人开展或从事恐怖活动的培训工作。

所谓“积极参加”，是指对参与恐怖活动培训的态度积极，如自愿多次参加恐怖活动培训，或者虽然是偶尔参加恐怖活动培训，但在培训中表现主动、作用重要。

所谓“恐怖活动培训”，根据组织、层次以及教义等的不同，多少都存在差异。但相同的是，这些培训大体都分为精神层面和体能技能层面两个方面：精神层面的培训多是不断向受培训者灌输恐怖主义、极端主义的意识形态，让他们坚信恐怖组织所实施的恐怖犯罪行为是“正义的”“正确的”，造成的伤亡是必需的牺牲等；体能技能层面的训练则是为了提高受训者的体能，使受训者熟悉武器、危险物品等的使用乃至制造技能，还可以是进行恐怖活动的实战训练等。恐怖活动培训还可以包括训练恐怖活动人员要遵从恐怖组织或者实施暴恐活动的“纪律”，使他们既能实施“独狼式”的恐怖袭击，又能够协同配合实施有组织的恐怖活动。

总之，组织恐怖活动培训和积极参加恐怖活动培训具有极大的社会危害性。

因此，我国参加的《上海合作组织反恐怖主义公约》②等相关国际

---

① 参见《最新法国刑法典》，朱琳译，法律出版社2016年版，第195页。

② 参见《上海合作组织反恐怖主义公约》(2012年1月公约生效，2014年12月中国批准)第9条第1款第5、6项，第4款。

公约明确要求将组织恐怖活动培训或者积极参加恐怖活动培训的行为规定为犯罪;一些国家的立法例也对此类行为明文规定要追究刑事责任,如《意大利刑法典》(修订至2006年)第270－4条"为恐怖主义包括国际恐怖主义目的招募人员罪"规定:"除第270－2条[①]规定的情况外,以恐怖主义为目的,招募一人或数人实施暴力行为或者破坏重要公共服务设施的行为的,即使所针对的是某一外国、国际机构或国际组织,均处以7年至15年有期徒刑。"其第270－5条"为恐怖主义包括国际恐怖主义目的进行训练活动罪"规定:"除第270－2条[②]规定的情况外,训练或者以其他方式指导他人准备或者使用爆炸物、武器、有害的或危险的化学物品或者细菌物品以及其他技术或方法,以实施具有恐怖主义目的的暴力行为或破坏重要公共服务设施的行为的,即使所针对的是某一外国、国际机构或国际组织,均处以5年至10年有期徒刑。同样的刑罚适用于接受训练的人。"[③]《俄罗斯联邦刑法典》(1996年通过,修订至2007年)第205－1条帮助实施恐怖主义活动罪的规定中,也包含了为帮助实施恐怖主义活动招募人员、进行训练的行为。[④] 我国《刑法》将组织、积极参加恐怖主义培训活动纳入新增设的准备实施恐怖活动罪予以规制,既符合我国防治恐怖活动犯罪的实际需要,也与国际社会的反恐刑法共识相吻合。

其三,为实施恐怖活动与境外恐怖活动组织或者人员联络的行为(第1款第3项)。近年来,在经济全球化、交通便捷、通信发达的社会发展背景下,国际国内恐怖主义组织和人员之间也加强了相互勾连。恐怖活动组织与人员之间的这种密切联络,增强了恐怖活动组织和恐

---

① 《意大利刑法典》第270条之2规定的是"以恐怖主义包括国际恐怖主义为目的或者以颠覆民主秩序为目的的结社罪",即组织、领导参加恐怖组织的犯罪。参见《最新意大利刑法典》,黄风译,法律出版社2007年版,第100页。

② 《意大利刑法典》第270条之2规定的是"以恐怖主义包括国际恐怖主义为目的或者以颠覆民主秩序为目的的结社罪",即组织、领导参加恐怖组织的犯罪。参见《最新意大利刑法典》,黄风译,法律出版社2007年版,第100页。

③ 参见《最新意大利刑法典》,黄风译,法律出版社2007年版,第101页。

④ 参见《俄罗斯联邦刑法典》,黄道秀译,北京大学出版社2008年版,第105页。

怖分子的犯罪力量与破坏力,因而必须以刑事法律予以遏制。

本罪这里的所谓“境外恐怖活动组织”,是指中华人民共和国国境以外以及中国大陆(内地)边境以外的国家或者地区(包括中国港澳台地区)的恐怖活动组织及其在中国大陆(内地)境内的分支组织。判断一个恐怖活动组织是否为“境外恐怖活动组织”,并非仅看其所处的地理位置是否在中国大陆(内地)境内,还要考虑这一组织的主要活动范围,所谓的总部设于何地,主要成员经常身处何处等。

这里的“境外恐怖活动人员”,应当是指不隶属于任何境外恐怖活动组织的境外实施恐怖活动的外国公民或者无国籍人。

关于“恐怖活动组织和人员”(当然包括“境外恐怖活动组织和人员”)的认定,由国家反恐怖主义工作领导机构根据中国《反恐怖主义法》的规定予以认定和公告;国家反恐怖主义工作领导机构没有公告的,根据刑事诉讼法的规定,有管辖权的中级以上人民法院在审判刑事案件的过程中,可以依照《反恐怖主义法》的规定认定恐怖组织和人员,必要时,有管辖权的中级以上人民法院还可以商地市级以上公安机关出具意见作为参考。①

这里所谓“联络”,是指本罪的行为人与境外恐怖活动组织或人员互相之间取得联通关系。进行联络的方式也多种多样,包括直接见面、写信、打电话、发电子邮件等。无论是哪种联络方式,都不影响本罪的成立。但由于本罪处罚的是犯罪预备性质的行为,为了避免滥用刑罚,应当对“联络”作严格限定,即限于“内容与实施恐怖活动有直接关联”的联络行为才能成立本罪。

其四,为实施恐怖活动进行策划或者其他准备的行为(第1款第4项)。

这里所谓的为实施恐怖活动进行“策划”,是指为顺利实施恐怖活动而制定恐怖活动实施计划,进行商量、安排、计划等活动,内容一般涉

① 参见《中华人民共和国反恐怖主义法》第3、12、16条;最高人民法院、最高人民检察院、公安部、司法部2018年5月8日发布《关于办理恐怖活动和极端主义犯罪案件适用法律若干问题的意见》第2条第3项。

及选择实施恐怖活动的目标、地点、时间、具体的任务分配等。在暴恐犯罪活动之前进行周密的策划,既是近年来暴恐犯罪活动的一个新动向,也是暴恐犯罪活动屡屡得逞并造成巨大危害的一个原因。近年来“独狼式”的恐怖袭击相对减少,许多恐怖袭击事件都是由恐怖组织、恐怖团伙所实施,并且在发生前都有着周密的计划。如发生在中国的“3 · 1 昆明火车站暴恐事件”“10 · 28 天安门金水桥事件”等,虽然参与实施恐怖袭击的仅有少数恐怖分子,但在事后警方都抓获了多名涉及策划暴恐事件的恐怖分子。①

这里规定的“其他准备”之立法原意如何,应当怎样理解?值得探讨。对此有两种解读:一是认为这里的“其他准备”是本罪法条(第 120 条之二)第 1 款的兜底性规定,是指第 1 款规定的四种准备行为之外的其他为实施恐怖活动而进行的准备活动;②二是主张这里的“其他准备”应当只是第 120 条第 1 款第 4 项的兜底性规定,认为作如此的限制性解释更合法理。③ 虽然第一种主张主要出自国家立法机关专家的解读,但经过比较和分析,笔者还是认同第二种主张,主要理由有两点:其一,从法条明文表述上分析。第 120 条第 1 款前三项在规定了准备工具、组织与积极参加培训、进行联络这三类准备实施恐怖活动的行为之后,第 4 项明确规定“为实施恐怖活动进行策划或者其他准备的”,即该项是把“其他准备”与“策划”相连规定并作为“策划”的补充与兜底性规范设置的,而不是把“其他准备”作为第 1 款四项明文规定之准备

---

① 参见《外媒:昆明暴恐案 9 疑犯逃至印尼 4 人被抓 3 人逃进森林》,载《法制晚报》2014 年 2 月 12 日;内地舆论热议“10 · 28”暴力恐怖袭击案件告破,载中国新闻网:http://www.bj.chinanews.com/news/2013/1030/35097.html,2019 年 10 月 30 日访问。

② 参见郎胜:《中华人民共和国刑法释义》(第 6 版),法律出版社 2015 年版,第 141 页;雷建斌:《〈中华人民共和国刑法修正案(九)〉释解与适用》,人民法院出版社 2015 年版,第 76 页;臧铁伟、李寿伟:《〈中华人民共和国刑法修正案(九)〉条文说明、立法理由及相关规定》,北京大学出版社 2016 年版,第 41 页;臧铁伟:《中华人民共和国刑法修正案(九)解读》,中国法制出版社 2015 年版,第 39 页;张明楷:《论〈刑法修正案(九)〉关于恐怖犯罪的规定》,载《现代法学》2016 年第 1 期。

③ 参见高丽丽:《准备实施恐怖活动罪——以预备行为实行行为化为视角的宏观解构》,载《法学论坛》2018 年第 2 期。

行为的兜底性规范设置的。正如有的论者所分析，如果该“其他准备”要作为第120条第1款的兜底规范设置，那么依据我国刑法的立法体例，该“其他准备”不应置于第4项内容之中，而应作为第5项与其他四项并列规定，我国刑法中有多种含有兜底性规范的罪种都是将兜底款项单独规定的。① 其二，从立法精神上看。毋庸讳言，《刑法修正案（九）》将准备实施恐怖活动的本属犯罪预备的行为升格设置为独立的罪名予以惩治，固然体现了对恐怖活动犯罪“打早打小”的刑事政策和立法防范的精神，但也不意味着要尽力扩张这种独立预备罪的处罚范围，对于犯罪实行行为前的准备行为作为独立犯罪予以惩处是相当严厉的，原则上应以经过慎重立法抉择而由法律明文规定的行为类型为限，②确因不得已设置兜底规范时也要作合乎立法精神的限制性解释，而不宜作扩张性解释。既然准备实施恐怖活动罪中的“策划”一般理解是指为顺利实施恐怖活动而制订恐怖活动实施计划，选择实施恐怖活动的目标、地点、时间、具体的任务分配等，③那么，“其他准备”就必须是围绕为实施恐怖活动进行的“策划”而展开，即表现为为了保障恐怖活动的顺利实施，提前调查了解犯罪目标、犯罪地点、犯罪对象、犯罪时机等相关情况，并据此拟定犯罪计划。该“其他准备”在性质和危害程度上还必须是与前三项的“准备工具、组织培训、进行联络”和第4项的“策划”大体相当的行为。④

关于本罪纷繁复杂的客观行为表现，《刑法修正案（九）》颁行后出

① 参见高丽丽：《准备实施恐怖活动罪——以预备行为实行行为化为视角的宏观解构》，载《法学论坛》2018年第2期。

② 正如有学者所论：“从侵害法益的角度来看，刑法以处罚既遂犯为原则，以处罚未遂犯为例外，因此，处罚预备犯应当是例外的例外，原则上仅限于法律有明文规定的场合。”参见黎宏：《刑法学各论》，法律出版社2016年版，第39页。

③ 参见郎胜：《中华人民共和国刑法释义》（第6版），法律出版社2015年版，第141页；臧铁伟、李寿伟：《〈中华人民共和国刑法修正案（九）〉条文说明、立法理由及相关规定》，北京大学出版社2016年版，第41页。

④ 参见高丽丽：《准备实施恐怖活动罪——以预备行为实行行为化为视角的宏观解构》，载《法学论坛》2018年第2期。

台的我国最新反恐司法文件为指导和统一司法，明确具有下列情形之一的行为，即应当依照《刑法》第 120 条之二的规定，以准备实施恐怖活动罪定罪处罚：(1) 为实施恐怖活动制造、购买、储存、运输凶器，易燃易爆、易制爆品，腐蚀性、放射性、传染性、毒害性物品等危险物品，或者其他工具的；(2) 以当面传授、开办培训班、组建训练营、开办论坛、组织收听收看音频视频资料等方式，或者利用网站、网页、论坛、博客、微博客、网盘、即时通信、通讯群组、聊天室等网络平台、网络应用服务组织恐怖活动培训的，或者积极参加恐怖活动心理体能培训，传授、学习犯罪技能方法或者进行恐怖活动训练的；(3) 为实施恐怖活动，通过拨打电话、发送短信、电子邮件等方式，或者利用网站、网页、论坛、博客、微博客、网盘、即时通信、通讯群组、聊天室等网络平台、网络应用服务与境外恐怖活动组织、人员联络的；(4) 为实施恐怖活动出入境或者组织、策划、煽动、拉拢他人出入境的；(5) 为实施恐怖活动进行策划或者其他准备的情形。①

三、本罪的司法适用界限区分

(一) 本罪与非罪的界限

准备实施恐怖活动罪原本就是多种恐怖主义犯罪的预备行为，之所以将这些预备行为规定为独立的罪名予以严厉处罚，是基于恐怖主义犯罪的严重社会危害与事后难以补救的特点。本罪的设立，为国家司法机关依照刑法惩治恐怖主义活动的种种准备行为提供了便利，同时，也为国家公安机关在案件的侦查上开放了更大的权限。在这种情况下，违法办案的风险也就会相应提高。有学者提出了担忧，认为“抗制恐怖主义以及有组织犯罪的合法性不能成为扩张适用例外规则的托词。因此，在刑法演进中必须避免任何形式的专制倾向，同时保证刑法

① 参见最高人民法院、最高人民检察院、公安部、司法部 2018 年 5 月 8 日发布《关于办理恐怖活动和极端主义犯罪案件适用法律若干问题的意见》第 1 条第 3 项。

根本原则的实现，特别是法律主义、个人责任、最后手段、比例原则以及人权与基本自由”。① 因而在司法实践中，对本罪的认定必须慎之又慎，要严格区分罪与非罪的界限，避免过度入罪化的情况发生。

正确而严格地区分本罪之罪与非罪的界限，主要应当从以下三个方面来把握：

其一，从主观方面予以考察。本罪在主观上要求行为人必须明知自己是在为实施恐怖活动准备工具、制造条件。若行为人虽然在客观上有相关的举动，但其主观上不具备这种明知心态的，则不能认定其构成本罪。例如，行为人虽然在客观上实施了联络境外恐怖活动组织、恐怖分子的行为，但他并不知道其联络的组织、人员与实施恐怖活动有关的；又或者行为人参加恐怖活动培训之时，并不知道该培训是关于恐怖活动的培训，发现后即及时退出的，则都不能认定其构成本罪。

其二，从客观方面考察。行为人在客观上必须实施了本罪规定的为实施恐怖活动而为的四类准备工具、制造条件的行为。虽然第四类行为的规定中有“其他准备”这一兜底性规范，但也只能理解为包含与上述其他三类准备行为危害相当并与第四类行为中的为实施恐怖活动的“策划”行为相关联的其他为实施暴恐犯罪进行创造条件的行为，而不能滥用。而诸如行为人表达自己对恐怖主义的崇拜，单纯从精神上给予其他恐怖分子鼓励的行为，则不能成立本罪。还应注意，准备实施恐怖活动罪仅规定了部分犯罪预备行为的处罚。换言之，本罪只列明为实施暴恐犯罪活动的几类严重的犯罪预备行为，对此外的为实施恐怖活动的其他预备行为如我国《刑法》有具体规定的应按其规定处罚，如无具体规定的则应仍然按照我国《刑法》总则第22条关于从属性预备犯的规定，认定为相关恐怖活动犯罪的预备犯，比照相应犯罪的既遂犯予以从轻、减轻处罚或者免除处罚。还应注意，行为人所准备实施的只能是恐怖活动犯罪，而且准确地说只能是暴恐犯罪活动，如果不是暴恐犯罪活动之准备行为的，如行为人准备实施的是极端主义犯罪、分裂

① 参见吴沈括：《扩张中的犯罪预备及参与形式——围绕第18届国际刑法学大会第一专题的展开》，载《四川警察学院学报》2010年第4期。

主义犯罪的,则不能成立本罪,同样应依《刑法》第 22 条以相关犯罪的预备犯定罪处罚。

其三,从案件情节上考察。本罪的成立没有要求情节严重,但根据我国《刑法》第 13 条“但书”关于“情节显著轻微危害不大的,不认为是犯罪”的规定、宽严相济的刑事政策精神以及本罪设立的立法精神,也并非凡涉及本罪的准备工具、制造条件的行为都一律构成本罪,而是也要考察与衡量涉案情节的危害程度。如果属于“情节显著轻微危害不大的”,应依法不认定为犯罪。例如,参加恐怖活动培训,尚构不上“积极参加”的,不构成犯罪;为实施恐怖活动与境外恐怖活动组织或者人员联络,但根本联络不上的,或者为实施恐怖活动刚开始策划就被迫或自动放弃的,也可以不认定构成本罪。

(二)本罪与相关犯罪的界限

1. 本罪与组织、领导、参加恐怖组织罪的界限

组织、领导、参加恐怖组织罪的犯罪行为和本罪都可能涉及谋划、联络、制造条件、培训等行为表现,因而需要加以区分。区分二罪的关键,是要结合其行为的性质和内容考察行为人的真实主观目的。如果经过主客观结合的考察,确定行为人实施这些行为是为了组织、领导、参加恐怖组织的,就构成组织、领导、参加恐怖组织罪;如果考察确认行为人实施这些行为是为了进而实施暴恐犯罪活动的,则构成本罪即准备实施恐怖活动罪。例如,行为人实施了谋划或者与境外恐怖组织或人员联络的行为,经过考察其谋划或者联络的内容,确认行为人是为了组织、领导、参加恐怖组织的,应当构成组织、领导、参加恐怖组织罪;若经过考察其谋划或者联络的内容,是为自己进一步实施暴恐犯罪活动做准备的,则构成准备实施恐怖活动罪。

2. 本罪与帮助恐怖活动罪的界限

经《刑法修正案(九)》补充修正的我国《刑法》第 120 条之一的帮助恐怖活动罪,是指资助恐怖活动组织、实施恐怖活动的个人,或者资助恐怖活动培训,以及为恐怖活动组织、实施恐怖活动或者恐怖活动培

训招募、运送人员的行为。帮助恐怖活动罪的犯罪行为实质上也是为恐怖活动犯罪提供支持和便利条件的行为，在客观形式上与准备实施恐怖活动罪有近似之处。应当从主客观两个方面区分二罪。主观上，帮助恐怖活动罪的行为人实施相关帮助行为的意图和目的，是为了支持、帮助恐怖活动组织或者其他恐怖分子的恐怖活动，是出于帮助犯的心态；本罪的行为人实施准备行为的意图和目的，是为了自己进而实施恐怖活动犯罪，是属于预备犯的心态。客观上，帮助恐怖活动罪的行为是为恐怖组织或者其他恐怖分子个人的相关恐怖活动提供支持和帮助的性质与作用；而本罪的行为是行为人为自己进而意图实施的恐怖活动制造便利条件的行为。

四、本罪的特殊犯罪形态问题探讨

从理论与实务结合的角度考察，准备实施恐怖活动罪的特殊犯罪形态问题，主要涉及犯罪过程中的停止形态问题和罪数形态问题。下面分别予以探讨。

（一）本罪的犯罪停止形态问题

准备实施恐怖活动罪属于预备行为的实行行为化，也即预备犯的既遂化。其犯罪构成的特点，是将原本属于预备性质的行为升格规定为实行行为，将预备行为的完成视为犯罪的完成即既遂的成立。刑法理论上有的认为，本罪属于举止犯或行为犯，只要行为人实施预备行为即构成本罪的既遂，本罪不存在犯罪未遂问题；但行为人实施本罪法条的行为，如果情节显著轻微的可不认为是犯罪。[①] 笔者认为这种观点值得商榷。分析本罪的犯罪构成，可以确定，本罪的构成行为并非一着手即可视为完成的举动犯，而是有一个行为从着手到完成的行为构成

① 参见周洪波：《〈刑法修正案（九）〉新增恐怖犯罪的理解与适用》，载《中国检察官》2015 年第 10 期。

的“行为程度犯”,准备犯罪工具、组织参加培训、进行联络、进行策划这几类准备行为都有一个着手到完成的过程。行为程度犯不同于举动犯,它存在既遂与未遂的区分,其既遂的标志就是法定的行为程度的达到。行为人着手实行犯罪并达到法定行为完成程度的即为既遂,着手犯罪而未达到法定完成程度的则为犯罪未遂。[①] 具体到本罪而言,也存在犯罪既遂与犯罪未遂的区分,其犯罪既遂的标志就是法定的几类犯罪准备行为的完成,行为人着手法定的犯罪准备行为但未完成准备行为的,若是由于行为人意志以外的原因被迫放弃完成的成立犯罪未遂,若是行为人自动放弃完成准备行为的成立犯罪中止。同时,从理论上分析,本罪也可能存在犯罪预备阶段,即为实行本罪的几类犯罪准备行为而制造条件的行为。这样,在本罪的犯罪预备阶段,也就有可能存在犯罪预备形态(预备犯)与犯罪中止形态(中止犯)。[②] 简言之,本罪在犯罪停止形态上可能存在着手实行犯罪前的犯罪预备形态和犯罪中止形态,以及着手实行犯罪后的犯罪未遂形态、中止形态和既遂形态。当然,在预备阶段和着手实行阶段,如果情节显著轻微危害不大的,都可以不认定为犯罪。

(二)本罪的罪数形态问题

准备实施恐怖活动罪所处罚的是为实施恐怖活动犯罪的预备行为,实践中很可能出现行为人实施的本罪预备性质的行为同时触犯其

---

① 参见赵秉志:《犯罪未遂形态研究》,中国人民大学出版社 2008 年版,第 112 ~ 113 页。

② 有学者指出,行为人已着手本罪的准备行为,由于意志以外的原因而没有完成准备行为的,成立本罪的未遂犯……为了实施本罪而实施的预备行为(可谓独立预备罪的预备行为),如果具有危害公共安全的抽象危险,也可能适用刑法总则第 22 条关于从属预备罪的规定。例如,为了组织恐怖活动培训,已经联系了讲授人员与参加人员,或者准备了培训场所,但未能进行下去的,即应按照刑法总则第 22 条的规定,以预备犯(从属预备罪)处罚。这一论述即主张本罪存在犯罪预备形态及预备犯与着手实行犯罪后的各种形态的区分。参见张明楷:《刑法学》(下),法律出版社 2016 年版,第 706 页。

他犯罪的情况。对此种情况，《刑法》第120条之二在第1款规定了本罪的罪刑规范之后，于第2款明确规定："有前款行为，同时构成其他犯罪的，依照处罚较重的规定定罪处罚。"

关于《刑法》第120条第2款的上述规定之法理性质，大体有三种解读：其一，认为这一规定属于吸收犯的规范，所指的是行为人被抓获时已经着手实施其他恐怖犯罪的情况，此时预备行为被实行行为所吸收，应仅按吸收后的一罪处理。[①] 其二，主张这一规定属于竞合的规范，但没有进一步明确这一规定所指的犯罪情况到底是法规竞合还是想象竞合。例如，一些论者认为，本条第2款所指的实施本罪同时构成其他犯罪的情况，比如，行为人为了准备实施恐怖活动犯罪而制造、买卖、运输、储存枪支、弹药、爆炸物或者危险物质；行为人在恐怖活动培训过程中煽动被培训对象实施分裂国家、颠覆国家政权的犯罪，传授制枪制爆技术或者其他犯罪方法；在进行策划以及其他准备过程中以窃取、刺探、收买等方式非法获取国家秘密、情报等。这些犯罪行为如果与本罪的犯罪行为出现了竞合的情形的，应当依照处罚较重的规定处罚。[②] 其三，主张这一规定属于想象竞合犯的规范，即实施本罪行为同时触犯其他罪名的情况，应依照处罚较重的罪名定罪处罚。[③]

笔者赞同上述第三种观点，主张《刑法》第120条之二第2款的规定是关于想象竞合犯的规范，试分析如下：首先，应当准确把握该款的含义。该款的含义有两点：一是行为人实施的本罪行为即准备实施恐怖活动罪行为又"同时"构成其他犯罪即触犯其他罪名（包括恐怖活动犯罪或者非恐怖活动犯罪）的，即是原本属于本罪的一种犯罪行为同

---

① 参见黎宏：《刑法学各论》，法律出版社2016年版，第39页。

② 参见郎胜：《中华人民共和国刑法释义》（第6版），法律出版社2015年版，第142页；雷建斌：《〈中华人民共和国刑法修正案（九）〉释解与适用》，人民法院出版社2015年版，第76页；臧铁伟、李寿伟：《〈中华人民共和国刑法修正案（九）〉条文说明、立法理由及相关规定》，北京大学出版社2016年版，第41～42页。

③ 参见周洪波：《〈刑法修正案（九）〉新增恐怖犯罪的理解与适用》，载《中国检察官》2015年第10期；张明楷：《刑法学》（下），法律出版社2016年版，第706页。

时触犯了其他罪名,而不是在实施本罪行为之外又另行实施的其他行为触犯了其他罪名,该款所指的是一种犯罪行为而不是数种犯罪行为;二是法律要求对这种实施本罪一罪行为而触犯数个罪名的情况依照处罚较重的罪名定罪处罚。其次,依照上述法律规定的含义来衡量,这一规范既不是指吸收犯,也不是指法规竞合,而只能是指想象竞合。所谓吸收犯,是指行为人实施数个具有吸收关系的犯罪行为,触犯数个罪名,依照吸收行为所构成的犯罪处断而不实行数罪并罚的犯罪情况。[①] 该款的规定之所以不属于吸收犯,主要是吸收犯是数种犯罪行为而该款是一种犯罪行为;此外,该款的处断规定也不同于吸收犯的处断原则。所谓法规竞合(法条竞合),是指一种犯罪行为同时触犯两个以上的罪名之法条,而这些不同的罪名法条之间存在包容或者交叉关系的犯罪情况。对法规竞合犯,一般情况下按照特殊法条优于普通法条的原则论处,在某些情况下按照重法条优于轻法条的原则处理。[②] 该款的规定之所以不属于法规竞合,主要是因为该款的情形是由于犯罪的事实特征而使一种犯罪行为触犯了数个罪名,而法规竞合不是由于犯罪事实特征而是由于法律条文的错综复杂规定使不同罪名在内容上存在包容或者交叉关系,以致一种犯罪行为触犯数个罪名之规定;此外,该款从一重罪处断的原则也不同于法规竞合犯的处断原则。该款的规定之所以是想象竞合犯,是由于该款的规定完全符合想象竞合犯的罪刑特征。想象竞合犯,是指行为人在两种以上罪过的支配下,实施一种犯罪行为,触犯两种以上不同罪名的犯罪形态。对想象竞合犯,除法律

---

① 参见赵秉志:《当代刑法学》,中国政法大学出版社 2009 年版,第 255 ~ 257 页;高铭暄、马克昌:《刑法学》(第 9 版),北京大学出版社、高等教育出版社 2019 年版,第 192 ~ 193 页。

② 参见赵秉志:《当代刑法学》,中国政法大学出版社 2009 年版,第 245 ~ 246 页;高铭暄、马克昌:《刑法学》,北京大学出版社、高等教育出版社 2019 年版,第 183 ~ 184 页。

有特别规定外，一般从一重罪处断而不实行数罪并罚。[①] 例如，上述第二种观点所举例子中，行为人在准备实施恐怖活动犯罪与非法制造、买卖、运输、储存枪支、弹药、爆炸物、危险物质这两种罪过的支配下实施了以非法制造、买卖、运输、储存枪支、弹药、爆炸物、危险物质为内容的这种准备实施恐怖活动的行为，就在观念上同时触犯了准备实施恐怖活动罪和非法制造、买卖、运输、储存枪支、弹药、爆炸物、危险物质罪这两种罪名，对此法律规定不实行数罪并罚而是要从一重罪处断，即依法应以非法制造、买卖、运输、储存枪支、弹药、爆炸物、危险物质罪定罪处罚；再如，有学者举例，行为人为实施大规模杀人的恐怖活动而进行策划、准备凶器、进行培训，依照该款的规定，行为人同时触犯准备恐怖活动罪和故意杀人罪（预备犯），从一重罪处断也可以考虑以故意杀人罪定罪处罚。[②]

此外，实践中还可能出现行为人在其构成准备实施恐怖活动罪之外又实施其他恐怖活动犯罪行为或者非恐怖活动的犯罪行为而触犯其他罪名的情况，对此类情况要依据我国刑法的规定和相关法理予以分析和甄别，如果符合牵连犯、吸收犯之犯罪形态的，应当按照处理这些犯罪形态的原则，一般认定为一罪从重处罚，而不实行数罪并罚；如果符合数罪之犯罪形态的，则应当认定为数罪并实行数罪并罚。

五、本罪的法定刑设置研析

根据罪责刑相适应原则和本罪的犯罪情况，我国立法机关对准备实施恐怖活动罪设立了两个量刑档次：一个基本量刑档次与一个加重量刑档次。本罪所涉及的四种犯罪行为都可分别依照犯罪的具体情节，对应适用这两个量刑档次。本罪的基本量刑档次为：构成本罪的，

① 参见赵秉志：《当代刑法学》，中国政法大学出版社 2009 年版，第 246～248 页；高铭暄、马克昌：《刑法学》（第 9 版），北京大学出版社、高等教育出版社 2019 年版，第 182～183 页。

② 参见张明楷：《刑法学》（下），法律出版社 2016 年版，第 706 页。

处5年以下有期徒刑、拘役、管制或者剥夺政治权利,并处罚金;本罪的加重量刑档次为:情节严重的,处5年以上有期徒刑,并处罚金或者没收财产。本罪加重量刑档次所说的"情节严重",一般是指准备的凶器、危险品破坏性巨大或者数量巨大,组织恐怖培训的人员数量众多,与境外恐怖活动组织联络频繁,策划的袭击可能造成重大人员伤亡或者重大目标破坏等情形。

准备实施恐怖活动罪的法定刑设置是否妥当?其法定刑是否过重?曾有人提出了批评的观点。这主要是指,在《刑法修正案(九)(草案)》征集意见过程中,有观点曾提出:《刑法修正案(九)(草案)》对准备实施恐怖活动罪配置的刑罚过重,特别是最高法定刑过重,严重违反了罪责刑相适应的刑法基本原则,建议做适当调整。① 这一观点并未被《刑法修正案(九)》的最终立法决策所接受和采纳,但对此观点需要辨析。

笔者认为,我国立法机关对本罪的法定刑设置并无不妥,主要理由有以下三点:

其一,从罪责刑相适应的刑法基本原则考量,本罪的法定刑较重是有其特殊原因的。恐怖主义犯罪不同于一般犯罪,它实际上是诸多犯罪的集合。通过本次《刑法修正案(九)》的修法,我国刑法虽然修改及增加了许多有关恐怖主义犯罪的条款,但却没有任何一个条文是直接规制具体的恐怖活动犯罪的,即并没有设置专门的暴恐活动犯罪之罪名。实际上,恐怖活动所具体实施的犯罪主要涉及故意杀人、爆炸、放火、决水、投放危险物质、绑架、破坏交通工具、破坏交通设备、破坏通信设备、劫持航空器等。在《刑法修正案(九)》设置本罪之前,行为人若仅实施了这些犯罪的预备行为,应当按照刑法总则关于犯罪预备形态即预备犯的规定论处,即罪名认定相同并因其为预备犯而可以比照既遂犯从轻、减轻或者免除处罚。值得注意的是,行为人着手实施犯罪所可能造成的社会危害大小也应当是量刑的考虑因素。例如,对故意杀

① 参见《地方人大和中央有关部门、单位对〈刑法修正案(九)〉(草案)的意见》,全国人大常委会法制工作委员会刑法室2015年1月4日印制,法工刑字(2015)1号。

人罪之犯罪预备的处罚就一般要重于对盗窃罪犯罪预备的处罚。而恐怖主义犯罪的社会危害往往是非常严重的,这是由于恐怖主义犯罪的犯罪目的并不是为了杀死特定的人或毁坏特定的目标,而是为了制造社会恐慌以反对政府或表达某种意识形态等。例如,同样是故意杀人,基于恐怖主义目的的杀人行为之危害性就要远远大于一般的杀人行为。因此,根据罪责刑相适应的刑法基本原则,对暴恐犯罪的预备行为之处罚高于同种行为的非恐怖犯罪之处罚是合法合理的。

其二,从我国涉恐犯罪的横向比较看,相较于我国刑法所规定的其他涉恐犯罪之刑罚,本罪的刑罚也没有畸重的问题。经《刑法修正案(九)》修正刑法后,我国刑法中目前涉及恐怖主义或恐怖活动犯罪的罪名除本罪外,还有 10 种,其中法定刑重于本罪的涉恐罪名只有组织、领导、参加恐怖组织罪(第 120 条)。与本罪法定刑轻重大致相当的涉恐罪名有 4 种:(1)帮助恐怖活动罪(第 120 条之一);(2)宣扬恐怖主义、极端主义、煽动实施恐怖活动罪(第 120 条之三);(3)利用极端主义破坏法律实施罪(第 120 条之四);(4)编造、故意传播虚假恐怖信息罪(第 291 条之一第 1 款)。法定刑轻于本罪的涉恐罪名包括 5 种:(1)洗钱罪(第 191 条);(2)强制穿戴宣扬恐怖主义、极端主义服饰、标志罪(第 120 条之五);(3)非法持有宣扬恐怖主义、极端主义物品罪(第 120 条之六);(4)拒绝提供间谍犯罪、恐怖主义犯罪、极端主义犯罪证据罪(第 311 条);(5)涉恐的偷越国(边)境罪(第 322 条)。不难看出,我国《刑法》中最早直接涉及"恐怖活动"的罪名——组织、领导、参加恐怖组织罪,其危害性显然大于仅属于预备行为的准备实施恐怖活动罪,故其法定刑也理应重于本罪。而就与本罪法定刑大体相同的四种犯罪而言,帮助恐怖活动罪主要涉及对恐怖活动组织、实施恐怖活动的个人以及恐怖活动培训予以人力、财力方面的支持;利用极端主义破坏法律实施罪与宣扬恐怖主义、极端主义、煽动实施恐怖活动罪则属于煽动、宣扬类犯罪,同预备行为类似,也是实施暴力恐怖活动之前的行为;编造、故意传播虚假恐怖信息罪不仅严重扰乱社会秩序,还可能造成严重后果;因此,这四种犯罪与准备实施恐怖活动罪的社会危害性大致相当,前三种犯罪属于准备、帮助、煽动、宣扬类犯罪,第四种犯罪主要是其可能造成的危害后果严重,其刑罚与本罪大体相同也较为合理。至于最后一类所包含的五种犯罪,涉恐的洗钱罪是明知是恐怖活动犯罪所得及其产生的收益,而掩饰、隐瞒其来源和性质的行为,其危害性稍低于直接资助恐怖活动的帮助恐怖活动罪,因而其法定刑也稍低于帮助恐怖活动罪和本罪;强制他人穿戴宣扬恐怖主义、极端主义服饰、标志的犯罪实际上是一种间接的宣扬行为,而持有类犯罪的危害性普遍较小,在我国刑法中是最为轻微的一类犯罪。其余两罪与大部分恐怖活动犯罪侵害的客体有所不同:拒绝提供间谍犯罪、恐怖主义犯罪、极端主义犯罪证据罪侵害的是国家安全和国家安全机关的正常活动,主要是一种拒不配合国家安全机关侦破涉恐犯罪工作的知情不举的行为,其危害程度有限;而偷越国(边)境罪侵害的是国家对出入国(边)境的管理秩序,虽然涉恐的偷越国(边)境犯罪有着参加恐怖活动组织、接受恐怖活动培训或者实施恐怖活动的目的,但犯罪分子在此阶段离实现这些涉恐目的还相对遥远,甚至比准备实施恐怖活动所规定的行为还要远。因此,综合考虑这五种犯罪的行为本身性质与其社会危害性程度,它们的刑罚设置低于准备实施恐怖活动罪并没有太大问题。总结以上比较不难得出,在整个刑法体系中,本罪的刑罚设置相较于其他涉恐罪名也同样较为合理,故不需要做趋轻的调整。

其三,从中外反恐刑法相关规范的比较视野看,对类似我国《刑法》第120条之二准备实施恐怖活动罪的犯罪行为,一些国家的刑法规定的刑罚处罚也大体近似。如《法国刑法典》第421－5条第4款规定,“犯第421－2－6条规定之恐怖主义行为罪的,处10年监禁并科150,000欧元罚金”。[①]《意大利刑法典》第270－4条对“为恐怖主义包括国际恐怖主义目的招募人员罪”规定的刑罚是“处以7年至15年有期徒刑”,其第270－5条对“为恐怖主义包括国际恐怖主义目的进行训练活动罪”规定的刑罚是“处以5年至10年有期徒刑”。[②]《比利时刑法典》(修订至2014年)第140B条(恐怖主义招募)、第140C条

---

① 参见《最新法国刑法典》,朱琳译,法律出版社2016年版,第196页。

② 参见《最新意大利刑法典》,黄风译注,法律出版社2007年版,第101页。

(提供制造恐怖活动犯罪工具的方法和技术指南或训练)、第140D条(接受制造恐怖活动犯罪工具的方法和技术指南或训练)规定的刑罚均为“处5年至10年徒刑”,并处100~500欧元或100~5000欧元的罚金。[①]《哈萨克斯坦共和国刑法典》(2014年通过,修订至2016年)第259条的招募、训练、武装人员意图组织恐怖主义或者极端主义活动罪,其基本犯罪构成处6~12年监禁、并处没收财产,加重犯罪构成处8~15年监禁、并处没收财产;第260条的接受恐怖主义或者极端主义培训罪,处3~7年监禁。[②] 由上可知,这些外国刑法典对准备实施恐怖活动犯罪的行为的处罚也都比较严厉,体现了各国从严惩处这类涉恐犯罪行为的共识。

Study on the Crime of Preparing to Commit Terrorist Activities

Zhao Yuan & Yu Xuan

[**内容摘要**]准备实施恐怖活动罪是《刑法修正案(九)》基于法益保护前置理念增设的一种预备行为实行化的涉恐新罪名。本罪主观方面只能表现为直接故意,客观方面表现为为实施恐怖活动而实行四类准备行为。区分本罪与非罪的界限,要从主观、客观、情节这三个方面来把握。本罪存在各种犯罪停止形态。本罪之行为同时又构成其他犯罪的,属于想象竞合犯,应依重罪处断。本罪的法定刑设置符合罪责刑相适应原则的要求。

[**关键词**]准备实施恐怖活动;恐怖活动;恐怖活动培训;犯罪停止形态;罪数形态

Abstract: Preparing to commit terrorist activities, an addition to the

① 参见《比利时刑法典》,陈志军译,中国政法大学出版社2015年版,第68~69页。

② 参见《哈萨克斯坦共和国刑法典》,陈志军译,中国政法大学出版社2016年版,第144页。

Amendment (9) to the Criminal Law based on the idea of pre-protection of legal interest, is a new terrorist-related crime of perpetrating preparation action. The subjective aspect of this crime can only be manifested as direct intent, while the objective aspect can be manifested as four types of preparatory acts for committing terrorist activities. The distinction between crime and non-crime should be grasped from three aspects: subjective, objective and circumstantial. There are various forms of cessation in this crime. If the act of this crime constitutes other crimes at the same time, it will constitute imaginative jointer of offenses and should be punished according to the more serious one.

Keywords: preparing to commit terrorist activities; terrorist activities; terrorist activity trainings; forms of crime cessation; forms of crime number

〔中国刑法〕

论我国刑事司法机械化倾向*

——从赵春华非法持有枪支案谈起

陈银珠**

目　　次

一、问题的提出
二、刑事司法机械化倾向的表现
三、刑事司法机械化倾向的理论基础
四、开放的刑法体系
五、结语

一、问题的提出

赵春华非法持有枪支案引发了刑法学界和社会的广泛关注。2016年8~10月，被告人赵春华在天津市河北区李公祠大街海河亲水平台附近摆设射击摊位进行营利活动。同年10月12日22时许，赵春华被

* 本文是2019年安徽省高校优秀青年人才支持计划重点项目的阶段性成果，项目批准号：gxyqZD2019008。

** 安徽师范大学法学院副教授，法学博士，安徽师范大学法治中国建设研究院研究员。

公安机关巡查人员查获,巡查人员当场收缴枪形物 9 支、配件、塑料物等物。经天津市公安局物证鉴定中心鉴定,涉案 9 支枪形物中的 6 支为能正常发射、以压缩气体为动力的枪支。在这个案件的审理过程中,刑法争议主要集中在以下四个方面。

第一,关于枪支的认定。辩护人倾向于按照《枪支管理法》第 46 条的规定,强调枪支的实质标准,即足以致人伤亡或者丧失知觉。辩护人认为,本案没有足够的证据证明,这些打气球的枪形物能达到致人伤亡或者丧失知觉的程度。[①] 二审法院倾向于按照公安部制定的《公安机关涉案枪支弹药性能鉴定工作规定》和《枪支致伤力的法庭科学鉴定判据》,强调枪支的形式标准,即对不能发射制式弹药的非制式枪支,当所发射弹丸的枪口比动能大于等于 1.8 焦耳/平方厘米时,一律认定为枪支。[②] 二审法院未采纳辩护人意见的主要原因是,《枪支管理法》第 46 条对枪支的规定未包含可供执行的、具体的量化标准,因此只能根据有权机关即公安部的规定判断枪支。

第二,关于主观故意的认定。辩护人认为,检察院无法证明被告人赵春华具有持有枪支的故意。赵春华一直认为,自己摆摊用的是玩具枪,而非法持有枪支罪要求的枪支是真枪。二审法院认为,涉案枪支外形与制式枪支高度相似,以压缩气体为动力、能正常发射、具有一定致伤力和危险性,且不能通过正常途径购买获得,在此情况下擅自持有即具备犯罪故意。

第三,关于违法性认识(社会危害性认识)的认定。这个辩护意见在辩护词中并没有明确集中地提起,而是分散在辩护词的不同部分。辩护人认为,被告人赵春华没有认识到自己的行为具有违法性或者社会危害性。被告人不知道公安部制定的枪支标准,所以不知道自己经营用的枪形物是法律禁止的枪支;被告人赵春华一直公开在人流密集

① 参见徐昕、斯伟江:《天津大妈赵春华非法持枪案二审辩护词》,载 http://www.ahxb.cn/c/3/2017-01-26/3770.html,2018 年 4 月 16 日访问。

② 参见《天津赵春华涉枪案二审判决书全文》,载 http://www.sohu.com/a/125493522_570256,2018 年 4 月 16 日访问。

的地方摆摊,在两个多月的经营过程中,没有路人或者群众提醒过她,也没有执法部门告知她可能涉嫌犯罪或者建议她去鉴定部门鉴定。二审法院并没有明确对这个辩护意见进行回应,但是根据二审判决的思路,二审法院的回应应该是,既然赵春华认识到持有的是枪支,枪支本身具有高度危险性,非法持有枪支为法律所禁止,那么赵春华认识到非法持有枪支行为本身,就证明她认识到该行为具有违法性或者社会危害性。

第四,关于行为社会危害性的认定。辩护人认为,用于摆气球摊的枪支,没有任何社会危害。二审法院认为,枪支本身具有高度危险性,非法持有枪支为《枪支管理法》所禁止,非法持有枪支本身即具有刑事违法性和社会危害性。

二审法院最终认定,赵春华构成非法持有枪支罪。很多刑法学者认为,赵春华案件的判决无法获得民众的认同,违背了常识或者民众朴素的正义感。陈兴良教授认为,赵春华案被判有罪,完全符合我国当前的司法逻辑,但是明显违背常识,不为社会公众所接受。① 刘艳红教授认为,法官缺乏良知,法官灵魂深处缺乏公平和正义的声音,缺乏对社会民众与社会生活的基本认识,缺乏基本的"常识、常情、常理"观,从而直接导致司法无良知,偏离了司法公平正义的价值理念。② 车浩教授也指出,公众对赵春华案的关注,反映出一种朴素而伟大的正义感。如何回应这种正义感的诉求,是法学理论界和实务界的共同任务。③ 劳东燕教授指出,公众认知代表一般人的正义感和价值判断,而对特定法条的理解和适用势必需要尊重这样的正义感和价值判断。④ 陈兴

---

① 参见陈兴良:《赵春华非法持有枪支案的教义学分析》,载《华东政法大学学报》2017 年第 6 期。

② 参见刘艳红:《"司法无良知"抑或"刑法无底线"——以"摆摊打气球案"入刑为视角的分析》,载《东南大学学报(哲学社会科学版)》2017 年第 1 期。

③ 参见车浩:《非法持有枪支罪的构成要件》,载《华东政法大学学报》2017 年第 6 期。

④ 参见劳东燕:《法条主义与刑法解释中的实质判断——以赵春华持枪案为例的分析》,载《华东政法大学学报》2017 年第 6 期。

良、车浩、劳东燕等刑法学者着重从刑法教义学的角度为赵春华案出罪提供了理论资源,本文着重分析和反思该案背后所反映的刑事司法机械化倾向。

二、刑事司法机械化倾向的表现

刑事司法机械化倾向是指司法者脱离民众认同的基本价值理解、解释和适用刑法的观念和现实。在司法实践中,司法者裁判案件时往往追求明确的规则、具体的标准,躲避或者忽略民众认同基本价值和刑法的情理性条款。无论是前几年发生的许霆案、李昌奎案,还是近几年发生的王力军案、于欢案、赵春华案等,都证明了欧洲一句民间谚语,即“播种规则的人,收获的绝不是正义”。我国刑事司法机械化倾向主要表现为以下几个方面。

(一)割裂民众认同的基本价值与刑法适用的关系

司法实践中,有的司法者脱离民众认同的基本价值来理解、解释和适用刑法。当司法者把刑法适用于具体刑事案件时,往往出现几个结论。从技术上来讲,司法者接受哪个结论都是适用刑法的结果,但是从价值上来讲,司法者应当选择最符合民众认同的基本价值的结论,作为最终的裁判结论。

在赵春华案件中,司法者放弃“足以致人伤亡或者丧失知觉”的价值标准,而仅仅根据枪口比动能大于等于 1.8 焦耳/平方厘米来认定枪支;司法者脱离民众对摆射击摊这种经营行为的接受和认可来理解赵春华行为的刑事违法性和社会危害性;司法者脱离民众对摆射击摊的接受和认可来认定赵春华对该行为的违法性认识或者社会危害性认识。这都体现了司法者脱离了民众所认同的基本价值来适用刑法。

在于欢案件一审过程中,辩护人认为于欢有正当防卫情节,系防卫过当。法院没有采纳辩护人的辩护意见,理由在于:被告人于欢持尖刀捅刺多名被害人的腹背部,虽然当时其人身自由权利受到限制,也遭到对方的辱骂和侮辱,但对方均未有人使用工具,在派出所已经出警的情况下,被告人于欢和其母亲的生命健康权利被侵犯的现实危险性较小,不存在防卫的紧迫性,所以于欢持尖刀捅刺被害人不存在正当防卫意义的不法侵害前提。[①] 一审判决在适用刑法过程中,脱离了民众认同的基本价值。一审判决忽视了不法侵害人侮辱于欢母亲的情节,忽略了母子关系和儿子实施防卫行为的道德义务,这是民众普遍不认同这个判决的主要原因。一审判决对于不法侵害人侮辱于欢母亲苏某霞的情节一笔带过,而且忽略了这个情节对于于欢实施制止不法侵害行为正当性的意义。在母亲受到侮辱的情况下,期待儿子无动于衷的逻辑,自然会违背民众认同的基本价值和情感。正如有的媒体所表达的,判决时如能给正常的人伦情理留下必要空间,能考虑到当面凌辱自己母亲导致的精神痛苦,那判决势必会被更多人认同。[②]

在赵春华案和于欢案中,司法者脱离民众认同的基本价值理解、解释和适用刑法,是一审裁判结论不为民众认同的根本原因。苏力教授曾经一针见血地指出,如果法律人仅仅重视法律字面含义和逻辑而忽视其他必要的学科知识或生活常识,完全不管作为我们生活背景的无言知识,会非常危险。最终结果是违背"天理"或"自然法",法律实践的结果会与普遍中国人的生活经验、道德共识、主流价值完全脱节。即使一时在司法上获胜了,但久而久之会失去民心。[③] 近几年发生的违背民众认同的刑事案件,正在印证苏力教授的这个判断。

(二)重视确定性条款忽视情理性条款

刑事司法机械化倾向体现为在刑事司法实践中,司法者往往重视

---

① 参见《于欢案一审判决书》,载 http://www.110.com/ziliao/article-665802.html,2018 年 10 月 31 日访问。

② 参见《"刀刺辱母者案":司法要给人伦留空间》,载 http://www.bjnews.com.cn/opinion/2017/03/26/437812.html,2018 年 10 月 31 日访问。

③ 参见苏力:《法律人自身的问题》,载《北方法学》2011 年第 4 期。

确定性条款忽视情理性条款。刑法的情理性条款包括刑法的基本原则、《刑法》第 13 条“但书”、《刑法》第 37 条“犯罪情节轻微不需要判处刑罚的”、《刑法》第 63 条第 2 款在法定刑以下判处刑罚①等。刑法的情理性条款是民众认同的基本价值在刑法中的体现,它们指导和制约着刑法适用的过程。刑法的基本原则既是司法者适用刑法定罪的指导和制约,也是司法者适用刑法量刑的指导和制约;既包括在入罪和出罪方面的指导和制约,也包括在从严和从宽量刑方面的指导和制约。《刑法》第 13 条“但书”是对司法者适用刑法时出罪方面的指导和制约,或者是指导和制约司法者对于刑法条文的理解,或者指导和制约司法者直接用来出罪。《刑法》第 37 条和第 63 条第 2 款体现为对司法者在量刑方面的指导和制约。司法者往往重视具有刑法的确定性条款,忽略刑法的情理性条款。正如江必新大法官所言,有的法官只注意分则的规定,不太注意总则的规定。有些案件社会舆论认为判得不好,判得不对。从刑法分则的规定来看,犯罪嫌疑人的行为确实具备了犯罪构成,但是根据刑法分则定罪,量刑可能很重。只要注意总则规定,问题就不难解决,比如情节显著轻微危害不大的不认为是犯罪。这是很好的规定,它可以帮助法官调节刑法分则在立法上可能存在的不足,实现衡平。②

实践中,司法者孤立地理解刑法分则条文,切断了刑法的情理性条款与刑法确定性条款之间的关系,割裂了刑法条文与民众认同的基本价值之间的联系。一旦一条刑法条文被制定出来,它就应该在整个法律体系内去理解,司法者应当寻找它在适用于具体案件过程中的合理意义。比如,《刑法修正案(八)》规定了危险驾驶罪,其中对于醉酒驾驶的规定,并没有要求情节恶劣或者情节严重,那么醉酒驾驶是否考虑情节恶劣或者情节严重呢?当醉酒驾驶成为刑法体系中的具体条文以

---

① 江必新大法官将《刑法》第 63 条第 2 款视为刑法设定的衡平机制。这种衡平机制的目的就是解决司法实践中可能出现的明显不公、明显脱离正义的案件。参见江必新:《在法律之内寻求社会效果》,载《中国法学》2009 年第 3 期。

② 参见江必新:《在法律之内寻求社会效果》,载《中国法学》2009 年第 3 期。

后，无论立法者在制定该具体条文的立法原意是什么，它都需要在刑法的体系内去理解。刑法分则要受到刑法基本原则和《刑法》第 13 条“但书”的指导和制约。醉酒驾驶必须考虑情节是否恶劣或者严重，因为《刑法》第 13 条“但书”对所有刑法分则条文都具有指导和制约作用。

司法者对更具有可操作性的司法解释的重视往往超过刑法条款本身。正如我国刑法学者所言，新的司法解释优于旧的刑法条文，详尽的司法解释优于抽象的刑法条文，司法解释更能得到法官的适用，从而架空刑法。① 司法者对刑法司法解释的高度依赖，使司法者在适用刑法过程中更加疏远，甚至漠视刑法的情理性条款。确定性的司法解释固然保障了适用刑法的统一，也为司法者带来安全感，但是在疑难案件中会以牺牲公平正义为代价。许霆案件的一审判决就是典型代表。② 这个判决的量刑过重，不被民众所接受和认可。一审作出无期徒刑的判决，依据的是最高人民法院《关于审理盗窃案件具体应用法律若干问题的解释》第 3 条，即个人盗窃公私财物价值人民币 3 万元至 10 万元以上的，属于数额特别巨大。司法者在适用刑法过程中，没有考虑到民众的接受和认可、罪刑相适应原则、《刑法》第 63 条第 2 款法定刑以下判处刑罚的规定等。司法者过于重视确定性条款而忽视情理性条款和

---

① 参见利子平、詹红星：《刑法司法解释：现状、成因及其走向》，载《南昌大学学报》2003 年第 6 期。

② 2006 年 4 月 21 日 21 时许，被告人许霆到广州市天河区黄埔大道西平云路 163 号的广州市商业银行自动柜员机（ATM）取款，同行的郭某山（已判刑）在附近等候。许霆持自己不具备透支功能、余额为 176.97 元的银行卡准备取款 100 元。当晚 21 时 56 分，许霆在自动柜员机上无意中输入取款 1000 元的指令，柜员机随即出钞 1000 元。许霆经查询，发现其银行卡中仍有 170 余元，意识到银行自动柜员机出现异常，能够超出账户余额取款且不能如实扣款。许霆于是在 21 时 57 分至 22 时 19 分、23 时 13 分至 19 分、次日 0 时 26 分至 1 时 6 分三个时间段内，持银行卡在该自动柜员机指令取款 170 次，共计取款 174,000 元。许霆告知郭某山该台自动柜员机出现异常后，郭某山亦采用同样手段取款 19,000 元。同月 24 日下午，许霆携款逃匿。2007 年 11 月 20 日，一审法院判处许霆犯盗窃罪，判处无期徒刑，剥夺政治权利终身，并处没收个人全部财产。二审法院判处许霆盗窃罪，判处有期徒刑 5 年，并处罚金 2 万元。

民众认同的基本价值,是导致许霆案一审判决不被接受的根本原因。

司法实践中,司法者重司法解释轻基本法律的观念和做法也是本末倒置的体现。最高人民法院或者最高人民检察院作出的司法解释虽然是针对法院审判工作或者检察院检察工作中具体应用法律、法令的问题作出的解释,但是它不属于针对个案的司法解释,而是抽象的类型化的解释,属于立法的延伸。因为这种司法解释,相对于刑法而言,更为明确和具体,因此得到司法者更为严格的遵守。但是重司法解释,轻基本法律的观念和做法,也可能出现这种问题,即把司法解释与刑法的基本原则或者其他情理性条款割裂开来,适用司法解释的结论可能违背刑法基本原则和其他情理性条款。这种本末倒置的观念,导致司法者机械地适用司法解释,把裁判结论与民众认同割裂开来,法律的确定性和稳定性被机械地遵守,损害了司法的公正性和公信力。

(三)解释方法应用的机械性

解释方法应用的机械性体现为,司法者重视文理解释,忽视目的解释。司法者认为,按照刑法条文的字面含义进行解释,不管根据这个解释适用于案件的结果是否公平。司法者重视文理解释没有错,错在忽视目的解释。张明楷教授认为,文理解释和目的解释都是具有决定性的解释理由,但是两者的决定性具有不同的含义。文理解释的决定性体现为,所有的刑法解释都要从法条的文理开始,而且不能超出刑法用语可能具有的含义,有利于被告人的类推解释例外。目的解释的决定性体现为,对一个法条可以做出两种以上的解释结论时,只能采纳符合目的的解释结论。① 司法者割裂刑法的目的与刑法条文之间的关系,脱离刑法的目的理解、解释和适用刑法,是刑事司法机械化的表现。江必新大法官也发现了这种司法机械化倾向,即有些司法人员或法官存在死扣法律字眼的职业倾向,无视实质正义和社会效果,局限于狭隘

① 参见张明楷:《刑法学》(第5版),法律出版社2016年版,第35页。

的、孤立的文意解释，造成机械的法律适用，社会效果极差。①

在赵春华非法持有枪支案中，二审法院对于枪支的认定，仅仅根据公安部的文件，缺乏对非法持有枪支罪的法益是公共安全的考量。在王力军非法经营案中，一审法院认定，王力军未办理粮食收购许可证，未经行政管理机关核准登记颁发营业执照，非法收购玉米，并将收购的玉米卖给巴彦淖尔市粮油公司，非法经营数额218, 288.6元，非法获利6000元。一审法院将这种行为认定为“其他严重扰乱市场秩序的非法经营行为”，没有根据非法经营罪的法益对该条文进行目的解释。内蒙古自治区巴彦淖尔市中级人民法院再审判决认为，王力军的行为违反了当时的国家粮食流通管理的有关规定，但尚未达到严重扰乱市场秩序的危害程度，不具备与非法经营罪相当的社会危害性和刑事处罚的必要性，因此不构成非法经营罪。再审判决体现了司法者将目的解释作为该案的决定性的理由，美中不足在于该判决没有详细解释王力军的行为为什么没有严重扰乱市场秩序。我国刑法学者卢建平教授在评价该案时指出，一审判决的错误在于，将一般的行政违法行为等同于刑事犯罪，过分强调了非法经营行为对于国家规定的违反，而相对忽视了对于行为社会危害性的评判。② 这两个案件都反映出，司法者在适用刑法过程中存在重视文理解释，忽视目的解释的倾向。

（四）判决不说理或者说理过于简单

在赵春华案件中，一审法院的判决书对于定罪部分几乎没有说理。一审法院在判决中定罪部分仅仅表达了一个结论，“本院认为，被告人赵春华违反国家对枪支的管制制度，非法持有枪支，情节严重，其行为已构成非法持有枪支罪，公诉机关指控被告人赵春华犯非法持有枪支

① 参见江必新：《在法律之内寻求社会效果》，载《中国法学》2009年第3期。

② 参见卢建平：《王力军改判无罪的深层次逻辑》，载《人民法院报》2017年2月18日，第3版。

罪的罪名成立,应定罪科刑”。[①] 判决不说理或者说理过于简单,是司法者机械地、孤立地、形式地理解、解释和适用刑法的表现。不说理的判决或者说理过于简单的判决,给人的感觉是,裁判结论的获得是非常简单的事情,把案件事实直接对照相应法律条文即可得到结论。判决不说理或者说理过于简单,是刑事司法机械化的表现,同时也加剧了刑事司法机械化的趋势。这不但导致民众对于司法无法有效监督,而且难以获得民众认同。

司法裁判说理不足导致判决理由和判决结论距离公众认同越来越远。虽然司法判决要独立于民意,不能唯民意是从,但是判决结论也不能违背民众所认同的基本价值。从根本上来说,刑法是一种行为规范,失去公民的认同,这种行为规范的功能就大打折扣。司法裁判与公众认同的疏远,实际上与司法者对具体案件粗糙地说理有关,这些都使民众摸不着头脑。正如我国最高人民检察院检察长张军所言,我们的裁判说理常被批评为千案一面,判决说理不强,这给判决的社会认可度制造了很大的问题,容易给人造成一种司法专横的感觉。[②]

最高人民法院已经认识到,司法实践中存在裁判说理不足的问题,并提出了解决问题的方法。2018 年 6 月 1 日,最高人民法院印发《关于加强和规范裁判文书释法说理的指导意见》。该意见指出,裁判文书释法说理的主要内容是阐明事理、释明法理、讲明情理和讲究文理。其中,释明法理,说明裁判所依据的法律规范以及适用法律规范的理由;讲明情理,体现法理情相协调,符合社会主流价值观。笔者认为,认识到裁判说理不足的问题尤为重要,提出规范性要求也有价值,只是需要研究裁判说理不足背后的深层次原因。如果对这个问题没有透彻地理解,那么解决问题的方法可能就不管用。

---

① 《赵春华案件一审判决》,载 http://jnanhyqfy. sdcourt. gov. cn/jnanhyqfy/375203/755889/1510397/index. html,2018 年 4 月 21 日访问。

② 参见张军:《法官的自由裁量权与司法正义》,载《法律科学(西北政法大学学报)》2015 年第 4 期。

三、刑事司法机械化倾向的理论基础

实证主义法学理论为刑事司法机械化提供了理论基础。实证主义法学理论将法律与法律的价值割裂开来,将法律与民众的认同割裂开来。它将制裁作为法律的本质性要素和义务设定的根据,将民众对制裁的畏惧作为维持法律秩序的基础,将国家意志作为制裁的根据。实证主义法学理论割裂法律的价值与规则之间的关系,使法律规则变成僵死的条文,使司法活动脱离正义的方向,与民众认同越来越远。张恒山教授指出,实证主义法学理论继承了休谟哲学的事实与道德二元的思维原则,通过反思和怀疑自然法学的道德信条的科学实证性形成的,以现实可感知的国家法律为研究对象。这个理论在法学研究中割裂法律与道德的联系,对所有法律概念的解释,只能在实证法律之内求索,而不能在法律之外的道德中求支持。① 这种理论将法律与法律的价值、法律与民众认同、法律与道德割裂开来,为刑事司法机械化打开了理论之门。

约翰·奥斯丁是分析实证主义法学的创始人。奥斯丁强调,实际存在的由人制定的法,是法理学的真正对象,他将上帝法、实际存在的社会道德规则和比喻意义上的法排除法理学的范围。奥斯丁将法理解为一种主权者所作的命令。这里的命令包含三层含义:第一,一个理性存在提出的要求或愿望,是另外一个理性存在必须付诸行动和遵守的;第二,在后者没有服从前者的要求的情况下,前者采取的不利后果会施加于后者;第三,前者提出的要求的表述和宣布,是以文字或其他形式表现出来的。② 不利后果是命令的本质要素,它把命令与其他要求区别开来。命令和义务是相互联系的,当命令出现的时候,义务就出现了;当命令被表达出来的时候,一个义务就被设定了。奥斯丁将制裁作

---

① 参见张恒山:《法理要论》(第3版),北京大学出版社2009年版,第327页。

② 参见[英]约翰·奥斯丁:《法理学的范围》(第2版),刘星译,北京大学出版社2013年版,第20~26、174~175页。

为义务的根据,即如果我在不服从你表达的一个要求的条件下,可能遭受你所施加的不利后果,那么我就受到了你的命令的约束或者限制。①从奥斯丁看来,制裁是命令和义务得以产生的本质性要素。

汉斯·凯尔森提出纯粹法理论(Pure theory of law)。纯粹法理论站在分析法学的肩膀上,对法学与正义哲学、法律社会学的分离作了更为深入的推进。纯粹法理论的研究对象是实在法,把法与道德、正义割裂开来。凯尔森认为,法律问题作为一个科学问题,是社会技术问题,并不是一个道德问题。将法和正义等同起来的倾向是为一个特定社会秩序辩护的倾向,这是一种政治的而不是科学的倾向。某一个法律是否合乎正义以及什么是正义的基本要素,纯粹法理论不能回答这个问题,因为这个问题根本不能科学地加以回答。正义是反理性的理想,无论它对人们的意志和行为可能多么必要,但它是不能被认识的。② 纯粹法理论将正义理解为合法性,即将一个一般规则实际适用于按其内容应该适用的一切场合,如果把它适用于这一场合而不适用于另一类似场合,便是不正义的。正义与实在法秩序的内容无关,而与其适用有关。这里的正义强调的是认真地适用以维护实在法秩序。③ 纯粹法理论将正义理解为法律的普遍适用性,这样的正义观念否定了正义的本体价值。

凯尔森将法理解为一种强制秩序的特定社会技术。这里的强制秩序强调的是,以强制措施来威胁危害社会的行为,实现社会所希望的人的行为。法是一种社会技术,即通过对相反行为实施强制措施的威胁来促使人们实现社会所希望的行为。④ 在凯尔森看来,法与道德、宗教的不同在于法所特有的手段,即社会有组织的强制措施。由于法律所规定的制裁,使法律秩序与其他秩序区别开来。一个规则之所以是一

---

① 参见[英]约翰·奥斯丁:《法理学的范围》(第2版),刘星译,北京大学出版社2013年版,第22页。

② 参见[奥]汉斯·凯尔森:《法与国家的一般理论》,沈宗灵译,商务印书馆2013年版,第31~43页。

③ 同上书,第42~44、49~51页。

④ 同上书,第49~50页。

个法律规则是由于它规定了一个制裁。

实证主义法学理论的逻辑前提不符合事实。实证主义法学理论假设,主权者制定一套规则交给民众,民众就可以按照规则办事,这样就可以万事大吉了。无论是奥斯丁将法理解为主权者的命令,还是凯尔森将法理解为强制秩序的特定社会技术,都包含了这个假设。这个假设被证明是不可能实现的神话。一个基本的社会事实是,民众在日常生活和社会交往中,都是将习惯、道德规则作为评判标准和行为标准,不可能先学习法律再实施相应的行为。人的活动主要不是按照国家制定的规则评判纠纷和支配的自己行为,而是时时刻刻受到理性和良知的价值指引,受到自己认同的观念的支配。陈忠林教授指出,无论是普通民众还是受过法律专业训练的人,在日常生活中都是根据常识常理常情来规范自己的行为,不可能先了解法律再决定如何行动。① 因为这个基本的事实,所以立法和司法活动不能违背民众所认同的基本价值,只能以此为基础为根据制定法律、适用法律。唯其如此,才能使得法律体现人民的意志,法律才能获得正当性。

实证主义法学理论无法为立法和司法提供价值指引。实证主义法学理论把不利后果或者制裁作为法律的本质性要素,并且割裂法律与道德、正义的关系。这种理论给立法和司法实践带来严重的损害。从立法方面来讲,这种理论使立法者可以随意设定法律规则。正如张恒山教授所言,实证法学派勉强地用制裁作为义务的依据、用国家随意作为制裁的来源,为国家随意设定制裁、义务,为国家专横立法,敞开了理论大门。② 从司法方面来讲,这种理论导致司法者在理解、解释和适用刑法过程中,脱离明确的价值指引从而陷入机械化。在适用刑法过程中,当出现两种或者两者以上的结论时,实证主义法学理论无法为司法者提供选择的价值基础。

在服从法律方面,实证主义法学理论过于强调对于制裁的畏惧,忽略对于法律的认同。实证主义法学理论认为,人们服从法律,是因为畏

---

① 参见陈忠林:《刑法散得集(Ⅱ)》,重庆大学出版社 2012 年版,第 6 ~ 7 页。

② 参见张恒山:《法理要论》(第 3 版),北京大学出版社 2009 年版,第 335 页。

惧主权者的强力制裁。实际上,在遵守法律方面民众对于法律的认同比惩罚具有更重要的作用。因为法律符合民众认同的基本价值,所以民众才会遵守法律,才会对违法行为形成社会压力,使法律和司法具有道德感召力。正如美国法学家伯尔曼先生所指出的,心理学研究已经证明,在确保遵守规则方面,信任、公正、信实性和归属感等远比强制力重要。真正能阻止犯罪的乃是守法的传统,这种传统植根于一种深切而热烈的信念之中,那就是,法律不只是世俗政策的工具,它也是终极目的和生活意义的一部分。① 我国伦理学者何怀宏教授也指出,普遍主义的道德要行之有效需要建立在人们的共识基础之上,现代法律只有从根本上被视为是正义的,符合道德的,得到人们普遍衷心的尊重,才能被普遍有效地执行。② 民众对法律的认同,以及民众对司法的认同,不但使法律具有正当性,而且能够激发民众守法的热情,形成守法的习惯。

四、开放的刑法体系

要想纠正我国刑事司法机械化倾向,需要改变刑法理念。不能像实证主义法学理论那样将制裁作为法律的本质性要素,应当把民众的认同作为法律的价值性要素。不能像实证主义法学理论那样将正义、道德与法律割裂开来,应当把民众认同的基本价值纳入刑法的体系中来。本文提倡开放的刑法体系,开放的刑法体系包括民众认同的基本价值、刑法的情理性条款和刑法的确定性条款。民众认同的基本价值通过刑法的情理性条款,指导和制约司法者理解、解释和适用刑法确定性条款。开放的刑法体系旨在要求司法者在裁判案件的过程中,应该根据民众认同的基本价值来理解、解释和适用刑法,而不应形式地、机

① 参见[美]伯尔曼:《法律与宗教》,梁治平译,中国政法大学出版社 2003 年版,第 17～18 页。

② 参见何怀宏:《一种普遍主义的底线伦理学》,载何怀宏:《良心论》,北京大学出版社 2017 年版,第 418 页。

械地、孤立地适用刑法条文。这种观念有助于把民众认同的基本价值与刑法体系联结在一起,克服刑事司法机械化倾向,提升刑事司法公信力。

(一)价值论基础

民众认同的基本价值是开放的刑法体系的价值基础。它是指为社会民众长期普遍认同的,至今未被证明是错误的是非标准。这种是非标准体现为道德规则和习惯规则,是民众在社会生活中逐渐形成的,内心认同的评判标准和行为标准。

民众认同的基本价值来源于人所共有的良知和理性。它以道德规则为主要内容,它是法律规则的来源。法国思想家卢梭对道德的真知灼见,也代表着对民众所认同的基本价值的赞美。他说,道德、习俗和信仰,是所有法律中最重要的,它不是刻在大理石上或铜表上,而是刻在人民心里。它每天都会积聚新的力量,而且在其他法律衰亡的时候,它激励或者代替它们;它使一个民族的制度精神得以保存,并且不知不觉地用习惯的力量取代权威的力量。立法者看上去好像把自己局限于具体法律的制定,而这些具体法律实际上只是拱顶上的拱架而已,只有那些发展缓慢的道德才是拱顶不可移动的基石。① 道德规则刻在人民的心里,是所有法律规则的基础。

民众认同的基本价值的人性基础是人所共有的良知和理性。我国法理学者张恒山教授对良知和理性进行了系统和深入的研究。他认为,良知是利他心,来自人的本能,它是以人的恻隐心和爱心为主要表现的自发的道德情感。法学意义上的理性是以行为理性为主的包含着认知理性的思维方式。这种行为理性是一种复杂的认知、预测、比较、选择的思维方式和思维过程。道德规则是建立在良心和理性协同

① 参见[法]让·雅克·卢梭:《社会契约论》,徐强译,九州出版社 2007 年版,第137 页;[法]让·雅克·卢梭:《社会契约论》,李平沤译,商务印书馆 2011 年版,第 61 ~ 62 页。

评价的基础之上。[1] 人的良知和理性是民众认同的基本价值的来源。民众认同的基本价值不是人所共有的欲望的产物,也不是人所共有的激情的产物,而是人所共有的良知和理性的产物。由于每个人都具有良知和理性,所以来源于良知和理性的民众认同的基本价值就具有了正当性基础。民众认同的基本价值,不是要求立法或者司法迎合媒体和民众。实际上,迎合媒体和民众无助于建立民众对于立法和司法的认同。因为媒体和民众可能属于利益相关者,也可能没有全面了解信息,还可能处于某种矛盾的情绪之中。从理论上来讲,民众认同的基本价值来源于每个人的良知和理性。在不涉及个人利益,且全面了解信息的情况下,基于个人良知和理性的评价,体现了民众认同的基本价值。

民众认同的基本价值具有宪法基础。《宪法》规定,中华人民共和国的一切权力属于人民。各级国家机构都应该对人民负责,受人民监督。民众认同的基本价值应该成为各级国家机构行使权力的指导标准。无论是全国人民代表大会及其常委会制定和解释刑法,还是司法机关适用刑法,都应该受到民众认同的基本价值的指导和制约。

民众认同的基本价值的法理基础是法的契约论。无论是立法还是司法都应当重视民众认同的价值,这背后的法理基础是法的契约论。我国法理学者张恒山教授将法的契约论概括为,法虽然形式上表现为国家创制或法官判决,其实质上来源于社会成员的协议或同意。由于国家权力来自社会成员的委托,现实中无论是国家立法还是法官造法都应当尽可能地体现社会成员的协议和同意。这种协议和同意是处理社会、国家一切重要或较重要事务的依据。[2] 法的契约论把社会成员的协议和同意作为法的来源和正当性基础。在排除狭隘的个人利益,并且在信息比较充分的情况下,个人根据良心和理性作出的判断能够代表所有社会成员。社会成员之间可能达成一致性同意,这是民众认

---

① 参见张恒山:《法理要论》(第3版),北京大学出版社2009年版,第6~26、107~109页。

② 同上书,第144~145页。

同的基本价值的基础。

(二)方法论基础

如何将民众认同的基本价值引入刑法适用过程中来,涉及开放的刑法体系的方法论问题。在刑法的开放体系中,民众认同的基本价值具有较大的不确定性,刑法的情理性条款具有相对确定性,刑法的确定性条款则具有较大的确定性。这些不同层次的刑法体系,为司法者处理刑事疑难案件提供了丰富的道德和法律资源。

刑法情理性条款是民众认同的基本价值在刑法中的体现,尤其是刑法的基本原则。《刑法》的情理性条款主要包括刑法的基本原则、《刑法》第 13 条"但书"、《刑法》第 37 条和第 63 条第 2 款等,有的涉及出罪,有的涉及从宽量刑。刑法的基本原则,尤其是罪刑相适应原则,是刑法情理性条款中的核心条款。刑法的情理性条款具有相对稳定性和确定性,同时体现着民众认同的基本价值,为立法活动和司法活动提供价值指引。

刑法的情理性条款是开放的刑法体系的桥梁。民众认同的基本价值通过刑法的情理性条款指导和制约司法者理解、解释和适用刑法的确定性条款。刑法的确定性条款,是指刑法情理性条款以外的刑法总则和刑法分则条款,主要是刑法分则条款。民众认同的基本价值通过刑法的基本原则,尤其是罪刑相适应原则,指导司法者理解、解释和适用刑法。民众认同的基本价值通过第 13 条"但书"对个案进行出罪,通过第 37 条对个案进行免予处罚,通过第 63 条第 2 款对个案在法定刑以下判处刑罚。

五、结　　语

赵春华案等热点刑事案件反映出我国刑事司法机械化倾向。这种倾向的核心在于司法者在理解、解释和适用刑法过程中割裂或者忽视民众认同的基本价值与刑法之间的关系。这导致刑事司法与正义背道而驰,与民众认同渐行渐远。实证主义法学理论对我国立法和司法具有重要影响,它为刑事司法机械化倾向提供理论支撑。实证主义法学理论将制裁作为法律的本质性要素,将民众对制裁的畏惧作为法律秩序的基础,把民众认同的基本价值从法律体系中割裂出去。本文以法的契约论为基础,以社会成员的协议或者同意作为刑法规则的来源和正当性基础,提出开放的刑法体系。开放的刑法体系包括民众认同的基本价值、刑法的情理性条款和刑法的确定性条款。刑法规则来源于民众认同的基本价值,司法者也应当根据民众认同的基本价值理解、解释和适用刑法,同时刑事司法的过程应当具有教育和引导意义。开放的刑法体系为司法者处理疑难案件提供道德资源和刑法资源。开放的刑法体系旨在纠正司法者视刑法为僵死的法律条文组合的观念,纠正司法者把适用刑法的过程作为可以脱离民众认同的基本价值的机械三段论推理过程的观念。开放的刑法体系并不是赋予司法者过大的自由裁量权,而是为司法者的自由裁量权的行使提供指导和制约。开放的刑法体系为司法者自由裁量的行使提供了更多的评价标准,包括民众认同的基本价值、刑法的情理条款等。开放的刑法体系有利于使刑事裁判获得民众认同。通过刑法情理性条款,把民众认同的基本价值引入到刑法体系中来。司法者根据民众认同的价值、刑法情理性条款来理解、解释和适用刑法确定性条款,为避免个案判决背离民众认同提供法律资源和道德资源。刑法的本质性要素是民众认同,而不是制裁。控制犯罪主要不是依靠民众畏惧刑罚,而是依靠民众认同刑法。从这个意义来讲,伯尔曼教授说得没错,“除非人们觉得那是他们的法律,否则就不会尊重法律”。[①]

① 参见[美]伯尔曼:《法律与宗教》,梁治平译,中国政法大学出版社 2003 年版,第 35 页。

On the Mechanical Inclination of Criminal Justice
—Starting with the Case of Zhao Chunhua about Illegally Possessing Weapons

Chen Yinzhu

[**内容摘要**]赵春华案反映了刑事司法机械化倾向。刑事司法机械化倾向,是指司法者在刑事裁判过程中脱离民众认同的基本价值理解、解释和适用刑法的观念和现实。刑事司法机械化倾向使刑事裁判根据和结果与民众认同渐来渐远。实证主义法学理论为这种倾向提供了理论基础。本文以法的契约论为理论基础提出开放的刑法体系。开放的刑法体系由民众认同的基本价值、刑法的情理性条款、刑法的确定性条款组成。社会成员的协议或者同意是刑法的来源和正当性根据,将控制犯罪的希望寄托于民众对刑法的认同而不是对刑罚的畏惧。司法者以民众认同的基本价值来理解、解释和适用刑法,才能为刑事裁判获得民众认同寻找到价值基础。

[**关键词**]赵春华案;刑事司法机械化;实证主义法学理论;开放的刑法体系

Abstract: The case of Zhao Chunhua demonstrates the mechanical inclination of criminal justice in our country. The mechanical inclination of criminal justice means the concept and reality that the judiciary understand, interpret and apply criminal law losing contact with the basic value accepted by the people. The inclination results in estrangement between criminal judgement and identity of the people. The legal positivism theory provides theoretical basis for the inclination. The article advances the open criminal system on the basis of contract theory. The open criminal system includes the basic value accepted by the people, the reasonable articles of the criminal law and the definite articles of the criminal law. Agreement of members of society is the source and legitimacy of the criminal law, and the hope of controlling crimes relies on not fear of punishment but respecting criminal law by the people. Only the judiciary understand, interpret and apply criminal law on the basis of the basic values accepted by the people, they would find valuable basis for the judgement respected by the people.

Keywords: the case of Zhao Chunhua; mechanical inclination of criminal justice; legal positivism theory; open criminal system

论罪量限制下我国未完成罪的成立范围*

胡同春**

目　　次

一、我国未完成罪成立范围与罪量要求的冲突
二、犯罪预备在我国的实际成立范围
三、犯罪未遂在我国的实际成立范围
四、故意犯罪的中止行为在我国受刑事处罚的实际范围
五、结论

在刑法总则中规定故意犯罪的未完成罪类型是各国刑法的通例。通过在刑法总则中规定故意犯罪的未完成罪类型,使刑法分则规定的基本构成要件形成相应的修正构成要件,增加构成要件的数量,扩大犯罪的成立范围。在犯罪的成立条件中规定罪量是我国等少数国家刑法的特点,目的是提高犯罪的成立门槛,限缩犯罪的成立范围。规定故意犯罪的未完成罪类型是扩大犯罪的成立范围,提出罪量要求是限缩犯罪的成立范围,两者在扩大和限缩犯罪圈的方向上正好相反,会形成一定的制度冲突。本文探讨在罪量的限制下,我国未完成罪的实际成立

---

* 本文系作者主持的中国法学会2017年度部级法学研究课题"罪量规定对我国社会治理状况的影响研究——以盗窃罪为例"[项目批准号:CLS(2017)D64]的部分研究成果。

** 河南师范大学法学院副教授,法学博士。

范围。

一、我国未完成罪成立范围与罪量要求的冲突

与世界上大多数国家的刑法相比,我国刑法有两个明显特点:一是在刑法总则部分规定所有故意犯罪的预备行为、未遂行为和中止行为都构成犯罪;二是大多数犯罪的成立都有罪量要求。罪量,又称罪量要素或定量因素,是在符合其他犯罪构成要件的前提下,表明行为对法益侵害程度的数量要件。[①] 它既包括刑法规定的犯罪概念中的但书,也包括刑法分则规定的各具体犯罪成立条件中的"数额较大""情节严重""造成严重后果"等类似规定。

一些人认为,我国刑法是一部倾向于主观主义的刑法,主要根据是我国刑法规定故意犯罪的预备行为、未遂行为和中止行为都构成犯罪。而世界上大多数国家的刑法都只规定故意犯罪的未遂行为构成犯罪,一些国家的刑法还明确规定只有部分故意犯罪的未遂行为构成犯罪。它们普遍不将故意犯罪的预备行为规定为犯罪;对于故意犯罪的中止行为,一般性的态度是除非中止行为本身已经构成其他犯罪,否则不予追究刑事责任。[②] 例如,现行《法国刑法典》仅仅规定了故意犯罪的犯罪未遂,而没有规定故意犯罪的犯罪预备和犯罪中止,并且只对重罪的犯罪未遂和部分轻罪的犯罪未遂

---

① 参见陈兴良:《陈兴良刑法学教科书之规范刑法学》,中国政法大学出版社2003年版,第95页。

② 世界上对于犯罪未遂主要有两种立法例,一种是狭义的犯罪未遂,不包括犯罪中止,以1810年《法国刑法典》为开端,现在法国等少数国家采用这种立法例,我国刑法规定的犯罪未遂就属于狭义的犯罪未遂;另一种是广义的犯罪未遂,包括犯罪中止,以1871年《德国刑法典》的规定为开端,现在德国、日本、意大利、韩国等一些大陆法系国家和地区采用这种立法例,英美法系国家规定的犯罪未遂一般也都包含犯罪中止。根据我国《刑法》规定,本文在狭义上使用犯罪中止,特殊情况下在广义上使用犯罪中止;在广义上使用犯罪中止时,读者通过所使用的语言就能够区分。

给予处罚。[1] 根据罪刑法定原则，法国刑法典这种规定就意味着只处罚部分故意犯罪的未遂行为，而不处罚犯罪的预备行为和中止行为。现行《德国刑法典》对犯罪预备也没有作出规定，并只处罚重罪和部分轻罪的故意犯罪的未遂行为，对自动中止型的犯罪未遂（故意犯罪的中止行为）不予以刑罚处罚。[2]《西班牙刑法典》同样没有规定犯罪预备，只处罚犯罪未遂行为；对故意犯罪的中止行为也不予刑事处罚，除非该中止行为本身已经构成其他犯罪。[3] 根据我国《刑法》第22、23、24条的规定，我国故意犯罪的预备行为、未遂行为和中止行为都构成犯罪，分别成立犯罪预备、犯罪未遂和犯罪中止，并对故意犯罪的未遂行为全部予以刑事处罚，对大多数故意犯罪的预备行为和部分中止行为也给予刑事处罚。这给人留下的印象是，我国刑法规定的故意犯罪未完成罪的类型多，刑事处罚的范围广。

故意犯罪的预备行为、未遂行为和中止行为，并没有给社会造成实际的法定损害结果。特别是故意犯罪的预备行为，它只是行为人在犯

---

① 现行《法国刑法典》第121－4条规定："下列之人为犯罪行为人：1. 实施犯罪行为者；2. 意图实施重罪，或者在法律有规定之场合，意图实施轻罪者。"第121－5条规定："已着手实行犯罪，仅仅由于犯罪行为人意志之外的情事而中止或未能得逞，构成犯罪未遂。"参见《法国新刑法典》，罗结珍译，中国法制出版社2003年版，第9页。

② 现行《德国刑法典》第22条规定："行为人已直接着手实现构成要件，而未发生行为人所预期的结果的，是犯罪未遂。"第23条规定："（1）重罪的未遂一律处罚；对轻罪的未遂的处罚以法律有明文规定为限。（2）未遂可比照既遂减轻处罚（第49条第1款）。"第24条第1款规定："（1）行为人自愿地使行为不再继续进行，或者主动阻止行为的完成的，不因犯罪未遂而处罚。如果该行为没有中止犯的努力也不能完成的，只要行为人主动阻止该行为的完成，即应不予刑罚。"参见《德国刑法典》（2002年修订），徐久生、庄敬华译，中国方正出版社2004年版，第10～11页。

③ 《西班牙刑法典》第15条第1、2款规定："第一项：既遂犯和未遂犯都应惩罚。"第16条第1项规定："未遂犯是指罪犯通过其外部行为故意直接实施某项犯罪，其实施的全部或者部分行为客观上可能造成结果，但因罪犯作为以外的原因没有造成犯罪结果。第二项：实施犯罪行为的主体因作为避免犯罪的构成，无论是放弃一项已经开始的行为还是阻止其行为造成的结果，免除其刑事责任。但已实施的行为已构成犯罪或者过失罪的，应承担刑事责任。"参见《西班牙刑法典》，潘灯译，中国政法大学出版社2004年版，第6页。

罪意图支配下实施了准备行为,距离造成刑法规定的实害结果还比较远。对犯罪的预备行为、未遂行为和中止行为进行处罚,只是为了预防给社会造成实害的犯罪行为发生,将它们规定为犯罪实际上是侧重于对犯罪意图进行处罚。因此,根据我国刑法总则的规定,我国刑法不仅普遍地处罚故意犯罪的未遂行为,而且较普遍地处罚故意犯罪的预备行为和中止行为,使我国刑法似乎呈现主观主义刑法的倾向。

但与世界上大多数国家的刑法在规定犯罪时"只定性不定量"的立法方式相比,我国刑法采用的是"既定性又定量"的立法方式,即在犯罪的成立条件中具有罪量要求。例如,我国《刑法》第266条规定的诈骗罪,"诈骗公私财物,数额较大的,处三年以下有期徒刑、拘役或者管制,并处或者单处罚金"。现行《德国刑法典》第263条规定的诈骗罪:"意图为自己或第三人获得不法财产利益,以欺诈、歪曲或隐瞒事实的方法,使他人陷于错误之中,因而损害其财产的,处5年以下的自由刑或者罚金刑。"①现行《日本刑法典》第246条规定的诈骗罪:"欺骗他人使之交付财物的,处十年以下惩役。"②根据我国刑法规定,如果诈骗他人财物,但没有达到数额较大的程度,例如诈骗他人1000元人民币,就不构成诈骗罪。而根据德国和日本的刑法规定,行为人只要实施了诈骗他人财物的行为,无论数额多少,原则上都构成诈骗犯罪。

我国刑法通过两个途径对犯罪的成立提出罪量要求:一是在《刑法》总则第13条规定的犯罪概念中作出但书规定,即"情节显著轻微危害不大的,不认为是犯罪",它对整个刑法分则都具有约束作用。二是在刑法分则许多犯罪的成立条件中规定明文的罪量要素,即许多犯罪的罪状中都规定了"数额较大"、"情节严重"或者"造成严重后果"等构成要素。刑法理论通说认为,刑法分则这些明文的罪量要素是对犯罪概念中罪量要求的具体化。

即便一些犯罪的罪状中不包含明文的罪量要素,在我国也不能认

---

① 《德国刑法典》(2002年修订),徐久生、庄敬华译,中国方正出版社2004年版,第128页。

② 《日本刑法典》(第2版),张明楷译,法律出版社2006年版,第91页。

为符合罪状的行为一经实施就一概能够构成犯罪,因为我国最高司法机关往往会根据犯罪概念中的但书规定,在司法解释中对这些犯罪的成立提出明文的罪量要求。例如,我国《刑法》第205条规定:“虚开增值税专用发票或者虚开用于骗取出口退税、抵扣税款的其他发票的,处三年以下有期徒刑或者拘役,并处二万元以上二十万元以下罚金……”根据这一刑法规定,虚开增值税专用发票、用于骗取出口退税、抵扣税款发票罪的罪状中并没有明文的罪量要求,但2010年最高人民检察院、公安部《关于公安机关管辖的刑事案件立案追诉标准的规定(二)》第61条规定:“虚开增值税专用发票或者虚开用于骗取出口退税、抵扣税款的其他发票,虚开的税款数额在一万元以上或者致使国家税款被骗数额在五千元以上的,应予立案追诉。”根据这一条司法解释的规定,如果行为人虚开的增值税专用发票税额不满1万元,并且没有给国家造成被骗税款5000元以上损失的,就不构成虚开增值税专用发票罪,因为上述司法解释对这一犯罪的成立提出了明确的罪量要求。

在我国,犯罪的成立具有罪量要求是一个普遍现象。据统计,我国1997年《刑法》刚修订完成时,刑法分则明文规定有罪量要素的条文达到190多条,涉及罪名220多个,占全部罪名的一半以上。① 加上许多司法解释对一些犯罪提出罪量要求后,我国刑法规定的罪名中真正不含有罪量要求的罪名可能只有故意杀人罪一个。②

我国对犯罪的成立提出罪量要求,会缩小犯罪的成立范围。这与我国《刑法》总则中不但规定犯罪未遂,而且规定犯罪预备和犯罪中止,从而扩大犯罪的成立范围,两者的方向正好相反,两种制度之间会形成一定的冲突。我国刑法对犯罪的成立提出罪量要求,不但缩小了既遂犯的成立范围,而且对犯罪预备、犯罪未遂和犯罪中止这些未完成罪的成立范围影响更大。事实上,在罪量要求的限制下,我国犯罪预备、犯罪未遂和犯罪中止的成立范围相当狭小。下文将以其他国家的未完成罪的成立范围为参照,具体分析一下在罪量要求限制下我国未

① 参见路军:《中国刑法犯罪量化要件研究》,法律出版社2010年版,第136页。

② 参见梁根林:《但书、罪量与扒窃入罪》,载《法学研究》2013年第2期。

完成罪的成立范围。

二、犯罪预备在我国的实际成立范围

我国《刑法》第22条规定:"为了犯罪,准备工具、制造条件的,是犯罪预备。对于预备犯,可以比照既遂犯从轻、减轻处罚或者免除处罚。"如果单纯从这一法律规定看,我国刑法规定的所有故意犯罪的预备行为都能成立犯罪,并可能受到刑罚处罚,这大大扩大了我国犯罪成立的范围。

世界上大多数国家的刑法在总则中都没有规定犯罪预备,即对故意犯罪的预备行为都不认为是犯罪。也有少数国家的刑法规定了犯罪预备,但同时规定只对部分犯罪的预备行为进行刑事处罚。例如,根据《俄罗斯联邦刑法典》第30条的规定,俄罗斯只对严重犯罪和特别严重犯罪的预备行为追究刑事责任。① 根据《荷兰刑法典》第46条的规定,荷兰只对应处8年以上监禁刑的重罪的预备行为进行刑事处罚。② 只有个别国家的刑法规定,所有故意犯罪的预备行为都会构成犯罪,就笔者收集到的几十个国家和地区的现行刑法典来看,只有我国和朝鲜的刑法典如此规定。

虽然按照我国刑法总则的规定,在我国所有故意犯罪的预备行为都会成立犯罪,但犯罪预备在我国的实际成立范围却相当有限。这主

---

① 《俄罗斯联邦刑法典》第30条第1、2款规定:"1. 为了实施犯罪而寻找、制造或加工犯罪手段或工具,寻找共同犯罪人,进行犯罪勾结或者以其他方式故意为犯罪创造条件,如果在这种情况下由于犯罪人意志以外的情况而未将犯罪进行到底的,是预备犯罪。2. 只有对预备严重犯罪和特别严重的犯罪,才追究刑事责任。"参见《俄罗斯联邦刑法典》,黄道秀译,北京大学出版社2008年版,第11页。

② 《荷兰刑法典》第46条规定:"1. 行为人故意获取、制造、输入、运送、输出或处置明显用于共同实施重罪的物品、物质、金钱或其他支付工具、信息传播工具、封闭的空间或运输工具的,只要该重罪依据法律规定应处8年以上监禁刑的,则其预备犯可罚。2. 预备犯应受之主刑,为刑法对该重罪之法定最高刑减轻二分之一。3. 若该重罪可判终身监禁,则其预备犯,应处10年以下监禁刑。4. 预备犯应受之附加刑,与既遂犯相同。"参见《荷兰刑法典》,颜九红、戈玉和译,北京大学出版社2008年版,第36页。

要是基于下列两个方面的原因:(1)犯罪预备阶段的行为并不是被刑法分则类型化的行为,它和生活中的无害行为往往难以区分,从而使犯罪预备行为的犯罪故意难以被发现和证明,绝大多数犯罪预备行为都被自然地湮灭了,从而不能被作为犯罪处罚。例如,甲从集市上买回一把杀猪刀,无法判断他是用来杀猪,还是用来杀人;如果甲准备用它来杀害村民乙,但乙外出打工了,甲的行为虽然构成了故意杀人罪的犯罪预备,但这样的行为几乎不会被发现而作为犯罪处罚。(2)我国对犯罪的成立普遍有罪量要求,即便是已经既遂的行为,还要求数额较大、情节严重或者造成严重后果才构成犯罪;而犯罪的预备行为还不存在行为涉及的实际数额,难以被评价为情节严重,也没有造成严重后果,一般应被认为"情节显著轻微危害不大"而不被评价为犯罪。所以,我国司法实践中进行刑事处罚的只能是犯罪故意能够被确切地证明、特别严重犯罪的预备行为,像故意杀人罪、绑架罪等罪的犯罪预备行为。现实中,我国按某罪的犯罪预备进行定罪判刑的案例很少。

实际上,不要说在刑法总则中规定只对严重犯罪的预备行为给予刑事处罚的国家,即便在刑法总则中规定只处罚犯罪未遂的国家,也都没有因为缺少犯罪预备的规定而比我国刑事处罚的范围更小,有时甚至比我国刑事处罚的范围还要大。这也主要有两方面的原因。

1. 虽然世界上绝大多数国家的刑法都认为,犯罪行为的着手是实行犯罪行为的开始,是成立犯罪未遂的起点,但对于什么是犯罪行为的着手,却有各种不同的观点。主要有形式的客观说、实质的客观说、折中说和主观说。① 形式的客观说认为,行为人开始实施符合构成要件的行为时,是犯罪行为的着手。实质的客观说,可以再分为实质的结果说和实质的行为说;实质的结果说以行为引起侵害法益的具体危险时作为犯罪行为的着手;实质的行为说以行为引起犯罪既遂的具体危险时作为犯罪行为的着手。折中说,又大致可以分为以客观说为基础的折中说和以主观说为基础的折中说,以客观说为基础的折中说又称为

① 参见张明楷:《外国刑法纲要》(第2版),清华大学出版社2007年版,第268~272页。

客观的折中说,以主观说为基础的折中说又称主观的折中说。客观的折中说认为,在实现犯罪构成要件的故意支配下实施了一部分符合构成要件的行为时,是犯罪行为的着手;主观的折中说认为,明确地表现出行为人的犯罪意思并具有构成要件既遂直接危险的行为,是实行的着手。主观说认为,从行为中能够发现明确的犯罪意思时就是犯罪行为的着手。在判断犯罪行为着手的问题上,我国刑法理论通说和司法实践都是采用的形式的客观说,即行为人开始实施具体犯罪构成要件中的犯罪行为时是犯罪行为的着手。① 但在认为故意犯罪的预备行为不成立犯罪的国家,现在大都不采用这种观点。在上述各种观点中,除客观的折中说与我国采用的形式的客观说在认定犯罪行为着手时几乎一致外,其他各种学说认定的犯罪行为的着手大多比形式的客观说认定的着手靠前。也就是说,采用其他观点时,大多比我国认定的犯罪行为的着手靠前。如果采用主观的折中说,则能够把我国司法实践中判决的大多数犯罪预备案件认定为已经着手实施犯罪,从而认定为犯罪未遂;如果采用主观说,则几乎能够把我国司法实践中判决的所有犯罪预备案件认定为已经着手犯罪行为,从而判定为犯罪未遂。在不能从行为人的行为中发现明确的犯罪意思时,行为人的犯罪故意将难以被证明,行为将被自然地湮灭而不会被认定为犯罪;如果已经从行为人的行为中发现明确的犯罪意思,按照主观说的观点,则认为犯罪行为已经着手,从而被认定为犯罪未遂,而不可能被认定为故意犯罪的预备行为。

德国刑法理论通说认为,"未遂是一种以行为人的想象为基础加以判断的、借助真实手段引起的接近构成行为的危害,或者,是在行为人事前可以认识的无危险性中的确肯定会发生的一种接近行为构成并且根据立法者的判断或多或少地动摇了法律的违反规范"。② 因为德

---

① 参见高铭暄、马克昌:《刑法学》(第7版),北京大学出版社、高等教育出版社2016年版,第153页。

② [德]克劳斯·罗克辛:《德国刑法学总论》(第2卷),王世洲等译,法律出版社2013年版,第254页。

国刑法在未完成罪方面只处罚犯罪未遂,[①]而不处罚故意犯罪的预备行为,所以,对犯罪行为着手的探讨演变为对犯罪未遂的刑罚基础的探讨,借以确定自己在未完成罪方面的刑事处罚圈。换句话说,只要满足犯罪未遂的刑罚处罚基础的行为,都可能被认定为犯罪未遂。德国刑法理论通说认为,犯罪未遂的刑罚基础存在于一般预防或者特殊预防的刑罚需要上,行为人在犯罪故意的支配下实施了具有实现犯罪既遂的直接危险的行为,或者在犯罪故意的支配下实施不具有实现犯罪既遂的危险但表明明确的犯罪故意并用实际行动加以追求的行为,都是已经着手犯罪的行为。[②] 因此,在犯罪行为的着手问题上,德国刑法理论通说持有的是一种比上述主观的折中说更倾向于主观的折中说。德国审判实践的主流则是主观说。[③] 因此,在我国司法实践中被认为是犯罪预备的行为,在德国审判实践中大多会被认定为犯罪未遂。例如,"被告人进入一家农庄,想要进行盗窃。因为锁在院子里的狗会吠,所以他就把锁住狗的链子解开,把狗牵出农庄。他本想马上返回,但是,这个想法落空了,因为他在外面拴狗的时候就被逮住了"。[④] 这样的行为在我国会被认为是典型的预备行为,但德国法院已经认为构成了犯罪未遂。《德国刑法典》还把一些特别严重犯罪的预备行为,直接规定为刑法分则中的犯罪类型,如第 80 条规定的预备发动侵略战争罪、第 83 条规定的叛乱行为的预备罪,以确保这些特别严重犯罪的预备行为受到刑罚处罚。除从行为人的行为中表现出明确的犯罪意思外,行为人与他人密谋实施犯罪行为也是发现行为人犯罪意思的一种方式。《德国刑法典》第 30 条规定,"示意他人犯罪,或接受他人的犯罪请求,或与他人约定实施重罪,或教唆他人实施重罪的","以该重罪的未遂

① 德国的犯罪未遂是广义的犯罪未遂,包括犯罪中止,但德国刑法对犯罪中止行为不予刑事处罚。

② 参见[德]克劳斯·罗克辛:《德国刑法学总论》(第 2 卷),王世洲等译,法律出版社 2013 年版,第 256~259 页。

③ 参见同上书,第 261 页。

④ 同上书,第 292 页。

论处。但依第 49 条第 1 款减轻处罚”。[①] 这意味着,在德国如果与他人联络,准备实施严重犯罪行为,行为人和接受其意思联络的人都会被按犯罪未遂处罚。从德国刑法学和德国司法实践对犯罪行为的着手所持观点以及《德国刑法典》其他相关规定看,《德国刑法典》在总则部分虽然没有规定犯罪预备,但并没有因此而比我国刑事处罚的范围有所缩小。

《美国模范刑法典》[②]第 5.01 条中明确规定,如果能够有力地证实犯罪目的的存在,行为人等待、寻找或者跟踪预期的被害人,或者计划引诱、引诱预期的被害人前往预期的犯罪场所,或者勘查预期实施实质犯罪的场所,这些行为都将可能被认定为犯罪未遂。[③] 而这些行为在我国都被认为是典型的犯罪预备行为。《美国模范刑法典》第 250.6 条还规定了徘徊和潜行罪,“行为人在对于一般守法个人而言属于异常的场所、时间或者以异常的方式进行徘徊或者潜行,对附近的他人或者财产的安全造成恐慌的,构成违警罪。在判断是否恐慌时,可考虑以下事实:行为人在治安官出现时逃跑、拒绝表明其身份或者明显企图隐藏自身或者物品。除行为人逃跑或者存在其他不能实行的情形外,治安官在对依照本条规定的犯罪逮捕行为人以前,应当以要求行为人确认身份、解释在场和行为的原因等方式,向行为人提供消除任何恐慌的机会”。[④] 另外,基于英美法系刑法的特点,《美国模范刑法典》在不完整罪中除了规定犯罪未遂以外,还规定了犯罪教唆和犯罪共谋。根据《美国模范刑法典》第 5.03 条的规定,行为人与他人共谋实施一级和

---

① 《德国刑法典》(2002 年修订),徐久生、庄敬华译,中国方正出版社 2004 年版,第 12 页。

② 《美国模范刑法典》于 1962 年由美国法学会组织制定完成,本身不具有法律效力,旨在为美国各个州制定刑法典提供蓝本。美国 50 个州和联邦政府均有各自的刑法典,截至目前,2/3 以上的州制定的刑法典都以《模范刑法典》为蓝本,当然也存在一些规定上的差别。因此,研究《美国模范刑法典》,对于研究美国刑法具有典型意义。

③ 参见《美国模范刑法典及其评注》,刘仁文、王祎等译,法律出版社 2005 年版,第 77 ~ 78 页。

④ 同上书,第 210 页。

二级重罪[1]的，即便他们没有实施具体的犯罪行为，也将被按这些犯罪的犯罪共谋定罪处罚。在行为人准备实施犯罪行为时，发现行为人犯罪故意的方式主要有两种途径，一是从行为人自身的行为发现犯罪故意，二是通过行为人与他人密谋实施犯罪行为而发现犯罪故意。根据《美国模范刑法典》的规定，当能够从行为人自身的行为发现明确的犯罪故意时，行为人一般会被认定为犯罪未遂；当只能从行为人的行为中发现模糊的犯罪意图时，行为人也会因为触犯徘徊和潜行罪而受到刑事处罚；当行为人和他人密谋实施严重的犯罪行为时，行为人将会因为犯罪共谋而受到刑罚处罚。从上述《美国模范刑法典》的规定来看，其也没有因为没有规定犯罪预备而比我国缩小刑事处罚的范围。

下面以我国近年发生的著名犯罪预备案件"星河湾豪车绑架案"为例做一下分析。2015 年 10 月 30 日，辽宁省铁岭市的姜某和张某利用偷安装在北京星河湾小区李女士宾利车上的 GPS 跟踪器，长时间跟踪李女士，李女士的丈夫木先生带人将犯罪嫌疑人的车辆撞停并报警，警方在犯罪嫌疑人的车上搜出了藏尸袋、手铐、脚镣、望远镜、绳子、砍刀、逃跑路线图、铁锹、钢锯、斧子、锤子、塑料胶带、记录跟踪内容的笔记本等物品。2016 年 6 月 2 日北京市朝阳区检察院以姜某和张某构成绑架罪犯罪预备提起公诉。[2] 假如此案发生在德国，法院在审理期间如果查明姜某和张某跟踪李女士的过程中打算有机会就立即绑架李女士，姜某和张某的行为很可能被判定为掳人勒索罪的犯罪未遂；如果姜某和张某跟踪李女士只是为了进一步查明李女士的活动规律，根据《德国刑法典》第 30 条的规定，姜某和张某也会因为约定实施重罪而被判掳人勒索罪的犯罪未遂，只是会依照《德国刑法典》第 49 条第 1 款的规定减轻处罚。可以看出，如果此案发生在德国，依照《德国刑法

① 根据《美国模范刑法典》的规定，一级重罪是最严重的犯罪，二级重罪是次严重的犯罪。

② 参见刘洋：《星河湾豪车绑架案绑匪想当"世纪贼王"，挖坑、备藏尸袋细思恐极》，载 http://news.sina.com.cn/c/2016-06-02/doc-ifxsvexw8302891.shtml，2017 年 5 月 16 日访问。

典》的规定,姜某和张某无论如何都会被判定为掳人勒索罪的犯罪未遂,只是根据不同情形,量刑会有所差别。此案假如发生在美国,依照《美国模范刑法典》的规定进行审理,姜某和张某长时间跟踪李女士的行为很可能被判定为绑架罪的犯罪未遂,即便有证据证明完全排除了姜某和张某立即对李女士实施绑架的可能性,姜某和张某约定绑架的行为也会被认定为绑架罪的犯罪共谋,并因此会受到与犯罪未遂同样严厉的刑罚处罚。① 因为根据《美国模范刑法典》规定,绑架罪属于一级重罪,仅仅共谋的行为就构成犯罪共谋,并要受到刑罚处罚。可见,无论此案发生在德国还是美国,依照德国刑法或者《美国模范刑法典》的规定,此案的行为人都会受到刑罚处罚,而并不会因为《德国刑法典》或者《美国模范刑法典》在总则中没有规定犯罪预备,行为人就不负刑事责任。

法国大多数法院在犯罪行为的着手问题上,也是持主观说的观点。② 现行《法国刑法典》第212-3条也将为实施种族灭绝罪及其他反人类罪的准备行为、参加相关团体的行为或者达成默契的行为,规定为犯罪,从而确保这些特别严重犯罪的预备行为受到刑事处罚。③ 现行《意大利刑法典》也没有规定犯罪预备,即不处罚故意犯罪的预备行为。但《意大利刑法典》第56条规定,"实施毫不含糊地表明旨在犯罪的、适当的行为的,如果行为尚未完成或者结果尚未发生,对犯罪未遂负责"。④ 立法者当初之所以这样规定,就是认为实施符合构成要件行为之前的一部分行为也能够成立犯罪未遂。⑤ 从上述立法规定看,说

① 根据《美国模范刑法典》第5.05条规定,对犯罪未遂、犯罪共谋的处罚原则相同。参见《美国模范刑法典及其评注》,刘仁文、王祎等译,法律出版社2005年版,第85页。

② 参见[法]卡斯东·斯特法尼等:《法国刑法总论精义》,罗结珍译,中国政法大学出版社1998年版,第235页。

③ 参见《法国新刑法典》,罗结珍译,中国法制出版社2003年版,第50页。

④ 《最新意大利刑法典》,黄风译注,法律出版社2007年版,第25页。

⑤ 参见[意]杜里奥·帕多瓦尼:《意大利刑法学原理》(评注版),陈忠林译评,中国人民大学出版社2004年版,第265~266页。

明在犯罪行为的着手问题上，意大利所持的是主观的折中说。《意大利刑法典》第270条规定了颠覆性结社罪、第270-2条规定了以恐怖主义包括国际恐怖主义为目的或者以颠覆民主秩序为目的的结社罪，以处罚个别严重犯罪的某些预备行为。《意大利刑法典》第115条第2款规定，“在为实施某一重罪而达成协议的情况下，法官可以适用保安处分”。[①] 因此，虽然法国和意大利的刑法典没有规定处罚犯罪预备行为，但也不会因此而比我国刑法控制的范围有特别明显的缩小。

2. 我国犯罪的成立普遍有罪量要求，成立犯罪的门槛较高，一些故意犯罪的预备行为因为在我国达不到罪量要求而不构成犯罪；相反，这些达不到罪量要求的行为在外国的刑法中却有可能被认定为故意犯罪的犯罪未遂，因为大部分国家对犯罪的成立都没有罪量要求。例如，上文提到的发生在德国的农庄盗窃案例如果发生在我国，会被认为被告人实施的是盗窃的预备行为。如果被告人企图进入盗窃的农庄被认定为“供他人家庭生活”的户，那么被告人从理论上讲就构成入户盗窃，但主流观点可能认为其属于“情节显著轻微危害不大”而不构成犯罪。因为虽然根据我国《刑法修正案（八）》的修正，入户盗窃、携带凶器盗窃、扒窃和多次盗窃成立盗窃罪没有了“数额较大的”明文罪量要求，但我国刑法界的主流观点认为，这些行为构成盗窃罪仍受《刑法》第13条但书的限制，对于入户盗窃、携带凶器盗窃、扒窃、多次盗窃未遂的，不能一概以犯罪论处，只能将情节严重的案件以盗窃罪犯罪未遂论处。[②] 如果对于入户盗窃未遂的，非情节严重的情形还不以犯罪论处；对于入户盗窃的预备形态，又不存在情节特别严重的情况，当然应该认为属于“情节显著轻微危害不大”，不能认定为犯罪行为。如果被告人企图进入盗窃的农庄不能被认定为“供他人家庭生活”的户，行为人成立盗窃罪需要盗窃数额较大，因被告人处于盗窃的预备阶段，不存在已盗窃财物数额较大问题，被告人肯定不构成盗窃罪（犯罪预备）。但这样的行为在德国已经被作为盗窃罪的犯罪未遂进行处罚。

---

① 参见《最新意大利刑法典》，黄风译注，法律出版社2007年版，第44页。

② 参见张明楷：《刑法学（下）》（第5版），法律出版社2016年版，第964页。

由于德国刑法、法国刑法对盗窃罪、诈骗罪、敲诈勒索罪这些常见多发犯罪的未遂行为进行刑事处罚,《美国模范刑法典》、意大利刑法则对所有故意犯罪的未遂行为都进行刑事处罚,类似上述在我国被认为是预备行为、因达不到罪量要求而不构成犯罪的行为,在德国、美国的一些州、法国和意大利等却被作为犯罪未遂处罚,这样的案例应该存在一些。因此,虽然我国在刑法总则中规定了犯罪预备,但对于我国刑法认为是犯罪的预备行为,我国实际的刑事处罚范围比许多国家和地区的刑事处罚范围还要窄一些。

三、犯罪未遂在我国的实际成立范围

各国普遍处罚犯罪未遂行为。我国的犯罪未遂行为在罪量要求下成立范围相对狭小,这是我国未完成罪的成立范围实际上小于其他国家的主要表现。下文分析一下我国犯罪未遂的实际成立范围。

(一)数量犯、情节犯和结果犯的犯罪未遂成立范围

我国刑法分则许多罪状中规定有明文罪量要素,大致可以分为三类,即成立犯罪要求行为所涉及的数额、数量要达到一定标准的数量犯;①要求情节严重才能构成犯罪的情节犯;要求后果严重才能构成犯罪的后果犯。

1. 数量犯

数量犯要求的数额、数量,是既遂行为涉及的数额、数量。这些数额、数量的具体标准,个别犯罪在刑法条文中作出规定,但绝大部分有

① 很多学者将这一分类称为数额犯。但称为数额犯似乎不容易包括以行为对象达到一定数量标准才认为构成犯罪的情况,如我国《刑法》第 348 条的,非法持有毒品罪要求持有鸦片 200 克以上或者海洛因、甲基苯丙胺 10 克以上时才构成此罪,也难以包括按要求多次(一般指 3 次以上)实施同种行为时才构成犯罪的情况。而称为数量犯,不但能包括数额犯,而且也能够包括上述达到一定数量才构成犯罪的情况,所以,本文将这一类犯罪称为数量犯。

司法解释规定。如果既遂行为涉及的数额、数量达不到刑法条文或司法解释规定的具体标准，行为就不构成犯罪，一般只是给予行政处罚。

(1)一些行为着手之后既遂之前，行为涉及的数额常常难以确定，或者说这些行为涉及的数额具有随机性，如盗窃、抢夺行为。对这些既遂以前涉及的数额难以确定的行为，除司法解释作出特别规定外，我国司法实践中一般不按照犯罪未遂处理。这一类行为还涉及诈骗罪、高利转贷罪和欺诈发行股票、债券罪等。

2013 年最高人民法院、最高人民检察院《关于办理盗窃刑事案件适用法律若干问题的解释》第 12 条，将“以数额巨大的财物为盗窃目标的”、“以珍贵文物为盗窃目标的”或者“其他情节严重的情形”作为盗窃罪未遂处理。司法实践中，能够证明行为人以数额巨大的财物作为盗窃目标的案件很少，能够证明行为人以珍贵文物作为盗窃目标的案件也不多，“其他情节严重的情形”则因为规定的模糊性而难以进行司法实践操作。因此，实践中，我国的盗窃罪犯罪未遂案件比较少。即便 2011 年 5 月 1 日《刑法修正案(八)》实施后，入户盗窃、携带凶器盗窃和扒窃行为取消了明文的罪量要求，盗窃罪的犯罪未遂案件不多的状况依然如此。2011 年最高人民法院、最高人民检察院《关于办理诈骗刑事案件具体应用法律若干问题的解释》第 5 条，将“以数额巨大的财物为诈骗目标的”、“发送诈骗信息五千条以上的”、“拨打诈骗电话五百人次以上的”或者“诈骗手段恶劣、危害严重的”作为诈骗罪未遂定罪处罚。司法实践中，能够证明行为人以数额巨大的财物作为诈骗目标的案件也很少；“发送诈骗信息五千条以上”或者“拨打诈骗电话五百人次以上”的案件现实中虽然不少，但做这样的查证需要电信部门的配合，行为人也会采用多部电话拨打或者多部手机拨打、发送短信等方式回避，查证存在一定的困难，公安机关也极少采用查证发送诈骗短信次数或者拨打诈骗电话次数的方式办案，因此，实践中很少单纯因为发送诈骗短信次数或者拨打诈骗电话次数而被判诈骗罪未遂的案件；“诈骗手段恶劣、危害严重”因为规定的模糊性也很难作为司法操作标准。因此，司法实践中，诈骗罪犯罪未遂的案件也很少。除上述两处在司法解释中明文规定按照犯罪未遂处理的规定外，抢夺罪、高利转贷罪和欺诈发行股票、债券罪等这一类在既遂之前涉及的数额难以确定的犯罪,在司法解释中没有再规定其他按照犯罪未遂处理的情形。对这一类犯罪行为来说,在司法实践中,除上述司法解释明文规定按照犯罪未遂处理的情况外,对其他情况不再按照犯罪未遂定罪处罚。

需要注意的是,盗窃罪在世界各国都是犯罪数量最多的犯罪,诈骗罪和抢夺罪也是常见多发犯罪。在罪量要求的限制下,我国的盗窃罪和诈骗罪很少成立犯罪未遂,抢夺罪不成立犯罪未遂,这对我国司法实践中成立犯罪未遂的案件数量影响很大。

(2)有一部分数量犯,它们的实施有一个过程,在这个过程中涉及的数额、数量会逐步增加。当涉及的数额、数量达不到罪量要求的标准时,不能按犯罪处理;当涉及的数额、数量达到罪量要求的标准时,就构成犯罪既遂。除司法解释规定的特别情形按照犯罪未遂处理外,这一部分数量犯一般也难以成立犯罪未遂。例如,生产、销售伪劣产品罪,集资诈骗罪,吸收客户资金不入账罪,变造货币罪,伪造、变造国家有价证券罪,销售假冒注册商标的商品罪,销售侵权复制品罪等。

根据2001年最高人民法院、最高人民检察院颁布的《关于办理生产、销售伪劣商品刑事案件具体应用法律若干问题的解释》第2条第2款的规定,生产或者销售伪劣产品15万元以上,尚未销售的,按照生产、销售伪劣产品罪的犯罪未遂定罪处罚。根据2011年最高人民法院、最高人民检察院、公安部颁布的《关于办理侵犯知识产权刑事案件适用法律若干问题的意见》第8条的规定,假冒注册商标的商品尚未销售或者部分销售,销售金额不满5万元,但货值总金额在15万元以上的,按照销售假冒注册商标的商品罪的犯罪未遂定罪处罚。除上述两种司法解释规定的情形外,集资诈骗罪、吸收客户资金不入账罪和销售侵权复制品罪等这一类数量犯,在我国的司法实践中一般不再认定为犯罪未遂的情况。

逃税罪、有价证券诈骗罪、逃汇罪和骗购外汇罪等这一类数量犯,虽然行为人实施一次行为就能达到犯罪的罪量要求,但行为人往往采取多次行为的方式实施,由于罪量要求规定的数额标准较高,单独一次行为往往达不到罪量要求的标准。当行为人采取多次行为的方式实施时，涉及的数额达不到罪量要求标准的时候，不能按照犯罪处罚；涉及的数额达到罪量标准时，就构成犯罪既遂。这一类数量犯成立犯罪未遂的案件也很少。

（3）贷款诈骗罪、票据诈骗罪和保险诈骗罪，这类数量犯在行为实施的过程中需要经过专业部门的审查，违法成本相对较高，行为人一次实施的行为往往就能达到罪量要求的标准，罪量要求对这类数量犯成立犯罪未遂的影响相对较小。但这类数量犯的未遂行为仍受我国《刑法》第13条但书的限制，有可能被认为属于“情节显著轻微危害不大的，不认为是犯罪”的情况。

（4）当罪量要素要求多次实施某一种行为才能构成犯罪时，如“多次抢夺的”构成抢夺罪。当行为人实施的次数没有达到罪量要求时，不能构成犯罪；当行为人实施的次数达到罪量要求的时候，就按照犯罪既遂的规定处罚。这种罪量要求成立的犯罪，没有认定为犯罪未遂的必要和余地。

（5）贪污罪、受贿罪、行贿罪、职务侵占罪、非国家人员受贿罪和对非国家人员行贿罪等，这一类犯罪的成立条件中都有“数额较大”的罪量要求。[①] 这类数量犯的行为秘密性较强，在行为人取得财物之前或者在行贿一方送出财物之前，一般较难有证据证明行为人实施了犯罪行为。并且，受贿一方在获得财物后的一段时间内，还能够通过将受贿财物交给有关部门以证明自己没有犯罪故意的方式，证明自己不构成犯罪；受贿一方在交出财物后，出于对自己工作环境的考虑，也往往不提供足够完整的证据而要求追究行贿一方的刑事责任。因此，这一类犯罪较难有证据证明行为人成立了犯罪未遂。但也有行为人实施了平账等贪污行为后，公共财物尚未实际转移而被发现，从而被认定为贪污罪未遂的情况。

---

① 《刑法修正案（九）》将贪污罪、受贿罪的成立标准修订为“数额较大或者有其他严重情节”，即数量犯＋情节犯，这里只论述它们按照数量标准成立犯罪时对犯罪未遂成立范围的影响；按照情节成立犯罪时对犯罪未遂成立范围的影响，参见下文关于情节犯对犯罪未遂成立范围的影响分析。

数量要求对贪污罪、受贿罪和行贿罪等这一类犯罪成立犯罪未遂的限制,主要表现在当行为人采用小额、多次的方式实施犯罪时。因为每一次涉及的数额都达不到数量标准,只能累计数额依照犯罪处罚。当累计的数额达不到数量标准时,不能按犯罪处理;当累计的数额达到数量标准时,只能认定为犯罪既遂,从而不存在成立犯罪未遂的余地。并且,贪污罪、受贿罪、行贿罪、职务侵占罪、非国家工作人员受贿罪和对非国家人员行贿罪等这一类犯罪,成立犯罪的起点数额较高,[①]使大量的贪污、受贿和行贿行为不能被认定为犯罪,从而也使这一类行为的许多未遂行为不被认定为犯罪。

在我国的司法实践中,贪污罪、职务侵占罪和行贿罪有很少的犯罪未遂案件,受贿罪和非国家工作人员受贿罪这一类受贿型犯罪几乎不存在实际的犯罪未遂案件。

可以看出,主要在罪量要求的制约下,我国刑法中数量犯成立犯罪未遂的范围实际上比较狭窄。

2. 情节犯

张明楷教授认为,情节犯一般不能成立犯罪未遂。[②] 这个观点从整体上来说是正确的,但论证得太概括了。

我国刑法分则许多犯罪的成立条件中都有明文的“情节严重”或者“情节恶劣”的罪量要求。这里的“情节严重”或者“情节恶劣”并没有为犯罪的成立提供定型性描述,只是为犯罪是否成立提供了一个判断方向,即行为人具有更重的不法或者更重的责任时才成立犯罪。犯罪成立条件中“情节严重”或者“情节恶劣”这样的要素,使人们不能对一个行为是否符合犯罪的成立条件作出清楚的判断。这时,需要立法机关或者司法机关进一步作出具体的解释性规定,犯罪的构成要件才

① 根据2016年4月18日最高人民法院、最高人民检察院《关于办理贪污受贿刑事案件适用法律若干问题的解释》第1条和第11条的规定,贪污罪、受贿罪和行贿罪成立犯罪的一般数额标准已经达到3万元,职务侵占罪、非国家工作人员受贿罪和对非国家工作人员行贿罪成立犯罪的一般数额标准已经达到6万元。

② 参见张明楷:《刑法的基本立场》,中国法制出版社2002年版,第204页。

算规定完成,犯罪类型才能具体定型。[①] 可以说,我国犯罪的构成要件在很多时候是由刑法规定和司法解释规定共同完成的,最高司法机关在很多时候参与了犯罪构成要件的制定。因此,"情节严重"或者"情节恶劣"只是一个指示方向性的构成要件要素,情节犯能否成立犯罪未遂,要看"情节严重"或者"情节恶劣"被解释成的具体内容。

司法解释(极少数情况下是立法解释)一般是对行为涉及的数额、行为结果、行为方式、行为对象、行为主体、行为目的、行为时间和行为地点的一个方面或者几个方面作出进一步的具体规定,作为对"情节严重"或者"情节恶劣"的解释。情节犯能不能成立犯罪未遂,要看对"情节严重"或者"情节恶劣"作出解释的具体内容与其他犯罪构成要件要素组成的犯罪定型能否成立犯罪未遂。

(1)当将"情节严重"或者"情节恶劣"解释为行为涉及的数额、数量时,这时能否成立犯罪未遂,就如上文对数量犯能否成立犯罪未遂的分析。例如,我国《刑法》第205条之一规定的虚开发票罪,成立本罪要求"情节严重",2011年最高人民检察院、公安部《关于公安机关管辖的刑事案件立案追诉标准的规定(二)的补充规定》第2条规定,对于虚开发票罪,涉嫌下列情形之一的,应予立案追诉,换句话说,涉嫌下列情形之一的就应认定为本罪规定的"情节严重":"(一)虚开发票一百份以上或者虚开金额累计在四十万元以上的;(二)虽未达到上述数额标准,但五年内因虚开发票行为受过行政处罚二次以上,又虚开发票的……"这一条司法解释的第1项和第2项规定,就将虚开发票罪这一情节犯转化为了数额犯。根据上述司法解释,当行为人一次虚开40万元以上的发票时,有可能成立犯罪未遂;否则,则难以成立犯罪未遂。

司法解释中,将情节犯转化为数额犯的情况很多。

(2)当将"情节严重"或者"情节恶劣"解释为需要造成一定的危害后果时,这时犯罪未遂问题就转化为下文将要论述的后果犯的犯罪未遂问题。根据我国现在的刑法理论通说,后果犯不能成立犯罪未

---

① 我国基本上是由最高司法机关进一步作出具体解释性规定。

遂。[①] 例如,我国《刑法》第222条规定的虚假广告罪,成立本罪要求"情节严重"。2010年最高人民检察院、公安部《关于公安机关管辖的刑事案件立案追诉标准的规定(二)》第75条规定,利用广告对商品或者服务作虚假宣传,具有下列情形之一的,应予立案追诉。换句话说,具有下列情节之一的应当认定为虚假广告罪的"情节严重":"……(五)造成人身残疾的……"这一项司法解释的内容就将"情节严重"的要求转化为了后果犯,当虚假广告宣传造成人身残疾的后果时,就构成虚假广告罪的犯罪既遂;当没有造成人身残疾的后果时,就这一项司法解释的情形而言,就不构成犯罪,也不成立犯罪未遂。

司法解释中,将情节犯转化为后果犯的情况也比较多。

(3)当将"情节严重"或者"情节恶劣"解释为违法性更为严重的行为方式时,这些行为方式就是基本的构成要件要素,和其他构成要件要素一起组成构成要件。这时定型的犯罪类型往往能够成立犯罪未遂,但不会因为被解释出的行为方式的缺失而成立犯罪未遂;被解释出的行为方式的缺失会导致不符合构成要件,不成立犯罪。例如,我国《刑法》第322条规定的偷越国(边)境罪,构成本罪需要"情节严重"。2012年最高人民法院、最高人民检察院《关于办理妨害国(边)境管理刑事案件应用法律若干问题的解释》第5条规定:"具有下列情形之一的,应当认定为刑法第三百二十二条规定的'情节严重':……(三)拉拢、引诱他人一起偷越国(边)境的;(四)勾结境外组织、人员偷越国(边)境的……"这一条司法解释中的第3项和第4项就是将"情节严重"解释为了违法性更强的行为方式。当行为人以第3项或者第4项的行为方式偷越国(边)境时,如果已经开始偷越国(边)境,没有成功时,构成偷越国(边)境罪的犯罪未遂;已经成功偷越国(边)境时,构成犯罪既遂。但如果行为人没有以第3款、第4项规定的行为方式偷越国(边)境,行为人就不构成这种行为方式的偷越国(边)境罪,也谈不上犯罪未遂问题。

(4)当将"情节严重"或者"情节恶劣"解释为行为针对的特定行

---

① 参见张明楷:《刑法的基本立场》,中国法制出版社2002年版,第204~205页。

为对象时,特定的行为对象往往体现了更强的违法性,这时的行为对象也是普通的构成要件要素,它与其他构成要件要素一起组成构成要件。这时的构成要件也往往能够成立犯罪未遂,但如果被解释出的行为对象不存在,这时就不成立犯罪,不会因此而成立犯罪未遂。例如,我国《刑法》第326条规定的倒卖文物罪,要求"情节严重"。根据2015年最高人民法院、最高人民检察院《关于办理妨害文物管理等刑事案件适用法律若干问题的解释》第6条的规定,有下列情形之一的,应当认定为倒卖文物罪成立条件中的"情节严重":"(一)倒卖三级文物的……"当行为人倒卖三级或者三级以上文物时,就构成倒卖文物罪,有可能成立犯罪未遂。例如,正在倒卖的过程中被抓获。但如果行为人不是倒卖的三级或者三级以上的文物,行为人就不构成上述解释中第1项规定的倒卖文物罪,也不成立这种倒卖文物罪的犯罪未遂。

(5)当将"情节严重"或者"情节恶劣"解释为体现更严重违法性的特定行为主体、特定行为目的时,这时的行为主体和行为目的也是普通的构成要件要素,它们也和其他构成要件要素组成特定的构成要件。这时的构成要件也往往能够成立犯罪未遂,但如果缺少解释所要求的行为主体或者行为目的时,就不构成犯罪,也不会因此成立犯罪未遂。例如,我国《刑法》第432条规定的故意泄露军事机密罪,要求"情节严重"。2013年最高人民检察院、解放军总政治部《军人违反职责罪案件立案标准的规定》第14条规定,涉嫌下列情形之一的,应按故意泄露军事机密罪立案。也就是说,具有下列情形之一的应当认定为故意泄露军事机密罪成立条件中所说的"情节严重":"……(六)负有特殊保密义务的人员泄密的;(七)以牟取私利为目的泄露军事秘密的……"如果是负有特殊保密义务的人员泄密,有可能成立犯罪未遂;如果不是负有特殊保密义务的人员泄密,就不构成这种规定情形的故意泄露军事机密罪,也不可能因此成立这种情形的犯罪未遂。如果一般军人以谋取私利的目的泄露军事秘密,也可能成立犯罪未遂;但如果一般军人不是以牟取私利的目的泄露军事秘密,就不构成这一规定情形的泄露军事机密罪,也不可能因此成立犯罪未遂。

(6)当将"情节严重"或者"情节恶劣"解释为特定时间或者特定

地点发生的行为时,特定的时间或者特定的地点就体现了更严重的违法性。特定的时间或者特定的地点也是普通的构成要件要素,与其他构成要件要素一起组成构成要件。这时符合构成要件的行为,一般也能成立犯罪未遂;但如果发生的行为不符合特定的时间或者特定的地点,就不成立犯罪,也不会因此而成立犯罪未遂。例如,我国《刑法》第340条规定的非法捕捞水产品罪,成立犯罪要求"情节严重"。2016年最高人民法院《关于审理发生在我国管辖海域相关案件若干问题的规定(二)》第4条规定,"具有下列情形之一的,应当认定为刑法第三百四十条规定的'情节严重':……(四)在禁渔区内使用禁用的工具或者方法捕捞的;(五)在禁渔期内使用禁用的工具或者方法捕捞的……"这两项司法解释,虽然都要求了特定的行为方式,即"使用禁用的工具或者方法捕捞",但一个要求发生在特定的地点,即"禁渔区",另一个要求发生在特定的时间,即"禁渔期"。假如行为人在禁渔区使用禁用的工具或者方法捕捞水产品,刚开始捕捞即被抓获,并不能排除成立非法捕捞水产品罪犯罪未遂的可能性;如果行为人不是在禁渔区,而是在其他海域使用禁用的工具或者方法捕捞水产品,至少仅仅根据上述司法解释的第4项,行为人不构成非法捕捞水产品罪,而且也不能成立非法捕捞水产品罪的犯罪未遂。上述司法解释第5项"在禁渔期内使用禁用的工具或者方法捕捞的",也是如此。

据此,情节犯中规定的"情节严重"或者"情节恶劣"等,只是指示方向性的犯罪构成要素,情节犯是否能够成立犯罪未遂,要视将"情节严重"或者"情节恶劣"具体解释后形成的犯罪构成要件而定。当将"情节严重"或者"情节恶劣"解释为行为涉及的数量或者造成的危害后果时,这时能否成立犯罪未遂的问题就相应地转化为数量犯与后果犯的犯罪未遂问题;当将"情节严重"或者"情节恶劣"解释为体现违法性更为严重的行为方式、行为对象、行为主体、行为目的、行为时间和行为地点时,这些被解释出的内容就是基本的构成要件要素,它们和其他构成要件要素一起组成构成要件,这时的犯罪定型一般都能成立犯罪未遂,但个别情况下也可能因为其他原因不能成立犯罪未遂。受罪量要求的限制,情节犯成立犯罪未遂的范围也比较小。

3. 后果犯

我国刑法分则规定的一些故意犯罪，成立犯罪，要求造成严重后果。对于这些犯罪，我国刑法学界现在的通说认为，行为没有造成罪状中规定的严重后果的，就不构成犯罪，也不成立犯罪未遂；如果行为已经造成了罪状中规定的严重结果，则构成犯罪既遂。这样，后果犯就没有成立犯罪未遂的余地。例如，我国《刑法》第 142 条规定："生产、销售劣药，对人体健康造成严重损害的，处……"根据这一刑法规定，行为人生产、销售劣药，如果对人体健康造成了严重损害，就构成生产、销售劣药罪的既遂；如果对人体健康没有造成严重损害，就不构成犯罪，而不可能成立生产、销售劣药罪的犯罪未遂。

根据我国刑法分则的规定，有不少故意犯罪属于后果犯，如滥用职权罪，侵犯商业秘密罪，妨害清算罪，为亲友非法牟利罪，违法提供出口退税凭证罪和生产、销售不符合卫生标准的化妆品罪等。根据现在我国刑法学界的通说，这些犯罪都不能成立犯罪未遂，我国在司法实践中也不认定这些犯罪的犯罪未遂。

（二）罪状中没有明文规定罪量要素的犯罪的犯罪未遂成立范围

我国刑法中还有一部分犯罪，刑法分则的罪状中没有规定文明的罪量要素，但也不能认为这样的故意犯罪一般都能够成立犯罪未遂。因为我国《刑法》第 13 条在规定犯罪概念时包含了但书，提出了罪量要求。可以认为，刑法分则规定的各种犯罪都受这一总则规定的限制。最高司法机关在进行司法解释时，经常根据犯罪概念中的但书规定，对刑法分则中没有规定明文罪量要素的犯罪，在司法解释中提出明文的罪量要求。例如，我国《刑法》第 234 条第 1 款规定："故意伤害他人身体的，处三年以下有期徒刑、拘役或者管制。"这一款规定的故意伤害罪并不包含罪量要素，但受过我国正规法律专业教育的人都知道，根据司法解释只有故意伤害他人达到轻伤以上结果时才构成故意伤害罪；致他人轻微伤时，不构成故意伤害罪。司法解释将故意伤害罪变成了后果犯,不再有成立故意伤害罪的犯罪未遂的可能。再如,我国《刑法》第 126 条对成立违规制造、销售枪支罪没有规定罪量要素,但 2009 年最高人民法院《关于审理非法制造、买卖、运输枪支、弹药、爆炸物等刑事案件具体应用法律若干问题的解释》第 3 条规定,构成违规制造、销售枪支罪需要满足下列条件之一:"(一)违规制造枪支五支以上的;(二)违规销售枪支二支以上的;(三)虽未达到上述最低数量标准,但具有造成严重后果等其他恶劣情节的。"这一条司法解释的第 1 项和第 2 项将违规制造、销售枪支罪变成了数量犯;第 3 项规定在整体上将违规制造、销售枪支罪变成了情节犯,但因为内容的模糊性而存在实践操作上的困难,只有其中"造成严重后果"的规定,将违规制造、销售枪支罪解释成后果犯的部分,具有较强的可操作性。刑法分则规定的犯罪成立条件中没有规定罪量要素,但司法解释中提出了明文的罪量要求的犯罪还有伪造货币罪、走私文物罪和非法持有、私藏枪支、弹药罪,等等。

刑法分则对于犯罪的成立虽然没有规定明文的罪量要求,但如果在司法解释中规定了明文的罪量要求,则这些犯罪就与在罪状中有明文规定的罪量要求的犯罪相同,从而变成了数量犯、情节犯、后果犯等有罪量要求的犯罪,它们的犯罪未遂的成立就像在罪状中规定了明文的罪量要求一样而受到罪量要求的限制,从而使犯罪未遂的成立范围大大缩小。

即便我国刑法分则规定的少数故意犯罪,在罪状中和司法解释中都不包含明文的罪量要素;但在司法解释中或者在司法实践中,都可能将这些犯罪的未遂行为直接认定为犯罪概念中的"但是情节显著轻微危害不大的,不认为是犯罪"的情况,这些犯罪的未遂行为仍有可能被排除出犯罪圈。

(三)教唆未遂成立犯罪的范围

我国《刑法》第 29 条第 2 款规定:"如果被教唆的人没有犯被教唆的罪,对于教唆犯,可以从轻或者减轻处罚。"我国的刑法学理论通说认为,“被教唆人没有犯被教唆的罪”是指被教唆人拒绝了教唆,或者被教唆人当时接受了教唆但随后又打消了犯意而没有实施犯罪行为,或者被教唆人当时接受了教唆但实际上所犯的罪并不是被教唆的罪,或者教唆犯教唆时被教唆人已经有了犯该罪的犯意。① 一般认为,这说明我国对教唆犯的教唆未遂行为进行刑事处罚。

对教唆犯的教唆未遂行为进行刑事处罚,就像对其他犯罪未遂行为进行刑事处罚一样,主要针对的是教唆人的主观恶性。这是我国刑法倾向于主观主义刑法的表现之一。但根据我国刑法和司法解释的规定,我国绝大部分犯罪的成立都有罪量要求,当教唆人只是教唆他人实行有关行为而没有提出罪量上的要求时,往往无法认定教唆人教唆的是犯罪行为,对行为人教唆未遂的行为也就无法认定为教唆犯未遂。例如,教唆他人实施诈骗行为,但没有告诉被教唆人要诈骗多少财产,在被教唆人没有实施诈骗行为的情况下,就无法对教唆人按照诈骗罪的教唆犯未遂处罚,因为教唆人可能教唆的只是实施一般违法性质的诈骗行为。在被教唆人完全按照教唆人的教唆实施行为时,实施的行为有可能不被认定为犯罪,在被教唆人没有因为教唆而实施行为时,对教唆人的教唆未遂行为认定为犯罪就显得太重了。在这种情况下,教唆人的教唆未遂行为至少可以被归入“情节显著轻微危害不大”的情况,从而不被认定为犯罪。因为我国大多数犯罪的成立都有罪量要求,因此,实际上大多数教唆人的教唆未遂行为都可以被归入“但是情节显著轻微危害不大的,不认为是犯罪”的情况。由于罪量的限制,再加上案件被自然湮灭等原因,在我国的司法实践中,按照教唆犯未遂进行刑事处罚的案件十分罕见。

四、故意犯罪的中止行为在我国受刑事处罚的实际范围

我国《刑法》第 24 条规定:“在犯罪过程中,自动放弃犯罪或者自

① 参见高铭暄、马克昌:《刑法学》(第 7 版),北京大学出版社、高等教育出版社 2016 年版,第 179 页。

动有效地防止犯罪结果发生的,是犯罪中止。对于中止犯,没有造成损害的,应当免除处罚;造成损害的,应当减轻处罚。"

对于中止犯,上述条文中所说的"没有造成损害的",当然是指没有造成实际损害的情况。按照我国刑法的规定,没有造成实际损害的中止犯,到底是按照上述条文的规定免除了处罚,还是没有达到我国刑法的罪量要求而属于"情节显著轻微危害不大"的情况而不被认为构成犯罪,很多时候难以说清。在外国的刑法规定中,对于中止犯的处理,有的表述为不予处罚,如《德国刑法典》第24条对于中止犯的处理表述为"不因犯罪未遂而处罚";①有的表述为免除刑事责任,如《西班牙刑法典》第16条"免除其刑事责任";②有的认为不构成犯罪,如《美国模范刑法典》第5.01条第4款认为,犯罪的中止行为"成立积极抗辩",③成立积极抗辩当然能够认为不构成犯罪。现行《法国刑法典》对犯罪中止没有规定,根据罪刑法定原则,当然意味着其认为故意犯罪的中止行为不构成犯罪。对于中止犯,不予处罚,或者免除刑事责任,或者认为不构成犯罪,恐怕只是立法者表述方式的不同,实际差别的意义不大,结果都主要意味着不予刑事处罚。为了避免因为表述的差异而做过多的纠缠,为了进行实际的比较,笔者对这一部分不表述为探讨我国犯罪中止成立的实际范围,而表述为探讨我国故意犯罪的中止行为受刑事处罚的实际范围。

1950年以后各国颁布的刑法典,对于故意犯罪的中止行为,采取的主要处理方式为:不予刑事处罚;但中止行为本身已经构成其他犯罪的,按照其他犯罪追究刑事责任。例如,按照《俄罗斯联邦刑法典》第31条第2、3款的规定,行为人自动终止犯罪行为的,行为人不负刑事责任;但如果中止行为已经构成其他犯罪的,则按照其他犯罪追究刑事

---

① 参见《德国刑法典》(2002年修订),徐久生、庄敬华译,中国方正出版社2004年版,第11页。

② 参见《西班牙刑法典》,潘灯译,中国政法大学出版社2004年版,第6页。

③ 参见《美国模范刑法典及其评注》,刘仁文、王祎等译,法律出版社2005年版,第78页。

责任。[①] 采用这种立法方式的国家还有西班牙、丹麦、芬兰、越南、老挝、蒙古国、泰国、波兰、捷克、匈牙利、阿尔巴尼亚、塞尔维亚、黑山和古巴等。《德国刑法典》只是规定对于中止行为不予处罚,对于中止行为已经构成其他犯罪的情况没有作出规定;但如果中止行为已经构成其他犯罪,当然应该按照其他犯罪的构成要件追究刑事责任。在这个问题上,《奥地利联邦刑法典》的规定与《德国刑法典》的规定几乎相同。现行《法国刑法典》没有规定犯罪中止,意味着对中止行为不认为是犯罪,但如果中止行为本身已经满足了其他犯罪的构成要件要求,当然能够按照其他犯罪定罪处罚。《美国模范刑法典》规定,中止行为是积极抗辩理由,但如果中止行为本身已经构成其他犯罪的既遂,当然会认定构成其他犯罪。

在我国,当故意犯罪的中止行为没有造成任何实际损害结果时,将会被免除处罚;在其他国家的刑法中一般也不会构成其他犯罪。当故意犯罪的中止行为造成一定损害结果时,如故意杀人过程中中止但已经造成受害人重伤害,在我国会减轻给予刑罚处罚,在其他国家的刑法中一般也已经构成其他犯罪。关键问题是,当故意犯罪的中止行为,已经造成较轻的实际损害结果时,由于在我国成立犯罪普遍有罪量要求,成立犯罪的门槛较高,这种较轻的实际损害结果在我国由于达不到罪量要求而可能不构成犯罪;而大多数国家的刑法对成立犯罪没有罪量要求,成立犯罪的门槛较低,这种造成较轻实际损害结果的行为,在其他国家可能已经满足其他犯罪的构成要件而成立了其他犯罪,从而会受到刑事处罚。例如,甲与乙在商议事情的过程中发生严重争执,甲顺手抓起身旁的一把水果刀向乙刺去,乙躲闪后被刺中胳膊,后甲在他人的呵斥声中放下了水果刀;经鉴定,乙胳膊上的受伤程度为轻微伤。对于甲这种伤害的中止行为,受害人只受到轻微伤时,在我国的司法实践

① 参见《俄罗斯联邦刑法典》第 31 条第 2、3 款规定:"2. 如果行为人自愿并彻底中止将犯罪进行到底,则不应对犯罪承担刑事责任。3. 自动中止将犯罪进行到底的人,如果其事实上已经实施的行为含有其他犯罪构成,则应该承担刑事责任。"参见《俄罗斯联邦刑法典》,黄道秀译,北京大学出版社 2008 年版,第 11 页。

中是只对甲实施治安处罚。但假如这一案件发生在德国,则甲已经触犯《德国刑法典》第224条,构成危险伤害罪,可能会受到相应的刑罚处罚。甲这种行为在许多国家也都会被认定为已经构成伤害罪。所以,由于罪量要求的限制,在我国一些被认定为中止并造成轻微实际损害结果而不予刑事处罚的行为,在其他国家则可能会受到刑事处罚。

因此,虽然我国刑法总则中规定了犯罪中止,规定"对于中止犯,没有造成损害的,应当免除处罚;造成损害的,应当减轻处罚";而其他各国一般规定对于犯罪的中止行为不予刑事处罚,中止行为已经构成其他犯罪时按照其他犯罪处罚。但在我国刑法中罪量规定的限制条件下,我国对犯罪的中止行为给予刑事处罚的范围,反而小于其他国家对犯罪的中止行为给予刑事处罚的范围。

五、结　　论

从以上分析可以看出,我国只对犯罪故意能够被证明的危害特别严重的犯罪预备行为进行刑事处罚,这样的行为在不处罚犯罪预备的国家往往被作为犯罪未遂进行处理,或者按照刑法的其他特别规定进行刑事处罚,几乎不会不作为犯罪对待;另外,一些在我国被认为是预备行为、因达不到罪量要求而不构成犯罪的行为,在其他国家也会按照犯罪未遂进行刑事处罚。由于我国大部分犯罪的成立条件中都有罪量要求,我国犯罪未遂的成立范围明显小于世界上绝大多数国家,教唆犯未遂的处罚也受到罪量要求的限制。在罪量要素的限制下,我国只对造成严重危害结果的犯罪中止行为进行刑事处罚,而其他国家对犯罪的中止行为的刑事处罚范围,反而比我国刑事处罚的范围大,虽然它们是以中止行为已经构成其他犯罪的名义进行刑事处罚。因此,即便我国刑法总则中规定的故意犯罪未完成罪的成立范围明显大于其他国家,但这种主观主义刑法的倾向在成立犯罪要求罪量的限制下,完全被压制了。在成立犯罪的成立条件中提出罪量要求,特别是对罪量要素尽量作客观主义解读的情况下,我国刑法一直呈现出严重的客观主义倾向,从1979年《刑法》至今都是如此,中间并没有发生大的变化。而一部过分倾向于客观主义的刑法是不利于犯罪预防的。

On the Scope of Inchoate Crimes in China under the Limitation of the Quantity of Crime

Hu Tongchun

[**内容摘要**]与世界上大多数国家的刑法相比,我国刑法有两个明显特点:一是在刑法总则部分规定所有故意犯罪的预备行为、未遂行为和中止行为都构成犯罪;二是大多数犯罪的成立都有罪量要求。这两个特点在扩大和缩小犯罪圈的方向上正好相反。我国刑法总则规定的未完成罪的成立范围虽然明显大于其他国家,但在成立犯罪要求罪量这一条件限制下,我国未完成罪的成立范围实际上却明显小于大多数国家。

[**关键词**]未完成罪;罪量;客观主义

Abstract: Compared with the criminal laws of most countries in the world, our criminal law has two obvious characteristics: Firstly, the general provisions of the Criminal Code stipulates that preparatory acts, attempted acts and suspended acts of all intentional crimes constitute a crime; secondly, acts need to meet the quantity of a crime when they constitute the crime. These two characteristics conflict in the dirctions of expanding the criminal circle and reducing the circle of crime. Although the scope of inchoate crimes stipulated in the general provisions of our Criminal Code is obviously larger than that of other countries, wc find that, by the limits of the quantity of crime, the scope of inchoate crimes in our country is actually smaller than that of the most countries.

Keywords: inchoate crime; quantity of crime; objectivism

刑事职业禁止司法适用实证研究*

刘　剑**

目　　次

一、刑事职业禁止司法适用基本情况
二、刑事职业禁止司法适用存在的主要问题
三、刑事职业禁止司法适用的完善
四、结语

《刑法修正案（九）》基于预防犯罪的需要，增设了刑事职业禁止制度，规定对于利用职业便利实施犯罪，或者实施违背职业要求的特定义务的犯罪被判处刑罚的犯罪人，人民法院可以根据犯罪情况和预防再犯罪的需要，禁止其自刑罚执行完毕或假释之日起从事相关职业，期限为3～5年。这是继《刑法修正案（八）》增设刑事禁止令后，进一步强化刑法预防性功能的立法举措，对完善我国刑事制裁体系的积极作用不言而喻。围绕该制度的法律属性、司法适用以及裁判执行，理论界展开了广泛讨论，虽取得了一定共识，但对其适用前提、适用根据以及适用关系等问题仍存有较大争议。作为以实践性为基本导向的制度设

* 本文系国家重点研发计划项目“多元涉诉信访智能处置技术研究”（2018YFC0831800）及河南省教育厅指导性计划项目“刑事从业禁止规范化适用实证研究”（2020－ZDJH－019）的阶段性研究成果。

** 西南政法大学法学院刑法学博士研究生，河南财经政法大学刑事司法学院讲师。

计,刑事职业禁止的内在价值只有在司法实际运行中方能得以实现。时至今日,刑事职业禁止制度已运行近四年,对于上述存在争议的司法适用若干问题,司法部门的实际做法怎样?笔者拟对此做些实证研究。

考虑到刑事职业禁止的适用法律依据是《中华人民共和国刑法》第37条之一,因此笔者在"中国裁判文书网"的高级搜索模式中,以"法律依据"为"《中华人民共和国刑法》第三十七条之一","案由"和"案件类型"均为"刑事案件","审判程序"分别为"一审"和"二审"作为复合检索标准,于2018年10月26日下载了搜索到的一审258件、二审9件共267件裁判文书,并于2019年4月19日又按相同检索标准下载得到新增的83件一审裁判文书,剔除其中重复、损坏①以及没有适用刑事职业禁止②的,共得到有效裁判文书234件,③覆盖全国24个省、市、自治区。其中,裁判时间最早的是(2015)嘉南刑初字第643号刑事判决书,裁判日期为2015年11月3日,最晚的是(2018)沪0114刑初1837号刑事裁定书,裁判日期为2019年1月25日。这些裁判文书样本具有足够的空间广度④和时间跨度,⑤可以较为全面地反映刑事职业禁止司法适用现状⑥(见图1)。

鉴于刑事职业禁止制度生效时间不长,本研究限于刑事职业禁止的司法裁判阶段,未涉及判罚执行的问题。重点考察司法实践中刑事职业禁止适用前提、适用根据、适用内容、适用期限以及刑事职业禁止和刑事禁止令、行政职业禁止的适用关系的实际运行状况,实证研究中

① 损坏是指裁判文书下载后显示为乱码的情况。

② 没有适用刑事职业禁止的,是指裁判文书裁判依据载明有《刑法》第37条之一,但并未判处刑事职业禁止的情况。

③ 234件有效裁判文书中,被判处刑事职业禁止的被告人共324名。

④ 全国除新疆、西藏、青海、海南、广西、甘肃、宁夏以外的24个省、市、自治区具有分布。其中,适用刑事职业禁止较多的省市有:河北省53件,河南省40件,江苏省28件,天津市20件,四川省15件。

⑤ 时间跨度为3年2个月零21天。

⑥ 因时间跨度刚满3年,可能会有少量刑事职业禁止判罚开始执行,但毕竟时间尚短,执行情况难见全貌。故本文研究限于该制度在法院的适用阶段。

相关数据的选择、统计和分析也以此为线索相应展开。

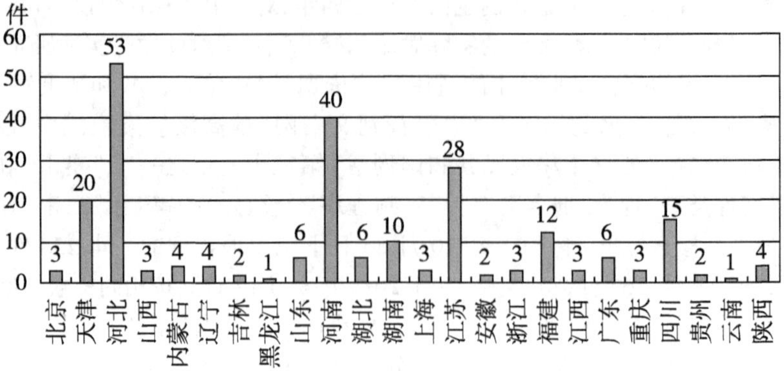

图1　适用刑事职业禁止案件全国分布

一、刑事职业禁止司法适用基本情况

(一)适用前提

刑事职业禁止的适用需满足一定的前提条件。依《刑法》第37条之一第1款之规定,当行为人“利用职业便利实施犯罪或实施违背职业要求的特定义务的犯罪”,并“被判处刑罚的”,才可能适用刑事职业禁止。据此,适用刑事职业禁止包括罪质和刑质两个前提条件。

1.刑事职业禁止依附的罪名

(1)依附罪名的“宽设计窄适用”

依照《刑法》第37条之一第1款的规定,可以适用从业禁止的罪名包括“利用职业便利实施犯罪”和“违背职业要求的特定义务的犯罪”两大类,一般认为,“利用职业便利”并非特定犯罪的构成条件,“职业便利”只是为行为人实施特定犯罪提供了便利条件。① 同时,“利用”表

① 参见闻志强:《从业禁止刑法规定的理解与适用分析》,载《北方法学》2018年第1期。

明行为人的主观方面只可能出于故意的罪过形式。照此理解,几乎所有故意犯罪都可能被行为人利用职业便利而实施。① 即使不考虑"违背职业要求的特定义务构成的犯罪",可以适用刑事职业禁止的罪名数量也相当可观。然而,刑事职业禁止在立法上的"宽设计"思路,在实践中却呈现"窄适用"的实然格局。样本中适用刑事职业禁止的罪名只有 23 个,数量明显偏少(见图 2)。

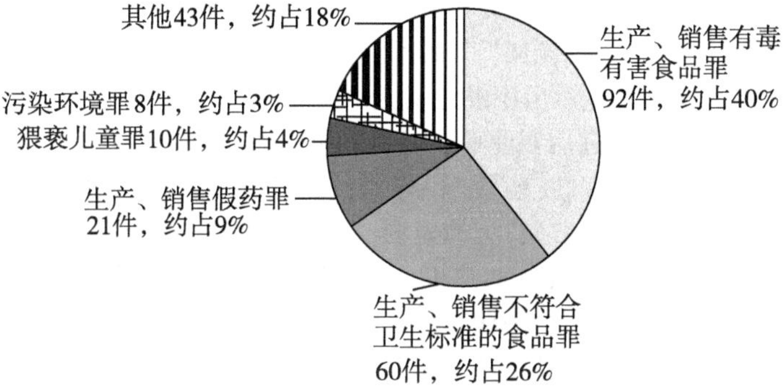

图 2　刑事职业禁止依附的罪名分布

(2)依附罪名中食品安全犯罪占比较高

在"窄适用"的总体格局下,又存在个别罪名"扎堆"适用刑事职业禁止的现象,尤其是食品安全犯罪适用比例明显偏高。根据统计结果,适用刑事职业禁止较多的罪名分别是:生产、销售有毒、有害食品罪 92 件,占样本总数的 39.32%;生产、销售不符合卫生标准的食品罪 60 件,占样本总数的 25.64%;生产、销售假药罪 21 件,占样本总数的 8.97%;猥亵儿童罪 10 件,占样本总数的 4.27%;污染环境罪 8 件,占样本总数的 3.42%。仅此 5 种罪名适用职业禁止案件的数量占比就高达 81.62%。而其余罪名包括劳动安全事故罪,重大责任事故罪,危险驾驶罪,虐待被看护人罪,假冒注册商标罪,非法捕捞水产品罪,交通肇事罪,生产、销售伪劣产品罪,非法制造、销售注册商标、注册商标识

① 或许个别妨害婚姻家庭的犯罪,如重婚罪、破坏军婚罪无法利用职业便利实施。

罪,销售假冒注册商标的商品罪,挪用资金罪,强奸罪,掩饰、隐瞒犯罪所得、犯罪所得收益罪,开设赌场罪,容留卖淫罪,玩忽职守罪,串通投标罪共计 17 个罪名,[①]适用职业禁止案件数量只有 43 件,仅占样本总数的 18.38%。在全部 234 件适用刑事职业禁止的裁判文书中,有 176 件涉及食品安全犯罪,[②]占比 75.21%。这反映出从严惩治食品安全犯罪的刑事政策,不仅导致“在当前司法实践中,审理食品安全犯罪存在着‘以危害手段的恶劣程度和社会危害性的大小来判断罪名’,追求‘以重罪重刑制裁’的倾向”,[③]而且对于刑事职业禁止这一非刑罚处罚方法,司法机关也显示出积极适用的倾向。

(3)同种罪名适用职业禁止明显地域失衡

以生产、销售有毒、有害食品罪为例,以法律依据“《中华人民共和国刑法》第一百四十四条”为检索词,在中国裁判文书网检索得到的同期[④]全国范围判决总数为 4713 件,适用刑事职业禁止的案件 92 件,适用率为 1.95%。而在中国裁判文书网检索到河北省同期判罚的生产、销售有毒、有害食品罪共 369 件,适用刑事职业禁止的有 37 件,适用率 10.03%,远高于全国 1.95% 的水平。其中,武强县法院审理认定本罪 9 件,适用刑事职业禁止 8 件,适用比例 89%;衡水市桃城区法院审理认定本罪 32 件,适用刑事职业禁止 22 件,适用比例 69%;三河市法院认定本罪 3 件,适用刑事职业禁止 1 件,适用比例 33%;石家庄市长安

① 根据统计结果,其他适用刑事职业禁止的罪名包括:劳动安全事故罪 6 件;重大责任事故罪、危险驾驶罪各 5 件;虐待被看护人罪 4 件;假冒注册商标罪和非法制造、销售注册商标、注册商标识罪以及非法捕捞水产品罪、生产、销售伪劣产品罪各 3 件;交通肇事罪 2 件;销售假冒注册商标的商品罪、挪用资金罪、强奸罪、掩饰、隐瞒犯罪所得、犯罪所得收益罪、开设赌场罪、容留卖淫罪、玩忽职守罪、串通投标罪各 1 件。

② 生产、销售有毒、有害食品罪 92 件,生产、销售不符合卫生标准的食品罪 60 件,生产、销售假药罪 21 件,还包括生产、销售伪劣产品罪 3 件。

③ 李兰英、周微:《论惩治危害食品安全犯罪的刑事政策》,载《中国刑事法杂志》2013 年第 3 期。

④ 样本中河北省最早的生产销售有毒有害食品罪适用职业禁止的裁判日期为 2015 年 11 月 9 日,最晚的裁判日期为 2018 年 12 月 29 日。检索裁判期间为 2015 年 11 月 9 日至 2018 年 12 月 29 日,和样本的裁判期间保持一致。

区法院认定本罪6件,适用刑事职业禁止1件,适用比例17%;廊坊市冀州区法院审理本罪10件,适用刑事职业禁止1件,适用比例10%;深州市法院认定本罪38件,适用刑事职业禁止1件,适用比例2.6%。而河北省除此6个基层法院外,其余由171个基层人民法院一审认定的、共332件生产、销售有毒、有害食品罪,竟无1例适用刑事职业禁止。由此可见,无论在全国范围抑或河北省内,同种罪名适用刑事职业禁止都存在明显的地域不均衡。

2. 刑事职业禁止依附的刑罚

(1)依附的主刑种类单一

适用刑事职业禁止要满足相应的刑质条件,即不仅要求行为人利用职业便利实施犯罪或实施违背职业要求的特定义务的犯罪,而且要求行为人因此被判处刑罚。234份样本中适用刑事职业禁止的共324名被告人,被判处的主刑只有拘役和有期徒刑两种。其中,主刑被判处拘役的48人,主刑被判处有期徒刑的275人。在被判处有期徒刑的275名被告人中,又包括被判处不满一年有期徒刑的147人,被判处一年以上三年以下有期徒刑的89人,被判处超过三年有期徒刑的39人。从被判罚主刑的轻重来看,主刑被判处超过三年有期徒刑的只占被告人总数12.03%,主刑被判处三年以下有期徒刑和拘役的占被告人总数的87.65%。主刑适用情况间接反映出被适用刑事职业禁止的被告人所犯罪行总体较轻。

(2)依附的主刑缓刑适用率较高

被判罚刑事职业禁止的被告人当中,被判处拘役或者有期徒刑同时适用缓刑的83人,缓刑适用率29.22%。其中被判处拘役适用缓刑的18人,适用率37.5%;被判处不满一年有期徒刑适用缓刑的43人,适用率29.25%;被判处一年以上不满三年有期徒刑适用缓刑的22人,适用率24.72%(见表1)。缓刑适用率较高,再次印证被适用刑事职业禁止的被告人所犯多属轻罪的事实。

表1　职业禁止依附的主刑及缓刑适用情况

主刑类别	拘役	有期徒刑（不满一年）	有期徒刑（一至三年）	有期徒刑（超过三年）
主刑适用人数/人	48	147	89	39
缓刑适用人数/人	18	43	22	
缓刑适用率/%	37.5	29.25	24.72	

3.依附的附加刑中罚金刑适用率高

样本中被告人适用的附加刑包括罚金刑和剥夺政治权利两种，其中，并处罚金刑的264人，适用比例达81.23%；附加剥夺政治权利的1人。[①] 尤其值得注意的是，司法实践中已出现单处罚金同时适用刑事职业禁止的判例。[②]

(二)适用根据

根据《刑法》第37条之一第1款的规定，法院可以根据“犯罪情况和预防再犯罪的需要”，禁止被告人自刑罚执行完毕之日或假释之日起从事相关职业。据此，刑事职业禁止的适用根据即“犯罪情况”和“预防再犯罪的需要”。其隐含的刑事职业禁止适用的实质标准即被告人是否具有再犯可能性。

1.关于犯罪情况

一般认为，所谓“犯罪情况，是指行为人实施职业相关犯罪中能体现行为人违法性和有责性的所有情节，包括行为以及结果、行为手段、时间和地点、行为人的主观心态（故意、过失、目的）、犯罪动机、是否有责任减轻事由（如防卫过当、避险过当）、犯罪参与形态、犯罪未完成形

---

① 参见(2017)京0108刑初2557号刑事判决书。

② 参见(2019)冀0628刑初11号刑事判决书。

态等”。[①] 对于犯罪情况，笔者选取初犯、偶犯、未遂情节，以及是否多次实施三个指标为变量，得到统计结果如表2所示。

表2 犯罪情况统计

罪中情节	初犯、偶犯	犯罪未遂	多次实施
被告人数/人	29	33	10
占比/%	8.95	10.18	3.08

其中，具有初犯或偶犯情节的29人，占适用刑事职业禁止被告人总数的8.95%；具有犯罪未遂情节的33人，占适用刑事职业禁止被告人总数的10.18%；具有多次实施犯罪行为情节的只有10人，占适用刑事职业禁止被告人总数的3.08%。仅就样本统计数据而言，初犯、偶犯、未遂等反映行为社会危害性较小的情节占有不小比例，远大于反映行为社会危险性较大的多次实施等犯罪情节。从统计结果难以得出犯罪行为已造成严重社会危害的结论，也难以得出犯罪行为可能对重要的公共利益构成显而易见的严重危险的结论。

2.关于预防再犯罪的需要

“预防再犯罪的需要”，则是行为人具有再犯可能性，衡量标准是人身危险性的大小。[②] 人身危险性大小的评价依据则有罪前、罪中和罪后三方面因素，罪前因素，是指犯罪前业已存在，对再犯可能产生影响的因素，包括年龄、性别、兴趣、性格、气质、婚姻状况、精神状况、经济状况、教育状况、就业状况、工作表现、生活经历、人际环境、不良行为记录（如吸毒、酗酒、卖淫嫖娼、赌博）、违法历史等；罪中因素，即具体犯罪造成客观危害大小以及行为人主观恶性程度等因素；[③]罪后因素，则是指犯罪分子在犯罪后的诸如是否有自首、立功、坦白等从轻量刑情节，

① 童策：《刑法中从业禁止的性质及其适用》，载《华东政法大学学报》2016年第4期。

② 参见陈兴良：《刑法哲学》（修订本），中国政法大学出版社2004年版，第147页。

③ 罪中因素和犯罪情况基本重合，故未专门对此再作统计。

是否积极救助被害人、赔偿损失、赔礼道歉,是否伪造、毁灭证据等。①

由于罪前因素涉及内容过于宽泛,笔者仅选择能集中反映行为人的再犯可能性,且被裁判文书载明的前科状况作为罪前因素的主要考察指标。统计结果显示,有犯罪前科的被告人共11人,除(2017)豫01刑初179号判决中被告人所犯前科是同种罪名外,其他8名被告人前科所涉犯罪均为异种罪名;另有2名被告人是在缓刑期间被追诉。②统计的总体情况也难以支持行为人一贯表现差、再犯可能性大的结论。

能够反映人身危险性大小的各种罪后因素是判断行为人再犯可能性的重要指标,由于裁判文书中反映被告人对抗侦查、不认罪、不悔改的罪后从重情节极少,故笔者选取法定从轻情节自首、立功、坦白以及酌定从轻情节认罪悔罪、积极赔偿被害人损失,取得被害人或家属谅解、预缴罚金7个指标作为考察对象。统计结果显示,具有自首情节的71人,占适用刑事职业禁止总人数的21.91%;具有立功情节的2人,占适用刑事职业禁止总人数的0.62%;具有坦白情节的201人,占样本总数的62.04%;具有认罪态度较好或悔罪情节的111人,占适用刑事职业禁止总人数的34.26%;主动退赔或上缴违法所得的68人,占适用刑事职业禁止总人数的20.99%;主动预缴罚金的57人,占适用刑事职业禁止总人数的17.59%;取得被害人或家属谅解的22人,占适用刑事职业禁止总人数的6.79%,见表3。

表3　罪后情节统计

罪后情节	自首	立功	坦白	认罪悔罪	主动退赔	预缴罚金	取得谅解
被告人数/人	71	2	201	111	68	57	22
占比/%	21.91	0.62	62.04	34.26	20.99	17.59	6.79

① 参见郑延谱:《从罪刑均衡到罪责刑相适应——兼论刑法中"人"的消隐和凸显》,载《法律科学(西北政法大学学报)》2014年第6期。

② 参见(2016)湘1222刑初270号刑事判决书被告人在生产、销售不合安全标准食品罪缓刑考验期内又实施本罪;(2018)辽1322刑初3号刑事判决书被告人在生产销售假药罪缓刑考验期内又发现有生产销售有毒、有害食品罪的漏罪。

从统计情况看,绝大多数案件被告人均具有法定或酌定从轻情节,大部分被告人都能如实供述犯罪事实,部分被告人主动投案,不少被告人具有认罪悔罪情节①或积极退赃或赔偿损失情节,并取得被害人或家属谅解。就罪后因素的统计情况看,同样难以得出被告人人身危险性大,可能再次实施犯罪的结论。

(三)适用内容

根据《刑法》第37条之一第1款的规定,人民法院根据犯罪情况和预防再犯需要,可以"禁止其……从事相关职业"。笔者整理统计了裁判文书中禁业判罚涉及的职业类别以及表述形式,以此考察实务部门如何理解"职业"概念以及如何确定职业类别和禁业范围。

1.禁止从事职业和罪名所涉职业基本对应

样本对禁止从事"职业"的表述多达80余种,涉及食药品的生产经营、教育、服务以及建筑工程技术等多种职业类别。其中,与食品相关的职业表述有"食品生产销售及相关活动""食品生产销售职业""食品相关生产经营活动""相关食品生产销售及相关活动""食品生产、销售、流通、管理相关职业""担任食品生产经营企业食品安全管理人员"等20多种;与药品相关的职业表述有"药店经营活动""药品经营活动""药品生产、销售及相关活动""药品销售职业""药品销售相关职业"等近10种;与保健品相关的职业表述有"保健食品生产销售及相关活动""保健食品的销售及相关活动""保健品销售及相关活动""保健品销售"等;与教育有关的职业表述包括"未成年人教育培训及相关活动""从事教育培训等老师等职业活动""幼儿教育工作""教育工作""在未成年人培训机构及相关学校任职""与未成年人相关的职业""未成年人培训工作""教育培训等与未成年人有关职业""小学教师执业"9种;涉及的其他职业表述还有"交通运输等相关职业""看护工

① 判决书中表述不一,有"自愿认罪""认罪认罚""当庭认罪""认罪悔罪"等不同表述。

作""驾驶机动车""处理危险废物相关行业""电镀职业""煤炭生产技术管理职业""煤炭生产安全相关职业""建筑工程活动""工程建设项目招标代理业务""渔业捕捞作业""游戏、娱乐行业经营管理工作"等近40种。职业类别的表述种类与适用刑事职业禁止的罪名涉及的职业基本对应,见图3。

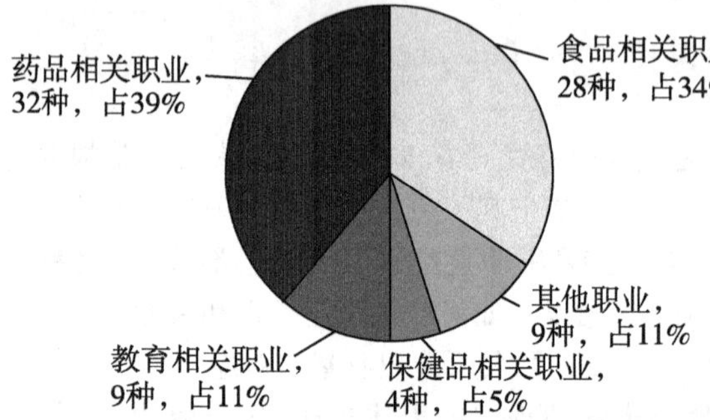

图3　禁止从事的"职业"表述种类及分布

2. 禁业内容的表述形式多样化

《刑法》第37条之一第1款规定,根据犯罪情况和预防再犯罪的需要,人民法院可以对利用职业便利实施犯罪或者实施违背职业要求的特定义务的犯罪并被判处刑罚的被告人,禁止其从事相关职业。实践当中,法院又是如何表述的呢?——根据统计归类,样本裁判文书对职业的表述有禁止从事"××职业""××相关职业""××活动""××相关活动""××工作""××业务""××执业""××作业"等近9种不同的表述形式,见表4。

表4　禁业内容的表述形式

禁业内容	职业	相关职业	活动	相关活动	工作	具体行为	特定资格	特定行业	特定任职
件数/件	11	16	15	10	11	7	1	3	2

禁业内容表述形式的多样化,既反映出行为人实施犯罪所利用职

业类别或违背职业义务的多样化，同时也表明法官对“职业”内涵把握不准确、表述不规范的现实状况。

（四）适用期限与适用关系

《刑法》第37条之一和第72条中关于刑事禁止令的内容，由于规定了禁止罪犯在管制期内或缓刑考验期内从事特定活动，而与刑事职业禁止存在内容上的交叉；同时刑事职业禁止和行政性职业禁止也存在交叉甚至重合，虽然刑法第37条之一第3款“其他法律、行政法规对其从事相关职业另有禁止或者限制性规定的，从其规定”为处理刑事职业禁止和行政职业禁止的适用关系确立了基本原则，然而实践中司法部门如何处理刑事职业禁止和刑事禁止令，刑事职业禁止和行政职业禁止的适用关系，也是考察刑事职业禁止司法适用的重要方面。由于法律规定的差异，三种处罚的法定期限亦有不同，通过考察刑事职业禁止判罚中适用期限的情况，也可以从侧面揭示司法部门对三者适用关系的理解和把握状况。

1. 适用期限

刑事职业禁止的适用期限依照《刑法》第37条之一第1款的规定为“刑罚执行完毕之日或者假释之日起”3～5年。对于适用期限，实践中有两个问题值得关注：其一，裁判文书对刑事职业禁止判罚的期限起算点有不同表述。统计结果显示，对于被判处有期徒刑和拘役的被告人，裁判文书在决定对其判罚刑事职业禁止的判项中，在文字表述上均采用“刑罚执行完毕之日或者假释之日”作为禁业期限的起算时间节点；而对于被判处有期徒刑或拘役、同时宣告缓刑的被告人，裁判文书并未严格以“刑罚执行完毕之日或者假释之日”作为刑事职业禁止期限起算点。具体而言，有以下不同表述（见表5）。

表5　禁业期限表述形式

禁业期限起算	自缓刑考验期满之日起	自刑罚执行完毕(或假释)之日起	缓刑考验期内缓刑考验期满后	缓刑考验期内刑罚执行完毕后	自判决确定之日起	未标明起算点
件数/件	3	14	3	24	4	4

其二,《刑法》第37条之一第1款规定刑事职业禁止的期限为3~5年,大多数裁判文书判罚的刑事职业禁止均在此期限内。① 但有两例裁判文书对被告人的刑事职业禁止判罚期限为终身。②

2. 适用关系

对于刑事职业禁止和刑事禁止令的适用关系,笔者主要统计了二者合并适用的情况;而对于刑事职业禁止和行政职业禁止的适用关系,尤其对于其他法律、行政法规对被告人从事相关职业已有禁止或者限制性规定时,法院如何处理两者的竞合关系,理论上分歧较大,笔者重点考察实务机关是否以及如何“从其规定”。

首先,刑事禁止令包括缓刑期内的禁止令和管制期内的禁止令。经统计,适用刑事职业禁止同时适用刑事禁止令,仅限于被告人被判处有期徒刑或拘役、同时宣告缓刑这一种情况。被判处拘役适用缓刑、同时适用刑事禁止令和刑事职业禁止的18人,被判处有期徒刑适用缓刑、同时适用刑事禁止令和刑事职业禁止的65人。同时适用刑事禁止令和刑事职业禁止的被告人占所有适用刑事职业禁止被告人总数的25.61%。未发现被判管制、同时适用刑事职业禁止和刑事禁止令的情况。

其次,对于刑事职业禁止和行政职业禁止的适用关系,《刑法》第

① 对于同时适用缓刑禁止令和刑事职业禁止的,部分裁判文书在同一判项下以“从判决确定之日”作为禁业期限的起算点,虽然表面上禁业期限为3~5年,但剔除缓刑禁止令期限后,其实际被判罚的刑事职业禁止期限不足3年。详见后文。

② 参见(2017)闽0802刑初602号刑事判决书;(2017)闽0802刑初464号判决书。

37条之一第3款明确规定"其他法律、行政法规对其从事相关职业另有禁止或者限制性规定的,从其规定"。实务部门如何理解"从其规定"、如何"从其规定"呢?统计结果显示,对其他法律或行政法规对其从事相关职业是否"另有禁止或限制性规定"明确提及、进行实质审查的仅3件。其中按照该行政法规规定的禁业内容和期限判罚刑事职业禁止的2件;①提及该行政法规,并认为应当"从其规定",由行政机关给予行政处罚,而未作出刑事职业禁止判罚的1件;②其他232③件裁判文书均未明确提及其他法律、行政法规是否"另有禁止或者限制性规定"而径行作出刑事职业禁止判罚。

二、刑事职业禁止司法适用存在的主要问题

通过对刑事职业禁止司法适用基本状况的统计分析,可以归纳出刑事职业禁止在司法适用中存在的四个方面的问题:在适用前提上,存在罪质前提和刑质前提理解和适用上的偏差;在适用根据上,存在再犯可能性判断标准不明确和形式化的问题;在适用内容上,存在"职业"确定不规范、禁业内容不明确、禁业判罚不均衡的问题;在适用关系上,存在混淆刑事禁止令和处理与行政职业禁止关系不协调的问题。

(一)适用前提存在的问题

1.可适用职业禁止的罪名范围不明确

刑事职业禁止依附罪名在适用上的不均衡现状,反映出基层法院对适用刑事职业禁止的矛盾心态。一方面,基层法院对于大量可能适

① 参见(2017)闽0802刑初602号刑事判决书;(2017)闽0802刑初464号判决书。

② 参见(2019)鄂0506刑初34号刑事判决书。

③ (2019)鄂0506刑初34号刑事判决书,因未判罚刑事职业禁止,该裁判文书不在234件裁判文书之列。

用刑事职业禁止的罪名,由于拿不准而"不敢用",导致刑事职业禁止"宽设计窄适用"的运行现状;另一方面,对于已经权威部门明示的罪名,①如危害食品安全犯罪,又有"扎堆"滥用的倾向——这在河北省生产、销售有毒、有害食品罪的判决中表现得尤为明显。产生这些现象的原因,既有从严惩治食品安全犯罪的刑事政策的影响,也有法官"多一事不如少一事"的推诿随意,根本原因还是对刑事职业禁止的适用前提,即适用刑事职业禁止的罪质条件缺乏明确标准。

根据《刑法》第 37 条之一第 1 款的规定,适用职业禁止的前提是行为人"利用职业便利实施犯罪",或者"实施违背职业要求的特定义务的犯罪",并被判处刑罚的。究竟如何理解刑事职业禁止适用的罪质条件,是影响法官决定是否适用职业禁止的首要问题。对于"利用职业便利实施犯罪",按相关部门的解释,是指"利用自己从事该职业所形成的管理、经手、权力、地位等便利条件实施犯罪"。② 该解释不无疑问。首先,该解释没有分清利用职业便利和利用职务便利的关系。我国现行刑法中,共有 11 个罪名直接以"利用职务上的便利"或"利用职务便利"作为犯罪构成的要件。③ 其中有代表性的犯罪,无论是贪污罪中"利用职务上的便利是指利用职务上主管、管理、经手公共财物的权力及方便条件",④还是受贿罪中的利用职务上的便利"既包括利用本人职务上主管、负责、承办某项公共事务的职权,也包括利用职务上有隶属、制约关系的其他国家工作人员的职权",⑤都强调了"职务"所具有的权力性、管理性和层级性特征,"职务便利"也相应地是指在组织内部由于纵向支配关系而带来的便利条件。这与"职业便利"所强调

---

① 参见全国人大常委会法制工作委员会刑法室编:《〈刑法修正案(九)〉最新问答》,法律出版社 2015 年版,第 3 页。

② 同上书,第 2 页。

③ 分别是非国家工作人员受贿罪、非法经营同类营业罪、为亲友非法牟利罪、背信损害上市公司利益罪、金融工作人员以假币换取真币罪、职务侵占罪、挪用资金罪、贪污罪、挪用公款罪、受贿罪、利用影响力受贿罪。

④ 参见《关于人民检察院直接受理立案侦查案件标准的规定(试行)》。

⑤ 参见《全国法院审理经济犯罪案件工作座谈会纪要》。

的在社会分工中的横向合作关系所带来的便利条件有明显区别。其次,立法之所以将利用职业便利实施犯罪作为适用职业禁止的前提,主要考虑利用职业便利实施的犯罪往往要求行为人具有特定的资格和技能,且行为人以职业为依托,一旦实施犯罪就具有长期性和隐蔽性,对社会危害较大。如果将利用职业便利理解为利用职务便利,势必缩小了适用职业禁止的范围,不利于预防此类犯罪。因此,"利用职业便利"的理解应立足于"职业"的谋生性、专业性、合法性特征,主要是指利用与职业内容相关的时空环境、技术技能优势、特殊资格准入等便利条件。"利用职业便利"只是客观上为实施犯罪提供了有利条件,并非犯罪成立的必备要件。

该解释将"实施违背职业要求的特定义务的犯罪"理解为"违背一些特定行业、职业有关特定义务的要求,违背职业道德、职业信誉所实施的犯罪",此种观点也值得商榷。一方面,仅违反道德义务而不违反法律义务,刑法基于谦抑特性,不必要介入,而应由道德进行谴责或优先适用民法、行政法等普通法律加以规制即可;另一方面,由法律来规定相关职业的特定义务,也意味着该职业义务的重要程度,行为人一旦违反该特定义务就可能造成严重的危害后果。再者,"实施违背职业要求的特定义务的犯罪"的语词结构限定了"违背职业要求的特定义务的犯罪"是某一类特定的犯罪,该类犯罪以"违背职业要求的特定义务"为其构成要件。而该解释却将其置换为"违背职业要求的特定义务实施的犯罪",于是,"犯罪"不再以"违背职业要求的特定义务"为构成要件,这种明显改变法条本身语词结构的解释方法并不符合文义解释的基本规则。因此,只有实施了刑法分则将职业要求的特定义务作为构成要件的犯罪,才能满足该类适用职业禁止的罪质条件要求。

2. 可适用刑事职业禁止的"刑罚"范围界定不合理

《刑法》第37条之一第1款规定,职业禁止的适用除符合罪质条件外,还要满足被"判处刑罚"的刑质条件。对于被判处何种"刑罚"才能适用刑事职业禁止,理论上存在不小争议。[①] 实践中的突出问题是,对宣告缓刑,以及独立适用附加刑(罚金刑)能否适用刑事职业禁止。

首先,对于宣告缓刑的被告人,能否适用刑事职业禁止。依照《刑法》第 72 条第 1 款的规定,“没有再犯罪的危险”是适用缓刑的实质条件。而刑事职业禁止恰是为预防再犯罪而采取的保安处分性质的非刑罚处罚措施,其判罚根据即“预防再犯罪的需要”。对被告人适用缓刑,说明法官已经权衡,作出被告人不会再犯罪的判断结论,既然“没有再犯罪危险”,又何来“预防再犯罪的需要”?——对宣告缓刑的犯罪分子适用职业禁止,表明法官在判断再犯可能性上的自相矛盾。[②]

与此同时,刑事职业禁止自“刑罚执行完毕之日或假释之日”的起始时间要求,也制约着对“刑罚”的理解。对于被判处有期徒刑或拘役同时宣告缓刑的被告人,如其遵守缓刑考验期规定,没有《刑法》第 77 条规定的情形,缓刑考验期满的法律效果是“原判刑罚不再执行”,而“原判刑罚不再执行”并不等于“刑罚执行完毕”。最高人民检察院 2018 年发布的《关于认定累犯如何确定刑罚执行完毕以后“五年以内”起始日期的批复》规定,“‘刑罚执行完毕’,是指刑罚执行到期应予释放之日”。该批复虽然针对累犯成立而言,但在批复主要拟定者《〈关于认定累犯如何确定刑罚执行完毕以后“五年以内”起始日期的批复〉理解与适用》一文中,明确强调了一致性解释原则,即有期徒刑刑罚执行完毕应从释放之日起算,不仅适用于《刑法》第 65 条第 1、2 款,同样适用于《刑法》第 37 条之一刑事职业禁止的规定。[③] 如此一来,对宣告

---

① 参见卢建平、孙本熊:《刑法职业禁止令的性质及司法适用探析》,载《法学杂志》2016 年第 2 期;臧铁伟:《中华人民共和国刑法修正案(九)解读》,中国法制出版社 2015 年版,第 3 页;刘志伟、宋久华:《论刑法中的职业禁止制度》,载《江西社会科学》2016 年第 1 期;林维:《刑法中从业禁止研究》,载《江西警察学院学报》2016 年第 1 期。

② 参见王彬:《我国限制有前科公民就业资格的立法例考察:以就业歧视为视角》,载《法学》2009 年第 10 期。

③ 参见缐杰、杨建军:《〈关于认定累犯如何确定刑罚执行完毕以后“五年以内”起始日期的批复〉理解与适用》,载《检察日报》2018 年 12 月 30 日,第 3 版。

缓刑的被告人,就会因为缺乏"刑罚执行完毕之日"这一禁业期限的起点而无法计算禁业期限。因此,从维护缓刑和刑事职业禁止制度的内在合理性以及保持刑事职业禁止和累犯制度的体系协调性出发,对宣告缓刑的被告人不应当适用刑事职业禁止。

然而,司法实践中基层法院对宣告缓刑的被告人同时适用刑事职业禁止,不仅和刑法规定的职业禁止期限起始时间"刑罚执行完毕或假释之日"直接冲突,还使禁业判罚的性质归属产生歧义。以"(2017)豫1729刑初1032号"刑事判决书为例,被告人吴某犯重大劳动安全事故罪,被判处有期徒刑7个月,缓刑一年。法院同时判令"禁止被告人吴某自缓刑确定之日起三年内从事建筑工程施工职业"。既然是自缓刑确定之日起三年内禁止被告人从事建筑工程施工职业,那么被告人在缓刑考验期1年以内显然不得从事建筑工程施工职业,由于该禁令是在缓刑考验期内执行,因此在性质上不属于刑事职业禁止,而只能是缓刑期内的刑事禁止令;然而令人困惑之处在于,1年缓刑考验期期满后,余下2年期限的禁令究竟是何性质?因为缓刑考验期已满,此2年期的禁令不可能是缓刑期内的刑事禁止令。那是否刑事职业禁止呢?依据《刑法》第37条之一第1款的规定,职业禁止的期限为3~5年,该2年期的禁令并不符合刑事职业禁止期限的规定。

其次,独立适用罚金刑的被告人能否适用刑事职业禁止。按《刑法》第37条之一第1款的字面含义,罚金刑也属刑罚,不管是附加适用还是独立适用都属于被判处刑罚,由此似乎可以得出独立适用罚金刑也可适用刑事职业禁止的结论。然而,对"刑罚"范围的理解,不能仅从其字面含义出发,还应注意协调同一法条上下文义的关系,才能得出妥当的解释结论。由于刑事职业禁止在判罚之后还要面临如何执行的问题,法官在判罚刑事职业禁止时必须要考虑"刑罚执行完毕之日"——也就是禁业期限起算点的确定性问题。罚金刑在实践中大量存在被告人拒绝执行、无力执行等执行难问题,如果将刑质条件的"刑罚"理解为包括罚金刑,则会使"刑罚执行完毕之日"具有不确定性,从而造成无法确定刑事职业禁止判罚执行的时间起点问题。在附加适用罚金刑的情况下,当犯人主刑执行完毕而罚金刑未执行完毕时,由于主刑已执行完毕,执行机关应当无条件释放犯人,而此时犯人由于罚金刑未执行完毕而属于"刑罚未执行完毕",尚不能开始执行刑事职业禁止判罚。于是,处于非羁押状态的行为人可以"合法"地利用该"空档"期继续从事被禁止从事的职业,从而使刑事职业禁止判罚面临落空的危险。

因此,认为"刑罚"包括罚金刑的解释并不妥当。只有将"刑罚"理解为不包括罚金刑等附加刑而只包括主刑——意即刑事职业禁止的刑质条件只考虑是否适用主刑,如果适用主刑,则禁业判罚就以主刑的执行完毕或假释之日作为执行起点——才能避免附加适用罚金刑时,刑罚执行完毕日期无法确定的问题。

而对于独立适用罚金刑,情况则有所不同。司法实践中,独立适用罚金刑的案件情节较轻,被告人为避免被判处自由刑,对于单处罚金的判决,通常更愿意积极履行。笔者在样本中也发现一例单处罚金同时适用刑事职业禁止的判例,且被告人已提前缴纳罚金。① 就此个案而言,由于被告人已预缴罚金,以其罚金刑执行完毕日期即判决生效日期作为禁业期限的起算点,并不存在刑事职业禁止执行起点不确定的问题。但显而易见的是,这又和前述"刑罚"只包括主刑的解释相冲突。如何解释此种冲突,亦是不能回避的问题。

(二)适用根据存在的问题

1.再犯可能性判断标准模糊

职业禁止作为保安处分性质的非刑罚措施,其"立法目的是与行为人在特定领域的危险性作斗争,它是一种仅仅为了避免对公众的重大危险始可被允许的措施。……对行为和行为人的整体评价还必须表明,行为人在将来还会实施与其职业有关的犯罪行为"。② 因此,虽然

① 参见(2019)冀0628刑初11号刑事判决书。

② [德]汉斯·海恩里希·耶赛克、托马斯·魏根特:《德国刑法教科书》,徐久生译,中国法制出版社2009年版,第996~997页。

《刑法》第 37 条之一第 1 款规定刑事职业禁止的适用根据是"犯罪情况和预防再犯罪的需要",但其隐含的适用标准即利用职业再次犯罪的可能性。换言之,只有当行为人利用职业便利实施犯罪或实施违背职业要求的特定义务的犯罪,并被判处刑罚,根据其犯罪情况,认为其有可能再次利用职业实施犯罪时,为预防其再次犯罪,才对其适用刑事职业禁止。但在实践当中,刑事职业禁止裁判文书大都未具体解释判处职业禁止的实质根据——再犯可能性——所依托的"事理"和"法理"。一方面,裁判文书对"犯罪情况"的范围和具体事实缺乏明确展示,对"预防再犯罪的需要"即行为人是否具有再犯可能性、再犯可能性大小等事实,也缺乏明确阐释;另一方面,裁判文书也没有阐明刑事职业禁止适用根据——再犯可能性——的具体判断标准以及得出判断结论的内在逻辑。多数裁判通常只是在列明法庭查证的犯罪事实以及被告人各种量刑情节后,直接援引《刑法》第 37 条之一作出刑事职业禁止判决。如闽 0582 刑初 3010 号刑事判决书中"……考虑到被告人罗某因实施违背职业要求的特定义务的犯罪被判处刑罚,根据其犯罪情况和预防再犯罪需要以及保障社会公众安全和维护社会公众利益的角度出发,对其予以从业禁止"。前述对裁判文书适用根据的数据统计结果表明,依据裁判文书中载明的被告人犯罪情况以及罪前、罪后因素情况,难以得出其再犯可能性大、因而有必要适用刑事职业禁止的结论。判断标准模糊的判罚难以解释对被告人适用职业禁止的必要性。

2. 再犯可能性判断形式化

由于对判罚刑事职业禁止的实质根据"犯罪情况和预防再犯罪的需要"标准模糊,缺乏充分说理,许多案件的刑事职业禁止判罚显得主观随意,似乎"利用职业便利实施犯罪或者实施违背职业要求的特定义务的犯罪"就是法官据以判罚职业禁止的理由。对于行为人犯罪行为的次数,犯罪行为对职业利用的样态、程度、危害后果等反映"犯罪情况"的因素以及行为人的人身危险性大小、是否有再犯可能性等反映"预防再犯罪的需要"的因素则在所不问。实践当中的刑事职业禁止判罚,有以适用前提取代适用根据的形式化倾向,只要行为人"利用职业便利实施犯罪或者实施违背职业特定义务的犯罪”,就对被告人适用刑事职业禁止,而不对其是否具有再犯可能性进行实质判断。缺乏判罚说理的形式化裁判不仅有损刑事职业禁止司法适用的公正性和权威性,而且可能导致刑事职业禁止的扩大适用,不当地干涉公民的职业自由。

(三)适用内容存在的问题

1. 曲解“职业”进行禁止

有的判罚将特定活动作为“职业”予以禁止。如根据(2015)后刑初字第255号判决书,被告人李某,无固定职业,酒后驾车构成危险驾驶罪,一审法院判处其三个月拘役刑罚,同时禁止其刑罚执行完毕后5年内驾驶机动车。[①] 驾驶机动车本身属于特定活动,本项判罚禁止被告人驾驶机动车实际上是禁止从事特定活动,而非禁止从事特定职业。

有的判罚将特定资格作为“职业”予以禁止。样本中有农民因犯危险驾驶罪得到“禁止5年内重新取得驾驶证”的判罚,[②]这是将获取特定资格作为禁止的对象,也非禁止从事特定职业。曲解“职业”予以禁止还包括将具体行为、特定任职、特定行业等理解为“职业”予以禁止。凡此种种,均属对“职业”的理解不准确。这种做法,无形中扩大了职业禁止的适用范围,与《刑法》第37条之一第1款“禁止从事相关职业”的明文规定直接冲突。

事实上,“相关职业”应理解为“特定职业”。“相关”意指《刑法》第37条之一第1款前半段“利用职业便利”和“违背职业要求的特定义务”所对应的具体职业。立法本意并非要求以“……相关职业”作为具体判罚内容,而是要求司法机关根据行为人“利用职业便利”和“违

---

① 参见(2015)后刑初字第237号、(2015)后刑初字第262号、(2015)后刑初字第239号判决书。

② 参见(2017)鄂1125刑初179号刑事判决书。

背职业要求的特定义务"实施犯罪的具体情况,查明和确认"相关"职业的特定类别,并以此作出禁业判罚。一方面,行为人利用的"职业便利"和违背的"职业特定义务"是具体和明确的,该职业也应是特定的;另一方面,只有将禁止从事的职业明确化、具体化,被告人才能遵守裁判的约束,避免从事该特定职业。

2. 禁业内容不明确

从样本统计的情况看,不少禁业判罚表述含混、界限不明,难以确知禁止从事职业的具体类别和范围。以(2017)京0108刑初2557号刑事判决书为例,被告人马某利用担任小学保安的便利条件,对被害学生先后实施了猥亵和强奸行为,法院经审理认定被告人马某犯强奸罪和猥亵儿童罪,同时禁止被告人在刑罚执行完毕或假释之日起5年内从事"与未成年人相关的职业"。[①] 该判罚内容看似简明,但仔细分析就会发现职业类别或范围并不明确。"与未成年人相关的职业"几乎涵盖所有职业,这样的禁业判罚不仅使被告人无所适从,也给相关部门的执行监督带来困难。

3. 禁业范围宽窄失据

由于对职业的理解存在偏差,法官确定禁业范围具有极强的主观随意性,导致禁业范围确定缺乏统一标准,造成禁业范围宽窄失据。如(2017)冀1123刑初18号判决书审理的陈某犯销售有毒、有害食品罪一案,法院认定被告人陈某明知是掺有有毒、有害的西药"西地那非"成分的保健品,仍购进后在自家保健品店销售,构成销售有毒、有害食品罪,而法院判令其职业禁止的范围是"食品生产、销售及相关活动"。被告人只是从事保健品的销售行为,并未从事保健品的生产行为,也未从事其他非保健品类食品的经营行为,而禁业判罚不仅将其禁业范围从销售环节延伸至生产环节,而且在广度上,更将禁业范围从保健品行业扩展到整个食品行业,范围明显过宽。与之形成反差的是,在(2017)津0115刑初535号判决书中,被告人卢某在其承包的芹菜地使用了不得用于蔬菜、果树、茶叶的高毒农药甲拌磷,构成生产、销售有

① 参见(2017)京0108刑初2557号刑事判决书。

毒、有害食品罪,法院判令其不得"从事蔬菜类食用农产品种植活动"。由于甲拌磷的禁用对象包括蔬菜、果树、茶叶等食用类农产品。该判罚仅以蔬菜类食用农产品的种植职业作为禁业范围,又有过窄之嫌——种植蔬菜类食用农产品和种植非蔬菜类食用农产品,在职业的专业性、资格要求上均无明显区别,将禁业范围局限在种植蔬菜类食用农产品,而不禁止其从事种植非蔬菜类食用农产品,并不能很好地起到预防食品安全犯罪的效果。

禁业范围确定缺乏统一标准,还使相似案件的禁业判罚存在较大差异。如同样是因销售含有西地那非的性保健品构成的销售有毒、有害食品罪,而刑事职业禁止判罚的职业范围既有"食品生产、销售及相关活动",①还有"保健品销售及相关活动"②,以及"保健食品销售及相关活动"。③ 对犯罪情况相似、罪名相同的案件,判罚的禁业范围相差过大,既有损刑事职业禁止适用的均衡性,也和"同等情况同等对待"的正义原则相悖离。④

(四)适用关系存在的问题

1.与缓刑禁止令相混淆

在以"法律依据"——"《中华人民共和国刑法》第三十七之一"为标准、搜索得到的341个检索结果中,有59件判决书虽然在裁判依据中援引了"《中华人民共和国刑法》第三十七之一",而实际判罚的却是刑事禁止令,并非刑事职业禁止。如果说这些援引错误仅是出于疏忽的话,那么,在234件实际被适用刑事职业禁止的裁判文书中,有69件⑤将刑事禁止令和刑事职业禁止判罚在一个判项下合并作出、对二

---

① 参见(2017)苏0681刑初183号刑事判决书。

② 参见(2016)苏0681刑初658号刑事判决书。

③ 参见(2016)苏0681刑初640号刑事判决书。

④ 参见陈景辉:《"同案同判":法律义务还是道德要求》,载《中国法学》2013年第3期。

⑤ 69件裁判文书中,同时适用缓刑和刑事职业禁止的被告人共83人。

者未明确区分的做法，则凸显基层法院对二者区别的模糊认识。具体而言，这些裁判文书对宣告缓刑的被告人，同时决定对其适用刑事职业禁止时，大都在同一个判项下作类似如下的表述："在缓刑考验期内及缓刑考验期满(刑罚执行完毕)之日起若干期限内不得从事……"[①]或"禁止被告人在判决确定之日起若干期限内从事……"[②]裁判文书将刑事禁止令和刑事职业禁止规定于同一个判项之下，不仅在形式上没有对二者明确区分，而且在实质上更是将二者混为一谈。刑事禁止令是《刑法修正案(八)》新增的内容，包括缓刑期内的禁止令和管制期内的禁止令。它和刑事职业禁止在立法目的上虽有相似之处，但在依托法条、法律属性、适用对象、适用依据、适用内容、适用期限上均存在明显区别，[③]其中，缓刑禁止令的内容"禁止犯罪分子在执行期间从事特定活动"，或许包含了刑事职业禁止中"从事相关职业"的内涵，但如果以此为由在判罚时不予区分，则必然带来理解和适用上的混乱。前述在适用缓刑、同时适用职业禁止的判例——尤其在"禁止被告人在判决确定之日起若干期限内从事……"的判词中，正因为没有明确区分二者，才导致无法确认缓刑考验期满之后的禁业判罚的性质归属。

2. 与行政职业禁止的适用关系不统一

《刑法》第 37 条之一第 3 款"其他法律、行政法规对其从事相关职业另有禁止或者限制性规定的，从其规定"确立了刑事职业禁止和行政职业禁止的适用关系。对该款中"从其规定"的理解，理论界存在不小争议。争议焦点在于，当其他法律、行政法规对被告人从事相关职业另有禁止或限制性规定时，人民法院是否仍然依据《刑法》第 37 条之一，对刑事案件的被告人作出职业禁止的刑事裁判。对此问题，理论上

① 参见(2016)川 1602 刑初 165 号刑事判决书。

② 参见(2017)陕 0623 刑初 21 号刑事判决书。被告人犯生产、销售不符合食品安全标准的食品罪被判处有期徒刑一年，缓刑二年，并处罚金。

③ 参见秦智贤：《论职业禁止与禁止令之关系》，载《福建法学》2017 年第 1 期。

有修正适用说、同时适用说和优先适用说之争。[①] 根据样本统计情况，实践中存在三种不同做法。第一，少数法院遵循《刑法》第37条之一第3款“从其规定”的要求，未对被告人判罚刑事职业禁止。如(2019)鄂0506刑初34号刑事判决书认为，“三被告人利用职业便利实施犯罪，人民法院可以根据犯罪情况和预防再犯罪的需要，对其实施三至五年的行业禁止。但《食品安全法》对本案三被告人所从事的相关职业另有明确规定，应从其规定，由行政主管部门对三被告人实施行业禁止”。[②] 第二，部分法院在适用该款时，直接援引相关法律并按其规定的期限和内容进行判决。如(2017)闽0802刑初464号判决书认定，被告人潘某作为食杂店的经营者，在生产、销售的食品中掺入非食用物质硼砂，构成生产、销售有毒、有害食品罪。一审法院判处被告人有期徒刑一年，并处罚金人民币5000元。同时援引《刑法》第37条之一以及《食品安全法》第135条第2款的规定，[③]判令被告人“终身不得从事食品生产经营管理工作，也不得担任食品生产经营企业食品安全管理人员”。[④] 该判罚明显和《刑法》37条之一第1款关于职业禁止3~5年期限的规定相冲突。第三，大部分法院则直接根据《刑法》第37条之一第1款的规定，径行对被告人判罚3~5年不等的职业禁止，并未提及其他法律或行政法规是否有相关禁业规定。此种做法尤其在构成食品安全犯罪同时适用刑事职业禁止时较为普遍。样本中涉及食品安全犯罪共176件，除两件作出期限为终身的刑事职业禁止判罚、一件“从其规定”未判

---

① 参见欧阳本祺:《我国刑法中“从其规定”探究——以〈刑法〉第37条之一第3款的规定为分析对象》，载《法商研究》2017年第3期；童策:《再论刑事从业禁止的性质和适用——基于刑法第37条之一第2、3款的规范阐释》，载《学术交流》2017年第11期；刘剑:《〈刑法〉第37条之一“从其规定”的理解和适用》，载《河南司法警官职业学院学报》2018年第1期。

② 参见(2019)鄂0506刑初34号刑事判决书。

③ 参见《食品卫生安全法》第135条第2款规定:“因食品安全犯罪被判处有期徒刑以上刑罚的，终身不得从事食品生产经营管理工作，也不得担任食品生产经营企业食品安全管理人员。”

④ 相同情况还有(2017)闽0802刑初602号刑事判决书，(2017)闽0802刑初464号判决书。

罚刑事职业禁止以外,其余都依照《刑法》第 37 条之一第 1 款径行作出 3 ~ 5年期限的刑事职业禁止判罚。这种做法对《食品卫生安全法》第 135 条的相关禁业规定"视而不见",有意回避《刑法》第 37 条之一第 3 款"从其规定"的适用,同样不具有合法性。

法律的普适性与反复适用性特征,决定了法律的实施是一个整体、系统的过程,这不仅要求法律条文在个案中得到正确适用,更需要法律规定在类案中实现统一适用。刑事职业禁止和行政职业禁止关系在实践中的差异化适用,不仅有违我国法制统一的宪法基本原则,有损于法律的权威和尊严,不利于刑事职业禁止制度的规范实施,更难以实现其内在价值。

三、刑事职业禁止司法适用的完善

刑事职业禁止制度作为一项创新性、探索性的保安处分措施,在运行过程中出现了上述适用乱象,与其说因为缺乏统一的解释和可资借鉴的经验,倒不如说是对刑事职业禁止制度的法律属性认识存在偏差,进而导致对法条的歧义理解,以致基层法院自以为"释",各自为"适"。促进刑事职业禁止的规范适用,首先要对该制度进行规范的解读,其次是要构建规范适用的程序机制。基于此,建议从以下几方面入手,促进刑事职业禁止的规范适用。

(一)明确法律性质

对于任何一个法律制度而言,其法律性质无疑是法律规则构建的基点以及司法适用的连结点。明确刑事职业禁止制度的法律性质,有利于将其纳入既有的理论话语体系,确立其解释和适用规则,进而在司法适用中实现其制度价值。相反,法律性质看法的莫衷一是,只会导致解释和适用的混乱。

关于刑事职业禁止的法律性质,有保安处分说、资格刑说、非刑罚处置措施说、刑罚附随处分说等不同观点。① 刑事职业禁止的适用根据和适用特点，是以行为人的犯罪情况和人身危险性为依据，判断行为人是否有再犯危险，为预防其再次犯罪，而采取的预防性措施，就此而言，刑事职业禁止无疑与保安处分高度一致。其与刑罚的根本区别在于，刑事职业禁止的判罚依据不是基于罪责，而是出于行为人再犯的危险。“有一些犯罪分子利用职业便利实施犯罪，或者实施违背职业要求的特定义务的犯罪，在刑罚执行完毕或假释之后，又继续从事原来的职业或者相关的职业，对公共利益或社会秩序构成一定的危险。”②适用刑事职业禁止的目的也不是出于报应，而仅仅是满足预防犯罪的需要。“为有效预防这些人再次犯罪，保护公共利益和社会秩序，针对一些特定职业，对这些人规定一定的‘安全期’，禁止其在一定期限内从事相关职业，是必要的。”③就此意义而言，保安处分说最具合理性。④明确刑事职业禁止的保安处分性质，“在理论上，可以进一步洗刷保安处分的早期污名，逐渐消除学界此前对其存在的偏见，从而自觉建立并运用‘刑罚—保安处分’的理论研究范式。在实践中，可以吸收、借鉴域外关于保安处分的理论研究和制度实践成果，来指导和规范我国刑事从业禁止制度的司法适用”。⑤

---

① 参见陈兴良：《刑法修正案(九)的解读与评论》，载《贵州民族大学学报(哲学社会科学版)》2016年第1期；于志刚：《从业禁止制度的定位与资格限制、剥夺制度的体系化——以〈刑法修正案(九)〉从业禁止制度的规范解读为切入点》，载《法学评论》2016年第1期；林维：《刑法中从业禁止研究》，载《江西警察学院学报》2016年第1期；魏东：《〈刑法修正案(九)之五读五问》，载《法治研究》2016年第2期。

② 全国人大常委会法制工作委员会刑法室编：《〈刑法修正案(九)〉最新问答》，法律出版社2015年版，第2页。

③ 同上。

④ 但考虑到我国刑法并未明确规定保安处分，当前可以暂称之为保安处分性质的非刑罚处罚方法，以保持和现有刑罚体系的协调。

⑤ 李兰英、熊亚文：《刑事从业禁止制度的合宪性调控》，载《法学》2018年第10期。

(二)确立适用原则

刑事职业禁止作为保安处分性质的非刑罚措施,虽不比刑罚严厉,但其以剥夺行为人特定职业的就业权作为预防犯罪的手段,毕竟是对行为人基本权利的限制,如果滥用刑事职业禁止,任意禁止从业或扩大禁业范围、延长禁业期限,则必然侵害行为人的职业自由。而职业自由作为一项基本的宪法权利,内生于宪法关于公民劳动权的条款之中,其价值可以从伦理、经济和社会三个向度上展开。[①] 对行为人职业自由权利的限制,其规定和适用必须符合作为宪法基本原则——比例原则——的要求。该原则首先应用于行政执法领域,后被学者认为也应适用于宪法领域,是对一切国家公权力的约束。它实际上是一种综合的指涉,隐含手段与目的之间的适当性、多种手段权衡中选择某种手段的必要性以及国家法益与个人法益之间的均衡性三个基本维度。[②] 作为保安处分性质的刑事职业禁止,也应当遵从宪法比例原则的指导和调整。受德国联邦宪法法院审查"药房案"中对限制公民职业自由权的立法是否合宪的影响,以《德国刑法典》第 62 条为基点发展起来的包括职业禁止在内的保安处分适应性、必要性以及相当性三原则,[③]可为我国的刑事职业禁止司法适用提供借鉴和参考。

一是适应性原则。也称适用性原则,该原则是指一个公权力的措施或手段可达到的目的要具有适当性。适应性原则要求国家措施(包括立法和执法)恰当,运用的手段只有有助于实现国家措施所追求的

① 参见高景芳:《职业自由价值论》,载《科学经济社会》2011 年第 2 期。

② 参见姜涛:《追寻理性的罪刑模式:把比例原则植入刑法理论》,载《法律科学(西北政法大学学报)》2013 年第 1 期。

③ 参见刘夏:《保安处分视角下职业禁止研究》,载《政法论坛》2016 年第 5 期;叶良芳、应家赟:《论有前科者从业禁止及其适用》,载《华北水利水电大学学报(社会科学版)》2015 年第 4 期。

目的才是合适的。[①] 具体到刑事从业禁止的适用而言，只有当行为人利用职业便利实施犯罪或者实施了违背职业要求的特定义务的犯罪，基于综合评价，预测行为人将来还会实施与其职业有关的犯罪行为时，法院才考虑适用职业禁止。如果行为人不具有这种特定危险或行为人虽然再犯可能性很高，但和利用职业便利或违背职业特定义务无关，则适用职业禁止就是无效的，因而不能适用。

二是必要性原则。又称为最小侵害原则，它是指如果存在数个可以达到同一目的的手段，则应当选择对公民权利最小侵害者为之。刑事职业禁止适用的必要性包含两个方面，第一，适用职业禁止，足以消除行为人实施与职业相关犯罪的危险；第二，如果有其他轻缓方法可以消除行为人所具有的危险，就应当适用其他方法，而不能适用刑事职业禁止。[②] 前者强调适用刑事职业禁止的有效性；后者强调刑事职业禁止和其他制裁手段的协调性，如果存在其他轻缓的制裁即可消除此种危险，则不应适用刑事职业禁止。我国法律体系中除刑法对职业禁止作出规定外，还存在大量的行政性职业禁止的规定，遵循适用必要性原则，应当优先适用行政性职业禁止，毕竟刑事职业禁止属于刑事制裁措施，不到万不得已，不能贸然适用，否则，既悖逆刑法的谦抑本性，又有违《刑法》第37条之一第3款“从其规定”的应有之义。

三是相当刑原则。也称为狭义比例原则，该原则用来衡量被限制的权利与所追求的公共目的之间的比例关系。意即刑事职业禁止的适用不仅要求存在再次滥用职业实施犯罪的危险(适应性原则)，同时要求刑事职业禁止的适用能达到预防再犯的目的，且该手段是能达到目的之手段中对权利损害最小者(必要性原则)，还要求该手段与所达到的目的之间具有相称性。这就要求在适用刑事职业禁止时，要充分考虑对行为人职业自由权的保护，不能为片面追求预防效果而任意扩大禁业范围或延长禁业期限，而应在预防犯罪和保护权利之间寻求适当

① 参见[德]乌茨·施利斯基：《经济公法》，喻文光译，法律出版社2006年版，第85页。

② 参见张明楷：《外国刑法纲要》(第2版)，清华大学出版社2007年版，第436页。

的平衡。

总体而言,适应性原则限定为何适用刑事职业禁止,必要性原则限定是否适用刑事职业禁止,而相当刑原则限定如何适用刑事职业禁止。此三原则,从不同的层面为规范适用刑事职业禁止提供了基本的标准尺度。

(三)统一适用标准

由于在理论上对于刑事职业禁止的具体适用标准还存在不同看法,司法机关也缺乏明确的规范指引,基层法院在理解和掌握适用标准上还存在诸多歧义、主观和随意。最高司法机关应尽快出台适用规范指引,明确并统一刑事职业禁止的适用标准。在此之前,建议从以下几方面入手规范刑事职业禁止的适用标准。

1.明确刑事职业禁止的适用前提

首先,针对罪质条件,要明确利用职业便利实施犯罪和实施违背职业特定义务的犯罪之内涵与外延,并对两者的关系作出合理的解释。职业是具有谋生性、专业性和合法性特征的工作类别。其中专业性是职业的本质特征。① 对罪质条件的理解应以“职业”特征为基本出发点。

第一,就“利用职业便利实施犯罪”而言,“利用职业便利”应理解为利用特定职业的时空便利、技术技能优势便利以及资格准入便利条件;“利用职业便利实施犯罪”包括实施“以利用职务便利”为构成要件的犯罪,以及单纯利用职业便利实施的其他故意犯罪;对于单纯利用职业便利实施的犯罪,不要求“利用职业便利”是必备构成要件,换言之,任何故意犯罪,只要行为人利用职业便利实施,都符合适用职业禁止的

① 职业产生于社会分工,专业性既是社会分工的目的也是社会分工的结果,职业分类依赖于专业区分。将专业性理解为职业的本质,有利于区分职业和工作、职业和职务。工作概念强调谋生手段的劳动属性而不强调分工关系;职业概念强调不同的专业工作间的横向分工合作关系;职务概念则强调社会组织内部的纵向权力支配关系。

适用前提条件。

第二,实施违背职业要求的特定义务的犯罪,则是实施那些刑法规定的以“违背职业要求的特定义务”作为该罪构成要件的犯罪,我国刑法中此类犯罪主要包括安全事故类犯罪,生产销售伪劣商品罪,妨害对公司、企业管理秩序罪,渎职罪,军人违反职责罪等。这些犯罪违背职业要求的特定义务,往往由相关法律作出明确规定,如《产品质量法》《安全生产法》《公司法》《证券法》等加以规定。

第三,两类犯罪的关系并非并列关系,而是存在交叉和重合。刑法之所以采用并列的方式规定刑事职业禁止的罪质条件,主要因为“利用职业便利”实施犯罪表现为作为的方式实施犯罪;实施“违背职业特定义务的犯罪”则大多由不作为方式实施。如此规定,可以将与职业有关的犯罪都纳入刑事职业禁止的适用对象范围。通过对行为人适用职业禁止,可以把与职业相关的犯罪的再犯风险降到最低。

其次,针对刑质条件,应当明确“刑罚”的具体范围,以避免基层法院在此问题上的歧义理解,保证司法适用的统一。而要明确“刑罚”的内涵和外延,笔者认为需要把握两点前提:其一,“刑罚”范围的确定应与刑事职业禁止期限的起算时间相联系,充分考虑待执行的刑罚在执行期限和方式上要具有确定性。其二,刑事职业禁止的判罚是和刑罚的裁判同时作出的。

基于此,可以初步得出以下结论:第一,死刑作为生命刑,不存在适用职业禁止的问题,应当排除于“刑罚”之外。第二,无期徒刑是剥夺犯罪人终身自由的刑罚,原则上必须终身在监狱里服刑,故也不存在适用“职业禁止”的余地。不过,死刑(死缓)、无期徒刑有可能减为有期徒刑,有期徒刑则有执行完毕之日,因此,被判处死刑(死缓)、无期徒刑的犯罪人实际减为有期徒刑时,仍可适用“职业禁止”。[①] 但要注意,此种情况下的刑事职业禁止判罚,其实是对减刑过后的有期徒刑而言,其执行期限应以减刑后的有期徒刑为依据,再根据“刑罚执行完毕之

---

① 参见陈山:《“职业禁止”中的“刑罚”如何理解》,载《检察日报》2015 年 9 月 7 日,第 3 版。

日或假释之日”确定。[①] 第三，罚金刑附加适用时，因其执行具有不确定性——被告人可能因没有执行能力等原因导致“刑罚执行完毕之日”不确定，进而刑事职业禁止的执行起点无法确定——也应排除于“刑罚”之外；对于独立适用罚金刑，虽然实践当中确有判罚刑事职业禁止的案例，也未出现因为罚金执行难而导致的“刑罚执行完毕”日期不确定的问题，但考虑到刑事职业禁止毕竟是为预防那些利用职业便利实施犯罪、或实施违背职业要求的特定义务的犯罪，确实对“重要的公共利益”构成“可以证明的及显然非常严重的危险”，方得适用的保安处分措施，而独立适用罚金刑的犯罪由于犯罪情节轻微，并不符合职业禁止适应性原则的内在要求。因此，对于独立适用罚金刑的被告人，不得同时适用刑事职业禁止。第四，剥夺政治权利作为资格刑，本身就是对行为人资格的限制，其和职业禁止有内容上的重合性，也应排除。第五，驱逐出境则因一旦执行，行为人就不在我国境内，适用刑事职业禁止无意义，也应排除。第六，对于被判处拘役、有期徒刑同时被适用缓刑的，同样不能适用刑事职业禁止，其理由在前文已有论述。

据此，这里的“刑罚”是指有期徒刑、拘役和管制。[②] 刑事职业禁止的起算点“从刑罚执行完毕”也应理解为有期徒刑、拘役和管制执行完毕而不能理解为包括附加刑执行完毕。

2. 明确再犯可能性判断标准

基于刑事职业禁止“预防再犯罪需要”适用目的的要求，适用刑事职业禁止要以被告人确实具有再犯职业关联犯罪的可能性为基本依据。对于再犯可能性的判断，立法上存在自由裁量主义、法定主义和折

① 对于被判死刑（死缓）、无期徒刑的被告人，虽然有可能被减为有期徒刑，从而可能适用刑事职业禁止，但在具体操作上，还存在何时作出刑事职业禁止判罚的问题。是否减刑取决于犯罪人的改造和悔过情况，因而具有不确定性，如此就难以在作出死刑（死缓）、无期徒刑判决的同时决定适用刑事职业禁止。可以考虑在作出死刑（死缓）、无期徒刑减为有期徒刑的裁定的同时，决定刑事职业禁止判罚。

② 被判管制的被告人适用刑事职业禁止则必然要求同时对其适用管制期间的刑事禁止令，且被禁止实施的特定活动应和刑事职业禁止的职业具有同质性，否则无法避免管制执行期间非羁押状态下被告人从事被禁止特定职业的可能。

中主义三种模式。“自由裁量主义将决定权完全委诸法官,过于宽泛;法定主义则对复杂的社会倾向考量不足,过于绝对。因此,折中主义既规范,又不失活络,较好地结合了人权保障和适用性的要求,较为妥当,为各国保安处分制度所采用。”①我国刑法对职业禁止适用的判断既明示了“犯罪情况和预防再犯罪的需要”这一实质标准,同时又赋予了法官部分的自由裁量权——“可以决定”,无疑采取了折中主义。这种立法方式固然可取,但由于法条文字对实质标准的表述模糊笼统,造成了司法适用中实质判断的形式化倾向,导致刑事职业禁止判罚的随意性。因此,捋清刑事职业禁止适用根据“犯罪情况和预防再犯罪需要”中“犯罪情况”和“预防再犯罪的需要”的功能区隔,并揭示各自内涵,就显得极为必要。

在刑事职业禁止的实质根据中,“犯罪情况”指涉利用职业实施犯罪是否已经或可能造成重大危险;“预防再犯罪的需要”与其说是实质判断标准,倒不如说刑事职业禁止的适用目的,其隐含的标准是再犯可能性,即该行为人再次实施同类犯罪的或然性大小。“犯罪情况”的判断是客观的、一般的、抽象的判断;是否具有“预防再犯罪的需要”,则是考虑被告人个人情况的主观的、个别的、具体的判断。“犯罪情况”和“预防再犯罪的需要”只有结合起来才能征表行为人利用职业再次犯罪的可能性,才能说明对行为人适用刑事职业禁止的必要性。

首先,对于“犯罪情况”,要注意其不仅是对再犯可能性,也就是人身危险性进行判断的参考指标,其本身也具有独立的判断价值。犯罪情况的判断应包括两方面内容:第一,行为人滥用职业实施犯罪的具体样态,诸如,犯罪人利用了何种职业便利、违背了何种职业义务、滥用职业行为的具体方式、犯罪危害情况,以及犯罪后果因为关联职业行为介入发生何种变化等,以确证行为人利用职业实施犯罪确实对“重要的公共利益”构成“可以证明的及显然非常严重的危险”。第二,在行为人滥用职业行为实施犯罪造成“对公众的重大危险”的前提下,进一步

① 马克昌:《外国刑法学总论》(大陆法系),中国人民大学出版社2009年版,第476页。

客观判断该类型的关联职业行为的犯罪是否具有较高的再犯率。这种判断不是基于针对行为人的个别化判断,而是基于职业行为被滥用的一般状态,结合类似犯罪的总体再犯情况所做的客观抽象的判断。这样才能在确证行为人利用职业便利实施(或再次实施)同类犯罪会带来对公众的重大危险的前提下,结合对行为人再犯可能性的评估,即"预防再犯罪的需要",综合判断是否值得对行为人动用刑事职业禁止的处罚。

其次,对于"预防再犯罪的需要"——也就是对行为人再犯可能性的评估是针对行为人主观的、个别的和具体的判断。在判断内容上,既要考虑行为人的犯罪情况,诸如犯罪数额、次数、危害程度、主观罪过形式、犯罪形态等说明行为人主观责任和客观违法性的事实,也要联系其罪前和罪后的情节,诸如一贯表现、是否再犯累犯、有无自首、立功、认罪悔罪或其他情节,综合评价其人身危险性大小,以此作出其是否具有再犯可能的结论。在判断方法上,司法实践采用的传统人身危险性(再犯可能性)评估方法的主要是临床评估法,该评估方法的主要缺陷在于以司法人员的主观评测为结论依据,脱离法治框架约束,缺乏程序保障,容易导致随意和非科学性。① 可以考虑采用精算评估法(再犯可能性量表)和结构性专家评估法。② 在判断程序上,再犯可能性评估的结论只有经历完整的举证、质证、法庭辩论和法庭评议,才能最终作为判罚职业禁止的依据。

只有将刑事职业禁止的适用根据"犯罪情况和预防再犯罪的需要"中"犯罪情况"和"预防再犯罪的需要"进行功能区分和内容填充,明确二者的判断标准及判断方法,才不至于出现刑事职业禁止判罚"说不清,道不明"的形式化倾向。

---

① 参见陈伟:《认真对待人身危险性评估》,载《比较法研究》2014 年第 5 期;卢建军:《人身危险性评估的基本方法》,载《人民检察》2011 年第 14 期。

② 翟中东:《危险评估与控制——新刑罚学的主张》,载《法律科学(西北政法大学学报)》2010 年第 4 期。

3. 规范适用内容

刑事职业禁止适用内容的确定应以行为人实施犯罪时所从事的职业为基础,参照《职业分类与代码》(GB/T 6565—2015)确定职业名称和决定禁业范围。

首先,职业名称的确定应以《职业分类与代码》(GB/T 6565—2015)为法律依据。该标准将职业分为大类、中类、小类和细类4个层级,可以根据行为人实施犯罪和职业的关联程度确定职业类别或名称,避免使用"……相关职业(活动)""作业""执业"等不规范表述;对于该标准尚未收录的职业类别,可以采用列举具体工作的方式来确定禁业内容和范围;在以此方法仍不能准确表述禁业范围时,最后才考虑使用概括性规定。

其次,禁业范围的确定,应当与行为人所利用的职业或违背的特定义务所依附的职业相对应,避免禁业范围过宽或过窄。如果行为人凭借特定细类职业实施犯罪,适用内容就按此细类判罚;如果按此细类判罚不足以预防再犯危险,则考虑增加相邻细类判罚;如果仍嫌不足,则可考虑在该细类的上一层,即小类范围进行判罚,依此类推。

最后,对利用相同或类似职业便利或违背相同或类似职业义务的行为构成犯罪的不同被告人,需要适用刑事职业禁止的,对其禁业的范围应大体相当,避免适用刑事职业禁止结果的不均衡。

4. 妥善处理与刑事禁止令以及行政从业禁止的适用关系

由于刑法对刑事禁止令和刑事职业禁止的适用标准各有其规定,司法实践中混淆刑事禁止令和刑事职业禁止主要是由法官的错误认识造成,这就需要法官明确二者的区别,严格依法裁判。具体而言,要分别两种情况处理。第一,对于被宣告缓刑同时适用刑事禁止令的被告人,明确不得对其适用刑事职业禁止,以避免造成和累犯成立条件"刑罚执行完毕"在解释结论上的不协调,以及缓刑适用条件"没有再犯罪危险"的内在逻辑矛盾。第二,对于被判处管制刑同时适用刑事禁止令的被告人,如果决定对其适用刑事职业禁止,①应当对刑事禁止令和刑事职业禁止的适用进行明确区分,对二者分别在不同判项下作出判罚,并明示其法律依据和性质归属。

至于刑事职业禁止和行政职业禁止的适用关系,笔者认为,一方面,刑事职业禁止作为保安处分性质的非刑罚措施,其适用应接受前述必要性原则的约束,按该原则的要求,则必然得出优先适用行政职业禁止的结论;另一方面,文义贯彻于法律解释的始终,尊重文义作为法律解释正当性的基础,目的就在于维护法律尊严及适用的安定性。② 在理解《刑法》第 37 条之一第 3 款"从其规定"时,应立足于刑法规范的文义,尊重立法者的立法意图。从文义角度分析,"从"即"采取、按照","从其规定"即"按照其他法律、行政法规中的职业禁止规定"之意。这并不意味着法条主义,而是对罪刑法定原则的坚守。这就要求办案法官对于拟判罚职业禁止的,首先应查明有无其他法律或行政法规对该职业已有禁止或限制性规定,如其他法律、行政法规对此已有规定,刑法则应采取消极的态度,不应积极介入。只有其他法律、行政法规对此没有规定时,才考虑是否作出禁止从业的刑事裁判。

5. 统一刑事职业禁止期限起算方式

对于禁业期限的表述,则应严格依照《刑法》第 37 条之一第 1 款的规定,从"刑罚执行完毕或者假释之日"起算,而不能采用诸如"从判决确定之日""缓刑考验期内""缓刑考验期满之后"等不规范的表述,尤其对于被判处管制、同时被判罚刑事禁止令的被告人,如果决定对其适用刑事职业禁止,则应分别在不同判项下判罚,并分别依法确定各自执行期限,避免歧义理解。

6. 加强裁判说理

"司法裁判是一种用说理来解决纠纷的活动。它不仅要告诉当事

---

① 按本文观点,宣告缓刑者不得适用职业禁止,因此,可能同时适用禁止令和职业禁止的只有判处管制一种情形。

② 参见王泽鉴:《法律思维与民法实例——请求权基础理论体系》,中国政法大学出版社 2001 年版,第 220 页。

人和社会公众,对于特定的纠纷,法院给出的判断是什么,而且要告诉他们,为什么给出了这一判断。……即便自由裁量无法避免,法官也必须要给出裁判的理由。"①由于刑事职业禁止的适用根据——再犯可能性的判断包含法官的自由裁量成分,因此加强在裁判文书中的判罚说理尤为必要。最高人民法院 2018 年 6 月发布的《关于加强和规范裁判文书释法说理的指导意见》对裁判文书释法说理的基本内容和要求作了规定,即"裁判文书释法说理,要阐明事理,说明裁判所认定的案件事实及其根据和理由,展示案件事实认定的客观性、公正性和准确性;要释明法理……"②加强刑事职业禁止判罚的裁判说理,首先,要求法官在裁判文书中要对行为人利用职业便利的方式、手段、已经或可能造成的危害程度等"犯罪情况"以及行为人罪前、罪后表现等各种征表人身危险性的情节进行充分展示,阐明事理;其次,在阐明事理的基础上,通过对行为人具有再犯可能性的评估以及判罚结论的形成过程及正当理由的说明,释明法理;最后,裁判文书对事理的阐明和法理的释明,在敦促法官审视该判罚是否符合刑事职业禁止适用原则的要求的同时,增强裁判行为公正度、透明度,规范自由裁量权,提升裁判结论的公信力和司法权威。

总之,只有加强刑事职业禁止判罚的裁判说理,使判罚结论无限趋向于"正义"的标准,才能让被告人"服判",判罚结论才会得到社会公众的认同,从而有利于刑事职业禁止判罚的执行和监督,最终实现刑事职业禁止司法适用社会效果和法律效果的统一。

(四)构建适用机制

刑事职业禁止制度价值的实现,不仅需要对实体规范的正义解读,

① 雷磊:《从"看得见的正义"到"说得出的正义"——基于最高人民法院〈关于加强和规范裁判文书释法说理的指导意见〉的解读与反思》,载《法学》2019 年第 1 期。

② 参见最高人民法院《关于加强和规范裁判文书释法说理的指导意见》(法发〔2018〕10 号)。

还有赖于以实现实体正义为目标的程序予以保障。刑事职业禁止制度作为保安处分性质的非刑罚处罚方法，以限制行为人的职业自由为基本手段，不可避免地带来预防犯罪和保障职业自由权之间的内在紧张关系。在刑事职业禁止适用与否的选择上，《刑法》第 37 条之一赋予了法官一定的自由裁量权。① 一方面，由于法律规定的粗疏乃至于缺漏，案件性质的复杂，法官的司法裁量是一个包括认知、心理、逻辑等各种因素的法律操作过程。因而，赋予法官一定程度的自由裁量权是必要的。② 另一方面，自由裁量权的存在必然蕴含着"一切裁决终难免是一种任性"③的风险。为了避免这种风险给行为人带来过度负担，有必要借由周密的程序机制设计，通过程序的启动、运行和约束机制，避免刑事职业禁止裁判的任性和随意。笔者认为，在当下刑法对刑事职业禁止适用程序尚无明确规定的背景下，可以考虑构建由检察机关、审判机关、公安机关、司法行政机关，包括被告人、辩护人、诉讼代理人以及被告人居住社区在内的多方参与的刑事职业禁止适用程序。刑事职业禁止适用是否具有适应性、必要性以及相当性，法官只有广泛收集各种说明被告人再犯可能性的事实，才能作出准确判断。刑事职业禁止裁判只有经过公开、透明、多元的诉讼程序才能合乎事理、法理和情理的内在要求，才能为诉讼各方所接受。

1. 完善检察机关刑事职业禁止适用建议程序

量刑建议权在推进司法规范化、强化法律监督等方面的作用日益凸显。这种建议除了对刑种和刑期的建议外，还包括对宣告禁止令的建议，④也应包括对适用刑事职业禁止的建议。样本中已有部分检察

---

① 《刑法》第 37 条之一第 1 款"……人民法院可以根据犯罪情况和预防再犯罪的需要，禁止其自刑罚执行完毕之日或者假释之日起从事相关职业……"的规定，实际上赋予了法官是否对被告人适用职业禁止的自由裁量权。

② 参见陈兴良：《罪刑法定的当代命运》，载《法学研究》1996 年第 2 期。

③ ［德］黑格尔：《法哲学原理》，范扬、张企泰译，商务印书馆 1961 年版，第 223 页以下。

④ 参见《关于对判处管制、宣告缓刑的犯罪分子适用禁止令有关问题的规定（试行）》第 7 条。

机关向审判机关进行了适用职业禁止的建议。据统计,检察机关进行职业禁止建议的案件共 10 件,建议比例 5.80% 。虽然比例不高,但毕竟是对规范刑事职业禁止适用所做的有益尝试。应当对现有的检察机关量刑建议权进行强化和完善。首先,通过立法或司法解释的形式明确将职业禁止适用建议权纳入检察机关的量刑建议权限。检察机关在审查起诉阶段,根据被告人的犯罪情况,可以以建议书的形式向法院提出适用建议,并对建议的理由进行具体说明。其次,允许侦查机关对犯罪嫌疑人是否适用职业禁止发表意见,具体程序可以设计为由侦查机关向检察机关提出建议,检察机关经审查后决定是否向审判机关提出职业禁止适用建议。最后,当事人、辩护人、诉讼代理人也可以就应否对被告人适用刑事职业禁止提出意见,并说明理由。

2. 建立职业关联犯罪人社会调查机制

人民法院在作出刑事职业禁止裁判以前,应判断被告人再犯可能性的有无及大小。被告人的再犯可能与其人格因素密切相关。由于征表犯罪人人格的因素涉及罪前、罪中、罪后的各种主客观事实,仅凭检察机关的起诉书载明的犯罪人的基本情况和犯罪事实,办案法官难以获得全面的判断质料,因此在判决前进行社会调查非常必要。2012 年修订的《刑事诉讼法》在第 268 条中增加规定对未成年人引入社会调查制度。社会调查主要运用社会学、心理学、教育学(矫正)的专业知识来对未成年人的人身危险性进行判断。虽然未成年人社会调查的主体、调查内容、调查报告的证据属性及应用规则在法律规定上尚有不明确之处,实践当中也存在一些争议。① 但这毕竟是构建犯罪人人格考察程序的有益尝试。人民法院在对拟适用刑事职业禁止的被告人,可以考虑借鉴未成年人社会调查程序,建立职业关联犯罪人社会调查机制。首先,在调查内容上,应侧重对职业关联犯罪人罪前因素的调查,包括职业关联犯罪人的一贯表现、是否初犯,是否具有前科,从事特定职业时间长短等反映行为人人格特征等诸多主客观因素。其次,在调

---

① 参见王志坤:《未成年人刑事案件社会调查制度研究》,载《法学杂志》2014 年第 10 期。

查程序上，可以参照《社区矫正实施办法》第 4 条的规定，人民法院对于拟适用刑事职业禁止的犯罪分子，需要调查其人格特征以及对所居住社区影响的，可以委托县级司法行政机关下辖的社区矫正机构进行调查评估。必要时法官可以亲自参与调查，以保证刑事职业禁止判罚的必要性要求。最后，在调查主体上，应明确以人民法院为主导，由司法行政机关下辖的社区矫正机构具体操作。如此设计，一方面，是因为社区矫正机构能满足犯罪人人格因素调查的中立、专业和稳定性的要求；另一方面，社区矫正基于其法律实质、制度潜力和现实基础，和刑事职业禁止具有内在的制度相容性，将社区矫正机关作为刑事职业禁止的执行机关较为合适。① 在职业关联犯罪人社会调查中，将社区矫正机构作为具体操作机关，便于社区矫正机构提前了解职业关联犯罪人的状况，为可能的刑事职业禁止判罚的执行创造有利条件。建立职业关联犯罪人社会调查制度，在保证刑事职业禁止适用必要性的同时，也为刑事职业禁止判罚后的执行和监督提供制度保障。

3. 强化审判阶段针对被告人再犯可能性评估的质证环节

在审判阶段，无论检察机关的职业禁止适用建议，抑或职业关联犯罪人的社会调查结论，都只是判断行为人再犯职业关联犯罪可能性的辅助手段。人民法院只有根据罪前、罪中、罪后等各种“犯罪情况和预防再犯罪的需要”，通过法庭审理，经由完整的举证、质证、法庭辩论和法庭评议，才能转化为适用刑事职业禁止的法定根据。法院在审查再犯可能性评估结果的过程中，可以考虑设立一些外部性规则，以保障评估结果的可靠性，如鉴定人出庭作证规则、专家辅助人规则、采信理由公开规则等，②确保适用刑事职业禁止能真正实现预防再犯罪的目的。

---

① 参见李山河：《论社区矫正机构的从业禁止执行主体地位》，载《犯罪与改造研究》2019 年第 3 期。

② 参见樊崇义、吴光升：《鉴定意见的审查与运用规则》，载《中国刑事法杂志》2013 年第 5 期。

四、结　语

“实践不是从理论来的，实践者从前人的榜样那里领取指示。”①“理论对于实践的意义在于‘澄清’，实践本身并不带有明显的反思性特征，但实践却总是遵循着自己的道理。未经反思的实践可能并不总是合于其背后的逻辑，这恰恰是理论工作的意义——在观察实践的基础上，澄清其背后的发生机理，让实践避免自大或者盲目，从而更为自觉地在自身逻辑的支配下予以展开。”②刑事职业禁止司法实践中对适用前提的字面化理解、对适用根据的形式化判断、对适用内容的主观化确定，以及对适用关系的想当然处理表明，至少在司法裁判环节，还或多或少地存在“简单观念支配下的一种盲目”，此种“盲目”的产生，一方面，由于规范本身存有歧义，而学界又未能提供足够的理论供给，以致司法工作人员对既有规范理解不透、把握不准；另一方面，最高司法机关未能及时回应对诸多问题的理论争议，并提供必要的榜样指示也是原因所在。当务之急是，最高司法机关应尽快开展刑事职业禁止司法适用的案例整理工作，对共性问题进行归类总结，及时发布指导案例及适用指南，调和争论，统一标准，促进刑事职业禁止的规范适用，以确保该制度预设功能的充分发挥。

Empirical Study on Judicial Application of Occupation Prohibition in Criminal Law

Liu Jian

[**内容摘要**]刑事职业禁止作为强化刑法预防再犯罪功能的重要立

① 陈嘉映：《实践和理论》，载http://www.aisixiang.com/data/65931.html，2019年4月25日访问。

② 裴洪辉：《合规律性与合目的性：科学立法原则的法理基础》，载《政治与法律》2018年第10期。

法举措,得到理论界的广泛关注和实务界的积极推行。然而,通过对全国234件刑事裁判文书的实证分析发现,刑事职业禁止司法适用存在分布不均衡、标准不明确、禁业内容不规范以及与刑事禁止令、行政职业禁止不协调等问题。这些问题的存在既有规范供给不足、经验匮乏,缺乏明确适用指引等外在原因,对刑事职业禁止制度缺乏规范性解读则是其内在根据。应在承认其保安处分性质基础上,确立适应性、必要性和相当性的适用原则,明确适用前提,统一适用标准,规范适用内容,协调适用关系,加强法庭质证和裁判说理,促进刑事职业禁止的规范适用。

[**关键词**]刑事职业禁止;实证研究;适用原则;适用标准;适用程序

Abstract: As an important legislative measure to strengthen the function of preventing reoffending of criminal law, criminal occupation has been widely concerned by the theoretical circle and actively promoted by the practical circle. However, through the empirical analysis of 234 criminal judgment documents in China, it is found that the application of criminal occupation prohibition in the judicial system is not evenly distributed, the standard is not clear, the content of prohibition is not standard, and it is not in harmony with the criminal prohibition and administrative occupation prohibition. The existence of these problems includes the external reasons such as insufficient supply of norms, lack of experience, and lack of clear application guidelines, and the internal reason is the lack of normative interpretation of the criminal occupation prohibition system. On the basis of acknowledging the nature of security measures, the application principles of adaptability, necessity and equivalence should be established, the application premise should be clarified, the application standard should be unified, the application content should be standardized, the application relationship should be coordinated, the cross-examination and reasoning should be strengthened, and the standard application of criminal occupation prohibition should be promoted.

Keywords: criminal occupation prohibition; the empirical research; principle of law application; legal application standard; legal application procedure

冲突与平衡：媒体报道未决刑事案件的限度*

宋鹏举**

目　　次

一、问题的提出
二、价值冲突与平衡
三、实践中的报道尺度
四、配套保障机制
五、结语

一、问题的提出

2015年，犯罪嫌疑人徐某因涉嫌非法制造、买卖枪支弹药被立案侦查，后被刑事拘留、逮捕。该市多家新闻媒体第一时间介入、实名报道，在该省市造成较大影响。后因证据不足，徐某被检察机关不起诉。但新闻报道给徐某的工作生活造成极大负面影响，故徐某以名誉权被侵犯为由将报道的十余家媒体告上法庭。经过3年的诉讼，最终3家媒体败诉，被判令赔礼道歉、恢复名誉、赔偿损失。其他媒体也相继与

---

* 本文系教育部人文社科重大项目，刑法人权保障机能与社会保护机能的冲突与协调　课题阶段成果，项目号：17JJD820018。

** 吉林大学司法文明协同创新中心博士研究生，贵州民族大学党内法规研究中心特聘研究员。

其调解,同意赔礼道歉,赔偿损失。[①] 这看似是一个极端的例子:犯罪嫌疑人最初因涉嫌犯罪被立案侦查甚至逮捕,但最终被不起诉而无罪。但从总数来看并不少见。经查询最高人民检察院工作报告:2018年全国检察机关共批准逮捕各类犯罪嫌疑人1,056,616人,提起公诉1,692,846人,其中经刑事立案、拘留甚至逮捕又发现不构成犯罪或证据不足决定不批捕168,458人,不起诉34,398人,同比分别上升15.9%和14.1%,督促侦查机关撤案18,385件,同比分别上升32%。[②] 可见,这种极端情况发生的概率并不低。

犯罪嫌疑人在未经法院判决有罪前仍依法享有各项基本权利,包括人格、生存与发展的基本人权,其中人格权包括隐私权、名誉权等,生存与发展的权利包括就业权、劳动权、受教育权等。[③] 这极易被媒体忽视,尤其容易有意或无意地认为犯罪嫌疑人被公安机关、检察机关立案、刑事拘留,甚至逮捕即基本确定有罪,忽视最终判决前对其无罪的推定,忽视对其基本权利的尊重与保护。加之相关法律制度等缺失,[④] 即便新闻媒体在报道前遵循无罪推定的原则,但由于缺乏具体的把握尺度、标准,缺乏相关的配套机制,也难以有效落实保障当事人权利,平衡新闻报道的价值需要与保障当事人权利的冲突。加之新闻媒体的业务经营需要,对犯罪嫌疑人的详细信息、案件详细经过大肆报道,甚至以故事性吸引眼球,不仅直接忽视了一旦犯罪嫌疑人被撤案、不起诉、宣告无罪就会面临侵权的风险,还对犯罪嫌疑人的各项基本权利造成了侵害。在当前网络时代,这种侵权更容易被放大而失控。

---

① 参见谭明:《侦查阶段刑事案件新闻报道的操作与限制——以徐某某涉枪案引发的系列媒体名誉侵权案为例》,载《中国记者》2018年第10期。

② 参见 https://news. sina. com. cn/c/2019 - 03 - 12/doc-ihsxncvh1835630. shtml, 2019年9月17日访问。

③ 我国宪法规定国家尊重和保障人权,并规定了公民享有就业权、劳动权、受教育权等基本人权。我国各基本法律对规范规定予以进一步规定落实。民法中规定了公民的隐私权、名誉权的权利内容。

④ 经查询北大法宝法律法规数据库,目前并未有专门的新闻媒体类法律法规,内部规范性文件有《记者证管理》及个别行业准则等。

新闻媒体报道未决刑事案件被公认是必要的。问题的关键是如何把握报道的尺度,而把握尺度的前提是如何对其中涉及的各种权利所体现的价值冲突进行平衡。

二、价值冲突与平衡

(一)价 值 冲 突

上述问题背后集中反映了无罪推定原则所体现的个人权利保障与新闻媒体报道的公益价值之间的矛盾冲突。

1. 无罪推定原则体现的人权保障价值

无罪推定原则是现代法治国家的重要基石之一。“制度存在的价值或意义在于其内在所具有的正当性证成。”①这是无罪推定原则被现代国家普遍遵循的原因。刑事诉讼人权保障价值的重心是犯罪嫌疑人、被告人人权的保障。可以说,犯罪嫌疑人、被告人在刑事诉讼中地位的变化直接体现刑事诉讼文明化、民主化的进程,也是检验司法文明的尺度。在封建时代,国家垄断了司法权,以有罪推定为理念,对犯罪嫌疑人大肆刑讯逼供,被告人根本无力与国家对抗,处于被追诉客体的极为不利境地。出于对历史的反思,19 世纪中叶,资产阶级启蒙思想家贝卡里亚在其著名的《论犯罪与刑罚》一书中首先提出了“无罪推定”原则:“在没有做出有罪判决以前,任何人都不能被称为罪犯。”此后,这一主张被广泛接受。1789 年,法国《人权宣言》正式将这一原则以法典的形式固定下来,其第 9 条规定:“任何人在其未被宣告为犯罪以前应被推定为无罪。”英国 1215 年《自由大宪章》、1628 年《权利请愿书》、1676 年《人身保护律》、1689 年《权利法案》亦将其写入。1948 年《世界人权宣言》第 11 条规定:“凡受刑事控告者,在未经依法证实有罪之前,应有权被视为无罪。”我国《刑事诉讼法》亦规定了这一原则,

① [德]马克斯·韦伯:《经济与社会》(上卷),林荣远译,商务印书馆 1997 年版,第 239 页。

第 12 条规定:“未经人民法院依法审判,对任何人都不得确定有罪。”

从这一原则出发,任何公民在未经法院判决前,在法律上都被推定无罪,仍然享有作为一个公民应当享受的各项权利。现代国家的刑事诉讼制度,均以此展开构建。如以审判为中心的原则下公诉机关与被告人及其辩护人的三方构造,包括与此相关的其他制度安排。无罪推定是犯罪嫌疑人的权利;换言之,则是国家、社会及他人的义务。但这种推定并非绝对的,其本质是一种法律推定,是可能被推翻的,是一种证明责任的分配机制,将证明嫌疑人有罪的责任加之于国家侦查机关、公诉机关身上。按照法定的诉讼程序,在国家侦查机关、公诉机关搜集、提出充分的证据证明犯罪嫌疑人、被告人有罪后,这一推定即被推翻。反之,无法推翻或不足以推翻而证明被告有罪的情况下,则疑罪从无,按照有利于被告的原则,其仍然无罪。故这一原则的推翻是与犯罪的被证实情况相关的。

对新闻媒体来讲,在犯罪嫌疑人未被证实有罪之前,无罪推定是其必须遵守的义务。新闻媒体报道未决刑事案件必须十分谨慎,不能无视无罪推定原则所保护的犯罪嫌疑人的权利。因此,在未经法院判决前,如何报道未决犯罪案件情况成为媒体面临的一个重要问题。

2. 新闻媒体报道体现的公益价值

无罪推定原则在保护被告人人权的同时,又在一定程度上对国家打击、惩罚犯罪造成了障碍。国家惩罚犯罪,体现了国家维护统治秩序,进而防卫社会,保障公众安全的价值需要。一方面,侦查刑事案件,要对犯罪嫌疑人实行人权保障,使个人在国家追诉机器面前具有可抵抗的特殊制度安排而保护自己,可以享有基本的权利,避免成为追诉的客体、屈打成招的牺牲品。而保障无罪的人不受追究,本身也有利于查明真相。另一方面,侦查刑事案件又具有维护统治秩序、实现社会防卫、保障公共安全的功能,在此过程中必须及时将发生的刑事犯罪案件尤其是恶性案件的打击情况通报公众,抚慰公众的恐惧与不安定心理,满足公众对于安全的需要,回应公众对善恶有报等朴素正义的期待,实现社会秩序的恢复,国家统治秩序的稳定。因此,媒体及时报道刑事案件又成为必要的手段与主要途径。

在此基础上,各国也都普遍规定了公众享有知情权以及政治参与权、监督权,产生了新闻报道自由的原则。目前,我国以审判为中心的司法体制改革力度空前,在此大背景下,我国的侦查由高度的封闭性走向开放性也是必然的趋势。这其中,公众的知情权、参与权、监督权需要落实。新闻媒体的报道成为实现上述目标与价值的重要途径。这就必然与无罪推定原则产生冲突。

3. 二者的冲突

正如美国联邦最高法院前任首席大法官伦奎斯特所言:“在我们国家,贯穿政治理论长期历史和宪法发展历程的最难以裁决的案件是存在两种相互冲突的价值的案件,每一价值都应当得到应有的尊重,但它们却相遇在此消彼长的竞争当中。”①

新闻媒体对未决刑事案件报道的现实问题是背后价值冲突的集中表现。但是按照马克思主义哲学的观点,没有任何两个事物是绝对对立的,事物都是既对立又统一的。可以说,媒体有权报道未决刑事案件没有疑问。但二者如何统一,如何协调对立,具体的新闻报道中应当如何把握这一抽象的原则,实现冲突的平衡?

(二)冲突的平衡

1. 比例原则

比例原则是现代国家公法上的重要原则,最早是用于约束警察的行政执法行为。② 比例原则的最初含义是仅针对行政机关实施行政行为的情况,应兼顾行政公益目的实现和保护行政相对人的权利,如果为达到的行政目的可能对行政相对人的权利产生消极影响时,应将这种

① 转引自张建伟:《刑事司法:多元价值与制度配置》,人民法院出版社 2003 年版,第 23 页。

② 参见[德]亨利·苏勒、西格佛里·布罗斯:《西德警察与秩序法原理》,李震山译,登文书局 1986 年版,第 80 页。

影响控制在尽可能小的范围内,使二者符合适当比例。[①] "二战"后,该原则由行政法领域被普遍上升到宪法层面,其适用范围也扩展到全部公法活动。比例性原则成为公益与私权发生冲突时公认的现代国家公理性处理原则。其一般是基于以下前提:一是国家为实现公益才有权对个人权利进行限制或剥夺,但这种对个人权利的限制或者剥夺不是基于专治而是基于法治的要求;二是法律为国家机关实现公益留有一定的自由裁量空间。具体来说,其内容集中体现在:适合性、必要性和相称性三方面。适合性原则,是指国家权力的行使必须能够或至少有助于实现法律规定的目的,而不是相悖;即对于已经存在的事实状态,出于公益的目的,采取的手段能实现该目的。必要性原则,是指如果有其他可供选择的措施,则不应选择损害私权的措施,无可选择的情况下只能选择对私权损害最小的措施。相称性原则,是指权力行使给私权带来的损害与带来的公益之间成比例、均衡;即不能因为极小的公益而损害个人的基本权利,这显然是不相称的。[②]

目前,比例原则的精神已纳入各国的刑事诉讼法,如《德国刑事诉讼法》《意大利刑事诉讼法》,国际公约:《公民权利和政治权利国际公约》,成为处理刑事诉讼中代表公益的权力与公民权利冲突的重要法律原则及理论指导方式。对刑事案件的新闻报道,涉及刑事诉讼中代表公益的权力与个人权利的冲突,比例原则由此也成为基本的处理原则。在我国,刑事案件的新闻报道是实现社会主义民主法治的重要组成部分,新闻报道本身追求的价值观与刑事诉讼的价值有共同之处,即对公平正义的追求和对社会秩序的向往,都要求客观真实、准确、时效。[③] 正像有学者指出的:"比较传媒报道与司法活动的特性,我们会发现两者有许多共同之处,如追求真实、准确、时效等。更为重要的是:司法与传媒在最终价值的追求方面也是一致的,根本目标都是追求社

---

① 参见姜明安:《行政法与行政诉讼法》,北京大学出版社、高等教育出版社2007年版,第71页。

② 同上。

③ 参见刘斌:《论传媒与司法公正》,载《社会科学论坛》2005年第6期。

会的公正与正义。司法通过法律来解决纠纷,保障当事人的合法权益,以追求法律上的公正与正义;传媒则通过舆论来评判是非,扬善贬恶,以追求社会道德上的公正与正义。"①

2. 保留原则

比例原则中还延伸出了法律保留原则。法律保留原则最早由德国学者奥托·迈耶提出:"对于市民之身体及所有权等不可侵犯之权利的侵害,仅保留由法律对该事项之明示与默示之规定。"②但目前法律保留的范围,不限于公权力对公民的人身自由与财产权的限制与剥夺,而且扩大到了重大性事项上的保留,即凡是关系到国家政治、经济、社会生活及个人人权的重大事项,必须由狭义的法律规定。③

上述原则所体现的处理利益冲突的精神与思路,已经成为各国普遍遵循的规律式指引,也应当是新闻媒体报道刑事案件所面临的矛盾冲突应当借鉴参照的思路。

三、实践中的报道尺度

在对未决刑事案件报道的问题上,涉及公益与犯罪嫌疑人个人权利保障的平衡。根据比例原则,必须坚持公益目的进行报道,又要合乎比例的减损个人权利,符合适合性、必要性、相称性,贯彻法律保留原则。

具体来讲,落实比例原则、把握报道的尺度,应当坚持三个标准。

---

① 朱健、王人博:《"媒体审判"负面效应批判——兼论构建传媒与司法间的和谐关系》,载《政法论丛》2006 年第 6 期。

② 转引自吴万得:《德国法律保留原则的适用范围及其学说》,载《东吴法学(哲学社会科学版)》2001 年第 1 期。

③ 参见陈新民:《德国公法学基础理论》(下册),山东人民出版社 2001 年版,第 362 页。

(一)坚持基本人权底线

不能逾越基本人权,这体现了法律保留原则。在未决犯罪案件中,由于并没有证实犯罪嫌疑人确定系犯罪行为的实施者,此时如果报道中不区分情况、无所顾忌地使用其真实姓名,报道中将其确定描述为犯罪案件的实施者,较多地透漏其他个人隐私信息,则无疑侵犯了犯罪嫌疑人的基本人权,如名誉权、隐私权等。不仅会影响其个人生活工作,还二次伤害了其家人的合法权益。这对其及家人来说,是致命的打击,不仅会影响其家人的生活,更会影响犯罪嫌疑人将来回归和融入社会。但是目前来看,在这方面国内媒体普遍做得并不规范,可以说突破底线的报道时有发生。比如在职务犯罪的报道中,虽然职务犯罪性质较为严重,但是并非所有职务犯罪都需要具体报道涉嫌当事人个人信息,否则对其日后的回归社会,尤其是对其家庭成员的不良影响可能极为严重。①

因此,不能突破的原则是:报道方式、报道内容等信息不能确定无疑地包含具体犯罪嫌疑人的家庭成员、工作情况等信息,以免伤害无辜者;对犯罪嫌疑人个人姓名信息的报道亦必须与其犯罪的程度相称,至少在仅涉嫌一般犯罪的情况并同时符合非暴力性犯罪中无特殊情况不得报道具有确定个人身份的信息。只有重大犯罪及暴力犯罪才可确定报道个人信息情况,以警示公众,如对较重的贪污犯罪案件的报道;对于案件信息内容的报道,在不符合报道个人姓名、家庭信息、工作信息的情况下,亦不能特别影射特定犯罪嫌疑人。比较稳妥的报道方式是:只报道某人涉某案件,或者只报道简单的案发经过,而不报道具体细

---

① 如笔者所经历的身边的例子:笔者所在的S市某部门领导因涉嫌贪污(数额较小),被立案调查,此信息在政府网站第一时间被公开后,其他媒体跟进转载。其尚在上初中的儿子因被同学得知该消息而受到同学的嘲讽、欺辱,不堪忍受而离家出走,该领导的妻子配合调查,又因儿子离家出走未归,遭受刺激而上吊自杀,酿成了不可逆转的惨剧。报道与转载不能说对此没有责任。

节。一是这些细节并非确定;二是会引起对号入座,三是会影响司法机关办案,并对民众造成不良导向。

(二)坚持公益适合与必要的目的

未决刑事案件的报道要以实现公益为目的,并且报道是适合与必要的,这要求新闻媒体报道应首先贯彻客观真实原则。在客观真实的前提下,对未决刑事案件的报道,必须符合公益目的,否则不宜报道。目前常有出于吸引眼球、猎奇的目的报道未决刑事案件,对事实进行夸大、侧重的报道,明显既有违客观真实,又不符合公益目的,不但损害了个人权利,也损害了公共利益。如笔者曾工作过的检察机关办理的某案件,在侦查与审查起诉审理阶段被媒体大肆报道。其中某网站在案件并未有定论的情况下刊登“清华博士海归山东创业涉案,庭审 114 次仍无果申报吉尼斯纪录”的新闻报道,其内容亦是以故事性夸大讲述了案件的发案、经过,其中涉及企业的名称及人员,包括对案件处理的猜测,这种报道方式显然不当,既公开了当事人及相关人员的隐私,还夹杂着猜测,更是对公众造成了误导,损害了司法机关的公信力。① 因此在未经法院最终裁决之前,对于刑事案件的报道应当经过公益目的把关筛选。在符合公益目的方面的案件,除警示公众的需要外,要更多地报道有利于实现我国社会主义民主法治的案件,有利于实现政治效果、社会效果、法律效果相统一的案件,让每一个群众感受到公正正义,也满足群众知情权、参与权、监督权的需要。如媒体对孙某果案件及该案中涉及涉嫌职务犯罪的嫌疑人的报道,虽未经最终裁判定论,但是基于公益的需要,各大媒体甚至自媒体都第一时间关注跟进,甚至不断深挖,广泛传播,成为全国的焦点新闻。由于该案件涉及的问题对国家的法治秩序造成挑战,对公众善良与正义情感造成了伤害,媒体的深度报道起到了监督作用,抚慰了公众的情感的需要,符合公益目的,是适合

---

① 参见 http://dy.163.com/v2/article/detail/EKKVSN0R05373677.html,2019 年 10 月 10 日访问。

与必要的。

(三)报道与犯罪本身具有相称性

具体应当根据以下标准体现这种相称性。

一是根据犯罪的危害程度即重罪轻罪为根据决定报道的比例性。目前媒体报道普遍有两种倾向:一种是报道重大案件,这无可置疑;另一种则侧重猎奇。对这类案件的报道不分重大与否,只要能吸引眼球,事件离奇则可。该种案件的报道则往往容易侵犯犯罪嫌疑人的权利,枉顾无罪推定的基本法律原则。

一方面,重罪轻罪的通常标准是可能判处的刑期长短。应当说,刑期 10 年以上通常案件较为重大,5 年以上则较为严重。对重大犯罪案件应当及时报道,报道的广度与深度适当加大。出于对公益的保护,对个人权利的限制剥夺则可以适当扩大,以便更好地实现公益目的,这也是体现相称性原则。一般认为轻罪是可能判处有期徒刑 3 ~ 5 年以下的案件,这类案件的报道,则应当慎之又慎,务求谨慎,不仅对需要报道的案件进行选择,而且对报道的内容亦要符合相称性。因为犯罪嫌疑人短时间内即回归社会,而且还有直接判处缓刑并不入狱服刑的情况,如果对此类案件报道不当,不管是个人信息的不当透露还是介绍案情过于具体,都可能影响当事人的工作生活,不利于社会秩序的稳定,不利于社会关系的修复。

另一方面,判断重罪与轻罪的另一标准是犯罪的性质。如暴力型犯罪与非暴力型犯罪,尤其是暴力犯罪中犯罪情节因素的不同,包括有预谋与即时激情犯罪的区分。这也是报道体现相称性的另一关键点。对于情节恶劣的暴力性犯罪,可以扩大公益需要的目的,减损个人权利,达到防卫社会,安抚民众,恢复秩序的需要。而非暴力犯罪与情节并非恶劣的暴力犯罪,则应当谨慎,因为其对公益的损害并非直接性的。例如,我国刑法中侵犯人身权财产权犯罪一章中规定的故意杀人罪、故意伤害罪、抢劫罪、强奸罪等属于暴力型犯罪,而破坏社会主义经济秩序犯罪中,一般为非暴力型犯罪。这里还需要指出的是,对于职务犯罪,我国目前是以公开通报为原则,新闻媒体公开转载报道,但是亦不能完全根据职务犯罪这一犯罪性质决定是否公开报道,有的职务犯罪仅是刚刚够上犯罪,犯罪嫌疑人职务级别亦较低,这种情况下,各地纪检机关亦公开通报,媒体后续跟进报道,显然造成的消极影响大于正面效果。如前述笔者所经历的 S 某某部门领导涉嫌贪污案例。

所以,如果不是对公益影响较大的案件,出于相称性的考量,不应当过度减损个人权利。

二是以犯罪被证实的程度及刑事诉讼阶段节点为根据决定报道的比例性。我国刑事诉讼的几个关键阶段节点分为:刑事立案、逮捕、提起公诉、审判。不同的阶段节点体现了犯罪被证实的确定性程度。通常情况下,越是诉讼阶段靠后,越是证据相对充分,事实查证得也相对清楚。比如,立案的标准是认为有犯罪事实需要追究刑事责任;逮捕的标准是有证据证明发生了犯罪事实、有证据证明犯罪事实是犯罪嫌疑人实施的、证明犯罪嫌疑人实施犯罪行为的证据已有查证属实的;提起公诉的标准是人民检察院认为犯罪嫌疑人的犯罪事实已经查清,证据确实、充分,依法应当追究刑事责任的;审判阶段判决有罪的标准是案件事实清楚,证据确实、充分,依据法律认定被告人有罪的。[①] 因此,对于新闻报道来讲,越是靠后的阶段,则犯罪系犯罪嫌疑人所为的确定性越大,具体案情的真实性越高,则报道出现失误、不实的可能性就越小。报道越客观真实,越不容易侵害犯罪嫌疑人的权利。如对名誉权的侵犯形式之一是捏造事实,报道真实则不易存在侵权的可能性。[②] 更加确定的犯罪报道,也就越有利于公共利益的维护,有利于打击犯罪,监督司法机关,引导民众理性地参与监督司法。

---

① 参见《中华人民共和国刑事诉讼法》。

② 最高人民法院《关于贯彻执行〈中华人民共和国民法通则〉若干问题的意见(试行)》第 140 条第 1 款规定:以书面、口头等形式宣扬他人的隐私,或者捏造事实公然丑化他人人格,以及用侮辱、诽谤等方式损害他人名誉,造成一定影响的,应当认定为侵害公民名誉权的行为。

四、配套保障机制

参考国外的经验及我国的实践探索,还应当配套相关机制保障落实上述标准。

(一)立法规制

制定专门的新闻法或在基本法律中加入新闻报道遵守的基本准则。如上文所述,目前我国没有专门的新闻法律,更遑论专门针对未决刑事案件的法律规定。从国外来看,已经有成熟的新闻立法体系,包括对未决刑事案件报道的规定。如《法国民法典》中有专门规定:受到拘留、审查、传票以及提起公诉或民事控告的人,如在被判决有罪之前,被公开作为调查或刑事预审的事实的介绍,可以向法官请求发布公告,制止对无罪推定的侵害。法国还制定了专门的《新闻自由法》,其中规定:未经犯罪嫌疑人同意而传播其照片,将面临最多被科处10万法郎的罚款。[①] 我国应当制定专门的新闻法,除了保护新闻自由,促进新闻业健康发展外,还应规定最基本的原则性新闻从业规范,尤其是对个人基本权利尊重的内容应当予以规定。

(二)司法许可[②]

从笔者十余年的多地检法机关工作经历,以及查询文本的情况来看,我国司法机关目前对于犯罪案件的报道、内容的审查,虽有一定强调或内部规定,但并没有统一规范性可操作的规定。对犯罪案件的新

① 参见[法]卡斯东·斯特法尼等:《法国刑事诉讼法精义》(上),罗结珍译,中国政法大学出版社1999年版,第35~36页。

② 这里所用的“司法”一词是根据我国的实际情况,使用的广义的含义。所称的司法许可,指由履行刑事职能的公检法机关予以许可。

闻报道,在美国主要采取司法许可的方式。由法官根据实际情况予以事先事中权衡限制。主要做法:发布司法限制言论令,限制包括侦查、公诉机关、案件当事人向媒体披露案情,媒体也应当遵守限制言论令;违反司法限制言论令的媒体,则会科受到民事藐视或刑事藐视的责任惩治;由于其三权分立的特点,法院甚至有权宣告有关限制规范犯罪新闻报道的立法无效。① 美国的这一思路值得借鉴。但我国的司法机关是分工合作、互相配合、互相制约的业务关系,地位上是人大产生的"一府一委两院",并非西方的三权分立的体制。因此,像西方统一由法院进行司法许可并不现实。根据我国的司法机关的地位与业务关系特点,在我国这类案件的信息主要来源于公检法机关,故应当在报道信息来源上分别进行许可,建立信息来源的规范化审查授权方式,由公安机关、检察机关、审判机关分别统一授权。由各机关政工宣传部门负责,并由各机关在全国范围内制定统一的报道事项审查规范。政工宣传部门负责对外联络对接,案件承办人将案件情况报政工宣传部门,共同审查确定可以报道的限度。具体审查内容应当包括:可以报道的案件、案件的内容、公开的限度,对被报道主体的影响预估,对司法机关及舆情影响的评估。出现重大舆情事件或侵权事件,应当追究相关责任人的责任,以便从源头上进行一定的规范。但是应当注意的是,这种审查应当有一定的限度,以即时审查、允许一定限度的公开为原则,如上述应根据内部制定的统一规范,考虑包括案件类型、侦查进展、对公众的导向等因素,进行比例衡量,决定其他例外情况,公开的限度等,以便达到司法与新闻媒体、犯罪嫌疑人三方利益的均衡比例。

(三)被遗忘权诉讼

在目前网络时代,网络媒体,尤其是自媒体的飞速发展,信息传播

① 参见[美]阿丽塔·L.艾伦等:《美国隐私法、学说、判例与立法》,冯建妹等编译,中国民主法制出版社2004年版,第281~282页。

呈现高速性、即时性、裂变式的传播。① 在这种情况下,新闻媒体报道未决刑事案件对犯罪嫌疑人权利的侵害被无限放大,不论是在恰当的报道未决刑事案件还是不当报道的情况下,报道都会被网络从广度与深度上扩展,各种网络媒体、自媒体都会转载传播。在犯罪嫌疑人无罪的情况下,即便最初报道的媒体已经删除报道信息,还可能在各种其他网络媒体平台、自媒体中存在原来的信息或改编的信息;在犯罪嫌疑人最终被判刑并服刑期满后,原来的信息也会存在于各种网络媒体中,任何人都可以轻易地从网络中检索到,可以说犯罪嫌疑人犯罪一次,便终身被贴上标签不能翻身。这使他们极易走上再犯罪的道路。在司法许可授权之外,通过其他信息来源渠道被报道的新闻,也存在不易管控甚至失控的风险。在此情况下,基于比例原则,亦必须拓展犯罪嫌疑人的权利,以便与网络时代基于公益需要的权力行使与媒体报道带来的对犯罪嫌疑人权利保护失控的风险相称。即赋予犯罪嫌疑人在符合一定条件下享有被遗忘权。这种被遗忘权实际上也是当事人原有的隐私权、名誉权等在网络时代的延伸。

所谓的被遗忘权,是指公民在其个人的信息基于合法理由被使用后,在理由不再存在时,有权要求使用者删除其个人信息的权利。② 在刑事司法领域,本就存在犯罪记录封存消灭制度,作为被遗忘权的样态。犯罪嫌疑人在犯罪后其犯罪记录随着服刑改造的完成,社会危险性降低或消失,其犯罪事实被公开的理由即消失,即需要对犯罪事实进行封存消灭。犯罪记录掌握在国家机关手中,有一定的查询使用规范,并没有公开与失控。综上所述,在网络时代,针对媒体报道的犯罪嫌疑人的信息却并未有相关的规范,恰当的报道与不恰当的报道都将成为犯罪嫌疑人的终身枷锁。在秉持建立一整套的针对国家机关与新闻媒体的规则的同时,必须建立起另一套以犯罪嫌疑人为核心的权利保障制度,以应对网络媒体时代对犯罪嫌疑人权利侵犯的失控趋势。具体

① 参见周晓虹:《自媒体时代:从传播到互播的转变》,载《新闻界》2011年第4期。

② 参见郑曦:《论刑事被遗忘权的边界:以性侵未成年人案件为例》,载《江汉论坛》2018年第9期。

来说,在新闻媒体报道刑事案件这一领域行使被遗忘权,参照媒体报道的规律、刑事诉讼的规律及国外被遗忘权诉讼的情况:一是承认公民的被遗忘权,尤其是在刑事领域。二是权利主体根据相应的权利权能在媒体报道已经不符合比例原则,不具备或丧失公益目的、相称性等情况下,向义务主体即新闻媒体主张被遗忘权,要求其删除相关犯罪的报道。三是在义务主体不履行相关义务的情况下,权利主体向法院提起诉讼,申请审查媒体报道信息是否已不具备或丧失了其正当性,由法院考量犯罪控制等公益需要与犯罪嫌疑人权利保障的比例原则等进行裁决,即这一权衡的权力交由法院最终考量决定。四是新闻媒体等义务主体履行法院裁决的义务。

(四)制定新闻媒体报道参考指引

在部分专业性较强的重要行业领域,需要依靠个人的经验自由裁量以把握具体行为的尺度。因此,此类行业大多通过制定参考指引予以规范。比如律师行业的办案准则、公安机关执法指引、公诉人出庭指引,均将大量正确通行的经验做法予以总结归纳,分门别类,以供从业人员在遇到类似情况时参照指引自己的行为。如此既对个人行为起到一定约束,又达到了整个行业行为的基本统一与适当性。

新闻媒体行业也存在类似的行业准则。对专门犯罪案件的报道,美国的媒体行业协会就制定了一些准则,如“只有在不得已的情况下,才能使侵扰他人的报道行为合法化”,并且规定了应当区分不同的采访对象,不同对象有不同的隐私权,如公众人物、政府官员、普通人员、特殊人员隐私权保护的程度不同,公众人物的隐私权保护程度最低,未成年人这一特殊群体最高。我国也有如《中国报业自律公约》类似的行业准则,但主要还是新闻媒体行业的内部规定居多,大多停留在职业操守、道德准则的层面,比较空泛,起不到区分不同情况,发挥指引等作用。故应当借鉴专业化较强的行业指引方式,制定新闻从业者的行为指引。

(五)建立合规体系与刑辩律师审核机制

企业合规计划的做法比较切合新闻媒体单位,可有效提高新闻媒体单位对于其业务的合法合规管理水平。合规计划是基于对企业犯罪进行事后惩罚进而威慑防控的方式进行反思,而提出在企业内部提前建立一套预防违法犯罪发现报告矫正机制,对建立合规的企业的责任进行减免优惠以激励企业建立合规体系,达到企业经营行为合法合规,形成守法守规矩的文化,弥补国家对各种组织内部违法预防不足的弊端。[①] 避免一旦违法即产生不可挽回的损失。对于新闻媒体单位来讲,对当事人侵权所造成的危害,可能会毁灭某个个人甚至一个家庭,危害甚至大于企业犯罪的危害。借鉴合规计划的方式,提前在新闻媒体单位建立合规流程,风险防控机制,将其体制化、流程化,可以有效地抑制新闻媒体单位通过报道盈利及扩大影响的目的而突破报道底线或打擦边球的行为。这种内部合规比较有效地控制了法律风险,比较适合涉及法律问题较多的媒体单位。国外的企业以及我国银行业普遍形成的内部合规做法,建立了内部法律风险控制体系,值得参考借鉴。[②]

在合规体系中,专业律师的作用极为重要。通过常年的司法实践,笔者时常发现相当数量的组织单位的法律顾问,甚至专职律师对刑事业务并不专业,甚至较为生疏。虽然我国目前各主流媒体单位都设有法律顾问或专职律师,对稿件进行法律审核,起到了积极作用。但正如上述所言,刑事案件不同于民商事案件,其专业性较高,并非所有法律从业者均精通刑事业务。在国外,从事刑事业务的律师有专门的从业培训与资质,与民事业务的律师拉开梯次或区分专业,我国目前也在考

---

① 参见李本灿:《刑事合规理念的国内法表达——以"中兴通讯事件"为切入点》,载《法律科学(西北政法大学学报)》2018年第6期。

② 如中兴事件中,美国以中兴公司未遵守之前与美国政府达成的合规要求而对其制裁,解除制裁的要求除了罚金等,还要求向中兴派驻合规人员,要求其建立起有效的合规体系。参见李本灿:《刑事合规理念的国内法表达——以"中兴通讯事件"为切入点》,载《法律科学(西北政法大学学报)》2018年第6期。

虑建立专门的刑辩律师的管理模式。① 因此,对于较大的媒体单位,应当注重选任精通刑事业务的律师,彰显专业性,进行有效把关。律师除了制订详细的步骤之外,对于审核哪些要素,都可量化细化规定,从而在合规计划的制定与执行中有效发挥作用。

五、结　语

当前对刑事诉讼领域当事人民事权利保护的研究较多,而我国媒体报道刑事案件这一领域却仍然缺乏规范。期待以本文的研究,引起相关媒体界与法学界的关注,加大研究力度,尽快着手构建这一领域的规范与制度体系。如此不仅有利于我国新闻媒体的健康发展,也有利于保障犯罪嫌疑人的基本人权。

Conflict and Balance: Media Coverage of Pending Criminal Cases

Song Pengju

[**内容摘要**]当前我国新闻媒体报道未决刑事案件缺乏尺度与配套机制,易对犯罪嫌疑人的基本权利造成侵害。需要平衡背后体现的新闻媒体报道的公益需要与犯罪嫌疑人基本权利保护的价值冲突。应当引入比例原则协调冲突。以比例原则的适合性、必要性和相称性及延伸的法律保留原则为指导把握报道的尺度。坚持报道的三个标准:基本人权底线、公益适合与必要及未决案件严重性、诉讼阶段、被证实程度的报道相称性。在此标准下构建配套保障机制:制定新闻法规、实施司法许可、建立被遗忘权诉讼机制、制定新闻媒体报道参考指引及建立合规与刑辩律师审核机制。

[**关键词**]新闻媒体报道;未决刑事案件;冲突平衡;比例原则;尺度;保障

① 参见最高人民法院、司法部《关于开展刑事案件律师辩护全覆盖试点工作的办法》。

Abstract: At present, China's news reports that there are no standardized about criminal cases, which may easily infringe on the basic rights of criminal suspects. Behind the value conflicts between the needs of public welfare and the protection of the basic rights of criminal suspects, the principle of proportionality should be introduced to coordinate conflicts. The suitability, necessity and proportionality of the principle of proportionality and the extended legal retention principle are the guiding measures for grasping the scale of the report. Adhere to the three criteria of reporting: human rights bottom line, public welfare suitability and necessity, and the seriousness of pending cases, litigation stage, and the degree of conformity reported. Under this standard, a supporting guarantee mechanism will be established: formulating news regulations, implementing judicial licenses, establishing forgotten rights litigation, formulating guidelines for media reports, and establishing compliance and criminal defense lawyer review mechanisms.

Keywords: News reports ; pending criminal cases ; conflict balance ; proportional principle; scale ; guarantee

醉驾超标电动自行车的刑法认定

董晓松*

目　　次

一、引言
二、当前醉驾超标电动车刑法规制的主要措施
三、将超标电动车认定为机动车没有依据
四、对醉驾超标电动车行为的刑法规制应当严格坚持罪刑法定原则
五、结语

一、引　　言

自2011年2月我国将醉酒驾驶机动车的行为规定为危险驾驶罪以来,取得了良好的实践效果。① 但同时危险驾驶罪的适用也存在一些模糊地带,如醉酒驾驶超过国家标准的电动自行车(以下简称电动车)能否构成危险驾驶罪,就存在较大争议。当前,我国城市越来越大,机动车数量迅猛增长,交通堵塞问题越来越严重,使既方便、快捷又价格低廉的电动车成为民众出行的重要交通工具。为了便利群众生

---

* 云南大学法学院副教授,法学博士。

① 参见张洋:《醉驾入刑有效果　法治人心显力量》,载《人民日报》2014年10月20日,第11版。

活,我国《道路交通安全法》将符合国家标准的电动自行车列为非机动车进行管理。① 根据1999年国家《电动自行车通用技术条件》,电动车的最高车速不超过每小时20千米,重量不超过40千克。但随着时代的发展,该标准越来越不适应实践的需要。一些电动车企业为迎合消费者,生产销售重量、速度都远超国家标准的电动车,使部分电动车最高车速超过40千米/小时,重量超过70千克,在性能上接近电动轻便摩托车,给交通安全带来巨大隐患。② 2013~2017年,全国一共发生电动自行车肇事5万余起,死亡8000余人,受伤6万余人。③ 面对危害如此严重的醉驾超标电动车行为,有必要适用刑法进行规制。

不论是醉酒驾驶还是超标电动车都和人民群众的日常生活有密切关系,所以醉驾超标电动车的刑法规制问题已经引起了理论界和实务界的关注。特别是每当此类案件发生,行为人被判处危险驾驶罪的时候,更会引起媒体的广泛报道。理论界也已经注意到此类行为的刑法定性问题,但是相关论著并不多见。经过在中国期刊网查询,研究醉酒驾驶超标电动车行为刑法规制的相关论文有30余篇,尚没有专门研究此问题的专著。④ 已有研究主要集中于超标电动车是否应当认定为机动车,对于醉驾超标电动车应当适用的罪名,应当如何加强对于电动车的管理等问题。但是,超标电动车能否认定为机动车的核心,是结合我国现有法律法规以及相关机动车国家标准、国家管理制度,对于超标电动车是否属于机动车进行准确判断,但是现有论著并没有抓住这个关

① 我国《道路交通安全法》第119条第4项规定:"'非机动车',是指以人力或者畜力驱动,上道路行驶的交通工具,以及虽有动力装置驱动但设计最高时速、空车质量、外形尺寸符合有关国家标准的残疾人机动轮椅车、电动自行车等交通工具。"

② 参见《新标准引领我国电动自行车行业高质量发展——〈电动自行车安全技术规范〉国家标准报批稿解读》,载工业和信息化部网:http://www.miit.gov.cn/n1146295/n1652858/n1653018/c6014865/content.html,2019年8月5日访问。

③ 参见曾琳:《林某危险驾驶案——醉酒驾驶超标电动自行车的,是否构成危险驾驶罪》(最高人民法院公布刑事指导案例第894号),载《刑事审判参考》(第94集),法律出版社2014年版。

④ 但有个别著作的部分内容对于此问题进行了专门研究,如余凌云、施立栋:《醉驾、电动自行车与其他类型电动车的治理》,清华大学出版社2017年版。

键问题对于现有法律法规和规定进行详尽梳理和比对。2018 年《电动自行车安全技术规范》(以下简称《2018 电动车标准》)于 2019 年 4 月生效之后,各界寄予厚望,认为该标准解决了超标电动车的身份以及醉驾超标电动车行为的定性问题,但事实并非如此。在理论界也没有论著对于该标准生效后的实际作用进行系统研究,这严重影响了超标电动车刑法规制问题的彻底解决。本文将在对当前我国现有相关法律法规和近年来陆续颁布的多个机动车国家标准、电动车国家标准进行系统梳理和比较,并就《2018 电动车标准》对于超标电动车刑法规制的影响进行系统分析的基础上,对我国醉驾超标电动车问题的刑法规制进行反思并提出问题若干对策。

二、当前醉驾超标电动车刑法规制的主要措施

(一)将超标电动车认定为机动车,适用危险驾驶罪

关于如何规制醉酒驾驶超标电动车,实务界多将超标电动车认定为机动车,适用危险驾驶罪。例如,2012 年 10 月林某醉酒驾驶电动车被当场查获。经鉴定,林某血液酒精含量为 179.04 毫克/100 毫升。法院认为,林某在道路上醉酒驾驶机动车,构成危险驾驶罪。[①] 又如,2014 年 7 月北京市的王女士酒后驾驶两轮无牌电动车上路撞上小轿车,王女士血液中酒精含量超标,所驾驶的电动车重量为 88.2 千克,且不具备脚踏骑行功能,王女士被以危险驾驶罪判处拘役两个月、罚金 2000 元。[②] 再如,2018 年 4 月,董某醉酒驾驶电动车撞倒江某致其轻伤,所骑电动车时速和重量均超过国家标准,法院对董某以危险驾驶罪

---

① 参见曾琳:《林某危险驾驶案——醉酒驾驶超标电动自行车的,是否构成危险驾驶罪》(最高人民法院公布刑事指导案例第 894 号),载《刑事审判参考》(第 94 集),法律出版社 2014 年版。

② 参见袁艺:《男子醉驾超重电动自行车被以“危险驾驶罪”拘役》,载 http://society.people.com.cn/n/2014/0918/c136657-25685717.html,2019 年 8 月 4 日访问。

判处拘役2个月、罚金2000元。[①] 在上述案件中,法院的判决理由基本都是:根据我国《道路交通安全法》第119条之规定,符合国家规定标准的电动车是非机动车,由此不符合国家规定标准的电动车就不再是非机动车,而应当是机动车,进而判决其构成危险驾驶罪。也有司法人员认为,根据《道路交通安全法》中对于机动车的界定,"以动力装置驱动或者牵引"是机动车的特征,超标电动车符合该规定,所以可以适用危险驾驶罪。[②]

(二)否定超标电动车为机动车,不适用危险驾驶罪

还有观点以"法无明文规定不为罪"为由,认为超标电动车不是机动车,不适用危险驾驶罪:将超标车认定为机动车一方面违反罪刑法定原则,因为法律没有对超标电动车的性质进行明确界定,如将超标电动车认定为机动车则属于扩大解释;另一方面也不利于刑罚预防功能的实现,大多数民众不具有专业知识,不可能认识到自己所购买的电动车是不符合国家标准的,主观上就不可能具有危险驾驶机动车的故意。[③] 也有司法机关在具体案件中持这种观点,如2012年3月,南昌市的魏某驾驶电动车与他人发生碰撞,造成对方重伤甲级。考虑到"电动车不应认定为机动车",南昌市青山湖区法院以"法无明文规定不为罪"果断地将此案排除在"危险驾驶罪"之外,以"交通肇事罪"作出判决。[④] 虽然本案中魏某造成对方重伤,危险驾驶罪已不足以评价该行为严重的社会危害性,而且能否适用交通肇事罪还存在探讨余地,但是司法机关认为"电动车不应认定为机动车"的观点是明确的,该案件也

---

① 参见潘家永:《皆因电动车超标惹的祸》,载《道路交通管理》2018年第11期。

② 参见苏清涛、王洪坤:《醉驾超标电动车是否构成危险驾驶罪》,载《检察日报》2016年6月8日,第3版。

③ 同上。

④ 参见《醉驾案审判面临7个"模糊地带"》,载 http://www.anhuinews.com/zhuyeguanli/system/2012/05/23/004972246.shtml,2019年8月6日访问。

被媒体作为将电动车排除在机动车范围之外的典型案例。①

关于能否将超标电动车认定为机动车,并对醉驾该车辆的行为适用危险驾驶罪,《关于办理醉酒驾驶机动车刑事案件适用法律若干问题的意见》的主要起草人在对该解释的说明中指出:我国相关法规没有规定超标车属于机动车,实践中也没有对超标车按照机动车进行管理,醉酒驾驶人不具有危险驾驶机动车的违法性认识……不宜适用危险驾驶罪。② 此外,最高人民法院出版的《刑事审判参考》(第94集)公布的第894号刑事指导案例中也指出:相关行政法规没有规定超标电动车是否是机动车。……《机动车国标》没有明确规定超标电动车是机动车。③ 由此看出,最高司法机关在此问题上的主张可以理解为,没有法规规定超标车属于机动车,实践中也没有按照机动车管理,民众也不认为超标车是机动车,所以不能将超标电动车认定为机动车,进而适用危险驾驶罪。但奇怪的是,在实践中很多司法机关依然将超标电动车认定为机动车,这就和最高人民法院的上述观点并不一致。

三、将超标电动车认定为机动车没有依据

对于超标电动车能否界定为机动车,应当严格按照我国法律法规和相关国家标准进行判断。下面,笔者针对近年来我国相关法律法规中的涉及超标电动车认定的内容进行梳理。

---

① 参见袁定波、卢杰:《多地醉驾电动车驾驶人被追究刑责 法律专家表示:超标电动车入刑法律依据仍存疑》,载《法制日报》2012年6月25日;廖世杰、韩长明:《江西一男子醉驾电动车被捕判危险驾驶罪存争议》,载 http://news. qq. com/a/20120611/000550. htm,2019年7月31日访问。

② 参见高贵君、马岩、方文军、曾琳:《〈关于办理醉酒驾驶机动车刑事案件适用法律若干问题的意见〉的理解与适用》,载《人民司法》2014年第3期。

③ 参见曾琳:《林某危险驾驶案——醉酒驾驶超标电动自行车的,是否构成危险驾驶罪》(最高人民法院公布刑事指导案例第894号),载《刑事审判参考》(第94集),法律出版社2014年版。

(一)《道路交通安全法》明确规定符合国家标准的电动自行车是非机动车

我国《道路交通安全法》第119条规定了机动车的定义,[①]第8~11条规定了国家对机动车实行登记制度。从上述规定可知:(1)时速、质量、外形尺寸符合国家标准的电动车是非机动车,但没有规定不符合国家标准的超标电动车是否属于机动车的问题。(2)机动车首先必须以动力装置牵引或驱动,还必须符合机动车其他的国家安全技术标准,而且必须实行登记管理制度。对于机动车的定义,前述有观点认为,“以动力装置驱动或者牵引”是机动车的特征,超标电动车也可以被该特征所涵盖,所以也可以被界定为机动车。但这种观点只看到了机动车以动力装置驱动或者牵引的特征,并没有看到机动车还要符合其他国家安全技术标准,而且必须实施登记管理制度,在没有对超标电动车是否符合这些条件的前提下直接得出了超标电动车是机动车的结论,并不妥当。总之,我们认为根据上述法律规定,只能得出符合国家标准的电动车是非机动车的结论,而不涉及超标电动车是否是机动车的问题。

(二)1999年《电动自行车安全技术规范》规定了电动车的国家标准,没有涉及超标电动自行车是否属于机动车的问题

国家轻工业局、全国自行车标准化委员会于1999年颁布的《电动自行车安全技术规范》(以下简称《1999电动车标准》)规定了电动车的定义、最高时速是20千米/小时,最高整车质量是40千克,还必须具

① 我国《道路交通安全法》第119条第3项规定:“‘机动车’,是指以动力装置驱动或者牵引,上道路行驶的供人员乘用或者用于运送物品以及进行工程专项作业的轮式车辆。”

有人力骑行的功能。[①] 由此可见，该标准虽然针对电动车的国家标准进行了较为全面的规定，但是也没有涉及超标电动车是否是机动车的问题。

（三）2009年《电动摩托车和电动轻便摩托车通用技术条件》没有正式生效

针对超标电动车的模糊身份给实践带来的困扰，2009年6月国家标准委通过《电动摩托车和电动轻便摩托车通用技术条件》（以下简称《2009电摩标准》），虽然该标准没有实际实施，[②]但有媒体认为，该标准将重量超过40千克、时速超过20千米的电动车纳入机动车管理。[③] 这种解读也使舆论对于该标准的出台寄予厚望，但事实上，这种解读并不正确，因为《2009电摩标准》只是明确了"电动两轮轻便摩托车"和"电动三轮轻便摩托"的速度和质量等方面的要求，并没有涉及电动车的问题，更没有涉及超标电动车是否机动车的问题。[④]

虽然从外形上来看，电动车和电动轻便摩托车非常近似，实践中也

---

① 1999年颁布的《2009电动车标准》规定，电动自行车是指"以蓄电池作为辅助能源，具有两个车轮，能实现人力骑行、电动或电助动功能的特种自行车"（第3条）。同时规定，电动车的最高车速应不大于20千米/小时（第5.1.1条），整车质量应不大于40千克（第5.1.2条），必须具有良好的脚踏骑行功能（第5.1.3条）。事实上，近年来很多电动车都已经没有脚蹬，不再具有人力骑行功能。

② 2009年12月16日，国家标准委又发布《关于电动摩托车相关标准实施事项的通知》称，考虑到电动摩托车是一个新兴的产业，制定相关配套政策需要一个过程，经研究决定标准中涉及电动轻便摩托车的内容暂缓实施。

③ 参见周滔、程璞：《新国标将电动车归类机动车车主可能要持照上路》，载https://news.sina.com.cn/c/2009-12-03/054119178334.shtml，2019年8月4日访问。

④ 《2009电摩标准》中涉及电动自行车的相关内容在第3.2条："由电力驱动的轻便摩托车，分为电动两轮轻便摩托车和电动三轮轻便摩托车。a）电动两轮轻便摩托车：由电力驱动的，具备下列条件之一的两轮摩托车：最高设计车速大于20千米/小时且小于50千米/小时；整车整备质量大约40千克且最高设计时速不大于50千米/小时。b）电动三轮轻便摩托车：由电力驱动的，最高设计车速不大于50千米/小时且整车整备质量不超过400千克的三轮轻便摩托车。"

容易混淆,但两者性质完全不同。对此,国家标准委2009年12月公布的《关于电动摩托车标准有关情况的说明》指出:电动车与电动轻便摩托车是明显不同的两种产品……除了时速和重量之外,《2009电摩标准》还规定了电动摩托车动力性能、转向、灯光信号等技术标准。只有全部符合这些标准的电动摩托车才会按照机动车进行管理。①

根据《2009电摩标准》,电动车时速低于20千米,重量低于40千克。而电动轻便摩托车时速为20~50千米,或重量大于40千克且时速低于50千米。如果仅从此标准看,超标电动车似乎属于电动摩托车。但如前所述,除了速度和重量之外,只有符合《2009电摩标准》对于电动摩托车多个方面的全部规定,才属于机动车。② 所以,除了速度和重量外,超标电动车在转向、灯光信号等方面,并不一定符合电动摩托车的标准。③ 总之,即使《2009电摩标准》最终实施,其也只规定了电动轻便摩托的标准,并没有涉及超标电动车是否机动车的问题,认为该标准将超标电动车纳入机动车范畴的观点,是对该标准的误读。

(四)2012年和2017年《机动车标准》未规定超标电动车是否属于机动车

2012年,中国国家质量监督检验检疫总局、中国国家标准化委员会发布的《机动车运行安全技术条件》(以下简称《2012机动车标准》)正式生效,其中规定了机动车、摩托车、轻便摩托车的定义。关于该标

---

① 国家标准委:《关于电动摩托车标准有关情况的说明》,载http://www.csres.com/info/38242.html,2019年10月2日访问。

② 参见钱卫华:《国家标准委:超标电动自行车就是摩托车观点不确切》,载http://politics.people.com.cn/GB/1027/10526378.html,2019年8月7日访问。

③ 对此,电摩国标起草者之一、全国汽车标准化技术委员会摩托车分标委会秘书长缪文泉也表示,超标电动车划归电动摩托车系误读……超标电动车是否应作为机动车管理,骑车人是否需要考驾照、买交强险,有待于国家相关部门的具体规定。参见周滔、程璞:《新国标将电动车归类机动车　车主可能要持照上路》,载https://news.sina.com.cn/c/2009-12-03/054119178334.shtml,2019年8月7日访问。

准是否明确了超标电动车的身份，有媒体报道：针对电动车速度太快引发的安全问题，新国标将时速 20 ~ 50 千米，重量超 40 千克的电动车作为轻便摩托车纳入机动车管理。[①] 也有学者指出：《2012 机动车标准》明确将部分符合机动车安全技术条件的电动车归入摩托车，并进一步解释说："该标准第 3.5.1 条（应当为第 3.5.2 条——引者注）将最大设计时速不超过 50 千米每小时、电动机最大输出功率不大于 4 千瓦的电动自行车定义为轻便摩托车。"[②]

笔者认为，这种观点是对《2012 机动车标准》的误读，该标准并没有明确规定超标电动车属于机动车。虽然前述观点都指出，该标准将最高时速 50 千米/小时、电动机功率不大于 4 千瓦的"电动自行车"定义为轻便摩托车，但《2012 机动车标准》第 3.5.2 条所使用的表述是"最高时速不大于 50km/h 的'摩托车'，如果使用电驱动，电动机功率不大于 4 千瓦"。[③] 这个表述只能说明电驱动和使用内燃机驱动，都属于轻便摩托车的一个类型，而且该条所使用的词语是"电驱动的摩托车"，而非"电动自行车"。正如前所述，电动轻便摩托车和电动车不能简单等同，上述观点将"电驱动的摩托车"等同于"电动车"，从而得出了《2012 机动车标准》已明确将电动车纳入摩托车的错误结论。

总之，上述观点将电驱动摩托车等同于电动自行车，进而认为《2012 机动车标准》将符合安全技术条件的电动自行车归入摩托车的范畴，并不妥当，《2012 机动车标准》并没有明确规定超标电动车属于机动车。

2017 年国家标准委发布了《机动车运行安全技术条件》（以下简称《2017 机动车标准》），自 2018 年 1 月 1 日起对新生产车辆开始实施。

① 参见《新国标今日实施"超标"电动车纳入机动车管理范畴》，载 http://china.cnr.cn/ygxw/201209/t20120901_510810290.shtml，2019 年 8 月 5 日访问。

② 余凌云、施立栋：《醉驾、电动自行车与其他类型电动车的治理》，清华大学出版社 2017 年版，第 58 页。

③ 《2012 机动车标准》第 3.5.2 条规定，轻便摩托车是指："无论采用何种驱动方式，其最高设计车速不大于 50km/h 的摩托车，且——若使用内燃机，其排量不大于 50mL；——如使用电驱动，其电动机最大输出功率总和不大于 4kW。"

但是该标准除了将符合电动车国家标准的车辆排除出机动车的相关内容进行原则规定以外,对于相关内容的修订依然没有涉及超标电动车是否属于机动车的问题。

(五)2018年《电摩标准》未规定超标电动自行车是否属于机动车

2018年国家市场监督管理总局、国家标准化委员会发布了《电动摩托车和电动轻便摩托车通用技术条件》(以下简称《2018电摩标准》),于2018年4月1日起开始实施。《2018电摩标准》替代了之前发布的《2009电摩标准》,删除了《2009电摩标准》中关于电动摩托车和电动轻便摩托车的定义(第3.1、3.2条),但依然没有涉及超标电动车是否为机动车的内容。

(六)2018年《电动自行车安全技术规范》调整了电动车国家标准

2018年5月,工业和信息化部组织修订的《2018电动车标准》于2019年4月15日生效。该第3条规定了电动自行车的定义,①第4.1条规定电动自行车应当具有脚踏骑行能力,最高设计车速不超过25千米/小时,整车质量应当小于或等于55千克,软硬件应当具有防篡改设计等。② 该标准具有以下特点:(1)坚持电动自行车的非机动车属性,必须具有脚踏骑行功能。在《1999电动车标准》已对此作出规定的基础上,再次予以强调。电动车本质上是带有助力功能的自行车,所以必须具有人力脚踏骑行的功能,从而区别于电动轻便摩托车。(2)拓宽

① 《2018电动车标准》第3条规定:电动自行车是指以车载蓄电池作为辅助能源,具有脚踏骑行能力,能实现电动或/电驱功能的两轮自行车。

② 参见《电动自行车安全技术规范》(GB17761—2018)第4.3、6.1.1、6.1.4、6.1.7条。

电动车的范围。将电动车的最高时速由 20 千米/小时提高到 25 千米/小时,整车质量由 40 千克提高到 55 千克。符合这些标准的,依然是非机动车。(3)对最高车速和电池提出了防篡改要求,减少甚至杜绝了电动车出厂之后再被改装的可能性。当前超标电动车绝大部分都是生产时就改装了最高时速和重量,如果有防篡改设计,对于解决超标电动车乱象具有重要意义。(4)对外形尺寸做出了规定,防止车辆超长、超宽。① 但是该规定依然没有涉及超过上述标准的电动自行车是否为机动车的问题。

相较于《1999 电动车标准》《2018 电动车标准》基于满足群众生活便利的要求,提高了电动车的速度和质量标准。这也意味着,在该标准生效(2019 年 4 月 15 日)之前,时速 20 ~ 25 千米/小时,重量在 40 ~ 55千克的电动车有可能被认定为机动车,而在此之后,将被明确为非机动车,醉酒驾驶此类车辆的人员也不再可能被认定为危险驾驶罪。

四、对醉驾超标电动车行为的刑法规制应当严格坚持罪刑法定原则

对醉驾超标电动车的刑法规制应当严格遵守罪刑法定原则,在没有法律法规明确规定超标电动车属于机动车的前提下,就不能适用危险驾驶罪。如果符合刑法规定的其他罪名,可以适用其他犯罪予以规制。

(一)对醉驾超标电动车无法适用危险驾驶罪

1. 超标电动车并不符合电动车的国家标准

判断超标电动车是否是机动车要分为两步进行:(1)判断其是不

① 参见《新标准引领我国电动自行车行业高质量发展——〈电动自行车安全技术规范〉国家标准报批稿解读》,载工业和信息化部网:http://www.miit.gov.cn/n1146295/n1652858/n1653018/c6014865/content.html,2019 年 8 月 5 日访问。

是符合国家标准的电动车。既然《道路交通安全法》规定符合国家标准的电动车属于非机动车,那么只要涉案电动车符合国家标准,即可肯定其为非机动车,排除其属于机动车的可能。对此应分别依据《1999电动车标准》和《2018电动车标准》进行判断。(2)判断其是否符合机动车标准。在涉案车辆不属于非机动车的基础上,只有再符合国家机动车的标准,才能界定其为机动车。对此,要依据《2012机动车标准》和《2017机动车标准》严格判断。需要注意,"非机动车"和"机动车"的"非"字,并不代表两者是非此即彼的关系,某一车辆不是非机动车,并不一定意味着其就是机动车。对于超标电动车是否是机动车,应当严格依照上述两步进行判断。

第一,《道路交通安全法》《2012机动车标准》和《2017机动车标准》规定,符合国家标准的电动车是非机动车,但并不能得出不符合国家标准的超标电动车就是机动车的结论。

虽然《道路交通安全法》《2012机动车标准》和《2017机动车标准》都规定符合国家标准的电动车为非机动车,但都没有强调只有符合国家规定标准的电动自行车才是非机动车。也就是说,符合国家标准的电动车是非机动车本身,并不能排除不符合国家标准的超标电动车也是非机动车的可能,更不能直接得出此类车辆就是机动车的结论。[①]正如我们可以说小学生是学生,并不能否认不是小学生的中学生也是学生一样,说符合国家标准的电动车是非机动车,并不能排除不符合国家标准的电动车也是非机动车的可能。

第二,认定机动车需要符合技术和管理的双重标准。

我国对于机动车的判定需要符合技术标准和管理标准。超标电动车既然不符合机动车的技术和管理,就不能被认定为机动车:(1)超标电动车不符合机动车的技术标准。《道路交通安全法》《2012机动车标准》和《2017机动车标准》对于机动车标准的规定,除了在最高设计时速、整车质量有限制要求外,还有在转向、照明、灯光信号、电气设备、反光标识等方面有一系列的要求。实践中的超标电动车,为了满足日常

① 参见施立栋、余凌云:《电动自行车的治理》,载《浙江学刊》2015年第2期。

生活需要，一般是将车辆的最高时速和整车质量提高，符合了机动车（主要是轻便摩托车）的设计时速和整车质量标准，但是在其他方面如转向、照明、灯光信号灯等方面还只是符合电动车的国家标准，并没有达到机动车的标准。所以超标电动车即使在时速、质量上符合机动车的条件，在转向、灯光信号等方面也并不一定符合机动车的要求。（2）超标电动车不符合机动车的管理标准。机动车速度高，质量大，高速行驶容易发生相应事故，所以对于机动车实施相应的管理制度，将有利于保障机动车的正常运行。在机动车生产销售过程中，我国实施公告管理，只有被列入我国工业和信息化部发布的《道路机动车辆生产企业及产品公告》①的机动车辆企业与这些企业生产的机动车产品，才能够生产和销售相应的机动车。我国的公安交通管理部门也是根据该公告对相应企业和产品发放发动机牌照的。而超标电动车的生产销售企业并未被列入上述公告目录之中。所以，即使超标电动车在部分技术参数（如时速和质量）上符合了机动车的技术标准，也由于其并不是由国家许可的生产销售企业生产，而不能获得机动车的法律地位。②在机动车进入市场之后，公安交管部门要对机动车进行登记之后，才能够上路行驶。上路行驶的机动车的所有人或者管理人，还要依照《道路交通安全法》的规定投保机动车交通事故责任强制保险，以保障交通事故被害人依法得到赔偿。此后机动车使用中，还要定期进行年检，对于机动车安全技术检验（包括发动机、制动性、是否经过改装）、排放检验和综合性能检验，保障只有性能良好的机动车才能上路行驶。对于机动车驾驶人实施了严格的机动车驾驶资格制度，任何人要取得驾驶证，都要经过严格的学习和考核制度，在取得驾驶证之前，禁止驾驶

① 截至2019年8月15日，已经公布了323批企业和产品。参见《工业和信息化部公示申报第323批〈道路机动车辆生产企业及产品公告〉》，载工业和信息化部网：http://www.miit.gov.cn/n1146285/n1146352/n3054355/n3057585/n3057592/c7261106/content.html，2020年12月2日访问。

② 参见余凌云、施立栋：《醉驾、电动自行车与其他类型电动车的治理》，清华大学出版社2017年版，第162页。

机动车上路。[①] 上述这一系列管理制度,超标电动车(事实上包括所有电动车)并没有配套实施,如电动车上路不需要购买保险,电动车不需要进行年检,驾驶人也不需要驾驶证即可驾驶上路。

2. 行为人不具有驾驶机动车的故意

危险驾驶罪是故意犯罪,醉酒状态下构成危险驾驶罪不仅要求行为人主观上具有故意,认识到自己是在醉酒状态下进行驾驶的事实,[②] 而且要求行为人认识到自己所驾驶的车辆属于法律意义上的机动车。[③] 但实践中超标电动车的驾驶人往往并不知道自己所驾驶的车辆是机动车。

第一,在购买车辆时候误认为所购买的是符合国家标准的电动车。一般民众在商店购买电动车的时候,其关注的是车辆是否具有合格证,能否正常行驶。笔者也购买过电动车,并曾经到电动车商店观察,购买人购买电动车和其他普通商品并无两样,只要是正规厂家生产、正规商家出售的电动车,在经过简单试车后就会付钱购买。虽然国家也对电动车技术条件如速度、质量等规定了明确的标准,但是消费者一般并不特别关注。在日常骑行过程中,驾驶人关注的也主要是电动车能否正常行驶,对于电动车的速度和重量是否超过国家标准,并没有精确的感知(甚至并不知道国家标准是多少)。事实上,如果没有精确的测量仪器(与汽车上有仪表盘直接显示车速不同,电动车上一般并没有相应的显示装置),仅靠直觉,一般驾驶人并不能准确感知车辆的速度和重量。所以,对于不是故意改装自己车辆的普通驾驶人来说,难以了解到自己所驾驶车辆的最高设计速度和重量超过了国家标准。

第二,不知道超标电动车是否是机动车。如前所述,对于超标电动车是否是机动车,国家并没有明确规定,相关部门也存在不同认识,更没

---

① 《道路交通安全法》第8、19条。

② 参见张明楷:《刑法学(下)》(第5版),法律出版社2016年版,第726页。

③ 参见曾琳:《林某危险驾驶案——醉酒驾驶超标电动自行车的,是否构成危险驾驶罪》(最高人民法院公布刑事指导案例第894号),载《刑事审判参考》(第94集),法律出版社2014年版。

有对超标电动车按照机动车进行登记和管理。在此背景下,即使消费者知道所驾驶的电动车是超标电动车,也不可能明确知道该电动车是机动车。事实上,很多消费者都是发生交通事故,在交管部门委托相关部门进行检验后,才知道所驾驶的居然是机动车。正如前述最高人民法院人员在醉酒驾驶司法解释说明中所强调的:既然大多数民众认为超标车不是机动车,醉酒驾驶超标车的人就不可能认识到驾驶超标车是违法的。

总之,在国家还没有明确规定超标电动自行车是机动车,实践中也还没有按照机动车进行登记管理,生产者销售者也未告知消费者购买的电动车是机动车的前提下,作为不具有专业知识的一般消费者不可能知道自己所购买并骑行的是机动车,不可能具有和驾驶汽车的行为人应当具有的驾驶机动车的故意。

3. 即使把超标电动车判定为机动车与非机动车之外的第三类车辆,也不能适用危险驾驶罪

有观点认为,由于对机动车采取技术和管理相结合的双重标准,超标电动车既不属于机动车,也不属于非机动车,应界定为第三类车辆。醉酒驾驶超标电动车,车辆经鉴定符合机动车的技术标准,而且造成了与驾驶机动车相当的危险,即应适用危险驾驶罪。① 这种观点一方面认为超标电动车不属于机动车,属于两者之外的第三类车辆;另一方面又认为对此行为可以适用危险驾驶罪,实际上是前后矛盾。因为既然超标电动车不属于机动车,就已经否定了对于此类行为构成危险驾驶罪的可能性。罪刑法定原则要求定罪量刑都要严格依照刑法的规定,既然我国刑法规定构成危险驾驶罪以驾驶“机动车”为前提,当前认定超标电动车为机动车没有任何法律依据,那么对醉驾超标电动车的行为就不能认定为危险驾驶罪,这是罪刑法定原则的基本要求。总之,只要将超标电动车排除出机动车的范畴,不论是将其界定为非机动车,还是机动车、非机动车之外的第三类车辆,都不能对醉酒驾驶此类行为适用危险驾驶罪。

---

① 余凌云、施立栋:《醉驾、电动自行车与其他类型电动车的治理》,清华大学出版社 2017 年版,第 162 页。

(二)应当适用其他犯罪规制醉驾超标电动车行为

针对《1999电动车标准》对于电动车标准的界定不能满足民众日常生活需要的特点,国家出台《2018电动车标准》,提高了电动车的最高时速、重量等标准,要求电动车具有脚踏骑行功能,具有防篡改设计等等,民众和社会各界对于该标准适用的社会效果也寄予了厚望。如果该标准在实践中能够严格执行,市面的超标电动车将越来越少。但是据笔者的观察,在2019年4月15日该标准实施之后,生活中的超速、超重的超标电动车并没有减少,一些不具有脚踏骑行功能,重量体积明显超标的电动车依然飞驰在大街小巷,这类电动车甚至成为部分行业(如快递、房屋中介)的工作必备。所以我们可以预计,虽然《2018电动车标准》已经生效,但是在短时间内,超标电动车依旧会在一定时间内存在,需要加强管理。

笔者认为,对于醉酒超标电动车不能认定为危险驾驶罪,并不意味着否认对这种行为进行刑法规制的可能性。事实上,根据我国刑法的现有规定,对于醉驾超标电动车致人伤亡的行为,可以适用故意伤害罪、过失致人重伤罪、交通肇事罪、以危险方法危害公共安全罪等进行规制。具体来说,对于《2018电动车标准》生效之后,对于醉驾最高时速超过25千米/小时,重量超过55千克,或者没有人力骑行功能的不符合国家标准的电动车的行为,可以通过以下途径规制:(1)如果行为人的醉酒驾驶行为没有造成任何伤害结果,仅仅造成了一般的危险或者轻微伤,对其处以行政处罚并追究相应的民事责任。在《2018电动车标准》出台之前,依据《1999电动车标准》,驾驶最高设计时速在20~25千米/小时,重量在40~55千克的电动车的行为,即使没有造成他人受伤(或仅造成轻微伤),也可能被适用危险驾驶罪。《2018电动车标准》实施之后,驾驶此类车辆的行为不再可能适用危险驾驶罪。(2)如果造成了与放火、爆炸等相当的危险(这种情况较少),但是没有造成实质性侵害结果,则可以适用以危险方法危害公共安全罪。(3)如果造成了轻伤以上结果,则可以考虑适用交通肇事罪、故意伤害

(致死)罪、过失致人重伤罪、危险方法危害公共安全罪等。①

五、结　　语

当前超标电动车乱象的主要原因,在于《1999 电动车标准》难以满足人民生活需要,电动车生产、销售企业为了经济利益生产、销售了大量超标电动车,导致消费者也误以为超标电动车是合格电动车,只有在发生交通事故被鉴定为机动车后才恍然大悟、后悔莫及。这也说明,超标电动车的管理是一个较为复杂的社会问题,需要妥善处理好尊重民众的生活便利、保障电动车产业的经济利益和方便国家管理之间的协调与平衡,多方面共同努力进行改进。醉驾超标电动车的刑法规制问题,只是电动车治理系统中的一个具体问题。国家已经注意到超标电动车严重的社会危害性,并且采取多种措施进行应对。虽然基于多种原因《2018 电动车标准》依然没有明确超标电动车是否机动车的问题,但是该标准调整了电动车的国家标准,对于加强对电动自行车的管理,切实保护人民群众生命财产安全,具有重要意义。我们相信,随着相关制度的逐渐完善,特别是《2018 电动车标准》的严格执行,对电动车的管理越来越规范,超标电动车将越来越少,醉驾超标电动车的现象也将销声匿迹。但是在此之前,我们要正视相关法律没有明确该类车辆属于机动车的事实,严格坚持罪刑法定原则,将超标电动车排除出机动车的范畴,不适用危险驾驶罪。如果醉驾超标电动车严重危害社会公共安全或者他人生命财产安全,适用其他犯罪进行规制,被害人的利益同样能够得到维护。

① 当然,如果行为人驾驶的是符合国家标准的电动车造成伤亡结果的,也可以适用上述犯罪。

Study on the Criminal Regulation on Drunk Driving Over Standard Electric Bicycle

Dong Xiaosong

[**内容摘要**]对于醉驾超标电动车的刑法规制,实践多将超标电动车认定为机动车,进而适用危险驾驶罪。但不论是我国《道路交通安全法》,相关的机动车国家标准,还是《2019 电动车标准》,都没有明确规定超标电动车是机动车。超标电动车不是非机动车本身,并不能推出其就一定是机动车。我国对于机动车的判定,采取技术标准和管理标准相结合的双重标准,超标电动车既然不符合机动车的技术标准,也不符合管理标准,将其认定为机动车就于法无据。根据罪刑法定原则,对此类行为不能适用危险驾驶罪,应当适用交通肇事罪、故意伤害罪等犯罪予以规制。

[**关键词**]醉驾;罪刑法定;超标电动车;机动车

Abstract: Judicial practice apply dangerous driving crime to drunk driving overstandard electric bicycle in most cases. But China's Road Traffic Safety Law, relevant national standards for motor vehicles, or the national standards for electric vehicles in 2019, do not state that the overstandard electric vehicles are motor vehicles. Over standard electric vehicle is not non-motor vehicle does not mean that it is motor vehicle. China adopt the standard of combining technical standards with management standards to define motor vehicles, over standard electric bicycle does not satisfy the technical and management standards, we should not apply dangerous driving crime to drunk driving over standard electric bicycle.

Keywords: drunk driving; principle of legality; over standard electric bicycle; motor vehicles

股权众筹中非法集资行为刑法规制路径探究

张蔚伟[*]　邹旖旎[**]

目　次

一、股权众筹的内涵界定
二、股权众筹的运营现状
三、股权众筹面临的非法集资犯罪风险
四、股权众筹中非法集资行为的规制路径
五、结语

习近平总书记在主持第十八届中共中央政治局第四十次集体学习中强调："金融是现代经济的核心，金融活，经济活；金融稳，经济稳。"金融发展是国家重要的核心竞争力，中国目前已成为金融大国，要成为金融强国仍然任重道远。为顺应金融改革浪潮，2018 年 3 月证监会印发的年度立法工作计划中，将制定《股权众筹试点管理办法》列入重点项目之中，准备先行开展股权众筹试点，建立小额投融资制度，有效缓解小微初创企业的融资难题。① 这一举措，使低迷多日的股权众筹重

* 中南大学法学院讲师。

** 中南大学法学院刑法专业硕士研究生。

① 参见《证监会 2018 年度立法工作计划》，载中国证监会网：http://www.csrc.gov.cn/pub/newsite/zjhxwfb/xwdd/201803/t20180330_335996.html，2018 年 12 月 15 日访问。

回社会公众视线。与此同时,我们也必须注意到股权众筹仍旧面临着国家对金融秩序的垄断局面,现行法律尤其是刑法在股权众筹规制上存有诸多不适,屡屡触碰非法集资的红线使得其发展举步维艰。为了保护股权众筹金融新兴力量,提升我国金融竞争力,刑法务必作出相应修缮,平衡金融创新超前与立法滞后的错位冲突,补齐金融监管短板,成为促进我国金融开放繁荣的强大助力。

一、股权众筹的内涵界定

第三方支付、P2P 网贷、众筹已成为互联网金融业务模式的“三驾马车”,极大地促进了普惠金融体系的构建,能够有效、全方位地为社会所有阶层和群体提供服务,刺激经济的发展。众筹,翻译自国外 crowdfunding 一词,即大众筹资或群众筹资,一般指通过互联网方式发布和募集资金的大众集资方式。自 2011 年国内第一家众筹网站“点名时间”的产生,8 年时间众筹以其独特的积多人之力促大事的模式受到大众的青睐,以其独特的优势在互联网金融领域迅速崛起。按照回馈方式的不同,众筹可分为奖励众筹、公益众筹、债权众筹、股权众筹四种形式。奖励众筹(rewarding-based),即以实物或服务回报给投资者,其本质为预购;公益众筹(donation-based),又称捐赠众筹,顾名思义是投资者不求回报地支持他人去实现理想,具有公益性质;债权众筹(lending-based),即投资者对项目或公司进行投资,获得其相应比例的债权,未来获取预期利息收益并收回本金;股权众筹(equity-based),则是融资者以出让一定比例股权的方式来筹集资金,其是四种众筹模式中风险较高、期限较长、颇有争议的一种。

股权众筹,即通过互联网平台,筹资者出让股份,投资者出资获得相应股份,参与到公司的经营,使资金从投资者直接转移到筹资者手中,是一种高效的点对点直接融资方式。股权众筹通过互联网与金融的结合,发挥“1 + 1 > 2”的效用,开启互联网时代融资新模式,具有极大的创新价值。对于融资者,尤其是小微、民营企业而言,融资渠道狭窄一直是企业发展受限的难题,银行贷款程序复杂,自身又不具备发行证券资格、民间借贷利息高风险大，而股权众筹作为直接融资行为程序简单，融资门槛低、没有高额还款利息，即使项目失败也无须担心还本付息问题。最重要的是，通过股权众筹能集聚大众的力量，对正在创业的企业是物质加精神的鼓舞，能够真正实现“大众创业、万众创新”的愿景。对于投资者而言，相较债券、股票、基金传统的投资方式，股权众筹除了提供便利的投资渠道外，投资者无须太多的专业金融理财知识，只要选择自己看好的、感兴趣的项目，就能亲历项目的成长增加更多体验感、参与感。对于整个市场来说，股权众筹可以成为市场的“风向标”，项目类型是否具有良好的发展前景，受到社会大众的追捧，在互联网众筹平台根据投资者的选择便可一目了然。可以说，股权众筹在一定程度上能够降低创业者的创业风险，减少不必要的创业成本。

目前，我国股权众筹尚未做到真正公开发行，是一种私募股权互联网化，有着不同于传统股权众筹概念的含义，并不能做到公开众筹的形式。这与我国相关法律法规设定息息相关，在现行的法律体系下，面向社会公众募集资金仅指上市公司公开发行股票的行为，其他任何形式的公开募股行为都被认为是非法集资行为，从而会受到严厉的控制和打击。① 我国语境下的股权众筹所具有非公开性也会影响其运营现状及未来发展。

二、股权众筹的运营现状

借助迅猛革新的网络信息技术和呈现开放之势的金融政策，金融市场发展逐步贴近互联网技术，股权众筹应运而生，其融资的低门槛、低成本和高效性弥补了传统融资渠道的缺陷，正是当下兴起于融资领域的创新代表。但在我国特殊环境下无法实现真正的股权众筹，相关制度监管缺失，目前也仅受到长期融资无门的中小微企业等小群体的

① 参见杨东、苏伦嘎：《股权众筹平台的运营模式及风险防范》，载《国家检察官学院学报》2014 年第 4 期。

支持和依赖,属于非主流的融资方式。①

(一)股权众筹运营主体及模式

在股权众筹运营中,主要参与主体包括筹资人、投资人、运营平台,个别平台还包括托管人。筹资人,又称发起人,通常是指在融资过程中需要资金发展的企业或者项目,在众筹平台上发布相关融资信息和出让股权而获取投资人的资金。② 投资人,又称出资人,通过互联网平台对认为有潜力价值的企业或项目进行小额资金投资。各国对投资人进行了资格限制,主要以投资人的财产收入为标准考量投资人的抗风险能力和项目把控能力。股权众筹平台,是连接筹资人和投资人的中间桥梁,利用互联网信息技术将融资项目发布于平台上,方便投资人了解和选择。我国在《私募股权众筹融资管理办法(意见稿)》中将股权众筹平台定义为为股权众筹投融资双方提供信息发布、需求对接、协助资金划转等相关服务的中介机构,实行备案登记制。除此之外,部分平台设立了托管人,为了保障投资人的资金安全,在筹资项目失败时能及时退回投资资金,部分平台委托专门银行担任托管人,先将投资人的资金打入托管账户,再分批次划拨给筹资人,以最大限度地保障投资人的安全。

目前股权众筹有三种运营模式,第一种是凭证式众筹,是指投资人投入资金取得相关凭证,该凭证与企业股权挂钩,但投资人不能成为企业股东。我国股权众筹第一案美微创投便是在淘宝网上销售会员卡的形式出售原始股份。第二种是会籍式众筹,顾名思义它是建立在一个熟人范围里的投资,出资人投资后直接成为股东,这种众筹模式更看重的是社会相关的资源和人脉网络促进项目的发展。第三种是天使式众

① 参见张杰:《互联网众筹融资模式的刑法风险与规制》,上海社会科学院 2015 年硕士学位论文,第 29 页。

② 参见陈云:《股权众筹"互联网 +"时代速融新模式》,企业管理出版社 2017 年版,第 6 页。

筹,也是股权众筹平台最典型的运营模式,出资人通过互联网寻找投资企业或项目,付出资金或直接或间接成为该公司的股东,同时出资人往往伴有明确的财务回报要求。天使式众筹采用"领投+跟投"方式,在筹资方与领投申请人的"双向选择"中将具有丰富经验、专业能力、行业资源和强大风险承受能力的投资者,确定为领投人,当然,每家平台都有更加细致的资格要求。[①] 其他投资人跟随领投人进行投资,双方须签订管理协议确定各自的权利义务。领投人既是投资人也是管理人,代表其他跟投者与筹资企业接洽、调查并负责投资后的管理。[②] 此种模式较为适合民众有投资理财的需求但缺乏金融知识的现实背景,也能使企业更有针对性且高效地与股东进行对接。

(二)股权众筹的发展现状

1."夹缝求生"——股权众筹市场运行状况

股权众筹最先在美国出现,世界上第一个股权众筹平台 Angellist 于 2010 年诞生于美国硅谷,之后便迅速传入欧洲、亚洲等世界各地。2011 年国内第一家股权众筹平台——天使会成立,代表着这一新兴融资模式引入中国。由于我国传统金融垄断的背景,股权众筹这一创新融资模式发展缓慢、困难重重,在种种具体制度的限制下夹缝生存。2015 年国家十部委、证监会、中国证券业协会相继发布相关规范文件,[③]明确股权众筹是以借互联网形式进行公开小额的股权融资活动,而将之前的"私股权众筹"修改为"互联网非公开股权融资",强调股权

---

① 例如,天使汇平台规定:领投人半年内投资过项目、最近一个月约谈过项目;一年领投项目不超过 5 个,有充分的时间可以帮助项目成长;至少有 1 个项目退出等,参见天使网:http://angelcrunch.com/help/leadinvest,2018 年 12 月 26 日访问。

② 参见邱勋、陈月波:《股权众筹:融资模式、价值与风险监管》,载《新金融》2014 年第 9 期。

③ 2015 年 7 月央行与十部委的《关于促进互联网金融健康发展的指导意见》、8 月证监会发布《关于对通过互联网开展股权融资活动的机构进行专项检查的通知》、中国证券业协会发布了关于调整《场外证券市场业务备案管理办法》。

众筹“公开、小额、大众”的特征,看似摆脱了由于我国传统金融抑制观念和长期金融垄断局面,募集范畴实则仍然受到诸多限制。我国《证券法》第10条第1款明确规定:“公开发行证券,必须符合法律、行政法规规定的条件,并依法报经国务院证券监督管理机构或者国务院授权的部门核准;未经依法核准,任何单位和个人不得公开发行证券。”明确证券的公开发行必须经过法定核准。2016年15部门联合公布《股权众筹风险专项整治工作实施方案》中,“平台融资者未经批准擅自公开或变相公开发行股票”被列为八项整治重点内容,并且在工作要求中细化了具体的标准内容:“向不特定对象或特定对象超过200人”,“非公开发行股票及其股权转让,不得采用广告、公告、广播、电话、传真、信函、推介会、说明会、网络、短信、公开劝诱等公开方式或变相公开方式向社会公众发行,不得通过手机APP、微信公众号、QQ群和微信群等方式进行宣传推介”,这无疑给予股权众筹的“公开性”一个否定答案。因此,股权众筹当前在我国并不存在得以扎根的法律土壤,其实质上是一种私募或者说半公开的融资行为。①

公开性未获得法律肯定,自然无法实现“大众性”的股权众筹。《证券法》第10条第2款对公开发行的界定作出了规定,列出了三种情况:向不特定对象发行证券的;向特定对象发行证券累积超过200人的;法律、行政法规规定的其他发行行为,这也符合《公司法》中非上市公司的股东人数不能超过200人的规定。因此,为了满足中小企业希望高效又低成本地筹资,避免复杂冗长的核准程序,只能采取对特定对象发行且累积不超过200人的非公开融资模式。各个平台针对人数上限制,采取代持股、有限合伙的方式规避超过200人的法律风险,对投资人资格进行限定符合特定的要求,但笔者认为这种规避方式只能作为一时缓兵之计,不是众筹融资模式的应有之义,没有发挥“普惠金融”真正的功能,会造成领投人与跟投人之间的信息不对称。同时这种入资方式在实践中操作较为复杂,投资环节越复杂给投资者带来的

① 参见杨东、苏伦嘎:《股权众筹平台的运营模式及风险防范》,载《国家检察官学院学报》2014年第4期。

风险也就越大。① 有数据统计,2017 年全年在线运营平台仅 71 家,成功筹集金额 21.44 亿元,相较 2015 年整整减少一半。② 在重重制度限定下,股权众筹的发展在准入阶段就异常艰难,严重影响了后续的运营。

2."行政监管缺失、刑法规制严苛"——股权众筹法律规制现状

股权众筹作为互联网金融创新性融资方式,国家虽在政策导向层面持续对这种新型的融资模式表示了浓厚的兴趣和需求,渴望通过股权众筹拓宽融资渠道,但法律层面仍未放宽相关条款对股权众筹的重重限制,③政府重点在于整治公开募集、众筹异化现象,而关于具体运营中对平台的监管、投资人利益的保护、违规行为的治理等具体细则迟迟未出台,使得股权众筹长期缺乏行政法规的有效监管。民间投资需求旺盛与企业融资渠道狭窄的供需矛盾激化使金融领域不断改革与创新,而我国对于金融市场改革仍位于起始的阶段,处于"法律未动、政策先行"的尴尬时期,相关行政法规未能及时跟进,也让将行政法规作为前置规范的刑法规制处于高压态势。

从刑法的评价来看,经济犯罪多为行政犯,是指违反行政法规中的禁止性规定,并由行政法规中的刑事法则所规定的犯罪。④ 换句话说,只有在前置行政法规难以抑制其社会危害性时,才能运用刑罚惩治。而前置法监管的缺失,导致对行为无法进行递进式监管,同时也将规制的压力转移到最后一道防线——刑法规制。股权众筹只能走非公开融资路线,而互联网这一媒介形式上很容易达到向不特定对象发行证券或向特定对象累计超过 200 人发行,进而达到刑事立案标准,极易被认定为擅自发行股票罪;另外,刑法的滞后性导致对社会经济新事物的出现难以作出及时应对,股权众筹作为新兴的互联网融资模式,以股权为回报形式公开筹

① 参见童云峰:《互联网股权众筹的前景——从刑法的实然与应然立场考察》,载《广东开放大学学报》2018 年第 5 期。

② 参见网贷之家:《2017 年互联网众筹行业报告》,载 https://www.wdzj.com/news/yc/1806252.html#wdzj_commit,2018 年 12 月 16 日访问。

③ 参见董淳锷:《中国股权众筹立法问题之检讨》,载《比较法研究》2018 年第 5 期。

④ 参见刘宪权:《刑法学》(第 4 版),上海人民出版社 2016 年版,第 253 页。

集资金,在形式上与非法吸收公众存款罪的构成十分类似,其受众范围广、涉及资金多,极易达到犯罪认定标准而遭受严厉的刑罚。

可见,尽管股权众筹自身具有众多独特优势,但其发展仍面临着重重困境。股权众筹作为互联网金融的最新产物,其创新价值会引起对监管制度的重新审视,从而帮助发现规制的缺失和松动,促进对相关制度的完善。刑事制裁是各种法律制裁中最严重的制裁方式,对股权众筹的发展具有毁灭性打击,而当下股权众筹正面临着许多犯罪风险。因此,想要真正实现股权众筹"公开、大众、小额"的愿景,法律层面的完善,尤其是刑法的调整首当其冲。

三、股权众筹面临的非法集资犯罪风险

如前所述,股权众筹的发展就像行走在悬崖边缘,每一步都可能坠入犯罪深渊,尤其在经济领域触动犯罪红线很难再有翻身可能,因此刑事风险成为阻碍股权众筹发展的主要因素。截至2018年12月17日在中国裁判文书网搜索"股权众筹"关键字所出现的刑事案件一审判决共22份,与股权众筹相关的刑事一审判决书数量如表1如示。可见,非法吸收公众存款罪、集资诈骗罪、组织领导传销活动罪都是非法集资犯罪的相关罪名,同余额宝、第三方支付、P2P网贷等其他互联网金融模式一样,非法集资类犯罪也是悬在股权众筹之上的"达摩克利斯之剑"。因此,本文将围绕非法集资犯罪展开有关股权众筹的刑事风险分析(见表1)。

表1 与"股权众筹"相关的刑事一审裁判文书

所涉刑事罪名	文书数量/份
非法吸收公众存款罪	11
集资诈骗罪	5
组织领导传销活动罪	3
合同诈骗罪	2
拒不支付劳动报酬罪	1

(一)股权众筹本身存在非法集资的法律风险

股权众筹本身凭借“集体的智慧”,达到众人拾柴火焰高的效果,借助互联网快捷便利的优势使受众范围不断扩大,从而真正实现“普惠金融”的目标。但我国法律还并未对股权众筹的合法地位进行明确规定,在准入环节容易触犯《刑法》第174条擅自设立金融机构罪,第176条非法吸收公众存款罪和第179条擅自发行股票、公司、企业债券罪。

擅自发行股票罪,是指未经国家有关主管部门批准,擅自发行股票数额巨大、后果严重或者有其他严重情节的行为。根据最高人民法院《关于审理非法集资刑事案件具体应用法律若干问题的解释》(以下简称《非法集资司法解释》)的规定,未经国家有关主管部门批准,向社会不特定对象发行、以转让股权等方式变相发行股票,或者向特定对象发行、变相发行股票累计超过200人的,应当认定为擅自发行股票罪。首先从行为主体上,股权众筹平台公开发行务必获得国家有关部门的批准,但目前未获得证监会批准。其次在行为方式和对象上,《证券法》第10条规定非公开发行人数应限制在200人以内,不得采用广告、公开劝诱和变相公开方式。众筹的优势就在于使涓涓细流汇成大海,借助互联网传播优势发挥大众力量,但法律在人数和公开方式上的限制无疑会扼杀行业的创新活力。目前,多数平台采用代持股、设立有限合伙企业等方式规避刑事风险,笔者认为这种曲线救国的方式只是一时的缓兵之计,不能从根本消除风险。首先,《合伙企业法》第61条规定,有限合伙企业的人数组成为2~50人,这无疑又将自身套入另外一个人数套环中,限制始终存在;其次,代持股这种隐名投资方式会给有效的公司治理形成一定的障碍并给投资人的权益保障埋下隐患,投资环节设置越多投资风险就越大。此外,互联网股权众筹平台对于促成筹资发起人与投资人之间的股权交易具有实质性的促进作用,实质上组织了互联网股权众筹中的股权交易,甚至可以理解为是提供了股权交易的场所和设施,①由此看来,平台极易涉嫌构成擅自设立金融机构罪和非法经营罪。

非法吸收公众存款罪在非法集资类犯罪中属于基础罪名,是指违反国家金融管理法规,非法吸收公众存款或变相吸收公众存款,扰乱金融秩序的行为。股权众筹本身就是一种公开吸收资金的行为,在其合法地位还未确立的情况下,天然具有非法集资的隐患。表 1 的数据显示,与股权众筹相关的 22 个刑事案件,一半涉及非法吸收公众存款罪的认定也证实了这一点。我国刑法对该罪采用简要叙明罪状方式,规定较为概括模糊,《非法集资司法解释》虽进一步明确了犯罪构成要件,但也无法从条文上区分股权众筹与非法吸收存款行为。解释第 1 条列出四项条件作为认定标准,理论界与实务界提炼为非法性、利诱性、公开性、社会性四个特征。第一,非法性,我国《商业银行法》规定,吸收公众存款为特许经营业务,未经批准其他个人或组织都不能从事该项业务。②《证券法》第 10 条也强调公开发行证券须经有关部门核准,目前我国股权众筹平台未获得吸收存款批准,实际以私募方式运营也极易越过人数标准限制而具有非法性。第二,利诱性,是指集资人承诺在一定期限内以股权等方式还本付息或给付回报,强调有偿性和承诺性。有学者认为,投资者出资获得的股权就是一种回报,符合有偿性;笔者认为,之所以称为回报,是指投资收益的增加,强调获利性,这与条文中还本付息意义相一致。股权众筹中获得股权只是投资者出资"购买"行为,以资金换股权,在入股公司后随公司的发展共获盈利、共担风险。因此股权的获得不是一种回报,不满足有偿性。承诺回报是指承诺"只要出资即可通过出资行为获得回报",而不是指承诺出资人在出资后通过生产经营行为可以获得报酬,③股权众筹属于后者。第

① 参见孙本雄:《完善刑法制度助推互联网股权众筹发展》,载《检察日报》2008 年 8 月 20 日,第 3 版。

② 《商业银行法》第 11 条规定:设立商业银行,应当经国务院银行业监督管理机构审查批准。未经国务院银行业监督管理机构批准,任何单位和个人不得从事吸收公众存款等商业银行业务,任何单位不得在名称中使用"银行"字样。

③ 参见张明楷:《刑法学》(第 5 版),法律出版社 2016 年版,第 779 页。

三，公开性，也是危险源真正能快速复制和传染形成金融风险的重要方式。[①]《刑法》和《证券法》具有一定的对接关系，分别从宣传方式和对象人数角度界定公开发行，即通过大众传媒方式向不特定对象进行宣传。毫无疑问，网络宣传是目前速度最快、范围最广的一种传播媒介，完全契合上述公开向不特定对象宣传的规定内容。然而股权众筹正是利用互联网平台才能实现高融资效率、低融资成本，项目发起人进行股权众筹必然要发布相关信息。人们可以通过股权众筹平台看到项目名称，但具体信息及投资协议无法了解，这是一种半公开的宣传方式。[②]笔者认为，传播的目的是让受众接触了解集资的信息，以实现集资，尤其在金融领域，简略的项目信息很难影响投资人作出投资决定，对于公开性的认定不仅仅局限于传播途径和人数的限制，受众对于信息的了解程度也是重要因素。第四，不特定性，是指向社会公众即社会不特定对象吸收资金，强调投资者随时增加的可能性，与公开性联系紧密的股权众筹通过互联网发布融资项目必然是针对不特定对象，即便筹资者将单个项目的投资人数设置为200人以内满足了非公开发行的要求，但只要利用互联网的传播媒介就无法洗脱向不特定对象公布的嫌疑，只不过其最终将投资者人数限定在200人以内而已。[③] 笔者认为，对于不特定性的认定不应只关注人数的标准上，还需着眼于不特定的本质，即人数的延散性、不可控性和可波及范围的广泛性。在《私募股权众筹管理办法》中禁止融资者在同一时间通过两个或两个以上的股权众筹平台就同一融资项目进行融资，在股权众筹平台以外的公开场所发布融资信息。股权众筹平台要求用户通过身份验证、财产收入衡量才能注册为合格投资者、了解项目全部信息。通过对筹资者和投资者的限制，在一定程度上阻断了互联网广泛传播，在人数上不具有时刻增加的可能性。

---

① 参见郭华：《非法集资的认定逻辑与处置策略》，经济科学出版社2016年版，第24页。

② 参见程兰兰、隋峰：《股权众筹行为与非法吸收公众存款行为的认定》，载《经济刑法》2017年第00期。

③ 参见刘宪权：《互联网金融股权众筹行为刑法规制论》，载《法商研究》2015年第6期。

(二)以股权众筹名义实行非法集资犯罪

股权众筹在我国仍处于初步发展阶段,许多不良融资者和平台混杂其中,借助股权众筹的外壳实施不法牟利行为。根据责任主义原则,只有行为人产生非法占有目的与集资行为同时发生才能将两者结合起来,构成集资诈骗罪,但在集资诈骗的认定中,如何明晰行为人是否具有非法占有目的一直存在争议,虽然《非法集资解释》第 4 条列出 8 种认定为行为人具有非法占有的情形,[①]在一定程度上为司法实践提供了便捷有效的途径,但以客观行为或事实推定主观目的在理论上本身存在逻辑推定漏洞,在实践中不免会陷入司法人员客观归罪的错误,是对刑法主客观相统一原则的违背。股权众筹作为投资风险相对较高的融资模式,当融资企业在设立或运营阶段出现资金问题,投资人受到一定损失,由于众筹特性涉及人数多、社会效应广,群体性事件发生概率较大,司法实践中为了控制社会舆论、安抚受损的投资人,往往容易通过结果规责就将企业扣上了集资诈骗的帽子。

除此之外,非法组织领导传销活动行为也成为股权众筹头上的阴霾,以股权众筹投资形式"拉人头",众筹募集的资金不是用来组织生产、研发或其他经营活动,而是用来抽头提成,例如曾某、陈某组织领导传销活动案中,[②]被告人曾某在广州加入 UCM(XOOM)中美众筹理财

---

① 《非法集资解释》第 4 条规定的 8 种行为:(1)集资后不用于生产经营活动或者用于生产经营活动与筹集资金规模明显不成比例,致使集资款不能返还的;(2)肆意挥霍集资款,致使集资款不能返还的;(3)携带集资款逃匿的;(4)将集资款用于违法犯罪活动的;(5)抽逃、转移资金、隐匿财产,逃避返还资金的;(6)隐匿、销毁账目,或者搞假破产、假倒闭,逃避返还资金的;(7)拒不交代资金去向,逃避返还资金的;(8)其他可以认定非法占有目的的情形。

② 参见《曾某、陈某组织领导传销活动一审刑事判决书》,载中国裁判文书网:http://wenshu.court.gov.cn/content/content? DocID = 4113da5a-4abb-4e6c-84f4-a9a800b6d48e&KeyWord = %E8%82%A1%E6%9D%83%E4%BC%97%E7%AD%B9,2019 年 12 月 20 日访问。

公司组织。从2015年4月在国内向社会以公开出售股权众筹理财产品为名搞传销活动，参加者需交纳人民币0.9万、2.7万、8.1万三个等级获得加入资格，参加者计酬返利的依据除了平台每天返还投资金0.8%～1.2%外，推荐他人加入还可获得加入者投资金10%的一次性提成和以后每天0.1%的提成，按层级可提成4～8代，发展下线人数越多则提成越多。曾某见有利可图，便发展层级达6级，下线超过100人，已经公安机关核实参与传销的人员43人。所谓的“股权众筹”经过不法分子的利用蜕化为一种新形式的互联网传销。

股权众筹具有的高犯罪风险以及异化现象的产生，极易让民众无法了解真正的股权众筹，甚至对其产生误解，将其与非法集资犯罪直接画上等号，这种观念意识使得民众无法区分合法集资与非法集资，对金融投资心生疑虑、望而却步，进一步影响了整个金融市场的创新与改革。

四、股权众筹中非法集资行为的规制路径

集资犯罪交织着无法通过正常途径满足的融资需求却苦于渠道单一的投资意愿，夹杂着多种形式的金融创新和金融法规僵化落后的因素，呈现手段多样、犯罪人和犯罪地广泛、迷惑性强、团伙作案、作案周期强的特点，给刑事打击带来极大难度。[①] 为有效解决股权众筹中的非法集资问题，首先应创造良好金融环境，疏通金融进入实体经济的渠道，逐步对股权众筹之公开发行股份作出一定程度的豁免，明确股权众筹主体资格和义务，强化信息披露制度，改进相关行政监管，等等。在金融法律不断完善、行政监管不断加强，同时刑法作为最后一道防线在规制集资犯罪时应当谨慎对待，消除法律制度修订完善和股权众筹融资创新的步调差距，和谐有序实现相对同步，立足于保护新兴融资模式发展前提下对破坏国家金融管理秩序行为严肃惩治。

---

① 参见李晶：《非法集资的界定与集资犯罪的认定——兼评非法集资的司法解释（法释〔2010〕18号）》，载《东方法学》2015年第3期。

(一)坚守谦抑性原则,兼顾金融创新与金融秩序的平衡

刑法规制股权众筹的初衷是维护我国金融秩序的稳定运行,这也符合我国以公有制为主体,多种所有制共同发展的经济制度。目前非公有制经济迅速发展,民营企业、小微企业展现出强大的经济活力,同时对资金的需求愈加强烈,这也要求金融监管作出相应的调整。就刑法而言,目前我国金融秩序的维护过分依赖于刑法规制,导致刑法直接沦为维护金融秩序的工具,集中表现于金融准入犯罪的设置,股权众筹在准入环节涉及非法集资中 3 项罪名。此外,刑法对非法集资行为规制有进一步提前之嫌,《关于非法集资刑事案件性质认定问题的通知》规定,对非法集资行为的认定,无须行政部门对非法集资性质认定而进入刑事程序,①可见刑法对民间融资过度介入、非法集资打击步步加大,但近几年来非法集资案件屡禁不止,严厉惩治并未能达到预期效果。据统计,2017 年全国新发涉嫌非法集资案件 5052 起,涉案金额高达 1795.5 亿元。② 刑法作为辅助法,其最后手段性决定了其对经济活动的干预必须矜持、慎重、讲究德行,不能在经济自由与经济管制调和过程中,乘机扩大自己的处罚范围。③

"守住不发生系统性金融风险的底线"是党的十九大报告提出的目标和要求,当下互联网传播的高效性使金融市场风险成倍增长,对于严重破坏金融市场的行为刑法应当严惩不贷,但过度倾向金融秩序的保障则会打压金融创新性,不利于资本多级市场的建构。刑法介入、干

---

① 最高人民法院《关于非法集资刑事案件性质认定问题的通知》明确规定,行政部门对于非法集资的性质认定,不是非法集资案件进入刑事程序的必经程序。行政部门未对非法集资作出性质认定的,不影响非法集资刑事案件的审判。

② 参见《2017 年全国新发涉嫌非法集资案件 5052 起,涉案金额 1795.5 亿》,载中国经济网:http://finance.ce.cn/rolling/201804/23/t20180423_28920465.shtm,2018 年 12 月 30 日访问。

③ 参见何荣功:《经济自由与经济刑法正当性的体系思考》,载《法学评论》2014 年第 6 期。

预社会生活应以维护和扩大自由为目的，而不应过多地干预社会是刑法谦抑性本质，[①]其更应在具有二次违法性特征的经济犯罪中得到体现。随着金融市场化改革的逐步深入，金融垄断的局面终将被打破，刑法不应过度把控金融秩序成为金融准入的“防火墙”，而应充分发挥其谦抑性，在严守底线的前提下成为保障金融创新发展的“看护人”。

(二)明确集资犯罪认定标准，严格惩治阴阳行为

1. 明确非法吸收公众存款的行为本质

非法吸收公众存款罪必须严格适用于间接金融范畴的非法集资行为，而擅自发行股票、公司、企业债券罪则与具有直接融资属性的非法集资行为相对应，同时，对那些具有“非法占有”目的的非法集资行为则以集资诈骗罪论处。[②] 股权众筹是筹资人与投资人点对点进行的直接融资，不通过金融机构选择符合条件筹资者获得资金。这也是直接融资与间接融资最主要的区别。而在对股权众筹的刑法规制中，司法人员只刻板地对融资行为是否满足非法吸收公众存款非法性、公开性、利诱性、不特定性四项条件，仅进行形式上的审查而忽略非法吸收公众存款行为的本质。非法吸收公众存款，本质上是一种非法金融机构从事商业银行业务的行为或者是商业银行等金融机构违反金融法律规定从事吸收公众存款的活动。[③] 在非法吸收公众存款的行为中，行为人在吸收存款时并没有接受投资人投资的意愿，不存在共负盈亏的意思，而投资人看重的是保本付息、筹资人承诺的盈利，也没有承担风险、共同经营的想法，因此非法吸收公众存款罪行为本质上是一种间接融资行为。就目前的司法实践来看，用非法吸收公众存款罪规制像股权众

① 参见陈兴良：《刑事政策视野中的刑罚结构调整》，载《法学研究》1998 年第 6 期。

② 参见刘志伟：《非法集资行为的法律规制：理念检视与路径转换》，载《江西财经大学学报》2016 年第 1 期。

③ 参见郭华：《非法集资的认定逻辑与处置策略》，经济科学出版社 2016 年版，第 59 页。

筹这样的直接融资行为,降低了入罪门槛,违背了立法者的立法初衷。[①] 因此,明确非法吸收公众存款罪的行为本质对于规制股权众筹意义重大,有利于限制非法吸收公众存款罪扩张适用而沦为“口袋罪”。

2. 综合考量集资诈骗罪“非法占有为目的”

集资诈骗罪是非法集资犯罪的加重罪名,在满足非法集资“非法性、公开性、利诱性、社会性”四个特征的基础上,还须具备“以非法占有为目的”与“使用诈骗方法”才能构成集资诈骗罪。互联网股权众筹的信息隐蔽性以及高风险性使对行为人主观目的认识更加复杂,因此对互联网股权众筹中非法占有目的的认定需要更加谨慎。首先,从动机分析,筹资人是否基于真实的项目发展需要而发起股权众筹;其次,查实筹得资金是否用于协议中约定的生产经营活动,对于将资金并未投入生产经营而是用于偿还个人债务、个人挥霍的行为可认定存有非法占有目的;最后,在行为上,筹资人后期是否积极筹措资金并还本付息,对于拆东墙补西墙、隐匿财产等行为都认定为具有非法占有目的。

此外,还有两个问题值得注意。第一,由于股权众筹是具有一定风险的融资行为,融资失败也是投资者应事先预想到的结果。司法实践中不能因为最后投资人资金不能返还就一律认定筹资人具有非法占有目的,犯结果规责的错误。“无法返还”仅是行为人“以非法占有目的”的必要条件而非充分条件,两者之间并不存在必然联系。[②] 所以在《非法集资解释》第4条第2款的强调“集资款不能返还”之前,需满足“集资后不用于生产活动或用于生产经营活动与筹集资金规模明显不成比例”和“肆意挥霍集资款”要求,但何为明显不成比例、肆意挥霍,都属于司法审判自由裁量的范畴,需要司法人员根据实际情况,结合各方因素谨慎把握、综合考量。第二,使用诈骗方法并不能必然证明行为人具有非法占有目的,股权众筹中筹资人编造虚假项目欺骗投资人进行投

① 参见刘宪权:《刑法严惩非法集资行为之反思》,载《法商研究》2012年第4期。

② 参见吴文嫔、张启飞:《论互联网金融创新刑法规制的路径选择——以非法集资类犯罪为视角》,载《中国检察官》2015年第11期。

资,如果集资款项用于可回报投资人的生产经营活动,最终经营失败也不能认定筹资人具有非法占有目的,则可能构成欺诈发行股票罪。

3. 严格惩治阴阳行为

我国金融市场改革正处于起步阶段,股权众筹作为融资新渠道目前还不被广大民众了解。许多不法平台和筹资人利用民众这一知识空白和渴望进入金融领域的投资愿景,借股权众筹名义诱骗投资者、骗取司法机关对股权众筹采取的宽容态度,“挂羊头,卖狗肉”为其犯罪活动打掩护,以组织领导传销活动罪为表现典型。对于这种阴阳行为,司法机关在法律适用过程中将其纳入一般经济犯罪范围内,依据非法集资相关犯罪构成要件,并结合具体情形定罪量刑。[①]只有对假冒股权众筹的犯罪行为严厉打击,才能正真股权众筹之名,也让社会公众加深对金融行业的了解,提升自身金融素养,共同维护良好的金融市场秩序。

(三)放宽金融准入犯罪的限制,适度提高犯罪门槛

一个公平的金融市场应该对不同的参与者同等地确保金融资源的可得性与易得性。在金融公平的要求下,金融市场的不合理门槛应该被逐渐降低直至消除。[②] 2018 年 3 月,证监会在印发的年度立法工作计划中,将制定《股权众筹试点管理办法》列入进重点项目,准备先行开展股权众筹试点,建立小额投融资制度,这一举措表明相关行政法规开始就股权众筹的发展进行修改与完善,与此同时刑法也相应作出调整。经济犯罪范围的大小体现的是国家对经济自由的认可限度和国家的政治宽容度。因此,针对刑法中不合理的条款,在尚无法进行修改或废止的情况下,应结合国家的金融政策,制定司法解释,调整入罪门槛,

① 参见王艳萍:《股权众筹领域的刑法规制完善》,中国社会科学院研究生院法学研究所 2017 年硕士学位论文,第 19 页。

② 参见魏昌东:《中国金融刑法法益之理论辩证与革新定位》,载《法学评论》2017 年第 6 期。

限缩其适用范围。在现有法律框架下,行为人违反《证券法》《公司法》进行非法集资后,往往直接构成非法吸收公众存款、擅自发行股票罪受到刑法规制,违法行为与犯罪行为之间缺乏缓冲地带。如前文所述,在股权众筹发展中受到人数、金额限制很容易就构成犯罪而无法发挥其功能效用,不利于金融市场的创新。刑法规制应顺应金融市场的改革浪潮,对金融创新方式给予一定宽容,拓宽前置法与刑法过渡空间,避免相关犯罪过度使用。

根据《非法集资司法解释》第3条第1款的规定,非法吸收或者变相吸收公众存款,具有下列情形之一的,应当依法追究刑事责任:(1)个人非法吸收或者变相吸收公众存款数额在20万元以上的,单位非法吸收或者变相吸收公众存款数额在100万元以上的;(2)个人非法吸收或者变相吸收公众存款对象30人以上的,单位非法吸收或者变相吸收公众存款对象150人以上的;(3)个人非法吸收或者变相吸收公众存款,给存款人造成直接经济损失数额在10万元以上的,单位非法吸收或者变相吸收公众存款,给存款人造成直接经济损失数额在50万元以上的;(4)造成恶劣社会影响或者其他严重后果的。随着互联网金融的迅猛发展,集资规模成倍扩大,涉案金额达到百万、千万的案件屡见不鲜,可见目前规定的入罪标准已明显偏低。笔者建议可以以现有入罪标准的5倍作为新的立罪标准,数额加重情节也同样按倍数递增。

限定非法吸收公众存款的构成要件——“集资款项用途”。对此学界存在肯定说与否定说,肯定说认为,将非法吸收公众存款罪的“集资款项用途”限定为货币、资本经营或投资于证券、期货、地产等高风险领域,对于将集资款项用于实体生产经营等风险较低的领域,不应认定为非法吸收公众存款罪。否定说认为,目前不仅是证券、期货、地产等投资领域存在高风险,实际上即便是实体创业、经营也面临很大的风险。行为人即便以超过企业经营利润比率的不合理高额回报诱惑出资人投资,并在资金链断裂后失败破产,也可以以筹资金是用于发展实体经济为由逃避本罪的追究，这似乎并不合理。①《非法集资司法解释》采用了折中的做法："非法吸收或者变相吸收公众存款，主要用于正常的生产经营活动，能够及时清退所吸收资金，可以免予刑事处罚；情节显著轻微的，不作为犯罪处理。"笔者认为，折中做法必然存在结果责任之嫌，从侵害法益的角度分析，只有行为人将非法吸收存款用于货币、资本经营才可能扰乱金融秩序，正常生产经营生活难以涉及金融秩序，因此无法侵害到国家金融管理秩序的行为不构成非法吸收公众存款罪。此外，"存款"一词也强调行为人应从事资金、货币等金融相关业务。若按照否定说观点，将用于货币、资本经营之外的生产经营活动认定为犯罪，将极大地压缩了民间融资的生存空间，不利于我国企业融资渠道的拓宽。

（四）强化与其他非刑罚方法的轻重衔接

非刑罚化，是指行为人的行为依照法律规定，符合某一犯罪的构成要件，但是由于犯罪的社会危害性较小，犯罪情节轻微，可以不给予刑罚处罚，而以行政处罚或者其他非刑罚上的处罚措施来代替对其进行的刑罚上制裁的一种措施。② 非刑罚化是刑罚轻缓化发展的产物，符合刑罚的经济性原则，同时也是对刑罚谦抑性之刑法理念的回应，对刑罚报应主义的摒弃。根据我国《刑法》第 37 条的规定，非刑罚处罚方法包括以下五种：予以训诫、责令具结悔过、赔礼道歉、赔偿损失以及行政处罚或行政处分。当下我国对于非刑罚方法并未能有效运用，仍十分依靠刑罚制裁防控犯罪行为，在对经济犯罪的治理上主要也是借助刑罚的惩治性与威慑性，对经济犯罪还规定了相对较重的刑罚，甚至还

① 参见阴建峰、刘雪丹：《互联网股权众筹的刑法规制问题论纲》，载《法律科学（西北政法大学学报）》2018 年第 1 期。

② 参见卢勤忠：《非法集资犯罪刑法理论与实务》，上海人民出版社 2014 年版，第 252 页。

规定了死刑。[1] 尤其对一直处于“严打”刑事政策下的非法集资犯罪，集资诈骗罪规定可适用死刑。

建立多层次的资本市场，相对应也需要有多层次的监管制度，刑法只是风险监管中的一个环节，因此强化刑罚与非刑罚化的轻重衔接对于规范股权众筹运行十分必要。首先，完善前置性立法工作，强化行政法对于非法集资行为的规制功能，增加行政处罚种类，加强处罚强度。[2] 对于经济犯罪来说，行为人的目的是追求不法经济利益，对其行为进行经济利益上的惩处应该会更具有针对性。某些非法集资行为并未严重破坏金融秩序，通过给予行为人一定数额的经济处罚，可修复金融秩序。其次，减少刑罚与非刑罚措施的间隙与重叠。例如，对于擅自发行股票行为的规制，《刑法》与《证券法》都规定处以非法所募资金金额 1% 以上 5% 以下的罚款，处罚措施的重叠使处罚力度未能递进，从而不利于行政处罚与刑罚的衔接。最后，对于非法集资犯罪中唯一存在死刑刑罚制度的集资诈骗罪，多数学者都认为取消此罪的死刑刑罚配置是刑罚制度完善不可阻挡的历史潮流，但就当下国家对金融风险重点防范的政策导向和非法集资犯罪的严重程度而言，只能对死刑进行严格解释和谨慎适用。《刑法》第 199 条对集资诈骗罪死刑的适用作出规定，符合“数额特别巨大”并且“给国家和人民利益造成特别重大的损失”的条件外，还应满足《刑法》总则第 48 条“罪行极其严重”的规定。不可否认，犯罪数额在实践中作为适用死刑的事实根据同时又是实践中的决定因素，给国家金融管理秩序的严重破坏程度与给人民利益造成的损失最终都是以数额来衡量的。鉴于此，在数额的认定上须严格遵守法定程序，既要考量犯罪数额背后所反映的社会危害性和人身危险性，又要遵循存疑有利于被告人原则。[3]

---

① 参见陈兴良：《刑法的刑事政策化及其限度》，载《华东政法大学学报》2013 年第 4 期。

② 参见莫洪宪、刘芷含：《互联网股权众筹的刑事风险防范及规制》，载《广西大学学报(哲学社会科学版)》2018 年第 2 期。

③ 参见魏东、白宗钊：《非法集资犯罪司法审判与刑法解释》，法律出版社 2013 年版，第 117 页。

尽管在集资诈骗罪死刑的适用上不能避免有“数额论”的倾向，但要防止“唯数额论”的极端，务必结合集资诈骗案件发生的社会背景以及具体情况进行考量、谨慎适用。在曾轰动一时的“吴英集资诈骗案”中，一审判决吴英采用虚构事实、隐瞒真相、虚假宣传等方法制造具有雄厚经济实力的假象，非法集资 7.7 亿元，至案发尚有 3.8 亿元未归还。单就数额的认定就足以达到特别巨大，给出资人造成的损失也是特别严重，严重破坏国家的金融管理秩序，犯罪性质比较恶劣，一审判决、二审裁定判处死刑，后浙江省高级人民法院改判死刑缓期执行。改判结果在当时引起许多争议，如今再回头分析判决结果，吴英非法集资案件对于死刑的适用不仅仅依照数额的标准，同时还考虑了案件背后特殊的社会背景、被害人过错等具体因素。很长一段时间，我国都处在国家金融垄断状态，民营企业家难以在传统融资体系中筹得发展资金，进而不得已选择民间集资道路。当下，上亿元的犯罪金额对于非法集资案件来说已不足为奇。随着股权众筹试点的展开，具有更广涉众性的融资模式兴起，非法集资行为的犯罪金额会常常突破数额特别巨大的标准而满足死刑适用的要求，这就需要司法人员结合案件多个因素谨慎考量。

五、结　　语

我国正处于从金融抑制到金融自由化的转变时期，互联网金融是现代金融发展的大势所趋，股权众筹作为融资模式的新兴代表，它的发展历程也代表着当今互联网金融行业发展的方向。目前，我国金融法律对股权众筹的定位不清、监管职责不明晰，没有专门针对股权众筹的法律法规，使得股权众筹一直受到非法集资犯罪风险的困扰而徘徊在灰色地带，没有发挥其预期的拓宽融资渠道、缓解民营企业融资难的作用。作为互联网金融发展的最新阶段，社会公众对股权众筹的运营还缺乏了解，这也导致许多不法分子借股权众筹的外壳，运营虚假股权众筹平台、捏造投资项目实行诈骗、传销、洗钱等犯罪行为，使许多投资者深受其害，从而也给股权众筹蒙上了非法集资犯罪的阴影，容易使社会公众对金融安全产生怀疑、缺乏信赖感进而丧失投资意愿。对于股权众筹中的非法集资行为,刑法规制上也出现了诸多问题。

面对我国经济社会改革的持续推进,整个监管体系、监管理念和监管思路也须与时俱进,金融法律应为互联网股权众筹的发展提供必要的制度供给,例如,逐步推进股权众筹试点工作,对股权众筹之公开发行股份作出一定程度的豁免,明确股权众筹参与主体的权利义务;在平台监管上强化信息披露制度,制定严格的审查标准,加强相关行政监管,等等。刑法作为社会保障的最后一道防线,在前置法规相对完善的基础上,应注重对金融创新与维护金融秩序安全的平衡,在遵循刑法谦抑性的原则下对非法集资犯罪调整相关立法、司法解释,限制正常股权众筹行为中可能涉及的罪名的适用范围;疏通股权众筹行为触犯具体非法集资犯罪时出罪、出刑途径;加强刑罚与非刑罚方式的衔接,逐步建立起多层次的股权众筹监管体系,为股权众筹的创新发展保驾护航,进一步深化我国金融市场改革,早日实现由金融大国向金融强国的转变。

Research on the Criminal Laws and Regulations System of Illegal Fund Raising in Equity Crowdfunding

Zhang Weiwei & Zou Yini

[**内容摘要**]股权众筹作为互联网金融模式的新兴代表,拓宽了普惠金融的广度和深度,但由于其本身天然的网络属性及相关制度的缺失,加之一些缺乏信誉的融资者和平台混入其中、滥竽充数,股权众筹极易触碰非法集资犯罪的红线。为了股权众筹能够稳步发展,刑法在规制上应坚守谦抑性原则,注重兼顾金融创新与金融秩序的平衡;逐步放开对金融准入类犯罪的限制;明确刑法打击界限、严厉惩治互联网股权融资中的异化行为,强化与非刑罚手段的衔接,稳固刑法作为保障法的地位。

[**关键词**]股权众筹;非法集资;法律风险;刑法规制

Abstract: Equity crowdfunding, as an emerging representative of the Internet financial model, broadens the scope and depth of inclusive finance. However, equity crowdfunding will probably cross the red line of illegal fund raising activities due to being short of its own natural network attributes and related systems, financiers being deficient in credits and platforms cheating. For the steady development of equity crowdfunding, on the criminal law system, lawmakers and judicial officers should stick to the principle of modesty, give consideration to the balance between financial innovation and financial order; gradually liberalize the restrictions on financial crimes; clarify the boundaries of the criminal law and severely punish the alienated behavior in internet equity financing, strengthen the connection with non-penalty means, and stabilize the status of criminal law as the guarantee law.

Keywords: equity crowdfunding; illegal fund raising; legal risk; criminal law regulation

职业性刷单行为的界定与刑法规制*

徐 立** 李学良***

目 次

一、引言
二、职业性刷单行为的界定及特征
三、职业性刷单行为属于传销行为
四、刑法应当规制职业性刷单行为
五、余论

一、引 言

2013年2月,行为人李某某创建"零距网商联盟"网站,并利用即时通信工具YY建立刷单炒信平台,吸纳淘宝卖家注册账户成为会员,并收取300~500元不等的会员费和40元的平台管理维护费。李某某还制定了刷单炒信规则与流程,组织及协助会员通过平台发布或接受刷单炒信任务。2014年年初阿里巴巴集团运用大数据手段发现"零距网商联盟"网站在淘宝网上存在刷单行为。同年5月,阿里巴巴集团向

---

* 本项目研究获教育部"新世纪优秀人才支持计划"[NCET]的资助。

** 中南财经政法大学法治发展与司法改革研究中心首席法律专家、教授、博士研究生导师。

*** 中南财经政法大学刑事司法学院博士研究生。

杭州市经侦支队报案,后李某某被传唤到案。经查截至2014年6月,李某某非法获利90余万元。2016年6月,李某某被公诉机关以涉嫌非法经营罪起诉至余杭区法院。余杭区法院一审审理认为,被告人李某某违反国家规定,以营利为目的,明知是虚假的信息仍通过网络有偿提供发布信息等服务,扰乱市场秩序,且属情节特别严重。法院当庭宣判:李某某犯非法经营罪,判处有期徒刑5年6个月,并处罚金90万元,连同原判有期徒刑9个月,并处罚金2万元,予以并罚,决定执行有期徒刑5年9个月,并处罚金92万元。①

审理该案的法院认为,李某某从事的在淘宝网上的刷单行为属于一种未经允许的经营行为,其刷单行为符合2013年最高人民法院、最高人民检察院颁发的《关于办理利用信息网络实施诽谤等刑事案件适用法律若干问题的解释》(以下简称《适用解释》)第7条即"明知是虚假信息,通过信息网络有偿提供发布信息等服务,扰乱市场秩序……情节严重",依照《刑法》第225条第4项的规定,以非法经营罪定罪。但是刷单行为并非一种经营性的活动,也不存在政府颁发有关"执照或资质"从而限制其他主体从事这一行为的市场准入门槛,这在本质与《刑法》第225条前3款规制的行为类型是不同的。即便不考虑行为方式的"同质性",②从刑法体系统一性方面考量也不应以非法经营罪规制刷单行为,应将其作为一种新型的传销行为,纳入组织、领导传销活动罪的规制领域之中。

互联网的发展使线下商品交易转移到线上,通过电商平台可以即时、便捷地跨地域进行商品交易。第三方电商平台如淘宝、京东等的出现使消费者足不出户、网上挑选、网上支付即可实现购物。互联网在使消费活动便宜化的同时也催生了一种新型的"职业",其工作是通过虚

---

① 参见朱银玲:《五年九个月!全国"刷单入刑"第一案在杭宣判》,载《钱江晚报》2017年6月21日,A0010版。

② "只含同类规则有强烈的形式化特征,在依据刑法目的进行检视时,难免显得捉襟见肘。""只含同类规则不利于兜底条款的堵截功能,不适应解释论中刑法的明确性,其同类标准也缺乏必要的确定性,因而不应成为刑法中适用该条款的统一法则。"王安异:《对刑法兜底条款的解释》,载《环球法律评论》2016年第5期。

假买卖活动给在电商平台中经营的店铺“刷信用、刷好评”,即刷单行为。网店单次进行刷单或者通过真实交易返利型刷单并不存在违法犯罪之实,而惯常性、有组织的刷单行为则扰乱了市场秩序,情节严重时当由刑法规制。这种惯常性、有组织的刷单活动被称为“职业性刷单”,具体而言是指网店通过雇佣刷单团,以虚假交易的方式,使指定店铺的搜索率、好评率提高,进而在搜索排名中靠前,同时较高的好评率能够提高消费者的关注度,增加商品交易的成功率,以达到实现营利目的的活动。职业性刷单行为表面上符合《适用解释》第7条的规定,实质上却是贴切了传销活动的基本特性,如刷单团体中存在“工种”分级、需要交纳会费、有提成返利等。

二、职业性刷单行为的界定及特征

网店刷单是顺应互联网金融而衍生的亚行为类型,同时不应否认相关电商平台的纵容使职业性刷单组织不断壮大。网店经营过程中存在三方主体:网店、电商平台、消费者。消费者通过上网、浏览、购物提供财富流转,而网店赚取的是商品的交换价值,此过程中产生的其他利益(广告收入、流量收入等)归属电商平台,某些电商平台还会收取网店的管理费用。电商平台在提供“免费服务”的同时,也潜在、非主动地诱发了非法行为,如虚假的宣传广告、假冒商品。网店盈利主要来源是销售商品,一般而言,销售额越高其获利就越丰厚,而这就需要更多的消费者购买其商品。在互联网世界中消费者不能够与商家进行一对一的商品验证,无法通过线下交易的方式查证商品的优劣,更无法亲身体验商品是否符合自身的需求。这使在互联网交易中消费者需要在众多网店中选择“大众网店”,即“口碑好、人流量多”的网店购物,而这一指标根据电商平台内置的各项信誉指标如“好评”“交易量”等进行评判。网络虚拟环境中,电商平台设置的信誉指标成为指引消费的决定性指南,也使得网店在这些指标上寻找“商机”。网店通过正常渠道难以短时间实现盈利,便会妄想凭借“潜规则”虚拟交易提高成交率、虚构好评使其快速成为旺铺以获取利益。

(一)职业性刷单行为的界定

电商平台实质上是一个包含各种商品的搜索引擎,当消费者检索某类商品时,通常情形下不同网店以交易量、浏览量的多少依次排序。换言之,交易量越大、浏览次数越多则网店排名越靠前,“被光顾”的概率越大,商品销售量也就越大。在大数原则支配下网店企图通过“刷流量”的方式获取更多消费者的关注。消费者购买商品还需要注重商品的质量,通过先前买家对该网店商品的评价如五星好评、晒图好评等替换线下交易的感官体验,知悉某一商品的优劣,为此有卖家通过“刷好评”的方式提升店铺信誉。“好评”和“交易量”这两项指标很大程度上决定了不特定消费者是否购买该家网店的商品。网店为获得好评、交易量便通过雇用第三方虚假交易以形成该网店商品“好评率高”“交易量大”的假象。而该第三方便是通过网店刷单提升该网店的交易量、好评率。网店刷单,是指在互联网交易中,线上网店经营者雇佣第三方主体到指定网店虚假购买商品、进行好评使指定网店成为商品优、服务佳的“旺铺”,提升指定网店在同名搜索中的排名、抵消真实差评提高好评率,骗取消费者信任,以实现营利的行为。

网店刷单中存在三方主体:网店、电商平台、刷单人。网店为“教唆犯”,是刷单行为的受益人、发起人,是“雇主”;电商平台为“帮助犯”,在刷单行为中提供了技术支持,电商平台监管不力也间接纵容了刷单行为,是“犯罪现场”;刷单人为“实行犯”,直接、具体完成刷单行为。刷单人在实际运作中并非“单兵作战”而是“集团作战”,刷单人群体形成一个组织严密的刷单团体,在其内部存在不同分工。根据刷单团的入会模式及工作种类可分为三种模式。

1. 混杂模式。如入会费 298 元,无第二次收费、终身会员,有刷单、外宣、客服、培训、客服 5 种职位,可以同时做多个职位也可以选择做其中某一职位,会费可退。[①] (1)刷单,每刷一单佣金 3 ~ 20 元不等,10 分钟左右一单,单子数量不限;(2)外宣,负责宣传招募新人入会,推荐一位新人做兼职会有 180 元的佣金奖励,日工资可达千元;(3)客服,负责接待新会员,每接待一位新会员提成 20 元,每天接待10 ~ 20位;(4)培训,培训一位新人刷单有 10 元佣金,同场培训 10 ~ 20 人,每天 3 场,每场 2 小时;(5)主持,负责放单,按商家给单总额的 30% 提佣金,一般商家给一个单子最少都是 1000 元,主持佣金最高。

2. 分级模式。如刷单、外宣、客服、培训、主持五种职位均为终身兼职、无二次交费,不同会员间不可升级,会费可退。(1)普通会员,只做刷单,一单 3 ~ 8 元,月收入最高 1000 元,会费 90 元;(2)高级会员,可做刷单与外宣,一单 3 ~ 8 元,月收入 1000 元左右,会费 190 元;(3)至尊会员,刷单、外宣、客服、培训、主持五种工作都可以做,刷单可做 3 ~ 25 元的高佣金单子,每月最低 3000 元,会费 290 元;(4)白金会员,全频道红马,[②]享有至尊会员所有优势并且对于培训、接待有优先选择权,各方面提成增加 5% ,月收入最低 4000 元,会费 660 元;(5)钻石会员,加黄马,所有职位对钻石会员开放,是平台小股东,兼职提成最高,可优先做主管。

3. 返利模式。返利模式大致存在两种不同的类型:(1)好评返利型,网店不经过第三方而是自己在销售商品过程中给予消费者返利,以交换好评。即在某次商品销售中随订单或者在网店网页中标明消费者如果给予五星好评会有现金返现优惠,通常返现的金额为 1 ~ 5 元不等。(2)差评返利型,网店在销售中并不存在给予好评返现的优惠,但当消费者因商品、服务等问题给予差评时,网店会通过联系消费者与其协商,给予消费者承诺"如果答应更改差评即将差评改为中评或好评

---

① "会费可退"仅仅是在招募刷单人员时的口头承诺,但实际中一般不会履行这一承诺。

② "红马""黄马"等是即时通信工具 YY 中对于不同权限人员作出的区分,"红""黄"等表示颜色,普通权限是系统自动生成的"白色";"马"是"马甲";不同的颜色在"马甲"上表露出来,以表明账号的权限或等级,也是证明该账号是否有足够的权限进入某一频道或从事某一活动的显性标志。

网店会给予一定的优惠”,“更改费”是具体订单而定,但一般不会超过30元。

三种模式中分级模式的传销性更为明显,混杂模式的传销性较为隐蔽,返利模式则不具备传销特性,不存在职业性刷单行为也就无从存在传销行为。第三种返利型模式是商家未经过第三方直接与消费者而非职业刷单人取得联系,通过“好意施惠”“雇佣”消费者写好评或者将差评改为好评,此时消费者基于自我意愿可以同意也可以不同意网店的要约行为。在第三种模式中是存在真实的商品交易,这也是该模式与其他模式的本质不同之处,或许可以将其视为无店铺的“直销”行为。

此外,以打车软件为代表的服务型网上平台中的刷单行为与商品买卖中的刷单行为存在不同,如打车软件优步、滴滴的职业刷单人多为在该平台注册为司机的人员,其通过虚拟客户、虚拟运行里程、虚假运行等方式骗取打车软件给予的营运补贴、优惠券金额,即通过高科技设备使自己当乘客,在“空跑”时形成一种载客的假象,自己为自己支付打车费以挣取打车软件公司发放的免费消费券、运营补贴。此种行为不具备传销行为的任何特性,且该行为受制于相关平台的促销活动,一旦促销结束或补贴降低这样的违规操作便没有了生存空间。尽管其不具备传销行为特性,但存在合同欺诈之嫌,骗取回扣、补贴数额较大的可以以合同诈骗罪规制。同样在无会费的垫付式刷单行为中,刷单人按照指示自己垫付购买相关商品,但事后无法获得赎回本金及“劳务费”的刷单活动,无疑是一种纯粹的诈骗行为,可以以诈骗罪进行规制。

(二)职业性刷单行为的特征

职业刷单人相当于线下交易中的“托儿”,只不过在网络虚拟环境下该类群体被“大众化”“合法化”。作为网店“托儿”的刷单人员通过电商平台中预设的好评机制以混淆真实消费者的认知,采取虚假的手段提升了指定网店的信誉、好评率、浏览量。三个指标信誉、好评率、浏览量具体到线下的交易中则表现为:酒好不怕巷子深、“十里八乡熟知”;口碑佳、“假一赔十”;店铺被众多消费者围观、商品被众多消费者购买。潜在的消费者以电商平台的评价指标为参考寻找物美价廉的商品,而刷单行为等“托儿”类行为在评价机制的“漏洞”中穿梭,误导了真实的消费者。

网店刷单行为的目的在于提升指定网店的信誉以使其获得更大的利润,不同的刷单模式只是在运行中存在差异但其本质未偏离此目的。返利模式下刷单人是真实的消费者,其购买商家物品并作出好评是基于其自我意志的选择,网店通过平台标识或者附随商品标识许诺好评者将得到网店的优惠,是基于一种奖励机制而给予的“奖赏,无可争议地是一类刺激服从他人要求的动因”。① 即便消费者将差评改为好评的这种“拿人钱财替人消灾”的行为不值得提倡但其行为存在“期待不可能”。消费者基于自我意愿如何对商品作出评价是其自由选择之举,如若网店商品劣质、服务态度差,消费者通常会将商品退回便不存在无评价争扰之困,通常情形下未退回商品大致上符合消费者的购买愿望,即使其作出虚假评价或许存在道德层面的谴责,也应当尊重其基于意愿的自我选择。而在分级模式与混杂模式中则大为不同,刷单人并非真实消费者,并未购买商品也不能真实地感受指定网店商品的质量如何,其评价行为属于纯粹的“服务”而非购买商品后被赋予的评价权利。

刷单行为在分级模式与混杂模式中不存在本质差异,其最大表征为:基于入会费不同,刷单人员是否存在严格的等级分别。等级分离易于管理,一级压一级,每个级别的成员对另一级存在“压制”。如分级模式中存在六个级别:主管、钻石会员、白金会员、至尊会员、高级会员、普通会员,不同级别之间接触到不同的工作,且上一级可以优先做下一级的工作。此外,刷单团实际控制人员如主管、钻石会员等股东幕后操纵刷单团的运行。在混杂模式中会费统一、工作任选、可兼做数种工

---

① [英]约翰·奥斯丁、[英]罗伯特·坎贝尔修订:《法理学的范围》(第2版),刘星译,北京大学出版社2013年版,第25页。

作,该模式下刷单团的实际控制者更为隐蔽,一般难以识别谁是刷单团的真实控制人,在看似平等的刷单团中刷单者的活跃性更高、更积极,实行"能者多劳,劳者多得"的机制。为了规避刷单团被举报等,现有刷单组织开始"近亲繁殖",新人入团必须有老会员作担保,使"闲杂人员"免入,以保证刷单团内部的团结与封闭性。

两种模式尽管存在形式不同,但功能、行为性质是相同的。实际运行中刷单行为大致存在以下环节或特点:(1)行为主体独立或共谋成立刷单团体,通过电商平台或其他通信手段与网店达成刷单合意,或者网店、电商平台作为实际的刷单组织者发起原始刷单合意。行为主体是刷单行为的发起者,是刷单平台的大股东与实际操控者。(2)行为主体通过各类媒介宣传一种便宜性的挣钱手段吸引赋闲人员如学生、家庭主妇、上班族等,以"低投入高回报"的噱头获取其信任进而拉其入会。(3)刷单发起者最初作为第一代职业刷单人需要扶植大量的刷单骨干,然后由骨干培养下一代刷单人员,刷单发起者便逐渐退出实际刷单工作,借由外宣人员不断补充、增加刷单人员。(4)刷单人员入会需要交纳一定数量的会费,会费以保证金的名义收取且承诺在会员刷单满一定数量后全部返回。(5)刷单人员虚拟交易获取电商平台预设的售后评价权,给予指定网店商品"五星好评",领取刷单奖励,结束刷单行为。(6)刷单平台的资金来源有两项:一是网店给予的刷单费用;二是新会员交纳的会费。刷单费用以支付佣金的形式支出而会费则不断积累成为刷单平台的隐形收入,如外宣、主持等培养新会员的人员在培养过程中以培养会员的数量作为工作收入的基数。(7)部分刷单团会给予刷单人员在线奖励,如挂机贡献度满 500 返现 15 元(无限循环)。①

① 挂机贡献,是指刷单人员通常是通过 QQ、YY、IS 等即时通信工具完成交流、培训、接单等活动,刷单人员在挂机时便意味着其登录了该软件,为该软件带来流量收入等其他利益。在线人数多也意味着该软件的认可度高,同时可能吸引他人下载,间接吸纳他人成为刷单人员。此外,挂机意味着刷单人在工作状态,便于随时进行刷单工作,故而会给予刷单人员一定的奖励,鼓励其挂机。

此外,网店给予的“任务单”根据付款方式不同有4种:(1)红包单,即以主持交付的红包支付购买网店商品的费用;(2)代付单,在指定网店选择商品后付款时选择由指定人员代为付款;(3)浏览单,按照主持的要求浏览、收藏网店,不需购买商品;(4)虚拟单和垫付单,拍单的本金和佣金由押款人偿付,两者不同的是虚拟单的本金和佣金当天发还,而垫付单需要刷单人员自行付款,某些刷单团以垫付单为主,在确认收货之后才能向押款人收款,该种单子存在较大风险。①

三、职业性刷单行为属于传销行为

分级模式下的刷单行为形式上与传销行为具有较大的相似性,均存在分级、收纳会费;混杂模式中虽无分级,但也有分工,并且符合交纳会费这一特征。在现有法律框架中所规范的传销行为有何特征?存在几种类别?两种刷单模式的外在与内在是否与传销行为契合?下面分别进行分析。

(一)传销行为的特性

传销是中国特有的名词,是伴随直销这一营销模式进入中国内地而出现的。② “传销”实际上是国际营销学意义上的直销,分为单层次

---

① 例如,2015年4月起,被告人陈某购买了由被告人陈某龙身份注册的网店“衫衫代购潮流屋”后,并利用被告人陈某龙提供徐某某的照片制作了一张姓名为陈某龙、头像为徐某某的假身份证,又由被告人陈某龙提供的徐某某手持该假身份证通过视频认证加入“霸气”刷单群后,被告人陈某分别以QQ“大猩猩”“老油条”向群里发布与“衫衫代购潮流屋”网店绑定的虚假刷单任务,并向群里的网络刷手承诺给付佣金。至同年5月,被告人陈某通过隐瞒身份、发布虚假刷单任务等手段意图骗走刷单群内被害人邱某某、陈某某1、任某某等14名网络刷手货款计48,791.75元。参见福建省莆田市荔城区人民法院刑事判决书(2016)闽0304刑初218号。

② 参见潘星丞:《传销犯罪的法律适用——兼论组织、领导传销罪与非法经营罪、诈骗罪的界限》,载《中国刑事法杂志》2010年第5期。

(single level)直销与多层次(multilevel),直销是合法的,可以进行登记、经营。[①] 传销行为是直销活动在中国语境下的污名化,是对以直销方式违法犯罪行为的语言打击与压制。直销本是一种无店铺经营方式,创生于20世纪40年代的美国加州的维他命公司,50年代末直销活动的大范围扩散相伴而生出多层次直销式犯罪活动,[②]即"金字塔欺诈",这是英美法律中对传销类犯罪的规定,在我国则称为传销,而在欧洲大陆的法律中多称为"滚雪球销售",日本法律中将其称为"无限连锁链",此外民间还称为"老鼠会""猎人头""滚雪球"。

1998年4月18日国务院发布《关于禁止传销经营活动的通知》(以下简称《通知》),从其第2条"此前已经批准登记从事传销经营的企业"可知,传销行为最初被认为是合法的,但此后传销行为被全面禁止。2005年《禁止传销条例》第2条规定:"本条例所称传销,是指组织者或者经营者发展人员,通过对被发展人员以其直接或者间接发展的人员数量或者销售业绩为依据计算和给付报酬,或者要求被发展人员以交纳一定费用为条件取得加入资格等方式牟取非法利益,扰乱经济秩序,影响社会稳定的行为。"该定义中包含了三种传销行为,正如其第7条所列:"(一)组织者或者经营者通过发展人员,要求被发展人员发展其他人员加入,对发展的人员以其直接或者间接滚动发展的人员数量为依据计算和给付报酬(包括物质奖励和其他经济利益,下同),牟取非法利益的;(二)组织者或者经营者通过发展人员,要求被发展

---

① 参见潘星丞:《传销犯罪的法律适用——兼论组织、领导传销罪与非法经营罪、诈骗罪的界限》,载《中国刑事法杂志》2010年第5期。

② 多层次直销(multi-level marketing),是指直销企业通过发展两个层次以上的直销商,并由直销商将本企业产品直接销售给消费者的一种经营方式。直销商的收入,除了个人销售产品的佣金外,还可以通过推荐发展新的直销商,建立销售网,并通过销售网的销售业绩,提取一定比例的佣金作为奖金。目前,多层次直销是全球直销市场的主流。多层次直销本属于正当的营销方式,但因为其具有组织的封闭性、交易的隐蔽性、营销人员的分散性等特征,在实际运作中很容易被一些不法商人利用,将多层次直销的销售产品本意变质为欺诈性质的敛财工具。参见詹庆:《"传销罪"罪名法定化之研究——兼评〈刑法修正案(七)〉(草案)中"组织领导传销罪"》,载《政治与法律》2009年第2期。

人员交纳费用或者以认购商品等方式变相交纳费用,取得加入或者发展其他人员加入的资格,牟取非法利益的;(三)组织者或者经营者通过发展人员,要求被发展人员发展其他人员加入,形成上下线关系,并以下线的销售业绩为依据计算和给付上线报酬,牟取非法利益的。"三种传销行为又被为"拉人头式""交会费式""团队计酬式"传销活动,该条例对传销行为特性的表述顺承了2000年《关于严厉打击传销和变相传销等非法经营活动的意见》(以下简称《意见一》)第2条对6种"犯罪化"传销行为的规定:(1)经营者通过发展人员、组织网络从事无网店经营活动,参加者之间上线从下线的营销业绩中提取报酬的;(2)参加者通过交纳入门费或以认购商品(含服务,下同)等变相交纳入门费的方式,取得加入、介绍或发展他人加入的资格,并以此获取回报的;(3)先参加者从发展的下级成员所交纳费用中获取收益,且收益数额由其加入的先后顺序决定的;(4)组织者的收益主要来自参加者交纳的入门费或以认购商品等方式变相交纳的费用的;(5)组织者利用后参加者所交付的部分费用支付先参加者的报酬维持运作的;(6)其他通过发展人员、组织网络或以高额回报为诱饵招揽人员从事变相传销活动的。

在上述立法过程中对直销行为的法律定性经历了合法到非法的演变,部分直销行为被冠以"传销"名号将其污名化。法规中规制的传销行为也已经偏离直销行为的特性,表现出违法活动所独有的特点:(1)传销行为具有欺骗性。传销不再是直销式的销售商品、提供服务而在于骗取首层经营者以外群体的个人财产。(2)传销行为具有经济性。传销行为往往通过经济活动以合法或非违法形式掩盖其非法目的,传销活动的目的在于获取经济利益。(3)传销行为具有隐蔽性。变身为违法行为的传销活动难以在阳光下运行,其通过"遮阳伞"企图以经营之名逃避法律的规制,而其实际上只是在进行资本的原始积累,不存在商品经济所要求的等价交换。(4)传销行为具有组织性。传销人员形成强大的人身依附关系通常会形成一种层级关系,传销团体将传销人员限制在其内部进行精神同化,诱骗其不断招纳新成员加入。(5)传销行为具备封闭性。传销人员形成一个集体共同进退,传销人员长期的封闭性交流、驯化使其与外界隔离并相信其传销行为并非违法而是合法的经营活动。(6)传销行为具备分散性。传销人员通过拉拢陌生第三人进入传销集体才能实现利益最大化,而新会员的陌生性打破地域、亲缘的局限使传销行为以“波浪形”向外扩散。

(二)职业性刷单行为具备传销特性

网店刷单行为之返利模式中刷单人是真实消费者,个体化、分散化、非组织性的单个主体难以具备传销行为所要求的特性,而分级模式、混杂模式下的刷单行为通过组织化的集团行为大规模、团体性、有组织的刷单行为符合传销行为的特性。

具体而言,刷单活动内部的5个工种的分类,实质上是对工作权限的分级:(1)最底层是专业刷单者,其只能通过刷单这种单一劳动获取佣金,且其并未获得刷单行为单笔佣金全额。任务单的分发者即某个刷单团的主持人员在每个任务单的佣金中均有抽成。(2)较高级的外宣人员可以兼职刷单,其获取薪水有两种渠道:一是作为被剥夺者承担刷单工作,同样其刷单佣金被上一级抽成;二是作为剥夺者承担宣传工作招纳新人加入刷单团,每介绍一位新人入团有超过会费50%的提成,此为其主要收入。(3)同样处于较高级的培训人员、客服人员工作收入与外宣相同,其薪水来自两种途径,绝大部分全部来自提成收入,每培养或者接待一位新会员,可以提取新会员5%~10%的会费或佣金作为抽成,相对而言客服、外宣属于纯服务类工种,小部分的收入来自自我刷单挣取的佣金。(4)处于中级地位的主持的收入同样由两部分构成,即提成收入和劳动收入:前者是依据发放单子的数量与刷单人员的刷单数额合计后算取提成收入;后者是其主持单子发放、现金返回、资金管理等服务而获取的佣金。刷单、外宣、客服、培训、主持基于其工作性质而在资源获取上存在本质不同,上一层级人员可以兼任下一层级的工作,其接触到的任务单的佣金数额也存在差异。作为上级的发单者,其掌控发单权力便意味着其具有优先获得刷大额佣金任务单的机会,获取的利益最优。同时,由于主持与主管、股东存在接触,其接近核心管理层也必然拥有较多的权限以便获取更多的利益。在三级工种之上是刷单团的实际控制人即主管、平台股东。通常每一个刷单团由十数个小刷单团组成,[①]而主管便是负责某几个刷单团或者负责资金或者任务单总发放的人员。主管可能是作为刷单团体的最高一级,也可能仅是刷单团实际控制人雇佣的管理者。换言之,主管可能仅仅是打工者,其雇主是平台的实际创建者即平台最终决定人。在分级模式下刷单团运作的分级性特征外在化且层级间不得逾越的规定更加鲜明地划分出不同层级的优势与特权,而这往往取决于"入会费"缴纳数量;混杂模式下给予会员在工种间的选择权,但一旦选择之后便意味着其身份、权限被限定,层级性不言自明。

分级模式和混杂模式下的刷单行为相对于返利模式而言是一种集体刷单行为,即为一种职业性刷单行为,其具备传销的行为特质:(1)网店、刷单人、电商平台通过刷单活动都获取到了经济利益,具备传销行为所要求的经济性。(2)新会员入会需交纳会费、刷单活动时虚拟的消费者通过虚假的买卖行为给予网店商品或服务虚假的评价,其交易源头、交易过程、交易结果均为多方主体合谋、虚构事实以达到欺骗其他真实消费者之目的符合传销行为所要求的欺诈性。(3)刷单过程中不同工种类别有序,每种工种的成员工作划分细致使整个刷单团体有效运行,其组织性明显。(4)刷单团体通过建立专属于其个团的即时交流平台如 QQ 群、YY 群、微信群等,唯有其内部知悉进群密码的人、交纳会费的新会员、具备其他可识别身份特征的成员方可进入,符合封闭性特征。但这种封闭性不同于"住在一个屋檐下"的人身自由的封闭,而是在网络虚拟环境中实现一种"精神封闭",是超越地域的交流性封闭。(5)刷单人员通过即时交流平台建立专属交流群分发单子、通过介绍工作等方式招募新会员、借助电商平台内置的买家信用评级系统有效躲避电商平台的封杀账号活动等特性使其活动具有较强的隐蔽性。(6)刷单团体通过虚拟的网络开展活动不受地域限制,可

① 王炬鹏:《央视 3・15 晚会曝光网店刷单:一千块钱刷一个钻》,载 http://www.ce.cn/xwzx/gnsz/gdxw/201603/15/t20160315_9516245.shtml,2016 年 6 月 8 日访问。

吸纳全国各地的人员加入刷单工作,工作人员有较大的分散性,其工作类型使得可操作性较为简便,通过手机、电脑便可完成工作,而不受制于空间环境的限制,为其人员的分散性提供了可能。

四、刑法应当规制职业性刷单行为

传销行为违法化之后面临的便是是否需要犯罪化的问题。在2009年《刑法修正案(七)》将"拉人头""取入门费"两种传销行为列为组织、领导传销活动罪之前,刑法将传销行为视为一种经营活动纳入非法经营罪的犯罪圈,这种规制方式实际上沿袭了"传销是直销的一个变种"这一理念。因为立法上曾将直销作为一种经营方式予以规定,而传销更多的只是一种被犯罪化的直销行为。而组织、领导传销活动罪的设立使传销的性质发生了转变,不再将传销视为一种经营活动,从立法的设置上可以看出,立法者将传销视为一种特殊的欺骗行为。正如有学者所言:传销这个概念在我国刑法中的界定也发生了根本性的转变:传销本来是一种经营方式,就此被我国刑法认定为一种诈骗方式。①

(一)传销行为的刑法规制历程与特点

我国最早打击直销犯罪是1998年《通知》之后,通过创设名目的方式将多层式直销、类直销等传销行为纳入经营禁止范围之中。2000年《意见一》中列明6种传销、变相传销行为依据《刑法》第225条的相关规定处罚,《刑法》第225条第4款"其他严重扰乱市场秩序的非法经营行为"这一空白条款为规制传销行为提供了法律依据。2009年《刑法修正案(七)》创设组织、领导传销活动罪,将"拉人头""取入门费"两类传销行为正式纳入刑法规制之列,规定"团队计酬"并非组织、

① 参见陈兴良:《组织、领导传销活动罪:性质与界限》,载《政法论坛》2016年第2期。

领导传销活动罪规制的传销行为。有学者认为:《刑法修正案(七)》之后,刑法对传销的规制已由“单轨制”转为“双轨制”,即对不同性质的传销进行区别对待:“团队销售”仍定性为非法经营罪;“拉人头”和“收取入门费”应认定为组织、领导传销罪。[①] 2013 年 11 月,最高人民法院、最高人民检察院、公安部联合发布《关于办理组织领导传销活动刑事案件适用法律若干问题的意见》(以下简称《意见二》)规定“以销售商品为目的、以销售业绩为计酬依据的单纯的‘团队计酬’式传销活动,不作为犯罪处理”,刑法对传销的规制由“双轨制”走向“单轨制”。

现行《刑法》第 224 条之一规定:“组织、领导以推销商品、提供服务等经营活动为名,要求参加者以缴纳费用或者购买商品、服务等方式获得加入资格,并按照一定顺序组成层级,直接或者间接以发展人员的数量作为计酬或者返利依据,引诱、胁迫参加者继续发展他人参加,骗取财物,扰乱经济社会秩序的传销活动的,处五年以下有期徒刑或者拘役,并处罚金;情节严重的,处五年以上有期徒刑,并处罚金。”本罪叙明罪状的特征将其犯罪构成必备要件详述为:(1)经营者或组织者以各种“经营活动为名”招揽、引诱他人参加传销活动;(2)以缴纳部分钱款[②]作为进入传销组织的资格;(3)传销集团内部人员存在依附关系、形成一定的层级,上一级以下一级发展人员数量作为收入的来源。犯罪构成附随要件包括:(1)引诱、胁迫参加者继续发展他人参加;(2)骗取财物;(3)扰乱社会经济秩序。附随要件并非否定其犯罪构成要件地位,该罪的三个附随要件是必备要件发展的必然结果,是跟随必备要件而必然产生的附随后果。换言之,附随要件是作为“罪量因素”承担限制入罪功能,将情节或严重程度不满足的行为排除不作为犯罪处理。组织领导传销活动罪中的传销行为并非一种经营性活动,尽管其可能具有经营性特质,如存在获利性,但是传销活动中的获利是非法谋取利益,是其作为诈骗犯罪的一种当然结果。诈骗犯罪中往往存在一定的

---

① 参见潘星丞:《传销犯罪的法律适用——兼论组织、领导传销罪与非法经营罪、诈骗罪的界限》,载《中国刑事法杂志》2010 年第 5 期。

② “缴纳费用或购买商品或服务等”均是以相关主体付出部分钱款为代价。

“非法占有目的”,而这种目的在组织领导传销活动中得到了体现。

以“拉人头”“交纳会费”为特点的传销行为必然要求通过不断发展新会员的方式进行资本积累、分化运行债务,其后果必然有民间资本的流失,群体化、规模化的传销行为给社会经济秩序带来冲击,使经济秩序失稳。此外,只处罚组织者和领导者,对于传销集团中的积极分子、普通传销人员不予打击致使本罪成为组织罪,犯罪构成要素与打击对象的限缩使本罪的刑罚圈不正当紧缩,有失公允。积极参加传销行为者即使其罪恶难以与组织者、领导者相比,但其犯罪性不应质疑,且刑法设立此罪的目的是严厉打击传销犯罪而非对其宽待,故不处罚积极参加者的规定可能使刑法打击失效。

(二)刑法应对职业性刷单行为的取向

从立法规定上看,规制刷单行为有两种路径:一是以《刑法》第 225 条第 4 项为依据,以非法经营罪进行规制;二是以《刑法》第 224 条之一为依据,以组织领导传销活动罪进行规制。从立法源流上看,后者是从前者中独立出来的罪名,是为了更为精准地打击传销犯罪行为而设置;而非法经营罪的“口袋条款”尽管在法理上可以起到规制新型犯罪的作用,似乎也符合有关司法解释的某些决定。但是笔者以为,传销行为的法律性质已经发生变化,不能将其视为一种经营活动,否则会形成一种“存在合法的传销行为的悖论”。故而笔者认为,以组织领导传销活动罪规制新型的传销行为更符合法理。

刷单团形成一个封闭的内部集体,存在层级鲜明的组织结构,且单纯刷单者以外的其他人员均通过以剥削新会员的会费、刷单费的方式获取收入。职业性刷单行为是一种以“拉人头”“交纳会费”为基础,附加于刷单服务之中的传销行为。“任何人类举止,必须与刑法分则所规定的类型化行为模式相一致,才是刑罚处罚的对象,否则就应该排除行为的无价值。”①非法经营罪并不是禁止“经营”的内容(“内容违

① 参见周光权:《行为无价值论的中国展开》,法律出版社 2015 年版,第 64 页。

法”),而是禁止其“未经批准”的程序上的瑕疵(“程序违法”)。[①] 然而程序批准本身暗含了一种价值选择,即国家不会批准一种明显违背社会价值取向的“经营”,所批准的“经营”一定是合法的经营,这便意味着非法经营罪所禁止的不仅是“程序违法”,还包含“内容违法”。详言之,非法经营罪所禁止的行为类型有三种:(1)单纯“程序违法”。此一类型之下的违法多为“专卖性”“专营性”经营活动中出现的非法经营,这些活动其本身已在其他法律法规中明示,唯有取得相关审批许可才可以经营,否则任一主体经营这类活动便属于违法。如枪支弹药的经营、烟草的经营。(2)单纯的“经营内容”违法。国家对此种经营未设置批准程序,事实上国家以禁止的方式否定这种经营行为的合理性,通常会在其他法律法规中作出禁止性规定或处罚性规定,且其经营内容明显违背了社会公众的一般认可,如“卖淫”。(3)既符合“程序违法”,又符合“经营内容”违法。单独的个体从事此类行为或者取得相关资质可以从事这类行为,但以经营的方式从事这种行为或未取得资质从事这类行为则受到禁止。如个人卖血或献血是合法的,但组织卖血或非合法机构从事这一事业是非法的。就此而言,单纯的“程序违法”并不必然需要刑法进行管控,仍存在大量的“法外空间”,刑法只是对重要行业才实施限制经营;对于“经营程序”与“经营内容”均违法的行为方可以非法经营罪进行规制,当然如果有具体罪名时应按“特别法条优于一般法条”的原则处理;而单纯的“内容违法”并不必然落入非法经营罪的犯罪圈之中。因为,如果以非法经营罪规制单纯“内容违法”活动,其逻辑结论反推的必然结果是这种单纯的“经营违法”经过批准后属于一种合法经营行为,而事实上这类行为如“卖淫”并非一种能够得到国家认可的经营活动,更不可能得到批准。“经营内容”违法的规制需要诉诸其他法律规范,而不能因为《刑法》第225条第4项存在“空白条款”便任意扩大非法经营罪的适用范围。职业性刷单行为是一种传销行为而非一种经营活动,其行为本身所具的违法性意味着传

① 参见潘星丞:《传销犯罪的法律适用——兼论组织、领导传销罪与非法经营罪、诈骗罪的界限》,载《中国刑事法杂志》2010年第5期。

销行为不存在合法化的途径。换言之,刷单行为不可能通过"程序批准"合法化,非法经营罪难以合理地规制刷单行为。

非法经营罪强调"经营"二字,即构成非法经营罪至少要具备"经营"的特征,但是传销行为并不都是经营行为,甚至很大一部分仅仅是通过"拉人头"的方式实现谋利目的,经营行为无从谈起。[①] 事实上以非法经营罪规制传销行为是存在缺陷的,尽管2009年《刑法修正案(七)》修订前传销行为多以非法经营罪定罪,但是"把传销行为定性为非法经营罪只是一个仍然有违反罪刑法定原则明确性要求之嫌的权宜之计,传销和变相传销活动的性质已经转变为'拉人头'式的欺诈活动,其特点是以发展人员多少作为提取报酬的标准,整个传销网络完全依靠下线人员交纳的金钱维系运作,同正常的经营毫不相干"。[②] 即便认为传销行为属于经营行为,当刑法已经明确设定新罪名之后,行为的规制应当遵从"特别法优于一般法"的原则,适用《刑法》第224条之一的规定。前述案件中,法院引用2013年《适用解释》第7条以非法经营罪对李某某的职业性刷单行为的定罪是值得商榷的,即"明知是虚假信息,通过信息网络有偿提供发布信息等服务,扰乱市场秩序,情节严重"依照《刑法》第225条第4项的规定,以非法经营罪定罪,对李某某进行定罪。但是刷单活动并非一种经营性的活动,也不存在政府颁发有关"执照或资质"从而限制市场准入门槛的问题,如此定罪有待商榷。刷单过程中所承接的"服务项目"产生的一种虚假结果扰乱了市场秩序,但并非是经营性活动产生危害后果,而是传销这一违法行为本身所产生的损害,其并不涉及经营性事宜,依据该解释对李某某判处非法经营罪有咬文嚼字之嫌,其并不真正符合《适用解释》的精神。而且需要提及的是,尽管在组织、领导传销活动罪中出现"经营活动"的字眼,其也旨在表明传销活动是以"经营活动为名",而并非存在经营活动之实,不能将传销活动定性为经营活动。

---

① 参见李翔:《组织、领导传销活动罪司法适用疑难问题解析——兼评〈中华人民共和国刑法〉第224条之一》,载《法学杂志》2010年第7期。

② 姜德鑫:《传销行为的犯罪化问题探析》,载《政治与法律》2009年第8期。

此外,2013年9月,最高人民法院发言人孙军工在《适用解释》的立法背景及立法理由的解释中提道:“社会上还出现了一些专门从事造谣、炒作、‘删帖’等活动的所谓‘网络公关公司’、‘策划营销组织’及‘网络推手’。他们以营利为目的,违反国家规定,有偿提供‘删帖’、‘发帖’等服务,牟取巨额非法利益,使得网上造谣、炒作活动越来越呈现出一种组织性特征。”“发帖”与刷单从行为运动方向上均是行为主体通过网络提供信息发布业务,但是“发帖”与刷单在本质上是不同的,两者之间也不存在包含或交叉关系。“发帖”原本是指网络营销策划师、网络推客等进行信息网络公关的一种手段,它多出现在贴吧、微博等公开性网络平台之中。换言之,“发帖”的行为对象是社会公众,其对象不具有指向性,通常发帖是行为人自发自主的行为。而《适用解释》中的“发帖”是“明知虚假,有偿通过网络提供发布信息服务”,它要求行为人必须明知是“虚假信息”,如果并不知虚假信息予以发布,不存在成罪根基;此“发帖”行为还需具有“轰动性”,即通过发布虚假信息使社会秩序出现混乱进而给相关主体带来利益。而刷单行为仅限于在某网店之内的某一商品评价栏目之中,其行为结果指向具有倾向性,是针对需求该种产品的潜在消费者;刷单行为并不以引发“公众效应”为目标,旨在通过短时间的虚假交易提升店铺的排名和信誉度,而这一行为触犯了平等竞争规范但并不同于“发帖”行为的危害。依据《适用解释》,“发帖”意图在公共平台上发布信息,其“发帖”行为具有周知性,旨在使广泛的人群知悉其所发内容,引发轰动效应,进而达到其所欲实现的目标。如“立二拆四”等非法经营案中,“被告人杨某宇于2008年4月,代表被告单位×1公司与×6公司签订推广合同,合同约定由被告单位×1公司有偿为×汽车进行炒作。被告人杨某宇策划、雇佣女学生于×在北京车展期间假扮清洁工,对×汽车展台进行清扫,被告人杨某宇以车展的参观者角度制作拍摄照片,并以真实事件形式上传到互联网上,引起了大量网友的关注和跟帖,从而达到炒作×汽车的目的。被告单位×1公司非法经营数额人民币25,000元”。[①] 该

① 参见北京市朝阳区人民法院刑事判决书(2014)朝刑初字第1300号。

案中被告人杨某宇从事企业推广业务,具有相关的经营资质,只是在经营过程中存在“造假”,以引发群众的普遍关注,此类虚假推广行为中的“发帖”即符合《适用解释》中的“明知虚假信息,有偿提供发布信息服务”。而在刷单活动中,并不存在先在性的经营活动,单纯的只是组织性的刷单服务,从源头上刷单组织便是非法的,不能依据非法经营罪来证成。况且,刷单行为仅限于某一网店自家的商品之下,如果不浏览这一商品也不会出现该一信息,这与《适用解释》规定“明知虚假信息,有偿提供发布信息服务”的真实内涵相悖。此外,刷单行为的获利性与“发帖”行为不具有可比性,前者的单次获利性较小只是“量的积累”,而后者单次获利性较大,法益侵害性明显,两者在严重程度上是不可同日而语的。

职业性刷单行为具备《刑法》第 224 条之一组织、领导传销活动罪的犯罪构成要件,可以纳入刑法规制之列。2013 年《意见二》第 1 条规定:“其组织内部参与传销活动人员在三十人以上且层级在三级以上的,应当对组织者、领导者追究刑事责任”“组织、领导多个传销组织,单个或者多个组织中的层级已达三级以上的,可将在各个组织中发展的人数合并计算。”网店刷单活动中单个刷单团人员多达数千人,[①]且有数个同样规模的刷单团,在人数上符合该《意见二》的规定,网店刷单团中仅根据工种不同便存在三个层级,在 5 种工作类别之上还有主管、股东、实际控制人等,该部分人员存在一级或两级的划分,故而刷单团由 3～5 级组织化的人员构成符合传销行为层级性的特点。职业性刷单行为完全具备了刑法所规制的传销行为的特质,应当以组织、领导传销活动罪进行规制。但是“刑法只是保护法益的辅助性手段”,[②]其谦抑性要求其在其他法律手段无法有效维护其所要保护的法益时才能对违法行为以犯罪化通过刑罚手段予以禁止。2005 年《禁止传销条例》第 24 条规定,“参加传销的,由工商行政管理部门责令停止违法行

① 参见吕锐:《造假滴水不漏!大学生卧底揭淘宝刷单内幕》,载 http://tech.qq.com/a/20150415/053131.htm,2016 年 6 月 8 日访问。

② 周光权:《行为无价值论的中国展开》,法律出版社 2015 年版,第 152 页。

为处以罚款",而不存在"构成犯罪的,依法追究刑事责任";相反,"组织策划传销的""介绍、诱骗、胁迫他人参加传销的"构成犯罪的依法追究刑事责任。《刑法》第224条之一规定的成罪因素需具备"骗取财物,扰乱经济社会秩序的传销活动的"这一附随性结果要件,存在刷单行为而不需交纳会费、刷单行为"被合法化"或者刷单行为并未扰乱市场经济秩序的则不能够以组织、领导传销活动罪规制。

五、余　论

职业性刷单行为应属组织领导传销活动罪的规制范围,依据该罪的法定刑条款,只有"组织者、领导者"的职业性刷单行为者才会受到刑罚制裁,而参与人即刷单人不应受到刑罚责难。

网店刷单行为中存在三方责任主体,即电商平台、网店、刷单人:(1)电商平台具有"原发性",其应为刷单行为的存在承担制度责任、监管责任,其买卖信用机制无形之中使刷单行为成为可能,并且职业刷单人可以通过电商平台购买刷单账号、查询刷单账号的信用度[①]以便于积极开展刷单活动。电商平台监管失职间接纵容了刷单行为,此外不能排除电商平台存在直接发起、参与网店刷单行为的可能。(2)网店是刷单行为的受益人、发起者、参与者,其牟利心切诱发虚拟交易的假象、危害正常的市场交易秩序、是一种不正当竞争行为。(3)刷单人中的组织者、领导者是刷单行为的最终责任主体,而作为底层的刷单手存在"不当得利"的侥幸心理,其有一定过失。

《刑法》第224条之一只处罚刷单行为的组织者、领导者,刷单人群体中的组织者、领导者作为本罪的责任方毋庸置疑,但网店、电商平台是否可为本罪的责任主体?网店平台与刷单人达成合意有三种情形:(1)网店平台主动联系第三方使其为网店刷单,第三方在网店的诱惑之下组织刷单团伙,此情形中网店平台属"犯意惹起",为刷单行为

---

① 通常情况下刷单账号的信用等级越高,刷单次数也就越多,等级较高的账号可信度也较高。

的教唆者，也存在传授犯罪方法的嫌疑；(2)网店经营者自行组织刷单团为其网店刷单，并且在运营刷单过程中逐渐变为专业的刷单团体，该情形下网店经营者是刷单行为的组织、领导者；(3)行为主体基于牟利的目的成立刷单组织，主动联络网店平台提供刷单服务，此情形中网店平台基于获利心切之由同意刷单主体为其刷单是无胁迫的合谋者，可能成为从犯。三种情形中网店均非无辜的参与者，其一定程度上惹起了刷单行为，属于《意见二》第 2 条规定的“传销活动的组织者、领导者”，即“(一)在传销活动中起发起、策划、操纵作用的人员”。可以认为网店平台在刷单活动中至少承担组织、领导传销活动罪的帮助犯责任。对于电商平台虽然存在怀疑即其是否发起、参与了刷单活动，在无可靠证据证明时难以追究其刑责，但其监管责任难以推却。在网络刷单过程中电商平台难以实现“无死角”监管，但刷单造成的危害并非“允许的风险”，而是一种“勉强予以接受但不得不接受”的风险，电商平台应当承担监管失职的行政或民事责任。只有电商平台造成的危害较大或法益侵害性明显时，或许可以以“帮助信息网络犯罪活动罪”进行规制。刷单人中的主管、股东一级无疑具有组织者、领导者身份，属于《刑法》第 224 条之一款所规制的行为对象。那么，主持、客服、培训、外宣人员是否承担刑责？根据《意见二》第 2 条“在传销活动中承担管理、协调等职责的人员”“在传销活动中承担宣传、培训等职责的人员”结合刷单团中主持、客服、外宣、培训人员的工作特点其行为在“实施、传销组织的建立、扩大等起关键作用”应当承担相应的刑事责任，而最底层的刷单者仅提供刷单服务，对传销组织的扩大、建立不起作用，故不需承担刑事责任。

本罪只能是自然人犯罪而不存在单位犯罪，网店参与刷单活动虽以网店之名为网店牟取利益，但其实质上是网店经营者为自己牟取不正当利益，故而网店参与刷单行为应当追究网店经营者的罪责而非以法无规定免除其刑责。对于底层刷单人而言，他们也并非“无辜群众”，应当责令网店平台作出一定的制度性制裁，如对刷单账号封号、降级等，以便起到一定的制裁效果与预防作用。

The Definition of Professional Brush Behavior and the Regulation of Criminal Law

Xu Li & Li Xueliang

[内容摘要]网店刷单是由网店与非真实消费者合谋,通过虚拟交易、虚拟好评,以使指定网店在商品搜索中排名靠前、牟取利益的非法行为。网店刷单分为三种模式:返利模式、混杂模式、分级模式,后两种模式是职业性刷单行为,符合传销行为的特性。组织、领导传销活动罪规制"拉人头""收取会费"两种传销行为,该罪规制的不是经营活动而是传销活动。刑法对传销犯罪单轨制的规制模式下,具备传销性质的职业性刷单活动应以组织、领导传销活动罪规制而不能纳入非法经营罪的犯罪圈之中。职业性刷单活动中承担刑罚责任的主体有:职业性刷单活动的领导者、组织者,即网店经营者和部分职业刷单手,电商平台只承担监管失职的行政责任或民事责任,对于最底层的刷单人应施加制度性惩罚措施。

[关键词]职业性刷单;传销;组织、领导传销活动罪;非法经营罪;归责

Abstract:Online shop brush is a collusion between online stores and non real consumers by virtually transacting and praising, so that the designated online stores can get good rankings in the commodity search and illegal profits . Shop brush is divided into three modes: rebate mode, mixed mode and grading mode. The latter two modes are professional brushes behavior, which is consistent with the characteristics of pyramid selling behavior. The crime of organizing and leading the pyramid selling activities regulate two kinds of pyramid selling behavior, "pull the head" and "collect the membership fee". The crime regulates a pyramid selling activity rather than a business activity . Under the single regulation mode of pyramid selling in criminal law, the professional brush activities should be regulated by the crime of organizing and leading pyramid selling activities other than the crime of illegal operation. In professional brush activities, leaders and organizers that the shop operators and some occupation brush undertake the due obligations; business platform only assume regulatory dereliction of duty administrative or civil responsibility; for the bottom of the single brush should be applied system of punishment measures.

Keywords: professional brush behavior; pyramid selling; crime of organizing and leading MLM; crime of illegal operation; imputation

我国人体器官犯罪立法中的争议问题

骆 群*

目 次

一、是否需要增设单位犯罪主体
二、是否需要增设收买人体器官的行为
三、是否需要增设摘取精神病人器官的刑事处罚
四、是否需要增设跨境买卖人体器官的犯罪
五、结语

人体器官犯罪在我国首次予以规制是在《刑法修正案(八)》里,其中第37条作为《刑法》第234条之一的内容共有3款,第1款为:"组织他人出卖人体器官的,处五年以下有期徒刑,并处罚金;情节严重的,处五年以上有期徒刑,并处罚金或者没收财产。"第2款为:"未经本人同意摘取其器官,或者摘取不满十八周岁的人的器官,或者强迫、欺骗他人捐献器官的,依照本法第二百三十四条、第二百三十二条的规定定罪处罚。"第3款为:"违背本人生前意愿摘取其尸体器官,或者本人生前未表示同意,违反国家规定,违背其近亲属意愿摘取其尸体器官的,依照本法第三百零二条的规定定罪处罚。"根据我国现有的人体器官犯罪在《刑法》中的规制可以看出,《刑法修正案(八)》对有些问题(甚至

* 上海政法学院刑事司法学院副教授、法学博士。

在其颁布之前就存在争议的问题)并没有作出明确的规定,从而引起学界对这些立法中的问题的新一轮争议。

一、是否需要增设单位犯罪主体

在组织出卖人体器官罪的规制中,《刑法修正案(八)》只规定了自然人作为本罪的犯罪主体,而没有将单位规定为本罪的犯罪主体。于是,对于组织出卖人体器官罪的犯罪主体中是否应当增设单位作为该罪的犯罪主体,学术界产生了两种不同意见,也即肯定论和否定论。

肯定论者,如赵秉志教授认为,"非法买卖人体器官违法行为中存在组织者、供体、受体、医院等多方关系,在以往案例中,司法机关往往只是追究组织者的刑事责任,尚未有医院受到责任追究,而医院恰恰也是人体器官犯罪链条上的重要一环,是承担审查'供体'身份、实施摘取行为的主要机构"。[①] 言下之意,医院等医疗机构应当成为该罪的主体。俞小海认为,对于该罪增设单位犯罪,"既可以严密刑事法网,加大对非法买卖人体器官行为的惩处力度,又可以从刑法上为将来可能出现的新情况预留空间,从而增强刑法对社会现实的适应能力"。[②]

否定论者,如林亚刚教授认为,单位要构成犯罪,关键要件是基于"单位意志"的利益驱动。而器官移植机构在我国都是存在于具有一定规模的医疗单位、机构中,而且是一个非独立单位。这是因为我国目前还没有独立开展器官移植的医疗机构,也因为实施器官移植若没有其他非器官移植的系列医疗技术、措施的参与,包括移植后的保障、保健措施等的参与,是不可能的。因此,如果医疗单位、机构参与到人体器官的买卖中,或者它们从事与买卖人体器官有关的活动,那么,哪一级领导意志可视为"单位意志"难以确定。若将事实上没有独立申请

① 赵秉志:《略论我国〈刑法〉新增设的人体器官犯罪》,载《法学杂志》2011年第9期。

② 俞小海:《〈刑法修正案(八)〉的批判性审视——基于刑事立法的语言学视角》,载《铁道警官高等专科学校学报》2011年第4期。

资质的法律属性上缺乏主体性质的移植机构、中心或者器官移植技术临床应用与伦理委员会等作为“犯罪主体”尚缺乏理论支撑。即使移植机构为了追求“效绩”“效益”参与了其中的活动,对于其中的非法收益也难以确定,司法介入也难以查证到“证据确实充分”。因此,本罪主体目前规定为自然人是合适的。[①] 陈家林教授认为,对于合法的单位实施组织他人出卖人体器官的行为,由于《刑法修正案(八)》未将组织出卖人体器官罪规定为单位犯罪,但这并非处罚空隙,因为仍然可以对其中的主管人员和直接责任人员进行处理。[②] 言下之意,无须改变现有的规定,根据现有的规定只处罚其中的相关自然人即可。

笔者认为,根据人体器官犯罪的特殊性,应当增设单位犯罪主体。首先,从人体器官犯罪的本性来看,其具有巨大的利益空间。由于人体器官禁止买卖是各国立法上的通行做法,同时,患者为了生命的延续在现有的医疗技术条件下最理想的是进行器官移植,但合法的器官移植进行医疗又无望时,通过各种途径不惜重金寻求器官供体的匹配器官就成为私下暗地里的交易。然而,患者争取被移植器官,获得相匹配的器官且在其符合移植的生命期间内完成器官的移植工作,都需要各种信息、人员、设备及技术的相互衔接和配合,同时还要采取各种方法逃避法律的惩罚。于是,这种私下暗地里的交易价格就成为因人而异没有任何参照标准的随意行为,因此可能给器官供体造成健康乃至生命危险的器官买卖没有任何经济规律可遵循,其中的利益空间完全超出合法正常的商品交易行为。正因为如此,不仅自然人个人,单位也完全可以为了获取这种规避法律的巨大利益空间而参与到人体器官的买卖行为中。另外,现实中已经发生单位勾连人体器官黑中介进行人体器官的黑色交易行为,尤其是医院等医疗机构为了完成器官移植的指标

---

① 参见林亚刚:《组织出卖人体器官罪的解析及司法适用研讨》,载朱孝清、莫洪宪、黄京平主编:《社会管理创新与刑法变革》(下卷),中国人民公安大学出版社2011年版,第1689～1690页。

② 参见陈家林:《〈刑法修正案(八)〉器官犯罪规定之解析》,载《法学论坛》2011年第3期。

而与组织人体器官的出卖者合谋来保证本院利益。

其次,从人体器官犯罪的现实来看,单位实施的行为更易得逞。人体器官买卖的主要目的是进行器官移植,而器官移植又是一项技术含量极高的技能,其不仅需要手术人员具有较高的专业性,还需要相关的设备、环境、辅助人员。然而,能够满足器官移植所需条件的理所当然是医院等医疗机构。所以,医院等医疗机构往往在人体器官买卖中处于非常关键的地位,甚至决定着最终买卖的成败。并且,需要器官移植的患者或其信息也主要存在于医院等医疗机构,对于必须首先获取供需双方信息再进行匹配的人体器官买卖而言,医院等医疗机构是最易于促成交易的场所。另外,无论是对于患者而言还是对于供体而言,医院等医疗机构也是最值得信任且最能够保障其身体健康的机构,从而使人体器官买卖活动中的供需双方更能够达成交易协议。除此之外,即使是医院等医疗机构之外的单位,由于他们具有严密的组织性和强大的财力支撑,相较于个人来说,单位进行人体器官的买卖活动也更易得逞。正因如此,目前已出现一些合法注册的单位私下进行人体器官的买卖活动而从中牟取暴利。

再次,从单位犯罪的法理来看,单位犯罪主体能够适用于人体器官犯罪。"单位犯罪是在集体意志支配下,为集体的非法利益而实施的危害社会的犯罪行为。"①据此而言,单位犯罪行为的具体实施者虽然是自然人,但是,单位犯罪与自然人犯罪一个最显著的区别就是,实施单位犯罪的自然人的行为属于单位行为,而非属于自然人个人行为,且单位犯罪所得财物归单位所有,并非归个人所有。在人体器官犯罪中,医院等医疗机构甚至其他单位都有可能为了单位的利益而在集体意志支配下实施人体器官的买卖活动或者进行非法的人体器官移植活动,故在人体器官犯罪中增设单位犯罪主体并不存在法理上的障碍。至于上述否定论者的观点中,"没有独立申请资质的法律属性"的机构由于"'单位意志'难以确定"故不属于单位犯罪的看法,在逻辑上是不恰当

① 贾宇主编:《刑法原理与实务》(第3版),中国政法大学出版社2011年版,第69页。

的。因为这样的“单位”虽然是自然人的集合,但是,既然“单位意志”无法确定,那么他们就不属于单位犯罪中的“单位”,当然不属于单位犯罪。其实,此时他们就是这些自然人的共同犯罪,故不能将此作为否认单位犯罪的理由。同样,对于合法的单位,主管人员和直接责任人员实施的行为并非独立于单位而存在,而是在单位集体意志支配下且利益归属于单位的行为,对他们进行的处罚是以单位构成犯罪为前提,也即对单位犯罪采取双罚制时才对他们予以处罚。若连单位行为都没有被认可为犯罪的情况下,如否定论者所说的,将不是为了本人利益的主管人员和直接责任人员作为自然人犯罪来进行处罚,这不仅不符合单位犯罪的法理,还会打破单位犯罪与自然人犯罪的区分,同时也违背罪刑法定的基本原则。

最后,从人体器官犯罪的社会危害性来看,不增设单位犯罪主体不利于发挥法律对该类犯罪的遏制作用。人体器官犯罪不仅是严重违背人类生命伦理、漠视生命价值、亵渎生命尊严的行为,而且能够引发各种其他犯罪,如故意杀人、故意伤害、拐卖妇女儿童、盗窃侮辱尸体、非法拘禁等犯罪。另外,在高额利润的驱使下,无论是供体还是组织出卖的个人和单位都可能对一些疾病等不利因素进行隐瞒,导致受体的生命健康受到新的损害。因此,人体器官犯罪极易使人们的生活失去安全感,严重破坏了社会秩序,具有极其严重的社会危害性。当然,人体器官犯罪对于患者而言,的确能够解决人体器官移植中供需严重不平衡的现状而满足自身利益的需求。但是,其也承担着受骗、被移植带有病菌的人体器官以及手术失败等产生的危险,以及自己的权益受到侵害之后难以得到法律救济的风险。因此,期待患者不进行购买人体器官的可能性较小,其社会危害性也非常小,故法律打击、遏制人体器官犯罪的矛头主要应指向造成社会危害性较大的患者之外的人员和单位。在人体器官犯罪的整个链条中,单位特别是医院等医疗机构往往是其中重要的环节,若刑事法没有将单位规制为犯罪主体,对单位从事人体器官买卖或非法移植的行为不能予以刑事处罚,只能进行行政处罚,这既与其造成的社会危害性不相称,也不利于发挥法律对人体器官犯罪的遏制作用。因为对其进行行政处罚的结果与进行人体器官买卖或非法进行人体器官移植所获得的利益相比相差甚远，既达不到惩罚的效果，也难以遏制单位在高额利润的驱使下将行政处罚当成违法的成本，从而继续从事此类的违法活动。

二、是否需要增设收买人体器官的行为

由于《刑法修正案（八）》第37条第1款属于简单罪状，其只表述为“组织他人出卖人体器官的”，于是，学术界在对其中“出卖”的理解上产生了分歧，而且在该款对于收买人体器官的态度上也形成了不同的看法。

第一种看法，如莫洪宪教授和杨文博博士认为，“组织他人出卖人体器官”应理解为“组织贩卖”。因为从目前器官犯罪的情况看：一是“黑中介”组织他人出卖自身的器官；二是行为人主要从事收购“黑中介”所获得的器官，然后再出卖给他人；三是行为人以收购人体器官为主要活动，其收购的对象包括以窃取、伤害、杀害等手段得来的器官，意图从事出卖活动的行为。第一种行为是典型的“组织他人出卖人体器官”的行为，后两种则主要表现为“贩卖”。故而，对所有以营利为目的组织他人进行收购人体器官、出卖人体器官的行为都应当纳入组织出卖人体器官罪的规制范围。①

第二种看法，如熊永明教授认为，目前我国《刑法》的立法宗旨在于打击其中的组织行为，对于单纯的购买、销售以及买卖行为没有规定为犯罪，而且这种一对一直接进行的器官交易行为从目前来看，也不宜上升为犯罪。同时认为，可以将组织出卖人体器官罪中的“组织”进行适当扩张，或者对其进行解释，也即对于这里的“出卖”，我们不能简单地理解为“出卖”，还应当将买进人体器官准备出卖还没有出卖的收买

① 参见莫洪宪、杨文博：《刑法中的人体器官犯罪——对〈刑法修正案（八）〉第三十七条的理解》，载《人民检察》2011年第9期。

行为含括在内。①

第三种看法,如张明楷教授认为,组织出卖人体器官罪并不要求表现为经营行为,故不能将“组织他人出卖人体器官”解释为组织他人从事人体器官买卖活动。张教授认为,本罪的行为不是单纯的出卖行为,而是组织出卖行为,也就是组织者采用招募、雇用、介绍、引诱、强迫、欺骗等各种手段使他人出卖人体器官。于是,若仅仅是单纯购买人体器官的行为,就不应该成立组织出卖人体器官罪,但是,为了购买而组织他人出卖的,成立本罪。②

第四种看法,如实务部门的张建和俞小海认为,组织出卖人体器官罪没有将组织收购人体器官的行为纳入本罪的行为中,不过,一般而言,有组织出卖行为必然就有相应的组织收购行为。并且,组织他人收购人体器官的社会危害性和刑罚当罚性与组织出卖人体器官的行为并没有多大差异。所以,理应将“收购”和“出卖”同时纳入刑法调整的范围。③ 马章民副教授也有类似的看法:“行为人组织器官出卖人(即‘供体’)与联络器官买受人(即‘受体’),应是一个行为的两个环节,没有买方也就不存在卖方,因此,从情理上说只负责组织买方的行为,应当予以认定。”④

对于第一种看法,将“出卖”解释为包含“贩卖”的做法有任意扩大解释之嫌疑。虽然在出卖人体器官的现实行为中往往都伴随着收买人体器官的事实,但是法律已经明确将出卖行为作为该罪的规制对象,就不能将收买行为再人为地解释到出卖行为之中。一是这样的解释无意义。按照该论者的看法,无论是通过怎样的途径收买的人体器官,只要

---

① 参见熊永明:《器官交易关涉犯罪条款的设立及评析》,载《法治研究》2014年第7期。

② 参见张明楷:《组织出卖人体器官罪的基本问题》,载《吉林大学社会科学学报》2011年第5期。

③ 参见张建、俞小海:《〈刑法修正案(八)草案〉分则部分评述》,载《法治论丛》(上海政法学院学报)2010年第6期。

④ 马章民:《人体器官移植的刑法规制》,载朱孝清、莫洪宪、黄京平主编:《社会管理创新与刑法变革》(下卷),中国人民公安大学出版社2011年版,第1702页。

有出卖的意图,就可定为组织出卖人体器官罪,故而将收买行为解释到出卖行为中并不影响定罪。二是这样的解释有悖论。“收买”和“出卖”在语义上本身就是相对的,它们之间并不存在交叉或包含关系,将这样两个相对的词中的一个解释到另一个之中,显然存在悖论。对于第二种看法,在结论上其实与第一种看法相同,只是将“组织”解释为包括“收买”和“出卖”,也就是本罪中的“组织出卖”包括买进人体器官准备出卖还没有出卖的收买行为,言下之意,只要有出卖意图的收买行为(收买后再出卖)就属于“组织出卖”。这种解释导致和第一种看法一样变得没有意义。可以看出,持以上两种看法的论者虽然通过不同的路径将为了出卖而收买的行为解释进组织出卖人体器官罪之中,但是都不主张将单纯的收买人体器官的行为纳入组织出卖人体器官罪的行为之中。对于第三种看法,论者将组织出卖人体器官罪中的“出卖”解释为供体的出卖行为,而不是组织者的出卖行为,并且,将其中的“组织”解释为是为了供体出卖人体器官的目的行为。如此解释,当然也就不存在收买人体器官的行为是否应当纳入组织出卖人体器官罪的规制问题。因为供体不存在收买人体器官的情形,而组织者是否具有收买人体器官的行为不具有独立评价的意义,其只是使供体出卖人体器官的目的实现的附随行为。易言之,当组织者收买人体器官不是为了使供体出卖人体器官,就不属于本罪中的“组织出卖”行为,反之,则是“组织出卖”行为,就属于该罪行为中的一个组成部分。不过,这样的解释虽然回避了收买人体器官是否应当予以刑事法律的规制问题,但同时也缩小了组织出卖人体器官罪的范围。例如,组织者在组织各个分工不同的相关人员进行买卖人体器官的情形,由于供体出卖人体器官并不是组织者的组织行为,而是其自己自愿出卖人体器官,对此,若按照第三种的看法,此时组织者将不构成组织出卖人体器官罪,这显然不合理。另外,对“组织出卖”做这样的解释也不符合人们日常生活的通常理解,使法律规范脱离于人们的社会生活,也不利于法律规范在司法中的适用。对于第四种看法,即应当在《刑法》中增设收买人体器官的行为。由于收买后再予以出卖的行为中存在出卖的行为,因此,即使不对收买行为予以刑法的评价,也不会溢出本罪的规制。同样,由于分工不同而对其中从事收买人体器官的行为人可以与其他出卖人体器官的行为人构成共同犯罪,其也不会溢出本罪的规制。结合对上述几种看法的分析,可以看出,我们讨论的焦点主要是对单纯收买人体器官行为的规制问题,而第四种看法对此持肯定的态度。但是,在笔者看来,对于人体器官这种特殊对象,从一个正常的理性人的角度而言,收买的目的一般都是为了出卖,从而获取高额利润。因此,出卖行为才是人体器官犯罪的核心与本质。① 常言道"打蛇要打七寸",出卖行为就是人体器官犯罪的"七寸"。即使存在收买人体器官而不予以出卖的个别非理性行为,不但其发生的概率较小,而且其社会危害性也不是很严重,没有必要动用刑法对此予以规制,否则也有违刑法的谦抑性原则。对于此种情形,适用《治安管理处罚法》或有关人体器官的管理规定予以行政处罚即可。

综上所述,笔者认为,组织出卖人体器官罪的罪状中所呈现的"组织出卖",实际就是指行为人的组织与出卖行为,并且无论通过何种途径将"收买"解释到"出卖"中既无必要也不恰当,对于单纯收买人体器官的行为也没必要纳入《刑法》的规制。现有的规制中只规定了"出卖"的情形恰恰是立法者智慧的体现。

三、是否需要增设摘取精神病人器官的刑事处罚

精神病人属于不具有完全民事行为能力的人,而人体器官的移植必须经具有完全民事行为能力人在自由、真实的情形下做出的同意表示。因此,各国一般都在立法上排除精神病人对摘取其器官的同意能力,也即对于不具有完全民事行为能力的精神病人,无论其同意与否都不得摘取其器官进行器官移植。例如,1975年《民主德国移植令》第7条第2款规定,不能从精神病人身上摘出器官;《韩国器官移植法》第

① 另外,出卖的人体器官也未必都是收买而取得的,如欺骗他人捐献器官而出卖的,虽然不能认定为组织出卖人体器官罪,但能够反映出出卖行为在人体器官犯罪中的核心和本质。

10 条第 3 款规定,禁止从未满 16 岁的人、精神病患者、精神痴呆者等人的活体中摘取器官。我国的《人体器官移植条例》也有规定,即第 8 条:“捐献人体器官的公民应当具有完全民事行为能力。……”同样,在刑法中针对摘取精神病人器官的刑事处罚,有些国家也有规定,如《丹麦刑法典》中,对于植物人、未成年人及精神病人等,为了保护他们的合法权益,针对获取这些群体器官的行为进行了规制,同时规定了相应的刑罚惩治措施。

我国《刑法修正案(八)》在对此的规定中,有针对摘取未成年人器官的刑事处罚规定,但没有规定针对摘取精神病人器官的刑事处罚。于是,有学者建议应当增设针对摘取精神病人器官的刑事处罚,如董桂文博士认为,由于“精神病患者根本无权同意他人摘取其器官(无辨认能力使然),故在评价此类摘取行为时根本不涉及是否需要征得其同意的问题,但摘取精神病患者器官的行为显然要比摘取正常人器官的行为更为恶劣。就此而言,精神病患者是器官犯罪中更需要重点保护的潜在被害人,刑法也更需要为这一特殊对象的生命健康提供有效保障”,①并建议将现有的刑法规定修改为:“摘取不满十八周岁的人及精神病患者等的器官的……”②当然,也有学者对此问题持不同的看法,如陈家林教授认为,由于精神病患者不具有同意能力,也不能作为活体器官的提供者,那么,摘取精神病患者器官的行为,就应当构成故意伤害罪或者故意杀人罪。③ 言下之意,《刑法》没有针对摘取精神病人器官刑事处罚的规定,并不是立法上的疏漏。

笔者认为,精神病人和未成年人一样都属于社会上的弱势群体,理应得到特殊的保护,这是毋庸置疑的。同样,在人体器官犯罪的规制中,精神病人与未成年人也应得到同等的特殊保护,这也是理所当然

---

① 董桂文:《人体器官犯罪的刑法规制——对〈刑法修正案(八)〉第 37 条的分析解读》,载《法律科学(西北政法大学学报)》2013 年第 1 期。

② 同上。

③ 参见陈家林:《〈刑法修正案(八)〉器官犯罪规定之解析》,载《法学论坛》2011 年第 3 期。

的。但是,对他们进行同等的特殊保护并不等于对他们也进行相同的规定,而应当根据他们各自的特性予以相应的规制。根据现有刑事法律的规定,未成年人属于法定的无同意能力人,也即未满18周岁的未成年人在《刑法修正案(八)》第37条第2款中被明确规定为无同意能力。虽然这是刑事法对未成年人的特殊保护,但这样的规定并不等于未成年人都不具有完全民事行为能力。因为未成年人虽然在法律上规制为与成年人不同的能力(资格),但是,他们也是具有相应的意识能力,而且也能够独立地处理个人的一些事务和承担相应的责任。正因如此,民事法中的规定是,将16周岁以上不满18周岁并以自己的劳动收入为主要生活来源的自然人,视为完全民事行为能力人。而我国《人体器官移植条例》第8条中的规定是:"捐献人体器官的公民应当具有完全民事行为能力。"也即16周岁以上不满18周岁的未成年人,在被视为完全民事行为能力时可以捐献人体器官。可是,《刑法修正案(八)》第37条第2款对此并不予以认可。但由于《刑法修正案(八)》的效力高于《人体器官移植条例》,故摘取视为完全民事行为能力的未成年人器官的,仍然构成犯罪。正因为现有的法律规范对于未成年人相关规定上的差异,而《刑法》又为了保护所有的未成年人,所以有必要对未成年人在人体器官犯罪中的同意能力作特别的规定。这样的规定既是《刑法》本性中强硬性的体现从而消除与其他法律规范的冲突,也是为了明确地指引司法者准确地适用。但是,精神病人不同于未成年人,所有的精神病人都属于不具有完全民事行为能力的人,对于他们行为上的理解也不存在法律规范上的冲突障碍。按照《人体器官移植条例》的规定,精神病人由于在民事法中不具有完全民事行为能力而不能够捐献人体器官,也就是否定了精神病人的同意能力。于是,在刑事法中摘取精神病人的器官与摘取未成年人的器官具有同等效力,都应当构成犯罪。那么,在具体的适用时,就是根据现有的"未经本人同意摘取其器官"的规定即可。因为摘取器官需要本人同意,而同意需要其具有完全民事行为能力这个要件,由于精神病人不具有完全民事行为能力,所以,精神病人对于摘取其器官不具有同意能力,其所做出的同意在法规范上属于不同意。易言之,在法规范上,精神病人无论是否表示同意而摘取其器官都属于“未经本人同意摘取其器官”。据此可以看出，现有的刑事法规定并没有将精神病人排斥在外，对未成年人作出特别规定只是由于现有的法律规范在未成年人的相关规定上具有不一致等特殊性所致。另外，除了不具有完全民事行为能力的未成年人和精神病人之外，还存在其他类型不具有完全民事行为能力的人，若都要做出特别规定的话，既无必要也不现实，尤其是随着社会的发展还会出现新类型的情形。因此，现有的立法模式反而不会遗漏其他类型无完全民事行为能力人的情形。综上，笔者认为《刑法》中无须增设摘取精神病人器官的刑事处罚。

四、是否需要增设跨境买卖人体器官的犯罪

由于存在人体器官供需的严重不平衡，而且其中又隐含着巨大的利益空间，跨境进行人体器官买卖的现象日益猖獗。对于此种现象，一些国家将其纳入刑法典予以规制，如《法国刑法典》就规定了从国外走私人体器官的刑事处罚，至2015年最新的《法国刑法典》仍然规定，对于“进口或出口器官、组织、细胞和治疗用细胞产品的，处5年监禁并科75,000欧元罚金”。[①] 我国虽然对该问题进行的研究起步较晚，立法上至今在《刑法》中对此也没有针对性的专门规定，但学界的探讨并没有停止。

刘长秋研究员认为，走私人体器官构成犯罪的理由是：“首先，走私人体器官侵犯了国家的海关监管制度，是对国家海关监管权的公然挑衅与严重藐视。其次，走私人体器官是买卖人体器官的扩大化。走私人体器官实质上也是在进行人体器官的交易，只不过走私人体器官将人体器官的交易扩大到了另一个国家的境内，既然买卖人体器官是一种犯罪行为，则走私人体器官显然更应当被视为一种犯罪行为。再次，走私人体器官会引发有组织的器官移植犯罪或单位器官移植犯罪及其他社会危害性极其严重的犯罪行为，例如某些不法团体强制采摘

① 《最新法国刑法典》，朱琳译，法律出版社2016年版，第259页。

他人身体器官、非法收购人体器官。"[①]熊永明教授也认为,刑法不能漠视走私人体器官的行为,应当将其纳入刑法圈之中:一是出于维护刑法平等性原则的要求;二是走私人体器官比起买卖人体器官的危害性更大;三是走私人体器官的行为容易诱发其他更为严重的犯罪行为。[②]不过,学界对于这种跨境进行人体器官买卖的行为在定罪或罪名的设置上存在分歧,有组织出卖人体器官罪、走私普通货物、物品罪、走私人体器官罪、妨害国境卫生检疫罪等不同的看法。

笔者认为,将跨境进行人体器官买卖的行为纳入《刑法》的规制是毋庸置疑的。除了上述学者所说的跨境进行人体器官买卖能够产生的社会危害性之外,还因为在境内进行相关的行为都已纳入《刑法》的规制,跨境进行人体器官买卖"对法益的侵害不仅仅表现为对人性尊严的侵犯,还对国家进出境管理秩序造成破坏",[③]也即比境内进行相关行为在侵害法益上至少还多一个国家进出境管理秩序。因此,相对来说其危害性更大。只是这种行为是否属于"走私"行为以及如何定罪的问题需要探讨。"在国际上,走私的一般含义是指行为人为了牟取非法利润或巨额暴利,违反一国的海关法规,逃避该国对对外贸易的垄断和监管,非法运输、携带或者邮寄该国禁止或限制进出口的货物、物品进出国境的行为。"[④]也就是说,走私的对象是"货物、物品"。那么,人体器官是否属于"货物、物品"就成为跨境进行人体器官买卖行为是否属于"走私"行为的关键性因素。对此,学界也是观点纷呈。为了进一步地分析,根据生命状态以及器官与人在空间上的联系,可以将人体器官分为在体器官、摘除器官、移植后器官、尸体器官和死胎器官5类进行探讨。在体器官指的是:"存在于人的活体内的器官,是自然人身

---

① 刘长秋:《生命科技犯罪及其刑法应对策略研究》,法律出版社2006年版,第149页。

② 参见熊永明:《器官交易关涉犯罪条款的设立及评析》,载《法治研究》2014年第7期。

③ 同上。

④ 贾宇主编:《刑法原理与实务》(第3版),中国政法大学出版社2011年版,第258、259页。

体的有机组成部分。”[①]在体器官属于活人之身体,其人格属性远大于其物之属性,故不得为法律上的物,一般并无异议。摘除器官也即离体器官,是指从活体摘除且血液循环中断的器官。对于离体器官,中外学者中有的认为是法律上的物。因为其作为人体的一部分已与人体分离,只要不违背公共秩序和善良风俗,就可视为法律上的物。而且,离体器官是一个可以被感知的实体,具有需求性、稀缺性,并且可以被权利人支配和控制,故视为“物”具有一定的合理性,不过其为特殊形态的物。有的认为,与人体分离且独立化的人体器官尽管其表面上具备了“物”的外观特征,但仍与人身权重叠,且人身权应当优先适用,故不能将离体器官简单地等同于法律上之物。[②] 不过,笔者认为,离体器官不可视为法律上的物,理由如后所述。移植后器官,是指离体器官被植入接受人体内的器官。被植入接受人体内的器官,是接受人身体权的客体,成为接受人人格的组成部分,故不属于法律上之物,一般也无异议。尸体器官(遗体器官),是指“曾经具有独立功能的自然人的身体器官,于自然人死亡后存于尸体内或从尸体摘除的器官”。[③] 有观点认为,脱离人体的活体器官与尸体器官都为物。因为遗体为物,故作为遗体的组成部分,存在于遗体内的器官也应为物,且存在于遗体外的取自遗体的器官也应为物。[④] 有观点认为,遗体由于不能作为所有权和继承权的客体,除非将遗体制作成人体标本,因此,对于人的遗体,任何人不能长期占有,更不能对其进行使用、收益和处分行为。尽管人的遗体具有“物”的某些属性,但不能据此认为遗体是民法上的“物”。[⑤] 还有观点认为,“遗体是存在过的人,是人身权的延续利益,人去世后同样

---

① 何悦、刘云龙、陈琳:《人体器官移植法律问题研究》,法律出版社 2016 年版,第 25 页。

② 同上书,第 26 ~ 27 页。

③ 同上书,第 29 页。

④ 转引自何悦、刘云龙、陈琳:《人体器官移植法律问题研究》,法律出版社 2016 年版,第 29 页。

⑤ 参见杨立新:《人身权法论》(修订版),人民法院出版社 2002 年版,第 418 ~ 419 页。

‘遗留’着死者本人的人格权。作为遗体的组成部分的器官,无论是存在于遗体内,还是与遗体分离,均应属于在法律允许范围内可以支配、利用的特殊限制流通物”。[①] 同样,笔者赞成尸体器官不属于法律上的物的观点。死胎器官是指在母体宫腔内死亡或出生时即为死体的胎儿器官。对此,有的认为死胎与尸体的本质属性相同,那么,死胎器官与尸体器官属性也一样。有的认为死胎是出生前死亡的机体,其权利归属于母亲或其他法律主体,故而死胎不具有尸体的法律地位。也有人不这么看,认为“死胎虽然曾为胎儿,且源于母体,但其毕竟与母体脱离,是一种没有任何生命活性的存在,其不曾在法律上享受过地位”。[②] 故死胎不属于遗体,具有物的属性,属于法律上的物。对此,笔者认为,死胎(在此主要探讨的是其器官已经具备移植条件时的死胎)虽然没有在体外存在过生命活性(或存在的时间极其短暂),但在体内存在过生命活性,已经具有人的自然属性,只是存在的方式和空间不同而已。也正因为此,一些国家在法律上将胎儿作为独立的人格主体予以同等保护。所以,当胎儿没有存活时其本质属性应当等同于尸体,那么,其也不能成为法律上的物,理由于下文所述。

对于以上分类探讨的人体器官,在体器官和移植后器官不仅是由于它们不属于法律上的物,而且在体器官与移植后器官都与人的身体没有分离,也即该类器官不存在单独被携带跨境问题,即使对其进行跨境买卖,也只能是其所依附的人的跨境。所以,能够纳入跨境进行人体器官买卖的只能是离体器官、尸体器官和死胎器官,而死胎器官又等同于尸体器官。于是,跨境进行人体器官买卖的器官主要是指离体器官和尸体器官两类。

人体器官买卖的目的主要是用于患者的器官移植,这就要求脱离肌体的器官,无论是离体器官还是尸体器官,都必须是属于“活”的器官,才能使这种买卖行为达成协议。脱离肌体的“活”器官对于离体器官而言,虽然血液循环已经中断,但是其活性仍然是延续于之前活体的

---

① 何悦、刘云龙、陈琳:《人体器官移植法律问题研究》,法律出版社2016年版,第31页。

② 同上书,第32页。

人格性，这种活性的本质不因脱离肌体而发生变化，与在体器官相同。并且，人体器官的这种活性恰恰是人之所以为人的人格性的本源。因此，依附于器官之上的人格性不因器官脱离肌体而消失。对于尸体器官而言，脱离肌体的“活”器官也是如此。只是人的死亡是一个无法回转的过程，这个过程中其器官失去活性是一个渐进的过程，在器官的活性存续期间，其人格性并没有消失，仍然依附于之前肌体的人格性。人体器官虽然短暂地脱离了肌体（即使现代技术能够延长脱离肌体器官活性的时间，但仍然极其有限），但只要依然存在活性，其承载的人格性就始终存在，直至植入受体时发生转移。如同承载着人格性的载体的人的身体是不能作为法律上的物一样，存在活性的人体器官就不能成为法律上的物，于是，只要存在活性的离体器官和尸体器官就不能成为法律上的物。至于法律上的物，由于具有独立性、有体性、可支配性和有用性等特征，而人体器官也符合这些特征，故而人体器官符合物的要求的看法，笔者认为不妥。因为法律上对物的特征的要求前提是针对无人格性的客观存在，否则人本身在符合这些特征时也可以成为物了。如被强制拘禁而被强迫劳动或提供性服务的人，他们也具有独立性、有体性、可支配性和有用性的特征，如不考虑人格性因素，他们也属于法律上的物。但在现代社会中显然不能否定他们存在的人格性，这是毋庸置疑的，故而他们也就不能作为法律上的物。

至此，笔者认为，跨境买卖的人体器官不属于“货物、物品”，也即不能够成为走私的对象。故而将跨境进行人体器官买卖行为定为走私普通货物、物品罪或者设置走私人体器官罪都不适合。至于妨害国境卫生检疫罪，其针对的是鼠疫、霍乱、黄热病等检疫传染病的传播。而跨境进行人体器官买卖的行为虽然也会关涉疾病传播问题，且同时也侵犯了海关的管理制度，但出入境中对这种行为进行惩治的目的与境内从事相关行为予以刑法规制一样，仍然是禁止人体器官的商品化，也即与组织出卖人体器官罪的目的相同。那么，是否可以将跨境进行人体器官买卖的行为定为组织出卖人体器官罪？若从立法技术上来说，应当不是问题，可以类似于拐卖妇女、儿童罪中“将妇女、儿童卖往境外的”作为加重处罚的情节，也即可以设置将“跨境进行人体器官买卖的”作为组织出卖人体器官罪的加重情节。但笔者认为不可以。不过其理由并非有学者所说的:“因为组织出卖人体器官罪除了规定出卖外,更要求的是‘组织’行为,如果没有这种组织行为,即使将境内器官转移到境外恐怕也难以定罪处罚。”①因为现在普遍认为组织出卖人体器官罪中的“组织”行为并没有人数的要求,也即组织一人都可以入罪,而在人体器官的买卖中除非出现供体本人直接与受体交易这种罕见的情形(若真是如此也不值得予以刑罚处罚),否则一定有至少一人的组织者。笔者认为,出现不能认定为组织出卖人体器官罪的问题主要是在对“收买”行为的规制上。正如前文所述,在境内无须在组织出卖人体器官罪中规制“收买”行为,但是,跨境进行人体器官的买卖就不能不将“收买”行为纳入其中。因为在跨境买卖人体器官的情况下,收买行为和出卖行为并非都是在境内,而是只有一种行为在境内。所以,若只是规定出卖行为,将会导致对收买行为无法惩处的境况。正因如此,采用将跨境买卖人体器官的行为作为组织出卖人体器官罪的加重情节的立法方式不能解决现实中的问题。于是,笔者建议设置跨境买卖人体器官罪,以此来完善我国《刑法》中人体器官犯罪的罪名,并将其置于《刑法》第234条之一之后,作为第234条之二,具体的刑罚配置可重于组织出卖人体器官罪的刑罚。

五、结　　语

知识的累积在造福人类的同时也给戕害自身提供了新的形式,从而催生了新型犯罪。器官移植可以说是现代医疗技术进步的重要体现,但是,这不仅给人们带来伦理问题上的冲击,也给人们带来法律问题中的挑战。其中,人体器官犯罪这种新的犯罪类型就是对刑事法的挑战。由于人体器官交易的禁止性及可移植人体器官的稀缺性,非法进行人体器官买卖中存在巨大的弹性利益空间。为此,对那些违背人

① 熊永明:《器官交易关涉犯罪条款的设立及评析》,载《法治研究》2014年第7期。

伦、侵犯人身权利的具有严重危害社会行为的人体器官犯罪予以专门的刑法规制,以及对现有的规定进行科学合理的解释与应用,也成为法治社会的必然应对。

Several Issues in the Legislation of Human Organ Crimes

Luo Qun

[**内容摘要**]人体器官犯罪在我国首次予以规制是在《刑法修正案(八)》里,其中有些立法中的问题引起了学界的一些争议。根据人体器官犯罪的特殊性,应当增设单位犯罪主体。对于单纯收买人体器官的行为没有必要纳入《刑法》的规制。《刑法》中无须增设摘取精神病人器官的刑事处罚。对于跨境买卖人体器官的行为可增设跨境买卖人体器官罪,具体的刑罚配置可重于组织出卖人体器官罪的刑罚。

[**关键词**]人体器官犯罪;单位犯罪;收买人体器官;精神病人器官;跨境买卖人体器官

Abstract:The Eighth Amendment to the Criminal Law, for the first time, regulated human organ crimes in China. However, some of the issues in this legislation has triggered debate among Chinese academia. Given the particularity of human organ crimes, there is a necessity to add unit crime. Meanwhile, the pure behavior of buying human organs should not be subject to the regulation of the criminal law. Moreover, there is no need to add a new criminal penalty in relation to taking off organs from mentally disordered persons. For the cross-border transactions of human organs, consideration could be given to adding a new type of crime, namely, cross-border dealings of human organs, the penalty of which can be heavier than that in organizing others to sell human organs.

Keywords: human organ crimes; unit crime; buying human organs; human organs of mentally disordered persons; cross-border dealings of human organs

二审刑事案件中认罪认罚的实体性思考*

赵 菁**

目 次

一、刑事案件在第二审程序中适用认罪认罚从宽制度的正当性讨论

二、我国刑事案件在第二审程序中适用认罪认罚从宽制度存在的问题

三、刑事案件在第二审程序中适用认罪认罚从宽制度的完善

四、结语

2018 年修正的《中华人民共和国刑事诉讼法》正式确立了认罪认罚从宽制度,根据《关于在部分地区开展刑事案件认罪认罚从宽制度试点工作情况的中期报告》,截至 2017 年 11 月底,18 个试点地区共确定试点法院、检察院各 281 个,适用认罪认罚从宽制度审结刑事案件 91,121 件,占试点法院同期审结刑事案件的 45%,涉及 103,496 人。①

* 本文系 2017 年度北京市社会科学基金项目课题《刑事案件认罪认罚从宽制度研究》的阶段性研究成果。项目编号:17FXA005。

** 北京师范大学刑事法律科学研究院博士生。

① 参见周强:《关于在部分地区开展刑事案件认罪认罚从宽制度试点工作情况的中期报告——2017 年 12 月 23 日在第十二届全国人民代表大会常务委员会第三十一次会议上》,载《人民法院报》2017 年 12 月 24 日,第 1 版。

2019年前三季度,检察机关适用认罪认罚从宽审结案件404,142件,涉及486,842人。[①] 在认罪认罚从宽制度试点的地区中,认罪认罚从宽制度的适用率较高,表明现在乃至将来我国刑事案件中的相当一部分将适用认罪认罚从宽制度。但是2018年修订的《刑事诉讼法》并没有在刑事第二审程序中明确规定认罪认罚从宽制度。2019年最高人民法院、最高人民检察院、公安部、国家安全部、司法部颁布的《关于适用认罪认罚从宽制度的指导意见》中,虽规定在刑事案件第二审中适用从宽,但并未规定明确统一的从宽适用条件与从宽幅度。而从司法实践来看,不少人民法院在审理第二审案件过程中也适用了认罪认罚从宽制度,如江苏省南京市中级人民法院审理的张某故意伤害案件,[②]辽宁省沈阳市中级人民法院审理的李某某合同诈骗案件[③]等。在这些案件中,被告在一审判决后均提出上诉,并积极退赃退赔,获得被害人谅解,并与害人达成和解协议。由于我国现行法律并没有规定如何在第二审程序适用认罪认罚从宽制度,因此,在司法实践中往往产生司法不统一的问题,即相同或者类似的情形却出现不同的法律后果。而理论界对于第二审程序如何适用认罪认罚从宽制度也存在较大分歧。而且,基于第二审程序与第一审程序之间的显著区别,如果在第二审程序中不对认罪认罚从宽制度加以适当限制,反而会产生诉讼效率下降、被告人滥用诉讼权利等风险。基于这些因素的考虑,如何在第二审程序中适用认罪认罚从宽制度显然是一个值得研究和亟待解决的问题。本文拟在分析第二审程序适用认罪认罚从宽制度的正当性的基础之上,

---

① 最高人民检察院:《前三季度检察业务数据有哪些变化——有关部门负责人答记者问》,载最高人民检察院:https://www.spp.gov.cn/spp/xwfbh/wsfbt/201910/t20191030_436761.shtml#2,2020年2月3日访问。

② 参见南京市院:《江苏省首例二审程序适用认罪认罚案件顺利结案》,载南京市人民检察院:http://nj.jsjc.gov.cn/hd/201709/t20170913_170602.shtml,2020年2月5日访问。

③ 参见王玲、朗杰:《辽宁沈阳:首次将认罪认罚从宽制度适用于二审刑事案件》,载正义网:http://www.jcrb.com/procuratorate/jcpd/201711/t20171122_1818979.html,2020年2月5日访问。

对于在第二审程序中如何适用认罪认罚从宽制度进行初步的探讨。

一、刑事案件在第二审程序中适用认罪认罚从宽制度正当性讨论

关于在第二审程序中是否适用认罪认罚从宽制度,存在不同观点。一种观点认为,在第二审程序中,认罪认罚从宽制度仍然适用,其仍然可以在提高诉讼效率和实现繁简分流等方面发挥作用。另一种观点认为,案件进入二审程序后,法官启动认罪认罚从宽制度,很难保证节约司法资源、优化职权配置的目标得以实现。① 如果明确规定在第二审程序中亦可适用认罪认罚从宽制度,则反而有可能使一些本可以在第一审中认罪认罚的案件并没有适用认罪认罚从宽制度。因为犯罪嫌疑人、被告人可能抱着在第一审中逃避较重刑罚的心理而不认罪认罚,等到一审判决作出后如果觉得刑罚较重,则抱着通过认罪认罚从宽制度及上诉不加刑原则的希望妄图得到轻判。此外,被追诉人本可以在第一审中认罪认罚走简易程序或速裁程序从而减轻司法工作量,却拖到了第二审程序中才认罪,这种不及早认罪的态度也并不值得提倡。因而,应继续讨论是否可以在第二审程序中适用认罪认罚从宽制度。同时,由于实践中已出现不少第二审程序中认罪认罚的案件,对其的讨论既有理论意义也具有紧迫的实践价值。

(一)理论依据

1. 刑法、刑罚目的与功能理论

在刑事案件第二审中适用认罪认罚从宽制度,符合刑法的目的,能够更好地实现刑罚正当化。《刑法》第2条的规定表明,刑法的目的是保护法益。因为各种犯罪都是侵犯法益的行为,运用刑罚与各种犯罪

① 参见赵恒:《论量刑从宽——围绕认罪认罚从宽制度的分析》,载《中国刑事法杂志》2018年第4期。

行为作斗争，正是为了抑制犯罪行为，从而保护法益；刑罚的目的是预防犯罪。贝卡利亚认为，“刑罚的目的既不是要摧残折磨一个感知者，也不是要消除犯下的罪行。……刑罚的目的仅仅在于：阻止罪犯再重新侵害公民，并规戒其他人不要重蹈覆辙”。[①] 之所以要预防犯罪，是因为犯罪侵犯了法益，预防犯罪是为了保护法益，这正是刑法的目的。[②] 因此，预防犯罪不仅是刑罚的目的，更是刑法目的的题中之义。

在刑事案件第二审中适用认罪认罚从宽制度，不仅符合刑罚目的，还符合刑罚正当化根据中的并合主义，能够更好地融合刑罚的报应刑论与目的刑论，从而更好地实现刑罚的目的。关于刑罚的正当化根据，历来有报应刑论与目的刑论之分。报应刑论认为，犯罪是一种恶行，刑罚是对犯罪这种恶行还报的一种害恶。“在这个意义上，刑罚的本质是报应，与伦理上无色的社会防卫措施的保安处分相区别。”[③]近代的报应刑论，由康德发其端，经过黑格尔，至宾丁大致完成。目的刑论认为，刑罚并非对犯罪的报应，而是预防将来的犯罪，保护社会利益的手段。[④] “目的刑论一词，用来与报应刑论相对立使用时往往仅指特别预防论。”[⑤]有学者提出并合主义的观点，并合主义的观点认为，“刑罚的理论之争就是不能把报应主义和结果主义的观点截然分开”，[⑥]刑罚的正当化根据一方面是为了满足恶有恶报、善有善报的正义要求，同时也必须是防止犯罪所必需且有效的。“刑罚的本质是报应还是改善（教育），虽然存在学说上的争论，但报应与改善决不是二者择一的排他关系。报应是刑罚本质的核心，改善是刑罚的重要机能之一，两者不是互相排斥的观念，是出色的并存的思想，不，毋宁说只有使两者并存，刑罚

① ［意］切萨雷·贝卡里亚：《论犯罪与刑罚》，黄风译，北京大学出版社 2008 年版，第 29 页。

② 参见张明楷：《刑法学（上）》（第 5 版），法律出版社 2016 年版，第 22 页。

③ ［日］吉川经夫：《改订刑法总论》，法律文化社 1974 年版，第 363 页。

④ 参见马克昌：《论刑罚的本质》，载《法学评论》1995 年第 5 期。

⑤ ［日］石原一彦：《现代刑罚法大系 Ⅰ》，日本评论社 1984 年版，第 41 页。

⑥ ［英］威廉姆·威尔逊：《刑法理论的核心问题》，谢望原等译，中国人民大学出版社 2014 年版，第 69 页。

的真正价值才能发挥。”①一方面,在刑事案件第二审中适用认罪认罚从宽制度,符合刑罚目的论的预防。我国《刑法》第 61 条的规定隐含着将人身危险性作为量刑依据的意蕴。② 而行为人在第一审判决过后如真心悔罪,则表明其人身危险性较低。另一方面,在刑事案件第二审中适用认罪认罚从宽制度,符合刑罚正当化根据中的并合主义,能够更好地融合刑罚的报应刑论与目的刑论。并合主义并不是将报应刑论与预防刑论简单地相加,“把各种学说相互混合地聚在一起的方法,对于刑法学来说是毫无用处的,即使把若干个破碎的衣服拼补起来,也不能做成国家制度的基础这一件衣服”。③ “如果相对报应刑论只是单纯地将报应刑论与目的刑论结合在一起,那么,两者的问题也只能加算起来,进而增添了问题。”④“刑罚的消极作用相当明显,并非维护社会伦理秩序的理想手段。以刑罚教育行为人成为伦理上高尚的人,必然得不偿失。”⑤有研究者认为,认罪认罚从宽制度中“认罪”的规范实质是要求“认罪悔过”。⑥ 在刑事案件第二审程序中,于行为人认识到自己错误而认罪悔改,如果罪犯悔过并积极采取措施补偿被害人,那么一定程度上已达到刑罚的预防目的。此时对其进行从宽处理,将能够使刑罚的消极作用最小限度地发挥出来。因此,罪犯虽在第一审程序中不认罪,但是只要在第二审程序中认罪则表明其态度的良好转变,符合刑罚目的论,能够将刑罚的报应刑论与目的刑论更好地进行融合。

在刑事案件第二审中适用认罪认罚从宽制度,能够有效将法律效果与社会效果进行融合,从而实现社会调节的作用。社会调节的两个

---

① [日]植松正:《刑法概论 I 总论》,劲草书房 1974 年版,第 32 页。

② 参见刘仁文:《“赔钱减刑”的价值冲突与协调》,载《观察与思考》2007 年第 Z1 期。

③ [德]特奥多尔·赫布:《刑罚学说的主要分类》,任学良译,载邱兴隆:《比较刑法(第 2 卷)刑罚基本理论专号》,中国检察出版社 2004 年版,第 303 页。

④ [日]佐伯仁志:《刑法的基础理论》,载《法学教室》第 283 号(2004 年)。

⑤ [日]平野龙一:《刑法总论 I》,有斐阁 1972 年版,第 44 ~ 56 页。

⑥ 参见魏东、李红:《认罪认罚从宽制度的检讨与完善》,载《法治研究》2017 年第 1 期。

重要方面是法律效果与社会效果。法律效果,是指法律或判决对社会生活的作用、影响。衡量法律效果的主要标准,是看法律作用的结果能否达到法律的预期目标。① 也就是法在社会中运作所产生的社会现实状况和社会现实效应,也是法律作为一种规范期待和要求社会应然达到的预期状态。法律效果以法律和事实演绎推理、归纳推理和类比推理为主要内容,倾向于法律的证明,侧重于法律条文的准确适用。社会效果,是指通过法律适用,使法的本质特征得以体现,实现法的秩序、自由、正义、效益等基本价值的效果,使得法律适用的结果得到社会公众的认同。社会效果以化解矛盾,维系社会稳定,保护国家利益,彰显社会公平、正义,保障公民的合法权益,确保法律适用的可实现性和高公认度为主要内容,倾向于法律价值的体现,侧重于司法目的的实现。作为与我国宽严相济的刑事政策一脉相承的制度,认罪认罚从宽制度是充分发挥调节社会的功能,达到法律效果与社会效果有机统一的重要制度。②

刑罚具有安抚补偿功能,安抚受害人及其近亲因刑事侵害造成的创伤和怨恨,使受到犯罪破坏的社会心态回复平衡,修复社会关系。第二审程序中被告人认罪认罚,积极退赃退赔,不仅有利于被害人得到有效的赔偿,修复受损的社会关系,更能发挥法律的教育作用。例如,2017 年张某因民间纠纷导致被害人轻伤,一审中张某未与被害人达成和解,被判处有期徒刑 11 个月,第二审程序中上诉人张某及其家属积极筹措赔款,并取得被害人谅解,最终上诉人签订了认罪具结书,南京市中级人民法院在第二审程序中适用认罪认罚从宽制度进行审理。③ 上诉人积极向受害者提供赔偿,赔礼道歉,能够为受害人提供一定的心理安慰。

① 参见朱景文:《现代西方法社会学》,法律出版社 1994 年版,第 204 页。

② 参见阴建峰:《论法律效果与社会效果的统一——以贯彻宽严相济形势政策为中心》,载《河南社会科学》2011 年第 2 期。

③ 参见南京市人民检察院:《江苏省首例二审程序适用认罪认罚案件顺利结案》,载 http://nj.jsjc.gov.cn/hd/201709/t20170913_170602.shtml,2018 年 9 月 22 日访问。

2.悔罪的时间性规律

悔罪具有时间特征,即忏悔的形成必须具备一定条件——时间。犯罪嫌疑人、被告人对自己罪行所造成伤害的认识,以及对自己罪行的悔过往往不是立刻发生的,而是需要时间,可能是一个循序渐进的过程。在向司法机关、受害人或社会悔罪之前,犯罪人往往要进行激烈的思想斗争,他需要意识到自己错了,错在哪里,以及他的行为和错误之间的关系。通过这个过程,肇事者愿意承认错误,愿意为自己的行为后果表示悔意,也做好了忏悔的准备,然后才是悔罪。显然,悔罪的思想准备需要时间。在刑法中,悔罪分为两类:强制性悔罪与自愿性悔罪。只有当肇事者真诚并自愿悔改时,才能使受害者得到因这些罪行所遭受的精神损害的赔偿;犯罪人才有可能重新回归社会,被破坏的社会关系才能得到修补。如果犯罪没有自愿悔罪,也就不存在恢复性司法的实践。① 较之在面对司法机关仓促而迅速地悔罪,被告人在经过一定时间之后作出的悔罪是自愿性的悔罪概率性更大。因而,在第一审中不认罪而在第二审程序中认罪,从悔罪的时间性上看,也是符合常理常情的。

然而,在司法实践当中,域外各国的认罪制度设置并不一定符合悔罪的时间性原则。目前域外各国在认罪制度上,大多都秉持着"越早认罪,量刑越轻"的量刑原则,只是在层级变化幅度上有所不同。例如,英国2017年关于认罪协商的量刑指南(同等适用于magistrates'courts和Crown Court)中规定,诉讼以时间为轴被划分为几个阶段,从宽量刑幅度随着阶段的推进依次递减。第一个阶段通常是指法庭所记录的申请有罪答辩的第一次听证会,而第一阶段所能获得的最大量刑是1/3,过了第一阶段之后所能获得的最大量刑是1/4。审判第一日的最大量刑是1/10,如果进入到审判阶段之后才认罪,那么从宽幅度将进一步降低,甚至于为0。② 美国的辩诉交易制度也非常重

① 参见王立峰:《论悔罪》,载《中国刑事法杂志》2006年第3期。

② See UK Sentencing Council, "Reduction in Sentence for a Guilty Plea: Definitive Guideline", 2017.

视尽快认罪。调查表明,有很大一部分被告人(尤其是未成年人)被检察官要求在1天之内对从宽建议作出决定,甚至有些被要求在1个小时之内作出。① 在美国的刑事诉讼模式下,如果被告人在第一审中未进行辩诉交易,之后的机会基本趋于零。从诉讼效率的角度来看,这种安排能够鼓励被告人尽快认罪,从而节省司法资源。但从心理学角度而言,这是不符合悔罪的时间性规律的,应当予以改进。

(二)司法实践的必要性

我国一些地方法院已出现第二审程序中认罪认罚的先例,如沈阳、杭州等地的法院。辽宁省沈阳市中级人民法院审理了一起第二审程序期间认罪认罚的案件,李某在一审时并未认罪,在一审判决作出之后提起上诉并自愿认罪,在第二审程序期间认缴罚金,双方当事人达成和解协议,当事人在值班律师的见证下签署了《认罪认罚具结书》。最后,合议庭采纳了检察院提出的意见,李某因合同诈骗罪被判处有期徒刑9个月,缓刑一年,并处罚金人民币10,000元。② 对于一些轻微的刑事案件,在第二审程序中认罪认罚从宽制度的重要性可能并不明显。一方面,由于轻微刑事案件的刑罚一般比较轻微,大部分被告人都选择息诉服判,进入到第二审程序的案件一般来说较少;另一方面,由于轻微刑事案件的危害性较小,被害人及社会公众的情绪相对而言不会特别激烈。我国2018年《刑事诉讼法》的有关规定表明,我国的认罪认罚从宽制度不仅适用于轻微的刑事案件,也适用于包括死刑在内的刑事

① See Tina M. Zottoli, TarikaDaftary-Kapur, Georgia M. Winters, Conor Hogan, "Plea Discounts, Time Pressures, and False-Guilty Pleas in Youth and Adults Who Pleaded Guilty to Felonies in New York City", Psychology, *Public Policy, and Law*, 2016, Vol. 22, No. 3, 250 - 259.

② 参见王玲、朗杰:《辽宁沈阳:首次将认罪认罚从宽制度适用于二审刑事案件》,载正义网:http://www.jcrb.com/procuratorate/jcpd/201711/t20171122_1818979.html,2018年10月15日访问。

案件。[①] 对于可能被判处无期徒刑和死刑案件,第二审程序是一个极为重要的问题。[②] 一方面,无期徒刑和死刑案件涉及可能剥夺被告人的重大人身权利;另一方面,由于无期徒刑和死刑案件往往造成了极大的危害,被害人及社会公众都有着激烈的情绪并对第二审程序予以极大的关注。我国某些地方也明确颁布了第二审程序中认罪认罚的规定,表明司法实践的紧迫性推动着立法的及时性。例如,沈阳市中级人民法院和沈阳市人民检察院联合发布了《关于开展刑事案件认罪认罚从宽制度试点工作的指导意见》(以下简称《指导意见》)。其中规定了被告人在第二审阶段认罪认罚的处理原则:"二审人民法院在第一审程序中刑事被告人未认罪,并在第二审程序中认罪认罚,可以适用认罪认罚从宽制度,并酌情从宽处罚。从宽幅度原则上要从严掌握,与一审程序中的认罪认罚要有所区别。"[③]认罪认罚从宽制度试点工作的反馈情况表明,在刑事诉讼第二审程序中适用认罪认罚的规定在司法实践中已多有案例。这表明认罪认罚从宽制度确实有在第二审程序中适用的正当性与必要性,我国应当对此作出明确的法律规定。

二、我国刑事案件在第二审程序中适用认罪认罚从宽制度存在的问题

目前,我国刑事第二审程序中的认罪认罚从宽制度还存在一些问题。其中,我国各地关于认罪认罚的工作细则中没有明确规定第二审程序中认罪认罚的适用条件与量刑幅度,在相同案件中可能导致不同的判决,诉讼效率降低,被告人滥用制度等风险。

---

① 我国《刑事诉讼法》第15条规定,"犯罪嫌疑人、被告人自愿如实供述自己的罪行,承认指控的犯罪事实,愿意接受处罚的,可以依法从宽处理"。

② 参见张剑、金鑫、张松:《认罪认罚从宽的二审适用及其制度完善》,载国家检察官学院、中国人民大学法学院:《认罪认罚从宽制度的理论与实践——第十三届国家高级检察官论坛文集》2017年5月。

③ 参见沈阳市中级人民法院与沈阳市人民检察院《关于开展刑事案件认罪认罚从宽制度试点工作的指导意见》。

(一)制度本身的潜在风险

1.降低诉讼效率的风险。表面上看,在第二审程序中设置认罪认罚从宽制度提高了诉讼效率,诸如前文提到的促使被告人退赃退赔等。然而,实际情况是,一审法官已对案件事实进行了认定,上诉人在第二审程序中认罪认罚对于节约诉讼资源来讲“贡献”不大。不仅如此,如果第二审程序中认罪的从宽条件与幅度与第一审相差无几,则有可能导致被告人出于对自己利益的考量,使本该在一审中认罪的案件通过上诉在第二审程序中认罪。不仅浪费了一审中本可以通过被告人认罪认罚走简易程序或速裁程序的司法资源,而且又浪费了二审程序的司法资源。

2.被告人滥用制度的风险。德国学者指出,“在刑事程序中很难确定供认的真正原因,特别是如果每个被告都知道坦白会从轻处罚,则更是如此”。[①] 从“理性经济人”的角度分析,对于真正有罪的人而言,其选择是趋利的。[②] 真正犯罪的人很有可能在一审中不认罪企图逃避检察官不知道的犯罪罪责,而在第二审中再利用认罪认罚从宽制度减轻处罚。因此,认罪认罚从宽制度有可能成为被告人逃避法律惩罚的手段,尤其是在第二审阶段,被告人在明知“不认罪”的不利结果时,“认罪”的动机则更可能是为了寻求更有利于自己的结果。此外,在我国刑事诉讼制度中启动第二审程序有两种方式:被告人上诉和人民检察院抗诉。被告人单方上诉有上诉不加刑原则的保护。因此,被告人在第二审程序中认罪认罚是否能真正体现其悔过性值得商榷。如果被告人真的悔过,为何不在一审中就认罪呢?被告人在第二审中认罪认罚,除了认罪悔罪需要一定的时间外,还有可能是被告人在一审中获得

① [德]汉斯·海因里希·耶赛克、托马斯·魏根特:《德国刑法教科书》,徐久生译,中国法制出版社2001年版,第1066~1067页。

② 史立梅:《认罪认罚从宽程序中的潜在风险及其防范》,载《当代法学》2017年第5期。

了对自己不利的判决,企图在第二审中通过认罪认罚谋取对自己有利的结果,并非真正出于内心的“悔过”而认罪认罚。可以说,基于侥幸的投机心理,被告人很有可能在一审中故意不认罪,而在第二审中滥用认罪认罚从宽制度。从这个角度来看,给予被告人第二审程序中适用认罪认罚从宽制度的机会,有可能助长其侥幸的投机心理。

(二)我国法律缺乏明确的适用规定

我国2018年《刑事诉讼法》规定,从被侦查人员讯问起,犯罪嫌疑人、被告人就可以适用认罪认罚从宽制度,并对一审中适用认罪认罚从宽制度作出具体规定。[①] 而对于第二审程序,我国2018年《刑事诉讼法》第242条仅作笼统规定。“第二审人民法院审判上诉或者抗诉案件的程序,除本章已有规定的除外,参照第一审程序的规定进行。”关于如何在二审程序中适用认罪认罚从宽制度,仍然没有明确规定。不可否认的是,虽然很多地方法院已经自发地试图在第二审程序中适用认罪认罚从宽制度问题上作出规定,但这些规定大都是原则性的。其中大部分是比照一审认罪认罚从宽制度进行笼统规定,并没有规定具体的从宽条件和幅度。例如,沈阳市中院与市检联合发布的《指导意见》中规定,“二审程序中可适用认罪认罚从宽制度,并酌情从宽处罚”。

上述情况最终导致在第二审程序中适用认罪认罚从宽制度,实践中出现了相同情形却有不同法律后果的情况。因此,有必要在第

① 《刑事诉讼法》第15条规定:“犯罪嫌疑人、被告人自愿如实供述自己的罪行,承认指控的犯罪事实,愿意接受处罚的,可以依法从宽处理。”第120条第2款规定:“侦查人员在讯问犯罪嫌疑人的时候,应当告知犯罪嫌疑人享有的诉讼权利,如实供述自己罪行可以从宽处理和认罪认罚的法律规定。”第201条第1款规定:“对于认罪认罚案件,人民法院依法作出判决时,一般应当采纳人民检察院指控的罪名和量刑建议,但有下列情形的除外:(一)被告人的行为不构成犯罪或者不应当追究其刑事责任;(二)被告人违背意愿认罪认罚的;(三)被告人否认指控的犯罪事实的;(四)起诉指控的罪名与审理认定的罪名不一致的;(五)其他可能影响公正审判的情形。”

二审程序中明确和具体规定如何适用认罪认罚从宽制度。在第二审程序中适用认罪认罚的案件应有统一的适用条件和量刑幅度标准。

三、刑事案件在第二审程序中适用认罪认罚从宽制度的完善

在一审中,被告人在认罪认罚从宽制度中处于“主动”地位,法官一定程度上需要被告人的配合来认定案件事实,从而达到节约司法资源的效果,否则就需按照普通程序进行法庭调查与辩论。在第二审程序中,被告人作为上诉人在认罪认罚从宽制度中已处于相对“被动”的地位,一审中法官已对案件事实进行了认定,被告人作为上诉人在第二审程序中认罪认罚对于节约诉讼资源其实“贡献”不大。因此,如果在刑事诉讼的第二审程序中设定认罪认罚从宽制度,应与一审程序不同。不仅应当明确认罪认罚的内容,第二审程序中从宽条件与从宽幅度也应当从严掌握、慎之又慎。

(一)明确第二审中认罪认罚的内容

关于一审中认罪认罚的内容,普遍认为“认罪认罚”包括“认罪”与“认罚”。“认罪”通常是指被告人承认所指控罪行的全部或部分事实;“认罚”是指犯罪嫌疑人、被告人愿意在认罪的基础上接受法律的惩罚。通说观点认为,“认罚”还应当包括“退赃退赔”。“退赃”是指“罪犯将赃款或者赃物直接归还受害人或司法机关”;“退赔”是指“罪犯因非法处置或损坏赃物而无法归还受害人原有财物,采取折价方式直接赔偿被害人或上缴司法机关”。对于第二审程序中认罪认罚的内容,需探究清楚如下几个问题。

第一,在第二审程序中,“认罪”和“认罚”的内容是否与一审完全相同。笔者认为,在第二审程序中认罪认罚从宽制度的“认罪”与“认罚”应当包含第一审中的内容,但均应达到更高的要求——“认罪”应当达到“自愿性悔罪”程度的要求,“认罚”应当明确包含“退赃退赔”。

美国学者吉尔认为,完整的道歉包含五个要素:(1)承认事已发生;(2)承认事不妥当;(3)承认自己对行为负有责任;(4)表示后悔的态度和悔恨的情感;(5)表示类似行为将来不再发生。[①] 一些学者将上述要素分为五个渐进的认罪要素,认为认罪一般仅包含上述前3项内容,但悔罪则还须囊括第4项内容。此外,从惩罚和惩罚教育的角度来看,从预防和控制社会和预防犯罪的角度来看,自愿真诚的忏悔还包括将来拒绝类似的行为。完整的忏悔将扩展到第5项。[②] 前文中提到自愿性认罪具有时间性,因此在第一审的认罪认罚中要求被告人达到前3项是比较现实与合理的,要求达到后两项则在有些情况下由于时机的不成熟难以实现。在第二审程序中,被告人具备达到后两项要求的必要性与可能性。一方面,被告人在第二审程序中如果仅达到前3项要求,对于提高诉讼效率而言已无意义,重点应放在悔改的社会功能上,要求被告满足后两项要求——表达遗憾的态度和悔恨感,表明将来不会发生类似的行为;另一方面,通过一定时间的思想斗争与反思,被告人在第二审程序中基本具备了达到自愿性悔罪的时间性。虽然普遍观点是,第一审中的认罪认罚从宽制度中的"认罚"包含退赃退赔,但我国刑事诉讼法未明确规定适用认罪认罚从宽制度必须退赃退赔。而在第二审程序中的认罪认罚从宽制度应当将退赃退赔明确规定,后文将详细展开论述。

第二,第二审程序中认的"罪"是否仅限于一审判决中的罪名。关于一审中的"认罪",大多数学者采纳了"概括认罪"的观点。也就是说,"不反对被指控的基本犯罪事实,并自愿承认被指控的行为构成犯罪,但是,它不包括被起诉人对自己行为的罪名、犯罪形态等的认

---

① See Kathleen Gill, "The Moral Function of an Apology", Vol. XXXI, No. 1, Spring 2000.

② 参见董坤:《认罪认罚从宽制度下"认罪"问题的实践分析》,载《内蒙古社会科学(汉文版)》2017年第5期。

识”。[①] 如果其承认犯罪事实，但不同意所指控罪名的，仍可构成“认罪”。[②] 而在第二审程序中，一审判决已对案件作出了定罪，那么此时上诉人的认罪是否必须是一审判决结果中认定的罪名呢？笔者认为仍应当是概括的认罪。因此，被告人在第二审程序中的认罪认罚，并不一定以认同第一审判决中认定的罪名以及量刑为前提。司法实践中，第二审程序的大多数情况是被告人认同第一审判决中的罪名，但希望量刑能够较第一审有所从轻。笔者认为，被告人在第二审程序中认罪认罚，仍然可以对于第一审认定的罪名持异议。因为尽管一审判决已作出，但罪名的认定归根结底属于法律适用问题，第二审程序中的“认罪”，仍然意味着承认被指控犯罪事实，并不当然包含对罪名的认同。

第三，第二审程序中，必须同时做到“认罪”与“认罚”吗？如果只“认罪”是否可以启动认罪认罚从宽制度？从理论上讲，被告人的“认罪”与“认罚”是两种截然不同的“供认”行为。前者是指被告人认可检察机关指控的犯罪事实和罪名，后者是指被告人对检察院的量刑建议没有异议。中国认罪认罚从宽制度的规定是，被告人在申请适用认罪认罚从宽制度时必须同时做到“认罪”和“认罚”。《刑事诉讼法》第15条规定：“犯罪嫌疑人、被告人如实供述自己的罪行，承认指控的犯罪事实，愿意接受处罚的，可以依法从宽处理。”但是，在司法实践中，在可判处一年有期徒刑以下的情况下，被告很容易接受控方的“指控罪名”和“量刑建议”。毕竟，这种情况下可能适用的处罚已经非常轻了。被告人对检察机关基于宽大处理的考虑所提出的量刑种类和幅度也容易形成共识。但是，一旦适用于所有被告人认罪的案件，法院并不容易说服被告认罚，[③]对此，有学者提出，即便被告人不认可检察院的量刑建议，或者对量刑的种类和幅度有异议，只要被告人自愿认罪，法院也

① 陈光中、马康：《认罪认罚从宽制度若干重要问题探讨》，载《法学》2016年第8期。

② 参见魏晓娜：《完善认罪认罚从宽制度：中国语境下的关键词展开》，载《法学研究》2016年第4期。

③ 参见陈瑞华：《“认罪认罚从宽”改革的理论反思——基于刑事速裁程序运行经验的考察》，载《当代法学》2016年第4期。

应该适用宽大的刑事处罚。因为,根据我们的司法经验,被告的认罪态度一直都是一项重要的酌定量刑情节。只要被告自愿认罪或有忏悔表现,法院通常都会在适当情况下在处罚上酌情从轻。我国的坦白、自首、缓刑、刑事和解等制度,甚至直接建立在自愿认罪的基础之上。相反,被告是否认可控方建议的刑事处罚,并不影响其认罪态度的性质。即使被告不同意控方的量刑建议,这也是他正常行使辩护权的方式。① 被告人提起上诉启动第二审程序,基本上都是为了减轻处罚,也基本上都不会认同第一审法院所作判决中的处罚以及一审中检察官的起诉建议。因此,在第二审程序中的认罪认罚从宽制度,必然存在对一审判决的"不认罚"。第二审程序中的"认罚",必须与第一审程序中的"认罚"区别开来,重新作出界定。即使被告人不认可检察机关量刑建议或初审法院的判决,或对罪名种类和量刑幅度提出异议,也应该可以适用认罪认罚从宽制度。

(二)适用条件应设置考量因素

第二审程序中认罪认罚从宽制度案件的适用范围基本与一审一致,不仅适用于轻罪案件,也适用于其他案件。但第二审程序中认罪认罚从宽制度的适用条件应当区别于一审,规定更加严格的适用条件。"两高三部"《关于适用认罪认罚从宽制度的指导意见》中规定,"被告人在第一审程序中未认罪认罚,在第二审程序中认罪认罚的,审理程序依照刑事诉讼法规定的第二审程序进行。第二审人民法院应当根据其认罪认罚的价值、作用决定是否从宽,并依法作出裁判"。② 具体来讲,可通过对一些因素进行考量来决定是否适用认罪认罚从宽制度。必要时,可将这些因素设置为在第二审程序中适用认罪认罚从宽制度的必

① 参见陈瑞华:《"认罪认罚从宽"改革的理论反思——基于刑事速裁程序运行经验的考察》,载《当代法学》2016年第4期。

② 最高人民法院、最高人民检察院、公安部、国家安全部、司法部《关于适用认罪认罚从宽制度的指导意见》,载《检察日报》2019年10月25日,第3版。

需条件来严格遵守。

1. 退赃退赔情况

应当将被告人退赃退赔的情况作为第二审程序适用认罪认罚从宽制度的考量因素，也可进一步将其作为适用条件之一。认罪认罚从宽制度中“认罪认罚”的内容不仅包括“认罪”和“认罚”，还包括“退赃退赔”。相较于第一审程序，第二审程序中的被告人更应当明确地将认罪认罚的重点放到退赃退赔上来。

首先，一个原因在于，第二审程序中上诉人承认被指控犯罪事实的全部或部分，并且表示愿意接受法律的惩罚，虽一定程度上体现了其悔过心态，但从实用性角度来讲，承认这些内容此时作用已不是很大。法官在一审判决中已根据事实证据作出了定罪量刑，在没有新犯罪事实的情况下，上诉人在二审程序中的认罪认罚似乎已没有太大意义。因为，已经结束的一审程序并不会因之后的认罪认罚而简化，第一审程序中的司法资源也不会得到节约。其次，从实用的角度来看，积极退赃退赔可以在一定程度上修复犯罪后果，恢复受害者一定的损失；减少犯罪行为的社会危害；修复受损的社会关系。再次，从主观悔过性来看，一个人真心的悔过并不仅是简单的口头上说说而已，应当积极采取实际行动来弥补自己行为所造成的损害结果。积极的退赃退赔可以在一定程度上反映被告人良好的悔罪态度。因而，“赔偿一定程度上降低了犯罪行为的社会危害性，从轻或减轻处罚合乎常理”。[①] 更有学者认为，“认罪认罚从宽制度的适用应以悔罪为前提。由于悔改更多的是一种内在的主观反映，其判断主要基于外在的客观行为。因此，在认罪的基础上，悔罪需要从认罚的具体行为来判断”。[②] 退赃退赔情况也就是悔罪的具体行动。复次，就一般预防而言，如果积极退赃、赔偿损失与挽回损失缓和了被害人与社会的处罚感情，即使被告人并没有真心悔罪，也可以成为一般预防必要性减小的理由，从而成为减少预防刑的

① 何成兵：《“赔钱减刑”的法律定位与价值探讨》，载《法治研究》2010 年第 5 期。

② 董坤：《认罪认罚从宽制度下“认罪”问题的实践分析》，载《内蒙古社会科学（汉文版）》2017 年第 5 期。

情节。[①] 最后,从我国司法现状来讲,将退赃退赔纳入第二审程序中认罪认罚从宽制度的考量因素,可使被告人积极退赃退赔。这不仅能够提高刑事诉讼执行效率、节约执行的司法资源,还可在一定程度上解决执行难的问题。

域外各国将赔偿损失作为法定量刑减免情节。《德国刑法典》第 46a 条明文将积极赔偿损失规定为减轻处罚乃至免除处罚的情节;《意大利刑法典》第 62 条第 6 项规定,“在审判前,通过赔偿损失或者在可能情况下通过返还、完全弥补了损害的”,属于减轻处罚情节。《奥地利刑法典》第 34 条将“真诚努力对造成的损害予以补偿,或者避免其他不利后果”规定为特别的减轻事由。德国刑法理论认为,积极退赃、赔偿损失与挽回损失属于事后减少不法程度的行为。积极退赃、赔偿损失与挽回损失的行为,通过与结果不法相抵消,减少了损害结果,特别是在财产犯罪中,成为减少不法的情节。[②]

笔者建议,无论是通过修法还是司法解释等规范性文件,应当规定将被告人的退赃退赔情况体现在第二审程序中的认罪认罚具结书当中。在第二审程序中,法官在决定认罪认罚从宽制度的适用时,也应当将被告人退赃退赔情况作为一个重要的考量因素。当然,应该注意的是,将退赃退赔作为所有第二审程序中认罪认罚从宽制度的适用前提是不现实的。毕竟也有被告人迫于客观情况无法退赃退赔这种可能性的。

2. 被害人意见

关于一审中被害人是否参与认罪认罚从宽制度及其诉讼地位问题,学术界观点不同。一种观点认为,为了达到诉讼效率,被害人不应成为参与主体;另一种观点认为,被害人应当参与制度,但其意见仅是作为参考的重要因素;还有一种观点认为受害者是制度参与主体,他的

---

① 参见张明楷:《论犯罪后的态度对量刑的影响》,载《法学杂志》2015 年第 2 期。

② 同上。

意见应被用作认罪认罚从宽制度的条件。① 2018 年《刑事诉讼法》第 173 条规定，在认罪认罚从宽制度中要听取被害人及其诉讼代理人对“（一）涉嫌的犯罪事实、罪名及适用的法律规定；（二）从轻、减轻或者免除处罚等从宽处罚的建议；（三）认罪认罚后案件审理适用的程序；（四）其他需要听取意见的事项，”并记录在案。如果说有必要讨论一审认罪认罚从宽制度中被害人的地位，那么在第二审程序中，笔者认为，被害人应当作为参与主体并对其意见予以充分考虑。理由如下，其一，在一审已经作出判决且没有新的事实证据的情况下，如果被告人通过第二审程序中的认罪认罚从宽制度获得较轻的最终判决，势必会引发被害人的猜测与不满，继而可能引发被害人缠诉、上访，增加诉讼的不和谐因素。其二，刑罚有安抚补偿功能，不仅仅是为了惩罚犯罪，更是为了使因犯罪而受损的社会关系尽快得到修复。取得被害人及其近亲属的谅解和同意，不仅能够增加诉讼结果的满意度，化解诉讼的不和谐因素，还可以促进被告人积极采取补偿与补救措施，安抚被害人及其亲属因犯罪侵害而受到的精神创伤和引起的愤恨情绪，使受到犯罪破坏的社会心态回复平衡。其三，我们前文中提到，悔罪的真实原因很难查清楚，需要从犯罪人外在的客观行为中去把握。如果被告人真正悔罪，那么在一审判决作出之后，他有较为充分的时间采取实际行动向被害人赔礼道歉、作出弥补。因此，被害人的态度也够帮助法官鉴别被告人是否是自愿且真正的悔罪。总之，我们应该将被害人的意见纳入第二审程序的认罪认罚从宽制度中。

如何将被害人的意见纳入第二审程序的认罪认罚从宽制度中？种方式是可将被害人的意见作为认罪认罚从宽制度的重要参考因素进行规定，甚至可明确将被害人作为参与主体予以规定。“在恢复性司法中，重新给予被害人权利，可以采取恢复被害人自主感的形式。恢复被害人自主感最有效的方法之一是邀请他参与决策过程，以便他的内

---

① 参见陈国庆：《试论构建中国式的认罪协商制度》，载《环球法律评论》2006 年第 5 期。

心不安或物质损失得到很好的恢复。”①具体而言,可以规定,对于第二审程序中适用认罪认罚从宽制度,被害人有权在量刑上提出意见。甚至可进一步规定,认罪认罚从宽制度须以被害人谅解及同意为前提。我们还可以将第二审程序中认罪具结书进行规范,规定应当将被害人的意见体现在二审程序的认罪具结书当中。如果被害人死亡,被害人近亲属的意见应反映在认罪具结书当中。另一种方法是适当使用刑事和解程序作为认罪认罚从宽制度的先决条件。我国刑事和解程序也要求加害人认罪且真心悔过。② 但是,我国认罪认罚不基于刑事和解;同样的,刑事和解也不基于认罪认罚。也就是说,可能出现三种情况:被告人既认罪认罚又与被害人刑事和解,只认罪认罚但不刑事和解以及不认罪认罚但刑事和解。③ 基于第二审程序中被害人意见的重要性,笔者认为,在第二审程序认罪认罚从宽制度中有提出刑事和解程序的必要性。在某些情况下,刑事和解可以作为认罪认罚从宽制度的重要参考。在刑事和解的基础上,司法部门确定量刑建议,并告知双方当事人,这在一定程度上有助于缓和矛盾。在司法实践中,前述几例第二审程序中成功适用认罪认罚的案件,也都是被害人与被告人签订刑事和解协议的。但是,被告人真诚悔罪,积极赔偿被害人损失,被害人因其个人情绪难以谅解被告人,这种情况在司法实践中也是会存在的。

3. 被告人的主观心态

为防止出现被告人滥用认罪认罚从宽制度,应当审查被告人的主观方面是否有恶意,即被告人主观上是为了获得较轻刑罚,刻意在一审中不认罪而在第二审程序中认罪认罚,还是真正悔过。虽然被告人的主观是否恶意较难进行界定,但我们可采取措施通过审查某些方面来判断被告人的主观心态。

---

① [英]詹姆斯·迪南:《解读被害人与恢复性司法》,刘仁文、林俊辉等译,中国人民公安大学出版社2009年版,第221页。

② 参见宋英辉、何挺:《我国刑事和解制度的基本构想》,载《中国司法》2009年第4期。

③ 参见李卫红:《对被告人认罪认罚与刑事和解后的从宽处罚研究》,载《山东警察学院学报》2018年第3期。

首先,应当审查第一审程序中被告人是否有充分的知悉权。知悉权,即被告人有权获得被指控犯罪的内容、性质和理由,这是被告人进行防御的基础,司法机关有法定义务保障被告人知悉权的实现。① 《公民权利和政治权利国际公约》中规定,“任何被逮捕者都应知悉其被逮的理由以及任何指控”。② 《欧洲人权公约》中规定:“任何被捕者都应被立即告知其被捕理由及被控罪名,并且是用他能理解的语言。赋予被告人充分的知悉权,主要是为了其有效地进行防御准备。”③在第一审程序中,应当审查被告人在认罪认罚时是否充有充分的知悉权。不仅如此,在第二审程序中适用认罪认罚从宽制度,审查被告人在第一审程序中是否充分知悉案情也非常重要。因为,如果被告人在初审程序中没有完全了解案件的情况,或不清楚能够适用认罪认罚从宽制度,那么他在一审程序中不认罪而在二审程序中认罪,则投机的可能性较低。反之,如果被告人在一审程序中充分知悉案件情况,且在第二审程序中希望适用认罪认罚从宽制度,这表明其更有可能利用认罪认罚从宽制度进行投机。④ 因此,第一审程序中被告人的知悉权越充分,其在第二审程序中认罪的投机心态可能性越大。应当审查被告人是否清楚以下内容:被告人享有认罪或不认罪的自由;控方的具体指控及法定刑罚;指控所依据的事实、证据以及法律规定(包括对其有利与不利的事实和证据);认罪认罚从宽制度实体和程序上的后果。

其次,应审查被告人在初审时是否得到律师的有效辩护。在第一

---

① 参见张穹:《公诉问题研究》,中国人民公安大学出版社2000年版,第234页。

② 《公民权利和政治权利国际公约》第9条第2款规定:任何被逮捕的人,在被逮捕时应被告知逮捕他的理由,并应被迅速告知对他提出的任何指控。

③ 《欧洲人权公约》第5条第2款规定:被逮捕的任何人应以他所能了解的语言立即告知被捕理由以及被控罪名。赋予被告人充分的知悉权,主要是为了通过使被告人及时了解被控的罪名和理由,确保其有效地进行防御准备,同时也是确保被告人拥有为获得释放而迅速采取必要辩护措施的能力。陈卫东、郝银钟:《被告人诉讼权利与程序救济论纲——基于国际标准的分析》,载《中外法学》1999年第3期。

④ See Chao Wang, Jing Zhao, “Research on Chinese-Style Plea Bargaining of Second Instance”, *International Review of Social Sciences*, 2019, Vol. 7, Issue. 12, pp. 505 - 507.

审程序中,适用认罪认罚从宽制度,辩护律师对保障被告人的合法权益特别重要。[①] 在研究认罪案件时,美国学者指出,"虽然被告人有绝对权利认罪或不认罪,但他们发现如果没有辩护人自己就没有任何保护"。[②] 例如,如果一审时检察机关的建议为认罪认罚,且被告人起初也愿意接受,但由于律师的建议最终未适用认罪认罚从宽制度,则可一定程度上判定被告人主观上并无滥用制度的心态。在美国的库珀案[③]中,被告人库珀就是因为律师的错误建议,他拒绝了检察官辩诉交易的提议。在第二审程序中适用认罪认罚从宽制度,审查被告人在第一审程序中是否得到律师有效辩护同样非常重要。如果被告人在一审程序中未获得律师的有效辩护,他在一审程序中不认罪而在二审程序中认罪,表明被告人在第一审程序中有可能因为律师的误导或不尽职而作出不认罪的错误决定,那么在第二审程序中认罪的投机性较低。反之,如果被告人在一审程序中获得了律师的有效辩护,且在第二审程序中希望适用认罪认罚从宽制度,则表明其投机心态的可能性较大。因此,第一审程序中被告人获得律师的有效辩护越充分,其在第二审程序中认罪的投机心态的可能性越大。

最后,可通过询问、心理测评等方式了解被告人在一审及二审程序中的主观心态,从而判定被告人主观上是否有滥用权利的心态。具体来讲,通过询问、心理测评等方式对比被告人在第一审程序时对案件的认识及悔罪心态,因此来判断被告人的心态。看他是否在第一审程序中已有认罪打算,但出于减轻处罚的侥幸心理,在第二审程序中才认罪。对于在一审中恶意不认罪,希望通过在第二审程序中认罪来减轻处罚的被告人,则考虑是否让其适用认罪认罚从宽制度,或者严格限制其从宽幅度。

---

① 参见陈光中:《认罪认罚从宽制度实施问题研究》,载《法律适用》第2016年第11期。

② [美]乔治·费希尔:《辩诉交易的胜利——美国辩诉交易史》,郭志媛译,中国政法大学出版社2012年版,第11页。

③ See Lafler v. Cooper,566 U.S (2012).

(三)从宽幅度应符合罪刑法定原则

为防止在司法实践中出现难以操作以及相同情况不同处理结果等问题,刑事案件在第二审中适用认罪认罚从宽制度时,从宽幅度应在符合罪刑法定原则的基础上进行明确规定。认罪认罚从宽制度虽然规定在刑事诉讼法当中,但在适用中仍应当遵循罪刑法定原则,不能超出罪刑法定罪刑原则来从宽量刑。国际上关于罪刑法定原则的最初表述,严格意义上讲应当是"法外无罪,法外无刑"、"法制原则"或是"合法性原则"。[①] 我国1979年《刑法》的实施当中,罪刑法定原则在刑事立法和司法中得到了基本的认可和贯彻。[②] 我国1997年《刑法》明文规定了罪刑法定原则,对我国刑事立法、刑事司法的发展具有革命性意义。[③] 一方面,要遵循《刑法》第62、63条规定[④]以及最高人民法院《关于常见犯罪的量刑指导意见》(以下简称《量刑指导意见》)中的规定;另一方面,要将各种考量因素纳入从宽幅度的规定当中,进一步明确科学的量刑方案。2019年10月,我国最高人民法院、最高人民检察院、公安部、国家安全部、司法部颁布的《关于适用认罪认罚从宽制度的指导意见》中规定,"应区别认罪认罚的不同诉讼阶段、对查明案件事实的价值和意义、是否确有悔罪表现,以及罪行严重程度等,综合考量确

---

① 参见张磊:《国际刑法中罪刑法定原则新论》,载《青海社会科学》2010年第2期。

② 参见高铭暄主编:《刑法专论》,高等教育出版社2002年版,第90页。

③ 张磊:《〈罗马规约〉和中国刑法罪刑法定原则比较研究》,载赵秉志主编:《刑法论丛》2009年第1卷,法律出版社2009年版,第357页。

④ 《刑法》第62条规定:"犯罪分子具有本法规定的从重处罚、从轻处罚情节的,应当在法定刑的限度以内判处刑罚。"第63条规定:"犯罪分子具有本法规定的减轻处罚情节的,应当在法定刑以下判处刑罚;本法规定有数个量刑幅度的,应当在法定量刑幅度的下一个量刑幅度内判处刑罚。犯罪分子虽然不具有本法规定的减轻处罚情节,但是根据案件的特殊情况,经最高人民法院核准,也可以在法定刑以下判处刑罚。"

定从宽的限度和幅度"。[①]

具体而言,量刑幅度应从以下几个方面规定。

首先,刑事案件第二审中的从宽幅度既要与一审有所区别,又应当控制在合理范围内。一方面,从宽幅度要与一审相区别,应当比照一审中认罪认罚减少量刑幅度。如果第二审程序中认罪认罚的从宽幅度与一审基本相同,则会助长被告人的侥幸心理,认为存在认罪的"第二次机会",从而在第一审中抱着侥幸的心理不认罪。另一方面,应将二审中的从宽量刑幅度进行合理设置,防范量刑"剪刀差"的影响。应当规定从宽幅度的最低与最高标准。从宽处理幅度的设置应反映在最低和最高限度两个方面,与"从宽处理体现层级性特征"之内容相结合,细化不同限度的具体标准和适用情形。[②] 被告人认罪认罚的一个重要原因就是认罪认罚可为其带来量刑优惠,但量刑优惠应当控制在一定限度以内,过大的量刑优惠会影响被告人认罪认罚的自愿性。德国协商制度中为防止法院以量刑优惠强迫被告人认罪,规定协商后量刑优惠不得超过 1/3。[③] 因此,我国在设置第二审程序中认罪认罚从宽制度的量刑幅度时也要注意防范"剪刀差"问题的出现。针对不同类型犯罪的详细量化规定,遵守罪刑法定原则。2017 年《量刑指导意见》规定,综合考虑如实供述罪行的阶段、程度、罪行轻重以及悔罪程度等情况,确定从宽的幅度。[④] 笔者认为,第二审程序中认罪认罚从宽制度的量刑从宽幅度应当不超过此规定中的幅度,并可具体规定第二审程序中

---

① 最高人民法院、最高人民检察院、公安部、国家安全部、司法部《关于适用认罪认罚从宽制度的指导意见》,载《检察日报》2019 年 10 月 25 日,第 3 版。

② 参见陈卫东:《认罪认罚从宽制度研究》,载《中国法学》2016 年第 2 期。

③ 参见高通:《德国刑事协商制度的新发展及其启示》,载《环球法律评论》2017 年第 3 期。

④ 最高人民法院《量刑指导意见》规定:对于坦白情节,综合考虑如实供述罪行的阶段、程度、罪行轻重以及悔罪程度等情况,确定从宽的幅度。(1)如实供述自己罪行的,可以减少基准刑的 20% 以下;(2)如实供述司法机关尚未掌握的同种较重罪行的,可以减少基准刑的 10% ~30%;(3)因如实供述自己罪行,避免特别严重后果发生的,可以减少基准刑的 30% ~50%。

每种认罪供述的具体范围。

其次,厘清认罪认罚从宽制度与我国刑法中“自首”“坦白”等量刑因素的关系。认罪认罚从宽制度和我国刑法中的“自首”“坦白”等量刑因素有可能发生重复,如何处理认罪认罚从宽制度与“自首”“坦白”等之间的“重复从宽”问题值得思考。“从刑事一体化的角度看,应将认罪认罚制度独立于‘自首’、‘坦白’等量刑情节之外,认罪认罚不是自首制度的‘翻版’。在适用认罪认罚从宽制度时,如有‘自首’、‘坦白’等情节,应在‘自首’、‘坦白’从轻或减轻的基础上,再适当从宽处罚。理由如下:其一,能真正地体现激励认罪认罚的积极性的诉讼立法本意,有助于促使行为人真正悔罪。其二,认罪认罚从宽制度的本意和内涵不仅有实体效果,还有程序法上的意义。以法律正当程序原理为根基,促使认罪服判,心服口服,实体公正与程序正义紧密结合,构成完整完美的司法民主程序。”①

再次,在罪刑法定的基础上,针对不同类型的犯罪案件设定不同的量刑幅度。我国认罪认罚从宽制度适用于任何性质的刑事案件,同样也适用于可能判处死刑在内的案件。只要犯罪嫌疑人、被告人自愿适用认罪认罚从宽制度,并符合相关条件,应当给予犯罪嫌疑人、被告人获得从宽的机会。同样,在第二审程序中适用认罪认罚从宽制度的案件也适用于可能判处死刑的案件。各类案件可根据罪名种类、罪行轻重以及刑期等划分为轻罪、重罪,明确规定各类罪行的从宽幅度。“对罪行较轻、人身危险性较小的,特别是初犯、偶犯,从宽幅度可以大一些;罪行较重、人身危险性较大的,以及累犯、再犯,从宽幅度应当从严把握。”②

复次,将退赃退赔情况、被害人的意见与被告人的主观心态作为考量因素纳入从宽幅度的考虑当中。退赃退赔情况、被害人的意见与被

① 樊崇义:《关于认罪认罚中量刑建议的几个问题》,载《检察日报》2019 年 7 月 15 日,第 2 版。

② 最高人民法院、最高人民检察院、公安部、国家安全部、司法部:《关于适用认罪认罚从宽制度的指导意见》,载《检察日报》2019 年 10 月 25 日,第 3 版。

告人的主观心态不仅仅是适用条件的考量因素,更应当将之量化且具体落实到从宽的量刑幅度当中。例如,如果被告人未积极退赃退赔,未取得被害人的谅解及同意,或者其认罪认罚只是存有侥幸心理为了获得从轻处罚,则应当减少对其的从宽幅度。

最后,如果第二审程序同时适用认罪认罚从宽制度与刑事和解程序,则应明确规定此这种情形的具体从宽幅度。我国《量刑指导意见》规定,“对于当事人根据我国刑事诉讼法第二百七十七条达成刑事和解协议的,综合考虑犯罪性质、赔偿数额、赔礼道歉以及真诚悔罪等情况,可以减少基准刑的 50% 以下;犯罪较轻的,可以减少基准刑的 50% 以上或者依法免除处罚”。

(四)其他规定

虽然较之一审,第二审程序中认罪认罚从宽制度审查的重点有所区别,但仍应严格遵守认罪认罚从宽制度的有关规定。首先,认罪认罚中的“从宽”只能是量刑的从宽,对于罪名是不能协商的,不能使一项重罪从轻到轻罪。在这方面,我们必须与美国辩诉交易区分开来。其次,应严格审查被告人的认罪自愿性。从刑事诉讼法的规定来看,对被告人认罪的审查环节有些过于简单,法庭难以及时发现非自愿认罪与虚假认罪等情况。在第一审认罪认罚从宽制度中,对犯罪嫌疑人、被告人的认罪真实性和自愿性有严格的要求。同样,在第二审程序中认罪的自愿也应该像第一审一样严格审查。为此,在审理认罪认罚从宽案件时,应当区分被告人认罪审查程序和量刑程序。① 最后,应该在第二审程序中规定认罪认罚案件的审理方式。第二审程序原则上不进行开庭审理,但是对于适用认罪认罚从宽制度的第二审程序应当根据案件类型差异决定是否开庭审理,二审不开庭审不应当成为常态。

---

① 参见樊崇义:《认罪认罚从宽协商程序的独立地位与保障机制》,载《国家检察官学院学报》2018 年第 1 期。

四、结　　语

尽管我国司法实践中已出现第二审程序中适用认罪认罚从宽制度的案例，但我国2018年《刑事诉讼法》规定的认罪认罚从宽制度中，并未对第二审程序中的认罪认罚从宽制度作出具体规定。各地关于第二审程序中认罪认罚从宽制度的规定没有统一标准，容易导致相同情况出现不同法律后果的情形。在第二审程序中，设立认罪认罚从宽制度有可能降低诉讼效率、被告人有可能滥用认罪认罚从宽制度。因此，建议在我国刑事诉讼法中增加关于第二审程序中适用认罪认罚从宽制度的规定。首先，应当明确第二审程序中"认罪"与"认罚"的内容比一审要求更高，"认罪"应当提高到"自愿性悔罪"的标准，"认罚"应当明确包含"退赃退赔"。其次，在具体程序设置中，第二审程序中的认罪认罚从宽制度应与第一审不同，应严格审慎。具体而言，被告人退赃退赔情况、受害人意见与被告人的主观心态应视为适用条件的考量因素，在具体制度的设置中反映出来，在适用的条件下明确规定，在量刑幅度的规定中量化。其目的是使第二审程序中认罪认罚从宽制度的具体适用符合罪刑法定原则，在适用条件与量刑幅度上有明确具体的规定可依。

The Theory of Confession in Criminal Cases of Second Instance

Zhao Jing

[**内容摘要**]刑事案件在第二审中适用认罪认罚从宽制度符合刑法、刑罚目的与功能理论，司法实践也多出现当事人在第二审中认罪认罚的案件。而我国目前并未对刑事案件在第二审中适用认罪认罚从宽制度作具体规定，制度本身在第二审中适用时又可能产生降低诉讼效率和被告人滥用制度等风险。因此，我国应当对第二审中适用认罪认罚从宽制度作出明确规定，将之与第一审中的适用区别开：将退赃退赔情况、被害人意见、被告人的主观心态作为制度适用条件的考量因素；从宽量刑幅度应在符合罪刑法定原则的基础上，既要与一审区别开又

要严格控制,规定不同类型犯罪的从宽幅度,将各因素纳入从宽量刑幅度的考量中。

[**关键词**]认罪认罚从宽制度;第二审程序;退赃退赔;量刑幅度;罪刑法定

Abstract: Applying Lenient Punishments on Those Confessing to Their Crimes and Accepting Punishments to criminal cases in second instance conforms to penalty purpose and function, and judicial practice also appear many criminal cases applying Lenient Punishments on Those Confessing to Their Crimes and Accepting Punishments in second instance. In China's current laws and regulations, there are no specific provisions about how to apply Lenient Punishments on Those Confessing to Their Crimes and Accepting Punishments to criminal cases in second instance, and there may also exist risks of reducing the efficiency of lawsuit and the defendant abusing the system, etc. Thus, our country should make specific provisions about how to apply Lenient Punishments on Those Confessing to Their Crimes and Accepting Punishments in second instance, which shall be different from that applied in first instance: (1) Situations of spoils unlawfully taken back, the victim's opinion and the defendant's subjective state of mind shall be decisive factor of applying Lenient Punishments on Those Confessing to Their Crimes and Accepting Punishments in second instance; (2) The sentencing range shall be on the base of the principle of legality, not only different from that applied in first instance but also be strictly controlled, stipulate sentencing range for different types of crime, and take various factors into consideration of sentencing range.

Keywords: leniency system based on admission of guilt and acceptance of punishment; second instance; spoils unlawfully taken back; sentencing range; principle of legality

〔外国刑法〕

日本刑法中的过失共同正犯理论

谭　堃*

目　次

一、问题的提出
二、过失共同正犯论的古典对立时期
三、过失共同正犯肯定说主导的时期
四、过失同时犯解消说的兴起
五、过失共同正犯理论的多元化发展趋向
六、日本过失共同正犯理论之于我国的启示

一、问题的提出

现代社会充满危险,在一个结果发生的情况下,导致该结果发生的原因却可能不止一个。在高度机械化、社会分工极其细化的工业社会,生产过程中往往由数人分工合作,共同完成作业。如果由于数人都存在过失行为,导致法益侵害结果发生,是成立过失同时犯,还是依照共同正犯的原理成立过失共同正犯,在具体结论上会存在差异。特别是在导致结果发生的数个过失行为之间的因果关系难以确定的情况下,

* 西南政法大学副教授,法学博士。

承认过失共同正犯的成立具有实际意义。实践的需求催生了过失共同正犯理论,并推动其向前发展。这里可以举出几个与过失共同正犯问题有关的现实案例。在我国,实践中存在以“一部行为全部责任”的原理来处理共同过失行为导致结果发生的案例。例如,1993年5月2日,雷某、孔某相约至某旅游区招待所阳台,使用JW-20型半自动运动步枪,选中离阳台8.5米左右处一个树干上的废瓷瓶为目标比赛枪法。两人轮流各射击子弹3发,均未打中瓷瓶。其中一发子弹穿过树林和花溪河上空,飞向距离该招待所阳台约133米远的人行道某电杆附近,恰逢行人龙某途经该处,致龙某右肩中弹,倒地身亡。① 在德国,著名的皮革喷雾剂案,引发了德国刑法理论界探讨过失共同正犯成立与否的热潮。该案中某公司制造了一款喷雾式皮鞋亮光剂,使用该产品之多数消费者确有导致呼吸困难等身体伤害结果。德国联邦法院就该制造公司董事会成员没有作出召回产品决定的行为,以过失伤害罪以及危险伤害罪判处罪刑。② 在日本,经过“甲醇事件”的最高法院判决肯定过失共同正犯之后,类似的判例不断出现,并引发理论上关于过失共同正犯理论的持续讨论。该案中,两名被告共同经营一家饮食店,A负责采购,B负责销售的威士忌中,因不注意而未检查是否含有甲醇,在贩卖意思联络下将该酒贩卖给多数消费者,客人饮后死亡。③

尽管各国司法实践中都遇到复数过失行为导致一个结果产生,且在因果关系无法判明的情况下过失犯无法成立,结果无法归责于任何人的现实问题,理论上引起了较大的理论纷争。但是唯有日本刑法理

① 参见最高人民法院中国应用法学研究所编:《人民法院案例选·刑事卷(1992年~1996年合订本)》,人民法院出版社1997年版,第46~51页。

② 参见[德]克劳斯·罗克辛:《德国最高法院判例·刑法总论》,何庆仁、蔡桂生译,中国人民大学出版社2012年版,第249页。

③ 案例来源参见[日]西田典之、山口厚、佐伯仁志:《判例刑法総論》,有斐阁1994年版,第424~425页。

论采取了积极的应对之策,并最终影响了司法实务的立场。① 可以说,在过失共同正犯问题上,日本刑法理论是一个独特的理论样本。因此,梳理日本刑法中的过失共同正犯理论,准确把握其理论走向,对于我国刑法理论上过失共同正犯理论的发展以及现实问题的解决都具有积极的意义。一般认为,日本刑法中过失共同正犯论的发展过程大体上可以分为四个时期。② 本文欲以此四个时期的发展过程为线索,探寻日本刑法中过失共同正犯的研究历程与现状,以期为我国过失共同正犯研究的展开提供一些启示。

二、过失共同正犯论的古典对立时期

日本刑法理论中的过失共同正犯理论最初是以犯罪共同说与行为共同说的对立而展开的,学者们将其称为古典的对立。③ 战前的共犯学说是在牧野·木村的主观主义共犯论与小野·泷川的客观主义共犯论的对抗关系上展开的。④ 在犯罪共同说与行为共同说的对立上,也基本体现出旧派与新派的学派之争。反映到过失共同正犯论中,就聚

---

① 自日本最高法院对"甲醇事件"作出肯定过失共同正犯的判决之后,采取肯定立场的下级法院判决便不断涌现,且许多判决在说理上采取了理论上的学说见解。例如东京地方法院 1992 年在"世田谷通信电缆火灾案件"的判决中,采取了与藤木英雄所主张的"共同义务的共同违反"说結构类似的见解。相关判例可以参见内海朋子:《過失共同正犯について》,成文堂 2013 年版,第 12 ~ 38 页的整理。

② [日]大塚裕史:《過失犯の共同正犯》,载《刑事法ジャーナル》2011 年第 28 号,第 11 页。关于日本刑法中的过失共同正犯论的讨论分期,另可参见[日]北川阳祐:《過失犯の共同正犯について》,载《法学研究》2011 年第 13 号,第 71 ~ 86 页;[日]北川佳世子:《我国における過失共同正犯の議論と今後の課題》,载《刑法雑誌》1998 年第 38 卷第 1 号,第 47 ~ 57 页。

③ 参见[日]松宮孝明:《"明石歩道橋事故"と過失犯の共同正犯について》,载《立命館法学》2011 年第 4 号;[日]中山研一:《口述刑法総論》,成文堂 2005 年版,第 299 页。

④ [日]中山研一、浅田和茂、松宮孝明:《レヴィジオン刑法锗 WingdingsAB@ 共犯論》,成文堂 1997 年版,第 1 页。

焦在肯定过失共同正犯成立与否的问题点上,即客观的犯罪共同说的否定说与主观的行为共同说的肯定说之间的对立。①

(一)犯罪共同说立场的观点

犯罪共同说认为,共犯就是数人共同实施特定的一个犯罪,也即"数人一罪"。依照犯罪共同说,共同正犯的成立以对特定犯罪结果的共同实现的意思联络为必要,过失犯不存在对犯罪结果的认识,因而不可能存在对特定犯罪结果共同实现的意思联络,所以否定过失共同正犯的成立。例如,泉二新熊就共同正犯的成立以共犯者相互间的共同犯罪认识为必要,进而认为共同正犯的成立条件上,客观的要件要求"二人以上的有责者共同实行构成同一犯罪事实的行为";②主观的要件要求"共同行为者相互间的共同犯罪观念,特别是以自己的实行意思与他共同者的实行意思相互作用达到完成同一犯罪事实的观念。"③由此,泉二新熊以真正主观要件的欠缺为由,得出过失共同正犯不存在

① 需要指出的是,在日本刑法理论中,关于共犯本质的学说除了犯罪共同说与行为共同说之外,还有所谓的共同意思主体说。就共同意思主体说的地位,存在不同的见解。草野豹一郎和齐藤金作将共同意思主体说作为与犯罪共同说、行为共同说并列的第三种学说。而植松正、西原春夫则将共同意思主体说作为犯罪共同说之一种来对待。例如西原春夫认为,共同意思主体说是犯罪共同说中明确并强调共犯者应当负责任的实际状态的存在构造的学说。(参见[日]西原春夫:《刑法総論》,成文堂1977年版,第326页。)尽管如此,共同意思主体说与犯罪共同说在对待过失共同正犯问题上的态度是不同的。如后所述,随着肯定过失共同正犯判例的出现,主张犯罪共同说的学者也开始承认过失共同正犯的成立。但是,采共同意思主体说的学者,由于该学说强调在共同犯罪中必须有共同意思主体的形成,因此行为人之间主观上的意思联络是不可欠缺的要件,使得共同意思主体说难以存在承认过失共同正犯的余地。近期的学者,如冈野光雄仍然以共同意思主体说为立场,否定过失共同正犯的成立。(参见[日]冈野光雄:《刑法要説総論》,成文堂2001年版,第298页。)因此,在过失共同正犯问题上,共同意思主体说与犯罪共同说是存在重大区别的学说。但是,就古典对立时期而言,主要的争论还是存在于犯罪共同说与行为共同说之间。

② 参见[日]泉二新熊:《改正日本刑法論》,有斐阁1908年版,第369页。

③ 同上书,第370页。

的结论。

泷川幸辰也从犯罪共同说的立场否定过失共同正犯。共同正犯，“在客观方面，集合了各个共同行为人的行为，全面地满足了特定的犯罪构成要件，并且只是由不相同的人的数个行为组成了全体，此外再没有任何特别的性质。与此相反，在主观方面，则显示出其固有的本质特征。各个共同者补充他人的行为，同时认识到自己也为他人行为所补充，且以按照这一认识去实施行为为必要。以相互补充、结合的行为达到同一个结果的决心是共同犯罪的综合要素，也是其独自具有的特征。这种相互理解的心理状态只存在于故意行为之中，因此，共同正犯以故意为前提。过失犯的共同正犯不予考虑。共同企望什么的观念，也可以同过失的共同动作结合起来，但是，包含着想共同地引起结果的一部分行为的决心，却不能与过失的共同动作相结合”。①

（二）行为共同说立场的观点

与此相对，作为肯定说的代表的，是属于主观主义刑法学阵营的牧野英一、宫本英修、木村龟二的行为共同说。主观主义的行为共同说认为，共同犯罪是数人实施共同的行为，而不是实施特定的犯罪。也即在行为上只要有前构成要件的行为的共同性就可以成立共同犯罪。例如，牧野英一认为，“将犯罪理解为恶性的表现时，就不能认为共犯是数人共同实施一个犯罪；从主观上理解犯罪时，认为共犯是因为数人有共同的行为而遂行其罪，才是妥当的。基于这种考虑，应当先预定共同的事实，然后以此为根据讨论犯罪的成立。对于共同的事实，应当与犯罪事实的法律上的构成相分离来考虑，即共同关系既可能跨越数个犯罪事实而成立，也可能只就一个犯罪事实中的一部分而成立”。② 因此，在主观方面，共同正犯的成立具有对前构成要件行为的共同意思就够了，由于对结果的共同意思（故意的共同）并不必要，所以承认过失

① ［日］泷川幸辰：《犯罪論序説》，有斐阁 1947 年版，第 229 页。

② ［日］牧野英一：《改訂日本刑法》，有斐阁 1932 年版，第 361 页。

共同正犯的成立可以在行为共同说中找到理论依据。木村亀二就认为,“行为共同说以对行为的共同意思为已足,因而对结果的共同意思即故意的共同就不必要。……承认过失犯的共同正犯”。①

但是,主观主义的行为共同说自身存在问题。根据以裸的行为的共同来承认共同正犯的主观主义行为共同说的场合,肯定过失共同正犯不会存在任何障碍。但是,仅有非犯罪的、前构成要件的意思的共同,不能作为共同正犯当罚性的基础。② 战后,由于主观主义刑法学的逐渐衰退,客观主义共犯论占据了主导地位。与此相应地,战前以主观主义为出发点所主张的行为共同说,也为学者们从客观主义的立场上予以主张。行为共同说从主观的共犯论和共犯独立性说的影响下脱离出来,以实行从属性的确定来明确共犯处罚的界限。客观主义的行为共同说认为,行为共同说与构成要件论之间并不存在矛盾,成立共同正犯,所有的行为人必须具有符合构成要件的实行行为。各行为人共同实施的是符合构成要件的违法行为,而不是前构成要件的行为。因此,从客观主义刑法学的阵营,佐伯千仞、植田重正、中义胜也从行为共同说的立场,肯定过失共同正犯。

(三)古典对立奠定了理论探讨的基本方向

通过以上的分析可见,这个时期围绕过失共同正犯的讨论,是照着故意共同正犯的理论的原样适用,多数场合以“共同行为意思”的必要与否来论及过失共同正犯的肯定与否定。犯罪共同说与行为共同说都认为过失共同正犯的成立以共同实行的意思为必要,只是基于对共同行为意思的具体内容的不同理解才得出了肯定与否定的不同结论。依照犯罪共同说的主张,共同行为意思应当是对特定犯罪结果的共同实现意思,因此以存在故意为必要,进而否定过失共同正犯。而依照行为共同说的见解,共同行为意思具有对行为的共同意思就足够了,因而共

---

① [日]木村亀二:《刑法総論》,阿部純二增补,有斐阁1978年版,第405页。

② [日]曾根威彦:《刑法の重要問題(総論)》,成文堂1996年版,第313页。

同正犯的成立不以故意为必要,过失共同正犯也能够成立。

有学者从共同正犯的"共同性"入手,总结日本刑法中过失共同正犯论的历史发展与争论焦点,认为:"战前的讨论状况,对共同正犯的共同性,着眼于'实现同一犯罪的意思疏通'与着眼于'因果的共同'的对立构造就已经存在。所以,这一时点构筑了现在讨论的基础。"①但是,将过失共同正犯论的研究归结于对共同正犯共同性的探讨中的主观意思的共同与客观因果的共同的对立,恐怕过于程式化了。学者们的讨论状况远不能以这样的清晰脉络予以呈现。上述学者的观点基本上仍然是在主观与客观两个方面共同展开的探讨,只是在共同行为意思的内容上产生了分歧。因此,与其说学者们探讨过失共同正犯时,就共同性问题产生明确区隔,不如说学者们的讨论仍然是在故意共同正犯构造的基础上探讨过失共同正犯,试图将过失共同正犯纳入共同正犯传统的构造之中。而要将过失共同正犯纳入传统的共同正犯的构造之中,关于数行为人之间的意思联络将是不可回避的问题。关于过失共同正犯的讨论,在此后的发展进程中,实际上呈现的就是如何看待意思联络的问题。这一时期的对立与争论实际上为之后的理论发展框定了基本的方向。行为共同说否认共同正犯的成立需要对结果实现的意思联络;战前的犯罪共同说以意思联络的不可能而否定过失共同正犯的成立;战后的犯罪共同说则将注意力转移到过失行为的共同上,从而淡化了对意思联络的要求;而仍然是由对意思联络存在可能性之质疑为出发点,过失同时犯解消说随之兴起。

总之,日本的过失共同正犯论是以犯罪共同说与行为共同说的对立为开端的,之后便又以对意思联络的不同态度继续其自身的发展。以下将具体展开犯罪共同说与行为共同说的对立时期之后的各个发展阶段。

① [日]金子博:《過失犯の共同正犯について——"共同性"の規定を中心に》,载《立命館法学》2009 年第 4 号,第 34 页。

三、过失共同正犯肯定说主导的时期

进入20世纪70年代,以犯罪共同说与行为共同说的对立为基础的过失共同正犯否定说与肯定说的基本对立开始崩溃。这一时期,特别引人注目的是,以犯罪共同说为由否定过失共同正犯的论者,也转向了过失共同正犯肯定说。这一方面是受到承认过失共同正犯的实务判例相继出现的影响;另一方面,新过失论的出现改变了以往不探讨过失犯的实行行为的旧貌,为肯定过失共同正犯提供了契机。根据新过失论,过失犯中的不注意是意思紧张的欠缺,而不是无意识的内心事实,客观的注意义务违反行为有作为客观的事实予以把握的可能,使不注意的共同成为可能。因此,采过失共同正犯肯定说的见解开始增加,肯定说成为主导的多数说。

(一)基于目的行为论的肯定说

受韦尔策尔(Welzel)目的行为论的影响,过失共同正犯的理论结构进一步发生变化。理论上以目的行为概念作为过失犯构造论的基础,以过失犯中也存在相互的意思疏通为根据来肯定过失共同正犯。主张这种见解的是木村龟二、内田文昭以及福田平,三者都是日本目的行为理论的代表性人物。

如上所述,在战前,木村龟二是以主观主义的行为共同说来肯定过失共同正犯的。随着主观主义的衰退,以及当时韦尔策尔目的行为论的兴盛,木村龟二在刑法基本立场上转向了属于客观主义的目的行为论,并以此为基础来重新构筑其刑法理论体系。① 对于过失共同正犯,木村龟二认为,"就过失犯而言,即使故意行为中作为构成要件上重要结果的认识的故意不存在,过失行为也并非单纯的因果关系的惹起,而是以构成要件上不重要之目的,即不注意的目的的行为为原因。这种目的的行

① 参见[日]西原春夫:《刑法学会の五〇年と刑法理論の発展》,载《刑法雜誌》2000年第39卷第2号,第15页。

为是意思行为,随着这种意思行为的共同,共同正犯也是有可能的”。①

过失共同正犯肯定说具有划时代的意义,是内田文昭试图以目的行为论为基础来探寻过失犯中的共同实行意思的理论。内田文昭认为,既然过失犯也存在实行行为,在存在共同的危险行为的情况下,单独正犯与共同正犯的区别,就在于是否存在意思联络。过失行为是意识的部分与关于结果发生的无意识的、因果的部分相分离。过失行为具有刑法上意义的,既不是意识的部分,也不是无意识的部分,而是两者的衔接点。过失行为中,关于前法律的事实意识的、意欲的共动带有不注意之共同的契机,由此被视为一个整体的构成要件该当且具有违法性的行为,进而导致结果发生,从而可以肯定过失共同正犯的成立。②

以目的行为论为基础肯定过失共同正犯的观点都试图从过失犯之间也能存在意思疏通来进行展开。但是,作为基础的目的行为概念本身却存在问题。目的行为论往往在无法合理解释过失犯与不作为犯,即不能得到一个能够包括全部可罚行为样态的统一上位概念而受到批判。③ 另外,过失犯之间能否存在意思联络也不无疑问。团藤重光就指出,“将人误认为野兽,甲、乙在意思联络的基础上,共同开枪。如果认为这样的非犯罪意思联络就足够的话,这种情况可以认为是共同正犯。……但是,这种非犯罪的意思联络,作为共同实行犯罪的意思是不充分的。而且,过失行为本来在主观方面就跨越了有意识与无意识的领域,有意识的部分绝非过失行为的本质。以有意识的部分存在意思联络来论及过失犯的共同正犯,是脱离了过失犯的本质”。④

但是,应当引起注意的是,主张以目的行为论为基础肯定过失共同正犯的见解,实际上与目的行为论的开创者韦尔策尔在对待过失犯问题上的主张是有区别的。韦尔策尔采取的是二元的正犯概念,主张故

---

① [日]木村亀二:《刑法総論》,阿部純二增补,有斐阁 1978 年版,第 382 页。

② 参见[日]内田文昭:《過失共同正犯の成否》,载《北海道大學法學会論集》1958 年第 8 卷第 3・4 号,第 53 页。

③ 参见[日]井田良:《犯罪論の現在と目的的行爲論》,成文堂 1995 年版,第 11 页。

④ [日]团藤重光:《刑法綱要総論》,创文社 1972 年版,第 299 页。

意犯中采限制的正犯概念,需要区分正犯与共犯。而在作为惹起犯的过失犯中采取的却是扩张的正犯概念,也即过失犯中不存在正犯与共犯的区分,以违反社会生活上必要的注意的行为惹起结果的行为人都构成过失犯的正犯。关于韦尔策尔的这一主张,下文将详述之,此不赘言。这里需要注意的就是,日本学者也以限制的正犯概念来对待过失犯,进而肯定过失共同正犯的主张是具有特殊性的。

(二)基于新过失论的肯定说

众所周知,新过失论的产生与目的行为论的主张具有密切关系。韦尔策尔认为,行为也是过失犯的核心,对于过失犯具有决定意义的是行为无价值。① 由此,过失不再被认为不仅仅是责任要素,由于过失犯也有行为,这使得过失得以进入构成要件领域,成为构成要件要素,并进而成为违法性评价的对象。但是,新过失论产生之后并不仅仅被主张目的行为论的学者所提倡,在日本,主张人格行为论的大塚仁以及主张社会行为论的大谷实都赞同新过失论的见解。因此,此处所谓的基于新过失论的肯定说与上述采取目的行为论的学者的观点,还是存在区别的。

共同义务的共同违反说是来自罗克辛(Roxin)的观点。罗克辛起初将过失犯全部作为义务犯来对待,注意义务的违反确立了不法的构成要件,因而认为过失共同正犯的成立以共同注意义务的共同违反为成立要件。② 受此理论影响,在日本,藤木英雄最早提出了所谓的共同

---

① 参见[德]Hans Welzel:《目的的行爲論序説——刑法体系の新様相》,福田平、大塚仁译,有斐阁 1979 年版,第 14 页。

② 需要指出的是,罗克辛的这一主张遭到了 Jakobs、Stratenwerth 等人的严厉批判,后者认为其将过失犯全部视为义务犯,完全模糊了一般义务和特别义务的关系。罗克辛接受了这一批判,并改变了自己的观点,“按照我现在的理解状况我不想再将过失犯视为义务犯,总的看来,构造了不法的对一般注意义务的违反不过表明每个市民都承担的避免义务,这也是故意的构成要件的(判断)基础。毋宁说人们在过失的构成要件中如同在一切领域中一样,只有在刑法之外的特别义务导致了特定的、不是每个人都可以具备的正犯前提时,通常才可以谈到义务犯”。参见何仁庆:《义务犯研究》,中国人民大学出版社 2010 年版,第 16 ~ 17 页。

义务的共同违反说，其认为："承认过失犯的共同正犯以充足的事实为必要。不仅仅是危险作业的共同，在预测危险的状态下，判定存在基于相互利用、补充关系而负有结果回避义务的共通注意义务者的共同义务上的过失时，应当认为具有过失犯的共同实行。""具体来说，共同实施危险作业者相互间，不仅要就自己直接担当的作业动作不发生结果而采取具体的结果防止措施，同时，负有对共同作业中同僚的作业动作产生结果予以防止而采取必要的建议、监督的协作义务。实施事故防止的具体对策中的相互利用、补充关系成为一体的场合，这种一体活动的过失被认为存在时，可以承认过失犯的共同正犯"。① 藤木英雄的观点提出之后，在日本产生了巨大影响。"共同义务的共同违反说"实际上成为日本理论上的通说。

此后，共同义务的共同违反说得到了大塚仁的强力主张。其认为，"二人以上共同实行了使过失犯的犯罪结果容易发生的有危险性的行为，在法律上对各人科以回避犯罪结果的共同注意义务的场合，违反了这种共同注意义务而发生犯罪结果时，就可以承认共同行为者的构成要件过失及违法过失，进而，在各共同行为者存在责任过失的场合，成立过失犯的共同正犯。"②

以往，在不探讨过失犯的实行行为的情况下，犯罪共同说以过失犯主观上欠缺共同意思为由，否定过失共同正犯。新过失论之下，过失犯实行行为进入人们的视线，即使不承认主观上的意思联络，其在客观上的行为的共同也成为可能。客观不注意行为共同的可能使共同实行的意思的要件出现缓和动向。但是，也可以说，犯罪共同说通过这种客观注意义务的共同，回避了共同实行意思问题的探讨。"对过失犯也承认实行行为性，因而其共同也是可能的理论，仅以实行行为的同时存在这种物理的因果性来为共同正犯提供基础，结果使共同正犯与同时犯

---

① ［日］藤木英雄：《刑法演習講座》，立花书房 1970 年版，第 224 页以下。

② ［日］大塚仁：《過失犯の共同正犯の成立要件》，载《法曹時報》1991 年第 43 卷第 6 号，第 1271 页。

失去了区别。"①这种回避使过失共同正犯主观上的成立要件问题没有得到根本解决,这也为过失同时犯解消说的产生埋下了伏笔。

四、过失同时犯解消说的兴起

进入20世纪90年代,从以往肯定过失共同正犯的行为共同说的阵营,以过失犯中作为一部实行全部责任法理之根据的心理因果性太弱为由否定过失共同正犯的过失同时犯解消说变得有力。如上所述,以"共同义务的共同违反"这种客观上之行为的共同肯定过失共同正犯的见解并未就过失共同正犯主观心理的共同提供合理的解释。共同正犯中"一部实行全部责任"的原则,仅有客观行为的共同何以为过失共同正犯的成立提供充足的依据?在不重视主观要素之共同的情况下,过失共同正犯与过失同时犯的界限也会存在疑问。

由于过失同时犯解消说认为,在共同义务之共同违反的场合可以成立过失同时犯,所以没有承认过失共同正犯的必要,而且主张承认过失共同正犯也是不妥当的。因此,过失同时犯解消说的论据实际上分为两类,即否定过失共同正犯成立可能性的观点以及否定过失共同正犯必要性的观点。

(一)否定过失共同正犯成立可能性的见解

否定过失共同正犯成立可能性的见解主要是针对共同义务的共同违反说只注重过失犯实行行为的客观面的共同,而忽视了主观面的理论提出的批判。认为共同正犯的成立以主观上的意思联络、共谋等表现心理因果性的要素为必要条件,过失共同正犯也不例外。而过失犯由于对于结果无认识,所以这种主观的心理因果性是不存在的,进而主张否定过失共同正犯。

---

① [日]高桥则夫:《共同正犯の帰属原理》,载《西原春夫先生古稀祝賀論文集》(第二卷),成文堂1998年版,第350页。

例如,高桥则夫教授以规范论为基础,通过区分行为规范与制裁规范来分析刑法上的归属问题。他认为,由裁判规范派生出结果的归属,而从行为规范派生出相互的行为归属。① "由于行为规范与一般人的行为预期相关,应当进行事前的判断。通过共谋实施行为的意义,是由于对其行为所能够产生的结果的预期,而对于行为全体中自己的地位、作用也能够予以确认。在这一点上相互行为归属的基础得以承认。"② 因此,"共同正犯的归属原理,是因为基于共谋的犯罪实现中的各人行为的地位、作用的重要性,尽管只分担了一部行为,也要进行相互的行为归属,承担全体责任。因此,如果事前没有认识到结果,各共同者就不能把握自己在全体中的地位、作用。如果行为者事前没有认识到作为违法危险行为的过失结果,就不能进行违法行为的相互归属(行为规范违反性)。共同正犯的责任基础,是共同犯行的意识形成这一共谋的存在,过失共同正犯中这种共谋是不存在的。"③进而否定过失共同正犯存在的可能性。高桥则夫教授并主张在过失犯中采取统一的正犯概念,也即认为过失犯不存在正犯与共犯的区别,各行为人都认定为正犯,应当对各行为人分别进行正犯性判断。"共同义务内容的理解,比如'共同者各自只是单纯地注意自己的行为是不够的,对其他同伙的行为也应当具有注意'的义务,'一方对于他方的行为也必须注意'等,这些在大部分的情况下可以解消于相互监督过失的同时正犯之中。"④

北川佳世子教授则认为,应从结果无价值的立场认识共犯违法的基础是对法益侵害结果的因果惹起。因此,以因果共犯论为基础,对一部实行全部责任的根据在对结果的因果性上进行说明的立场是基本妥当的。但是,仅以物理的因果性来说明共同正犯,难以把握其

---

① 参见[日]高桥则夫:《共同正犯の帰属原理》,载《西原春夫先生古稀祝賀論文集》(第二卷),成文堂 1998 年版,第 346 ~ 347 页。

② 同上书,第 347 页。

③ 同上书,第 351 页。

④ 同上书,第 352 页。

与单独犯所不同的共犯的本质,对一部实行全部责任的根据不能进行充分的说明。所以北川佳世子教授认为,共同正犯者间的意思联络这种心理的因果性是必要的。而明确地实施犯罪的强烈的意思联络应当是提高了结果发生危险性的。过失的这种相互不注意的促进结合的程度,不能认为可以作为刑法上问题程度的心理因果性。① 也即,不能从心理因果性来寻求"一部实行全部责任"法理的根据,进而否定过失共同正犯成立的可能性。

(二)否定过失共同正犯存在必要性的主张

否定过失共同正犯存在必要性的观点认为,学说、判例依据"共同义务的共同违反"而肯定过失共同正犯的场合,可以成立过失(单独)正犯,所以不必承认过失犯的共同正犯。例如,西田典之教授认为,"那终究只是认定了基于横向关系上的相互监视义务的一种监督过失,如果只是这样……构成过失同时犯即已足够"。② 前田雅英教授认为,"实务中,承认共同正犯可以得到回避个别的因果关系认定的便利,但是取代个别因果关系认定的'共同过失'等的认定至少存在同程度的困难"。③ 而"判定'共同义务的共同违反'的案件,基本上可以被解消于各参与者违反自身的监督义务、监视义务进而追究过失责任的场合"。④

---

① 参见[日]北川佳世子:《我国における過失共同正犯の議論と今後の課題》,载《刑法雑誌》1998年第38卷第1号,第52~53页。

② [日]西田典之:《日本刑法总论》,刘明祥、王昭武译,中国人民大学出版社2007年版,第317页。

③ [日]前田雅英:《刑法的基礎(総論)》,有斐阁1993年版,第373页。

④ [日]前田雅英:《刑法総論講議》(第5版),东京大学出版会2011年版,第506页。

(三)过失同时犯解消说存在的问题

过失共同正犯的必要性是不能完全否定的。日本多数学者对过失共同正犯的必要性予以肯定。肯定过失共同正犯的实质意义就在于各个过失行为与结果之间的因果关系无法证明的场合,或者各个过失行为的结果回避可能性无法认定的场合,满足共同正犯成立条件的行为也可能作为正犯予以处罚这一点上。①

这里需要特别探讨的是从统一的正犯概念出发,否定过失共同正犯的见解。过失犯适用统一正犯概念的主张来源于韦尔策尔的二元的正犯概念。韦尔策尔认为,过失犯是惹起犯,适用“惹起构成要件”。②故意作为犯的构成要件与过失的惹起构成要件是不同的,因此对故意的构成要件与过失的构成要件采取同一的正犯概念的主张是不正确的。故意犯中应当区别正犯与共犯的观点,在过失犯中并不是当然妥当的。故意犯采取的是正犯与共犯相区别的限缩正犯概念,与此相对,在过失犯中,对结果有因果性态度的行为人原则上就是正犯的扩张的正犯概念是妥当的。进而区分故意犯与过失犯的不同情况,采取二元的正犯概念。韦尔策尔这种主张是由其目的行为概念所决定的。韦尔策尔认为,目的的(故意的)正犯者,是犯罪的决意与实行的支配者,因此,以目的行为的支配的有无来区别正犯与共犯。正犯是以目的意识的形成支配犯行者;作为共犯的教唆者、帮助者不过是参与了他人的犯行支配。而过失犯的正犯,全部都是通过违反社会生活上必要程度的注意的行为,来惹起非故意构成要件该当结果的人。过失犯作为惹起犯,以违反社会生活上必要程度的注意的行为惹起了结果作为其正犯

---

① 参见[日]大塚裕史:《過失犯の共同正犯》,载《刑事法ジャーナル》2011 年第 28 号,第 15 页。相同见解可见[日]山中敬一:《ロースクール講義:刑法総論》,成文堂 2005 年版,第 384 页;[日]川端博:《刑法講話 I 総論》,成文堂 2005 年版,第 304 页。

② 参见[日]松宫孝明:《過失犯論の現代的課題》,成文堂 2004 年版,第 46 ~ 47 页。

性的基础。因此,在行为对结果的因果性惹起上,不问惹起结果的原因程度的大小、直接性、间接性等样态,都具有正犯性。所以,过失犯不存在正犯与共犯的区别。①

但是,在过失犯中采统一的正犯概念会存在诸多问题。统一的正犯概念以条件等价说为基础,因而也就具有等价说"无限溯及"的缺陷,进而会使过失犯的处罚范围无限扩张。韦尔策尔认识到这个问题,并试图以社会相当性的理论来限制过失犯的处罚范围。韦尔策尔指出,如果认为作为惹起犯的过失犯的正犯性内容是结果的惹起,由于实施社会相当的行为(遵守社会生活上必要注意的行为)而发生结果的场合,即便惹起了法益侵害的结果也不该当不法构成要件。② 但是,依照社会相当性理论,无论原因力多么小的原因,只要是超过了社会相当性程度,仍然是结果发生的原因。因此,并不能对处罚范围进行有效的限定。此外,在各人因果关系不明的场合,统一的正犯概念会失去其作用。③ 在数行为人中,明确只有部分行为人的行为导致了结果的发生,但是又不能确定是哪些人的行为导致了结果的发生的情况下,对于明确存在的对结果发生没有因果关系的那部分行为人也认定成立单独正犯是无论如何不能允许的,最终只能是行为人都无罪。总之,按照目的行为论的见解,主张在过失犯中采取统一的正犯概念对于过失犯的处罚范围的划定是存在困难的。

最后,就北川佳世子教授指出的过失犯间不具有意思联络这种心理的因果性,进而否定过失共同正犯的见解来说,其对待过失共同正犯的主张还是没有超出古典对立时期就已经确立的研究框架,仍然试图以故意共同正犯的成立条件适用于过失共同正犯,因而在方法论上具有较强的自然主义特征。实际上,直到这一时期,对于意思联络的态度

---

① 参见[日]安達光治:《客観的帰属論の展開とその課題(二)》,载《立命館法學》2000 年第 1 号,第 261 ~ 266 页。

② 参见[日]安達光治:《客観的帰属論の展開とその課題(二)》,载《立命館法學》2000 年第 1 号,第 263 ~ 264 页。

③ 参见[日]金子博:《過失犯の共同正犯について——"共同性"の規定を中心に》,载《立命館法学》2009 年第 4 号,第 65 页。

一直是过失共同正犯理论纷争的焦点。并且过失犯是否存在意思联络这种心理的因果性的问题还决定了之后理论的发展脉络。

五、过失共同正犯理论的多元化发展趋向

2000年以来,过失共同正犯问题再次引起学者们的广泛关注,并伴随着"明石花火大会步道桥事件"等新的判例的出现,过失共同正犯问题的讨论不论在广度还是深度上都比以往有了更大程度的发展。以往关于过失共同正犯问题的理论探讨大多集中在过失共同正犯成立与否这一点上。随着理论研究的不断深入,学者们所关注的问题点呈现多元化的趋势。此外,在作为方法的研究路径上也体现打破古典对立时期所形成的固定模式,向着多元化路径选择的方向迈进。近年来,日本学者就过失共同正犯理论,对以下几个问题进行了讨论。

(一)过失教唆犯、帮助犯的可罚性

即使过失共同正犯的成立为多数学者所肯定,但是,对于过失教唆犯、帮助犯的可罚性学者基本持否定态度。过失教唆犯、帮助犯的不可罚性是日本刑法理论中的通说。当然,由于刑法规定的教唆、帮助并未限制于故意,过失教唆犯、帮助犯的成立也并不是完全没有可能的。由于总则的规定应当适用于分则的全部犯罪类型,那么关于过失犯处罚的分则规定,无论是《日本刑法》第61条还是第62条,都应当适用。过失教唆犯、帮助犯也能成立。① 也有学者认为,"在以与犯罪结果之间的因果性作为共犯的处罚根据的因果共犯论看来,理论上也存在肯定过失共同正犯、过失教唆、过失帮助的可能。……在这种情况下,将过

① 参见[日]松宫孝明:《"過失犯の共同正犯"の理論的基礎について——大塚裕史教授の見解に寄せて》,载《立命館法學》2011年第5·6号,第501页。

失共犯的范围限定于共同正犯的观点,在文理上并无充分的根据”。①

但是,否定过失教唆、帮助可罚性的见解处于通说地位。一方面,从语义分析的角度来看,“教唆”的语义主要是指故意地使犯意产生的行为的意思,过失地使他人产生犯意时,没有在与故意正犯相同的法定刑范围内予以处罚的必要性。② 同样,“帮助”的语义主要是故意地帮助正犯的行为的意思,过失地帮助正犯的行为的可罚性较低。这样,从教唆、帮助的文义解释,以及从目的论的解释出发,过失教唆、帮助没有值得处罚的充分的违法性。③ 另一方面,从处罚的必要性来看,“如果认定过失共犯,其处罚范围只能是及其宽泛,在充满风险的现代社会,这种刑事控制又属于过度干涉”。④

可以说,如果采限制的正犯概念,过失教唆犯、帮助犯在理论上也是存在的。从日本刑法的规定来看,也难以完全排除过失教唆、帮助的处罚可能。而否定过失教唆、帮助可罚性的见解都是从过失教唆、帮助缺乏处罚的必要性这种刑事政策的立场来否定其可罚性的。

(二)《日本刑法》第60条的意义

有学者认为,即使理论上承认过失共同正犯,《刑法》第60条⑤也没有对其予以承认。因为,依照《刑法》第38条第1款的规定,⑥过失犯只在法律有特别规定的场合才予以处罚。而第60条并没有处罚过

① [日]西田典之:《日本刑法总论》,刘明祥、王昭武译,中国人民大学出版社2007年版,第346页。

② 参见[日]前田雅英:《刑法総論講議》(第5版),东京大学出版会2011年版,第509页。

③ 参见[日]大塚裕史:《過失犯の共同正犯》,载《刑事法ジャーナル》2011年第28号,第15页。

④ [日]西田典之:《日本刑法总论》,刘明祥、王昭武译,中国人民大学出版社2007年版,第346页。

⑤ 《日本刑法》第60条规定:“二人以上共同实行犯罪的,都是正犯。”

⑥ 《日本刑法》第38条第1款规定:“没有犯罪故意的行为,不处罚,但法律有特别规定的不在此限。”

失共同正犯的特别规定，所以过失共同正犯是不能成立的。① 但是，这是对总则与分则关系的一种误解。好比多数的正当化事由，就没有关于适用于过失犯的特别规定，依照上述观点，所有过失犯就不存在适用违法性阻却的余地了，②这样的结论是不正确的。莫不如认为，《刑法》第 38 条第 1 款的规定针对的是刑法分则所规定的犯罪类型在处罚过失犯时需要有特别规定。③ 因此，《刑法》第 60 条没有关于过失共同正犯处罚的特别规定不是过失共同正犯成立的障碍。

此外，《刑法》第 60 条是处罚的扩张事由，还是仅仅是法律的确认规定这一点上也存在不同看法。通说观点认为，正是由于《刑法》第 60 条这种扩张事由的存在，扩张了过失犯的处罚规定，才使得过失共同正犯得以成立。④ 另有见解认为，《刑法》第 60 条绝不是刑罚扩张事由。以限制的正犯概念为前提，教唆犯、帮助犯这种狭义的共犯是处罚的扩张事由，但是将共同正犯也理解为处罚的扩张事由是不妥当的。⑤ 但是，如果认为关于共同正犯的规定不是刑罚的扩张事由而仅仅是确认规定，那么即便不存在共同正犯的规定，共同正犯本身也可以通过刑法分则所规定的单独正犯的构成要件予以处罚，进而将共同正犯解消于单独正犯之中，这显然是不正确的。共同正犯存在各行为人没有完全充足单独正犯的构成要件的情况，因此必须通过刑法总则关于共同正犯的规定扩张处罚范围，来解决共同正犯的处罚问题。

---

① 参见［日］浅田和茂：《共犯論覚書》，载《中山研一先生古稀祝賀論文集（第三卷）：刑法の理論》，成文堂 1997 年版，第 282 页。

② 参见［日］佐久间修：《共同过失与共犯》，载马克昌主编：《中日共同犯罪比较研究》，林亚刚译，武汉大学出版社 2003 年版，第 64 页。

③ 参见［日］大塚裕史：《過失犯の共同正犯》，载《刑事法ジャーナル》2011 年第 28 号，第 14 页。

④ 参见［日］山口厚：《刑法総論》（第 2 版），有斐阁 2007 年版，第 356 页。

⑤ 参见［日］松宫孝明：《“過失犯の共同正犯”の理論的基礎について——大塚裕史教授の見解に寄せて》，载《立命館法學》2011 年第 5・6 号，第 501 页。

(三)作为义务与注意义务的关系

对于作为义务与注意义务的关系,山口厚教授认为,“肯定过失犯的共同正犯的成立是可能且必要的。在具有与构成要件结果间的作为共同构成要件要素的(以促进、强化为内容)的因果性,且具备共同‘正犯’的实质行为,对构成要件该当事实有预见可能性的场合,能够肯定过失犯的共同正犯的成立”。[①] 但是,山口厚并不完全赞同“共同义务共同违反”说的主张,认为,“‘共同义务共同违反’说的问题存在于作为犯的领域。这种见解以不真正不作为犯的构造来肯定过失共同正犯的成立,在作为犯的领域采取怎样的态度就成为问题”。[②] “‘共同义务共同违反’说将过失共同正犯的成立范围限定在不真正不作为犯,否定作为犯成立过失共同正犯。如果是这样的话,就是向同时犯解消说的移行,应当否定共同正犯的成立。在这个意义上,同时犯解消说的论理是一贯的,‘共同义务共同违反’说的论理是不一贯的。”[③]进而主张,作为犯的场合也能成立过失共同正犯。将作为犯与不作为犯成立过失共同正犯的条件分开讨论。对不作为的过失共同正犯,以共同作为义务之违反作为其成立条件。而对于作为犯,由于其自身构造与不作为不同,因而成立过失共同正犯不以“共同义务共同违反”为要件。作为犯的过失共同正犯的成立以共同者因果作用的重要性为要件。[④] 此外,甲斐克则教授也采取山口厚区分作为犯与不作为犯来各自探讨过失共同正犯成立条件的方法,主张过失不作为犯的场合从共同作为义务来探讨行为的共同性。而过失作为犯的场合则是从心理因果性来寻

① [日]山口厚:《過失犯の共同正犯についての覚書》,载《西原春夫先生古稀祝賀論文集》(第二卷),成文堂1998年版,第398页。

② 同上书,第399页。

③ 同上书,第400页。

④ 同上书,第398~400页。

求行为的共同性。[①] 综观山口厚、甲斐克则的观点,在方法上是以区分作为犯与不作为犯的不同情况来分别论及过失共同正犯的成立的。在不作为犯的情况下,将"共同义务共同违反"中的共同义务理解为不作为犯的共同作为义务,对这种共同作为义务的共同违反是成立不作为过失共同正犯的条件。而就作为犯来说,由于其成立不以作为义务为要件,自然不能具有共同作为义务的共同违反,因此作为犯的过失共同正犯的成立就在行为与结果的因果性上来寻求依据。

对此,大塚裕史指出,结果回避义务是过失作为犯与过失不作为犯的共通要件。过失不作为犯的场合也与作为犯的场合相同,采取何种减少危险的措施成为问题。而在这之前,究竟"谁"被科以这种义务也存在较大的问题。前者是"作为义务的内容"即"结果回避义务的内容"的问题,后者是"作为义务的主体"即"保障人地位的有无"的问题。这样,谁承担结果回避义务这种结果回避义务的主体问题与赋予行为人在各种各样的结果回避措施中应当采取何种结果回避措施的义务这种结果回避义务的内容特定之间应当相区别。前者是作为义务的问题,后者是结果回避义务的问题。[②]

以上争论实际上与过失不作为犯中作为义务(保障人地位)和结果回避义务之间的关系如何的不同理解有密切关系。一种观点认为,在不真正不作为犯的场合,作为义务就是结果回避义务,[③]因此,过失不作为犯中讨论结果回避义务的有无就够了,没有特别地讨论作为义务(保障人地位)问题的必要;[④]另一种观点则主张,作为义务与结果回

---

① 参见[日]甲斐克则:《責任原理と過失犯論》,成文堂2005年版,第191～192页。

② 参见[日]大塚裕史:《過失犯の共同正犯の成立範囲:明石花火大会步道橋副署長事件を契機として》,载《神戸法學雜誌》2012年第62卷第1・2号,第13页。

③ 参见[日]松宫孝明:《"過失犯の共同正犯"の理論的基礎について——大塚裕史教授の見解に寄せて》,载《立命館法學》2011年第5・6号,第503页。

④ 参见[日]日高义博:《管理・監督過失と不作爲犯論》,载《神山敏雄先生古稀祝賀論文集(第一卷):過失犯論・不作爲犯論・共犯論》,成文堂2006年版,第153页。

避义务应当严格区别,有明确两者关系的必要。[①] 笔者认为,义务主体与义务内容毕竟是不同的问题,作为义务与结果回避义务之间即便存在重合,也应当进行区分。因为,将两者混淆会使没有保障人义务的不作为也被纳入注意义务的违反中来考虑,使作为与不作为的区别变得模糊。同时,也有将非保障人的不作为也当作过失犯处罚的危险,从而会使处罚范围不当地扩大。

(四)过失共同正犯的成立条件

由以上三个时期过失共同正犯论在日本的发展来看,主要探讨的还是过失共同正犯成立与否的问题。尽管"共同义务的共同违反"说是关于过失共同正犯如何成立的观点,但是其自身仍然存在问题。正如有学者指出,"过失犯的共同正犯的成立范围未必明确,希望明确'共同义务的共同违反'的具体内容的批评已经过了十几年。以往的讨论,将重点放在过失犯的共同正犯的肯定与否上,肯定的场合,明确成立范围的工作不得不说有些滞后。今天,过失犯的共同正犯与过失竞合的区别也存在问题。这一问题的阐明是今后的紧急课题"。[②]

由此可见,在日本判例不断承认过失共同正犯的成立的背景下,学者们已经认识到仅仅探讨过失共同正犯的成立与否是不够的。在承认过失共同正犯的前提下,进一步探讨过失共同正犯的成立条件及其具体内容,明确过失共同正犯的成立范围,是更具有理论与实践意义的问题。从近些年日本刑法理论界关于过失共同正犯的讨论状况来看,这一理论动向成为过失共同正犯论的新的发展趋势。

1. 因果共犯论的见解

在日本刑法理论中,以因果性来理解共犯关系的主张是较为有力

① 参见[日]神山敏雄:《過失不真正不作爲犯の構造》,载《大塚仁、福田平博士古稀祝賀:刑事法学の総合的検討(上)》,有斐阁1993年版,第46页。

② [日]大塚裕史:《過失犯の共同正犯》,载《刑事法ジャーナル》2011年第28号,第12页。

的。特别是以一元的结果无价值为立场的学者,在对法益侵害结果的因果性惹起上来寻求包括共同正犯在内的广义共犯的处罚根据。这种见解都在行为与构成要件该当事实的因果性,即物理因果性与心理因果性上来理解共同正犯“一部实行全部责任”的基础。① 对于过失共同正犯的共同性,因果共犯论者自然也着眼于这种因果性。如上所述,山口厚在过失不作为犯的场合主张以作为义务的共同违反来认定过失共同正犯。而对于过失作为犯,仍然是回到了因果共犯论的立场上。

嶋矢贵之也从因果性的视角出发,探讨共同正犯的共同性。其认为,即使没有故意的场合也存在物理的因果性,此外也应肯定实行具有结果发生危险的行为的意思联络这种心理的因果性。在受共同行为者的因果影响的同时,也以自己的贡献对共同行为者提供因果的影响力。经过这种双方向的因果影响力之后,双方或者任何一方的行为发生了结果,就肯定过失共同正犯的成立。②

以因果性的观点来探讨共同性的问题,会与等价说产生相同的共同性范围过度扩张的问题。共同正犯与教唆犯、帮助犯都对结果有因果性,因此,一方面,对于过失教唆、帮助的不可罚只能如上述西田典之教授所主张的见解,求之于刑事政策的考虑;另一方面,就共同正犯与教唆犯、帮助犯的区分来说,因果共犯论往往从因果性强度这种量上的不同来寻求根据。但是,仅仅以可罚性的量的程度来区分共同正犯与狭义的共犯,不能满足罪刑法定原则的要求。正犯与共犯之间存在的不法差异应当在构成要件的层次予以明确。所以正犯与共犯的区别,行为规范的实际内容这种处罚根据的构造差异是重要的。③ 而且,在不作为犯中物理的、事实的因果性不得不放弃。④ 这也许就是为什么

① 参见[日]山口厚:《刑法総論》(第2版),有斐阁2007年版,第359页。

② 参见[日]嶋矢貴之:《過失犯の共同正犯論(二)》,载《法学協会雑誌》2004年第121卷第10号,第191页。

③ 参见[日]照沼亮介:《体系的共犯論と刑事不法論》,弘文堂2005年版,第138页。

④ 参见[日]金子博:《過失犯の共同正犯について——「共同性」の規定を中心に》,载《立命館法学》2009年第4号,第133~135页。

山口厚分作为犯与不作为犯的不同情况来探讨过失共同正犯共同性的原因所在。此外,从该类观点的存在可见,主张过失共同正犯的成立应当具备意思联络的见解在日本理论界仍然是较为有力的。

2. 共同义务的共同违反说

在过失共同正犯成立问题上,共同义务的共同违反说仍然处于日本理论的通说地位,近年来也为多数学者所主张,如大谷实、[①]大塚仁、[②]佐久间修、[③]川端博[④],山口厚尽管对作为犯与不作为犯分开讨论,但是在不作为犯之作为义务的共同违反上仍然是共同义务的共同违反说的范畴。

与传统的共同义务的共同违反说主张过失共同正犯成立具有共同实行意思的观点不同,近来存在否定共同实行意思存在必要的见解。例如,松宫孝明主张,如果将共同注意义务的共同违反作为过失共同正犯的要件,那么,“共同的注意义务的存在与否就不受行为者之间意思沟通的有无所左右,所以,共同实行某一‘行为’的意思应看作不必要的”。[⑤] 大塚裕史认为过失共同正犯的成立以共同的结果回避义务的共同违反为必要(共同义务的共同违反)。那么,何种情况下才能肯定共同义务的共同违反,也即共同性的内容是什么呢?对此,大塚裕史以相互促进性来予以说明,认为,共同实行是共同行为者对行为的相互利用、补充来实现犯罪。其实体是以各自的行为对他人的行为进行相互促进。如果将其称为“相互促进性”,就是对共同实行的相互促进性的意思。故意犯的场合所要求的意思联络的内容是以共同实行惹起结果

---

① 参见[日]大谷实:《刑法总论》(新版第 2 版),黎宏译,中国人民大学出版社 2008 年版,第 378 页。

② 参见[日]大塚仁:《刑法概说(总论)》(第 3 版),冯军译,中国人民大学出版社 2003 年版,第 292 ~ 293 页。

③ 参见[日]佐久间修:《刑法講議(総論)》,成文堂 1997 年版,第 361 页。

④ 参见[日]川端博:《刑法总论二十五讲》,甘添贵监译,余振华译,中国政法大学出版社 2003 年版,第 363 ~ 364 页。

⑤ [日]松宫孝明:《刑法总论讲义》(第 4 版补正版),钱叶六译,中国人民大学出版社 2013 年版,第 202 页。

的意思联络。但是,对结果惹起没有认识的过失犯中,要求以共同实行惹起结果的意思联络原本就是不可能的。所以,过失犯中必要的意思联络的对象,不在于结果惹起这一点上,而是危险行为的共同遂行。存在危险行为的共同遂行的意思联络可以承认相互促进性,也有不存在危险行为的共同遂行的意思联络也可以认定相互促进性的情况。由此,过失犯中,意思联络就不是共同性的必要要件,相反,相互促进性才是共同性不可欠缺的要件。作为过失犯的共同正犯基础的"共同义务"的成立最重要的要件是相互促进性。[①] 由此可见,大塚裕史尽管主张的是"共同义务的共同违反说",但是其以相互促进性为过失共同正犯的必要条件,从而否定了意思联络的必要性。从相互促进性的主张来看,这种观点重视的仍然是客观方面的要素。只是,这里并不仅要求各行为人共同实施了过失行为,而且是从共同正犯的特性上,强调了相互利用、补充这种相互促进性的必要性。

3. 基于客观归属的规范共同说

金子博回顾了日本过失共同正犯论的发展历史之后指出,以往的研究无论是从行为主观侧面的意思疏通,还是从客观方面的因果性来探寻过失共同正犯的共同性,都是基于自然主义・心理主义的路径而展开的理论,都是故意作为犯的共同正犯的共同性理论的派生之物。战后初期以来,过失犯完成了从自然主义・心理主义的观点向规范主义的理论发展,而关于'共同性'理论自身的发展却与此不相适应。进而从构成要件该当结果归责的观点出发,认为在构成要件该当结果的归责上正犯与共犯没有质的差异,只要存在自己与他人应当共同协力阻止构成要件该当结果发生的共同义务,却懈怠采取社会生活上所要求的防止措施,导致构成要件该当结果的场合,就成立共同犯罪。无论是参与者的共同意思还是行为与结果间的因果性,都是表现行为样态的判断基准,对共同性没有影响。构成要件的实现事态的答责领域,是从社会这种第三者的角度来看,导致结果的各参与者的事前行为有何

① 参见[日]大塚裕史:《過失犯の共同正犯の成立範囲:明石花火大会歩道橋副署長事件を契機として》,载《神戸法學雜誌》2012 年第 62 卷第 1・2 号,第 22 页。

种意义,而后与其事前行为的意义相结合来决定有何种义务。① 可见,金子博是基于客观归属的规范的共同性的观点来为过失共同正犯寻找基础的。

大塚裕史就金子博对共同结果回避义务从社会的客观观点来赋予规范的根据的主张提出批判,认为存在社会期待时就承认共同义务,其所认定的共同义务的范围过分地不明确。② 其进一步指出,过失犯的共同正犯成立与否的判断标准,应当从共同正犯的基本原理来演绎说明,而不应当基于社会期待的感觉来判断。共同正犯也是犯罪类型,是法益侵害方法的一种样态,其处罚应当从与法益侵害相结合所表现出的事实的观点来说明。共同正犯是"以共同实行惹起结果,从而产生就结果全体对各人进行归责的法的效果(一部行为全部责任的法理)。既然共同义务是以共同实行为基础的要件,相互对行为提供因果影响力而一同促进不注意的行为,即'相互促进性'是必要的。……相互促进性应当成为共同义务的判断基准。而过失犯的共同正犯中的相互促进性,在存在危险防止的相互依存关系时,相互提供因果的影响力而促进不注意行为的场合予以认定。"③

如上所述,以往日本刑法理论关于过失共同正犯问题争论的焦点在于作为共同正犯主观成立条件的意思联络存在与否上。这些争论,如金子博所批判的那样,都是在自然主义、心理主义的路径上展开的。其始终以故意共同正犯的构造为模型来讨论过失共同正犯。但是,过失犯的构造本身与故意犯有别,从自然主义、心理主义的路径来讨论过失共同正犯的成立,在方法上存在难以突破的障碍。就这一点来看,金子博以规范主义的路径主张基于客观归属的规范共同性说,在方法论上是具有开创性的。只是应当看到,"客观归责理论至今所成就的,其

① 参见[日]金子博:《過失犯の共同正犯について——「共同性」の規定を中心に》,载《立命館法学》2009年第4号,第166~167页。

② 参见[日]大塚裕史:《過失犯の共同正犯》,载《刑事法ジャーナル》2011年第28号,第17页。

③ 参见[日]大塚裕史:《過失犯の共同正犯の成立範囲:明石花火大会歩道橋副署長事件を契機として》,载《神戸法學雜誌》2012年第62卷第1·2号,第37页。

实只有制造风险和实现风险这两大基本概念,在两大概念之下的内部构造,尚未发展成熟,对于各种排除归责事由的应用和法理诠释,还相当粗糙而分歧”。① 因此,金子博仅以客观归属论的基本概念得出抽象的结论,而没有就判断共同性的内部结构以及各种排除归责事由进行具体的展开,不能不说是一个缺憾。因此,笔者认为,大塚裕史的批判不是没有道理的。以社会期待时就承认有共同义务来判断过失共同正犯的成立,其范围确实由于过分抽象而变得不明确。但是,金子博所倡导的从规范主义的路径出发来研究过失共同正犯的成立却是值得肯定的。所以,在客观归属论之下,对何为社会期待的防治措施及其实现在制造不被允许的危险与实现不被允许的危险两大基本概念之下,依据各种排除归责事由进行具体展开,才是解决之道。

六、日本过失共同正犯理论之于我国的启示

受到日本刑法理论的影响,我国过失共同正犯肯定说基本上是立足于共同义务共同违反说的观点。多数学者认为,二人以上者负有防止结果发生的共同注意义务,是过失共同正犯成立的核心要件。在此前提之下,行为人实施了违反共同注意义务的共同行为,导致了危害结果的发生,且在共同违反注意义务上都存在过失,就可以成立过失共同正犯。② 就共同注意义务的内容来说,我国学者一般主张从纵横两个

① 许玉秀:《主观与客观之间——主观理论与客观归责》,法律出版社 2008 年版,第 17 页。

② 参见林亚刚:《论共同过失正犯及刑事责任的实现(下)》,载《江西公安专科学校学报》2001 年第 3 期;舒洪水:《共同过失犯罪的概念及特征》,载《法律科学(西北政法学院学报)》2005 年第 4 期;童德华:《共同过失犯初论》,载《法律科学(西北政法学院学报)》2002 年第 2 期;李希慧、廖梅:《共同过失犯罪若干问题研究》,载《浙江社会科学》2002 年第 5 期;冯军:《论过失共同犯罪》,载西原春夫先生古稀祝賀論文集編集委员会编:《西原春夫先生古稀祝賀論文集》(第 5 卷),成文堂 1998 年版,第 711 ~ 721 页;刘永贵:《过失共同正犯研究》,载胡驰、于志刚主编:《刑法问题与争鸣》(第 3 辑),中国方正出版社 1999 年版,第 345 ~ 372 页。

方面来进行界定,①即认为共同注意义务是指各行为人不仅负有防止自己行为产生危害结果的注意义务,而且负有督促其他共同行为人注意防止发生危害结果的义务。过失共同正犯的成立要求各行为人在共同违反共同注意义务上都存在过失。一般认为,过失共同正犯中不存在故意共同正犯那样的意思联络,在各行为人之间也不存在共同的犯罪目的。但是,却要求各行为人在共同违反共同的注意义务上存在共同意志。"虽然各行为人都应该自己注意并促使其他的共同行为人也加以注意,但是,各行为人都没有加以注意,正是因为各行为人都没有加以注意,才相互助长了对方的不注意,以致产生了共同的不注意。各行为人都在不加重视的共同心情下懈怠了对共同注意义务的履行,存在相互补充的心理事实,这是过失共同犯罪成立的主观基础。"②

尽管如此,我国刑法理论上过失共同正犯的研究仍然具有局限性,在许多基础性问题上尚未有涉及。因此,通过以上日本刑法中过失共同正犯理论学说的分析与检讨,本文认为,在我国刑法过失共同正犯论上存在以下三个尚待解决的问题,亦是梳理日本刑法过失共同正犯论所得到的启示。第一,是关于过失犯的正犯概念以及过失共同正犯正犯性的问题;第二,是关于意思联络的问题;第三,是过失犯不法的问题。

(一)过失犯的正犯概念与过失共同正犯

过失犯采取何种正犯概念的问题与过失共同正犯成立与否存在密切联系。自韦尔策尔提出二元的正犯概念以来,过失犯采统一的正犯概念的主张就在德国刑法理论上占据着通说的地位。以至于在否定过

① 参见林亚刚:《论共同过失正犯及刑事责任的实现(下)》,载《江西公安专科学校学报》2001 年第 3 期;舒洪水:《共同过失犯罪的概念及特征》,载《法律科学(西北政法学院学报)》2005 年第 4 期。

② 冯军:《论过失共同犯罪》,载《西原春夫先生古稀祝賀論文集》(第 5 卷),成文堂 1998 年版,第 719 页。

失共同正犯的见解中,基于过失犯统一的正犯概念的立场而否定有肯定过失共同正犯必要的学说主张,无论在德国还是日本刑法理论中都变得有力。

因此,有必要明确过失犯的正犯概念到底是采与故意犯不同的统一的正犯概念,还是与故意犯一样,都以限制的正犯概念为妥当。围绕过失犯的正犯概念,德日刑法理论面对的主要是如何处理故意正犯背后的过失参与的可罚性的具体问题,在具体问题的妥当解决与维护理论体系的一贯性之间产生了众多的矛盾。导致的结果是,过失犯的统一正犯概念难以继续维持。

近年来,过失犯中也可以采限制的正犯概念的见解在德国理论上呈现上升趋势。在过失犯中采限制的正犯概念,则过失犯也存在正犯与共犯的区分,进而将为过失共同正犯的成立进一步扫清障碍。但是,过失犯中采限制的正犯概念进一步会产生过失犯的正犯和共犯如何能够被区分,其区分的标准是什么的问题,最终会还原为过失共同正犯的正犯性问题。在过失犯正犯与共犯之区分的问题上,德日理论界尚未形成共识,我国刑法理论上更是未曾有关注,可以说是今后理论需要进一步深入研究并予以明确的难题。

(二)意思联络与过失共同正犯

从日本刑法过失共同正犯的理论探讨可以看到,意思联络问题是困扰过失共同正犯肯定与否、如何成立的关键性问题。甚至可以说,意思联络问题是过失共同正犯理论的永恒主题。而意思联络问题,不论是日本刑法理论还是我国刑法理论,都未有彻底的解决,当然也将是我国刑法理论上探讨过失共同正犯的核心议题。

但是,我们也应当看到,现有理论探讨过失共同正犯肯定与否时必然会涉及意思联络存在与否的问题,实际上是陷入传统理论故意共同正犯基本构造的窠臼,在方法论上难免存在缺陷。将故意共同正犯的必要要件直接套用至过失犯,忽视了故意犯与过失犯在构造上的根本性差异。自韦尔策尔的目的行为论以来,人的不法论使故意犯与过失犯在基本构造上的差异被发现,使两者再难以被统一在单一的犯罪论体系之下。“基于此,德国当代主要的刑法教科书在犯罪论部分往往采取分而述之的方法,按故意的作为犯、过失的作为犯与不作为犯(或进一步分为故意的不作为犯与过失的不作为犯)的分类对各自的犯罪构造予以论述。”①从过失犯的基本构造出发,我们可以看到,“过失犯本身就不存在对结果的认识、意欲,难以具有故意共同正犯中的意思联络”。②

那么,基于过失犯的基本构造,意思联络是否完全没有存在的必要呢?如果认为意思联络在过失共同正犯的成立上虽无必要却仍然有用,那么其应当起到何种作用呢?因此,在过失共同正犯问题的探讨上,如何赋予意思联络以准确的体系地位,在普遍认为意思联络是过失共同正犯成立的必要要件的我国理论现状之下,仍然有重新认识的必要。

(三)过失犯的构造与过失共同正犯

如果说共犯是构成要件进而是违法性领域的问题,那么,过失犯的不法内容如何,则直接关系到过失共同正犯的共同性的内容。而过失犯的不法内容又与过失犯的构造,进而是过失犯的理论密切相关。过失犯在理论上经历了旧过失论、新过失论、新新过失论,以及现在在德国刑法理论上普遍主张以客观归责理论来重构过失犯的不法。不同的过失理论对于过失共同正犯的成立与否也具有实质的影响。旧过失论之下,过失犯的行为被忽视,过失共同正犯自然会以不具有行为的共同而受到否定。新过失论产生以后,过失犯的本质被认为是注意义务的违反,则以注意义务的共同违反来肯定过失共同正犯成为可能。

---

① 劳东燕:《刑法中的客观不法与主观不法——由故意的体系地位说起》,载《比较法研究》2014年第4期。

② 谭堃:《论过失共同正犯的共同性》,载陈兴良主编:《刑事法评论》(第38卷),北京大学出版社2016年版,第105页。

此外,从德日学者对共同义务的内容与判断基准的讨论中可见,在过失共同正犯成立条件问题的讨论上有向着规范化的刑法理论发展的趋势。以往从自然主义的路径所展开的研究,难免囿于传统故意共同正犯成立条件的框架,不能就过失犯自身构造来探讨过失共同正犯的成立。因此,从客观归责论的视角出发,为过失共同正犯的成立奠定规范论基础的主张对于过失共同正犯理论的发展具有新的导向意义。就我国理论来说,规范主义的理论还是极为薄弱的,因此,要接受并自觉地在规范主义的路径上展开对过失共同正犯的研究,理论上仍然任重而道远。

总之,共犯论被称为刑法理论的"绝望之章"的说法已为我国学者所熟知。但是,在德日刑法理论中,共犯论又被称为"犯罪论的试金石"。① 犯罪论的基础理论能否在共犯论中符合体系性地展开,检验着某种犯罪论体系的合理性、自洽性。在这个意义上,共犯论成为犯罪论体系的检验场。就刑法中的过失共同正犯理论来说,其发展历程也同样体现了共犯论作为"犯罪论的试金石"的功能。过失共同正犯的问题,在共犯论内部与正犯概念、正犯与共犯的区分、共犯的本质、共同正犯的构造等基本问题直接相关;在共犯论的外部又与过失犯论紧密相连,并进而与过失犯论上的重要理论建立起了联系,例如过失的体系地位、过失犯的构造、客观注意义务的内容与判断基准、被允许的危险的法理等。可以说,过失共同正犯问题一方面践行了检验犯罪论的作用,与此同时,另一方面也表明了其作为"绝望之章"中的问题的复杂性。因此,笔者认为,在我国对于过失共同正犯的理论研究还有进一步加强的必要。在充分认识其理论的深度与广度的同时,以建立体系上自洽、实践中可用的理论为根本目标。

近年来,过失共同正犯理论从最初争论过失共同正犯成立与否向进一步探讨其如何成立的方向发展。其中关于共同义务内容、判断基准的讨论更是呈现精细化、深入化的趋势。相较于日本的理论,尽管我

① 参见[日]高桥则夫:《共犯論と犯罪体系論——違法の連帯性を中心に》,载《刑法雑誌》2000年第39卷第2号,第81页。

国也有学者在过失共同正犯的构造上提出了共同义务的共同违反说的见解,但仅限于对该理论的域外借鉴以及初步介绍,尚未有更深入的自觉展开。我国理论中过失共同正犯的构造问题有进一步精深的必要,以为过失共同正犯的成立划定合理的范围。

The Theory of Joint Negligence Principal Offender in Criminal Law of Japan

Tan Kun

[**内容摘要**]日本刑法中对过失共同正犯的理论研究从"二战"之前即已发端,经过一个世纪的发展,形成了自己的特色。日本刑法中的过失共同正犯理论大致经历了四个发展时期,即古典对立时期、过失共同正犯肯定说主导的时期、过失同时犯解消说兴起时期以及理论的多元化时期。综观各个发展阶段可知,过失犯之间是否存在主观上的意思联络是理论纷争的焦点。而近来,理论的发展呈现出主张过失共同正犯的成立不需要意思联络的新特点。此外,以规范主义的路径展开讨论为过失共同正犯的理论研究提供了新的视角。

[**关键词**]过失共同正犯;意思联络;共同义务的共同违反说

Abstract: The research of Joint Negligence Principal Offender Theory in Criminal Law of Japan started before the Second World War and it has acquired its own characteristics during about a century of development. The development of the theory of Joint Negligence Principal Offender in Criminal Law of Japan has experienced four stages: the period of classical opposites, the positive theory period, the exemption of Negligence Overlap theory arising period and the pluralism theory period. According to the above-mentioned four periods, we can know that the bone of contention is whether there are subjective meaning contacts between negligence offenders. Recently, the development of the theory of presents a new feature that is the Joint Negligence Principal Offender could be established without the meaning contact. In addition, the study path based on the normative has provided a new perspective for the theory of Joint Negligence Principal Offender.

Keywords: joint negligence principal offender; meaning contact; theory of joint violation of joint obligation

英国法人非预谋杀人刑事责任的形成、发展及启示*

史　蔚**

目　　次

一、法人非预谋杀人罪：从普通法到制定法的改革
二、制定法上的非预谋杀人罪：构成要件的争议与解读
三、十年司法实践：立法目的的落空？
四、代结语：对中国的启示和未竟的话题

工业社会以来，经济/安全/环境领域的单位①犯罪问题层出不穷，且有愈演愈烈之势，大大刺激了公众的安全神经。基于社会保护的需要和舆论压力的驱动，在实用主义的理念指导下，英美等国率先摒弃“法人不能犯罪”（societas delinquere no potest）的传统立场。从最初的法人只对特定的规制犯承担严格责任，到随后的法人也能构成要求犯意的犯罪；从法人的罪过是由单位个体转移而来，再到法人的刑事责任

---

* 本文系国家建设高水平大学公派研究生项目的阶段性研究成果。

** 中国人民大学刑法学博士研究生，德国哥廷根大学联合培养博士研究生。

① 严格来讲，英国刑法中的“法人”（corporation）、“组织体”（organisation）和我国刑法中的“单位”并不完全相同，但其实质差别不大，为简化问题，本文在同一意义上使用三者。

在于其自身的组织过错,法人刑事责任的范围在逐步扩张,归责模式和其背后的刑法基本理念也在不断演变。《2007 年法人非预谋杀人和法人杀人罪法》(Corporate Manslaughter and Corporate Homicide Act 2007,以下简称《2007 年法人非预谋杀人罪法》)①即是这一过程中的代表性立法。其以制定法的形式规定,一个组织体也能构成最为传统的要求犯意的自然犯罪——非预谋杀人罪。尽管英国本土对该法的评价褒贬不一,但其始终在法人犯罪中占有重要位置。从当前的国内研究来看,学界也时常援引该法,将其作为在比较法视野下讨论单位犯罪的重要参考资源。② 虽然其中不乏优秀之作,但多数研究仍停留在粗略勾勒立法背景、简要陈列法律规定的层面,如此论证进而总结出英美刑法法人犯罪归责理论的发展趋势,或许过于轻率。尤其是,不少研究似乎已经预先设定《2007 年法人非预谋杀人罪法》天然合理且值得借鉴。虽然英美刑法极具现实关切,实践经验指导理论构建有的放矢,在法人犯罪方面体现尤甚,但我们在尚未深入剖析条文,认真考察法律效果之前,就盲目迷信域外经验,并非明智之举。鉴于此,本文将以《2007 年法人非预谋杀人罪法》为切入点,分析法人非预谋杀人罪的构成要件和理论争议,关照法律施行的现实效果,结合社会背景和经济政策,力图勾勒出真实全面的他山之石,在此基础上找到中国刑法单位犯罪可以攻玉或镜鉴之处。

---

① 本法其实只规定了一罪,在英格兰、威尔士和北爱尔兰的法律体系中,该罪被称为法人非预谋杀人罪;在苏格兰的法律体系中,该罪被称为法人杀人罪。

② 参见赵渊:《英国刑法中公司过失杀人刑事责任之发展与改革》,载赵秉志主编:《刑法论丛》2008 年第 1 卷,法律出版社 2008 年版,第 462 ~ 482 页;张克文:《法人刑事责任的初步反思:一个否定论的立场》,中国政法大学出版社 2010 年版;周振杰:《英美国家企业刑事责任论的最新发展——以英国〈2007 年企业过失致人死亡罪法〉》为例,载《河北法学》2010 年第 12 期等。

一、法人非预谋杀人罪:从普通法到制定法的改革

虽然 Mousell Bros Ltd. v. London and North Western Railway Co. 案[①]首次判决公司也能构成严格责任之外的要求犯意的犯罪,但在20世纪初至40年代,法人能否构成要求犯意的罪行一直是个悬而未决的问题,20世纪40年代之后,种种桎梏才在一系列案件中被逐渐打破,法人犯罪不断发展出新的归责理论和模式。[②] 在此背景下,法人构成最为典型的过失自然犯罪——非预谋杀人罪,也是随着时间的推移才慢慢被接受的概念。

在《2007年法人非预谋杀人罪法》颁布之前,英国没有专门规制法人杀人的法律,只有一般性的规制犯。《1974年职业健康安全法》(Health and Safety at Work etc. Act 1974)第2~9条规定,雇主(包括企业)负有采取合理可行之措施保证雇员、其他可能受其影响之普通公众的健康和安全的各种义务,第33条规定,雇主违背相关义务可构成相应的犯罪。对于此罪的成立,控方只需完成表面证明(prima facie),被告若是提出无罪的辩护,必须证明自己已采取了所有合理可行的措施。但是,本罪的刑罚严厉程度远不如非预谋杀人罪,[③]其本质仍是一个门槛较低的规制犯,并不要求实害结果,公众普遍认为,它无法像非预谋杀人罪一样凸显出企业怠于履行安全管理义务以至于草菅人命的恶劣程度。1927年,检方首次以非预谋杀人罪的罪名控诉 Cory

---

① Mousell Brothers Ltd. v. London and North Western Railway Co. [1917] 2 K. B. 836.

② See Celia Wells, *Corporations and Criminal Responsibility* (2nd edition), 2001, Oxford University Press, pp. 84 – 99.

③ 当自然人违反《1974年职业健康安全法》第2~9条之义务构成犯罪时,其最高刑罚为两年监禁刑并处罚金,而自然人构成非预谋杀人罪时最高刑罚为20年监禁刑。以此为参考可知,法人违反《1974年职业健康安全法》构成犯罪所受到的处罚并不严厉。

兄弟有限公司，但彼时同一视原则（identification principle）①尚未萌芽，法院认为，公司只是一个没有意志和思维的抽象概念，不具备杀人罪所要求的犯意（mens rea），遂驳回起诉。② 之后的很长一段时间里，虽然关于法人能否构成非预谋杀人罪的讨论持续不断，但法院始终没有给出肯定答案，只有自然人才能构成普通法上的严重疏忽导致的非预谋杀人罪（gross negligence manslaughter）。

1965年，检方再次作出尝试，控诉一家不当工作命令导致焊接工人从铁路桥梁上摔落身亡的公司触犯非预谋杀人罪。③ 同一视原则当时日趋成熟，法院一改三十多年前的立场受理起诉，首次承认法人也能成为非预谋杀人罪的犯罪主体。但由于控方未能成功证明作为法人代表的经理的疏忽程度足以构成非预谋杀人罪，无法通过个人将罪过移至法人，案件仍以无罪告终。又因受理法院只是初级法院，相关问题没有得到深入探讨，案件也没有引起太大反响。④ 直到20世纪80年代，英国连续发生数起企业导致的重大伤亡事故，⑤众多逝去的鲜活生命

---

① 同一视原则主张，企业内的高级管理人员是企业的"大脑"，前者的意志和行为即代表后者的意志和行为，两者可以等同视之。DPP v. Kent and Sussex Contractors Ltd.（[1944] KB 146）案首次发展出同一视原则，首创判例 Tesco Supermarkets Ltd. v. Nattrass（[1971] UKHL1）对同一视原则予以确认。该原则在一定程度上限缩了替代责任（vicarious liability）的范围。替代责任原则认为，法人内部的任何个体，包括层级最低的普通雇员，作为法人之"手足"，其意志和行为都能归于法人之上。See Jeremy Horder, *Ashworth's Principles of Criminal Law*（8th edition），（2016）Oxford University Press, p. 167 – 169.

② R v. Cory Bros [1927] 1 KB 810.

③ R v. Northern Strip Mining Construction Co. Ltd.（Unreported）（The Times, 2, 4, 5 February, 1965）.

④ See Gary Slapper, "Corporate Manslaughter: An Examination of the Determinants of Prosecutorial Policy", (1993) 2(4) *Social and Legal Studies*, pp. 423 – 443.

⑤ 例如，1987年3月6日，英国渡轮"自由企业先驱"号在离港后数分钟即突然倾覆，翻倒在泽布腊赫港口外，致184人丧生，参见人民网：http://www.people.com.cn/GB/historic/0306/5875.html，2019年2月26日访问；1988年7月6日，英国北海大陆架地区帕玻尔·阿尔法（Piper Alpha）钻井平台爆炸，致167人丧生，参见人民网：http://mnc.people.com.cn/GB/17522254.html，2019年2月26日访问。

以最为惨烈的方式揭露出企业管理混乱、极度漠视公共安全的问题,重复上演的悲剧和日益愤慨的公众将公司罪责推至风口浪尖,皇家检控署在压力下将多家涉案企业诉诸法院,"自由企业先驱"号倾覆案①就是其中最引人瞩目的一桩。

1978年3月6日,由于连续往返航行休息不足,"自由企业先驱"号的很多船员疲惫不堪,负责关闭船头艏门的水手长助理在值班时睡着了,没有听到关闭艏门、全体船员到位的广播,也未检查艏门是否完全关闭,大副没有检查确认,就直接错误地向船长报告一切准备就绪。船长无法从船桥看到艏门,故完全依赖大副的报告发出航行指令。航船就在这种船头艏门大开的情况下发动了,大量海水随即灌入船舱,航船倾覆,193人不幸丧生。毫无疑问,水手长助理、大副负有不可推卸的责任,②但事故调查报告指出,责任并不只在他们身上,某种程度上讲,管理极度混乱的航船所属公司 P & O European Ferries 才是真正的罪魁祸首:这并不是该公司旗下的渡船第一次在艏门未关的情况下航行;由于船员的倒班间隔过长等原因,曾有人向公司航海部门的副主管建议安装监测艏门关闭状态的机器,但从未得到回应;航海部门的主管对舰队安全、轮船运行等负有责任,也未主动安排安装检测器,并推诿至技术部门;技术部门的主管也没有理会这个安装要求。水手长和大副没有履行职责存在过错,高层管理人员消极不作为,同样存在过错,这种疏忽倦怠的作风从上到下几乎侵蚀了所有部门。③ 虽然被告公司的辩护律师主张公司不是非预谋杀人的适格主体,但法院拒绝采纳该意见,Bingham 法官明确表示,公司也可能构成该罪,该案的法律焦点在于,作为公司意志和行为代表的高级管理人员是否构成非预谋杀人罪。只有个体罪责成立之后,法人才能被顺利定罪。

---

① R v. P & O European Ferries (Dover) Ltd. (1991) 93 Cr. App. R. 72.

② 由于这场诉讼耗时耗力,检控署最终也以不符合公众利益为由撤销了对水手长助理和大副的诉讼。

③ See Gary Slapper, "Corporate Manslaughter: An Examination of the Determinants of Prosecutorial Policy", (1993) 2(4) *Social and Legal Studies*, pp. 423 - 443.

但控方对犯意的证明再次失利。严重疏忽导致的非预谋杀人罪在当时被称为"轻率"的非预谋杀人罪("reckless" manslaughter),"轻率"的成立条件是:行为人的行为在事实上造成了导致身体伤害的显著且严重的风险;行为人从未认识到该风险,或行为人虽然认识到该风险却仍然实施行为。[①] 7名被告中只有两位能被视为公司的意志代表,但他们辩称,虽然其没有回应安装监测艏门关闭状态之机器的建议,没能监督、保证工作安全,但在过去7年里,公司旗下的多艘同等型号的船只航行6万余次,从未发生任何事故,他们自然也无法对这背后隐藏的危险产生警觉,没有任何证据表明,他们之中的任何一个人可能,或是应该预见到这种风险——航船在艏门大开的情况下航行。被告主张这种风险既不"显著"也不"严重"。[②] 此外,控方找到的一众证人,从公司的普通船员到管理人员,也都表示难以预料这种危险。Turner等法官认为,当合理谨慎的其他航船工作人员处于同样境遇也无法预见该风险时,则风险不存在,基于这种认识,法官指示陪审团,被告并不满足刑法上过错的要求。[③] 面对这样的不利局势,受害者家属协会主张,法院可以通过"累积过错"(aggregated fault)完成对法人的过错认定。累积过错是指,虽然所有特定个体的过错都不足以满足某罪的犯意要求,但可以累积叠加所有人的疏忽懈怠,最后汇集于法人身上。在公司的管理人员中,有的可能知道渡船之前也曾在艏门未关的情况下航行,有的可能知道员工曾要求安装监测器,这些人的认识和过错累积起来就能满足要求。但这种改良之法并未得到认可,Bingham法官在另一案件中曾明确表示,"控方起诉谁构成非预谋杀人罪,就必须运用关于这个特定对象的证据去完成证明,无论被告是法人还是自然人均应如此,我

---

① See Celia Wells, *Corporations and Criminal Responsibility* (2nd edition), 2001, Oxford University Press, pp. 108 - 109.

② R v. Stanley and others, CCC No. 900160, 19 Oct., 1990.

③ 但有学者认为,控方对证人的选择、法官对于危险的认定(应该从事后的角度客观判断)均存在问题,参见D. Bergman, "Manslaughter in the Boardroom", (1990) 140 New Law Journal, p. 1496; Celia Wells, *Corporations and Criminal Responsibility* (2nd edition), 2001, Oxford University Press, pp. 107 - 111。

们不能用针对甲的证据去补强与乙有关的证明”。[①] Turner法官指示陪审团,累积过错的理论和上议院近期的数起判决立场相悖。由于控方搜集的证据无法进行有力的反驳,加上法院拒绝使用累积过错的概念,众人指摘的P & O公司最终被无罪“释放”。

控诉一再受挫也将同一视原则的缺陷暴露无遗。按照该原则,只有法人的控制意志——高级管理人员构成非预谋杀人罪,法人才能构成非预谋杀人罪。因此,一方面,个体需要在单位中具备一定的级别,使其足以代表法人意志;另一方面,只有特定个体满足判例法上非预谋杀人罪的所有成立条件,有责个体的罪过才能转移到法人之上。虽然同一视原则在一定程度上扫清了法人承担非预谋杀人罪之刑事责任的理论障碍,却忽视了商业社会中公司治理的结构和逻辑,随着企业经营规模的扩大,领导不再事必躬亲,管理权力层层下放,部门职责深化细分才是新经济背景下的常态。“一个庞大的现代公司就如同一台精密仪器,每个雇员就如同其中的一颗螺丝钉,而董事会实际只扮演一个制定决策和评估管理层表现的组织,事实上对公司的具体运营与运作失去了实质性的控制。”[②]当因果链条不再是单个个体以一己之力引发灾难,根本或重要原因在于单位的整体管理缺陷时,如果法院也不接受累积过错,往往很难完成对法人的刑事归责。

三年之后,1994年11月,英国司法历史上首例公司构成非预谋杀人罪的判决[③]终于落槌。但必须强调的是,首先,此案中的OLL有限公司就是个一人公司,并不存在复杂的管理框架;其次,案件事实清楚,公司经理疏于防范,对雇员事前关于严重安全问题的警告置若罔闻,3名学童在海湾乘坐其公司游艇时发生事故。证明唯一的一个主管人员清楚地认识到了这一严重且明显的危险并不困难。可以说,同一视原则往往只对层级简单、框架明了的小型单位有效,对于规模庞大、结构

① R v. HM Coroner for East Kent, ex parte Spooner [1989] 88 Cr. App R 10.

② 赵渊:《英国刑法中公司过失杀人刑事责任之发展与改革》,载赵秉志主编:《刑法论丛》2008年第1卷,法律出版社2008年版,第462~482页。

③ R v. OLL Ltd. and Kite, (1994) 144 NLJ 1735.

复杂、分工极其细化的法人而言，同一视原则仍有难以跨越的鸿沟。讽刺的是，更易造成严重后果亟待法律规制的也是后者。1994 年之后，各种重大伤亡事故仍频繁见诸报端，但成功定罪的案件依旧寥寥无几，在数起轰动全国的安全事故上，检方也接连败北，①这些都引发了公众对司法的强烈怀疑。

在这种背景下，为了让社会重拾对司法的信心，法律委员会于 1994 年向英国政府提交了《刑法：过失致死罪》的咨询意见书，指出仅靠判例法上的非预谋杀人罪和同一视原则难以有效规制肇事企业致人死亡的行径，并给出了四种解决方案：继续使用替代责任原则，同一视原则配合使用累积过错；建立一个法人犯罪归责的全新框架；单独设置法人非预谋杀人罪。② 两年后，法律委员会细化了当初的想法，建议增设法人非预谋杀人罪，并提交了草案。③ 但内政部 2000 年才肯定专项立法的方案，并在犯罪主体的范围和高级管理人员的个人责任等问题上进行了修改。又一番漫长的等待后，内政部于 2005 年以“突破同一视原则的归责樊篱，确保法律能够顺利地将有责组织绳之以法”为明确目标，以前述文件为蓝本进行了几项重大修改，完成了《法人非预谋杀人罪》的草案。④ 虽然草案志在千里，但因其关涉多方主体之间的利益角逐，立法不得不反复权衡。辗转拖延几易其稿后，草案终于在 2007 年 7 月 26 日获得英国议会批准。2008 年 4 月 6 日，《2007 年法人非预谋杀人罪法》正式生效。

---

① See Steve Tombs& Dave Whyte, “Two Steps Forward, one Step Back: Towards Corporate Accountability for Workplace Deaths?” (2013) 1 (1) *Police and Practice in Health and Safety*, pp. 9 – 30.

② See Law Commission, Consultation Paper, *Criminal Law: Involuntary Manslaughter* (No. 135), (1994b).

③ See Law Commission, *Legislating the Criminal Code: Involuntary Manslaughter* (Item 11 of the Sixth Programme of Law Reform: Criminal Law, Law Com. No. 237), 1996.

④ See Home Office, *Corporate Manslaughter: The Government's Draft Bill for Reform* (Cmnd. 6497), 2005.

二、制定法上的非预谋杀人罪:构成要件的争议与解读

根据《2007年法人非预谋杀人罪法》第1条第1项的规定,当组织体管理或组织的活动导致他人死亡;且其管理或组织活动的方式严重违反其对死者负有的相关注意义务时,组织体构成法人非预谋杀人罪。第1条第3项进一步规定,组织体的活动是由高级管理层管理或组织的,这是违反相关注意义务的实质因素。也即,只有组织体的高级管理层管理或组织活动的方式严重违反相关注意义务致人死亡时,法人非预谋杀人罪才能成立。显然,组织体、注意义务、严重违反、高级管理层、因果关系直接决定了法人非预谋杀人罪的范围。

(一)犯 罪 主 体

组织体是法人非预谋杀人罪的犯罪主体,具体包括法人、附录一列出的特定政府部门或机构、警察机关、作为雇主的合伙、商会或雇主组织。该法第11条取消了皇室组织的豁免权,对于其他公共机关,该法一方面明确规定,附录一中所列的特定政府部门或机构也能构成该罪;另一方面又在第3～7条中进行例外规定,公共机关基于公共利益的衡量或公共资源的配置作出的决定;为了维护和平和应对恐怖主义的军事行动……不构成本罪。对此,有学者认为,这样规定犯罪主体太过宽泛,应该重点规制营利组织。信托医院(公立医院)将有限的资金用于保证病患医疗、缩短病患等待时间,病人在照明不足的楼道摔倒并死亡;监狱因财政预算吃紧、人员短缺,无法全面有效地监管在押人员,导致在人满为患的暴力在押人员中发生死亡事故,对于这些情况,让单位背负法人非预谋杀人的罪名毫无意义。公共机关致人死亡固然应该追责,但本法只应聚焦于那些盲目逐利藐视员工健康的公司,而非经济拮

据的公共机构。[①] 也有学者认为,漠视他人生命的不仅有私立企业,还有公共机关,被视为鸿毛一命呜呼的不单有企业雇员,还有病患、监狱在押人员甚至普通路人,刑法没有任何理由袒护公共机关。其还强烈呼吁限缩"公共利益的衡量"等免责条件。[②] 笔者认为,确实没有必要限缩犯罪主体,无论是何组织,无论其是利欲熏心,还是单纯的疏忽倦怠,侵犯他人生命的本质并无区别。问题的关键不在于犯罪主体是公司还是公共机关,也不在于其是否以谋利为目的,而在于判断标准。明确何种情况下这些组织体能因其"力不从心"不被归责,才是应该着力解决的问题。

(二)注意义务

该法第 2 条直接规定,该法所指的注意义务来源于英国的疏忽法律(the law of negligence),并列举了如下情境:作为雇主对其雇员的保护义务;作为土地占有人所负有的义务;因提供商品或服务而产生的义务;因建设、维护或运行活动而产生的义务;因其他商业活动而产生的义务;因使用或保管设备、车辆等而产生的义务;等等。第 2 条第 2 款详细规定了监狱机关在何种情况下对在押人员负有保护义务。[③] 第 2 条第 6 款明确排除了以下规则在法人非预谋杀人中的适用:普通法中的共同参与违法行为者不对彼此负有注意义务;一方不对接受伤害风

① See James Gobert, "The Corporate Manslaughter and Corporate Homicide Act 2007—Thirteen Years in the Making But Was it Worth the Wait?",(2008)(3)71 *Modern Law Review*,pp. 415 - 416.

② See Jeremy Horder,*Homicide and the Politics of Law Reform*,Oxford monographs on criminal law and justice,(2012) Oxford University Press,pp. 130 - 139.

③ 由于种种原因,虽然本法 2008 年就已生效,但监狱导致在押人员死亡的问题直到 2011 年 9 月 1 日才开始适用第 2 条第 2n 款的规定。无论是在英国还是其他国家,羁押期间在押人员死亡事故的问责都还牵涉到权力的边界、司法的成本等复杂问题,很难一以概之。本文的重点在于单位犯罪的一般原则问题,篇幅所限,不再深入讨论此项更加具体的问题。

险的另一方负有注意义务。在 Adomako 案①中,上议院首次将疏忽侵权法上的注意义务上升为严重疏忽导致的非预谋杀人罪的构成要件,《2007 年法人非预谋杀人罪法》也沿袭了普通法上的这种立场,并规定组织体是否负有注意义务属于法律问题,应由法官判断。在 Caparo Industries plc. v. Dickman 案②中,Bridge 法官确定了注意义务成立的三要件:损害的可预见性;被告对原告负有注意义务的基础法律关系,也即近因性;认定注意义务的存在公平、公正、合理,这一因素往往是从公共政策的角度出发考量。该法注意义务条款本是为了保证法人非预谋杀人罪和自然人非预谋杀人罪的一致性,并限制法人非预谋杀人罪的成立范围,但也引发了很多质疑。首先,让民事法律上的注意义务直接成为刑法上的注意义务是否合适聚讼多年,③很多学者认为,直接在制定法上进行刑民混同的简单替换并不妥当。④ 还有观点认为,除非具有违法性阻却事由,否则法人和自然人一样都负有不伤害他人生命的义务。专门规定反而可能多给被告人一个混淆视听的借口,实为多此一举。⑤ 不过,许是目前尚未发生任何法人和死者之间关系复杂的案件,且注意义务是由法官判断,该规定并未给司法实践带来过多困扰。

(三)严重违反注意义务——何为严重?

注意义务的违反必须属于严重违反。第 1 条第 4 项规定,如果法

---

① R v. Adomako [1995]1 AC 171.

② Caparo Industries plc. v. Dickman [1990] 1 All Er 568.

③ R v. Wacker[2003] 1 Cr. App R 329.

④ See CMVClarkson, "Corporate Manslaughter: Yet More Government Proposals", (2005) 9 *Criminal Law Review*, pp. 677 - 689; David Ormerod & Richard Taylor, "The Corporate Manslaughter and Corporate Homicide Act 2007", (2008) 8 *Criminal Law Review*, pp. 589 - 611.

⑤ See James Gobert, "The Corporate Manslaughter and Corporate Homicide Act 2007—Thirteen Years in the Making But Was it Worth the Wait?", (2008) (3) 71 *Modern Law Review*, pp. 416 - 417.

人违反义务的行为远未满足在这种情况下其被寄予的合理期待,即属严重违反。不同于自然人构成的严重疏忽导致的非预谋杀人罪,第8条明确规定,严重违反注意义务是陪审团而非法官判断的事项。陪审团必须(must)根据现有证据考虑组织体是否违反了相关的健康安全立法。若违反了,陪审团必须判断法人注意义务履行失败的严重程度;法人制造的死亡风险大小。陪审团可以(may)根据现有证据考察法人内部是否存在滋生此类义务违反的态度、政策、体系或得到默认的实践操作;也可参考与此相关的健康安全指南。需要强调的是,"态度、政策、体系或得到默认的实践操作"本质即"企业文化"。不过,尽管松散懈怠的企业文化被视为诸多事故的根本原因,也有越来越多的学者认为,企业文化是组织过失的载体,是法人刑事责任的基础,但鉴于企业文化本身的定义仍有一定的模糊性,证明也不太容易,《2007年法人非预谋杀人罪法》对其尚未全盘接受,而是稍作折中地表示其是可供参考的因素之一。① 此外,皇家检控署发布的检控指南补充了些许更加细致的内容,指南表示,专家证据对于判断义务的违反是否严重意义重大,其能帮助考量法人活动是否违背行业的指南或公认标准。专家证据不仅能考察与死亡直接关联的企业活动,也能评价组织体的系统管理、对员工的监督是否妥当。指南同时强调,专家证据只能帮助陪审团作出裁断,不能越俎代庖直接给出是否属于严重违反的结论。②

要求严重违反本是为了凸显法人管理过失的严重程度,将本罪与普通的违反《1974年职业健康安全法》之义务构成的犯罪区分开来,形成阶梯化的犯罪规制。但是,上述规定对于陪审团如何划定"在这种情况下"的"合理预期",如何判断"远未满足",基本没有给出具有可操作性的指导,陪审团到底是如何在评议室内得出结论的,外界根本不得

---

① See Jeremy Horder, *Homicide and the Politics of Law Reform*, Oxford Monographs on Criminal Law and Justice, (2012) Oxford University Press, pp. 128 – 130.

② Prosecutiongudiance, https://www.cps.gov.uk/legal-guidance/corporate-manslaughter, 2019年3月6日访问。

而知。[①] 更有学者表示,该规定反而让问题更加复杂。[②] 由于该法颁布以来,实际起诉的案件十分有限,在此问题上没有形成有效的法律交锋,也未发展出新的规则,因此,严重违反之问题在很大程度上仍是参照自然人构成的严重疏忽导致的非预谋杀人罪中"严重疏忽"(gross negligence)的判断。但是,Adomako 案就此确定的"严重疏忽"之标准——对义务之偏离极其恶劣以至于必须将其定为犯罪——也一直被诟病循环论证,有违法律明确性的原则。[③] 正因如此,有学者批判"严重违反"的判断具有极大的不确定性。[④] 例如,在 MNS 矿业有限公司被诉法人非预谋杀人罪一案中,被告公司的经理安排矿工打通地下矿井的某处墙壁以改善通风条件,但通过引爆墙壁之后地下积水致使四名矿工溺亡。控方认为,经理在作出指令前没有充分确认墙后无水,没有尽到注意义务。甚至有证言显示,早有员工提醒上级该片区域存在积水。但被告经理辩称,自己案发前一天还去现场视察确认过施工安全,另有专家证据表示,此案确实存在另一种可能:淹死矿工的水不是矿区积水。一方面,反映经理过错的关键事实不够清楚;另一方面,法官也明确地指示陪审团,即便经理没有如其所言事前确认施工安全,其存在过错,甚至是十分严重的过错,但也不代表这就属于严重违反注意义务。这种疏忽必须骇人听闻异常恶劣,才属于严重违反注意义务。

---

① See CMV Clarkson, "Corporate Manslaughter: Yet More Government Proposals", (2005) 9 *Criminal Law Review*, pp. 683 – 684; Celia Wells, "Corporate Criminal Liability in England and Wales: Past, Present, and Future", in Mark Pieth & Radha Ivory eds., *Corporate Criminal Liability: Emergence, Convergence, and Risk*, Ius Gentium: Comparative Perspectives on Law and Justice, (2011) Springer, pp. 103 – 104.

② See Wells Celia, "Corporate Criminal Liability: A Ten Years Review", (2014) 12 *Criminal Law Review*, pp. 849 – 878.

③ See Jeremy Horder, *Ashworth's Principles of Criminal Law*, (2016) Oxford University Press, pp. 298 – 302.

④ See Paul Almond, *Corporate Manslaughter and Regulatory Reform*, *Crime Prevention and Security Management*, (2013) Palgrave Macmillan, p. 173.

在这种指示下,陪审团迅速地做出了无罪裁断。[①] 与此相似,Maidstone and Tunbridge Wells 信托医院被诉一案,某女患者在分娩手术后严重出血,两名麻醉医师通过手术成功止血,但一些操作失误引发心脏骤停,被害人因此死亡。在本案中,检方控诉医院之前对两名麻醉医师的聘任违反相关规定,医师当时本未达到要求;医院当天没有充分监督指导两名医师。本案争点众多,其中之一就是义务违反情形是否严重。Coulson 法官仍是援用前述标准,强调医院的失误还难以称为骇人听闻,恶劣程度不足以构成本罪。不过,Coulson 法官在分析过程中似乎还发展出新的要求,即义务违反还需在事实上造成重大后果,法官认为,本案在这一点上也不符合要求。但就此而言,Coulson 法官的观点似乎有待商榷,不管是严重疏忽导致的非预谋杀人罪对"严重疏忽"的判断,还是本法第 8 条第 2 款第 2 项的明确规定,是否严重之判断,指向的是义务违反造成的风险高低,而非实际造成的伤害大小。骇人听闻的死亡数字并非严重违反注意义务的必要条件。[②] 总体而言,这两起无罪案件凸显出严重违反之标准的严苛。但究竟要到何种地步才是严重违反,从"骇人听闻""极其恶劣"等过于模糊的词语中我们又无从得知。

除此之外,笔者发现,在法人并未主动认罪答辩但仍成功定罪的案件中,被告法人几乎均在案发前就在安全合规方面劣迹斑斑。例如,在 Health and Safety Executive v. Baldwins Crane Hire Ltd. 案中,某员工驾驶流动式起重机进行作业,由于刹车系统失灵,起重机撞上土堆,员工在撞击中不幸死亡。调查显示,该起重机的数个刹车系统均无法正常工作,公司的其他起重机也长期存在严重的安全问题。此外,公司机器定期维修的监督和记录系统长期缺位;[③]在 R v. Pyranha Mouldings

---

① 参见 https://www.bbc.com/news/uk-wales-south-west-wales-27890894,2019 年 3 月 6 日访问。

② See R v. Dr ERrol Cornish and Maidstone and Tunbridge Wells NHS Trust [2015] EWHC 2967 (QB).

③ See https://www.healthandsafetyatwork.com/news-and-prosecution/baldwins-crane-hire-easton,2019 年 3 月 8 日访问;Health and Safety Bulletin 446,p. 19。

Ltd. 案中,被害员工在锅炉维修时被困在里面,被严重烧伤最终窒息而死,公司为了省电使用设计存在安全漏洞的锅炉,此前已有员工险些因此丧命,但公司一直不做风险评估,也从未组织过如何正确使用锅炉的培训;[①]在其他案件中,被告公司更是在案发之前就曾接到过健康与安全执行局的安全警告。这些无疑都是公司内长期存在滋生此类违法行为的政策或体系之证明。虽然其无法类型化地上升为规则,但也许能反映出一些裁断思路,笔者认为,这种组织文化会极大地促成陪审团认定被告单位严重违反注意义务。

(四)高级管理层,组织过错?

第 1 条第 3 款要求,这种严重违反注意义务的实质要素(substantial element)是高级管理层组织或管理活动的方式。第 1 条第 4 款第 3 项进一步阐述,高级管理层是在单位管理或组织之活动的所有部分或"实质部分"(substantial part)中,在制定决策或实际运行方面扮演"重要的角色"(significant roles)的人。虽然内政部表示,该规定是为了"将判断重心从高层人员的过失转移到单位整体的策略性管理过失"。[②] 但自草案公布以来,各种争议不绝于耳。

首先,高级管理层的要求是重蹈了同一视原则的覆辙还是开辟了新的归责路径,各方仍有很大分歧。一派观点认为,如此规定最终还是将法人非预谋杀人的罪责寄托在个人之上。最为悲观的看法是,新法将严重违反注意义务的主体限定在高级管理层,和同一视原则下首先定位代表公司意志的人并无二致,新瓶之下仍是旧酒。[③] 另有很多学者认为,第 1 条第 4 项用了复数的人(persons)而非单个个体(person)来阐述高级管理者的定义,说明其接受了累积原则,承认不同个体之间的犯意和行为可以叠加,这是其进步所在。不过,框架复杂的单位难以

① Health and Safety Bulletin 438, p. 2.

② Home Office, *Corporate Manslaughter: The Government's Draft Bill for Reform* (Cmnd. 6497), (2005), para. 28.

③ MS Tariq, "A 2013 Look at the Corporate Killer", (2014) 35 Company Lawyer, p. 18.

精确定位有责个体的问题仍然存在。而且,如此规定仍是落入了同一视原则的窠臼,没有真正反映法人作为独立犯罪主体的本质,因为我们还是要先逐一检视各个个体的罪责,在无法从单个个体转移罪责时再机械叠加。① 与此相对,另一派观点积极地评价,高级管理层的规定代表立法从同一视原则迈向组织性过错,第1条第3项中的措辞是高级管理层(senior management)而非高级管理人员们(senior managers),司法部的官方解释文件强调的也始终是单位作为一个整体所组织或运行的活动,检方无须证明特别个体的过错。因此,在立法存在解读空间时,遵从立法原意进行主观解释才是最佳选择。② 此派观点还回应了一些质疑。2005年立法草案中使用的是"管理过失"(management failure)这样简洁明了的词语,《2007年非法人预谋杀人罪法》之所以转而使用"高级管理层"的规定,是为了区分中级或普通员工的个人过错与法人作为一个整体的过错,只有高级管理层的行为和意志才能真正反映组织体的过错,其他个体只是在组织体的背景之下行动,其过失不是法人的过失,重点在于精准锁定高级管理层。③

其次,如前所述,规定多次使用"实质的"(substantial)、"重要的"(significant)等词,语焉不详,这会导致高级管理人员的范围、归责条件等关键问题难有定论。没有高级职称但发挥重要作用的人员属于高级管理人员吗?若能,这种"重要"应是何种程度呢?当大型企业主张其零售单位的业务不属于其管理或组织之活动的"实质部分"时,如何处

---

① See David Ormerod & Richard Taylor, "The Corporate Manslaughter and Corporate Homicide Act 2007", (2008) 8 *Criminal Law Review*, pp. 603 – 605; N Cavanagh, "Corporate Criminal Liability: An Assessment of the Models of Faults", (2011) 75 *The Journal of Criminal Law*, pp. 421 – 425; JW Harlow, "Corporate Criminal Liability for Homicide: a Statutory Framework", (2011) 61(1) *Duke Law Journal*, p. 149.

② See Luke Price, "Finding Fault in Organisations-Reconceptualising the Role of Senior Managers in Corporate Manslaughter", (2015) 35(3) *Legal Studies*, pp. 385 – 407; Victoria Roper, "The Corporate Manslaughter and Corporate Homicide Act 2007 – A 10 – Year Review", (2018) 82(1) *The Journal of Criminal Law*, pp. 56 – 58.

③ See Luke Price, "Finding Fault in Organisations-Reconceptualising the Role of Senior Managers in Corporate Manslaughter", (2015) 35(3) *Legal Studies*, pp. 385 – 407.

理?对此,皇家检控署在控诉指南中原则性地表示,哪些成员属于高级管理层总是要看具体案情,无法一概而论,但组织体的规模、管理层的人员数量、组织体的业务活动范围、每个人的职位描述都是可以参考的内容,就此而言,了解组织架构十分重要。即便控辩双方就高级管理层的范围达成一致,当高级管理层和普通员工共同过失导致悲剧发生时,本就复杂的问题再遇上责任划分只会更加令人绝望。何种程度的高级管理层过错才能算是严重义务违反的"实质"部分呢?官方的解读是,"实质的"是介于"无关重要的"和"全部的"之间的程度,R v. Golds 案就减轻的责任能力对"实质的"的阐述可作参考。不过,这也从侧面说明了在因果关系上组织过错无须是被害人死亡的唯一原因。

最后,高级管理层的要求也引发了这样一种担忧:公司高层将健康安全方面的监督职责转移给普通员工从而逃避罪责。① 但是,这种想法多少有些杞人忧天。《2006年公司法》(Companies Act 2006)明确规定,公司董事必须以一种其善意地相信为了其全体成员利益而促成公司成功的方式行事,这是一种原则性的企业社会责任。英国董事协会和健康安全协会2007年联合出台了相关指南,"董事会应指导有效的健康安全管理……"在这种背景下,高级管理层,至少董事成员是无法通过职务分配而规避法律的。②

立法的含混不清也直接导致司法实践的首鼠两端。到底是走同一视原则的老路通过特定个体转移罪责还是径直考察单位整体的过错,已有判决未能给出前后一贯的肯定答案。在有些判决中,尤其是被告仍属小公司的案件中,特定或唯一的董事仍是罪责推演时深受倚重的对象。R v. J Murray & Son Ltd. 案的判决理由是"唯一的董事设计并指导的搅拌机作业"致人死亡。③ 小公司的高级管理人员确实只有一

① See Christopher Sargeant, "Two Steps Forward, One Step Back-The Cautionary Tale of the Corporate Manslaughter and Corporate Homicide Act 2007", (2012) 1 *UK Law Student Review*, pp. 11 – 12.

② See Amanda Pinto QC & Martin Evans, *Corporate Criminal Liability* (3rd edition), (2013) Sweet& Maxwell, p. 253.

③ See R v. J Murray & Son Ltd. [2013] NICC 15.

人，但判决理由的言辞之间仍流露出这一特定个体的行为和过错才是犯罪成立之核心的裁判思路。在前述 R v. Pyranha Mouldings Ltd. 案中，量刑理由不是围绕公司展开，而是“毫无疑问，刑罚的全部意义在于惩罚对死亡事故发生负有责任的管理人员”。① 不过，大部分案件似乎更倾向于从组织体文化和组织性过错切入。在 R v. Costwold Geotechnical（Holding）Ltd. 案中，被告公司仅有一名领导 8 名雇员，领导安排一名初级，地质师进入 3.5 米深的坑槽中勘探，但坑槽坍塌，地质师窒息而死。控方认为，被告公司违反行业指南，安排资质不深的初级地质师在 3.5 米的无支撑探坑中工作，公司的系统未能采取合理措施保证被害人的工作安全。法官强调，“被告公司沿袭已久的制度规则明显不够安全，有致人死亡的危险，这种制度严重违反了其注意义务且致人死亡”，因此构成法人非预谋杀人罪。② 虽然被告是一人公司，但法官对制度缺陷的强调仍能略见一斑。在前述 Maidstone and Tunbridge Wells 信托医院被诉案中，Coulson 法官在解读中也表现出对组织罪责的青睐，还反复重申必须区分单位的“系统性”错误和个体的“一次性”错误。前者是沿袭已久的惯常做法，是体系性的过错，后者则是偶尔发生的个体性过错，不足以成为法人非预谋杀人罪的义务违反。在被视为具有里程碑意义的 R v. CAV Aerospace Ltd. 案中，控方同样没有特别找出未能履行义务的高级管理层具体是谁，有观点认为，陪审团恰如其分地考量了高级管理层的集体过错。③

至于高级管理人员的范围，Coulson 法官在 Maidstone and Tunbridge Wells 信托医院案中的阐述值得关注。辩方当时一再以检方未能找出具体的负有过错的高级管理人员为由，主张检方没有达到证明要求。但 Coulson 法官明确回应，“检方没有必要找出所有未能履行监督管理职责的特定个体，强行作出这样的要求是流于形式。相较于

① R v. Pyranha Moulding Ltd.，Liverpool Crown Court，January 12，2015. Health and Safety Bulletin 438，p. 2.

② R v. Cotswold Geotechnical（Holdings）Ltd. [2011] EWCA Crim 1337.

③ See Howard Fidderman，“Corporate Manslaughter：the Most Important Case to Date”，（2015）*Health and Safety Bulletin* 442，pp. 9 - 15.

检方,信托医院更有可能知道谁有责任。从前普通法的方案就在这个问题上备受困扰……希望控方深入组织内部完全理顺大型单位的管理架构并不现实。案发当天,谁对致人死亡的不合格麻醉医师负有监管职责,甚至信托医院自己都说不清楚,其内部仍有争论……最为合理的方案是,检方划出一个管理层中应对事故负责的最低层级标准,并证明涉案的相关管理人员在此层级标准之上,无须定位出确切的个体,也不必将他的级别、他的上下管理关系弄得一清二楚”。法官同时认为,检方已经提供了医院本应如何运行管理的专家证据,陪审团完全可以从中自行裁断哪些人是相关的高级管理人员。不过,法官也认为控方所指的对麻醉医师负有监督之责的人并不在这个最低层级之上,所以不能说该信托医院严重违反了注意义务。除此之外,绝大部分案件的被告都直接认罪答辩,免去了控方很多证明上的难题。而且,由于被告大部分都是中小公司,即便没有认罪答辩,找出组织体中发挥实质作用、属于高级管理层的人员也并非难事。所以,我们只能从极其有限的案件中管窥司法倾向。

(五)因果关系

虽然第1条第1款第2项要求“致人死亡”(cause a person's death),但组织体管理或组织的活动不必是死亡结果的唯一原因,是其原因之一即可,不过,在特定情况下,介入行为可能中断因果链条。[①]现实生活中的大多数责任事故的直接原因(immediate cause)一般都不在于单位,而是违规操作的工作人员、介入事件等其他因素。法律委员会曾在报告中建议严格限定因果关系的中断,自然人的作为或不作为均不能中断因果关系,因为其认为,既然法人没有履行注意义务存在管理缺陷,法人就能够也应该预见将来可能会有某人在这种管理缺陷下

① See Corporate Manslaughter and Corporate Homicide Act 2007, Explanatory Notes, para. 15.

发生悲剧。① 但这种方案未被采纳。内政部认为,只有极度异常的介入因素才能够打破因果链条,这是因果关系中业已确立的原则,法人非预谋杀人罪的因果关系问题不应成为例外。②

总体而言,几项最为核心的构成要素莫衷一是。不过,立法如何规定才是最佳方案是一个过于宏大的命题,本文仅凭前述分析就给出结论显然过于武断。把握立法背景和构成要件后,跳出规范分析观察现实运行和其背后的逻辑,进而更加全面地认识《2007 年法人非预谋杀人罪法》才是本文的目标。

三、十年司法实践:立法目的的落空?

当初英国内政部明确表示,制定《2007 年法人非预谋杀人罪法》的主要目的是"对于公司和其他组织因为管理缺陷致人死亡的恶劣行径,用新增罪名替代过去普通法的方案,以期更加行之有效地提起诉讼、惩罚法人"。其描述了这样的理想图景:摆脱同一视原则的桎梏,保证无论被告法人的规模如何,无论其是公共机关还是私人机构,本法均能一视同仁。③ 英国的立法影响评估当时也乐观预言,新法颁布后,法人非预谋杀人的案件每年将会增加 10 ~ 13 件。④ 如今本法实施已逾十年,当初的立法目的实现了吗?

---

① See Law Commission, *Legislating the Criminal Code: Involuntary Manslaughter* (Item 11 of the Sixth Programme of Law Reform: Criminal Law, Law Com. No. 237), 1996, pp. 100 - 101.

② Home Office, *Corporate Manslaughter: The Government's Draft Bill for Reform* (Cmnd. 6497), 2005, pp. 17 - 18.

③ Home Office, *Corporate Manslaughter: The Government's Draft Bill for Reform* (Cmnd. 6497), 2005.

④ Home Office, *Corporate Manslaughter and Corporate Homicide: A Regulatory Impact Assessment on the Government's Bill*, 2006.

(一)实施效果初印象

《2007年法人非预谋杀人罪法》实施之前,共有8起单位构成普通法中的非预谋杀人罪,且无一例外都是小公司。① 该法实施后的十年间,虽然企业致死的事故数量降低了约38%,但主要是2007~2011年降幅明显,2011年后基本没有改变。② 在这种背景下,按照立法影响评估的预测,定罪案件在这十年里至少应该增加100起。但迄今为止,除5起案件被驳回起诉或被判无罪外,定罪案件只有25起,且全都发生在工伤死亡数据并无太大波动的2011年之后。③ 而且,被告中的大型单位屈指可数,没有一个是公共机关。(见图1、见图2、表1)

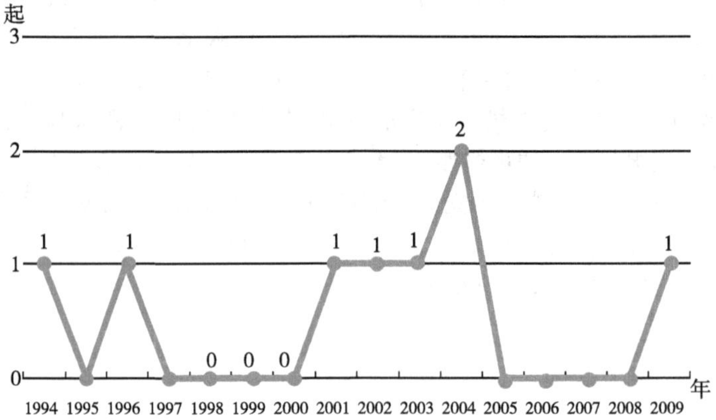

图1 普通法法人构成非预谋杀人罪的案件情况

---

① 信息来源于法人责任中心(Center for Corporate Accountability)的公益网:http://www.corporateaccountability.org.uk/manslaughter/cases/main.htm,2019年3月20日访问,图1也是据此信息整理而来。

② See HSE, Workplace fatal injuries in Great Britain 2018, p. 3, http://www.hse.gov.uk/statistics/pdf/fatalinjuries.pdf,2019年3月20日访问。

③ 信息来源于Lexis, Westlaw UK, Health and Safety Bulletin, BBC News等,图2、表1也是根据这些信息整理而来。

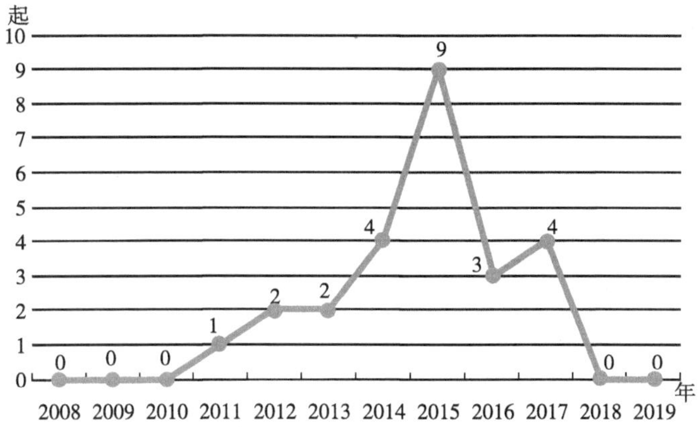

图 2 制定法下构成法人非预谋杀人罪的案件情况

表 1 制定法下法人非预谋杀人罪案件信息简介

案件审判时间	案件被告	被告单位规模*	被告是否属于公共机构	被告是否认罪答辩	被告单位的高级管理人员是否构成严重疏忽导致的非预谋杀人罪
2011 年 2 月	Cotswold Geotechnical (Holdings) Ltd.	小	否	否	否
2012 年 5 月	J M W Farm Ltd.	小	否	是	否
2012 年 7 月	Lion Steel Equipment Ltd.	中等	否	是	否
2013 年 10 月	J Murray & Son Ltd.	小	否	是	否
2013 年 11 月	Princes Sporting Club Ltd.	小	否	是	否
2014 年 2 月	Mobile Sweepers (Reading) Ltd.	小	否	是	否
2014 年 5 月	Cavendish Masonry Ltd.	小	否	否	否
2014 年 11 月	Sterecycle (Rotherham) Ltd.	小	否	否	否

续表

案件审判时间	案件被告	被告单位规模	被告是否属于公共机构	被告是否认罪答辩	被告单位的高级管理人员是否构成严重疏忽导致的非预谋杀人罪
2014年11月	A. Diamond & Son (Timber) Ltd.	小	否	是	否
2015年1月	Pyranha Mouldings Ltd.	中等	否	否	否
2015年2月	Peter Mawson Ltd.	小	否	是	否
2015年3月	Nicole Enterprises ltd	小	否	是	否
2015年7月	Huntley Mount Engineering Ltd.	小	否	是	否
2015年7月	CAV Aerospace Ltd.	大	否	否	否
2015年9月	Linley Developments Ltd.	小	否	是	否
2015年10月	Kings Scaffolding Ltd.	小	否	是	否
2015年11月	Baldwins Crane Hire Ltd.	大	否	否	否
2015年11月	Cheshire Gates & Automation Ltd.	小	否	是	否
2016年2月	Sherwood Rise Ltd.	小	否	是	是
2016年7月	Monavon Construction Ltd.	小	否	是	否
2016年8月	Bilston Skips Ltd.	小	否	否	是
2017年3月	SR and RJ Brown	小	否	是	否
2017年5月	Koseoglu Metal works Ltd.	小	否	是	否
2017年5月	Ozdil Investments	小	否	是	否
2017年5月	Martinisation (London) Ltd.	小	否	是	否

* 以单位人数为主要标准,参考年营业额等信息,将150人以上的法人视为规模大的法人,100~150人的单位视为中等规模,少于100人的单位视为规模小的单位。

(二)现实偏差再审视

当然,法律能否有效执行往往会受诸多因素的影响,很难完全达到预期目标。因此,笔者将分析可能存在的影响因素,在此基础上判断这种执行效果的偏差是否合理。

首先,《2007 年法人非预谋杀人罪法》第 27 条第 3 款明确规定,本法只适用于生效日期(2008 年 4 月 6 日)之后实施的犯罪行为(作为或不作为)。而单位管理缺陷致人死亡的事故通常不是瞬间爆发的,其是一系列企业违规决策与行为长期累积发酵的结果,或者,企业某天悬于无辜人员头顶的达摩克利斯之剑多年之后才在一场施工中落下。总之,这种隔时犯可能在几年之后才因为死亡结果的发生而露出水面。除了时间效力条款的原因之外,大部分单位犯罪的调查工作量大,需要查证因果关系、调查企业日常运营等,从立案侦查到开庭审判需要一个较长的周期。例如,2011 年 2 月认定的第一例法人非预谋杀人罪的案发时间为 2008 年 9 月。这都在一定程度上解释了为何 2008 ~ 2011 年的定罪案件屈指可数,但其显然无法成为十年间仅有 25 起定罪案件的全部原因。

其次,警方针对此类案件的侦查经验有待丰富,各部门间缺乏充分有力的配合,多少也影响了法人非预谋杀人案的起诉和定罪率。① 一方面,法人非预谋杀人罪的案件调查具有一定难度。在传统的自然人实施的杀人案件中,警方往往能够充分发挥侦查技艺才能锁定犯罪嫌疑人,但这番技艺在调查公司治理时却可能毫无用武之地,而理解单位的实际运作又对法人犯意的证明至关重要。另一方面,职业安全事故的发生原因大多无法一目了然,需要多方部门不同专家的协调配合。

---

① See Gary Slapper, "Justice Is Mocked If an Important Law Is Unenforced", (2013) 77 *The Journal of Criminal Law*, pp. 91 – 94; Chris Warburton, "Police Inexperience 'Weakest Link' as Just 25 Convicted under Corporate Killing Law", *Health and Safety at Work*, 12 June 2017.

虽然健康与安全执行局有权将其在监察过程中遇到的可能构成法人非预谋杀人罪的案件移交警方,但健康与安全执行局更加信奉非刑法的治理模式,相对于提起诉讼,合规等手段更受欢迎,因此,健康与安全执行局和皇家检控署之间的理念龃龉也在一定程度上导致了《2007年法人非预谋杀人罪法》的虚置。[①] 近年来,由于政府大刀阔斧地削减在此方面的财政预算,执法力量严重不足,如2004年健康与安全执行局有1483名一线稽查人员,截至2016年年末,仅剩980名。[②] 皇家检控署的经费自2010年起也大幅紧缩,检察力量骤减。[③] 这些因素无疑都在一定程度上软化了法律的执行力度。不过,这些问题并不是在《2007年法人非预谋杀人罪法》施行之后才出现的,虽然可能困扰程度不同,但在该法实施之前这个难题一直存在。

因此,笔者认为,以上因素无法完全解释25和100之间的悬殊,我们至少可以说,《2007年法人非预谋杀人罪法》没有将更多的有责单位诉诸法律。除了数量考核不达标外,其在质量上也没有克服同一视原则的障碍,既没更好地完成对规模庞大、结构复杂之单位的归责,也没平等地规制公共机关和普通组织。在这25起案件中,仅有4起案件被告规模较大。在所有被告中,前述CAV航空有限公司是规模最大(约有员工460人)、管理框架最为复杂的一个,虽然有人高度评价该案的意义,但也有学者认为,此案并不能体现《2007年法人非预谋杀人罪》相较于同一视原则的优势。涉案的母公司高级管理人员因不愿在安全措施上投入过多经费,对基层长期以来多次提交的安全隐患报告坐视不理,所有的交流都被公司的安全咨询师记录在案;健康与安全执行局

---

① See Sarah Field&Lucy Jones, "Death in the Workplace: Who Pays the Price?", (2011) 32(6) *The Company Lawyer*, p. 170.

② See Tombs Steve, "Dangerous Times: Health and Safety Protections Under Attack", (2017 30 June), The Institute of Employment Rights, https://www.ier.org.uk/blog/dangerous-times-health-and-safety-protections-under-attack,2019年3月20日访问。

③ See Catherine Baksi, "Health Check Shows Impact of Cuts at CPS", (10 July 2014), Law Society Gazette, https://www.lawgazette.co.uk/practice/health-check-shows-impact-of-cuts-at-cps/5042113.article,2019年3月20日访问。

几次下发的安全警告也没能促使公司认真整改。总体而言,该案证据充分,用过去普通法下的同一视原则处理也不成问题。① 另一个尚能算是较大的被告 Baldwins 起重机租赁有限公司约有 180 名员工,公司的层级不算复杂,其管理缺陷同样比较明显。除此之外,还有两个中等规模的公司,员工人数均在 100 人左右。Lion 钢铁设备有限公司虽有多名高级管理人员,但其无视健康与安全执行局之前给出的数次安全警告,安全问题最终爆发致人死亡,公司内部文件均有记载,高级管理人员对此也供认不讳;②Pyranha 模制有限公司只有一名董事,案件事实同样十分清楚。也即,在被告规模中等或稍大的案件中,管理结构都不复杂,高级管理层很好定位,其组织或安排的活动严重违反注意义务证明起来比较容易,且四家被告公司都做了认罪答辩,定罪几乎没有障碍。其余 84% 的案件被告都是小公司,基本只有一个主管人员,对于致人死亡的活动,几乎是主导性的全程参与。因此,即便普通法下构成非预谋杀人罪的法人完全没有大型单位,2008 年之后开始出现几个构成此罪的较大公司,也不能真正体现新法相较于同一视原则的优势。正因如此,很多人都认为,按制定法处理的案件,同一视原则同样能够完成。③ 此外,医院、监狱等公共机构疏忽致人死亡的问题几乎没有得到任何改善,该法实施以来,绝非没有可能构成此罪的公共机构,但仅有一起案件进入了刑事诉讼程序,最后还被判无罪。一些公共机关被立法赋予过于宽泛的免责条件、司法长期宽纵公共机关的惯性思维均

① See Steve Tombs, "The UK's Corporate Killing Law: Un/fit for Purpose?", (2018) 18(4) *Criminology & Criminal Justice*, pp. 502 – 503.

② R v. Lion Steel Equipment Ltd., Manchester Crown Court, July 20, 2012. Health and Safety Bulletin 412, p. 20.

③ See Simon Parsons, "The Corporate Manslaughter and Corporate Homicide Act 2007 Ten Years on: Fit for Purpose?", (2018) 82(4) *The Journal of Criminal*, pp. 305 – 310; Celia Wells, "Corporate Criminal Liability: A Ten Year Review", (2014) 12 *Criminal Law Review*, pp. 849 – 878.

是这种局面的原因。①

更为糟糕的是,《2007 年法人非预谋杀人罪法》还引发了新的问题——相关的个人刑事责任被削弱。首先,该法没有规定相关的个人刑事责任,并在第 18 条明确表示,个人也不构成法人非预谋杀人罪的共犯,法律漏洞由此产生。早在制定阶段,这一规定就引起了极大的争议,除了企业高管等法律本身的指涉对象外,几乎所有人都对此表示强烈反对。内政部在 2000 年时还表示若不规定相应公司人员的责任与刑罚,无法对公司,尤其是大型公司起到真正的威慑作用。② 2005 年的草案第一次讨论报告也保留了对个人共犯刑事责任的规定,还建议对其最高可处 14 年有期徒刑的刑罚。③ 但商业巨鳄们竭力为自己争取利益,多番拉扯之后,企业方大获全胜,内政部顶住层层压力删去了高级管理人员从犯刑事责任的规定。④ 其给出的理由是,《2007 年法人非预谋杀人罪法》应该集中力量规制法人犯罪,个人如有罪责,直接按照普通法上的严重疏忽导致的非预谋杀人罪、《1974 年职业健康安全法》第 37 条之罪⑤等处理即可,不会轻纵有责个体。⑥ 但是,法人非预谋杀

---

① See David Doyle&Joe McGrath, "Attributing Criminal Responsibility for Workplace Fatalities and Deaths in Custody: Corporate Manslaughter in Britain and Ireland", in Kate Fitz-Gibbon&Sandra Walklate eds., *Homicide, Gender and Responsibility: An International Perspective*(1st Edition), (2016) Routledge, pp. 148 – 170.

② See Home Office, *Reforming the Law on Involuntary Manslaughter: The Government's Proposal*, (2000), at para. 3. 4. 8.

③ House of Commons Home Affairs and Work and Pensions Committees, *Draft Corporate Manslaughter Bill, First Joint Report of Session* 2005 – 2006, *Volume* 1: *Report*, HC 540 – I (2005), pp. 82 – 84.

④ See Victoria Roper, "The Corporate Manslaughter and Corporate Homicide Act 2007 – A 10 – Year Review", (2018) 82(1) *The Journal of Criminal Law*, pp. 60 – 61.

⑤ 《1974 年职业健康安全法》第 37 条规定,若法人违反本法构成之罪是在董事、经理等类似人员的同意、默许或可归责于其的疏忽之下实施的,董事、经理等构成本条之罪。

⑥ House of Commons Library Research Paper 06/46, *The Corporate Manslaughter and Corporate Homicide Bill*, 6 October 2006, researchbriefings. files. parliament. uk/documents/RP06 – 46/RP06 – 46. pdf,2019 年 4 月 20 日访问。

人罪的共犯和严重疏忽导致的非预谋杀人罪的正犯、《1974 职业健康安全法》第 37 条之罪的正犯,是完全不同的概念。当一个高级管理人员对公司致人死亡之结果的原因力不足以构成单独的非预谋杀人罪,或者当一个管理混乱的公司中找不到能够完全负责的高管,而《1974 职业健康安全法》第 37 条又不足以惩治有责个体时,法人非预谋杀人罪的共犯刑事责任就显得十分必要,这也正是《2007 年法人非预谋杀人罪法》的制定原因之一。① 实际上,从法理上讲,个人没有任何理由不能承担法人非预谋杀人罪共犯的刑事责任;从实际效果上看,公司合规文化还是在于高级管理人员,缺乏个人刑事责任也会使法律的威慑效果大打折扣。

最后,司法实践中的法人认罪答辩也发生异化,在一定程度上成为高管逃脱罪责的工具。在《2007 年法人非预谋杀人罪法》实施之前,共有 8 起单位构成非预谋杀人罪的案件,其中 7 起案件的相关高级管理人员也构成非预谋杀人罪;虽然有 3 家被告公司对非预谋杀人罪认罪答辩,但只有其中 1 家公司的高级管理人员在非预谋杀人罪的审判中被判无罪。该法实施后,共有 25 起法人非预谋杀人罪案,仅有 2 起案件相应的高级管理人员同时构成非预谋杀人罪;高达 18 起案件的被告法人做了认罪答辩,与前述情况形成鲜明对比的是,只有其中 1 家公司的高级管理人员最后构成非预谋杀人罪。当然,不是所有法人构成非预谋杀人罪的案件,相应的高级管理人员也一定构成非预谋杀人罪,有些事故是多种因素叠加引起的,在存在多层监管机制的单位,最高位者的注意义务、对因果关系的支配力等确实可能不足以使其构成非预谋杀人罪。但 25 起案件中的大部分单位仍是小型单位,就此而言,高管也构成非预谋杀人罪的可能性还是比较大的。立法评估影响此前曾预测,该法实施之前,法人构成非预谋杀人罪的条件更为严苛,企业因此更有勇气硬撑,不做认罪答辩,但该法施行之后,控诉障碍减少,企业在

① See Christopher Sargeant, "Two Steps Forward, One Step Back-The Cautionary Tale of the Corporate Manslaughter and Corporate Homicide Act 2007", (2012) 1 *UK Law Student Review*, pp. 15 – 16.

利弊权衡之后可能更倾向于能给自己带来量刑优惠的认罪答辩。① 果如其言,法人的认罪答辩比例飙升,但始料不及的是,如今高管构成非预谋杀人罪的比例降低了79.5%,这不得不让人怀疑,《2007年法人非预谋杀人罪法》实施之后,单位认罪答辩反而变成高级管理人员逃避应有罪责的筹码。这种异化的辩诉交易在R v. Lion Steel Equipment Ltd案中体现得最为露骨。除了被告单位被诉构成法人非预谋杀人罪、违反《1974年职业健康安全法》第2条规定之注意义务外,3名董事也被控构成严重疏忽导致的非预谋杀人罪。但是,法官以合并审理对陪审团而言过于复杂为由,决定分案审理。在首先进行的自然人案件中,董事们直接代表公司意志对法人非预谋杀人罪做了认罪答辩,也即,在单位之罪尚未进入审判阶段时,公司就被代表进行了认罪答辩,以此换得检方撤销对董事们所有罪名的指控。② 除此之外,多起其他案件也存在这个问题,或者,至少存在重大嫌疑。③ 究其原因,一方面,控诉方在一定程度上会将同时控诉个人作为促使法人认罪的手段,以更快推进案件进展;另一方面,企业管理人员也深谙此道并乐得如此,他们希望控制局面借公司的认罪答辩为自己换取更轻的处罚。虽然大型国际企业不会仅以某一个或几个人物为中心,但毕竟在大部分公司里,尤其是中小型企业,特定的高级管理管理人员仍牢牢掌控着话语权。④

---

① Home Office, *Corporate Manslaughter and Corporate Homicide: A Regulatory Impact Assessment on the Government's Bill*, 2006.

② See Chris Morrison, Rod Hunt, Richard Ollier, "Corporate Manslaughter-Are Directors the Bait?", (2012) *Health, Safety & Environment*, July 2012 ed.

③ See Wells Celia, "Corporate Criminal Liability: A Ten Years Review", (2014) 12 *Criminal Law Review*, pp. 849 – 878.

④ See Susanna Menis, "The Fiction of the Criminalisation of Corporate Offences", (2017) 81(6) *The Journal of Criminal Law*, pp. 467 – 480.

(三)新自由主义的影响和目的落空

跳出法学的视野,从宏观的社会背景和经济规制的角度看,英国企业"逍遥法外"的局面没有得到有效改善似乎也并不让人意外。毕竟,法律作为社会治理的手段,同样反映出宏观的政治和经济逻辑。虽然2001年工党在英国大选中公开承诺将会推动法人非预谋杀人的相关立法,但不可忽视的是,也正是在大选期间,工党首次公开示好企业,表示政府和企业之间要建立更加深入和密切的联系,将会大力发展包括去规制化(deregulation)在内的一系列政策。2003年起,政府旗帜鲜明地打出"更好的规制"口号,转向"企业友好型"规制路径。其奉为圭臬的新自由主义(neo-liberalism)在经济方面强调自由竞争的资本主义市场关系,要求极简主义的国家监督,本质仍是去规制化。① 这种新自由主义的立场,投射到公众(尤其是职工)安全与健康的法律执行上就是,安全成为经济和自由的祭品,牺牲职工安全的企业原罪常常在去规制化的指导下得到宽宥。② 2004年,健康与安全委员会的内部文件坦言,"政府的去规制化压力要求各方降低对企业的压力……而健康与安全执行局积极回应了这一要求"。③ 2008年后,《2007年法人非预谋杀人罪法》的施行依旧没有脱离新自由主义的影响。上文所言健康与安全执行局的人力削减即是侧面说明。2008~2016年,健康与安全执行局所进行的各种形式的督查活动也明显减少。尽管有学者理想主义

---

① 参见[英]大卫·莱恩:《新自由主义、市场社会主义与后资本主义》,黄斐编译,载《国外社会科学》2017年第3期。

② See Steve Tombs & David Whyte, "A Deadly Consensus: Worker Safety and Regulatory Degradation under New Labor", (2010) 50(1) *British Journal of Criminology*, pp. 46-65; Steve Tombs, "Making Better Regulation, Making Regulation Better?" (2016) 37(4) *Policy Studies*, pp. 332-349.

③ Health and Safety Commission, "Becoming a Modern Regulator", unpublished memo, March 2004, cited in Hazards, 91, August 2005, http://www.hazards.org/commissionimpossible/protectionracket.htm, 2019年3月15日访问。

地认为,新自由主义贯彻最为彻底的国家,也是追究企业杀人的刑事责任立场最为坚定的国家,《2007年法人非预谋杀人罪法》的目的就是合乎比例地、不侵犯企业利益的前提下惩戒企业。[①] 但进一步思考就会发现,新自由主义的经济政策是最大限度地放松管控,而法人非预谋杀人罪即是一种用刑法调控的手段,两者之间本身就有难以调和的矛盾。即便当年迫于舆论压力,立法完成了法人非预谋杀人的犯罪化,但在宏观经济制度和政策影响下,司法似乎又在进行另一种形式的去犯罪化。

综上所述,笔者认为,《2007年法人非预谋杀人罪法》不仅目的落空,还在司法实践中产生了新的问题。很多本应受到刑罚的单位仍游离于刑法之外;由于立法缺陷,该法是否真的转向组织性过错的归责模式不无争议,司法也未发展出确定的解释规则,同一视原则的缺陷和大型组织的归责障碍似乎仍然存在;公共机构的犯罪问题也没能畅行无碍地得到处理;立法和司法为有责个体大开方便之门。立法之初就有学者尖锐质疑,强调法人作为适格犯罪主体的能力、彰显政府打击法人犯罪的决心是该法的唯一意义。[②] 多年之后虽然肯定之语仍然不多,但明确的立法目的和不断发展的司法探索也许还是能让《2007年法人非预谋杀人罪法》的实施日臻完善,2017年伦敦的格伦费尔塔大火涉事单位众多,且均层级复杂,无疑可以反映司法审判的新动向,若其成功定罪必将开启规制法人犯罪的新篇章。

四、代结语:对中国的启示和未竟的话题

前文对英国法人非预谋杀人罪进行了较为详细的介绍,包括其历史背景、主要内容和适用现状。但总体而言,酝酿多年才得以面世的

① See Paul Almond, *Corporate Manslaughter and Regulatory Reform*, *Crime Prevention and Security Management*, (2013) Palgrave Macmillan, pp. 30 – 33, p. 148.

② See James Gobert, "The Corporate Manslaughter and Corporate Homicide Act 2007 – Thirteen Years in the Making But Was it Worth the Wait?", 2008 71(3) *Modern Law Review*, pp. 415 – 416.

《2007年法人非预谋杀人罪法》实施效果不甚理想,其是否能扭转局势仍有待观察。不过,对该法的分析和检视至少能为我国单位犯罪的研究提供三点重要的启示。

其一,合理的归责模式是有效规制单位犯罪的基础。英国刑法不拘泥于传统刑法关于个人刑事责任的既有框架,依社会发展而不断内生出新的理论,当企业侵犯职工、大众生命安全的问题成为社会痼疾而同一视原则又在案件处理上屡屡碰壁时,其出台专项立法寻求突破。虽然其曾经考虑过建立全新且统一的法人犯罪体系,但目前关于法人犯罪的归责模式,英国同时存在替代责任原则、同一视原则,对组织体责任的认同仅体现在《2007年法人非预谋法人罪法》和《2010年贿赂罪法》上。事实上,体系化地统一所有法人犯罪的归责模式,抑或维持现状分类处理,何者才是最佳选择在英国也还音调未定。① 不同的归责模式直接影响犯罪成立和控方证明的难易程度,而如何理解单位犯罪的本质、单位刑事责任的根据则是归责模式背后的核心问题。若将法人视为实现自然人利益的一种工具和拟制主体,认定法人犯罪时自然是以个人犯罪为中心,从单位成员的行为中去寻找法人的归责根据然后进行转移;若真正认同法人的独立人格,坚持法人是和自然人一样具有行为能力的现实存在,判断罪责时就会一贯地从单位自身出发。《2007年法人非预谋杀人罪法》显然是归责模式从第一条路径转向第二种路径的尝试,但"高级管理层"的规定又使其残留了前者的痕迹。行文至此,我们无法说《2007年法人非预谋法人罪法》是能直接借鉴的成功经验,但过去同一视原则的左支右绌和如今立法缺陷造成的尴尬局面无疑再次重申了基础理论的重要性。我国《刑法》关于单位犯罪仅作了原则性的模糊规定,解读空间很大,从积极的一面来看,这也给单位刑事责任的合理构建提供了可能。但目前学界对于单位犯罪的归责基础研究还没有大面积地展开,关于法人犯罪的本质,早期就此进行专项研究的学者借鉴国外相关理论结合我国立法,提出了诸如人格化

---

① See Celia Wells, "Corporate Crime: Opening the Eyes of the Sentry", (2010) 30 *Legal Studies*, pp. 370 – 390.

社会系统责任论、现代的组织体责任论等有力学说,关注单位自身过错的思考路径日益受到认可,但具体如何展开、是否应该彻底脱离个体行为独立认定法人刑事责任,仍有很大分歧。① 与此同时,从本质上否认法人是实在的犯罪主体,呼吁向个人刑事责任回归的观点也重新出现,②晚近以来环境犯罪的问题日渐突出,为了追求环境资源犯罪的有效治理,一些学者开始缩小研究视角从个罪处罚,或主张借鉴替代责任,或提倡监督过失责任。③ 总体而言,中国单位犯罪的归责理论远未达成共识,这也直接导致司法实践中单位犯罪的处理问题重重,因此,解决单位犯罪的归责理论问题是我们首先应该正视的问题。

其二,法人刑事责任和个人刑事责任二者不可偏废。《2007 年法人非预谋杀人罪法》在个人责任上做了妥协,法人的犯罪答辩又在实践中隐蔽地成为单位负责人逃脱罪责的工具,导致专项立法旧病未除反添新疾。我国单位犯罪的立法虽然明确规定了原则上实行双罚制,但其在单位犯罪的个人刑事责任设置上同样失之偏颇。例如,自然人受贿最高可被判处死刑,而单位受贿的直接责任人员最高只会被处 5 年有期徒刑;又如,高利转贷罪针对自然人规定了两档法定刑,最高刑罚为 7 年有期徒刑,而单位实施的高利转贷罪只有一档法定刑,责任人员的最高刑罚为 3 年有期徒刑。司法实践中,单位犯罪同样存在个人处罚力度不足的问题。一些专项研究发现,单位犯罪中的相关责任人员被判处缓刑的较多,短期自由刑的其次,受到长期自由刑之处罚的人

① 参见何秉松主编:《法人犯罪与刑事责任》,中国法制出版社 1991 年版;黎宏:《单位刑事责任论》,清华大学出版社 2001 年版;叶良芳:《论单位犯罪的形态结构:兼论单位与单位成员责任分离论》,载《中国法学》2008 年第 6 期;孙道萃:《单位犯罪刑事责任中行为归责与责任归责理论之整合》,载《中国刑事法杂志》2012 年第 8 期;耿佳宁:《污染环境罪单位刑事责任的客观归责取向及其合理限制:单位固有责任之提倡》,载《政治与法律》2018 年第 9 期等。

② 参见张克文:《法人刑事责任的初步反思:一个否定论的立场》,中国政法大学出版社 2010 年版;朱建华:《单位犯罪主体之质疑》,载《现代法学》2008 年第 1 期等。

③ 参见王志远:《环境犯罪视野下我国单位犯罪理念批判》,载《当代法学》2010 年第 5 期;候艳芳:《单位环境资源犯罪的刑事责任:甄别基准与具体认定》,载《政治与法律》2017 年第 8 期等。

数极少。[①] 虽然目前我国单位的犯罪还不存在单位自首换取个人自由的问题，但实践中确实存在另一种形式的制度异化："单位犯罪制度成为相关自然人逃脱罪责的理由；单位犯罪成为相关自然人谋求不当从宽的理由。"[②]结合《2007 年法人非预谋杀人罪法》在此方面的失败经验，日后治理单位犯罪必须避免这种倾向。

其三，社会政策和经济制度的取向客观上会对单位犯罪的规制产生影响。虽然费尔巴哈早在两百多年前就区分了刑事政策和刑法教义学，强调刑事政策是刑法体系之外的，只能用来指导刑事立法而不能干涉刑事司法的智慧之术，[③]但不可否认的是，宏观政策侵入刑法体系的企图并未停止。这种僭越不仅表现在已引起热烈讨论的过罪化问题上，也表现在隐秘呼应政策倾向，偏离刑法规定的现象上。在一味强调企业自制，过分放松国家监管的新自由主义政策下，《英国 2007 年法人非预谋杀人罪法》难免会在实际执行中悄然异化，无论是企业还是相关责任人员仍未受到有效规制。同样，如果"安全给发展让路""GDP 才是硬道理"等观念仍然大行其道，单位犯罪的治理就永远不会真正落实。以食品安全的相关犯罪为例，自三鹿奶粉事件后，我国对食品安全的关注度之高可谓前所未有，专项治理、修订《食品安全法》等法治建设一直在为舌尖上的安全护航，但以下几组数据同样从侧面说明，食品安全问题并没有得到明显改善。最高人民法院历年发布的工作报告显示：2013 年审结危害食品安全犯罪相关案件 2082 件，2014 年审结危害食品药品安全犯罪相关案件 1.1 万件，2015 年审结生产销售有毒有害食品等犯罪案件 10，349 件，2016 年、2017 年相关数据不明，2018 年审结危害食品药品安全犯罪 7092 件；2008～2012 年五年间审结生产销

① 参见上海单位犯罪研究课题组：《上海法院系统审理单位犯罪情况调查》，载《华东刑事司法评论》2003 年第 2 期；李本灿：《认罪认罚从宽处理机制的完善：企业犯罪视角的展开》，载《法学评论》2018 年第 3 期。

② 王志远：《单位犯罪规制：由"统一"转向"分离"》，载《检察日报》2018 年 8 月 8 日，第 3 版。

③ 参见劳东燕：《刑事政策与刑法体系关系之考察》，载《比较法研究》2012 年第 2 期。

售有毒有害食品以及生产销售伪劣产品、不符合安全标准产品等犯罪案件1.4万件,2013~2017年五年间审结危害食品药品安全犯罪4.2万件。① 究其根本,我们不得不承认其中很大的原因在于,一些地方政府更加注重本地区的经济利益而非社会安全和民众福利,对治理企业犯罪往往持消极甚至抵触态度。虽然1997年《刑法》之后,我国法人犯罪的刑事法网日趋严格,但其贯彻力度一直严重不足。有学者更是直言:虽然法人犯罪的刑事立法日趋严格,但其更多的是有关部门减轻民愤,转移公众注意的工具,选择性执法、轻纵本应承担责任的法人等问题依然存在,相关立法在预防法人犯罪方面并没有发挥预期的作用,徒具象征与符号意义。② 2016年8月12日天津特大火灾爆炸事故还未远去,2019年3月21日江苏响水天嘉宜公司就再次上演悲剧,事故调查组指出,"事故暴露出的问题十分严重,表明江苏省一些地方和企业在吸取过去事故的惨痛教训、改进安全生产工作上不认真、不扎实,走形式、走过场,事故企业连续被查处、被通报、被罚款,企业相关负责人仍旧严重违法违规、我行我素,最终酿成惨烈事故"。③ 从这一点上说,《2007年法人非预谋杀人罪法》和我国的法人犯罪立法有着同样的困扰。这也再次警示我们,新自由主义有其自身的局限,法律监管必不可少。能否扭转"经济利益至上"的观念,深刻地影响着单位犯罪的治理效果。

---

① 首先,这些数据主体并不完全相同,危害食品安全犯罪、危害食品药品安全犯罪、生产销售有毒有害食品犯罪等范围略有不同;其次,这些数据无法直接说明其中的企业犯罪情况,但这些犯罪由企业实施的较多,因此,虽然无法统计相应的法人犯罪数据,但能大致推断概况。

② 转引自周振杰:《法人犯罪立法的批判性政治解决》,载《法治研究》2013年第6期。

③ https://www.cenews.com.cn/subject/2019/jsxshgcbz/zxxx/201903/t20190325_895868.html,2019年4月2日访问。

Corporate Manslaughter as a Criminal Offense in the UK and Its Implications for China

Shi Wei

[**内容摘要**]在英国一系列企业导致的重大安全事故中,同一视原则均难以实现有效的单位归责,力求突破这一归责障碍的专项立法《2007年法人非预谋杀人罪法》应运而生。法人非预谋杀人罪的成立条件是,高级管理层管理或组织的活动严重违反法人负有的注意义务并致人死亡。虽然立法希望走出同一视原则的困囿,以组织过错为基准构建新的归责模式,但"高级管理层"的模糊规定使转型不够彻底。由于立法上归责模式的缺陷和实践中新自由主义对企业犯罪的隐形容忍,法案的实施效果并不理想,法人,尤其是大型单位和公共机构的非预谋杀人仍未得到充分规制。法人非预谋杀人制度在英国的形成、发展和现状有助于反思我国对单位犯罪的治理。

[**关键词**]法人犯罪;严重违反注意义务;同一视原则;高级管理层

Abstract: There was consistent failures of the law to hold companies criminally account for the multiple fatality disasters in the UK, and this was mainly attributed to identification doctrine. In this context The Corporate Manslaughter and Corporate Homicide Act 2007 came into force in 2008, hoping that it can overcome the problem of the identification principle and better regulate corporations. Under this law, an organization will commit corporate manslaughter if the way in which its activities are manages or organized causes a death and amounts to a gross breach of relevant duty of care to the deceased. It also requires that the way senior management have managed or organized activities has played a substantial role in the gross breach. The senior management test seems to continue the tanglement with identification principle rather than focus on systemic fault. This defect and the influence of neo-liberalism all lead to an unsatisfactory implementation. There was much more corporations, especially large units and public institutions, being hold liable for deaths. The commencement and enforcement of the law benefit to reflect on the corporate crimes in China.

Keywords: corporate crime; gross breach of duty of care; identification principle; senior management

〔比较刑法〕

比较刑法研究意见在司法中的运用*

叶小琴**

目　　次

一、前言
二、比较刑法研究意见在我国司法中的运用
三、比较刑法研究意见在国际及外国司法中的运用
四、比较刑法研究意见在我国司法中运用的举证责任分配
五、比较刑法研究意见司法运用在我国的定位
六、结语

一、前　　言

学界普遍认为，“包括比较刑法和程序法在内的比较法研究，通常由对两个或者两个以上国家某些法律条文的对比和比较构成，以便指出显著的异同；或者由逐一描述所选几种法律制度特性构成”。① 这种

* 基金项目：2018 年度司法部国家法治与法学理论研究项目“基于动态可识别性的公民个人信息权刑法保护范围研究”（18SFB2017）。

** 武汉大学法学院副教授，硕士生导师，法学博士，中国犯罪学学会常务理事。

① ［意］D. 奈尔肯编：《比较法律文化论》，高鸿钧等译，清华大学出版社 2003 年版，第 136 页。

观点侧重比较刑法研究对更新理论与完善立法的作用,出发点是基于“求同”思路研究域外法的可借鉴经验。但是,“未来全球治理的目标是人类命运共同体,而这一目标的实现则需要通过人的流动来完成”,①人的流动会给国内法带来各类涉外司法问题。实际上,外国法的查明与适用是国际私法的基础理论问题,也是中国涉外司法审判实践的重要问题之一。例如,在宁波海事法院的司法实践中,有些案件中外国法的查明是法院确定案件所应适用的准据法和依据该准据法作出判决的必经程序,绝大多数案件的查明途径为当事人提交的法律意见书。② 那么,外国法的查明是否局限于国际私法领域?司法中某些类型案件的裁决过程中是否需要比较刑法研究意见呢?论文对国际国内司法的研究表明,比较刑法研究的法律意见书实际已经在司法中出现具体应用的案例。不仅仅是刑事案件,即使是在民事案件的司法裁判中,某项事实认定或法律适用问题的解决与对域外刑法的认识高度相关,此时会产生比较刑法研究的司法运用问题。此时应遵循一定原则与方法查明域外刑法并基于功能主义方法进行比较分析,然后根据比较刑法研究意见书认定某项法律事实,或者确定法律适用的具体观点。因此,传统理论化的比较法应调整视角,更多关注具体法律实践问题,帮助法官和律师进行正确的法律解释和合理的法律操作。③

二、比较刑法研究意见在我国司法中的运用

比较刑法研究意见与我国海商法案件审判实践中外国法的查明与适用问题既有共同点也有区别。海商法等案件审判实践中,外国法的查明对象通常是外国民商法,目的是选择法院审判的准据法,主要涉及

---

① 高奇琦:《全球治理、人的流动与人类命运共同体》,载《世界经济与政治》2017年第1期。

② 参见胡建新等:《关于外国法查明及适用问题的调查分析——以宁波海事法院审判实践为例》,载《中国海商法研究》2019年第1期。

③ 参见刘承韪:《比较法的兴衰之势与中国取向》,载《比较法研究》2013年第3期。

国际私法的基础理论，目前在审判实践中的表现形式为专家提供的法律意见书。刑法比较研究似乎没有在我国的司法中扮演过重要角色，其实这是忽视相关司法现象的结果。根据对司法工作的调查及文献研究，刑法比较研究意见在我国司法中围绕外国劳动者的前科认定已经出现具体案例，而且涉外劳动合同效力认定、引渡、涉外货物运输合同退货争议、倒卖文物罪等隔地犯中违法性认识认定与犯罪故意成立这些领域，有些法律事实的认定与法律适用问题的解决，也需要运用刑法比较研究意见。比较刑法研究意见与外国法的查明与适用问题的共同点在于均涉及对外国法的查明，不过其显著差别在于，刑法比较研究意见还必须包括外国法与我国法的比较分析结论，而且不涉及在我国适用外国刑法的问题。

（一）比较刑法研究意见与涉外劳动合同纠纷犯罪记录争议

1. 比较刑法研究意见与美国雇员案犯罪记录争议的解决

笔者以调查所知的一件涉外劳动合同纠纷案件为例简要展示比较刑法研究意见运用于司法的步骤。案件争议焦点为美国籍公民 D 是否隐瞒前科从而导致其与我国用人单位 P 公司签订的劳动合同无效，相关事实为：2013 年 D 与 P 公司签订劳动合同后提供美国 C 州 K 市警察局出具的书面无犯罪记录证明；2016 年年初 P 公司就 D 在美国是否有犯罪记录进行调查并发现其 1979 年在美国 M 州 R 县有 BURG 2ND（SUS）记录，遂以 D 隐瞒前科为由向其发出《解除劳动合同通知书》。该案经劳动仲裁后于 2018 年 3 月一审调解结案，P 公司出示有关中美犯罪概念、犯罪记录及前科消灭制度的比较刑法研究意见作为证据材料，该材料在双方博弈过程中发挥了重要作用。[①] 本案中查明与比较美国法的步骤如下：

---

① 参见叶小琴：《公民就业权视域下劳动者前科报告义务的体系解释——以美国雇员案犯罪记录争议为切入》，载《法学评论》2019 年第 2 期。

第一,美国 M 州法律文件中的 BURG 2ND(SUS)相当于我国《刑法》第 100 条的"受过刑事处罚"及《外国人在中国就业管理规定》第 7 条的"犯罪"。根据 M 州 1979 年刑法典,①BURG 2ND 为二级非法入户罪(burglary in the second degree),是行为人以实施犯罪为目的,故意非法进入或者居于他人住宅、可居住空间的行为,属于 C 级重罪,2017 年 1 月 1 日之后修改为 D 级重罪,相当于我国法律中的"犯罪"。SES 即 suspend,是服刑记录对缓刑的记载,M 州缓刑包括暂缓宣告刑罚与暂缓执行刑罚两种,法官判处缓刑的同时可以决定是否判处保护观察。② 证据材料显示,D 在保护观察期间没有重新犯罪,原判刑罚不再执行,SUS 在本案中指暂缓执行刑罚。

第二,D 在 2013 年提供的美国 C 州 K 县警察局载有"no criminal record"的记录,因为地域局限性只能证明 K 县情况。D 先生应证实本人在美国全国范围内没有犯罪记录,所以应该提供联邦调查局全国犯罪信息中心出具的证明,或者 M 州、其他州犯罪信息服务处查询联邦调查局数据库后出具的证明。D 提供的 C 州 K 市警察局的记录仅能证明其在该市没有因为刑事犯罪而被逮捕或者通缉,不能成为 D 在美国无犯罪记录的证明。

第三,D 不能援引 M 州的前科消灭制度,主张根据 2016 年 3 月之后 M 州相关部门提供的文件证明本人在美国没有犯罪记录。美国联邦及各州规定罪犯在特定情形下可以申请封存或消灭犯罪记录,M 州法典专条规定前科消灭制度。③ M 州犯特定类型重罪或轻罪的行为人,只要满足所犯重罪经过 20 年且没有重罪或者轻罪记录等条件,可以向原判决法院申请消灭犯罪记录;④申请被批准后,除了法院卷宗

---

① *L.* 1977, *S. B.* No. 60, p. 662, § 1, eff. Jan. 1, 1979.

② *RSMo.* § 557. 011.

③ *RSMo.* § 610. 140. Expungement of certain criminal records, petition, contents, procedure. 该条有效期为 2012 年 8 月 28 日至 2017 年 12 月 31 日,2018 年 1 月 1 日对该条的修正生效。本文分析的案件跨越该条修订时间,不过正文引用的两款没有实质性修改。

④ *RSMo.* § 610. 140. 2, § 610. 140. 5.

外,所有有关的纸质与电子文档一律销毁,犯罪记录状态变更为保密,只能向案件当事人或者根据法院基于合理理由签发的命令才能提供。① 因此,D 如果 2013 年之前申请消灭犯罪记录并获得批准,那么可以不向 P 公司报告 1979 年的犯罪记录。但证据显示 D 在 2016 年 2 月 9 日向 R 县法院申请封存 1979 年犯罪记录并获得批准,该法院出具的无犯罪记录证明日期在此之后。因此,D 在 2013 年与 P 公司签订劳动合同时并未在美国依法申请消灭 1979 年的犯罪记录,D 与 P 公司发生纠纷之后在美国申请消灭犯罪记录并重新获取 M 州 R 县法院无犯罪记录证明材料的行为,恰恰涉嫌构成我国《刑法》第 100 条规定的"隐瞒"。

2. 比较刑法研究意见与外国劳动者前科报告义务履行的认定

前述 D 与 P 公司劳动合同纠纷中所反映的比较刑法研究意见问题具有普遍的应用价值。根据《刑法》第 100 条,②劳动者应履行前科报告义务。同时根据《外国人在中国就业管理规定》第 7 条,③外国人在我国就业时应该向劳动行政机关和用人单位提供书面的无犯罪记录证明。但我国与外国在犯罪、刑罚、犯罪记录与前科制度方面差异显著,认定外国劳动者是否根据我国法律履行前科报告义务这项事实需要通过刑法比较研究确定。

首先,英美法系与大陆法系普遍采纳违法犯罪一元立法体例与广义犯罪概念,违反外国刑法典的行为不一定相当于我国的犯罪。实际

---

① *RSMo*. §610. 140. 6.

② 《刑法》第 100 条:"依法受过刑事处罚的人,在入伍、就业的时候,应当如实向有关单位报告自己曾受过刑事处罚,不得隐瞒。犯罪的时候不满十八周岁被判处五年有期徒刑以下刑罚的人,免除前款规定的报告义务。"

③ 《外国人在中国就业管理规定》系 1996 年 1 月 22 日劳动部、公安部、外交部、对外贸易经济合作部联合发布,2017 年 3 月 13 日《人力资源社会保障部关于修改〈外国人在中国就业管理规定〉的决定》修改,第 7 条内容没有修改。第 7 条:"外国人在中国就业须具备下列条件:(一)年满 18 周岁,身体健康;(二)具有从事其工作所必需的专业技能和相应的工作经历;(三)无犯罪记录;(四)有确定的聘用单位;(五)持有有效护照或能代替护照的其他国际旅行证件(以下简称代替护照的证件)。"

上,美国刑法重罪与轻罪的分类来自英国刑法代表了英美法系的基本特点。英国普通法即法官制定的法将犯罪分为重罪与轻罪两类。[①] 不过《英格兰1967年刑事法》规定"重罪与轻罪的所有区别废止。……重罪与轻罪一律适用本法关于轻罪的规定",[②]该法的施行使重罪、轻罪两个法律概念逐步形成为正式起诉罪。随着立法的进一步修改,英国对于成年罪犯的罪行按照审判方式的不同分为正式起诉罪、简式起诉罪、或正式或简式起诉罪三种。[③] 正式起诉罪由公诉人签发起诉书指控,皇家刑事法院以陪审团方式审理。简式起诉罪由裁判法院以没有陪审团的方式审理。简式起诉罪全部由立法明文规定,如果议会立法对禁止性行为的审理方式没有规定,则为正式起诉罪。[④] 根据《1977年刑事法》,简式起诉罪包括禁止普通人使用专业人员头衔罪等23类制定法上的犯罪;[⑤]或正式或简式起诉罪包括普通法的妨害公共安宁罪、制定法的威胁杀人罪、重婚罪等59类。[⑥] 又根据《1980年裁判法院法》,[⑦]裁判法院审理简式起诉罪、或正式或简式起诉罪、不满18周岁人员实施的正式起诉罪,裁判结果为简式定罪,一般情况下最高刑罚为5000英镑或6个月监禁。[⑧] 如果裁判法院认为应当判处的刑罚超过法院权限,依法可以移送皇家刑事法院量刑。[⑨] 因此,实际上或正式或简式起诉罪是一种可选择审判方式的犯罪类型,英格兰及威尔士的犯罪根据最终审判程序及结果分析实际就是两类,即适用简式程序的简易定罪和正式起诉的定罪,前者相当于我国的违法,后者相当于我

---

① See Joshua Dressler, *Understanding Criminal Law*, 7th ed. LexisNexis (2015), p. 3.

② Section 1, *Criminal Law Act* 1967.

③ Section 14, *Criminal Law Act* 1977.

④ See Dennis J. Baker, *Glanville Williams Textbook of Criminal Law*, 4th ed., Sweet & Maxwell (2015), p. 23.

⑤ Section 15, Schedule 1, *Criminal Law Act* 1977.

⑥ Section 16, Schedule 2, Schedule 3, *Criminal Law Act* 1977.

⑦ Section 2, Section 24, *Magistrates' Courts Act* 1980.

⑧ Section 31, Section 32, *Magistrates' Courts Act* 1980.

⑨ Section 3 – 7, *Powers of Criminal Courts (Sentencing) Act* 2000.

国的犯罪。

进一步研究表明,英美法系违法犯罪行为一元主义立法例与我国法律制度的差异绝非表面上的犯罪概念差别,实质是分权制衡的法治表达。英美法系国家中,宪法及行政法被视为规定公民权利及国家机构及公职人员权力的法律,法治逻辑上不认可国家机构不经司法程序直接处罚公民的权力,行政处罚采取了司法化处置模式。所以英美法律体系是刑法、民法二元划分,没有我国行政法中行政处罚的概念,与我国法律进行比较,英美法系采纳包括行政违法行为在内的广义刑法及犯罪概念。以英国法律体系为例,法律分为刑法与民法两个重要分支,违反刑法的行为是犯罪,违法民法的行为是民事不法,两者的区别不在于行为性质本身,因为同一个行为可能同时是犯罪和民事不法;两者的不同植根于追究责任的法律程序不同,犯罪受刑事程序追究,往往与 offense 同义,民事不法受民事程序追究。① 总之,英国法中,"犯罪是指经由刑事程序追究责任并且法律后果为刑罚的不法"。② offense 与 crime 是对等的法律概念,广义的犯罪不仅包括核心犯罪(正式起诉罪),也包括简式起诉罪。③

总之,英国法与美国法,乃至英美法系,都同样将所有国家基于个人违反法律的行为规定为犯罪。"实践中简式起诉罪通常不被认为是犯罪,因为"犯罪"一词用于形容该类行为显得过于严重。"④英国刑法中的 crime 或者 offense 相当于我国的违法犯罪。而且在英国,"在司

---

① See Glanville Williams, *Glanville Williams: Learning the Law*, 16th ed., Sweet & Maxwell (2016), pp. 3 - 4.

② See Dennis J. Baker, *Glanville Williams Textbook of Criminal Law*, 4th ed., Sweet & Maxwell (2015), p. 28.

③ See Dennis J. Baker, *Glanville Williams Textbook of Criminal Law*, 4th ed., Sweet & Maxwell (2015), p. 21.

④ Dennis J. Baker, *Glanville Williams Textbook of Criminal Law*, 4th ed., Sweet & Maxwell (2015), p. 21.

法实践中,绝大部分刑事案件——至少95%以上都由裁判法院审理”。[①] 功能主义的比较刑法研究表明,英国裁判法院审理的简式起诉罪,基本上相当于我国公安机关等行政机关处理的违反治安处罚法之类的行政违法行为。

同时,大陆法系也承认广义犯罪概念。德国自1851年《普鲁士刑法典》开始刑法规定的犯罪包括重罪、轻罪、违警罪,不区分刑事犯罪与行政违法行为,1871年《德意志帝国刑法典》等刑事法律的犯罪概念继续保持这种特点。不过德国自1952年《违反秩序法》开始,区分实质性犯罪概念与违反秩序行为——以罚款为典型法律后果的行为,此后继续对这种深化进行区分;1969年6月25日《刑法第一改革法》实现了刻不容缓的改革,通过1968年修正的《违法秩序法》,实现了违警罪的非犯罪化,1974年3月2日颁布的《刑法典》中,犯罪与违反秩序行为被区分为不同法律概念。[②] 前述这种区分一直延续至今,现行《德国刑法典》第12条将犯罪分为重罪、轻罪,重罪指最低刑为1年或1年以上自由刑的违法行为、轻罪最高刑为1年以下自由刑或科处罚金刑的违法行为。[③] 重罪与轻罪在未遂的可罚性、共犯未遂等方面规定了不同制度,不过两者均应相当于我国法律中的犯罪。总之,现行德国法采取违法犯罪行为二元主义立法例,将经由法院施加的刑事罚区别于属于行政管理机关适用的秩序罚。

法国自拿破仑时代即采取一元主义立法体例,没有我国治安管理处罚法这类对治安违法行为给予行政处罚的法律,刑法典属于广义刑法,犯罪也属于广义犯罪概念。法国1810年《法国刑法典》将犯罪分为重罪、轻罪、违警罪,[④]1992年新刑法典删除前述法条,不过犯罪分类

---

① Andrew Ashworth, *The Criminal Process*, 4th ed., Oxford University Press (2010), p. 323.

② 参见[德]汉斯·阿亨巴赫(Hans Achenbach):《德国经济刑法的发展》,周遵友译,载《中国刑事法杂志》2013年第2期。

③ German, Strafgesetzbuch, 12.

④ France, Code pénal de 1810, art. 1. 1810年2月22日第1810-02-12号法律创制,1992年12月16日第92-1336号法律(1994年3月1日施行)废止。

体例仍然保留,重罪与轻罪相当于我国的犯罪。违警罪分为一级至五级,前四级违警罪没有累犯;但是五级违警罪在条例规定累犯的场合可以构成轻罪。① 根据《法国刑事诉讼法典》的规定,“轻罪,为法律以监禁刑,或三千七百五十欧元以上之罚金处罚之犯罪”。② 因此前四级违警罪相当于我国的行政违法行为,五级违警罪具有行政违法与刑事犯罪的双重性质,罚金数额是区分其性质的显著标志。

其次,规定于外国刑法典中的犯罪之法律后果不一定是刑罚。《外国人在中国就业管理规定》第 7 条对外国劳动者设定的报告义务为“犯罪记录”,相比《刑法》第 100 条“依法受过刑罚处罚的”范围更宽泛。刑法位阶更高,前科报告的范围应限定为刑罚处罚记录。例如,《德国刑法典》第 63 ~ 70 条 a 规定了安置于精神病院、安置于戒治所、安置于保安监禁等剥夺自由之保安处分,以及保护管束、吊销驾驶执照、职业禁止这类不剥夺自由之处遇作为基于未来风险管理的措施。例如,《德国刑法典》第 70 条规定,仅因无责任能力或不能排除其无责任能力之情事,而未受有罪判决宣告,且从行为人或其行为人只整体评价,显露初期可能与后续职业、职业部门、业务或业务部门之执行时,有实行严重违法行为危险者,法院对其宣告一年以上,五年未满之禁止其职业、职业部门、业务或业务部门之执行;法定期间上限不足以防止上述危险者,法院得反复宣告之。③ 这类规定于刑法并由法院宣告,但不是作为犯罪后果之刑罚的处分措施,就不能认定为我国刑法中的受过刑罚处罚。

---

① France, Code pénal de 1992, art. 132 – 23.《法国刑法典》第 132 – 23 条。该法典即通常论及的法国新刑法典,1992 年颁布,1994 年 3 月 1 日施行,历经多次修订,最新的修订是 2019 年 6 月 1 日。《法国刑法典》的条文序号采百位制,与其他国家法典不同。百位为卷、十位为编、个位为章,连字符后为章内条文序号。第 132 – 23 条,指第 1 卷,第 3 编,第 2 章的第 23 条。本文所引的全部法国法律条文,引自法国法律查询数据库(https://www.legifrance.gouv.fr/)。

② France, Code de procédure pénale, art. 381.

③ 参见林东茂主编:《德国刑法翻译与解析》,五南图书出版股份有限公司 2018 年版,第 150 页。

再次,外国有关犯罪记录官方证明很可能具有地域及内容局限性。中外在犯罪记录与前科制度方面呈现明显差异。我国是单一制国家,通常由公安机关出具的无犯罪记录证明反映全国的情况,但国外则不尽然。例如,美国作为联邦制国家,犯罪记录体现为地方、州、联邦三级司法统计数据库;联邦调查局全国犯罪信息中心共享各州数据库,其他的地方性数据库通常情况只包括本辖区数据。

最后,外国通常规定前科消灭制度。犯罪记录是对犯罪事实的客观记载,前科是法律基于犯罪记录存在而在一定时间内对行为人进行的规范性评价,两者是评价对象与评价结论的关系。[①] 外国普遍规定了前科消灭制度,我国则仅在《刑事诉讼法》中规定了未成年人犯罪记录封存制度。[②] 例如,《法国刑事诉讼法典》第769条明确规定了不同情形的犯罪记录消灭期限:(1)大赦、改判、外国判决宣判国法院改判或法国法院撤销判决之日;(2)精神障碍不负刑事责任者:强制医疗结束,保安处分结束;(3)重罪、轻罪:刑罚宣告超过40年,以没有重新犯重罪、轻罪为限;(4)违警罪:判决确定之日起三年,累犯构成轻罪为四年;(5)免刑:判决确定之日起三年;(6)未成年人:宣告处分之日起三年,以没有重新犯罪为限。另外,《法国刑法典》第132-59条还对免刑的前科消灭作了特别规定,规定"如表明罪犯已获重返社会,其所造成损害已获赔偿,且犯罪所致危害已告停止,得宣告刑罚之免除。法院宣告刑罚之免除者,得决定其裁判不记载于犯罪记录。刑罚之免除,不及于诉讼费用之支付"。因此,如果外国人根据本国法,前科的法律效果已经归于消灭,其在中国申请工作时是否仍需要根据中国法律履行前科报告义务则成为问题。当然,这涉及国际私法领域的准据法问题。如果劳动合同领域以外国法作为准据法,则外国劳动者在我国就业时

---

① 参见于志刚:《"犯罪记录"和"前科"混淆性认识的批判性思考》,载《法学研究》2010年第3期。

② 《刑事诉讼法》第286条:"犯罪的时候不满十八周岁,被判处五年有期徒刑以下刑罚的,应当对相关犯罪记录予以封存。犯罪记录被封存的,不得向任何单位和个人提供,但司法机关为办案需要或者有关单位根据国家规定进行查询的除外。依法进行查询的单位,应当对被封存的犯罪记录的情况予以保密。"

无须报告本国的犯罪记录。

总之,刑法与刑罚法代表不同的刑事法律外延。刑法表明这个领域是有关定义哪些人是罪犯并且规定相应处置的法律体系,通常以违反法律人员的类型开始,然后规定对于罪犯的适当处置,包括民事监禁或者刑罚。刑罚法代表国家对于犯罪行为的一种正式惩罚。因此,刑法这个术语的范围比刑罚法更加宽泛,因为其包括了对于精神病人的保护性监禁、颁发证照规范以及其他保护公众免受危险人员伤害的行政性措施。不过矛盾的是,西方国家的绝大多数法系在立法方面对前述两个词的适用恰恰与其文本标签的含义相反;普通法系国家具有刑罚导向的制度却称为“刑法”,美国的《示范刑法典》将违警罪包括在刑法的观念之中,大多数欧洲大陆法系国家称呼对于犯罪行为给予了多元处置的法律为刑罚法。① 因此,我国司法中涉及域外刑事法概念时,必须根据功能主义原则进行查明与比较。

综上所述,涉外劳动合同纠纷中认定外国劳动者是否根据我国法律履行前科报告义务这项事实时需要通过比较刑法研究确定四个问题:(1)如果有证据证明外国劳动者在本国有“犯罪”记录,其行为是否相当于我国刑法规定的犯罪?(2)如果有证据证明外国劳动者在本国有因“犯罪”被处罚的记录,该处罚是否相当于我国刑法规定的刑事处罚?(3)如果外国劳动者向我国用人单位提供具有地域局限性的无犯罪记录证明从而使其他地区犯罪记录被合理“遗漏”,其行为是否构成我国《刑法》第100条的“隐瞒”?(4)如果外国劳动者没有向我国用人单位报告其已经在本国被申请消灭的犯罪记录,其行为是否构成我国《刑法》第100条的“隐瞒”?

(二)比较刑法研究意见与海上运输合同货物退运争议

那么,除了前述笔者调查所指的涉外劳动合同纠纷,我国是否还

---

① See George P. Fletcher, *The Grammar of Criminal Law: American, Comparative, and International, volume One: Foundations*, Oxford University Press (2007), pp. 69 - 71.

有其他案件的裁决与比较刑法研究意见相关呢?经研究案例,笔者认为,我国海上货物运输合同纠纷中货物退运争议的解决有时也需要对中外犯罪概念等进行比较刑法研究,以便司法机关认定某些法律事实。

一起海上货物运输合同纠纷案件中,埃及公民 M 将在中国购买的货物通过他人委托东方公司海运至埃及被 DM 海关扣押,双方就货物退运事宜发生争议,一审法院判决东方公司将涉案货物运回宁波港并交给指定收货人,二审维持原判。① 东方公司向最高人民法院申请再审时提供了 4 份证据,包括 2 份证明涉案货物被海关扣押是因为 M 在埃及有犯罪记录的材料,主张 M 有走私罪记录导致涉案货物超出东方公司控制范围故而无法进行退运。证据 1 为埃及 DM 法院判决,证明 M 于 2013 年 5 月 2 日因走私化妆品被判处两年监禁并进行劳动改造。证据 2 为埃及 DM 海关备忘录,证明 M 因偷逃关税被海关处罚。与东方公司相对,M 提供埃及驻上海总领事馆出具的照会及无犯罪记录证明作为新证据,用以证明其在埃及国内未被追究任何刑事责任。东方公司质证意见提出,DM 法院所在地与出具无犯罪记录证明的警察局所在地不是一个地区,因此不能证明 M 在埃及是否有犯罪记录;此外关于埃及对轻罪是否登记并不清楚。最高人民法院,认为双方提供的两份证据证明内容截然相反,因两份证据均系境外证据,无法进一步核查,故对双方当事人提供的再审新证据均不予采信,驳回东方公司的再审申请。②

本案中东方公司是否承担货物退运义务责任的关键在于认定 M 是否在埃及有前科并因此导致他本人托运的货物被海关扣押。前述法律事实的认定有赖于法院对双方提供新证据效力的裁判。证据合法性

① 浙江省高级人民法院 MOHAMED MOSTAFA AHMED MOHAMED AMMAR 与东方海外货柜航运有限公司、东方海外货柜航运(中国)有限公司海上、通海水域货物运输合同纠纷二审民事判决书,(2013)浙海终字第 28 号。

② 中华人民共和国最高人民法院 MOHAMED MOSTAFA AHMED MOHAMED AMMAR 与东方海外货柜航运有限公司其他海事纠纷申请再审民事裁定书,(2013)民申字第 2192 号。

的裁判涉及境外证据的形式要件，根据 2001 年通过的《最高人民法院关于民事诉讼证据的若干规定》第 11 条第 1 款、①2014 年通过的《最高人民法院关于适用〈中华人民共和国民事诉讼法〉的解释》第 524 条与第 527 条，②应该经过认证、公证程序。本案中双方提交的证据均具备合法性要件。对证据关联性、客观性的裁判，必须通过对埃及的犯罪概念、判决书公布、犯罪记录以及前科消灭制度进行比较研究才能确定。东方公司对 M 提交无犯罪记录证明的质证意见与前述美国雇员案中的问题类似，即无犯罪记录证明的地域局限性与内容局限性。最高人民法院以事实无法进一步核查为由驳回东方公司的再审申请，理由在于“谁主张，谁举证”的民事举证责任制度，是否合理?

本案中对于埃及刑法的比较研究涉及证据认定，属于事实而非法律适用问题，笔者赞成最高人民法院的立场。如果涉及法律适用问题，根据《涉外民事关系法律适用法》第 10 条，③查明域外法的义务通常由

---

① 2001 年《最高人民法院关于民事诉讼证据的若干规定》第 11 条第 1 款：当事人向人民法院提供的证据系在中华人民共和国领域外形成的，该证据应当经所在国公证机关予以证明，并经中华人民共和国驻该国使领馆予以认证，或者履行中华人民共和国与该所在国订立的有关条约中规定的证明手续。2019 年《最高人民法院关于民事诉讼证据的若干规定》将前述规定修改为第 16 条第 1 款：当事人提供的公文书证系在中华人民共和国领域外形成的，该证据应当经所在国公证机关证明，或者履行中华人民共和国与该所在国订立的有关条约中规定的证明手续。

② 2014 年《最高人民法院关于适用〈中华人民共和国民事诉讼法〉的解释》：(1)第 524 条：依照民事诉讼法第 264 条以及本解释第 523 条规定，需要办理公证、认证手续，而外国当事人所在国与中华人民共和国没有建立外交关系的，可以经该国公证机关公证，经与中华人民共和国有外交关系的第三国驻该国使领馆认证，再转由中华人民共和国驻该第三国使领馆认证。(2)第 527 条：当事人向人民法院提交的书面材料是外文的，应当同时向人民法院提交中文翻译件。当事人对中文翻译件有异议的，应当共同委托翻译机构提供翻译文本；当事人对翻译机构的选择不能达成一致的，由人民法院确定。2020 年《最高人民法院关于适用〈中华人民共和国民事诉讼法〉的解释》没有修改前述第 524、527 条的序号和内容。

③ 《涉外民事关系法律适用法》第 10 条：涉外民事关系适用的外国法律，由人民法院、仲裁机构或者行政机关查明。当事人选择适用外国法律的，应当提供该国法律。不能查明外国法律或者该国法律没有规定的，适用中华人民共和国法律。

法院承担。本案中双方一致同意适用中国法律,因此与证据证明内容有关的外国刑事法制度,等同于事实问题,属于当事人的举证范围。因此,东方公司除了原来提交的 2 份新证据外,还应该再提供一份比较刑法研究法律意见书,对于以下问题进行论证:(1)查明埃及的犯罪概念是否存在轻罪与重罪的区分,以及判决书中所载 M 犯罪行为的法律后果,以分析 M 的犯罪记录是否会产生海关扣押 M 托运回埃及货物的法律后果;(2)查明埃及的犯罪前科制度,比较研究埃及官方出具的无犯罪记录证明是否存在内容或地域局限性问题,以对抗 M 提交的无犯罪记录证明;(3)查明埃及判决书公布的法定形式,比较研究手写判决书是否具有法律效力。

(三)比较刑法研究意见与引渡、保护管辖及隔地犯

经研究我国法律规定及案例,笔者认为,我国刑事司法的以下领域的某些法律事实认定应参考比较刑法研究意见。

第一,引渡中存在对犯罪概念进行比较刑法研究的必要。根据《引渡法》第 7 条的规定,外国向我国提出引渡请求所指的行为依照我国法律和请求国法律均应构成犯罪,这是对"双重犯罪原则"的立法确认。显然此处的犯罪应限制解释,仅仅指外国法上的刑事犯罪,而不能包括仅相当于我国行政违法行为的"犯罪"。因此,在审查外国的引渡请求时,应参考比较刑法研究意见,确定引渡请求所指行为的性质。

第二,适用刑法保护管辖权条款时应对外国刑法进行比较研究。根据《刑法》第 8 条的规定:"外国人在中华人民共和国领域外对中华人民共和国国家或者公民犯罪,而按本法规定的最低刑为三年以上有期徒刑的,可以适用本法,但是按照犯罪地的法律不受处罚的除外。"前述刑法保护管辖权规定中"不受处罚"应理解为对双重犯罪原则的表达,含义为"不受刑罚处罚"。笔者并未检索到相关判决书。不过,如果此类案件进入刑事审判程序,刑事判决书中应该包括对犯罪地国家刑法的比较研究意见,内容包括外国刑法中犯罪概念、对相关犯罪的处罚及其性质的查明,以及与我国刑法的比较,以确定我国法院管辖权的法律基础。

第三,隔地犯①定罪量刑时应对相关问题进行比较刑法研究。例如林某甲倒卖文物罪一案中,2013 年 9 月以来被告人林某甲在没有相关文物经营资质的情况下,从福州古玩市场及林某乙处收购文物瓷器,再高价出售牟利,林某乙的文物是其本人到印度尼西亚购买的。辩护人提出,林某甲已出售的瓷器未经鉴定,不能认定为文物,且来源于境外,是否属于文物应适用外国法律。法院判决被告人林某甲犯倒卖文物罪,免予刑事处罚。② 但是,判决书对适用外国法律认定文物的辩护意见没有作出评价。同时,平潭县人民法院同期判处的另外一件王某某等倒卖文物罪判决中,3 名被告人前往印度尼西亚低价收购文物瓷器共约 100 件,伺机高价售出牟利,被判决成立倒卖文物罪。③ 本案中,辩护律师没有提出适用外国法律认定文物的辩护意见,但实际上该案中购买文物的行为地涉及外国,也可能影响定罪量刑。

根据《刑法》第 6 条的属地管辖规定,我国刑法对于犯罪的行为或者结果有一项发生在我国领域内的犯罪均具有管辖权,因此对于隔地犯不产生法律适用问题。但是在行为或结果有一项发生在外国的犯罪,因为中外刑法的差异涉及行为人的违法性认识,因此行为人犯罪故意的主观明知、牟利目的等法律事实的认定需要参考比较刑法研究意见。

以前述倒卖文物罪案例为例,2016 年 1 月 1 日施行的最高人民法院、最高人民检察院《关于办理妨害文物管理等刑事案件适用法律若干问题的解释》对倒卖文物罪作了扩张解释,出售或者为出售而收购、运输、储存《文物保护法》规定的"国家禁止买卖的文物"的行为均为倒卖。王某某等倒卖文物案中,购买在外国、出售在我国,属于隔地犯的类型。虽然我国法院具有管辖权,不过案件裁判时仍然有必要对行为

① 指狭义隔地犯,即行为、结果发生在不同国家或地区的犯罪。另外,广义隔地犯是指行为过程、行为或结果分别跨越两地的犯罪。参见赵秉志、肖中华:《如何确定隔地犯的行为和结果》,载《人民法院报》2003 年 3 月 24 日,第 3 版。

② 参见福建省福州市平潭县人民法院(2014)岚刑初字第 199 号刑事判决书。

③ 参见福建省福州市平潭县人民法院(2014)岚刑初字第 185 号刑事判决书。

地国家法律进行比较研究,因为外国刑法规定可能影响犯罪对对象明知、牟利目的认定。林某甲倒卖文物罪一案中,文物来源于印度尼西亚,如果在印尼涉案瓷器未被认定为文物,林某乙购买文物的行为合法,那么林某甲从林某乙处购买瓷器时对犯罪对象是否为文物的违法性认识以及牟利目的的认定,都还需要进一步查明。王某某等倒卖文物罪一案中,收购文物行为发生在国外,应参考印度尼西亚法解释“购买文物行为”。至少,前述情况应该成为酌定从轻量刑情节。当然,辩护方如果提出涉案文物在国外不属于文物,实质是从事实层面否定被告人具备犯罪故意的明知,应当承担举证责任,提供相关国家文物犯罪的比较刑法研究法律意见书作为证据。另外,外国合法的行为在我国追究刑事责任应慎重,因为这涉及行为人的违法性意识有无问题。我国公民基于对行为地法律的信赖而实施的行为,如果后续根据我国刑法有关行政犯的规定追究刑事责任,实际上很难认定行为人的犯罪故意。具体而言,我国法律保护个人依法取得的文物所有权,①因此行为人在国外遵守当地法律所购买的文物,具有所有权;回国后的出售行为当然也合法,此时追究下游购买人倒卖文物罪的刑事责任则有些牵强。即使购买人的行为构成犯罪,出售人原来的文物购买行为合法也应成为酌定量刑情节。也许,这是两个案件中法院判决免于刑事处罚心照不宣的理由。

总之,倒卖文物罪、网上开设赌场等信息网络犯罪普遍存在隔地犯的情形,犯罪对象或者部分行为在外国时,我国法院定罪量刑时仍需要对相关国家的刑法进行比较研究以解决我国行使管辖权的依据、犯罪故意的主观明知认定等法律事实认定问题。

三、比较刑法研究意见在国际及外国司法中的运用

与我国司法中比较刑法研究意见应用的小样本以及集中于法律事

---

① 《文物保护法》第6条:属于集体所有和私人所有的纪念建筑物、古建筑和祖传文物以及依法取得的其他文物,其所有权受法律保护。文物的所有者必须遵守国家有关文物保护的法律、法规的规定。

实认定层面不同,国际与外国司法层面已经有运用比较刑法研究意见的典型体现。国际司法层面主要是国际刑事审判机构判决对国内法的援引,包括对一般法律原则的概况援引以及对特定国家法律的个别援引。外国司法层面同样如此。

(一)比较刑法研究意见在国际刑事审判中的运用

国际法乃至国际刑法领域通过比较法解决法律适用问题比较普遍。国际条约通常均规定对一般法律原则的概括援引,如《国际法院规约》第38条。① 国际刑事公约也如此,如《国际刑事法院罗马规约》第21(1)(c)条规定,该法院适用的法律包括"从世界各法系的国内法,包括适当时从通常对该犯罪行使管辖权的国家的国内法中得出的一般法律原则,但这些原则不得违反本规约、国际法和国际承认的规范和标准"。国际刑法中也有个别援引的规定,如《前南斯拉夫刑事法庭规约》第24条第1款即规定"审判分庭在决定监禁期限时应诉诸前南斯拉夫法庭适用的徒刑惯例"。

国际刑法领域的判决对国内法也有形式各异的援引。前南斯拉夫刑事法庭(以下简称ICTY)在具体案件中强调各国国内法公认的刑法一般原则可以作为法律渊源并应用于具体案件裁判。ICTY讨论迫害(persecution)范围时完全采取参考世界上主要法系的一般刑法原则的方法进行解释,认为:"[ICTY]规约没有规定具体事项,联合国安理会的报告也无助于解释规约,国际法庭应当根据以下法律渊源得出结论:(i)习惯国际法;或者(ii)国际刑法的一般原则,或缺乏此类原则时;(iii)世界上主要法系的一般刑法原则;或者缺乏此类原则时,(iv)与国际司法基本要求一致的法律一般原则。"②

① 《国际法院规约》第38条:一、法院对于陈诉各项争端,应依国际法裁判之,裁判时应适用:(寅)一般法律原则为文明各国所承认者……

② *Prosecutor v. Kupreškić and others*, Case No. IT - 95 - 16 - T, 14 January 2000 (ICTY Trial Chamber), § 591.

又如,ICTY在具体案件中解释1977年《日内瓦公约第二附加议定书》(Additional Protocol Ⅱ to the Geneva Conventions)第4(2)(e)条"禁止对人身尊严的侵犯,特别是侮辱性和降低身份的待遇、强奸、强迫卖淫和任何形式的非礼侵犯"中强奸(rape)概念时,认为:(1)根据刑法的明确性原则,应该谨慎地从国内法中推断"世界上主要法系的一般刑法原则"。(2)各国国内立法扩展了强奸的定义以至于现在包括一些以前认为是相对轻微侵犯的行为,如性侵犯或者猥亵行为。这种趋势表明国内立法对于更为严重的性侵犯行为采取更为严格的态度:现在强奸的特征表现为一种行为方式逐渐增强的性侵犯,只要符合特定要求,尤其是在强迫性交的场合。通过考察国内关于强奸的法律,虽然许多国内法特别规定强奸罪只能针对妇女实施,但是更多国家的法律规定强奸罪既可以针对男性,也可以针对女性实施。(3)考察主要普通法系与民法法系的国家,强奸(rape)的概念是指阴茎插入人的身体或者任何其他物体插入阴道或肛门,强制性口交也是强奸,因为这都构成了对人格尊严的最严重侮辱和羞辱。① 据此,被告人一审被判决强奸罪成立且处8年监禁,其上诉也被驳回,ICTY上诉分庭认为,解释法庭规约及规则时必须考虑案件背景的影响以及特定条文通常语句的目的。②

国际刑事司法实践属于国际法层面比较刑法研究意见的司法运用,主要方式为法庭依职权对主要法系国家的刑法进行比较研究以概括普遍的刑法原则,从而解释国际罪行的某项构成要件。总之,世界上主要法系一般刑法原则的合理表达不仅有赖于法律解释与法律概括,更取决于比较法的路径;国际法庭只有认为普通法系、民法法系以及其他法系例如伊斯兰世界、一些亚洲国家如中国和日本,以及非洲大陆都分享某些刑法原则时,才会认可存在这类一般刑法原则。③

---

① *Prosecutor v. Anto Furundžija*, Case No. IT-95-17/1-T, 10 December 1998 (ICTY Trial Chamber), §§ 39-41, 44-46, 177-185, 296.

② *Prosecutor v. Anto Furundžija*, Case No. IT-95-17/1-A, 21 July 2000 (ICTY Appeal Chamber), §§ 253-254, 280.

③ *See* Antonio Cassese and Paola Gaeta, *Cassese's International Criminal Law*, 3rd ed., Oxford University Press (2013), pp. 15-16.

(二)比较刑法研究意见在外国司法中的运用

第一,外国刑法的特定条款使相关国家处理某类涉外刑事案件时需参考比较刑法研究意见。例如,瑞典、丹麦、挪威几个国家的国内刑法,在量刑过程中考虑较轻的行为地国家法律。根据《瑞士刑法典》关于刑法空间效力的规定,行为人实施重罪或者轻罪之地和行为结果发生之地均为行为地,瑞士根据国际条约对在瑞士以外实施的犯罪起诉的,或者依法追诉在瑞士以外实施重罪或者轻罪之人的,法庭在量刑时应确保对被告人的处罚不重于行为地法律。① 再如,根据《丹麦刑法典》第 10 条第 2 款,丹麦公民或者定居于丹麦之侨民在丹麦领域外实施之犯罪行为依法适用丹麦刑法时,若行为在国际法认为属于任一外国领域内实施,则对该行为所处之刑不得超过行为地国对该行为规定之刑罚。② 又如,根据《挪威刑法典》第 13 条,国王根据刑法决定对外国人在国外实施的犯罪行为起诉时,不能对被告人处以重于犯罪地国家法律的刑罚。③ 适用前述立法进行量刑时,必须依赖刑法比较研究的结论,即犯罪行为地、结果地涉外时,通过刑法比较研究确定行为地法与本国法对于同一行为的刑罚轻重。研究的问题包括外国刑法相关罪名及刑罚的查明、本国法与外国法对相关犯罪行为刑罚的比较。

第二,外国法院已经有参考外国刑法解释本国法从而判决案件的先例。2005 年 3 月 1 日美国联邦最高法院在 *Roper* 案中一份 5∶4 的判决改变了 Stanford v. Kentucky,492 U. S. 361 (1989)一案允许对 16 周

---

① *Swiss Criminal Code* (SR 311), Art. 6(2), Art. 7(3), Article 8(1), an English translation version by Swiss Federal Council, of 21 December 1937 (Status as of 1 January 2017).

② 参见《丹麦刑法典与丹麦刑事执行法》,谢望原译,北京大学出版社 2005 年版,第 4 页以下。

③ *The General Civil Penal Code*, Section 12, No. 4(b), Section 13, an English translation version by Norwegian Ministry of Justice Legislation Department, Act of 22 May 1902, No. 10, the latest amendment made by Act of 21 December 2005, No. 131.

岁及以上未成年人判处死刑的立场,宣布对犯罪时未满 18 周岁的未成年人判处死刑违反联邦宪法第八修正案。此前美国还有弗吉尼亚州在内的 20 个州允许对 18 周岁以下罪犯判处死刑,1976 年以来美国已经对 22 名未成年罪犯执行死刑,其中 13 名在得克萨斯州;判决将改变一些等待执行死刑的未成年罪犯的命运:得克萨斯州还有 29 名未成年罪犯等待执行死刑,亚拉巴马州有 14 名,其他州都不超过 5 名。① 美国这份死刑制度历史性判决的多数意见,参考了外国法以及国际法的裁决理由。

美国联邦法院多数意见参考外国法作为联邦宪法的解释准则,主要理由包括:(1)外国法普遍废除了对未成年人的死刑。1990 年以来除美国之外,只有 7 个国家对未成年人执行死刑,它们是:伊朗、巴基斯坦、也门、尼日利亚、刚果民主共和国、沙特阿拉伯及中国。截至目前,前述 7 个国家有的废除了对未成年人的死刑,有的对此在法律中表示公开否定。因此可以很公正地认为,美国是目前世界上唯一一个仍然对未成年人保留死刑的国家。(2)英国法废除对全部犯罪的死刑对于解释联邦宪法第八修正案"禁止残忍及不人道的刑罚"有参考价值。英国在国际公约禁止对未成年人的死刑之前就已经采取这种做法,而且目前废除了对全部犯罪的死刑。考虑到两国的历史性联系以及联邦宪法第八修正案的起源,英国的经验具有特别的价值。② 总之,美国联邦最高法院在前述案件中,充分参考国际社会反对未成年人死刑的压倒性意见,从而认为对未成年人判处死刑属于宪法第八修正案规定的"残酷和非常的刑罚"。

不过,对于参考外国法以及国际法裁判国内死刑案件,美国联邦最高法院的大法官分歧众多。前述案件中,O'Connor 大法官提出反对意见,认为"毫无疑问,近年来对于废除 18 周岁以下罪犯的死刑具有一种全球性的趋势。只有美国现在法律上或者事实上存在这种制度。但是

---

① See Charles Lane, "5 – 4 Supreme Court Abolishes Juvenile Executions", *the Washington Post*, March 2, 2005(A01).

② *Roper v. Simmons*, 543 U. S. 551, 557 – 558, 125 S. Ct. 1183 (2005).

承认这种现状以及其他国家的观点并没有指示美国联邦宪法第八修正案的问题。我个人并不认为对于反对未成年人死刑已经形成了一种实质上的国家间的共识,我也不认同联邦最高法院道德性的比例原则论证,从而制定类型化以年龄为基础的宪法原则。我认为并不存在法院所论证的国际共识的赞同性作用。总之,国际公认的证据并不能改变我关于第八修正案并不禁止17周岁谋杀案件被告人死刑的决心"。[①]这种反对意见实际上反映了对概括援引和具体援引的不同态度。反对意见没有对英国法的具体援引提出异议,因为普通法国家的司法判决对英国或其他普通法国家法律的具体援引,是解释普通法的必要,已经被广泛接受;但该意见认为概括援引既不能得出国家间的共识,也不能将所谓共识应用于对本国法的解释。

综上所述,比较刑法研究意见在国际及外国法中的运用主要是法院依职权解决定罪或量刑的法律适用问题,包括概括援引与具体援引两种方式。概括援引是引用某个法律原则,在国际法层面普遍存在,在外国法中则很少运用。具体援引是引用某个或某些具体国家的特定立法或判例,这种外国法的运用通常基于某国立法的明确规定或者司法传统。这反映出国内法对比较法解释的否定态度,因为概括援引实际是通过对主要国家刑法进行比较研究从而得出共同刑法原则,进而解释本国法律。德国学者认为体系解释包括六种类型,当解释遇到难度较大的问题时,也可以考虑外国法即比较法解释。[②] 普通法系援引其他普通法国家的立法、案例或者学说解释本国法律的现象非常普遍,*Roper* 案中对英国立法的考察也表明了这一点。该案的特别之处在于,参考普通法系之外的外国法作为联邦宪法的解释准则。美国联邦最高法院对前述案例的反对意见提出了一个值得深思的观点,即比较刑法研究所得出的国家间共识与这种共识对解释本国法律的参考作用是不同层面问题。因此,虽然我国在司法裁判中并没有直接应用比较法解释的空间;不过在制定刑事立法以及司法解释过程中以待解决的

① *Roper v. Simmons*, 543 U.S. 551, 604, 125 S. Ct. 1183 (2005).

② 参见[德]伯阳:《德国公法导论》,北京大学出版社2008年版,第25页。

问题为导向,有针对性地对具有可借鉴性的外国立法及典型刑事案例进行相关法律制度的比较研究仍然具有重要参考价值。

四、比较刑法研究意见在我国司法中运用的举证责任分配

简言之,我国司法实践中对于涉及域外法的事实认定及法律适用问题举证责任已经有一些做法,应在法律中进一步系统规定举证。这一点可以适当借鉴国外适用域外法的原则。18世纪到19世纪中叶,普通法系与民法法系广泛接受的是外国法属于事实的规则,即外国法应被视为事实向陪审团证明,法官应当帮助陪审团查明外国法律,法院仅能基于当事人申请适用外国法;19世纪末20世纪初以来,一些欧洲大陆国家转向法律原则,即适用外国法与国内法具有类似程序,法庭无须考虑当事人意愿当然可以适用外国法;美国州法院对域外法的解释既包括其他州法律也包括外国法,20世纪中叶以来,绝大多数州法律都要求法官要注意其他州法律,联邦司法官员则从来都被要求要注意美国领域内的所有法律。① 在纽约州上诉法院一件适用加拿大安大略省法律确定被告人过失责任的民事案例中,前述规则被具体解释为:"当有查明外国法必要时,其应当像事实一样被证明;但是相关证据被提交后,相关问题取决于解释并由法律规定或者司法意见确定,这类问题主要由法庭解决而完全不能作为事实问题[由陪审团裁决]。"②这项具体解释,对于我国相关案件的解决具有重要借鉴意义。

首先,刑法比较研究相关问题分为事实认定及法律适用两类。事实问题由当事人承担举证责任,法律适用问题则由法院依据职权查明。证明方式为以书证方式提供的比较刑法研究法律意见书,内容包括外

① See Rudolf B. Schlesinger, Hans W. Baade and Peter E. Herzog et al., *Comparative Law: Cases-Texts-Materials*, 6th ed., Foundation Press (1998), pp. 62 – 64.

② *Fitzpatrick v. International Railway Co.*, 252 N. Y. 127, 130, 169 N. E. 1112 (1929).

国刑法的查明以及比较研究。书证应提供可信来源的域外法(包括立法及相关典型案例)原文,以及合法翻译机构的译文,并以我国刑法为蓝本,对域外刑法的含义进行解释。对方当事人对于研究报告按照书证进行质证,法院也可以自行审核,必要时可以聘请专家以具有专门知识的人的身份出庭作证。

其次,建议我国在诉讼法中对于比较刑法研究的司法运用确立系统规则。比较刑法研究司法运用涉及不同性质的法律事务,建议在相应的法律中各自对于具体问题进行规定。《涉外民事关系法律适用法》仅针对域外法律适用制定规则,应对该法第 10 条进行补充:国内诉讼的证据认定涉及其他国家或地区法律的,属于事实问题,举证方对其他国家或地区法律及其与我国法律的比较法研究承担举证责任,法院依法进行审查。同时,建议对引渡法与刑事诉讼法进行补充。引渡法应规定外国向我国申请引渡时应提供比较刑法研究意见以证明被申请引渡人的行为符合双重犯罪原则。刑事诉讼法中则应规定比较刑法研究意见司法运用的举证责任以及证据审查原则。例如,检察机关根据《刑法》第 8 条的保护管辖条款起诉犯罪嫌疑人时,被告人或者辩护人提出依据其他地区或国家法律认定犯罪对象或涉外部分犯罪事实时,应提供相应的比较刑法研究报告作为证据材料,法院对于控辩双方提供的这类证据材料均应根据《刑事诉讼法》第 55 条①排除合理怀疑的标准进行审查。

五、比较刑法研究意见司法运用在我国的定位

(一)比较刑法研究意见司法运用:法律域外影响力的第四种类型

现代社会法律域外影响力日益扩大,逐步出现了域外法律适用

---

① 《刑事诉讼法》第 55 条第 2 款规定:“证据确实、充分,应当符合以下条件:(一)定罪量刑的事实都有证据证明;(二)据以定案的证据均经法定程序查证属实;(三)综合全案证据,对所认定事实已排除合理怀疑。”

现象、涉外法律适用、外国法与案例在本国国内的司法运用三类现象,比较刑法研究意见的司法运用应该属于法律域外影响力的第四种类型。

首先,域外法律适用指本法域[①]法律适用于发生在其他法域行为的制度,始于反垄断法领域。1945年Alcoa案以后,美国逐步确立效果原则,主张发生在国外的行为只要意图并实际对美国造成影响,就应该适用美国反垄断法,其他大多数国家和地区纷纷效仿,形成本法域反垄断法适用于境外产生但对境内市场有不利影响且限制竞争行为的现象。[②] 有些学者也建议我国立法应明确规定反垄断法[③]及证券法[④]的域外适用。这种法律域外适用制度实际是某个法域单方面将效果等作为确立管辖权的连结点,旨在实现属地管辖权的延伸。《美国反海外腐败法》(Foreign Corrupt Practices Act)禁止美国公司向外国政府公职人员行贿[⑤]以及我国《刑法》第6条[⑥]关于属地管辖范围的规定,也是这种管辖权扩张趋势在刑法领域的表现。因此,域外法律适用制度其实是少部分国家推行法律霸权主义以及其他国家基于主权原则进行对等立法的产物。

其次,从开放包容的角度考察,还存在大量域外法主动或被动影响

---

① “所谓法域(law district, legal region, legal territory 或 legal unit),又称法区或法律区域,系指具有或适用独特法律制度的区域。”黄进:《中国法制的新发展:从单一法制到多元法制》,载《武汉大学学报(哲学社会科学版)》1999年第6期。

② 参见聂孝红:《经济全球化与反垄断法的域外适用原则》,载《法学杂志》2007年第1期。

③ 参见王晓晔、吴倩兰:《国际卡特尔与我国反垄断法的域外适用》,载《比较法研究》2017年第3期。

④ 我国证券法的域外适用,参见杨峰:《我国证券法域外适用制度的构建》,载《法商研究》2016年第1期。

⑤ 15 U.S.C. § 78dd-1.

⑥ 《刑法》第6条:“凡在中华人民共和国领域内犯罪的,除法律有特别规定的以外,都适用本法。凡在中华人民共和国船舶或者航空器内犯罪的,也适用本法。犯罪的行为或者结果有一项发生在中华人民共和国领域内的,就认为是在中华人民共和国领域内犯罪。”

某个法域内司法裁判的现象。有学者认为,美国和加拿大两国法院在移民及民商事合同案件裁判过程中体现了中国法的域外影响力,包括解决案件纠纷解决涉及中国法能否适用及如何理解的问题、法院主动引用中国法作为司法推理依据两个方面。① 前述“法律域外影响力”的理论概括,敏锐地注意到各国平等交往中自发形成的司法现象,不过是将两类现象混同了。第一类中国法能否适用的问题是案件具有涉外因素时,属于国际私法冲突规范与准据法选择,属于涉外法律适用范畴。基本范畴是冲突正义与实质正义。② 至于第二类则属于外国法与案例在本国国内的司法运用。这种司法运用是在完全没有涉外因素的情况下,法院在某些案件的审理过程中援引外国相关的立法或案例来解释本国法律规范,或是国内没有法律规范、案例加以援用,法院援引外国相关的立法或案例来补强法律论证。③

综上所述,域外法律适用、涉外法律适用、外国法与案例在本国国内的司法运用、比较法研究的司法运用属于“法律域外影响力”的四种不同类型。域外法律适用指特定法域的立法明确规定域内法适用于域外的规则。涉外法律适用,是指司法裁判中对具有涉外因素的案件确定冲突规范。外国法与案例在本国国内的司法运用是在没有涉外因素的情况下,特定法域在案件裁判中主动援引域外立法或案例强化裁判理由,主要焦点是域内司法裁判主动援引域外法的合理性与可行性。比较法研究的司法运用则是指国际司法工作中通过国家法比较或特定法域司法工作中通过域内法与域外法比较研究,以解决事实认定或法律适用问题,核心在于域外法的查明、域外法与域内法的比较研究方

---

① 后一层面仅有一例,即加拿大在 Tercon 案中引用三鹿奶粉案判决结果,论证合同免责条款仅有在压倒一切的公共政策考量因素出现的极端情况下方能被拒绝执行,参见张鹏:《中国法的域外适用现状与域外影响力研究——以美加两国普通法为例》,载《中国应用法学》2018 年第 1 期。

② 参见徐鹏:《涉外法律适用的冲突正义——以法律关系本座说为中心》,载《法学研究》2017 年第 3 期。

③ 参见郑智航:《外国法与案例在本国司法中的运用》,载《环球法律评论》2014 年第 2 期。

法。以刑法比较研究在我国的司法运用为例,因为中外"犯罪""受过刑事处罚"概念的显著差异,解决涉外劳动合同纠纷的犯罪记录争议必须对我国及劳动者本国刑法进行比较分析,以便认定外国劳动者是否在本国具有犯罪记录这一事实。

(二)比较刑法研究的司法面向

比较刑法研究意见的司法运用折射出拓宽比较刑法研究任务的必要性。我国学界对比较刑法研究任务的理解源于对比较法研究任务的认识。对比较法研究任务的理解与其性质紧密联系。"大约是在1830年左右,甚或更早,有人已经使用了'一般法学'(general jurisprudence)或'比较法学'(comparative jurisprudence)的名字来指称探究'各成熟法律体系共同原则'或'或它们之间的各种相似性'的过程。"①这种认识并非现代意义上的比较法,以此为基础形成了对比较法性质的两种不同理解。20世纪初,比较法刚成为世界性话题时,它是一门科学还是一种方法这个问题就已经被提出。② 我国学者对比较法性质的认识也存在同样的分歧,有观点认为比较法具有独立的研究对象,还有观点则认为比较法只是"法的比较研究"。③ 直到21世纪初,我国学者对此还争议颇大。④ 总体而言,当代比较法研究的趋势是坚持两者融合的立场,"比较法是指一方面以法律为其对象,另一方面以比较为其内容的一种思维活动"。⑤ 因此,重要的是研究任务而非学科定位,"刑法比较研究在全球化时代和随之形成的区域和全球刑事政策的时代已发展

① [英]波洛克:《比较法学的历史》,张小平译,载《比较法研究》2011年第5期。

② 参见刘少荣:《法、刑法的比较研究》,载《政治与法律》1984年第2期。

③ 参见米健:《从比较法到共同法——现今比较法学者的社会职责和历史使命》,载《比较法研究》2000年第3期。

④ 参见刘金林:《比较法是独立学科还是一种方法》,载《检察日报》2004年8月24日,第6版。

⑤ [德]K.茨威格特、H.克茨:《比较法总论》,潘汉典等译,法律出版社2003年版,第1页。

成为一种重要的研究模式和研究对象”。①

比较刑法的研究任务包括宏观与微观研究两个层面。关于比较法与刑法的关系,有观点认为,中国范式的比较法应是宏观研究而非微观研究,宏观研究分为比较法律思想、比较法律文化和比较法律制度,部门法内部的微观制度研究应归属该部门法学本身。② 这种观点实质是将比较法划分为比较法学与部门法学微观比较研究方法。但是,离开对具体部门法问题的分析,所谓比较法律文化恐怕只是空中楼阁。医学中癫痫病人被实施“割裂脑手术”切断胼胝体以后,虽然“裂脑人”表面看起来没有出现分裂的人格但实际上左右大脑无法通信,结果形成两个独立的意识,时常会产生意识的冲突。同理,宏观与微观的划分忽视了法律的体系性,容易形成“碎片化”现象。因此,比较法应根据研究的问题领域划分为三种类型。历史比较法纵向研究各国具体法律制度;哲学比较法研究法律起源和效力的基础理论问题;教义学比较法属于系统比较法,比较对象包括法律制度、立法技术、判例等,目的在于把本国和外国之间无法通行的荆棘丛林用一张道路网联结起来为所有人所用。③ 总之,比较刑法研究属于教义学比较法的重要部分,具有比较法与刑法研究的双重特点。

当前,我国比较刑法研究的立法中心主义明显,与比较法的研究倾向一脉相承,应关注比较刑法研究的司法面向,以便架设用比较法知识直接影响司法的桥梁。我国近代的比较法研究具有以西方法为重心、以西方法律理念为价值目标的倾向。④ 20 世纪 80 年代以来比较法研究仍然侧重从理论、立法层面借鉴域外理论学说与法律。学者们普遍

---

① [德]乌尔里希·齐伯:《刑法比较研究的任务与方法》,王莹译,载《中外法学》2008 年第 1 期。

② 参见刘毅:《论比较法的中国意义与范式——一个跨文明视野的考察》,载《比较法研究》2015 年第 1 期。

③ 参见[德]拉贝尔:《慕尼黑大学的比较法研究所》,载《巴伐利亚法律杂志》,1919 年第 15 卷,第 2 页。转引自杜涛:《德国比较法学之父拉贝尔》,载《比较法研究》2004 年第 6 期。

④ 参见何勤华:《比较法在近代中国》,载《法学研究》2006 年第 6 期。

认为,法的比较研究在立法方面应用最广,将世界各国立法资料加以比较研究对于完善我国刑法制度具有重要参考。[①] 早期有观点认为,刑法比较研究的任务包括:增加对外国刑事法律认识、了解各国法律实施效果、研究外国刑法理论学说与派别以发展我国刑法学理论、丰富法学教育、运用我国刑法惩罚犯罪以保护我国国家及公民利益、推动国际刑事司法协助并推动国际刑法发展。[②] 这种观点采取列举法,不过还缺乏深度的理论概括。近年来,比较刑法研究主要体现为发展刑法学理论、完善刑事立法两个方面。理论层面的典型表现为犯罪构成理论争议。如有学者主张重构我国犯罪论体系,[③]还有学者指出大陆法系国家阶层理论是位阶体系,相对于苏联与当代中国采用的要素集合阶段四要件理论,属于进阶与升级。[④] 立法比较研究则集中体现于对我国刑事立法活跃现象的评价。许多学者主张借鉴外国立法模式全面修订刑法典并进行适当犯罪化。有观点认为中国的法律文化与大陆法系国家更易融合,[⑤]有观点提出应当重视单行刑法和附属刑法建设,[⑥]有观点主张采纳刑法典与行政刑法双轨模式,[⑦]还有观点认为我国的犯罪化与国外刑法立法趋势相呼应,应建构以刑法典为核心、以轻犯罪法为辅助、刑罚和保安处分措施并行的成文刑法体系。[⑧]

综上所述,我国的比较刑法研究主要投射于理论更新及立法发展,比较刑法与国内司法的研究场景偶尔体现为典型案例分析时引证外国

---

① 参见刘少荣:《法、刑法的比较研究》,载《政治与法律》1984年第2期。

② 参见倪寿明:《论比较刑法的几个问题》,载《中国法学》1987年第1期。

③ 参见张明楷:《行为无价值论的疑问——兼与周光权教授商榷》,载《中国社会科学》2009年第1期。

④ 参见车浩:《体系化与功能主义:当代阶层犯罪理论的两个实践优势》,载《清华法学》2017年第5期。

⑤ 参见赵秉志:《当代中国刑法法典化研究》,载《法学研究》2014年第6期。

⑥ 参见梁根林:《刑法修正:维度、策略、评价与反思》,载《法学研究》2017年第1期。

⑦ 参见童德华:《当代中国刑法法典化批判》,载《法学评论》2017年第4期。

⑧ 参见周光权:《转型时期刑法立法的思路与方法》,载《中国社会科学》2016年第3期。

刑法理论或司法判决。如许霆案中,"不可能实施合法行为说"根据大陆法系刑法的"期待可能性理论"和英美刑法的"可得宽恕辩护"主张许霆无罪。[①] 再如二维码案件中,有学者通过分析德国、日本类似诈骗罪判决及其理由,论证此类案件是受骗人处分自己财产的新类型三角诈骗,在我国被告人应成立诈骗罪。[②] 前述研究尚不能称为比较刑法研究的司法运用,因为比较刑法研究并不直接影响案件裁判。不过实际上国内司法根据比较刑法研究结果进行事实认定及法律适用的领域日益增多,比较刑法研究的司法运用这块短板亟须提升。

六、结　　语

比较法的研究任务不仅包括"求同",更应关注各法域制度"存异"状态下域外法对本法域司法的直接影响及具体应对。有论者提出"比较法学是世界法学",[③]"比较法学的根本任务或固有对象乃是人类'共同法'或适用于各个民族国家的'普遍法'。"[④]这种观点属于法律进化论思维,在我国构建人类命运共同体以及共建"一带一路"时代需重新审视。法律进化论的假设在于法的趋同化,其逻辑是将我国作为法治后进国,将德国、日本等视为法治先进国,"其目的在于依法现象之时间的观察,以明法律之发生与发展之理法"。[⑤] 的确,"后社会主义国家的转变以及欧洲的统一具有区域性影响,并使全球化在全世界范围内形成规模:这创造了趋同化的动力以及与之相关的前提条件,即法

---

① 参见赵秉志、彭新林:《关于许霆案件的法理问题思考》,载《刑法论丛》2008 年第 2 期。

② 参见张明楷:《三角诈骗的类型》,载《法学评论》2017 年第 1 期。

③ 米健:《比较法学与世界法律文化》,载《法学》2004 年第 10 期。

④ 米健:《从比较法到共同法——现今比较法学者的社会职责和历史使命》,载《比较法研究》2000 年第 3 期。

⑤ [日]穗积陈重:《法律进化论(法源论)》(修订版),黄尊三等译,中国政法大学出版社 2003 年版,第 1 页。

律比较"。[①] 但是,刑法的趋同即不同法域刑法文化、刑事立法或刑事司法趋于相似或一致的现象在废除死刑等领域比较普遍,并不代表工业社会趋同论在法律领域也会映射为法律统一体。[②] 因此,比较法的研究任务不完全在于法的趋同化,应放弃所谓"现代世界体系是资本主义世界经济体"[③]的世界体系理论,将国家作为比较法的基础分析框架,通过比较法研究厘清各国法律制度差异对国内司法的影响至关重要。

总之,应重视比较刑法研究意见司法运用的理论构建与具体路径。比较刑法研究属于教义学比较法的重要部分,包括三项研究任务。第一项是比较刑法的基础理论,重点通过功能主义比较,关注刑法趋同现象与国际、区域、国内刑法制度的转变等问题。第二项是比较刑法与立法发展,从刑事立法的具体问题出发,研究国际、区域及外国相关刑事立法及案例裁判规则的可借鉴性。第三项研究任务是比较刑法与司法裁判,从国际、区域、国内司法裁判中刑法解释或者具体案件出发,解决我国刑法的比较性解释或案件裁判中的事实认定与法律适用问题。

Application of Comparative Criminal Law Research Opinions in Judicial Practice

Ye Xiaoqin

[**内容摘要**]外国法的查明与适用是我国海商法涉外案件的核心问题,当事人提交的法律意见书是法院确定案件所应适用之准据法的重要证据。实际上,我国司法中已经出现参考比较刑法研究意见解决涉外劳动合同纠纷犯罪记录争议的案例。而且,我国海上运输合同货

① Anne Peters and Heiner Schwenke, *Comparative Law Beyond Post-Modernism*, 49INT'L & COMP. L. Q. 800,800(2000).

② 参见叶小琴:《论刑法的趋同——以当代中国刑法为视点》,武汉大学出版社 2009 年版,第 38 页以下。

③ [美]伊曼纽尔・沃勒斯坦:《所知世界的终结——二十一世纪的社会科学》(第 2 版),冯炳昆译,社会科学文献出版社 2003 年版,第 38 页。

物退运争议、引渡、保护管辖权、隔地犯领域需要参考比较刑法研究意见,从而在查明与比较外国刑法的基础上认定某些法律事实。外国与国际层面的比较刑法意见集中于刑事审判中的法律适用问题,目的在于通过比较刑法研究确定刑法的一般原则。比较刑法意见的司法运用已经成为法律域外影响力的第四种类型,我国应重视相关理论建构与具体路径。理论层面应拓展比较刑法研究的任务,采纳功能主义方法论,以我国司法中的具体问题为导向分析域外刑法等全部相关法律。具体路径则需完善立法,比较刑法研究意见涉及事实问题的由当事人承担举证责任,法律适用问题则由法院依职权查明。

[**关键词**]比较法;比较刑法;域外法律适用;犯罪记录;劳动刑法

Abstract: The identification and application of foreign law is the core issue of foreign-related cases in China's maritime law. The legal opinions submitted by the parties are important evidence for the court to determine the applicable law of the case. In fact, there have been cases of referring to comparative criminal law research opinions to resolve disputes over criminal records of foreign-related labor contract disputes in China's judicial system. Moreover, in the field of disputes, extradition, jurisdiction of protection and delinquency of goods returned to the contract of carriage by sea, we need to refer to comparative criminal law research opinions, so as to identify certain legal facts on the basis of identifying and comparing foreign criminal laws. Foreign and international comparative criminal law opinions focus on the application of law in criminal trials, aiming to determine the general principles of criminal law through comparative criminal law research. The judicial application of comparative criminal law opinions has become the fourth type of extraterritorial influence of law. China should attach importance to the construction of relevant theories and specific paths. At the theoretical level, we should expand the task of comparative criminal law research, adopt functionalist methodology, and analyze all relevant laws, such as extraterritorial criminal law, guided by specific issues in our judicial system. Specific ways need to improve legislation, comparative criminal law research opinions involving factual issues by the parties to bear the burden of proof, the application of law by the court in accordance with its authority to identify.

Keywords: comparative law; comparative criminal law; extraterritorial law application; criminal records; criminal law relevant to labor

〔区际刑法〕

澳门清洗黑钱犯罪扩容研究

李洪江[*]　段　鹏[**]

目　次

一、澳门清洗黑钱罪的立法沿革
二、澳门清洗黑钱罪扩容的背景
三、澳门清洗黑钱罪扩容的具体分析
四、结语

2017年5月,澳门特别行政区立法会通过第3/2017号法律,其主要内容是对澳门特别行政区第2/2006号法律《预防及遏止清洗黑钱犯罪》和澳门特别行政区第3/2006号法律《预防及遏止恐怖主义犯罪》进行了修改。同时,还颁布了澳门特别行政区第17/2017号行政法规,对澳门特别行政区第7/2006号行政法规《清洗黑钱及资助恐怖主义犯罪的预防措施》进行了修改。通过此次修改,澳门特别行政区的清洗黑钱犯罪法律制度进一步扩容完善。澳门预防与遏制清洗黑钱犯罪活动注重从法律制度出发,通过构建特别刑法为主线、配套法律为补充的法律体系框架针对清洗黑钱犯罪活动进行治理。澳门清洗黑钱法律制度的不断完善得到了国际组织的高度评价。2017年7月和12月,亚太

* 澳门城市大学法学院助理教授。
** 澳门城市大学法学院硕士研究生。

区打击清洗黑钱组织(APG)分别通过和发布对澳门特区的相互评估报告,评估结果显示,“在根据反清洗黑钱、反恐怖活动融资和反扩散融资的国际标准制定机构——金融行动特别组织制定的评估方法之11项有效性目标当中,澳门获得6项较高水平评级,成为获得APG高评级的会员之一。在其他有效性目标中,有3个获得中水平评级,仅2个处于低水平评级。而关于法律和体制框架完整性的技术性合规评级,澳门在FATF40项建议中获得了37项完全合规和大部份合规的评级,只有2项部分合规和1项不合规,意味着在全球众多已经接受评估的司法管辖区中,澳门成为拥有最全面反清洗黑钱及反恐怖活动融资法律框架的地区之一”。① 本文根据第3/2017号法律文本,针对澳门清洗黑钱罪修改的内容进行分析,以期展现澳门清洗黑钱罪扩容完善的图景。

一、澳门清洗黑钱罪的立法沿革

(一)澳门早期关于反清洗黑钱的法律法规

澳门在清洗黑钱犯罪活动治理上,一直强调法律规范的作用。在20世纪90年代,澳门就在一些法律规范中规定了若干条文以打击清洗黑钱犯罪活动;在1999年澳门回归之后又相继颁布了一系列法律规范治理清洗黑钱犯罪活动。澳门有关清洗黑钱犯罪的法律规范,最初只规定在某些特别法律中,并没有一部专门的法律进行规范。② 澳门早期关于反清洗黑钱的特别法律主要包括:

1991年颁布的第5/91/M号法令《关于贩卖及使用麻醉药品视为刑事行为以及提倡反吸毒措施事宜》,赋予澳门的执法部门扣押来自贩卖毒品所得资产的权力,这是澳门首次在法律规范上制定了针对贩毒所得收益有关的清洗黑钱活动。1993年第32/93/M号《金融体系

① 参见《亚太区打击清洗黑钱组织通过“澳门特别行政区相互评估报告”》,澳门特别行政区金融情报办公室网:http://www.gif.gov.mo/web1/index.htm,2018年3月10日访问。

② 参见欧阳琦:《澳门金融法律制度》,社会科学文献出版社2016年版,第268页。

法律制度》,负责对货币、金融及外汇市场、信用机构、金融中介人及其他金融机构进行监管、协调及监察,制定与打击清洗黑钱有关的预防性措施或打击指引。1995年核准颁布的《澳门刑法典》,对于犯罪活动所产生的资产,作出了扣押的规定。① 1997年第6/97/M号法律《有组织犯罪法》,通过若干法律条文,把处理不法资产或物品的转换、转移或掩饰规定为犯罪行为,法律上直接没有清洗黑钱的表述,但实践中俗称该罪为清洗黑钱罪。② 1998年第24/98/M号有关清洗黑钱预防性措施的法令,是第6/97/M号法律《有组织犯罪法》的配套规定,规定了若干预防性措施。要求某些经济参与人必须对可疑的经济活动向澳门司法警察局等有权限的当局进行通知,否则就构成行政违法。③ 第27/98/M

① 《澳门刑法典》第103条规定:"一、给予或承诺给予作出一符合罪状之不法事实之行为人之酬劳,不论系行为人或他人收受,悉归本地区所有。二、行为人透过符合罪状之不法事实直接取得之物、权利或利益,不论系为其本人或为他人取得,亦归本地区所有,但不影响被害人或善意第三人之权利。三、以上两款之规定,适用于以透过符合罪状之不法事实直接得到之物或权利作交易或交换而获得之物或权利。四、以上各款所指之酬劳、物、权利或利益不能作实物收归者,须向本地区支付有关价额以代替丧失。"

② 《有组织犯罪法》第10条第1款规定:"在不妨碍刑法典第二百二十七条及第二百二十八条的规定下,凡知悉资产或物品是从犯罪活动得来,而从事:(a)转换、转移、协助或以任何方式,在直接或间接方便某种将此等资产或物品的全部或部分转换或转移的活动,目的为隐藏或掩饰其不法来源或协助涉及犯罪的人士逃避其行为的法律后果者,处五至十二年徒刑及科最高六百日罚金;(b)隐藏或掩饰该等资产或物品或与之有关的权利的真正性质、来源、地点、处理、调动及所有权者,处二至十年徒刑及科最高三百六十日罚金;(c)以任何名义取得或收受、使用、持有或藏有上述资产或物品者,处一至五年徒刑及科最高二百四十日罚金。"此条文已经被澳门特别行政区第2/2006号法律废止。

③ 第24/98/M号法令规定:"第1条:本法规就七月三十日第6/97/M号法律第十条所指之转换、转移或掩饰不法资产或物品等犯罪,订定一项防范性措施。第2条:本法规适用于:(a)受澳门货币暨汇兑监理署监管之实体;(b)受博彩监察暨协调司监管之实体;(c)从事质押之商业活动之实体;(d)从事古董、艺术品、金属或宝石之商业活动之实体,即使该等实体并非仅从事上述商业活动者;(e)从事地产中介之业务,又或从事购买不动产或须登记之动产以作转售之业务之实体,即使该等实体并非仅从事上述业务者。第3条:一、从某些活动中,使人怀疑有人实施转换、转移或掩饰不法资产或物品之行为,上条所指实体应就该等活动通知司法警察司,并知会有关监察当局。二、通知须尽可能在上述活动进行前作出或在该等活动进行后立即作出。"此条文已经被澳门特别行政区第2/2006号法律废止。

号法律《司法警察局组织法》赋予司法警察局在预防和调查犯罪方面有专项的权限,特别是针对如清洗黑钱等犯罪行为,规定了某些经营机构或者场所必须提交交易记录及参与人的资料。[①] 2001年澳门加入亚太区打击清洗黑钱组织(APG),[②]成为该组织的正式成员,接受该国际组织的监督指引。所谓的监督指引,主要是指金融行为特别组织《40项建议》,该建议的内容涵盖刑事司法制度、金融体系法律制度及监管、国际社会合作打击清洗黑钱等方面。2004年第30/2004号行政长官公告,《联合国打击跨国有组织犯罪公约》除作出保留的部分外,其余条文在澳门特别行政区有效,其中就涵盖清洗黑钱罪的若干条文,对于清洗黑钱犯罪作出了详细规定。

澳门早期规定清洗黑钱犯罪的法律在一定程度上打击了清洗黑钱犯罪活动,但是也存在一些问题。首先,上述法律法规数量看似较多,但是规定比较分散,缺少体系性,基本是在颁布其他法律时涉及清洗黑钱行为时才规定了一些条文;其次,即便规定了反清洗黑钱的法律条文,要么是顺带提及,要么是原则性规定,缺少实用性与可操作性;最后,这些法律没有直接出现"清洗黑钱"的表述,没有把清洗黑钱罪规定成为一个独立的罪名,这就降低了打击清洗黑钱犯罪活动的有效性。法律规范的缺失严重影响了反清洗黑钱工作的进行。同时,清洗黑钱犯罪活动也发生了重大变化,尤其是与恐怖主义活动联系日益紧密,"犯罪主体走向智能化及专业化、犯罪的组织及国际化不断提升、犯罪转向金融监管薄弱地方等趋势发展",[③]原有的法律已经不能适应打击

① 相关条文已经被澳门特别行政区第5/2006号法律废止,第7条的专属职权中规定:司法警察局有职权办理涉及清洗黑钱及同类或有关联的犯罪,参见澳门特别行政区第5/2006号法律《司法警察局》第7条。

② 亚太区打击清洗黑钱组织(APG)是反清洗黑钱及反恐怖活动融资的国际组织,是金融行动特别组织的附属会员,成立于1997年,现在共有41个会员地区,所有会员都必须遵守金融行动特别组织同样严格的标准。中国澳门在2001年成为亚太区打击清洗黑钱组织的会员。

③ 廖志聪:《澳门惩治清洗黑钱犯罪制度研究》,载《2006年海峡两岸暨香港、澳门警学研讨会论文集》,中国警察协会2011年版,第252~259页。

清洗黑钱犯罪活动的需要。因此,制定新的反清洗黑钱法律势在必行。

(二)2006年制定专门的反清洗黑钱法律与反恐法律

2006年,澳门特别行政区立法会通过了第2/2006号法律《预防及遏止清洗黑钱犯罪》及第3/2006号法律《预防及遏止恐怖主义犯罪》。关于清洗黑钱犯罪问题主要规定在第2/2006号法律《预防及遏止清洗黑钱犯罪》当中,这是澳门特别行政区专门针对清洗黑钱犯罪进行的直接立法活动。第2/2006号法律《预防及遏止清洗黑钱犯罪》包括四章共计12条,是澳门特别行政区第一部专门的反清洗黑钱法律规范。这一部法律的制定,一方面是由于澳门没有打击清洗黑钱的专门法律;另一方面,清洗黑钱的犯罪行为日渐国际化,特别是"9·11"事件发生后,反清洗黑钱与反恐怖相互结合,成为国际社会最为关注的事情,澳门虽然没有恐怖活动,但澳门作为一个以博彩为核心的地区,更容易出现清洗黑钱犯罪活动。《预防及遏止清洗黑钱犯罪》直接明确规定了清洗黑钱罪,并对清洗黑钱罪进行了具体界定,还规定了清洗黑钱罪的刑罚方式、加重处罚情形、法人的刑事责任和预防性规定(包括预防性义务主体和义务内容)等内容。① 同时,澳门惩治清洗黑钱犯罪活动的法律规范还包括澳门特别行政区第3/2006号法律《预防及遏止恐怖主义犯罪》。上述法律规范形成了打击清洗黑钱犯罪活动的基本框架和制度建构,对澳门打击清洗黑钱犯罪活动提供了有力的法律武器,这个制度的建构符合国际社会将反清洗黑钱与反恐怖相结合的要求,也提升了澳门打击清洗黑钱犯罪活动的规范性和权威性。

由于历史的原因,澳门刑法源自葡萄牙刑法,属于大陆法系刑法,《澳门刑法典》所依托的理论依据源于大陆法系的刑法理论。但和葡萄牙刑法不一样的是,②澳门关于清洗黑钱犯罪问题的法律《预防及遏

① 参见《澳门特别行政区公报》2006年4月3日,第14期。

② 《葡萄牙刑法典》第368条A规定了清洗黑钱罪的具体内容。参见《葡萄牙刑法典》,陈志军译,中国人民公安大学出版社2010年版,第160~162页。

止清洗黑钱犯罪》属于特别刑法的性质。《澳门刑法典》正式颁布之前,澳门就存在若干已经产生法律效力的单行刑事法律和非刑事法律中的刑法规范等法律文件。澳门刑法的渊源除了《澳门刑法典》之外,还包括单行刑法、附属刑法和国际条约。① 澳门特别行政区立法会“所青睐的立法模式仍是通过特别刑法来设置适应澳门现实环境的刑法规范,通过刑法典之外的这些特别刑法规范来修改补充刑法典并调整相关的社会关系”。② 现阶段,根据澳门特别行政区立法会官方网站的统计,澳门单行刑法有 20 多部,还包括为数不少的附属刑法。《澳门刑法典》当中规定了 180 多个罪名,而澳门的特别刑法包括单行刑法和附属刑法则规定了超过 200 个罪名。

二、澳门清洗黑钱罪扩容的背景

(一)稳定金融秩序,发展经济的需要

对于修改第 2/2006 号法律《预防及遏止清洗黑钱犯罪》和第 3/2006号法律《预防及遏止恐怖主义犯罪》的目的,法案的理由陈述中进行了说明,“旨在保障澳门特别行政区的经济持续发展,从而保持各经济体系安全稳健,并为本地及境外投资建立一个既安全又具吸引力的平台”。③ 澳门刑事法研究会理事长方泉认为,“本次修法表明政府

---

① 关于澳门刑法的渊源,赵国强认为,澳门刑法的渊源主要包括《澳门刑法典》、单行刑事法律、非刑事法律中的刑法规范和国际条约。参见赵国强:《澳门刑法概说(犯罪通论)》,社会科学文献出版社 2012 年版,第 43 页。徐京辉认为,澳门刑法的渊源包括《澳门刑法典》、单行刑事法律、法令和非刑事法律中的刑法规范,以及适用于澳门的相关国际公约。参见徐京辉:《惩治国际犯罪的刑法渊源及其在澳门的适用》,载《人民检察》2010 年第 16 期。

② 赵秉志:《我国内地特别刑法立法之演变及其对澳门特区的启示》,载《政法论坛》2014 年第 2 期。

③ 参见 2016 年 8 月澳门特别行政区政府行政长官办公室:修改第 2/2006 号法律《预防及遏止清洗黑钱犯罪》及第 3/2006 号法律《预防及遏止恐怖主义犯罪》理由陈述。

严厉打击清洗黑钱犯罪与恐怖主义犯罪的决心，也显示了政府维护经济发展与社会稳定的信心”。[①] 换言之，澳门特别行政区修改上述两部法律，是为了加强打击经济犯罪，以及扰乱金融活动秩序、妨害金融管理活动的违法犯罪现象，保障澳门特区金融秩序的稳定健康发展，从而为经济发展提供支持。

同时，澳门特别行政区修改第2/2006号法律《预防及遏止清洗黑钱犯罪》和第3/2006号法律《预防及遏止恐怖主义犯罪》，也是为了确保本地区的经济发展能够在符合国际标准的同时，还可以保持高效的竞争力和可持续发展的状态，以便在履行国际义务的工作上处于前列。近些年来，澳门特区政府一直在推动经济适度多元化发展，澳门要建设“中国与葡语国家商贸合作服务平台”，积极融入“一带一路”国家建设规划，这些离不开金融业的支持，同时也为金融业发展提供了广阔的空间。澳门发展特色金融业，加快专业租赁、资产管理、人民币结算、债券发行、特色产权交易等业务发展离不开稳定健康的经济秩序和金融环境。完善金融方面的法律，可以为澳门金融业不断发展提供有力的支撑。

（二）清洗黑钱犯罪活动发生新的变化

随着经济全球化尤其是金融全球化的飞速发展，金融自由化程度不断加深，国际金融联系持续深化，清洗黑钱犯罪活动也逐渐呈现出一些新的发展趋势。在新形势下，澳门要做好积极应对，加强反清洗黑钱的工作力度。

在清洗黑钱的管道上，清洗黑钱犯罪分子不断进行创新，清洗黑钱犯罪活动的管道日益复杂和隐蔽，清洗黑钱犯罪分子除了利用金融机构及金融从业人员进行清洗黑钱犯罪活动，还逐渐向非金融领

① 方泉：《修订反清洗黑钱反恐两法，保金融安全》，载《澳门日报》2017年6月10日，第A10版。

域渗透。[①] 清洗黑钱犯罪活动也越来越多地与毒品犯罪、贪污贿赂犯罪、跨国犯罪以及恐怖主义犯罪等多种犯罪形式结合起来,其犯罪规模和社会危害也不断扩大。在澳门,除了传统的金融业存在清洗黑钱犯罪活动之外,清洗黑钱犯罪活动在博彩业和房地产业也是不可忽视的重要问题。澳门是世界级的博彩娱乐中心,清洗黑钱犯罪活动一直面临着严峻形势。通过非法的手段取得的钱财在澳门博彩业市场中进行洗白,这是澳门博彩业清洗黑钱犯罪活动的主要方式。同时,房地产行业作为澳门支柱性产业之一,加上资金密集型的行业特征,也容易被不法分子利用,成为清洗黑钱犯罪活动的重灾区。

在清洗黑钱的手段上,随着电子商务和网络技术的突飞猛进,清洗黑钱犯罪活动逐渐向网络发展,网络银行等支付工具在降低成本,提高金融服务效率的同时,逐渐成为清洗黑钱犯罪分子新的清洗黑钱工具。[②] 清洗黑钱犯罪活动正在向高科技化、高智能化方向不断发展。通过互联网进行清洗黑钱活动,不仅时间短、成本低,还可以有效地逃避国家反清洗黑钱监管机构的侦查,同时,通过互联网进行清洗黑钱活动还可以实现跨国、跨地区清洗黑钱,跨国性清洗黑钱犯罪活动已经成为现代清洗黑钱犯罪活动的重要特征。

在参与清洗黑钱活动的人员构成上,高智商、高学历的专业人才如银行高管、律师、会计师等不断地参与清洗黑钱犯罪活动,使清洗黑钱的方式更加复杂,隐蔽性更强。由于清洗黑钱活动涉及不同国家和地区复杂的金融制度和法律规范,因而一般的犯罪分子很难做到,只有熟悉相关制度规范的人才能够胜任。[③] 研究在岸和离岸金融服务犯罪问题的专家史蒂芬·普拉特指出:"律师在协助犯罪和清洗黑钱的过程中扮演着非常重要的角色,他们具备设计和制定复杂金融交易的专业

① 参见中国金融编辑委员会编著:《国际视角:洗钱渠道研究》,中国金融出版社2011年版,第1页。

② 参见张小虎主编:《犯罪学》,中国人民大学出版社2013年版,第203页。

③ 参见刘宪权:《金融犯罪刑法理论与实践》,北京大学出版社2008年版,第411页。

知识,可以通过大笔现金流操作客户账户,从而有效地为客户提供银行账户服务。他们备受金融服务供应商的尊重,因此丝毫不被怀疑。以上种种原因使他们被称为潜在的非法金融活动的'守门人'。"①其他的如银行高管、会计师等也存在相类似的情形。

(三)反清洗黑钱国际组织的要求和接受评估的需要

澳门是亚太区打击清洗黑钱组织和离岸银行监管组织(OGBS)②的正式成员,必须履行国际组织规定的若干义务。金融行动特别组织(FATF)要求其成员要根据《40 项建议》的要求,积极进行打击清洗黑钱及恐怖活动融资的刑事司法制度、金融体系法律制度和监管制度的制定和完善等工作,尤其是在打击清洗黑钱及恐怖活动融资的法律规范建设方面。根据反清洗黑钱国际组织规定的标准,结合澳门的现实情况,积极完善打击清洗黑钱犯罪活动的法律框架,从而符合金融行动特别组织(FATF)修订的《40 项建议》,是澳门特别行政区的应然义务,也是实然要求。

亚太区打击清洗黑钱组织在 2006 年对澳门特别行政区进行了互评估,指出了澳门在反清洗黑钱工作中的不足之处,因此澳门需要进一步加强打击清洗黑钱犯罪活动以回应国际组织的建议和要求,澳门特

① 史蒂芬·普拉特还指出律师可以通过四种途径参与清洗黑钱:(1)骗子律师将其当事人的账户用于非法资金的藏匿地或流通渠道;(2)律师作为犯罪分子的顾问,帮助其起草文件,设定框架,并未意识到他所从事的活动的非法性;(3)律师虽然并没有协助犯罪,但是在其对诸如银行保密性等提出建议的过程中对当事人的犯罪野心视而不见;(4)律师拥有与自己的律师事务所相关联且提供企业服务的公司,并在该公司担任董事。参见[英]史蒂芬·普拉特(Stephen Platt):《资本犯罪:金融业为何容易滋生犯罪》,赵晓英、张静娟译,中国人民大学出版社 2017 年版,第 48～49 页。

② 离岸银行监管组织(The Offshore Group of Banking Supervisors,OGBS)于 1980 年 10 月在巴塞尔成立。OGBS 促使离岸中心更加清晰地定义他们的共同背景,以确保和其他监管当局进行信息交换的程度能够与离岸中心作为其他国家财政和货币政策的"离岸"避难所的总体作用相一致。同时,针对其他监管当局为帮助建立有效的国际银行监管而制定的方法建立一个积极、建设性和协调的反应机制。

别行政区第 2/2006 号法律《预防及遏止清洗黑钱犯罪》和第 3/2006 号法律《预防及遏止恐怖主义犯罪》也是在为下一轮的评估进行准备。根据 2017 年 12 月亚太区打击清洗黑钱组织发布的针对澳门特别行政区的相互评估报告,在全球众多已经接受评估的司法管辖区中,澳门成为当中拥有最全面反洗黑钱及反恐怖活动融资法律框架的地区之一。[①] 这也从侧面说明澳门按照反清洗黑钱国际组织的要求,积极参与相互评估的正确性与有效性。

(四)司法实践的推动

按照第 2/2006 号法律《预防及遏止清洗黑钱犯罪》的规定,"利益"是指来自可处以最高限度超过三年徒刑的符合罪状的不法事实的财产,也即只有行为人的涉嫌清洗黑钱上游犯罪的刑罚处罚超过三年有期徒刑时,才可以认定为清洗黑钱罪,否则就不能按照清洗黑钱罪来追究行为人的刑事责任。这样的规定给打击清洗黑钱犯罪活动划定了界限,但是也会使一些涉嫌清洗黑钱的行为人逃脱法律的制裁。

典型的就是欧文龙案。2006 年 12 月,澳门特区前运输工务司司长欧文龙因涉嫌巨额贪污被澳门特别行政区廉政公署拘捕,其被指控受贿作不法行为罪、清洗黑钱罪、滥用职权罪、经济利益罪、虚假声明罪、财产来源不明等罪名,欧文龙为澳门开埠以来涉嫌贪污渎职受审的最高职级的官员。在欧文龙案中,其被指控犯有 30 项清洗黑钱罪名,其中认定 13 项罪名成立,剩余的 17 项没有成立。在欧文龙案中,检方指出,行为人通过银行转账和汇款的方式,运用众多不同的银行账户,增加贿款流动的环节,加大被发现的难度,从而达至掩盖其非法来源的

① 参见《亚太区打击清洗黑钱组织通过"澳门特别行政区相互评估报告"》,载澳门特别行政区金融情报办公室网:http://www.gif.gov.mo/web1/index.htm,2018 年 4 月 10 日访问。

目的,已经触犯清洗黑钱罪。欧文龙案在第二阶段[①]中涉及5项清洗黑钱罪,有4项的事实发生在旧法第6/97/M号法律生效期间;1项则发生在新法第2/2006号法律生效时。经过比较新旧两种刑法制度,新法中构成清洗黑钱罪比旧法多一个客观条件,只有通过实施可被判处三年以上有期徒刑的罪行得来的财产,才可以被视为非法利益。换言之,如果基础罪行只能被判处三年或以下的有期徒刑,那么就不会处罚清洗黑钱的行为。经过比照,适用新法对被告更有利。因此,在第二阶段欧文龙涉及的5项清洗黑钱罪中,由于有2项的基础罪行是受贿作合规范行为,最高刑罚是两年有期徒刑或科处罚金,所以有关的2项清洗黑钱罪被裁定不成立,余下的3项清洗黑钱被正式定罪。

欧文龙案只是澳门打击清洗黑钱犯罪活动中的一个缩影。澳门在清洗黑钱罪的起诉率和判决率方面一直较低。[②]根据相关数据,从2002~2012年,澳门共计查获清洗黑钱犯罪案件十几起,发案率在年均0.66‰左右。[③]澳门特别行政区立法会第三常设委员会主席郑志强表示,澳门特区政府曾收到不少清洗黑钱的举报,但是因涉及资金来源不明及境外上游犯罪,而导致无法立案,检控率奇低。如政府曾收到2000宗举案,最终只有10多宗立案检控。一般而言,清洗黑钱的金钱来源于上游犯罪,如贪污,走私,操控卖淫贩毒。以往要等上游犯罪先审判才开庭,因此等候的时间长,有时境外上游犯罪判罪时,澳门清洗

① 2006年12月6日,时任澳门运输工务司司长的欧文龙正式被拘捕。由于案情疑难复杂,因此欧文龙案分阶段进行审理,第一阶段于2007年11月5日在澳门特别行政区终审法院进行审理,欧文龙被指控76项罪名;第二阶段于2009年2月18日在澳门特别行政区终审法院进行审理,欧文龙被指控28项罪名,涉及受贿、清洗黑钱及滥用职权等罪名;第三阶段于2012年4月16日在澳门特别行政区终审法院进行审理,欧文龙被指控9项罪名。

② 2017年12月亚太区清洗黑钱组织发布的相互评估报告也建议澳门提高清洗黑钱犯罪的起诉率和判决率的有效性。参见《亚太区打击清洗黑钱组织通过"澳门特别行政区相互评估报告"》,澳门特别行政区金融情报办公室网:http://www.gif.gov.mo/web1/index.htm,2018年4月10日访问。

③ 参见蔡曦蕾:《中国四地洗钱罪规制状况对比研究》,载《浙江工商大学学报》2014年第3期。

黑钱案已归档,[①]不能够有效地打击清洗黑钱犯罪活动。因此,反清洗黑钱司法实践的需要,也是推动《预防及遏止清洗黑钱犯罪》修改的动力。

三、澳门清洗黑钱罪扩容的具体分析

在2017年5月,澳门特别行政区立法会制定并通过第3/2017号法律,其主要内容是对澳门特别行政区第2/2006号法律《预防及遏止清洗黑钱犯罪》和澳门特别行政区第3/2006号法律《预防及遏止恐怖主义犯罪》进行了部分修改,并且更新了澳门地区的反清洗黑钱和反恐怖活动相关制度,以符合《巴勒莫公约》、金融行动特别组织《40项建议》等的要求。这一次的修改主要包括以下内容:对清洗黑钱罪的上游犯罪进行大幅度扩容,大大增加了清洗黑钱罪的打击范围和力度。明确规定自我清洗黑钱的行为属于清洗黑钱罪的实行行为,将实施上游犯罪的行为认定为清洗黑钱罪的行为主体。明确规定将清洗黑钱罪与上游犯罪适度分开,独立进行认定,助力清洗黑钱罪司法实践问题的解决等。

(一)扩大清洗黑钱罪上游犯罪的范围

澳门特别行政区第2/2006号法律《预防及遏止清洗黑钱犯罪》中认定的清洗黑钱行为中的"利益",主要是指来自可处以最高限度超过三年徒刑的符合罪状的不法事实的财产,以及由该等财产获得的其他财产。换言之,清洗黑钱罪的上游犯罪只包括犯罪嫌疑人应当被处以超过三年有期徒刑的若干犯罪,而不包括其他类型的犯罪,这样清洗黑钱罪上游犯罪的范围就有了限度。犯罪嫌疑人虽然实施了涉嫌清洗黑钱的行为,但如果其刑罚处罚低于三年有期徒刑,那么就不能认定其触

① 参见《三常认同防清洗黑钱反恐独立成罪》,载《澳门日报》2017年1月27日,第A7版。

犯清洗黑钱罪，只能以其他罪名进行起诉。如果犯罪嫌疑人的行为不符合其他罪名的构成要件，很可能以无罪论处。

1. 清洗黑钱罪中的“利益”内涵扩大

修改后的《预防及遏止清洗黑钱犯罪》中“利益”的含义具体是：一方面，是指直接或间接来自包括以共同犯罪的任一方式作出可处以最高限度超过三年徒刑的、符合罪状的不法事实的财产；另一方面，是指不论适用的刑罚幅度为何，符合下列罪状的任何不法事实的财产：(1)《刑法典》第337条第2款、第338条、第339条第1款及第2款规定者；(2)7月30日第6/97/M号法律《有组织犯罪法》第8条规定者；(3)由第3/2001号法律通过并经第11/2008号法律、第12/2012号法律及第9/2016号法律修改的《澳门特别行政区立法会选举法》第170条第2款，以及经第12/2008号法律及第11/2012号法律修改的第3/2004号法律《行政长官选举法》第136条第2款规定者；(4)经第9/2008号法律修改的第12/2000号法律《选民登记法》第46条第2款及第49条第2款规定者；(5)第19/2009号法律《预防及遏止私营部门贿赂》第3条及第4条规定者；(6)经第3/2016号法律修改的第7/2003号法律《对外贸易法》第21条规定者；(7)第10/2014号法律《预防及遏止对外贸易中的贿赂行为的制度》第4条规定者；(8)经第5/2012号法律修改的8月16日第43/99/M号法令核准的《著作权及有关权利之制度》第212条、第213条、第214－B条及第214－C条规定者；(9)12月13日第97/99/M号法令核准的《工业产权法律制度》第289～293条规定者。①

2. 清洗黑钱罪上游犯罪涵盖的实行行为

“上游犯罪是清洗黑钱罪的前提和基础，没有上游犯罪所获取的非法利益，清洗黑钱行为就没有掩饰、隐瞒的对象，清洗黑钱犯罪也就不复存在。”②因此，认定清洗黑钱罪的上游犯罪的具体范围对于认识清洗黑钱罪具有重要意义，也便于司法机关打击清洗黑钱犯罪活动。

① 参见《澳门特别行政区公报》2017年5月22日，第21期。

② 阴建峰：《论洗钱罪上游犯罪之再扩容》，载《法学》2010年第12期。

一方面,修改后的《预防及遏止清洗黑钱犯罪》遵循了 2006 年《预防及遏止清洗黑钱犯罪》的规定,犯罪嫌疑人应被处以超过三年有期徒刑的若干犯罪才是清洗黑钱罪的上游犯罪。有学者对澳门现行刑法进行了统计,指出,在刑法分则规定的条文中法定刑最高限度超过三年徒刑的条文共有 82 条,由此,澳门清洗黑钱罪上游犯罪所占分则中有效犯罪的比重为 43.16%。① 这一统计数据虽然没有把澳门特别刑法规定的罪名计算在内,有一定的瑕疵,但也能从侧面反映澳门清洗黑钱犯罪上游犯罪的范围,具有参考价值。澳门通过这一款的规定,把大量的犯罪纳入清洗黑钱罪上游犯罪的范围之内,可以起到严厉打击清洗黑钱犯罪活动的作用,具有重要意义。

另一方面,修改后的《预防及遏止清洗黑钱犯罪》规定,犯罪嫌疑人在符合下列行为时,可以不考虑刑罚内容,将其行为认定为清洗黑钱行为:《澳门刑法典》规定的三种类型的行为,主要包括:受贿作不法行为、②受贿作合规行为,③以及相关的行贿行为;④《有组织犯罪法》规定的操纵卖淫的行为;⑤《澳门特别行政区立法会选举法》规定的立法会选举时的贿选行为;⑥《行政长官选举法》规定的行政长官选举时的贿选行为;⑦《选民登记法》规定的两种类型的行为,主要包括:与选民登记有关的贿赂行为,⑧以及对选民证进行不法留置的行为;⑨《预防及遏止私营部门贿赂》规定的两种类型的行为,主要包括:私营部门受贿行

① 参见蔡曦蕾:《中国四地洗钱罪规制状况对比研究》,载《浙江工商大学学报》2014 年第 3 期。

② 参见《澳门刑法典》第 337 条。

③ 参见《澳门刑法典》第 338 条。

④ 参见《澳门刑法典》第 339 条。

⑤ 参见第 6/97/M 号法律《有组织犯罪法》第 8 条。

⑥ 参见第 3/2001 号法律《澳门特别行政区立法会选举法》第 170 条。

⑦ 参见第 3/2004 号法律《行政长官选举法》第 136 条。

⑧ 参见第 9/2008 号法律《选民登记法》第 46 条。

⑨ 参见第 9/2008 号法律《选民登记法》第 49 条。

为,①以及私营部门行贿行为;②《对外贸易法》规定的在许可的地点以外进行活动的行为;③《预防及遏止对外贸易中的贿赂行为的制度》规定的在对外贸易中的行贿行为;④《著作权及有关权利之制度》规定的四种类型的行为,主要包括:假造复制品的交易行为、⑤未经许可透过计算机网络提供受保护作品的行为、⑥取消或删除保护性技术措施的行为,⑦以及提供取消或删除的工具的行为;⑧《工业产权法律制度》规定的五种类型的行为,主要包括:侵犯专利权或半导体产品拓扑图的行为,⑨侵犯设计或新型之专属权的行为、⑩假造、模仿及违法使用商标的行为、⑪将产品或物品出售、流通或隐藏的行为,⑫以及侵犯及违法使用原产地名称或地理标记的行为。⑬

3. 评析

根据《预防及遏止清洗黑钱犯罪》修改的内容可以看出,澳门这一次增加的清洗黑钱罪上游犯罪有 20 多个,此次修改的内容具有以下特征。

第一,这一次澳门修改《预防及遏止清洗黑钱犯罪》,大幅增加清洗黑钱罪上游犯罪的数量,主要是以贿赂犯罪和侵犯著作权及工业产权犯罪为主,突出强调打击这两种类型的犯罪。这种变化符合亚太区打击清洗黑钱组织 2006 年对澳门进行相互评估时提出的建议,也是澳门根据本地区现实情况作出的选择。

---

① 参见第 19/2009 号法律《预防及遏止私营部门贿赂》第 3 条。
② 参见第 19/2009 号法律《预防及遏止私营部门贿赂》第 4 条。
③ 参见第 7/2003 号法律《对外贸易法》第 21 条。
④ 参见第 10/2014 号法律《预防及遏止对外贸易中的贿赂行为的制度》第 4 条。
⑤ 参见第 43/99/M 号法令《著作权及有关权利之制度》第 212 条。
⑥ 参见第 43/99/M 号法令《著作权及有关权利之制度》第 213 条。
⑦ 参见第 43/99/M 号法令《著作权及有关权利之制度》第 214 – B 条。
⑧ 参见第 43/99/M 号法令《著作权及有关权利之制度》第 214 – C 条。
⑨ 参见第 97/99/M 号法令《工业产权法律制度》第 289 条。
⑩ 参见第 97/99/M 号法令《工业产权法律制度》第 290 条。
⑪ 参见第 97/99/M 号法令《工业产权法律制度》第 291 条。
⑫ 参见第 97/99/M 号法令《工业产权法律制度》第 292 条。
⑬ 参见第 97/99/M 号法令《工业产权法律制度》第 293 条。

第二,清洗黑钱罪上游犯罪增加的幅度大,从数量上看这一次的修改增加了 20 多个犯罪,增加的幅度超过 20%。

总之,修改后的《预防及遏止清洗黑钱犯罪》对于清洗黑钱行为的认定采取的是一般规定加上特别列举的方式。换言之,除了 2006 年《预防及遏止清洗黑钱犯罪》规定的清洗黑钱的行为之外,还增加了具体的清洗黑钱的行为。也即,无论犯罪嫌疑人适用的刑罚是什么,只要符合相应规定的行为,就可以认定为清洗黑钱行为。清洗黑钱罪的扩张是为了打击清洗黑钱犯罪活动,消除澳门金融稳定的负面情况,为澳门经济的持续稳定健康发展提供良好的环境。同时,也是为了使澳门打击清洗黑钱犯罪活动符合国际组织的标准和要求,从而增强澳门地区的竞争实力。因此,澳门对清洗黑钱罪上游犯罪进行扩张具有重要意义。

从现阶段反清洗黑钱的国际公约,以及域外国家或地区等的立法趋势来看,澳门清洗黑钱罪的上游犯罪还有进一步进行扩大的需要。从反清洗黑钱的国际条约来看,如按照《联合国反腐败公约》第 23 条第 2 款的规定,各缔约国均应当寻求将清洗黑钱犯罪"适用于范围最为广泛的上游犯罪",同时,各缔约国均应当至少将其根据本公约确立的各类犯罪列为上游犯罪。我国台湾地区新的"清洗黑钱防制法"第 3 条第 1 款规定:本"法"所称特定犯罪,指下列各款之罪:(1)最轻本刑为 6 个月以上有期徒刑以上之刑之罪……换言之,我国台湾地区把刑罚为 6 个月以上有期徒刑的符合条件的犯罪纳入清洗黑钱罪上游犯罪的范畴。清洗黑钱罪上游犯罪的扩容已经成为趋势,因此,受贿以外的其他公职犯罪,如公务上之侵占使用,①以及相关的税务类犯罪,这些犯罪也可以在适当时候纳入清洗黑钱罪上游犯罪的范围,以便更好地

---

① 《澳门刑法典》第 341 条规定:"一、公务员使用或容许他人使用因其职务而获交付、占有或其可接触之公有或私有之交通工具或其他具相当价值之动产,而用途系有别于该等交通工具或动产本身原定之用途者,处最高一年徒刑,或科最高一百二十日罚金。二、如公务员在无特别基于公共利益之正当理由下,将公有金钱作有别于法律所定之公用用途者,处最高一年徒刑,或科最高一百二十日罚金。"这一条规定的内容与贪污,挪用公款等行为实质上并无差异,但由于刑罚较低而未被纳入清洗黑钱罪上游犯罪的范畴,是值得商榷的。

顺应国际社会对于反清洗黑钱的立法趋势，同时，也是为了加强与其他国家或地区反清洗黑钱的刑事司法互助与合作。

（二）将自我清洗黑钱的行为明确为清洗黑钱罪的实行行为

1. 澳门清洗黑钱罪中的自我清洗黑钱行为

澳门刑法理论对于自我清洗黑钱行为的认定也存在一些争议，主要是在澳门《预防及遏止清洗黑钱犯罪》修改之前，是否将自我清洗黑钱的行为认定为清洗黑钱罪的实行行为，存在不同的观点。

有学者认为，从 1997 年制定的《有组织犯罪法》第 10 条“不法资产或物品的转换、转移或掩饰罪”到 2006 年颁布的《预防及遏止清洗黑钱犯罪》，澳门在洗黑钱罪的主体问题上，历来采用的是“肯定说”的观点，即洗黑钱罪的主体可以包括两类人，一类是“上游犯罪本犯”，另一类是“上游犯罪本犯”以外的其他人。①

其理由主要有以下几点：第一，根据法律条文的内容，《有组织犯罪法》和《预防及遏止清洗黑钱犯罪》规定的清洗黑钱罪的三种客观行为，依平义解释的方法，即可得出清洗黑钱罪的主体包括“上游犯罪的本犯”。第二，司法实践业已证明，澳门终审法院对前运输工务司司长欧文龙案件所作的判决表明，欧文龙在受贿后用受贿所得实施洗黑钱的行为，不仅独立构成了洗黑钱罪，而且与受贿罪一起予以并罚。第三，对于澳门特别行政区立法会第二常设委员会第 1/III/2006 号关于讨论《预防及遏止清洗黑钱罪》法案意见书的一段话进行了解读，②认

---

① 参见赵国强：《浅谈洗黑钱罪与上游犯罪可分性和不可分性》，载《澳门日报》2017 年 3 月 22 日，第 E6 版。

② 这段话是：“鉴于上游犯罪的行为人有可能被处以清洗黑钱的刑罚，现已对有关条文的适用范围作出限制，不伸展至非清洗黑钱犯罪的行为，因有关情况被认定为正常或自然的单纯利用不法利益的行为，而社会对之作出的谴责，已纳入上游犯罪的范围内。在刑法上，有关行为属正常或自然利用犯罪利益的情况，即相应于一般规定的犯罪动机，故称之为‘不处罚的事后行为’”。参见澳门特别行政立法会第二常设委员会第 1/III/2006 号关于讨论《预防及遏止清洗黑钱罪》法案意见书。

为“鉴于上游犯罪的行为人有可能被处以清洗黑钱的刑罚”这一表述可以说明“上游犯罪本犯”实施的后续行为只要符合洗黑钱罪构成要件的,就完全可以独立构成洗黑钱罪。

另一种观点,澳门特别行政区立法会第三常设委员会第3/V/2017号意见书指出:由于现行法律只是隐含地规范清洗黑钱的判刑是独立于上游犯罪,而自我清洗黑钱亦构成清洗黑钱罪,只要任何交换、资金流转的目的是掩盖犯罪的最终来源,无论该行为是由犯罪者本人还是由第三方进行;但不同检察官及法官对此法律有不同之理解,因而影响调查、检控及判刑之有效性。① 换言之,2006年的《预防及遏止清洗黑钱犯罪》只是没有明确规定自我清洗黑钱亦构成清洗黑钱罪,根据法律条文所表达的意思是可以进行认定的,只是由于司法实践中检察官和法官对于该问题并没有统一认识,才导致出现问题。

2. 评析

现阶段,对于澳门清洗黑钱罪中自我清洗黑钱的性质认定没有争议,即自我清洗黑钱的行为属于清洗黑钱罪的实行行为,实施上游犯罪的本犯属于清洗黑钱罪的犯罪主体。现在的问题是,在《预防及遏止清洗黑钱犯罪》修改之前,实施上游犯罪的行为人是不是清洗黑钱罪的行为主体。

笔者认为,应当以修改的法律文本内容为逻辑起点,依照法律解释的方法进行分析。因此,笔者倾向于澳门特别行政区立法会第三常设委员会第3/V/2017号意见书的观点,认为修改之前的法律只是隐晦地表明自我清洗黑钱亦构成清洗黑钱罪,但是不同检察官及法官对此法律有不同之理解,因此出现争议。修改之后的法律明确、直接地指出自我清洗黑钱亦构成清洗黑钱罪。

2006年的《预防及遏止清洗黑钱犯罪》第3条第2款规定:“为掩饰利益的不法来源,或为规避有关产生利益的犯罪的正犯或参与人受到刑事追诉或刑事处罚,而转换或转移该等利益,又或协助或便利有关将该等利益转换或转移的活动者,处二年至八年徒刑。”修改后的《预

① 参见澳门特别行政区立法会第三常设委员会第3/V/2017号意见书。

防及遏止清洗黑钱犯罪》第3条第2款规定:“为掩饰利益的不法来源,或为规避有关产生利益的犯罪的正犯或参与人受刑事追诉或刑事处罚而转换或转移本人或第三人所获得的利益,又或协助或便利该等将利益转换或转移的活动者,处最高八年徒刑。”从上述法律条文中,可以看到以下变化:

第一,修改后的《预防及遏止清洗黑钱犯罪》将“该等利益”修改为了“本人或第三人所获得的利益”,直接把“该等利益”模糊的表述变为清晰明确的“本人或第三人所获得的利益”,这就直接把上游犯罪的犯罪者明确规定为清洗黑钱罪的主体,纳入惩罚范围。修改后的《预防及遏止清洗黑钱犯罪》直接、明确地将实施上游犯罪的行为人认定为清洗黑钱罪的行为主体,拓宽了清洗黑钱罪的行为主体,有助于遏制大量存在的上游犯罪的行为人进行清洗黑钱犯罪活动,同时,可以起到减少分歧,形成统一认知的作用,从而为打击自我清洗黑钱犯罪活动提供有效的法律武器。

第二,刑罚幅度的变化。在最高8年有期徒刑没有改变的情况下,修改后的《预防及遏止清洗黑钱犯罪》取消了最低二年有期徒刑的限制。笔者认为,这一改变是在自我清洗黑钱的行为归入清洗黑钱罪的实行行为之后,由于加入了上游犯罪的行为人,基于人性弱点的考虑以及行为人的期待可能性问题,行为人自我清洗黑钱的行为纳入清洗黑钱罪的刑事处罚的范围,已经可以被认定为犯罪行为了,因此,对于行为人由于自我清洗黑钱行为构成清洗黑钱罪的,在符合条件时可以在二年有期徒刑以下进行量刑处罚。因此,根据刑罚幅度的变化,反映出立法者对自我清洗黑钱行为直接明确纳入清洗黑钱罪实行行为之后的一种倾向,对自我清洗黑钱者构成清洗黑钱罪的给予相对较轻的刑罚处罚,既考虑到人性弱点和行为人期待可能性的问题,又可以对实施上游犯罪的行为人实施一定的刑罚处罚,起到打击犯罪的功能。

(三)明确规定将清洗黑钱罪与上游犯罪分别独立认定

修改后的《预防及遏止清洗黑钱犯罪》在清洗黑钱罪与其上游犯

罪的认定上进行了明确区分与独立认定，主要包括两方面的内容。

修改后的《预防及遏止清洗黑钱犯罪》第3条第4项规定：即使产生利益的符合罪状的不法事实在澳门特别行政区以外地方作出，又或即使作出该事实的所在地或正犯的身份不详，仍须就第2款及第3款所定犯罪进行处罚。第6项规定：无须先对产生利益的犯罪的正犯判刑，方证实和证明所获得的利益的不法来源。

这样做，把清洗黑钱的犯罪与上游犯罪独立开来，分别对待：上游犯罪没有在澳门特别行政区实施，或者是上游犯罪实施的地点或者正犯不能认定，仍然可以认定为清洗黑钱犯罪。法官在审理清洗黑钱犯罪的案件时，可以在不等其上游犯罪的案件作出生效判决，只要能够认定黑钱来源即可对清洗黑钱犯罪进行审理。

上述规定主要是为了解决清洗黑钱罪司法实践当中出现的问题。第一，根据司法机关提供的资料，许多从可疑交易报告引发的调查个案最终归档，主要是由于没有充分的证据证明上游犯罪的存在。另外，在许多情况下，即使已经取得证据能够证明上游犯罪的存在，部分检察官的意见却是必须等待上游犯罪被起诉之后方可对清洗黑钱罪提出检控。第二，澳门特别行政区大部分的清洗黑钱犯罪所涉及的上游犯罪都是在澳门特别行政区以外的地方产生的，因此，证据的收集在很大程度上依赖于刑事司法互助。现阶段，大量的清洗黑钱活动调查个案最终被归档处理，原因就是没有能够从海外对口单位取得证据证明上游犯罪的存在。第三，根据全球清洗黑钱活动的交易趋势，具体清洗黑钱的人往往与罪犯没有关系，只是作为清洗黑钱犯罪分子的工具进行清洗黑钱活动以获取利益。在这方面，澳门作为内地和葡语系国家之间的主要桥梁，为了确保澳门特别行政区的经济健康发展和地区形象，有必要打击此类活动。① 因此，修改后的《预防及遏止清洗黑钱犯罪》对此进行了明确规定，即使有部分而不是充分的证据能够证明上游犯罪的存在，或者是上游犯罪没有被起诉判刑的清洗黑钱犯罪案件，符合条件的，也可以被提起检控。这一规定意味着检察机关只要可以认定黑钱的不法来源，就可

① 参见澳门特别行政区立法会第三常设委员会第3/V/2017号意见书，第9页。

以对清洗黑钱犯罪案件进行检控，而不必等待认定上游犯罪确实存在以及进行起诉判刑，这样就可以缩短清洗黑钱犯罪案件的办案时间，减轻检察机关的办案压力，可以更有效地打击清洗黑钱的犯罪活动。

（四）其他方面的修改

修改后的《预防及遏止清洗黑钱犯罪》除了对清洗黑钱罪本身进行了扩容之外，还对其他方面进行了修改，主要包括以下几个方面。

第一，明确了对清洗黑钱罪加重情形的处罚规定。第 4 条第 2 款规定：产生利益的符合罪状的不法事实为第 3/2006 号法律《预防及遏止恐怖主义犯罪》第 6 条、第 6 – A 条及第 7 条，第 17/2009 号法律《禁止不法生产、贩卖和吸食麻醉药品及精神药物》第 7 ~ 9 条、第 11 条及第 16 条或《刑法典》第 153 – A 条及第 262 条规定的任一事实。如果行为人实施了上述规定的行为类型，那么，对于行为人的处罚会出现加重情形，即行为人会在 3 ~ 12 年有期徒刑的范围之内进行量刑，如果是一种符合罪状的不法事实，那么所科处的刑罚不得超过对产生有关利益的符合罪状的不法事实所定刑罚的最高限度。如果有关利益是来自两种或两种以上的符合罪状的不法事实，则刑罚的最高限度为各符合罪状的不法事实中刑罚最高者。

第二，明确了对清洗黑钱负有防范和监督义务的主体范围和义务内容，强调对被管理者实际开展的业务进行监督，有助于对清洗黑钱实施监管的政府机关开展工作。就义务主体的角度而言，2006 年的《预防及遏止清洗黑钱犯罪》规定的主体有受澳门金融管理局监管的实体，尤指信用机构、金融公司、离岸金融机构、保险公司、兑换店及现金速递公司；受博彩监察协调局监管的实体，尤指经营幸运博彩、彩票及互相博彩的实体，以及娱乐场幸运博彩中介人。修改后的《预防及遏止清洗黑钱犯罪》规定：所从事业务受澳门金融管理局监察的实体，尤指信用机构、金融公司、离岸金融机构、保险公司、兑换店及现金速递公司；所从事业务受博彩监察协调局监察的实体，尤指经营幸运博彩、彩票或互相博彩的实体，以及娱乐场幸运博彩中介人。就义务内容而言，加强对合同订立人、客户以及幸运博彩者实施客户尽职审查措施,尤其是在辨识身份的义务上,包括识别和核实身份的义务。将举报清洗黑钱可疑活动的义务延伸至有关活动实施未遂的情况,无论其金额为何。

第三,增加了若干法律条文,目的是为刑事警察机关提供充足的调查工具以追查和收集与清洗黑钱犯罪修改的证据等内容,包括:为了预防实施清洗黑钱犯罪,根据法官的批示许可或者命令可以对银行账户进行管制。实施银行账户管制时,银行以及其领导人、职员、合作人须就所知悉事项进行保密。信用机构的公司机关成员与雇员,或向该等机构提供服务的人如果实施行政违法行为,可以实施罚款,构成犯罪的可以按照虚假资料罪进行刑事处罚等。

四、结　　语

澳门特别行政区对于清洗黑钱犯罪的修改,不仅大大拓展了清洗黑钱犯罪的上游犯罪,而且还将自我清洗黑钱的行为认定为符合清洗黑钱犯罪的实行行为,增加了清洗黑钱犯罪的主体范围,同时把清洗黑钱罪与上游犯罪的认定相对独立开来,以便更好地打击清洗黑钱犯罪活动,这些修改具有重要意义。内地刑法可以在合理借鉴的基础上,结合内地的现实情况,对洗钱犯罪进行适当的修改。笔者认为,我国洗钱罪可以在以下方面进行借鉴。

第一,从洗钱罪上游犯罪的范围来看。现阶段,我国基本上已经建立起以《反洗钱法》为中心,多层次、全面地预防和打击洗钱犯罪活动的法律体系,①这一体系,以《刑法》第191条规定的洗钱罪为重点,再加上相关的行政法规、规章以及政策文件。根据我国《刑法》第191条的规定,洗钱罪的上游犯罪包括“毒品犯罪、黑社会性质的组织犯罪、恐怖活动犯罪、走私犯罪、贪污贿赂犯罪、破坏金融管理秩序犯罪、金融诈骗罪”七大类型的犯罪。但是,首先,“惩治洗钱

---

①　参见皮勇、张启飞:《互联网环境下我国洗钱犯罪立法问题及完善》,载《青海社会科学》2016年第2期。

犯罪,不仅是为了预防和制裁清洗黑钱行为本身,同时也是为了预防和制裁其上游犯罪的需要”。① 如果对洗钱罪的上游犯罪进行不必要的限制,缩减上游犯罪的范围,就会出现放纵若干类型的洗钱行为,不利于打击洗钱犯罪活动。而且,我国是《联合国打击跨国有组织犯罪公约》《联合国反腐败公约》这两个重要的国际条约的缔约国,也是金融行动特别组织的成员国,这些国际组织规定的洗钱罪上游犯罪的范围大大超过我国洗钱罪的范围,现阶段我国洗钱罪上游犯罪范围相对狭窄,不利于我国履行打击洗钱犯罪活动的国际义务和维护负责任大国的国际形象。因此,我国对洗钱罪的上游犯罪应当进行适当扩容。扩充洗钱罪上游犯罪的范围,一方面可以加大打击洗钱罪的力度,减少犯罪现象的发生,规范国家金融管理秩序与活动;另一方面也符合反洗钱国际组织的要求。

第二,根据我国刑法的规定,上游犯罪的本犯不能成为洗钱罪的行为主体,从刑法理论上来看主要是上游犯罪的本犯实施的洗钱行为属于不可罚的事后行为。但是,由于我国洗钱犯罪活动面临严峻复杂的形势和与国际社会的交流合作不断深入,也不少学者认为不应该把上游犯罪的本犯排除在清洗黑钱罪的行为主体之外。有学者认为,我国应当扩大洗钱罪的主体范围,将实施上游犯罪的行为人纳入洗钱犯罪主体犯罪之列,主要理由如下:将上游犯罪的主体纳入洗钱犯罪主体之列,并不必然违反“不可罚的事后行为”理论;将上游犯罪的主体纳入清洗黑钱犯罪主体之列,符合司法经济原则;将上游犯罪的主体纳入洗钱犯罪主体之列,符合国际立法潮流。② 因此,可以考虑在适当时机把自我洗钱的行为纳入洗钱罪的实行行为,将实施上游犯罪的本犯认定为洗钱罪的行为主体。

---

① 王新霞、马晨:《刍议洗钱罪的上游犯罪范围》,载《西部法学评论》2012 年第 5 期。

② 参见胡隽:《清洗黑钱罪刑事立法的反思与完善——以〈联合国反腐败公约〉为视角》,载刘明祥、冯军主编:《金融犯罪的全球考察》,中国人民大学出版社 2008 年版,第 420 ~421 页。

Study on Expansion of Money Laundering Crime in Macao

Li Hongjiang & Duan Peng

[内容摘要]2017年澳门特区修改《预防及遏止清洗黑钱犯罪》。这次修改,是为了应对清洗黑钱犯罪活动发生的新变化,稳定本地区金融秩序和经济秩序的需要,也是遵循反清洗黑钱国际组织的建议和要求,积极履行国际义务的需要,同时,也是解决反清洗黑钱司法实践中问题的需要。这一次的修改大幅度增加了清洗黑钱罪上游犯罪的数量,将自我清洗黑钱的行为明确为清洗黑钱罪的实行行为,把实施上游犯罪的本犯明确为清洗黑钱罪的行为主体,明确规定将清洗黑钱罪与上游犯罪分别独立认定。同时,还增加了若干其他规定。澳门反清洗黑钱的经验值得参考与借鉴。

[关键词]清洗黑钱罪;扩容;上游犯罪;自我清洗黑钱

Abstract: In 2017, Macao revised and re-published "Prevention and Deterrence of Money Laundering Crimes". This time the law was revised in order to respond to new changes in money laundering criminal activities and to stabilize the financial and economic order in the region. The recommendations and requirements of the organization require the active fulfillment of international obligations, as well as the need to resolve issues in judicial practice against money laundering. The amendment has greatly increased the number of predicate crimes of money laundering, making self-money laundering an act of money laundering, making the criminal who committed the predicate crime the subject of money laundering, and clearly stipulating that Independent identification from upstream crimes. At the same time, several other provisions have been added. Macao's anti-money laundering experience is worthy of reference.

Keywords: money laundering crimes; expansion; preliminary crimes; self laundering

〔刑事执行法〕

我国农村社区矫正队伍建设问题研究*

吴宗宪** 张 威***

目 次

一、我国农村社区矫正工作的特点
二、我国农村社区矫正队伍建设存在的问题
三、对我国农村社区矫正队伍建设的建议

社区矫正作为一种非监禁刑罚执行措施,不但能够提升对社区服刑人员的教育矫正质量,使其更好地融入社会,而且符合国际上刑罚轻缓化、行刑社会化的基本趋势,已经成为衡量刑事司法文明进步的重要标志。我国从2003年开始开展社区矫正试点工作,十多年来已经有了较大发展,但是,目前的社区矫正工作还存在较大的城乡差异。农村地区的地理环境、经济发展状况、管理体制、人文环境以及农村社区的发展状况等,导致农村社区矫正工作在呈现自身特点的同时也存在较多问题。其中,农村社区矫正队伍建设已经成为制约农村社区矫正工作

* 本文是吴宗宪主持的国家哲学社会科学基金项目“中国社区矫正规范化研究”(12BFX040)的成果之一。

** 北京师范大学刑事法律科学研究院教授,博士生导师。

*** 郑州轻工业大学政法学院讲师,法学博士,北京师范大学刑事法律科学研究院犯罪与矫正研究所兼职研究员。

顺利开展的突出问题。因此,深入探讨农村地区社区矫正队伍建设问题,提出相应的对策建议,对于顺利推进农村地区社区矫正工作具有重要意义。

一、我国农村社区矫正工作的特点

目前,在多种因素的影响下,农村社区矫正工作呈现一些较为突出的特点,这些特点对于农村地区社区矫正工作的开展具有多方面的影响。

(一)农村社区服刑人员特征复杂

1. 数量较多。我国农村地区社区服刑人员数量较多,在社区服刑人员总数中占有较大比重。我国是一个农业大国,农业人口众多,截至2018年,我国农村人口比重仍高达40.4%。[①] 同时,由于我国农村户籍人口整体文化水平相对较低,法律意识也相对较弱,所以其犯罪率也相对高于城市户籍人口。受此影响,农村地区的社区服刑人员不仅数量多,而且所占比重也更大。据统计,截至2017年1月,我国现有社区服刑人员702,708人,其中农村户籍502,610人,占总人数的71.5%。[②]

2. 分布较广。首先,我国农村地区面积巨大,导致农村社区服刑人员分布较广。据统计,我国农村地区的面积达6,454,568平方公里。[③] 将这个数据与502,610名农村社区服刑人员相除,平均每平方公里仅有0.08人。同时,每个单位的社区服刑人员也是很少的。我国农村社

① 数据来自中华人民共和国国家统计局网:http://data.stats.gov.cn/easyquery.htm? cn=C01,2019年3月28日访问。

② 参见司法部社区矫正管理局:《司法部社区矫正管理局简报》2017年第8期。

③ 参见中华人民共和国国土资源部:《2016年中国国土资源公报》,载http://www.gov.cn/shuju/2017-05/04/5190904/files/c1e7f8c031f940afa330756645d6b638.pdf,2019年11月21日访问。

区最基层的单位是村,目前我国大约有 260 多万个自然村,①平均每村仅有社区服刑人员 0.19 人。其次,从人口居住情况看,我国农村地区普遍地广人稀,村落分布较为分散,乡镇与乡镇之间、村与村之间距离较远,偏远山区和西部地区更是如此。农村社区服刑人员分布范围广泛的特点意味着对每个社区服刑人员开展社区矫正工作的成本很高。

3. 流动性大。我国正处于社会快速转型时期,整个社会的人口流动性较大,而数量巨大的农民工又是流动性最大的人口群体之一。为了获得较多的收入,过上较好的生活,很多农村户籍的人员离开户籍地到城镇务工或者自主创业,导致"人户分离"的现象普遍存在。虽然他们在户籍上仍然属于农村居民,但是,在实际上,他们中的很多人已经在城镇生活与工作。同时,到城镇打工或者创业的农民工稳定性较差,很难长期在一个地方。因此,当他们因为犯罪而成为社区服刑人员之后,这种流动性大大增加了在农村地区开展社区矫正工作的难度。

(二)农村社区矫正工作基础薄弱

与城市地区相比,农村社区矫正工作的基础更加薄弱,这突出地表现在两个方面。

1. 农村社区矫正工作"先天"基础较弱

(1)自然环境和生活工作条件较差。首先,农村地区的自然条件恶劣。农村地处偏远地区,有很多甚至处于山区,这些地方自然环境恶劣,交通十分不便。其次,农村地区生活条件恶劣,主要表现为经济社会发展水平较低,教育、医疗、商业、娱乐休闲等方面的资源较为匮乏,生活方式较为单调枯燥。最后,农村地区工作条件恶劣。农村地区经济发展滞后,导致农村地区的各种工作条件都相对恶劣。无论是工资收入、社会保障还是职业发展前景,都相对弱于城市地区。

(2)思想观念存在问题。首先,与城市地区相比,农村地区社会文

---

① 参见李麦产:《论新型城镇化背景下的乡镇功能转换》,载《湖湘论坛》2017 年第 1 期。

化发展相对落后,乡土观念浓厚,法制观念相对薄弱。[1] 相对来讲,我国农村地区还是以血缘、地缘和亲缘关系为主导的传统熟人社会,农村居民的法制意识和观念仍然较为淡薄。其次,与城市地区相比,农村地区的重刑主义思想较为严重。重刑主义思想在我国传统法律文化中由来已久。[2] 虽然宽严相济已经成为我国的基本刑事政策,但是在法制较为落后的农村“杀人偿命,犯罪坐牢”这种朴素的报应刑观念仍然较为普遍。

法治观念落后及重刑主义思想严重会导致农村居民对社区矫正认识不足,进而会在一定程度上阻碍社区矫正工作的开展。一方面,他们可能会对社区服刑人员怀有歧视和排斥态度,使社区服刑人员非常容易产生被孤立感和自卑感,从而难以融入社区接受教育改造;另一方面,社区矫正的重要之处就是要整合社区的资源和力量来对服刑人员进行矫正,没有社区居民的积极参与,社区的资源难以被完全调动,难以发挥社区矫正应有的作用和功能,从而导致难以达到理想的社区矫正效果。

2. 农村社区矫正工作“后天”基础建设缓慢

(1)社区建设比较滞后。我国农村社区建设虽然经历了十多年的历程,但是由于农村问题的复杂性和多样性,目前仍处于试点探索阶段。[3] 当前,我国新型农村社区建设滞后,还存在较多的问题。这些问题主要表现为:政府职能错位导致农民在新型农村社区建设中的地位被忽视;农村居民的公民意识淡漠,对社区公共事务漠不关心,缺乏对社区文化的认同;自发形成的服务型社区组织较少,原有的社区组织职能转变不到位;社区管理人才缺乏;缺乏有效的资金投入。[4] 农村社区

---

① 参见郭健、田兴洪、周艳红:《我国农村社区矫正的现状、问题及对策研究》,载《刑法论丛》2014年第3期。

② 参见胡学相、周婷婷:《对我国重刑主义的反思》,载《法律适用》2005年第8期。

③ 参见倪咸林:《我国农村社区建设的现状与前瞻》,载《中国民政》2016年第9期。

④ 参见孙杰:《新型农村社区建设面临的问题与对策》,载《安徽农业科学》2016年第3期。

建设的滞后最终会造成社会资源和社会力量的缺乏。

(2)司法所建设问题较多。首先,办公业务用房建设不足。据统计,截至2016年年底,我国“十二五”政法基础设施司法所规划项目建设的完成率仅为68.3%。[①] 其次,司法所设施装备不足。以交通工具为例,根据统计,全国司法所汽车拥有量为7618台,所均只有0.2台;摩托车总数11,639台,所均0.3台。[②] 需要注意的是,这些数据包括了城镇司法所的数据,如果单独统计农村基层司法所的情况,结果更是差强人意。最后,其他办公设备的配备也严重不足。在实际开展社区矫正工作过程中,除了交通工具外,还需要大量的办公设备,如执法记录仪、定位设备,但是,这些设备的配备在农村地区还严重不足,一些较为偏远的乡镇司法所甚至连一台办公电脑都未配备。[③]

(三)农村社区矫正工作规范性差

农村地区的社区矫正工作普遍存在规范性较差的问题。首先,从工作内容来看,农村社区矫正工作的内容较为单一,工作面狭窄。我国社区矫正工作的基本内容主要包括三个方面,即监督管理、教育矫正和帮困扶助,规范化的社区矫正工作应当兼顾这三个方面。但是,由于多种因素的制约,农村地区的社区矫正工作往往只能做到监督管理,防止不出现脱管、漏管、再犯罪等情况,而其他两个方面的内容难以开展到位甚至无暇顾及。社区矫正不仅仅是在社区内对这些服刑人员进行监管,还要利用社区的环境和整体资源,以及社区的各种力量来对其进行教育矫正,帮助其改掉行为恶习和改善不良的心理,从而帮助其顺利回归社会。因此,只能做到监管和控制显然没有达到社区矫正工作的要求。

---

① 参见司法部基层工作指导司司法所工作指导处:《2016年度司法所工作发展报告》,载《人民调解》2017年第5期。

② 同上。

③ 例如,笔者2017年在四川省调研时发现,有少数司法所办公条件较差,并未配备办公电脑。

其次,从工作方式看,农村社区矫正工作的工作方式还较为粗糙,业务开展不规范。由于农村地区的人力、物力和环境条件的制约,在农村地区的社区矫正工作中普遍存在工作方式单一、工作方法简单粗糙、业务运行不够规范统一等情况,城市地区使用的很多工作方法在农村地区使用较少,在很大程度上难以达到规范化要求。

(四)农村社区矫正工作者工作繁重

按照我国现行的规定,我国农村社区矫正工作者实际承担的工作种类繁多,任务量大。从我国大部分农村地区的情况来看,社会工作者数量极少,社会志愿者群体存在稳定性差、素质不高等问题,因此,农村地区社区矫正工作的任务主要落在司法助理员身上,这最终导致农村地区司法助理员的实际工作任务极其繁重。

首先,工作职能种类繁多。司法部1996年6月24日发布的《关于加强司法所建设的意见》规定,司法所及司法助理员承担8项职能:(1)协助基层政府开展依法治理工作和行政执法检查、监督工作;(2)指导管理人民调解工作,参与重大疑难民间纠纷调解工作;(3)指导管理基层法律服务工作;(4)代表乡镇人民政府(街道办事处)处理民间纠纷;(5)组织开展普法宣传和法制教育工作;(6)组织开展对刑满释放和解除劳教人员的过渡性安置和帮教工作;(7)参与社会治安综合治理工作;(8)完成上级司法行政机关和乡镇人民政府(街道办事处)交办的其他有关工作。最高人民法院、最高人民检察院、公安部和司法部2003年7月10日发布的《关于开展社区矫正试点工作的通知》中规定,"街道、乡镇司法所要具体承担社区矫正的日常管理工作"。因此,目前的乡镇司法所及司法助理员至少承担着9项工作职能。在实际履行这9项职能过程中,还需要面对很多细小的工作内容和问题。这虽然是基层司法所的共性问题,但是在农村的地理和工作环境下,这一问题就显得尤为突出。

其次,实际工作任务量大。由于管理体制等方面的影响,司法助理员实际承担的工作任务更多,工作量更大。这是因为,按照我国现有的管理体制，乡镇司法所大多实行的是以县（区）司法局管理为主的双重管理体制。[①] 也就是说，乡镇司法所一方面要在县司法局的领导下开展工作，另一方面还要接受乡镇政府安排的相关工作，社区矫正工作者经常被乡镇政府抽调参加乡镇政府的管理性工作，普遍存在人员在编不在岗、在编在岗但身兼多职的现象。[②] 这些因素会使原本就存在工作人员少、工作条件恶劣等问题的乡镇司法所难以全面有效开展社区矫正工作，有的甚至难以完成基本的工作任务。

（五）不同区域差异明显

我国农村的社区矫正工作存在较为明显的区域差异。社区矫正工作的区域差异不仅存在于城市与农村之间，也存在于不同的农村区域之间。农村区域之间的差异主要表现为，对社区矫正较为重视、经济较为发达的农村，社区矫正工作做得较为细致，并形成了一定的特色，例如“枫桥模式”；[③]而那些条件差的地区则较为落后，难以有效地开展全面的社区矫正工作，甚至难以完成基本的工作任务。形成这种地域差异的原因是多方面的，不同地区经济社会发展水平的差别、人员素质的差别、法治观念的差别等，都有一定的影响作用。

---

① 据统计，截至2016年年底，全国共有司法所40,371个，其中实行以县（区）司法局管理为主的双重管理体制的司法所34,962个，占总数的86.60%。参见司法部基层工作指导司司法所工作指导处：《2016年度司法所工作发展报告》，载《人民调解》2017年第5期。

② 参见缪文海：《社区矫正队伍正规化建设研究》，载《辽宁警察学院学报》2016年第2期。

③ 在农村地区，社区矫正中最有代表性的是“枫桥模式”。该模式是浙江省枫桥镇在社区矫正试点工作中，将“枫桥经验”管理“四类分子”（四类分子指20世纪40～70年代，对地主分子、富农分子、反革命分子和坏分子这四类人的统称）的经验进行深化和创新，因地制宜地提出了矫正对象的“5＋1”监管模式，即从社区司法员、社区民警、驻村指导员、村责任人和矫正对象家属5个方面来确定、落实具体的监管人员。参见何韬：《“第三部门”缺失语境下我国农村社区矫正模式——安徽省杜集乡社区矫正实证分析》，载《北京青年政治学院学报》2013年第3期。

二、我国农村社区矫正队伍建设存在的问题

在上述因素的影响下,我国农村社区矫正工作面临着巨大的挑战和多方面的问题。其中,农村社区矫正的队伍建设成为农村社区矫正工作需要面对和解决的首要问题,具有一定的紧迫性。当前,农村社区矫正队伍建设除了存在我国社区矫正工作中普遍存在的共性问题,例如,执法身份和权限缺乏、存在安全风险等之外,还面临着一些由其自身特征决定的突出问题。

(一)司法所工作人员队伍力量薄弱

按照社区矫正工作有关规定和工作实践,乡镇司法所工作人员是农村社区矫正工作的主要承担者,但是,乡镇司法所专职工作人员队伍还较为薄弱。

1. 人员数量有限

目前,乡镇司法所社区矫正专职工作人员严重缺乏。这主要表现在两个方面:一方面,工作人员总数较少。从实际情况看,由于乡镇司法所工作人员总数较少,乡镇司法所中"一人所"(只有一个属于政法专项编制的专职工作人员)"二人所"(只有两个属于政法专项编制的专职工作人员)的现象非常普遍,甚至有的乡镇是"无人所"(没有一名属于政法专项编制的专职工作人员),司法所的工作由乡镇的其他工作人员兼任,例如,在一些地方,司法所所长由综合治理办公室主任等人员兼任。截至 2016 年年底,按照政法专项编制的分配情况划分,无人所 3027 个,占 7.50%;一人所 14,269 个,占 35.34%;二人所 14,156 个,占 35.07%;三人所 8919 个,占 22.09%。[①] 另一方面,工作人员的增加速度与社区服刑人员的快速增长不相匹配。以江西为例,该省

---

① 参见司法部基层工作指导司司法所工作指导处:《2016 年度司法所工作发展报告》,载《人民调解》2017 年第 5 期。

2010年、2014年和2016年的调查显示，这期间全省的社区服刑人员增长率达439.3%，而同期司法工作人员的增长率仅为14.93%，远低于社区服刑人员的增长速度。[①] 上述因素致使司法所工作人员与社区服刑人员的比例较低，有的地方基层政法专项编制人员数与在册社区服刑人员数的比例竟低至1∶80。[②]

2. 人员流失严重

司法所社区矫正专职人员力量薄弱的另一个重要原因就是专职队伍稳定性差，人员流失严重。以江西省为例，在司法所工作人员中，从事社区矫正时间在一年以下的最多，占30.82%；特别是接手社区矫正工作1~2年后的青年工作人员流失比例最高。[③] 这主要有三方面的原因：首先，乡镇司法所工作人员的待遇低、工作环境差、工作任务重，这些情况不仅严重影响了他们的工作积极性，也难以留住工作人员。其次，升职空间小。乡镇司法所的工作人员的升职途径较少，在司法所岗位上升职难度较大，这使司法所工作人员流向升职机会较多的工作岗位。最后，乡镇司法所的工作人员大都是年轻人，而且存在相当比例的女性工作人员，她们面临着成家的问题，特别是女性工作人员成家之后往往会离开原来的居住地，这一原因也间接造成了人才的流失。

（二）司法所工作人员队伍结构不合理

要构建一支优秀的社区矫正工作队伍，不仅要有足够数量的工作人员，还要有结构合理的工作队伍。但是，我国农村社区矫正队伍结构还存在较大的不合理性。

---

① 参见江西省司法厅课题组、沙闻麟：《关于基层社区矫正队伍建设的探索与思考》，载《中国司法》2017年第2期。

② 参见徐祖华：《关于进一步加强县级以下社区矫正机构队伍建设的若干思考》，载《中国司法》2016年第8期。

③ 参见江西省司法厅课题组、沙闻麟：《关于基层社区矫正队伍建设的探索与思考》，载《中国司法》2017年第2期。

1.性别结构不合理

从性别结构看,乡镇司法所工作人员队伍中女性工作人员占比较高,很多的"一人所"都是只有一个女性工作人员,这非常不利于实际工作的开展。[①] 首先,从农村社区矫正工作的特点看,农村地处偏远地区,且地域广阔,无论从工作量方面考虑,还是从交通安全等因素考虑,男性工作人员都具有一定的优势。其次,从工作对象来看,社区矫正工作的对象是社区服刑人员,虽然总体而言他们的社会危险性较小,但是仍然具有一定的危险性。这些人是不同于普通守法公民的罪犯,在对他们开展社区矫正的过程中,他们对于社会、对于社区矫正工作者的危险性都是不容忽视的。而且,司法部2017年1月的统计资料表明,在社区服刑人员中,男性社区服刑人员占绝大多数(89%),而女性社区服刑人员数量很少(占11%)。[②] 因此,农村社区矫正工作的特点和社区服刑人员的性别构成都决定了社区矫正工作队伍的性别结构应当以男性工作人员占主体才相对合理。

2.年龄结构不合理

从年龄结构看,乡镇司法所社区矫正队伍普遍较为年轻。由于我国农村地区的社区矫正工作发展较晚,近几年才开始大量公开招聘,所以一线的工作人员大多是刚毕业的大学毕业生。队伍的年轻化有其一定的优势,如年轻人的可塑性强、有活力,具有较为先进的专业知识等。但是,过于年轻的年龄结构也存在非常明显的弊端。首要的弊端就是人员队伍不稳定。年轻人虽然在社区矫正机构工作,但是,很多人并未把这项工作作为自己的长期职业,一旦有更加合适的机会,他们就会离开目前的工作岗位,从而导致人才流失,使社区矫正队伍的人员流动性较大。其次,有可能出现工作态度不稳定的现象。年轻工作人员刚刚参加工作时积极性普遍较高,对工作有热情,但是,如果不能及时得到升迁,就有可能出现消极怠工、混日子,对工作赶过场、走形式,敷衍了

① 笔者2017年在四川省的调查数据显示,四川省乡镇司法所工作人员中女性工作人员占比72%。

② 参见司法部社区矫正管理局:《司法部社区矫正管理局简报》2017年第8期。

事的现象。最后,缺乏工作经验。这些年轻的工作人员虽然具有一定的专业知识和较新的工作理念和想法,但是普遍缺少一定的基层工作经验,在面对复杂的现实问题或者突发事件时,常常会显得束手无策,难以有效应对。

(三)农村社区矫正队伍职业保障不足

科学合理的职业保障,能够有效地促进工作队伍的职业化和稳定化。但是,农村地区的工作队伍经费保障和职业发展保障都明显不足。

1. 队伍建设经费不足

(1)经费保障不足。这主要表现在两个方面。首先,乡镇司法所工作人员的工资待遇偏低。基层司法所的工作人员虽然具有公务员编制,但是作为最基层的公务人员,其工资收入相对较低,与其实际承担的工作职责相比,差距更大。其次,工作经费紧张。农村地区的工作经费问题一直是一个较为突出的问题。工作经费的不足会在多个方面制约社区矫正队伍的发展,例如,难以购买必需的工作设备和专业性的社会服务。

(2)经费渠道单一。农村社区矫正经费保障渠道过于单一,间接导致了经费总量不足。当前的工作经费主要由县财政承担,虽然部分乡镇也会承担一些福利和工作经费,但是由于乡镇财政的实际状况差别较大,导致它们对于司法所的经费保障也有很大差别。社区矫正涉及社会的方方面面,不能仅仅把责任归到某一级政府部门,尤其在农村这种社区服刑人员数量多、工作条件差、任务重的地区,应当考虑从多方面筹集工作经费,从而确保社区矫正工作的顺利开展。

2. 个人发展较为困难

在个人职业发展方面,乡镇司法所工作人员的发展空间普遍较小,晋升往往困难。一方面,乡镇司法所的建制级别较低。据统计,截至

2016年年底,明确为副科级以上的司法所还不足一半。[①] 这就导致乡镇司法工作人员的发展空间有限。另一方面,乡镇司法所的队伍管理权并没有完全收归县司法局。还有不少司法所在人事管理方面,乡镇政府仍然发挥了很大作用。这两方面的情况都会影响司法所工作人员的职业发展,使他们的职位升迁受到多方面的制约,职级变动较慢,从而影响其工作热情。

(四)农村社区矫正队伍专业化程度较低

社区矫正工作是一项专门性的执法工作,对工作队伍具有较高的专业化要求。然而,乡镇司法所工作人员队伍普遍存在专业化程度较低的现象。

1. 专业化基础较弱

专业化基础较弱主要表现为文化素养参差不齐和专业背景单一。首先,乡镇司法所工作人员队伍存在文化素养参差不齐的情况,个别地区的个体差异还十分巨大。[②] 部分地区具有高等学校学历的人员数量不足。其次,乡镇司法所的社区矫正工作者往往具有法学专业的学科背景,这种状况不能完全适应社区矫正工作的需要。社区矫正工作的开展涉及多个学科的专业知识,例如,心理学、社会学、管理学等方面的知识和技能。按照相关要求,对社区服刑人员的矫正工作既包括基本的管理监督、就业培训指导,还包括心理矫正、行为矫治、困难帮扶等多个方面的内容,单一的学科背景很明显难以满足社区矫正工作的需要。这些因素一方面会导致对社区矫正工作认识的偏差和不足,另一方面会导致工作方法的欠缺和工作方式的不规范。这些都会影响社区矫正

---

① 截至2016年年底,明确为副科级以上建制的司法所19,310个,占总数的47.83%。其中,为正科级建制的司法所3603个,占总数的8.92%。数据参见司法部基层工作指导司司法所工作指导处:《2016年度司法所工作发展报告》,载《人民调解》2017年第5期。

② 参见江西省司法厅课题组、沙闻麟:《关于基层社区矫正队伍建设的探索与思考》,载《中国司法》2017年第2期。

工作的开展,难以保证社区矫正工作的质量。

2. 专业培训缺乏系统性

工作人员专业背景过于单一,专业化知识缺乏,文化素养参差不齐等问题的存在,迫切需要对他们进行系统化的培训,但是,目前乡镇司法所社区矫正工作队伍缺乏系统化的培训。首先,虽然社区矫正工作者在上岗前都会经过严格考试和一段时间的培训,但是,仅仅凭短时间的培训很显然难以达到社区矫正工作的要求。其次,尽管各个地区在工作人员上岗之后也都有不同的培训安排,但是还普遍存在两方面的不足。第一个方面是培训内容单一,大多是较为零碎的法律等方面的知识培训,缺乏其他方面的培训,也缺乏标准的教材与合格的师资。第二个方面是现有的培训时间明显不足。基层司法所工作人员往往忙于日常的监管和其他事务,难以有规律地参加定期培训学习,无法保证参加培训学习的时间,而不定期的、突击式的培训学习也难以保证学习的质量和效果。

(五)社区矫正辅助力量薄弱

社区矫正的辅助人员是协助具有法定职责的工作人员进行社区矫正活动的相关人员。我国社区矫正工作中的辅助人员主要为社区矫正社会工作者和社会志愿者。由于我国不少地方的农村社区发展不足,社会组织不健全,社区功能不完善,"第三部门"在众多农村地域中缺失,①所以,农村社区矫正工作中的社会工作者和社会志愿者都严重缺乏。

1. 缺乏合格的社会工作者

社区矫正的工作队伍除了司法所工作人员外,主要的力量就是社会工作者。社会工作者作为专业的全日制工作人员,能够起到重要的辅助作用。社会工作者参与社区矫正工作的模式一般是政府购买公共服务或者聘用合同制的社会工作者。其中,政府购买公共服务的对象

---

① 参见何韬:《"第三部门"缺失语境下我国农村社区矫正模式——安徽省杜集乡社区矫正实证分析》,载《北京青年政治学院学报》2013 年第 3 期。

主要是社会组织、社会团体等,具体到社区矫正工作则主要是向社会工作事务所、心理咨询公司等进行购买。这些社会组织和聘用的社会工作者具有较为专业的知识和技术,他们的参与不仅能够增加社区矫正专职工作人员的人数,也能提升社区矫正工作的专业化水平。

但是,在不少农村地区,严重缺乏可以从事社区矫正工作的合格社会工作者,大部分乡镇社会工作者的参与度偏低。这主要是由三个方面的原因造成的。首先,这与我国目前专职社区矫正社会工作者队伍发展不足且发展不平衡的现状有关。据统计,截至2017年年底,北京市专职社区矫正社会工作者881人,居全国之首,但配比率仅为26.3%;有些省份或地区的配比率远远低于平均值。① 其次,受经济社会发展水平等客观因素的制约,农村社区发展不完善,社会组织严重匮乏,导致农村地区普遍缺乏合格的社会工作者。相对于城市社区,农村社区的社会组织成长缓慢。无论在发育程度、数量还是种类方面,均无法满足农村社区公共服务发展对社会组织的实际要求。② 这直接导致了农村地区缺少接受过相关专业高等教育并具有一定实务工作经验的社会工作人员。最后,经费保障不足也是社会工作者缺乏的重要原因。经费保障薄弱一直是制约着农村社区矫正发展的重要因素,主要表现在社区矫正经费保障标准偏低,经费保障渠道不畅,专项资金地方配套难以落实。③ 农村社区矫正工作经费保障的不足,也使乡镇司法所难以聘请社会工作者从事社区矫正。

另外,已经聘任的社会工作者也存在较多的问题。首先,在已经实施聘任的地区中,普遍存在招录门槛低且随意,人员综合素质整体偏低

---

① 参见司法部社区矫正管理局:《2012－2017年全国社区矫正工作统计分析报告》,法律出版社2018年版,第16页。

② 参见范杰武、宋洋:《农村社区政府购买公共服务的现状、问题及对策》,载《安徽行政学院学报》2015年第2期。

③ 参见郭健、田兴洪、周艳红:《我国农村社区矫正的现状、问题及对策研究》,载《刑法论丛》2014年第3期。

的状况。① 还有个别县(市、区)仅仅是解决地方就业需求,甚至招录小学、初中文化的人员,缺乏基本的法律知识和工作理念。② 其次,因为这些聘任人员没有公务员编制且工资待遇很低,导致这些人员的流动性十分大,队伍极不稳定。

2. 社区矫正志愿者队伍严重匮乏

在社区矫正工作中充分利用志愿人员开展相关工作,是社区矫正工作中得到普遍重视的内容,也是社区矫正工作发展的应有内容和必然趋势。③ 社会志愿者的加入,可以缓解社区服刑人员对矫正机关的抵触情绪,能够帮助他们更好地融入社区,回归社会。

与城市地区相比,农村地区的社区矫正社会志愿者严重缺乏。这主要表现在下列方面:第一,可以作为志愿者的人员较少。担任志愿者的人员,一般大多具有这样两个方面的条件,一是经济条件较好,衣食无忧;二是具有社会责任感和奉献精神。在广大的农村地区,具备这两个条件的人员较少。第二,缺乏志愿者组织。由于农村地区经济、社会和文化方面的发展水平较低,大部分农村地区并没有建立志愿者组织,社区矫正机构很难通过它们来使用志愿者。第三,志愿者不具有典型性。典型的志愿者应当是普通的农村居民。然而,目前农村地区社区矫正社会志愿者大多是农村的群众自治组织的成员或者其他的行政人员,例如,村委会工作人员、治安网格员、驻村干部等。这就导致实际参与到社区矫正中的所谓志愿者带有浓厚的行政色彩,特别是一些乡镇单位的领导也作为志愿者,这些志愿者更多来自行政安排,行政色彩在很大程度上掩盖了"农村第三部门"中的志愿性这一特征。④ 这种带有

① 参见缪文海:《社区矫正队伍正规化建设研究》,载《辽宁警察学院学报》2016 年第 2 期。

② 参见鲁兰、王雪玲:《社区矫正中心建设专题调研报告》,载《中国司法》2017 年第 6 期。

③ 参见吴宗宪、蔡雅奇、彭玉伟:《社区矫正制度适用与执行》,中国人民公安大学出版社 2012 年版,第 40 页。

④ 参见何韬:《"第三部门"缺失语境下我国农村社区矫正模式——安徽省杜集乡社区矫正实证分析》,载《北京青年政治学院学报》2013 年第 3 期。

行政色彩的社会志愿者很难达到理想的工作效果。另外,虽然农村社区服刑人员的亲属也常常作为社会志愿者参与到社区矫正中,但是很明显,这种参与也难以实现社会志愿者的功能,更难以完全替代社会志愿者的作用。

三、对我国农村社区矫正队伍建设的建议

我国有广大的农村地区,农村社区矫正工作的得失成败已经成为制约中国社区矫正工作大局的"瓶颈"。[①] 基于农村社区矫正工作的特点和队伍建设存在的问题,应当注意从多方面改善和发展农村地区社区矫正工作队伍。

(一)通过立法促进正规化发展

1. 科学立法

应当通过科学立法促进农村地区社区矫正队伍的正规化建设。通过 2011 年修改《刑法》和 2012 年修改《刑事诉讼法》,我国在这两个法律中对社区矫正做了明确规定,但是,这些规定极为简单,没有涉及队伍建设方面的具体内容。应当通过制定社区矫正法,对社区矫正队伍的问题作出具体规定,从而促进整个国家社区矫正队伍的发展,并且以此推动农村地区社区矫正队伍的建设。在制定社区矫正法时,应当注意科学立法,考虑到我国广大农村地区的实际情况,作出科学合理的规定。例如,在社区矫正法中规定队伍建设方面的内容时,应当考虑在司法所管理体制、工作人员准入门槛、职业保障、人员管理等方面作出明确、合理的规定,从而为农村地区社区矫正队伍的建设确立基本的法治框架,确保农村社区矫正工作队伍建设工作的健康发展。

---

① 参见张旭光:《社区矫正框架下的农村社区建设刍议》,载《农学学报》2012 年第 9 期。

2. 关注差异

要关注农村地区存在的差异，通过科学立法赋予农村地区一定的自主权限。也就是说，在设立统一制度的同时，还需要适当赋予地方、特别是农村地区一定的工作灵活性。城乡社区矫正工作在很多方面是存在差异的，这主要是因为：一方面，我国城乡之间社会经济发展差异较大，导致城乡在工作设施、工作条件以及工作环境方面存在一定的差异；另一方面，城乡之间还存在一些更深层次的差异，这些差异体现在生活习惯、思维方式等精神文化层面，这些因素会导致农村社区矫正工作在工作方式、方法上会与城市地区有所不同。上述原因造成很多适用于城市地区的标准和制度不一定适用于农村地区。因此，很有必要赋予农村地区一定的灵活度，允许农村社区矫正机构结合自身情况设定某些具体的标准和制度。

（二）建立科学的队伍建设保障机制

建立科学的队伍建设保障机制，是社区矫正队伍建设职业化、正规化发展的必然要求。应当从多方面建立农村地区社区矫正队伍建设的保障机制。

1. 合理增加编制数量

合理增加乡镇司法所社区矫正专职人员的编制数量，是解决人员缺少的根本办法。只有吸收更多的优秀人才加入农村社区矫正队伍中来，才能有效地解决人员缺少的问题，也才能逐渐培养一批业务熟练、知识丰富，有实践经验的专职队伍。应当按照农村现有的社区服刑人员数或者每个乡镇司法所的年平均社区服刑人员数来合理增加司法所专职人员编制，使专职人员与社区服刑人员的人数比增加至较为合理的范围。只有这样才能缓解乡镇司法所的工作压力，同时也有助于建立合理的后备干部梯队，确保“后继有人”，确保不存在人员“断层”，确保不出现因为人员断层而导致工作断层的问题。

2. 充分保障队伍建设的经费

队伍建设的经费保障是队伍建设的重要方面。队伍建设的经费主要用于以下几个方面:工作人员的工资、工作人员的培训费用、工作人员的办公条件改善、聘用社会工作者、购买社会公共服务等。与城市地区相比,提高农村地区社区矫正队伍建设的经费保障标准,具有一定的紧迫性,能够有助于解决很多重要问题。首先,充裕的经费保障能够促进现有工作人员的工作积极性。其次,充裕的经费保障能够吸引更多优秀人才的加入,促进队伍的快速发展壮大。最后,充裕的经费保障能促进一线工作人员安心工作,确保工作的延续性和队伍的稳定性。

应当在下列方面改善农村地区社区矫正队伍建设的经费保障。首先,增加政府财政的投入。增加政府财政的投入应当采取各级政府分担社区矫正经费的做法。国外一般采取由不同层次的政府部门分担社区矫正费用的做法。这样做一方面可以在维护社会治安方面做到责任分担,使各级政府部门都承担起维护社会治安的责任,而不是把这样的责任仅仅推给某一级政府部门;另一方面,也可以鼓励地方政府努力做好社区矫正工作,鼓励他们通过创造性工作获得上级政府部门的资助,从而产生用有限的资金发挥更多效益的效果。[①] 在我国,刑罚执行经费采取政府部门分级负担的做法。以监狱为例,绝大部分监狱由省级财政负担经费;对于一些省级财政困难的地方,采取支付转移的方式,由中央政府负担一部分经费。随着社区矫正工作的发展,必将大大分流有可能进入监狱的一些罪犯(例如,通过宣告缓刑不让罪犯进入监狱服刑),也有可能使一些在监狱服刑的罪犯及早从监狱出来(例如,假释一部分罪犯),这样,就可以节省用于监狱的经费,由此节省的经费应当用于社区矫正工作。同时,考虑到监狱经费主要由省级财政负担,县级财政各地状况差别较大,因此,社区矫正工作的经费的主要部分,应当由省级财政负担。其次,拓宽资金筹集渠道。应当努力争取税收优惠、折抵等制度,鼓励社区矫正机构从其他社会组织、企业、个人等来源吸收资金;对于给社区矫正机构捐助经费的,可以折抵税款。

3. 多渠道促进个人的职业发展

个人的职业发展对每个工作人员来说都具有重要的意义。明确一

---

① 参见吴宗宪:《社区矫正比较研究》,中国人民大学出版社2011年版,第73页。

线工作人员的职业发展方向和渠道,不但能够激励他们努力工作,增加其积极性,更为重要的是能够为其指明努力的方向,从而增加工作的主动性。具体可以从以下三个方面着手。第一,要注重对一线员工的锻炼和培养。一方面,注重让一线人员在实践中积累经验,在不断的学习中增长才干,为其提升打牢基础;另一方面,还要帮助他们规划职业成长的路径,为其提升指明方向。第二,建立科学的考核和激励制度。科学的考核制度能够确保工作质量和成效,有效的激励制度能够调动工作人员的工作热情和积极性。第三,拓宽一线工作人员的发展渠道,为优秀的乡镇社区矫正工作者提供更大的发展空间。具体操作上,除了考虑建立专门的社区矫正工作序列职称晋升机制以外,还应当允许和鼓励他们晋升至相关部门,例如,可以推荐其到公检法等单位的相关部门。从长远来看,这有利于这些相关部门对社区矫正工作的了解和支持,从而能够促进部门间的相互配合。

(三)多方面提升队伍整体素质

农村社区矫正队伍的整体素质是工作队伍专业化发展的关键,应当从招录、培训等方面进行全方位提升。

1. 通过招录环节进行提升

在农村司法所工作人员的招录问题上,应当严格要求,同时也要合理平衡队伍结构。具体来说,首先,应当制定较为优厚的农村社区矫正人才引进政策,鼓励、吸引优秀的专业人才到农村地区从事社区矫正工作。这样做能够在一定程度上缓解农村地区人才缺乏的问题。其次,要制定严格的招考条件和要求,力争从进口就做好把关工作,以便真正能够把那些既具有一定的专业知识,又愿意投身农村社区矫正事业的优秀人才招录进来。最后,应当根据农村社区矫正工作的形势和特点,适当下放编制审批权限,使这些地方能够有针对性地招录人才。招录环节是人才引进的第一个环节,也是解决队伍结构不合理的关键环节。各个县或者乡镇司法行政部门,可以根据自身的特点和现状,通过设置一定的报考或者考核要求来平衡队伍的结构,如专业背景、工作经历,甚至是性别。

2. 通过多样化的培训方式进行提升

培训是增加专业知识技能和交流工作经验的重要途径，应当根据农村社区矫正的特点，采取多样化的培训方式进行素质提升。农村社区矫正工作人数多、任务重，大多数时候连自身的本职工作都自顾不暇，难以抽出时间参加一定时间的脱岗培训，因此应当注重采取多种方式进行培训。例如，可以采取集中学习与单独学习相结合的方式进行素质提升；可以将专家学者“请进来”，到基层、到乡镇进行面对面的指导培训，也可以充分利用各种网络平台优势，进行定期的网络教学培训。

3. 通过丰富培训内容进行提升

社区矫正工作是一项需要综合运用多种学科知识和技能的工作，因此，必然需要开展内容丰富的专业培训。为了不断更新社区矫正工作者的专业技能和知识，基层司法所应当积极组织进行社区矫正工作者参加各种专业培训。第一，司法行政系统内部要系统化地开展内容丰富的专业技能培训。培训的内容要尽量涵盖所有与社区矫正相关的专业知识内容，如心理学、法学、社会学、管理学等。另外，还应当邀请监狱、法院、检察院以及公安机关等实务部门的工作人员进行一些实务培训。第二，还需要大力支持一线工作者自己参加社会上组织的各种专业知识培训，鼓励他们考取相应的资格证书，如心理咨询师、社会工作者职业水平考试等。只有这样，才能逐步实现农村社区矫正队伍的专业化、高素质化和科学化。

（四）探索创新工作模式

农村的地理和社会经济文化条件决定了农村的社区矫正无法直接适用北京、上海等大城市的成功模式。同时，农村地区间的差异也必然要求各个地区要根据自身特点进行积极探索创新，不能简单地学习模仿其他地区的工作模式。

1. 探索建立临时派出增援机制

临时派出增援机制，是指根据不同乡镇司法所的实际情况，从人员较为宽裕的地方向人员较为紧张的地方临时派出增援人员，从而及时缓解人员缺乏的问题。现实中，不同乡镇的社区服刑人员数量在某些时候是存在较大差异的。那么，在这一时间段内，就可以灵活地进行统筹安排，有针对性地向人员严重缺乏的乡镇司法所临时增派人员。具体来说就是，由市级、县级甚至省级司法行政机关根据实际情况，向服刑人员较多的乡镇司法所临时派出工作人员，或者在某一时间段内由服刑人员数量较少的乡镇向较多的乡镇进行临时增援，当矫正任务完成或者社区服刑人员数量减少时，这些临时派出或者增援人员可以回到原来的工作岗位。

2. 探索建立基层轮岗制

基层轮岗制是指可以建立制度，定期安排上级部门工作人员或者存在相关业务关联的兄弟部门到乡镇司法所进行短期轮岗或者基层锻炼。相对于临时派出增援人员，基层轮岗具有更多的好处。首先，设立基层轮岗制可以在一定程度上缓解农村社区矫正工作人员缺乏的问题。其次，上级社区矫正部门的工作人员到基层进行轮岗或锻炼，能够帮助他们更好地了解基层社区矫正的实际情况，掌握一手的资料，从而能够更好地制定政策或制度，有针对性地帮助解决实际困难。最后，定期选派或借调相关兄弟部门，如法院、公安机关、检察院工作人员到社区矫正岗位进行短期的轮岗或基层锻炼能够增强这些部门对社区矫正工作的认识和理解，有利于司法行政机关与这些部门之间的衔接配合。

3. 探索建立片区制

片区制，是指基于乡镇司法所的实际情况，依据一定的标准和规则将两个或多个乡镇司法所划分为一个工作片区联合开展社区矫正工作。探索建立片区制可以适度缓解社区矫正队伍人员缺乏、工作开展困难的问题。在实际的工作实践中，已有不少县和乡镇开始探索通过建立片区制来解决人员缺少的问题，并且已经取得了一定的成效。这种方法有一定的可取之处，能够解决很多实际工作中的困难问题，如执法人员不够、缓解安全风险等。因此，鼓励农村司法行政机关建立片区制度将会是农村社区矫正工作一个有益的尝试。

(五)加大社区矫正辅助力量建设

以司法行政机关执法工作者为核心、社会工作者为辅助、社会志愿者为补充的“三位一体”的社区矫正工作队伍,是建立职业化、专业化和社会化的社区矫正队伍的基本保障。在做好司法行政机关社区矫正工作者队伍建设的同时,还需要大力加强农村社区矫正辅助力量。

1. 努力建立社会工作者队伍

社会工作者队伍作为专职执法人员的辅助力量,能够帮助他们处理很多事务,在社区矫正工作中具有非常重要的作用。首先,社会工作者的加入能够有效缓解专职人员缺乏的问题。虽然社会工作者的岗位性质大多为公益性岗位,由政府通过购买公共服务的形式设立,但是他们仍然是专职的工作人员,能够辅助司法所的执法人员开展大量的具体工作。其次,社会工作者队伍具有丰富的专业化知识,能够缓解司法所专职工作人员的专业性不足的问题。相对于司法所执法人员的招录,社会工作者的聘用较为灵活,这样就可以根据本地区的社区矫正存在的问题和不足进行招募,从而有针对性地解决问题。

具体来讲,可以从以下几个方面开展农村社会工作者队伍建设。首先,基层政府要大力引导农村社会组织和民间社团的健康发展。农村社会组织的蓬勃发展,不仅可以极大地完善社区的各种功能,而且能够为政府购买社会服务打下坚实的基础。其次,积极开展社会工作宣传和教育,培养一批专业化的农村社会工作人才。第一,要广泛宣传农村社会工作人才队伍建设的方针、政策,以及普及社会工作的相关知识。第二,要在此基础上积极引导和鼓励有志于社会工作的人员参加专业培训、学习专业知识,参加相关的资格考试。第三,还要通过多种渠道对上述获取工作资格的人员进行定期的教育培训,使他们真正成为一支规范化、专业化的社会工作者队伍。最后,建立长效的经费保障机制。将购买社会公共服务的经费纳入农村财政预算的制度化、常态化保障范围。充足的经费保障不但可以增加聘任的社会工作者的人数和购买社会公共服务的力度,同时可以给予他们合理的待遇,促进社会工作者队伍的稳定性和工作积极性。

2. 大力发展社会志愿者队伍

社会志愿者队伍作为重要的社区矫正辅助力量具有其独特的优势和作用。首先,社会志愿者的身份能够很容易被社区服刑人员信任并接纳,从而有助于工作的开展。其次,社会志愿者具有不同的知识背景,能够弥补专职工作人员专业知识单一的缺陷。最后,社会志愿者来自不同的行业,能够为社区矫正工作带来不同的社会资源。

在农村社区矫正工作中大力发展社会志愿者队伍应当从以下几个方面着手。第一,在农村地区大力倡导志愿者精神,营造良好的志愿服务氛围。这是基础性的工作,只有具备了培育志愿者的土壤和氛围才能进一步发展社会志愿者队伍。第二,完善农村社区矫正志愿者管理办法。通过规章制度明确志愿者的进出程序、工作职责和工作纪律等。第三,定期对志愿者进行专业素养培训。对志愿者进行专业知识和工作方法的培训能够提升志愿者的专业素质,从而有助于他们更好地开展工作。第四,充分利用农村地区的"熟人社会"特征,注重将与社区服刑人员存在纽带联系的人员作为志愿者吸收到社区矫正中来。第五,拓宽农村志愿者的吸收渠道。除了当地的老党员、退休干部以及服刑人员的亲朋好友外,还应当注重从不同行业、不同领域中招募志愿者,这样才能有助于动员社区的各种资源和力量。第六,给予志愿者一定的经费保障。志愿者虽然从事的是志愿活动,但是开展工作必然需要一定的交通、餐饮、保险、通信等基本的开销。因此,有必要多方面筹措资金,给予社会志愿者必要的补助和权益保障。

Research on the Team Construction for Community Corrections in Rural Areas

Wu Zongxian & Zhang Wei

[**内容摘要**]在我国城乡发展存在巨大差距的背景下,农村社区矫正工作不仅具有自身特点,也面临着一系列问题。其中,农村社区矫正队伍建设中存在的问题尤为突出,主要表现为公职人员数量少、任务

重,职业保障不足,专业化程度低,社区矫正辅助力量严重缺乏等。这些问题已经成为制约农村社区矫正工作发展的重要障碍。为了应对这些问题,需要通过多种方法促进农村社区矫正队伍向正规化、职业化、专业化和社会化方向发展;同时,还要创新工作模式,开创具有农村特色的社区矫正工作模式。

[**关键词**]农村;社区矫正;队伍建设

Abstract: In the context of the huge gap between urban and rural development in China, rural community corrections not only has its own characteristics, but also faces a series of problems. Among them, the problems existing in the team construction of rural community corrections are particularly prominent, which are mainly due to the fact that the number of public servants is small, the tasks are heavy, the job security is insufficient, the degree of specialization is low, and the auxiliary power of community corrections is seriously lacking. These problems have become an important obstacle to the development of rural community corrections. In order to cope with these problems, we need to promote the team development of rural community corrections in the direction of standardization, professionalism, specialization and socialization by various ways. At the same time, we need to innovate the working mode and create a rural community corrections mode.

Keywords: rural area; community corrections; team construction

〔犯罪学与刑事政策〕

犯罪化 vs 非犯罪化：焦点争议梳理与探究*

朱笑延** 张 旭***

目 次

一、缘起：犯罪化与非犯罪化之争的由来
二、回放：犯罪化与非犯罪化之争的焦点
三、评判：犯罪化与非犯罪化之争的透视
四、镜鉴：犯罪化与非犯罪化之争的启示
五、结语

从新中国成立到现在，我国刑法经历了由“政策法”到刑法与单行刑法并存再到以修正案为主要修改方式的后刑法时代。① 特别是自1997年《刑法》颁布以来，我国刑法已经出台十个修正案，在以增设新罪、扩充旧罪为核心的修法模式下，中国刑法犯罪化问题受到学界的空前关注，同时形成了以犯罪化理论和非犯罪化理论为代表的观点分歧。

---

* 本文系吉林大学学术名家自由探索计划“信息化时代背景下的公民个人信息保护研究”的阶段性成果。

** 吉林大学法学院刑法学博士研究生。

*** 吉林大学法学院教授、博士生导师，吉林大学犯罪治理研究中心主任。

① 参见陈兴良：《回顾与展望：中国刑法立法四十年》，载《法学》2018年第6期。

有学者认为“刑事立法的实质就是犯罪化和非犯罪化”。[①] 如果沿着刑事立法的轨迹去探寻刑事法治的归途,那么对犯罪化与非犯罪化之争进行全面的梳理、分析与评价,对于明晰刑事立法的未来走向至关重要。

一、缘起:犯罪化与非犯罪化之争的由来

自新中国成立以来,犯罪化立法是我国刑法变动的主旋律。在这样的背景下,以刑法修正案为变动模式、以犯罪圈扩张为发展趋向的密集立法活动受到学界的广泛关注,并逐渐发展为具有中国本土特色的犯罪化立法研究。这种研究态势总体表现为:我国的犯罪化立法实践既得到了以犯罪化理论为代表的合理化解读,又受到了以非犯罪化理论为代表的多维度质疑。虽然犯罪化立法的实践与理论在当下掌握了主要的话语权,但是非犯罪化理论的主张亦不能被忽视。

所谓犯罪化,是指刑法通过增设新罪、拓展旧罪的方式不断扩大刑事制裁范围的立法趋向。我国早期的犯罪化理论以储槐植教授为代表,他在1989年提出,我国刑法需要进行一定程度的犯罪化立法,从而实现由“厉而不严”到“严而不厉”的规范配置转型。[②] 随着中国逐步进入社会转型期以及犯罪化立法实践的不断发展,以回应社会转型需要、破解社会治理难题、发挥刑法积极功能为主旨的犯罪化理论研究也逐渐深化。在这一时期,犯罪化理论以扩大犯罪圈和提倡能动的刑法立法观为核心主张。其核心观点是:面对转型中国复杂的社会治理需要以及刑法法网疏漏、刑罚严苛的内部配置现实,刑法亟须通过犯罪化的方式积极承担社会治理任务、实现罪刑均衡配置。因此,犯罪化既符合社会治理与社会控制的需要,也是中国语境下立法进步和法治规律

---

① 参见方泉:《犯罪化的正当性原则——兼评乔尔·范伯格的限制自由原则》,载《法学》2012年第8期。

② 参见储槐植:《严而不厉:为刑法修订设计政策思想》,载《北京大学学报(哲学社会科学版)》1989年第6期。

的体现，以犯罪化理论为代表的积极刑法立法观具有深刻的中国社会基础和鲜明的时代变革精神。① 需要提及的是，近年来的犯罪化理论逐渐分化为“积极犯罪化”和“稳健犯罪化”两种观点，前者依然主张能动的、积极的刑法立法观，并希望重构我国的立法模式和惩戒体系；后者则吸收了公民自由保护、刑法谦抑性、刑法的合宪性调控等主张，认为刑法应该执行稳妥的犯罪化立法策略，确保犯罪圈在合理的限度之内适度扩张。

非犯罪化，是指将迄今为止作为犯罪处罚的行为在刑法上不作为犯罪，不予以处罚。我国非犯罪化的理论研究可以追溯到20世纪90年代。② 随着《刑法修正案（八）》以及《刑法修正案（九）》的出台，非犯罪化理论对于频繁化、扩张性刑事立法的反思研究也渐成体系。相比于犯罪化理论对刑法扩张的肯定，这一时期的非犯罪化理论旗帜鲜明地肯定刑法限缩和刑法理性的价值。这种犯罪圈限缩的观点将中国的犯罪化立法实践作为批判样本，将公民自由、刑法谦抑、刑法独立、刑法经济主义等传统刑法的本质精神作为核心主张，并试图以遏制犯罪化扩张的立场和提倡非犯罪化实践的方式实现刑法的理性化、科学化发展。非犯罪化理论认为，我国犯罪化立法实践受到情绪化的干扰，违背了刑法的谦抑性，侵害了公民的行动自由。未来的刑事立法应该停止犯罪化的脚步。③ 值得一提的是，近年来，持非犯罪化理论观点的学者相对淡化了“扩张抑或限缩”的立场之争，而是承认犯罪圈扩张的必然性和预防刑法的不可避免性，并以合宪性和谦抑性等原则为论证基点，

---

① 这一时期犯罪化理论代表性成果可参见周光权：《积极刑法立法观在中国的确立》，载《法学研究》2016年第4期；卢建平、刘传稿：《法治语境下犯罪化的未来趋势》，载《政治与法律》2017年第4期；梁根林：《刑法修正：维度、策略、评价与反思》，载《法学研究》2017年第1期。

② 早期非犯罪化理论代表性成果可参见黎宏、王龙：《论非犯罪化》，载《中南政法学院学报》1991年第2期。

③ 这一时期非犯罪化理论代表性成果可参见刘艳红：《我国应该停止犯罪化的刑事立法》，载《法学》2011年第11期；于志刚：《刑法修正何时休》，载《法学》2011年第4期。

主张对刑事立法的扩张进行适度的限制和调整,防范犯罪圈扩大对于法治的解构,①这与稳健犯罪化的理论外观极为相似。

尽管犯罪化理论、非犯罪化理论各具特色,但这两种理论在本质上仍是在犯罪圈划定的维度内讨论刑事立法问题。在这样的研究背景下,犯罪化与非犯罪化之争是否能完全还原我国刑事立法的实然样貌,代表刑事立法的应然发展方向?刑事立法的归宿究竟是择一去一的选择,还是需要在犯罪化理论与非犯罪化理论之外进一步探索?以刑事立法为视角,我们不难发现,在犯罪化与非犯罪化之争的背后,各种理论虽然形成了多维的理论争鸣和全面的意见交换,但对于刑事立法实质问题的研究尚存一些不足。与此同时,刑法也需要暂时放下不断扩张的脚步,充分审视立法环节存在的一些问题。因此,无论是出于对犯罪化与非犯罪化之争的理论回应,还是立足于刑事立法科学发展的实践需求,我们均有必要对犯罪化与非犯罪化之争进行"透过现象看本质"的理论剖析。

二、回放:犯罪化与非犯罪化之争的焦点

中国的犯罪化理论与非犯罪化理论虽在犯罪圈划定模式上与西方的理论模型总体一致,但在具体争议上却有着独特鲜明的本土化色彩。西式的犯罪化论争往往从立法实践和刑法哲学两个维度进行纵深探讨,而中国的犯罪化与非犯罪化之争更注重立法当中具体问题的回应,甚至诸多关于犯罪圈的讨论采用以外在争议反映内在立场的论证方式。因此,从这些立场和观点当中找出争议点所在,是全面理解犯罪化与非犯罪化之争的前提。

---

① 代表性成果如何荣功:《预防刑法的扩张及其限度》,载《法学研究》2017 年第 4 期。

(一)安全维护与自由保护之争

在刑事立法的范畴内,犯罪化理论往往从论证安全秩序维护的必要性和优先性出发进行具体阐述。第一,在安全秩序维护的必要性上,犯罪化理论主要从社会转型语境与风险社会理论中寻找犯罪圈扩张的依据。目前,我国正在经历深刻而剧烈的社会转型,发展与风险并存成为当下社会一体两面的现实写照。在其他社会治理手段不能及时跟进并有效治理的情况下,刑法对社会转型的部分失范行为应有所作为。因此,晚近的刑法扩张,是对转型社会治理需要的必然回应。① 与此同时,风险社会的到来也对刑法提出了新要求。风险社会理论认为,社会变迁所带来的不安全感已超越了个体范畴,上升为社会整体的焦虑现象,并决定了预防导向的控制策略形成。② 在风险频出、问题频发的社会背景下,刑法需要通过频繁的犯罪化立法来满足市民的安全诉求,通过不断的刑法扩张来实现稳定的社会控制。因此,无论是社会转型的语境转换,还是风险社会的理念呼唤,刑法都应打破以往的被动姿态,积极地适应社会转型与理论更新。第二,在秩序维护的优先性上,犯罪化理论认为,刑法会赋予秩序价值更多的优先性,刑法只能在保护秩序的前提下不过多干预公民的自由。将秩序价值放在更为优先的位置,是立法者根据我国社会现实情况作出的审慎选择,要正确认识这种秩序优先的立法方式,正确理解刑法当中安全价值和自由价值之间的关系。③ 以恐怖主义犯罪的立法发展为例,犯罪化理论认为,目前严峻的反恐形势需要刑法进行主动调整,对于严重影响社会秩序和国家安全的恐怖活动,在传统刑法无法提供有效规制的情况下,刑法必须有所反

---

① 参见周光权:《转型时期刑法立法的思路与方法》,载《中国社会科学》2016 年第 3 期。

② See Urich Beck, *Critical Theory of World Risk Society: A Cosmopolitan Vision*, Constellations, 2009, pp. 4 - 5.

③ 参见黄晓亮:《论我国刑法修正的秩序价值优先性——以〈刑法修正案(九)〉为视角》,载《法学杂志》2016 年第 3 期。

应,必须采取超强硬措施和超常规手段打早打小、从严惩治。①

与犯罪化理论相对应,非犯罪化理论往往主张自由价值的核心地位。其一,社会转型与风险社会不必然形成刑法需求。非犯罪化理论认为,风险社会通常代表的是不确定危险观和泛安全观,将刑法调整的需要建立在模糊风险之上的做法值得商榷,风险社会理论不能在提倡安全价值的同时忽视刑法的自由价值。② 其二,非犯罪化理论秉承"自由只有为了自由本身才能被限制"的原则。具体而言,在自由与安全秩序的刑法价值位阶关系上,非犯罪化理论主张自由是法治国家的核心价值,而安全价值属于国家政治价值的范畴,刑法价值应与国家价值内外有别。在刑法的立法价值位阶上,安全价值应让位于自由价值,以安全之名侵自由之实是伤及公民自由的危险做法。以《刑法修正案(九)》第120条新增第6款规定的持有型恐怖活动犯罪为例,从公民自由的角度分析,这一立法举措值得商榷。原因在于一方面不能肯定持有人实施了相关犯罪,另一方面也不能充分推定行为人实施相关犯罪的可能,这种立法思路旨在通过将持有入罪打击恐怖主义和极端主义,是一种以威慑求安全的立法思维,也是一种对公民行为要求过多的立法策略。③

犯罪化理论与非犯罪化理论之间关于刑事立法价值判断和价值选择的论争尽管有所差异,但两者实际上均围绕着安全的价值保护或自由的价值坚守展开探讨。因此,前述争论可以概括为安全维护与自由保护之争。

(二)刑法前置与刑法谦抑之争

关于中国的犯罪化立法实践是否违反刑法谦抑性的讨论,犯罪化

---

① 参见郎胜:《我国刑法的新发展》,载《中国法学》2017年第5期。

② 参见刘艳红:《"风险理论"不能动摇刑法谦抑主义》,载《法商研究》2011年第4期。

③ 参见王志远:《〈刑法修正案(九)〉的犯罪控制策略视野评判》,载《当代法学》2016年第1期。

理论与非犯罪化理论同样交锋激烈。犯罪化理论认为,当下的刑法前置是在不违反刑法谦抑性的前提下对社会治理需要进行的有效回应。首先,在刑法前置与社会治理的关系上,犯罪化理论主张刑法出现的前置化姿态是社会治理的现实需要,而不是脱离刑法实践的刻意提前。在劳教制度废除后,与其忍受治安处罚力度不足、效果不好、权能膨大、缺乏监督等潜在风险,还不如通过"罪刑法定"的立法途径进行处理,以刑法前置的方式提升司法权,通过提升司法权进而限制警察权。犯罪化理论进一步认为,刑法的前置化并不是模糊刑法与民法和行政法的界限,而是严密刑事法网的需要。基于我国刑法"法网疏漏、刑罚严苛"的现实,通过犯罪化立法的途径弥补社会治理空缺,在一定程度上可以取得严密刑事法网、扩充犯罪圈的功效。① 其次,在刑法前置与刑法谦抑的关系上,犯罪化理论认为刑法前置与刑法谦抑性没有根本性矛盾。按照犯罪化理论的理解,贯彻刑法谦抑性主要在于降低刑罚量和实现轻刑化,而不是非犯罪化和非刑罚化,更不是制止犯罪化。相反,如果刑法不及时参与社会治理、放任行政权的扩大,反而会迫近刑法独立的边界,这才会真正地伤害刑法谦抑性。②

与犯罪化理论关于刑法前置合理化的表达相对应,非犯罪化理论对于刑法谦抑性亦进行了充分的论证。首先,非犯罪化理论主张,社会治理的需要并不意味着将刑法作为社会管理的常规手段,以立法扩张的方式过度介入社会治理是对刑法功能的滥用。③ 其次,刑法前置会弱化民法和行政法参与社会治理的积极性,使"刑法万能主义"和"重刑威慑主义"抬头。只要出现社会风险,在立法尚没有尝试民事和行政手段予以调整的情况下,就将刑法搬到社会治理的前沿,这不仅会助长动用刑法解决社会问题的思维惯性,还会弱化其他社会治理手段的

① 参见卢建平、刘传稿:《法治语境下犯罪化的未来趋势》,载《政治与法律》2017年第4期。

② 参见周光权:《积极刑法立法观在中国的确立》,载《法学研究》2016年第4期。

③ 参见杨柳:《释法抑或造法:由刑法历次修正引发的思考》,载《中国法学》2015年第5期。

积极性,导致其他社会纠纷解决机制功能的退化,影响国家的健康发展。最后,对具有杀伤性的刑法进行前置化使用将导致刑法与社会生活直接发生关联,一方面是刑法对扩张的无所顾忌,另一方面是公民生活逐渐受到刑法的干扰,刑法前置将存在妨碍公民自由的潜在风险。

在刑事立法与刑法谦抑性的关系上,犯罪化理论认为应通过积极的刑法前置解决刑法问题,非犯罪化理论则主张应将谦抑价值作为刑法底线。两种观点尽管思路不一,但都从属于刑法前置与刑法谦抑之争的范畴。

(三)回应性立法与情绪化立法之争

在晚近的犯罪化立法中,民意与舆论不断进入立法领域,成为立法论中褒贬不一的"X因素"。刑事立法频繁回应民意的做法究竟应如何评价,犯罪化理论与非犯罪化理论亦出现分歧。

犯罪化理论认为,应积极看待刑法通过犯罪化的方式回应民意。其一,从法社会学的角度看,立法受民意影响具有一定的必然性。由于政治等因素的存在,各国刑法都不能规避民意与舆论的影响。特别是民意在当下往往通过网络演化为舆论压力,面对舆论裹挟下的民意需要,立法者不仅不能完全回避,有时还要顺应民意。其二,立法有效获取民意的支持具有程序和实质的双重正义。在程序正义上,近年来刑事立法拓宽民意反映渠道、增强民意立法参与,这是立法民主化的体现。[①] 在实质正义上,当下刑法积极回应民生需求,体现的是一种民生刑法观。长期以来,国家本位的强势和个人本位的弱势使得民生问题的刑法表达长期处于低迷状态,而刑法积极回应民意有利于提升民生问题在刑事立法中的话语权。故刑法应积极研究民生犯罪现象,将危害民生的行为适当入罪,将民生类犯罪放在刑事立法的首要位置。[②]

---

①　参见赵秉志、袁彬:《中国刑法立法改革的新思维——以〈刑法修正案(九)〉为中心》,载《法学》2015年第10期。

②　参见夏勇:《民生风险的刑法应对》,载《法商研究》2011年第4期。

一言以蔽之，犯罪化理论认为刑事立法的民意成分不可避免且应予坚持。

与犯罪化理论的肯定性评价不同，非犯罪化理论从缘起、过程、效果三个层面对当前立法的民意处理进行了批判，并以“情绪化立法”作为对这一现象的否定性评价。在缘起角度上，非犯罪化理论认为，民意具有源于松散个体的随意性、因互联网普及而加剧的从众性等非理性特征。因而在源头上，受制于民的情绪化立法便存在科学性、逻辑性欠缺等问题。① 在民意转化为立法的过程当中，非犯罪化理论认为，立法者不仅未对民意进行有效的引导，在某种程度上还呈现对民意的顺从。以危险驾驶罪为例，民意与舆论相互成就——公检法三方面面相觑——立法者最终被迫妥协这样一个清晰的修法脉络显示出，危险驾驶的犯罪化更像一种受制于民意舆论压力的无奈，而不是立足于刑事立法本身的科学。② 在效果上，情绪化立法在实践中多转化为象征性立法。为照顾民众的“体感治安”，立法者有时会顺应民众的刑法需要、安抚国民的精神创伤，相应的刑事立法通常回应性较强、实效性不足，最终不可避免地沦为象征性立法，而欠缺实用性与实效性将成为刑法扩张的一种代价。③

尽管关于民意舆论能否进入并主导刑事立法的争论由来已久，但是犯罪化理论与非犯罪化理论还是在争论中形成了自身的逻辑特色与理论标识。犯罪化理论总体上肯定了“回应性立法”的积极作用，非犯罪化理论则从多个角度指出了“情绪化立法”的消极影响。

（四）刑法治理主义与刑法经济主义之争

关于刑事立法的评价标准问题，犯罪化理论认为，刑事立法的标准

① 参见刘宪权：《刑事立法应力戒情绪——以〈刑法修正案（九）〉为视角》，载《法学评论》2016 年第 1 期。

② 参见于志刚：《刑法修正何时休》，载《法学》2011 年第 4 期。

③ 参见刘艳红：《象征性立法对刑法功能的损害——二十年来中国刑事立法总评》，载《政治与法律》2017 年第 3 期。

应该围绕是否满足治理的需要展开。首先,犯罪化理论受到功利主义影响,在立法的评判标准中更注重立法的治理效益。犯罪化理论认为,在中国语境下,只要犯罪化立法发挥了治理的作用,就不能轻易否定其立法效益。通过犯罪化立法"入刑"所具有的强制性和震慑性,会起到一定的预防犯罪和治理犯罪的作用。如刑法将恶意欠薪入罪,通过威慑进行一般预防,实现对劳动者财产的保护,便是一种以入罪促进治理的体现。[①] 另外,犯罪化的立法方式有利于以刑事立法表达国家立场、进行价值引领,有利于发挥刑法对于维护社会主义核心价值观、规范社会生活的引领和推动作用。以危险驾驶罪为例,通过危险驾驶入罪,运用刑法独特的评价方式弥补行政手段处理的不足,引导公民培植良好的交通伦理,使公民逐渐接受"开车不喝酒,喝酒不开车"的文明理念,减少危险驾驶行为的发生。以治理为标准分析,将危险驾驶行为犯罪化是一种有效的立法选择。[②]

相反,非犯罪化理论则主要采用成本分析论的评价方式对犯罪化立法进行衡量与评估。非犯罪化理论主张,刑法并非一本万利,在入罪抑或去罪的过程中不仅要考虑刑法取得的效益,还应考虑刑法对社会资源的使用以及消耗情况。在对当前的立法实践进行评估时,要算一笔刑法的"经济账",重点在于刑法对社会资源的消耗而产生的经济成本。而刑法的经济成本在于刑法评价启动的高成本、刑罚处理办法的高负担、犯罪人与被害人的高花费等方面。非犯罪化理论关于这一问题的批判主要针对危驾入刑。非犯罪化理论认为,并未产生实害的危险驾驶行为只要入罪,就涉及刑法评价,国家与个人将为此投入巨大的刑法成本。并且,低门槛、严刑罚的犯罪化立法策略意味着将大量的醉驾者由社会场域转移至监狱系统,罪犯数量的激增将对监狱系统形成巨大的负担,最终,社会必将为这一入罪选择付出大量的社会资源和沉

---

① 参见付立庆:《平衡思维与刑法立法的科学化》,载《历次刑法修正评估与刑法立法科学化——纪念97刑法颁行二十周年研讨会》论文集,2017年10月,第211页。

② 参见臧铁伟主编:《中华人民共和国刑法修正案(九)解读》,中国法制出版社2015年版,第62页。

重的经济代价。[①] 因此,从刑法的经济成本角度出发,危险驾驶入罪是一种“昂贵”的立法选择。

关于刑事立法的评价标准之争,犯罪化理论主要从刑法的治理角度出发,肯定犯罪化立法的效果;而非犯罪化理论主要从刑法的经济成本着眼,否定犯罪化立法对于社会资源的过度使用。在刑事立法的评价标准上,犯罪化与非犯罪化之间的论争可以概括为“刑法治理主义”与“刑法经济主义”之争。

三、评判:犯罪化与非犯罪化之争的透视

从理论争议的角度看,犯罪化理论与非犯罪理论已经呈现较为鲜明的争议态势。但在争议之外,对犯罪化与非犯罪化之争的整体探讨还有待进一步深化。对此,我们有必要系统、完整地评价整个犯罪化与非犯罪化之争。

(一)犯罪化与非犯罪化之争的积极意义

第一,犯罪化与非犯罪化之争逐渐强化了科学、理性的刑事立法发展目标。无论是犯罪化理论还是非犯罪化理论,其模型构建均以实现刑事立法科学化、理性化为目的,这使我国刑事立法的改革主题进一步明确。并且,在这种目标的指引下,犯罪化理论逐渐融入了稳步、理性的立法观念,从而避免了犯罪化理论在无限制的扩张路径中演变为刑法扩张的理论工具。而非犯罪化理论则以法治和理性精神为视角,对犯罪化立法出现的种种问题不断进行警示和批判,这种批评本身就极大地升华了非犯罪化理论的学术价值和实践意义。无论最终争议结果如何,犯罪化理论与非犯罪化理论均值得刑事立法借鉴。

第二,犯罪化与非犯罪化之争推进了整个刑事立法研究的进程。

---

① 参见邢馨宇、邱兴隆:《刑法修改:轨迹、应然与实然——兼及对刑法修正案(八)的评价》,载《法学研究》2011 年第 2 期。

首先,犯罪化与非犯罪化之争突出了刑事立法在刑法研究中的地位。长久以来,我国刑法研究集中在解释学的场域中,对刑法的立法发展趋势缺乏理论上的及时回应和发展前瞻。近年来犯罪化理论与非犯罪化理论在刑事立法范畴内的激烈争论,推动着我国刑法学研究逐渐向立法学靠拢,刑事立法理性化、科学化、活性化等主题逐渐获得关注,对于刑法的整体构建具有指导意义的刑法理念问题和刑法哲学问题逐渐得到重视。其次,犯罪化与非犯罪化之争促进了刑事立法焦点问题的研究深入。通过争论,刑事立法的重点问题和难点问题均得到了充分的讨论,并在讨论中实现了深化。特别是前文梳理的四大争议焦点,不仅是犯罪化与非犯罪化之争的核心论据,更是我国刑事立法所不能回避的重要问题。从这个角度来看,犯罪化与非犯罪化之争对刑事立法焦点问题的认知深化与论证深入值得肯定。因此,对于犯罪化与非犯罪化之争,我们应看到两种争议理论的共性,应看到观点争议对于刑事立法实践所起到的积极效用。

(二)犯罪化与非犯罪化之争的不足检视

1. 争议中的对立过度

对于一个问题的争论,一定程度上的对立有益于意见交换和研讨深入,但过度对立则会影响理论对话的进一步展开。犯罪化与非犯罪化之争的对立过度主要表现为简单肯定与绝对否定以及过分强调己方立场、忽视对方观点的合理性。以最为激烈的安全与自由之争为例,部分犯罪化观点主张,刑法必须充分应对风险、维护社会安全,以自由优先指责安全价值带有一定程度的个人主观色彩。与此对应,非犯罪化理论一面将安全价值置于政治层级的高阁,一面在对自由价值优先的关注中忽视了对安全价值的进一步思考。在类似的论述中,犯罪化理论与非犯罪化理论从自身的论证逻辑出发,以己之立场审视彼之观点,以彼之错误回证己之正确,导致了对自身理论的过于肯定和对相反观点的过于否定。这种论争方式既减少了对反对观点合理性的思考和接纳,又弱化了对自身观点的进一步分析和完善,最终影响了对于问题本身的全面认识。

2. 犯罪化理论自身正当性基础的弱化

如前文介绍，犯罪化理论的特色在于其鲜明的问题导向和能动的刑法品格，但是，其对于社会治理的过度回应也导致了自身正当性论证基础的弱化。首先，犯罪化理论的正当性基础过于集中在回应社会需求的论述中。具体而言，犯罪化理论既将社会问题视作刑法进行犯罪化的实践背景，又将其作为支撑犯罪化的正当依据，部分犯罪化理论更是将回应社会问题的必要性作为刑事立法的唯一正当性。在这种论证方式的指导下，法律赖以生存的可预测性、稳定性、系统性等基本特征逐渐被犯罪化理论所忽视，而这些因素恰恰是法律正当性不能回避的基本命题。其次，将回应社会问题作为正当性基础进行论证的方式本身也值得商榷。犯罪化理论大多以“发现漏洞——填补漏洞”为其逻辑特征，这种思维导向虽然能为其意在解决的问题提供有益帮助，但“为了解决一个问题出现更多问题”的风险仍不能避免。在以此为指导的立法实践中，为了回应甚至是照顾社会问题，立法者的目光过于集中在具体问题上，造成了“总论虚置”、分则之间缺乏协调性的消极立法效果。① 最后，犯罪化理论忽视了对刑法伦理的进一步回应，与社会道德逐渐脱钩。从法与道德的关系上讲，在道德的可信度之内获得公众认同和刑法遵守，是刑法的应然走向。而扩张性的立法思维建立在未然、抽象的风险之上，如果刑法对于道德因素或选择性忽视、或刻意回避、或不加区分全盘接纳，它将失去来自社会的正当性支持，最终偏离其最初的预防目标。② 从近年来的研究成果来看，犯罪化理论已经注意到了其正当性基础弱化对其理论体系的影响，并尝试通过构建犯罪化理论的适度发展体系、对自由谦抑等价值进行进一步解读，甚至如非犯罪化理论一般抨击情绪化立法等方式进行理论纠偏。但是这种回

① 参见车浩：《刑事立法的法教义学反思——基于〈刑法修正案（九）〉的分析》，载《法学》2015 年第 10 期。

② See Paul H. Robinson, “Punishing Dangerousness: Cloaking Preventive Detention as Criminal Justice”, *Harvard Law Review*, 2001, pp. 1429 – 1444.

应更倾向于为推行犯罪化立法而服务,而不是从根本上解决犯罪化理论的正当性弱化问题,这也决定了犯罪化理论作出的补充更多是一种对于正当性弱化的缓解,而不是解决。

3. 非犯罪化理论对中国刑法实践的回应不足

与犯罪化理论不同,非犯罪化理论十分注重刑法逻辑和刑法正当性的构建,甚至从自由、谦抑、情绪化风险、刑法经济成本高昂的角度出发,坚决地阻遏犯罪化的立法脚步,这既是非犯罪化理论的优势与立场所在,也是限制非犯罪化理论进一步发展的理论弊端。究其原因,非犯罪化理论在充分关注逻辑理性的同时,忽视了其理论图景与中国刑事立法实践的联系,使非犯罪化观点成为中国刑事法治理论研究中的一座"理性孤岛"。

首先,非犯罪化理论对立法的理性要求缺少中国语境下的实践可能性。非犯罪化理论在逻辑上的极致追求和演绎上的鞭辟入里的背后,往往将刑法作为一个超时空的对象注入自由、谦抑、独立等理念,虽然其理论精神与法治社会的价值追求并无差别,但却忽视了实践语境下刑法外部环境和内部诸要素的互动,导致精致的逻辑推演无法有效衔接当下的立法现实,最终使非犯罪化理论与实践之间产生了疏离。[①]其次,非犯罪化理论未处理好传统刑法理论与中国语境的关系。在刑事立法的法治化进程中,对症下药地引入域外传统刑法理论的做法应值得提倡,但以西方法治实然结果批判中国法治应然进路的做法应尽量避免。在域外理论与中国语境的关系层面,非犯罪化理论受到了传统刑法理论特别是域外非犯罪化理论的影响,部分论述仍试图将域外稳定下来的法治图景嵌入中国自主发展的法治道路当中。诸如以自由价值的至上性为由排斥安全价值、将刑法排除于社会管理法之外等主张,均带有以域外法治理论模型解决中国实际问题的影子。从传统刑法理论的产生背景来看,西方国家与公民相对二元对立的社会架构实际上深度塑造了传统刑法理论中安全与自由、前置与谦抑之间水火不

① 参见姜敏:《系统论视角下刑法修正案犯罪化限制及其根据》,载《比较法研究》2017年第3期。

容的关系。而从中国刑事立法的实践基础分析，中国对于诸多二元对立的价值冲突采取的是一种渐进性、协调性甚至折中性的态度，中国刑法对于安全的积极追求对于实现公民自由具有一定的促进作用，在个人信息犯罪等领域，刑法还扮演着重要的社会治理和犯罪治理角色。因此，非犯罪化理论的法治要求虽然具有独特的理论价值，但这种理论毕竟对中国语境的实践性回应存在不足，一旦付诸实践，非犯罪化理论既有无法落实落地的担忧，又存在过分限制刑事立法的风险。

承前所述，如果按照犯罪化理论的思路指导未来的改良实践，那么我国的刑事立法将会陷入一个积极性有余、正当性弱化的不稳定状态。如果非犯罪化理论最终获得论战的胜利，那么其各项主张能否付诸实践亦存在疑问。因此，单极的犯罪化走向或非犯罪化走向都存在一些问题，亦不能与我国未来的刑事立法建设完全适配。此外，前文已提及，在犯罪化理论与非犯罪化理论的两极争论格局之外，已经有部分犯罪化理论和非犯罪化研究在吸纳对方观点的合理之处，主张相对稳健、适度的犯罪圈扩张模式。这种新理论虽在路径导向上有所开创，但仅是兼顾了相反观点的合理性，缺乏足够的话语支撑以及系统化的理论建构。究其原因，这些理论虽然发现了我国刑事立法实践的诸多问题，但是由于论争方式和论争思路等因素的影响，这些理论虽然能够触及问题的表面，但是对于刑事立法实质性问题的挖掘深度不够。也正是由于对这些实质问题的讨论不足，争议当中的理论图景与实践中的立法现实才出现了各种差异。

（三）犯罪化与非犯罪化之争的实质

若想实现对犯罪化与非犯罪化之争的全面理解，还需在热闹的论争当中做深层次的实质问题剖析。对此，有必要继续以争议焦点为思考进路，透过分歧的表象，进一步探究争议当中的实质性问题。

1. 刑法中自由与安全的关系

有学者将刑法的安全保护与自由维护之争评价为预防型刑法扩张

背景下的核心价值之争。[①] 本文亦认同这一争议是犯罪化与非犯罪化之争的核心。但随着国家安全理念全面进入刑法当中,自由价值随着时代发展越发得到重视,刑法不可能完全排斥安全价值,更不可能忽略自由价值,在实然和应然上,安全价值与自由价值均并行于刑法当中。相应地,安全与自由的争议重心也应由"对立取一"逐步过渡到"关系理顺"。因此,安全与自由之争的实质,并非安全价值或者自由价值何者应该放在刑法之内的问题,也不是安全价值与自由价值何者为刑法第一价值的问题。安全维护与自由保护之争的实质,是在刑法当中如何实现安全价值与自由价值的共存关系问题,这一价值关系背后隐藏着国家整体安全诉求与公民个体自由实现之间的深层次争论。

2. 刑法在社会治理体系中的功能

在刑法前置与刑法谦抑之争中,犯罪化理论与非犯罪化理论在表面上属于刑法积极向前抑或持重在后的交锋。但是,我们应该注意到,无论是刑法积极处在社会治理体系中的前沿地带,还是刑法消极居于社会治理体系中的偏后位置,均体现的是当代刑法在社会治理体系中的功能定位问题,也就是刑法应以何种姿态处于社会治理体系之中的问题。在这种视角下,学界的讨论不能局限于"刑法究竟是向前好还是向后好"的问题,而应该将目光放在整个社会治理体系之下审思刑法的功能。因此,刑法前置与刑法谦抑只是争论的一种表现形式,刑法在国家社会治理体系中的角色安排和功能划分才是讨论的重点。

3. 刑法如何应对民意

针对刑法与民意、舆论之间的互动关系问题,犯罪化理论在正向上体现了鲜明的民意回应倾向,非犯罪化理论则在负向上表达了民意反对立场。在表面上两种理论自然无法相互接受,但犯罪化理论强调的是通过反映民意提升立法正当性,非犯罪化则着重于防止刑法独立为民意所侵害。从论争的角度来看,刑法应解决的是如何利用民意或如何保持刑法独立的问题。但从民意角度观之,恰恰是民意的建设属性

---

① 参见劳东燕:《风险社会中的刑法——社会转型与刑法理论的变迁》,北京大学出版社 2015 年版,"导论"第 5 页。

与破坏属性兼具,才使犯罪化与非犯罪化之争如此激烈,笔者将其称之为“民意的二重性”问题。与此同时,在一个对民意关注如此密切的时代,无论是从立法自身的正当性出发,还是从立法外部的国家政治层面衡量,民意已经不再是刑事立法所消极规避的一个法外因素,而是刑事立法需要积极面对、需要主动接纳的一股力量。因此,刑法如何应对民意,特别是如何利用好、引导好民意,如何应对民意的二重性,是这一表象争议背后的实质。

4. 刑事立法的评价标准

在刑法治理主义与刑法经济主义的评价标准争议中,刑事立法的社会治理效益与经济成本花费虽在表面上呈现二律背反的关系,但以立法的角度分析,治理主义与经济主义是立法评价必须考虑的两个重要因素。与其说双方的争议在于立法的社会治理效果与经济成本的花费何者优先,不如说双方的共同目的在于如何建立一个科学的刑事立法评价标准。因此,在治理主义和经济主义的争议基础上,未来的刑事立法应该确立什么标准,怎样确立一个科学的标准,是这一争议背后的核心。

通过观察争议的实质可以发现,我国的刑事立法既需要重视安全价值、发挥刑法功能、保持刑法品格、发挥治理作用,又需要赋予公民自由、夯实最后法地位、保持理性独立、衡量经济成本。甚至可以说,我国的刑法存在积极发展和理性发展的双重需要。回放犯罪化与非犯罪化之争,我们可以进一步发现,无论是犯罪化理论还是非犯罪化理论都无法全面解决、也无法全面回答刑事立法的实质问题。因此,这种论争更多的意义在于为刑事立法改良提供问题出发点和争议样本,但这并不代表犯罪化理论或者非犯罪化理论能够为刑事立法提供一个科学的、可行的理论标准。因此,刑事立法的未来并不是犯罪化理论与非犯罪化理论何者更好或者何者优先的问题,而是在犯罪化与非犯罪化之争的论争基础上,如何更直接地面对刑事立法争议背后的实质问题,如何更好地回应刑法的未来发展需要。

四、镜鉴:犯罪化与非犯罪化之争的启示

虽然犯罪化与非犯罪化之争背后的实质问题已经呈现出来,但是这些各有侧重的刑事立法宏观问题能否解决、如何解决,尚需要进一步回答。对此,笔者拟提出“以争议实质为基础、兼取各方论证所长”的方案。这种思路需要在每一个具体的争议问题中找到价值融合以及理念协调的衔接点,并将各方的论证所长有层次、有选择性地融入刑事立法中,以期实现对于争议矛盾的调和,从而有效回应刑法对于积极发展和理性发展的双重需要。

(一)安全价值与自由价值的有机统一

从安全维护与自由保护之争来看,安全与自由在价值关系上呈现水火不容的态势。但在中国语境下,安全与自由却有深度融合的可能。其一,在安全与自由的主体方面,中国的社会与国家之间的关系呈现调适与合作的总体趋向。其二,在安全与自由的价值实现上,二者相互需要。晚近的安全观以维护公民行使自由的秩序为目的,没有自由的实现,维护安全的立法策略将失去正当性。同样,没有安全的整体环境,自由便失去了发展的路径依赖,自由的实现亦成无水之舟。其三,在刑法自身的安全与自由关系中,两者亦同时存在于我国的刑法语境下。从我国的刑事立法实践来看,安全与自由一直是并行在刑法和刑法修正案当中的重要价值,保护个人自由是我国刑法的价值导向和必然选择,维护安全亦是我国刑法的价值追求和刑法特色。在安全与自由存在结合可能性的前提下,安全与自由的统一进路宜从宏观和微观两个层面展开。

第一,对于危及公民自由的安全隐患,犯罪圈的扩张不应受到过多的责难。尽管我国目前国家的整体安全态势良好,但不可否认的是,一些具有严重暴力性和杀伤性的犯罪仍然存在。从安全与自由的关系来看,这些犯罪不仅影响着国家安全和社会秩序,更严重危及公民最为基

本的人身财产安全。如果公民的生命得不到保全,公民的自由也无从谈起。因此,公民的自由需要国家安全和社会稳定作为支撑,需要国家通过刑事立法等活动对严重危及公民自由的相关犯罪进行规制和治理。刑法通过扩充犯罪圈规制危及公民自由的安全隐患的做法,也就不应该受到过多的责难。例如,近年来,随着恐怖活动犯罪态势的严峻,我国刑法频繁通过犯罪化立法的方式,强化对恐怖活动犯罪的规制。虽然,恐怖活动犯罪立法预备行为实行化、强化公民合作义务的做法值得学理反思,但从维护公民生命财产安全的角度出发,公民自由与福祉的实现,需要一个恐怖活动等暴力犯罪得到有效遏制的社会环境作为前提。因此,以犯罪化立法活动提升刑法规范的预防性、强化刑法对安全价值的维护,我们不应该过于苛责。

第二,注重秩序与安全的区分,确保刑法不因过度追求秩序而偏废自由。我国刑法存在大量的法定犯,部分法定犯罪名的设定过度关注对秩序的维护,犯罪圈的边界划定也过度关注行政标准,这虽然有利于以刑事手段维护国家行政管理秩序,但也使刑事犯罪与行政违法之间的界分不再清晰。超出刑法核心领域、仅凭普通人的生活常识难以轻易而知的法定犯不断增加,实际上意味着公民日常的生产生活活动进入刑法调整的范围,这会对公民自由的实现构成一定的妨碍。近年来,以陆勇案、天津大妈气枪案、王力军收购玉米案为代表的一般行政违法行为犯罪化的案件接连出现,实际上与部分刑事立法过度关注秩序维护、对于行政法规和行政标准限制不足有着密切联系。因此,未来的刑事立法实践要注意对秩序法益和集体泆益进行一定的限缩,坚持“大州法、小行政法”的标准,防止因过度追求秩序而减损公民自由。具体而言,刑法可以结合前置法的特点,对于一些易造成秩序法益模糊的法定犯进行构成要件上的限定,从而适度抬高犯罪成立的门槛,给予公民自由合理的空间。例如,为了避免涉枪类合法不合理案件的再次发生,刑法可以通过立法环节对非法持有枪支罪的空白罪状进行修改,将“枪支管理规定”修改为“枪支管理法律”,从而推动法院在审理类似案件时能够依据明确的刑法规定,采用相对合理的枪支认定标准。[①]

(二)刑法前置与刑法谦抑的动态理解

在刑法前置和刑法谦抑之争中,两者所提倡的刑法功能观完全相反。但应注意到的是,如果仅仅坚持刑法前置,那么缺乏制约的刑法极容易走入工具主义和万能主义的陷阱中。如果回到刑法谦抑的定位,那么刑法如何从容应对转型社会中的治理需求则成为难题,并且过度抑制刑法的治理功能将无法解决我国前刑法规则供给不足的现状。因此,刑法既要防止自身因脱离谦抑而失控,又要防止因固守谦抑而无为。刑事立法中刑法的定位问题宜超过刑法前置或刑法谦抑的二选一模式之争,而应在刑法前置与刑法谦抑中寻求有机的统一。[②] 在这种认识的基础上,刑法需要明确、合理地发挥主动调整和被动应对的双重功能,防止对于自身工具理性的滥用以及对于谦抑精神的狭窄性理解。

首先,应该以动态的视角看待刑法谦抑性,区分刑事立法的"合理犯罪化"和"过剩犯罪化"。[③] 判断犯罪圈扩张是否违背刑法谦抑性,不能仅关注于犯罪圈是否在静态上得到了扩张,而是要着眼于整个犯罪态势的变化,衡量犯罪化立法是否具有足够的必要性和合理性。例如,随着我国逐步进入智能互联网时代,大量游离于刑事法网之外的新型网络犯罪、数据犯罪层出不穷,这些犯罪所带来的直接危害和间接危害也日趋严重。相应地,《刑法修正案(八)》《刑法修正案(九)》对于部分网络犯罪、数据犯罪逐步下沉入罪标准、严密刑事法网的做法,尽管在静态上属于刑法的前置,但在动态上有助于严密刑事法网,表达刑法

---

① 参见邹兵建:《非法持有枪支罪的司法偏差与立法缺陷——以赵春华案及 22 个类似案件为样本的分析》,载《政治与法律》2017 年第 8 期。

② 参见张旭:《风险社会的刑事政策方向选择》,载《吉林大学社会科学学报》2011 年第 2 期。

③ 所谓"过度犯罪化",一般指刑法作为社会控制手段而随便创设犯罪的倾向,参见[日]大谷实:《刑事政策学》,黎宏译,法律出版社 2000 年版,第 86 页。

对于这些新型犯罪的禁止性评价态度。因此，从动态视角来看，这种犯罪圈的扩张具有足够的必要性和合理性。相反，如果某一种犯罪并未呈现出严峻的发展态势，甚至在实质意义上不属于值得刑法予以禁止性评价的犯罪行为，刑法将之犯罪化的做法就属于“过剩犯罪化”。以拒不支付劳动报酬罪的增设为例，拒不支付劳动报酬的行为在实质意义上属于民间纠纷，它包含有因拒不支付与无理拒不支付、积极支付但无法支付与消极规避支付等诸多情形。从整体来看，拒不支付劳动报酬的行为更像是一种社会现象，很难与实质意义上的犯罪等同。就法律救济而言，这种民间纠纷的解决也应该以民事救济手段为主。因此，刑法将拒不支付劳动报酬入罪的做法有“过剩犯罪化”之嫌。

其次，在社会治理体系中，刑法应该适度强化规范层面的预防功能。尽管我国的立法理念在过去 70 年取得了巨大的进步，但是刑事立法活动仍然过于重视打击犯罪的价值，对于预防犯罪有所忽视。在打击犯罪的理念影响下，转型时期的犯罪化立法活动基本上呈现“增设罪名、重刑威慑”的进路，尽管打击犯罪的功能能够得到充分发挥，但是对于相关犯罪的预防作用有限。[①] 另外，过于追求刑事打击的立法活动会在无形中增加刑事司法活动的资源消耗和人权成本，从而弱化刑事治理的正当性基础。基于此，未来的刑事立法活动应该注重强化刑法规范的预防性，提升刑法在预防犯罪、治理犯罪中的实际效用。以侵犯公民个人信息罪的相关立法为例，尽管《刑法修正案(七)》和《刑法修正案(九)》能够根据相关犯罪态势的变化，及时增设并扩充了侵犯公民个人信息罪的立法内容，但是这种立法变动仍体现“重打击、轻预防”的立法策略，近年来，公民个人信息犯罪的严峻态势也从侧面表明，重刑威慑的立法策略对于此类犯罪的预防效果相对有限。因此，未来的侵犯公民个人信息罪立法应该注重规范的预防性，适度增设此类犯罪产业链中间环节和最终环节的罪名，从而削减有利于犯罪人犯罪的潜在机会，移除促使犯罪产生的环境因素，提升刑法的预防效果。

---

① 参见张旭、朱笑延：《弱智慧社会语境下的犯罪治理：情势、困境与出路》，载《吉林大学社会科学学报》2019 年第 1 期。

此外,无论是刑法前置还是刑法谦抑,其代表的刑法功能讨论都应在社会综合治理的框架中进行。虽然在当前的社会背景下需要刑法前置和刑法谦抑两种思维来解决问题,但是如果没有科学的、稳定的社会治理体系作为支撑,刑法自身的功能在根本上仍然无法摆脱不稳定的状态。在修法活动频繁的当下,我们不能形成对刑法特别是刑事立法的路径依赖,不能忽视对于社会治理体系的讨论。对此,国家要积极承担必要的公共管理职能,形成一个多层次、立体化的社会治理体系,包括道德伦理评价、民法、行政法等前刑法治理体系,不断通过夯实"最前法"来保障"最后法",将"最前法"与"最后法"共同纳入中国的社会综合治理实践,形成一个科学的治理体系和法律链条,从根本上为刑法减轻负担和压力。这样,刑法在社会治理中的应然功能将不证自明。并且,在刑法的功能得到最优设置后,刑法也就无须再去纠结刑法前置抑或刑法谦抑的问题。

(三)民意回应与民意克制的刑法疏导

在刑事立法与民意的关系理顺上,首先,回应性立法与情绪化立法的对立主要是民意的积极属性与破坏属性兼具所致,而非刑事立法本身不可调和。一方面,民意很可能源于非理性的群体意识,尤其是在社会分工细化和法律内部专业化的背景下,公众对刑法和法律的认知与法律职业群体内部的认知鸿沟越发变深,在这样的情况下,如果任由民意左右刑法,破坏性无须赘述;另一方面,刑事立法又需要"必须反映民意,亦须经过人民同意,这是人民主权理论的当然之义"。① 甚至刑事立法需要进行一种国家的担保仪式来满足国民的渴望,这种仪式便是刑法的正当性所在,②故合理的民意与法律达成价值共识是法律获

① 肖世杰:《法律的公众认同、功能期许与道德承载——对刑法修正案(八)的复眼式解读》,载《法学研究》2011 年第 4 期。

② 参见古承宗:《风险社会与现代刑法的象征性》,载《科技法学评论》第 10 卷第 1 期。

得持续正当性的重要基础。其次，民意与刑法的调和具备一定的中国语境基础。中国的法律实践既具“情理法”统一的独特色彩，又具与民互动、问计于民，甚至允许问题倒逼改革的实践先例，尤其是处在发展期的中国，通过民意发现社会问题、通过立法引导民意动向仍具有较大的积极意义。因此，在立法回应民意的基础之上，对立法独立性进行主动保护和理性限制并非不可实现，提倡对民意进行合理引导和有效利用亦不是一种过于理想化的主张。

具体来说，第一，刑法只能将含有普适性道德因子的民意纳入犯罪化立法的考虑范围内。刑法既要成为一部承载人性光辉的大宪章，又不能成为写满偏见与严苛的工具书。从民意、舆论的二重性特征来看，源自社会公众的“入刑”诉求既有源自道德伦理的合理化内容，又有对于热点刑案和热点事件的情绪化反应，尤其是近年来部分舆论以保护弱者、践行公正为名，动辄要求修改刑法以满足其安全感，这显然与刑事立法的稳定性、独立性要求不符。从刑法自身的特点出发，过往的刑事立法容易将民意、舆论的安全感诉求与社会危害性相等同，进而通过社会危害性的外衣将这种安全感诉求转化为犯罪化立法。但是，民意、舆论的诉求毕竟不等同于严重的社会危害性或法益侵害性，刑事立法如果全盘接受，则有可能不当干预公民自由。因此，就刑法与民意的关系而言，刑事立法只能考虑合理化的、普适化的道德诉求，具体而言，当民意呼吁转化为民生需求时，往往意味着某一种行为已经形成了严重的社会危害和深度的良序挫伤。对于这种民意转化，刑法应该予以及时跟进评估，符合入罪的应科学设罪，需要出罪的应理性去罪。对于情绪化、暂时性的舆论压力，立法者应该进行谨慎的识别和过滤，特别是在当下民意与网络捆绑形成的巨大压力面前，越是来意汹汹的舆论，刑法越要保持一种理性心态，并将对民意、弱者的保护嵌入社会综合治理的话语体系中。①

第二，弱化刑法规范的法定性，强化犯罪的道德自体恶。民意、舆

① 参见刘炯：《通过刑法的弱者保护——基于“人之图像”的学理反思》，载《法律科学（西北政法大学学报）》2017 年第 2 期。

论对刑事立法活动过于敏感,还与部分刑法规范过于专业化、公众认同度不足有关。对于我国刑法当中的部分法定犯罪名而言,人们之所以认为这些法定犯属于犯罪,是因为这些行为违反了相关的行政法律、法规。但是,刑法为什么将这些行为纳入刑事制裁体系当中?这些行为背后的社会危害性究竟如何?人们很少能够对于这些问题形成相对理性的理解和认知,甚至对于仅仅违反行政秩序就将其犯罪化的做法不甚认同。因此,如果要缓和刑法规范专业性和公众朴素认知之间的紧张关系,刑事立法就需要进一步强调法定犯背后的社会危害性,降低公民对于这些法定犯的道德和情理容忍度。以金融犯罪为例,智能互联网时代的金融犯罪,其犯罪性不仅是国家赋予的,而且是由其自身的社会危害性所决定的。① 因此,金融刑法的规范设计不能仅仅关注技术化、数量化的定罪量刑标准,还要淡化金融犯罪的法定性,从而打通专业化的刑法规范与社会公众认知之间的通道,使金融犯罪的刑事立法获得足够的公众认同。

(四)治理主义与经济主义的协同评价

无论是当下的刑法实践,还是未来的立法展望,刑法治理主义思维与刑法经济思维都应发挥作用,笔者的理由有二。其一,单一的刑法治理主义抑或刑法经济主义均存在实践悖论,以刑法治理主义为判断标准,当前积极的刑法治理实践堪称至善至美,既无法找到负面评价,更缺乏立法监督。以刑法经济主义为评价依据,当前的立法实践似乎是猛于虎的严刑峻法,积极刑法的“积极”一面被完全抹杀,刑法更容易出现因对经济成本的过分关注而无法进行有效立法的隐患。因此,理性的立法评价标准应由单一转向多元。其二,治理效益与经济成本分别着眼于法的积极收效与法的消极成本问题,效益与成本是法律理性的一体两面,两者虽有所矛盾,但亦有所侧重。如果将刑事立法的治理

① 参见王勇:《互联网时代的金融犯罪变迁与刑法规制转向》,载《当代法学》2018 年第 3 期。

效益与刑法的经济成本有序结合，则两者的冲突有望获得缓解，两者的积极作用有望得到发挥。

第一，对于入罪、去罪的刑事立法评估，应坚持立法的积极效果与消极代价并重的评估方式，尤其要关注犯罪化立法背后的执法成本、司法成本、监狱管理成本和人权成本。需要注意的是，这种分析模式是犯罪化与非犯罪化各自主张的分析方法的有机结合，而非积极效果与消极代价的简单加减。具体来说，虽然某种立法取得的治理效益大于其带来的经济成本，但是如果这种经济代价也达到了严重的程度，这种立法行为就不能得到过于正面的评价，反之亦然。以危险驾驶罪为例，虽然自醉驾入刑以来，中国的酒驾治理取得了举世瞩目的成就。但须注意的是，这种治理收效是在低入罪门槛、严刑罚配置、高强度执法为代价换来的。屡禁不止的乡村醉驾、频发的公众人物醉驾事件从侧面表明，一旦执法强度在时间、空间以及案外因素的影响下被削弱，酒驾治理的实际效果就会受到挑战。因此，对于醉驾入刑的治理成效，理论界的评价还不宜乐观，未来的酒驾治理实践也需要进一步的转型升级。

第二，探索多元化的刑罚配置措施，尽可能减少犯罪化立法对于社会治理资源的消耗。应该意识到，只要刑法出现犯罪化的变动，其对社会治理资源的消耗将不可避免，因此，无论是理论研究还是立法者，都应该将目光由犯罪论适度转移至刑罚论，探索多元化的刑罚配置措施，尽可能地降低刑事治理的潜在成本。例如，对于环境犯罪中的轻罪犯罪人，可以考虑在刑罚中增设恢复生态环境、提供公益服务、缴纳环境治理罚金等非监禁刑种类，这既能敦促轻罪犯罪人采取各种措施修复被其破坏的环境生态，又能通过非监禁刑的方式帮助轻罪犯罪人回归社会，从而降低潜在的环境犯罪治理成本。

五、结　　语

刑事立法是一项重大的社会活动，每一次立法变动都涉及大幅度的社会关系调整与社会利益的再分配，其运行的逻辑性与矛盾的复杂性远非一种理论模型能完全涵盖。因此，无论是能动性的犯罪化逻辑，还是理性化的非犯罪化呼唤,都不能完全反映我国刑事立法所面对的实质问题。犯罪化与非犯罪化之争的未来,恰恰是优化犯罪化与非犯罪化之争,兼取犯罪化与非犯罪化之争的精髓,进而共同指导刑事立法的理论优化,共同引领刑事立法的实践改良。但是,逐个解决问题的研究方式亦需要总体理念和方向的把控,在我国刑事立法的未来发展中,如何进行刑法理念革新,并以刑法理念指导具体实践,将是学界需要进一步研究的课题。关于刑法改革的未来动向,学界仍需要对刑法的实践状况保持拭目以待的沉着,对刑法的热点难点问题保持枕戈待旦的关注。

Criminalization vs Decriminalization: Combing and Exploring of the Focus Disputes

Zhu Xiaoyan & Zhang Xu

[**内容摘要**]在转型中国的刑法立法论范畴内,关于犯罪圈的划定问题,犯罪化与非犯罪化两种观点在论争中形成了安全维护与自由保护之争、刑法前置与刑法谦抑之争、回应性立法与情绪化立法之争以及刑法治理主义与刑法经济主义之争。以四大争议焦点为核心的犯罪化与非犯罪化之争推进了立法论的研究进程,但也忽视了对争议背后实质问题的进一步探讨,最终导致犯罪化与非犯罪化之争过度追求对立,犯罪化理论的正当性不足以及非犯罪化理论的实践性弱化。故坚持单一的犯罪化理论抑或非犯罪化理论均不能与未来的刑事立法发展相适应。未来的刑事立法改良宜从实质问题入手,立足于积极发展和理性限缩的双重需要,逐步寻求刑法内部安全与自由的价值共存、明确刑法在社会治理体系中的定位、妥善应对民意的建设属性与破坏属性以及建立以治理主义与经济主义为核心的协同评价体系。

[**关键词**]刑事立法;犯罪化;非犯罪化;刑法扩张

Abstract: In the category of Chinese criminal law legislation during this transitional period, criminalization theory and decriminalization theory have been argued by the delineation of crime circle, including the dispute between safe maintenance and free protection, the dispute between the preposition and the modesty of criminal law, the dispute between responsive legislation and emotional legislation, the dispute between the managerialism and the economism of criminal law. The dispute between criminalization and decriminalization has advanced the research process of the legislative theory, however, it ignores the further discussion of substantive issues behind the controversy. Hence, it finally leads to excessive attention on opposed opinions, criminalization theory lacks legitimacy and the practicality of decriminalization theory weakens. The future of criminal law legislation should start from substantive issues, step by step, to seek for the coexistence of free value and safety value in the criminal law, to clarify the position of criminal law in the system of social governance, to handle the construction and destruction attributes of public opinion, to establish a collaborative evaluation system with governance and economism as the core.

Keywords: criminal legislation; criminalization; decriminalization; the expansion of criminal law

基于犯罪预防的多机构合作策略与实践
——来自英国的经验及其启示*

史立梅** 张丽霞***

目　　次

一、英国多机构合作策略的历史溯源
二、多机构合作策略的理论基础及实践路径
三、多机构合作支持体系与少年刑事司法程序的衔接机制
四、英国多机构合作策略与实践对我国的启示
五、结语

纵观世界各国少年司法的发展历程，各国都在福利抑或惩罚两者之间不断博弈，起承转合虽有不同，但社会力量的介入是各国共同的选择。自我国2012年《刑事诉讼法》修改设立未成年人专章程序以来，合适成年人、社会调查、附条件不起诉等制度开启了我国未成年刑事司法制度改革的新篇章。与此同时，我国也开始深入探索支撑这些制度的社会支持机制，如何组织社会支持力量参与未成年人刑事司法，如何

---

* 本文系司法部国家法治与法学理论研究课题“刑事诉讼审前释放风险的调查、评估与控制机制研究”（18SFB5011）、北京市社科基金项目“未成年人刑事司法的社会支持机制研究”（项目编号14FXB010）的阶段性研究成果。

** 北京师范大学刑事法律科学研究院教授，博士生导师。

*** 北京师范大学刑事法律科学研究院博士研究生。

将社会支持力量有效嵌入未成年人刑事司法程序，对此我国理论和实务界的专家学者都进行了有益的探索，但是仍然存在诸多问题，如支持主体不明确、跨部门跨专业合作欠缺、缺乏有效的风险评估和监督机制等。

英国目前的少年司法体系①以 1998 年《犯罪与社会失序法》为蓝本建立，被英国学者称为新少年司法体系。该体系的显著特征是将预防儿童和青少年犯罪作为整个未成年人司法体系的核心原则和目标，并要求政府在预防犯罪和少年司法中承担更多的责任。以少年司法委员会和青少年犯罪小组为核心的多机构支持体系是英格兰少年司法的改革创举，将警察、社工、教育工作者、卫生健康工作者等不同专业机构的力量汇集起来，围绕少年触法者，凝聚国家和社会的力量，共同致力于儿童和青少年的最大福祉，从而实现了国家、社会、学校以及个人的良性互动。本文追本溯源拟从历史、理论、实践机制等方面考察英国少年司法多机构合作策略，以期对我国建立未成年人刑事司法社会支持机制以及有效实现未成年人犯罪预防和再犯罪有所裨益。

一、英国多机构合作策略的历史溯源

英国多机构合作策略的形成及其实践是英国近两个世纪少年司法改革的结果，其历史根基可以追溯到被誉为儿童大宪章的 1908《儿童法案》。纵观其改革历程，其中三个改革阶段对当前的多机构合作策略的提出和发展起着重要作用。首先，福利原则从鼎盛到逐渐淡出少年刑事司法，少年保护性司法与少年刑事司法得以分离，奠定了当前少

---

① 在英国，英格兰、威尔士和苏格兰存在两套不同的少年司法体系，其中苏格兰是以福利原则为基础的儿童听证制度，同时处理少年保护和少年犯罪案件，英格兰和威尔士地区少年保护和少年犯罪案件分别由家庭法庭和少年法院负责，文章重点考察的是英格兰和威尔士地区的少年刑事司法，文章中的“英国”均指英格兰和威尔士地区，不包括苏格兰地区。此外，在英国少年司法、少年法院中“少年”均采用“youth”而不是“juvenile”，主要指 10 ~ 17 岁的违法和犯罪少年，为确保全文统一，文章中的“少年”均采该意。

年刑事司法多机构合作策略的基础。其次,“借口文化”[①]和“少年司法剧场”[②]论断的反思,使最小化干预和强调正当程序的理念开始动摇。最后,包容性社会控制法案的出台,加速了多机构合作策略的采纳和实施。

(一)保护性少年司法和刑事少年司法的分离

在 20 世纪初期,英国没有像美国一样以国家亲权理念为指导,建立强调福利色彩的社会化少年法院,而是对传统的成人刑事法庭进行改良,由此建立的少年法庭同时处理少年保护和少年犯罪案件。1946 年儿童保护委员会发布报告,认为由少年法院同时承担惩罚和福利角色并不合适,该报告敦促地方当局建立儿童社会服务组织,以将少年保护案件从传统少年刑事司法中分离。[③] 20 世纪 60 年代,福利思想达到鼎盛,根据内政部发布的白皮书,少年犯罪应该全部被移出少年法庭系统,改由社会服务部门干预,福利色彩的少年司法开始盛行。直至 20 世纪 80 年代,英国对少年司法中的福利主义进行反思,反对将福利原则纳入少年司法体系。1989 年《儿童法案》正式将保护性少年司法转移到家事法庭,少年法庭则专门负责处理少年刑事案件。与苏格兰儿童听证程序相比,英格兰和威尔士地区的少年司法的典型特征即将少年犯罪和保护案件分开,少年保护案件以福利原则为指导,少年犯罪案件则奉行矫正主义,致力于阻止少年的犯罪行为。保护性司法和刑事

---

① 借口文化(excuse culture)由时任英国内政部大臣杰克斯特劳(Jack Straw)提出,他认为当时的少年司法政策为自己的无能找借口,为少年犯找借口,少年很少为自己的行为承担责任,将自己犯罪的根源归结于所处的社会环境。参见 Anthony Bottoms, James Dignan, “Youth Justice in Great Britain”, *Crime and Justice: A Review of Research*, Vol. 31, 2004, p. 33。

② 少年司法剧场(theatre of the court processes),是指随着国家法律援助的增加,少年司法程序在不断完善的同时,也越来越烦琐,耗时耗力,但效果甚微。

③ See Jane Piceford, Paul Dugmore, *Youth Justice and Social Work*, Open Unicersity Press, 2013, p. 54.

司法的分离也顺应了社会公众的需求,1990 年恶性少年犯罪案件①的出现,使这一趋势更加稳固。保护性司法和刑事司法的分离,必然导致相应社会支持机构的分化,即家庭法院的支持主要来自家庭服务部门,刑事司法的支持则来自后来专门成立的多机构合作组织——青少年犯罪小组。

(二)最小化干预原则和强调正当程序的动摇

20 世纪末,受到犯罪学犯罪年龄曲线理论以及犯罪标签理论的影响,以最小化干预为原则的少年司法运动蓬勃发展。② 最小化干预原则源于对国家干预原则的反思,旨在减少正式司法系统对少年犯罪的干预,尽量将犯罪少年置于非强制的社会环境中直到他们不再犯罪,以避免标签化对少年发展的不良影响。根据该原则,应对少年犯罪采双轨制,即区分轻微犯罪和严重犯罪,对于轻微犯罪应尽量转移出刑事司法系统,正式的警察警告被作为起诉的替代手段大量使用;对于严重犯罪应通过少年法庭的刑事程序处理,尽量避免福利措施的滥用,减少对涉罪少年的拘留和监禁,尽量将其安置在以社区为基础的替代场所。③ 这样做的结果是少年犯罪警告率和少年法庭有条件释放的大量增加。以 14 ~ 16 岁的男性少年为例,1980 ~ 1992 年警告率从 58% 增加到 90% 。④ 但是英格兰和威尔士的国家犯罪统计委员会 1996 年对少年

① 1902 年一个 2 岁的小男孩被两个 10 岁的孩子以极其残忍的方式杀害,引起了社会对于少年犯罪的恐慌。

② 犯罪年龄曲线理论认为,大多数犯罪儿童随着年龄的增长最终将不再犯罪;犯罪标签理论认为,刑事司法对少年犯的处理都容易给少年贴上犯罪标签,不利于他们的发展,不主张将犯罪少年监禁起来实施相关的干预措施。少年司法运动的核心政策是将未成年人罪犯"关押"在不具有破坏性的环境中,直到他或她不再犯罪。

③ See Anthony Bottoms, James Dignan, "Youth Justice in Great Britain", *Crime and Justice: A Review of Research*, Vol. 31, 2004, p. 33.

④ See Anthony Bottoms, James Dignan, "Youth Justice in Great Britain", *Crime and Justice: A Review of Research*, Vol. 31, 2004, p. 35.

司法体系进行审查发现,不断增长的警察警告率对改善少年犯罪情况并没有产生实际作用,警察的警告往往只是简单的口头警告,而法庭的释放决定对少年犯罪也没有产生积极影响,最小化干预实际是过多的宽恕,其结果是犯罪少年往往不承担犯罪的责任,从而形成所谓的"借口文化"。少年司法改革开始主张对犯罪少年采取积极有效的矫正干预。

20世纪后半期英国少年司法的另一个特征即是强调少年司法的正当程序,国家资助的少年司法法律援助快速增长。法律援助的介入使少年司法的法庭程序不断完善,但随之而来的则是程序的烦琐和诉讼的拖延,且花费巨大。1996年国家犯罪统计委员会的报告显示,一个涉罪少年从被起诉至法庭审判的平均出庭次数是4次,每次出庭至少需要5名公共资金资助的法律援助和支持人员。报告建议将少年司法系统公共基金的重点从关注程序转移到如何对犯罪少年采取更有效的矫正行动。新工党政府也得出同样的结论,认为过分强调正当程序造成诉讼拖延,少年法庭的程序趋于形式化和表演化,称为"少年法庭程序剧场"(theatre of the court processes)。① 总体来说,20世纪末英格兰的少年司法从强调最小化干预和正当程序原则开始转向提倡针对犯罪行为的积极干预,以切实围绕少年的环境和利益,改变犯罪行为本身。

(三)以预防犯罪为核心目标的新少年司法体系

1997年新工党政府上台以后,少年犯罪问题日益严重,政府认识到一项成功的刑事司法政策有赖于制定一项包容性的社会政策,为"有犯罪危险的年轻人提供适当的帮助和支持"。② 1998英格兰和威

---

① See Anthony Bottoms, James Dignan, "Youth Justice in Great Britain", *Crime and Justice: A Review of Research*, Vol. 31, 2004, p. 35.

② Christina Stahlkopf, "Political, Structural, and Cultural Influences on England's Youth Offending Team Practices", *International Criminal Justice Review*, Vol. 18, No. 4 (December 2008), p. 456.

尔士地区颁布《犯罪与社会失序法》，根据该法案建立了新少年司法体系。新少年司法体系深受20世纪90年代新管理犯罪学“精算司法”（actuarial justice）①理论的影响。精算司法理论改变了主权国家进行犯罪控制的策略，从关注犯罪原因转向关注控制成本、受害者和公民，鼓励地方当局协调各种处理犯罪的机构，采用责任化的国家策略，通过系统协调使整体再犯率下降。② 英格兰新工党政府接受了新的犯罪控制策略，在福利和司法的基础上，建构了整合不同资源，多机构相互链接合作的新策略，确立了新的少年犯罪控制体系。③ 与以往的少年司法体系相比，新体系的首要显著特征是确立了整个少年司法体系的核心目标。根据《犯罪与社会失序法》第37条第1款的规定，少年司法体系的核心目标是预防儿童和青少年犯罪。第2款指出，在少年司法体系中，除了其他法定的责任和要求，所有履行少年司法职能的个人和机构都必须考虑该目标。④ 具体而言，即要求少年司法体系中的机构和个人将该目标作为其决策和行动的指导。以少年法庭为例，除了传统的司法裁判职能和《儿童和青少年法案》要求考虑的福利因素外，还需

① 精算司法的概念最早由美国学者 Malcolm M. Feeley 和 Jonathan Simon 提出，最初被称为新惩罚学，其核心观点是对风险进行筛选、分类和监测，扩大社会控制统一体，通过系统协调使得社会接受犯罪的总体容量，重塑了刑事制裁的功能。如美国预防性拘留条款的设立，本质是管理风险，而不是惩罚。参见 Malcolm M. Feeley and Jonathan Simon, "The New Penology: Notes on the Emerging Strategy of Corrections and Its Implications", *Criminalogy*, Vol. 30, No. 4, (November 1992), pp. 449 – 474。

② See David Garland, "The Limits of the Sovereign State-Strategies of Crime Control in Comtemporary Society", *British Journal of Criminology*, Vol. 36, No. 4, (Autumn 1993), pp. 445 – 471. 兰德在《主权国家的局限性——当代社会的犯罪控制策略》一文中对精算司法进行了进一步的阐释。他认为，在当代社会犯罪已经像道路交通事故一样变成了一种常规的需要评估和管理的日常风险，主权国家犯罪控制的重点从以往犯罪的影响和犯罪原因转向整体成本以及对受害者和公民的影响。主权国家开始让渡部分传统的刑事司法职能，转而由社会来承担，应鼓励国家与社会之间的合作。

③ 参见侯东亮：《社会学视野下域外少年司法社会控制的路径分析》，载《重庆大学学报（社会科学版）》2014年第2期。

④ See sec37, The Crime and Didorder Act 1998, http://www.legislation.gov.uk/ukpga/1998/37/section/37, 2019年7月26日访问。

要考虑预防犯罪的核心目标,少年法庭需要在这三者之间进行平衡,以作出最适当的裁判。除了统一的核心目标外,新少年司法体系还强调修复、效率和责任。修复,是指在少年司法的裁判过程中,更加注重修复犯罪对被害者和社区造成的损害。效率,是指针对之前少年司法程序过分拖延而采取的改革,强调更有效地利用现有的少年司法体系内的资源。责任则包括两层含义,一方面要求少年对自己的犯罪行为负责,另一方面要求父母承担相应的责任。新体系要求地方政府发挥更大的作用,地方政府具有预防少年犯罪的职责,需要制订每年的少年司法计划,为少年司法的运行提供支持和保障。根据《犯罪与社会失序法》第38条,地方政府有责任联合其他社会团体和个人,围绕少年司法各阶段对少年的处置特点,为少年司法提供支持力量。具体而言,根据第39、41条的规定,内政部负责设立少年司法委员会,地方政府则负责组建包括政府治安部门、教育部门、精神卫生部门、缓刑部门等在内的青少年犯罪小组,为少年犯罪的预防和少年司法提供支持服务。① 上述多机构合作组织的设立是英格兰少年司法的创举,其以预防儿童和青少年犯罪为核心目标,凝聚国家和社会的力量,围绕少年违法者,实现了国家、社会、学校以及个人的互动,为少年司法社会支持服务提供了统一的机构载体和实践的基础。

二、多机构合作策略的理论基础及实践路径

作为新工党政府最终采纳的少年犯罪预防策略,多机构合作策略不仅有其坚实的理论基础,而且通过法律上升为英国少年犯罪治理的根本方略,不仅如此,法律还为该策略的落地与实施规定了具体的实践路径,从而使多机构合作策略从理论走向了生动丰富的少年司法实践,并取得了非常良好的实施效果,由此对其他国家和地区产生了深远影响。

---

① 少年司法支持服务的资金由当地政府或者当地政府建立和管理的基金会提供。See The Crime and Didorder Act 1998, http://www.legislation.gov.uk/ukpga/1998/37/contents,2019年8月22日访问。

(一)多机构合作策略的理论基础

多机构合作的理论源于新阶段犯罪学,该理论认为,犯罪控制应该重点分析犯罪控制的成本效益,犯罪的发生往往在于受害者的易于侵害性,由此,控制犯罪的资源应该被重点用于可能发生犯罪侵害的或者有发生犯罪风险的地方。这种新的犯罪学研究思潮也被称为"管理犯罪学",研究关注的落脚点不在于引起犯罪发生的原因,而在于应采取何等有效措施应对犯罪带来的影响,代表性理论有两种,一种是左派现实主义,①另一种是基于新保守道德学派。② 其中左派现实主义的犯罪矩形理论(the square of crime)和多机构合作理论对英国少年司法多机构合作改革的影响巨大。

1. 犯罪矩形理论:重视非正式的社会控制和受害者权利

左派现实主义犯罪学提出犯罪矩形理论,该理论认为,任何犯罪事件都需考虑四个方面的因素,它们分别构成矩形的四个角,包括警察、其他社会机构、罪犯以及受害者,其中前两者是官方和非官方对犯罪事件的反映,也被称为社会控制因素,后两者是对犯罪行为本身的解释。如图1所示,影响犯罪的因素有四个,第一,罪犯因素,即引起犯罪的原因,也是传统犯罪学的研究重点;第二,受害者因素,即受害者容易受到伤害的因素,如受害者的生活方式、生活环境;第三,警察执法因素(正式社会控制),即当地的治安情况,如警察的人数以及其在执法过程中的公信力、责任、安保措施等;第四,非正式社会控制,即公众发起的社会控制行为,如监视邻居的财产以及公众对犯罪行为的容忍度。

---

① 1984年学者李(Lea)和杨(Young)发表了著述《应当对法律和秩序做什么》,开创了左派现实主义,其基本观点是必须正视犯罪的现实,不仅包括犯罪发生的原因,还包括犯罪的真实状况和犯罪的危害,提倡系统解决现实的犯罪问题。参见吴宗宪:《西方犯罪学》(第2版),法律出版社2006年版,第444页。

② See Jane Piceford, Paul Dugmore, *Youth Justice and Social Work*, Open Unicersity Press, 2013, p. 79.

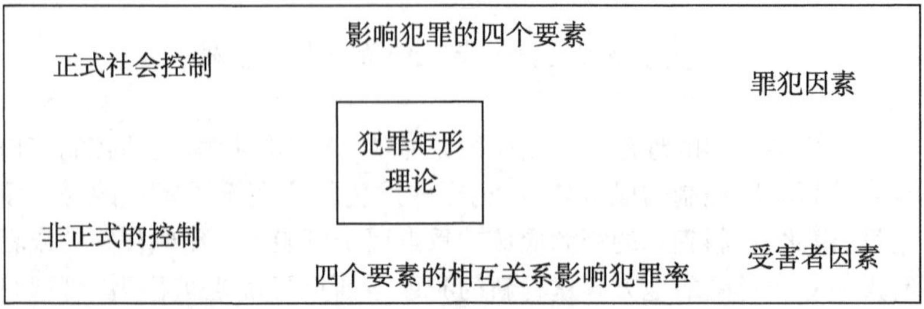

图 1　犯罪矩形理论

资料来源:See Jane Piceford, Paul Dugmore, *Youth Justice and Social Work*, Open Unicersity Press, 2013, p. 80。

与传统犯罪学理论相比,犯罪矩形理论强调非正式的社会控制,认为除了由法律规定的正式社会控制机构如警察之外,其他非正式的社会控制机构在犯罪控制过程中也发挥着重要作用。工党政府上台以后,非常重视非正式社会控制在少年犯罪预防方面的重要性,强调公民和社会的责任;绘制犯罪地图,加强重点区域的社会管控;关注受害者权利,严厉打击性侵等犯罪,如实施了"走上正轨"(Sure Start and On Track)计划。

2. 多机构合作干预理论

多机构合作理论对英国少年司法政策的影响巨大,是英国新少年司法体系采取多机构合作支持策略、建立多机构合作社会支持体系的直接理论基础。该理论认为,应对犯罪和社会失序问题需要加强社会机构之间的合作协调。左派现实主义创始人杨(Young)教授在犯罪矩形理论的基础上进一步提出犯罪的控制从来都不是单一的机构可以完成的。犯罪控制不仅是警察、皇家检控和法院等传统刑事司法机构的责任,还需要其他社会机构的积极参与。因为没有一种统一固定的程序可以应对所有的犯罪,不同的犯罪需要不同的应对策略,比如应对被指控盗窃和儿童虐待所采取的干预措施和所涉及的机构就有很大的不同。他认为,应该根据犯罪发展不同阶段的影响因素,由不同的机构和专业人员实行相应的控制干预措施。如表 1 所示,在犯罪的产生、发现和应对的过程中，影响的因素各不相同，如在犯罪的产生阶段，除了失业、没有固定住所等直接影响因素外，道德文化背景和物质环境现状也与犯罪行为的产生息息相关，针对不同的因素涉及的干预机构也各不相同，除传统的警察、皇家检控、法庭、缓刑和社会服务部门外，还包括政府、学校、企业、家庭以及社会公共机构等，为了有效地预防和控制犯罪，需要采取多机构合作的策略来应对。

表1 左派现实主义多机构干预理论

犯罪发展的阶段	影响因素	涉及机构
犯罪发生的原因	失业 住宿 空闲时间	当地政府 中央政府 企业
道德文化背景	同龄群体价值观 社区凝聚力	学校 公众 家庭 大众传媒
物质环境现状	物质环境 照明设备 安全设施	地方政府 公众 警察
犯罪的发现和侦查	公共报道 侦查工作	公众 警察
应对犯罪行为	惩罚 再社会化	法庭 警察 社会服务 缓刑机构
对受害者的反映	保护 公众支持	地方当局 受害者支持 当地社区组织 社会服务

资料来源：See Jane Piceford, Paul Dugmore, *Youth Justice and Social Work*, Open Unicersity Press, 2013, p. 83。

(二)多机构合作策略的实践路径

工党政府在改革初期就确定采用多机构合作策略来应对少年犯罪问题,其具体实践路径,即在少年司法改革中创新性地建立了多机构合作的组织机构体系,将社会工作、警察、精神卫生、教育、法庭、缓刑等不同部门纳入其中,采用统一的风险评估框架来进行少年司法支持服务工作,并使之与已经存在的刑事司法系统有机衔接。多机构合作支持体系与刑事司法系统的衔接是一个较为复杂的问题,本文稍后将作专门研究,此处仅介绍多机构合作的组织架构问题。多机构合作的组织机构体系集中体现在两个机构的设置上,即青少年犯罪小组和少年司法委员会。这两个机构的设立是多机构合作的改革成果,将政府和各种社会支持力量紧密而有逻辑地结合在一起,对英格兰和威尔士地区的少年司法程序产生了重要的影响,形成独具特色的创新型少年司法社会支持体系。

1. 青少年犯罪工作小组

根据1998年《犯罪与社会失序法》第39条的规定,地方政府应该联合警察、缓刑委员会以及医疗卫生机构等团体或个人成立一个或者多个青少年犯罪小组(Young offending teams,YOT),负责为该地区的少年司法提供支持服务,并履行当地政府制订的少年司法计划规定的其他职能。法案明确规定了最低限度的组织要求,该小组至少应包括以下成员:1名缓刑委员会的官员、1名地方政府社会服务局的社会工作人员、1名警察、1名本地区教育局指定的教育官员,以及1名本地区医疗机构指定的健康专员。此外,还可以包括地方政府在与警察局、缓刑委员会或者医疗机构协商后选派的其他专业人员。[①] 与改革之前的支持小组相比,青少年犯罪小组的直观变化是社会工作人员的比例下

① 参见The Crime and Didorder Act 1998,http://www.legislation.gov.uk/ukpga/1998/37/section/39,2019年7月28日访问。

降,其他机构和专业人员比例不断提高。[①] 根据少年司法委员会 2018 年 8 月的统计数据,目前英格兰和威尔士地区共有 154 个青少年犯罪小组,以伦敦市为例,目前有 31 个青少年犯罪小组。少年司法委员会定期更新各地青少年犯罪小组的联系信息,包括联系人、联系地址和方式,以方便需要少年司法支持服务的人员查找相关信息。

青少年犯罪小组工作的指导原则是预防儿童和青少年犯罪,具体职能主要集中在三个方面:首先是预防少年犯罪,主要集中在审前阶段通过早期干预、教育警告少年违法者,预防其进一步犯罪,创办培训中心,对轻微犯罪少年实施教育辅导,提高其能力,促进其重新融入社会,比如由警察处以警告、附条件警告的监督等。其次是提供与少年法庭相关的支持服务,如犯罪少年讯问过程中承担合适成年人职责、提供保释服务、向法庭提供评估和报告等。最后是协助法庭处置的执行和监督,比如,为被监禁和安置在当地居住设施的少年提供支持服务;转处法令;监督社区法令的执行;监督监禁法等。

多机构合作的青少年犯罪小组为少年罪犯提供了一个联合处遇机会,跨专业领域的合作在于确保将不同专业技能集合来应对未成年人的犯罪、社会需求和教育等,克服少年司法服务中存在的结构性分离,避免不同机构之间重复的工作。在该小组中有来自不同机构、不同文化、不同专业领域的专家,他们需要相互尊敬理解各自在少年司法系统中发挥的作用,进行跨专业的实践活动,满足其个性化的综合需求,为犯罪少年提供整体服务。例如,青少年犯罪小组中的社会工作人员将社会工作的沟通、共情、倾听等专业技能带到少年司法服务中,让少年在一个安全有益的氛围中探索其犯罪行为的根源,撰写审前报告向法庭提出干预方案,在法庭审理过程中担任法庭官员和监督官员等。

---

① 根据英国学者 2001 年对新体系下青少年犯罪小组试点的评估发现,在成立青少年犯罪小组之前,青少年司法组中的社会工作者比例是 80% ,成立之后下降到 46% 。See Anthony Bottoms, James Dignan, "Youth Justice in Great Britain", *Crime and Justice: A Review of Research*, Vol. 31, 2004, p. 92.

2. 少年司法委员会

成立少年司法委员会(Youth Justice Board)是英国少年司法改革的另一个创举。根据《犯罪与违法秩序法》第 41 条的规定,应成立非政府部门的公众组织——少年司法委员会,委员会由内政部指派 10 ~ 12 名人员组成,其中应该包括具有少年司法相关经验的人员。根据法案要求,青少年司法委员会的职能具体包括:(1)指导整个少年司法体系的运行,监督少年司法服务;(2)围绕如何有效地实现少年司法预防犯罪的核心目标给内政部提出建议;(3)从相关机构收集少年司法的相关信息并及时发布;(4)跟踪观察青少年犯罪小组、少年法庭以及安全看护条件等,监督少年司法支持体系的实现程序,制定国家少年司法服务标准;(5)为地方政府少年司法服务提供财政支持、技术援助和研究支持,促进少年司法的最佳实践。① 联合政府上台以后,对少年司法委员会的设置提出了质疑,②对其部分职能进行了调整。2011 年少年司法委员会从内政部转移到司法部,其内部机构不断精简,如 2017 年少年监禁和缓刑服务职能分离到少年监禁和缓刑服务部门。此外,在少年司法委员会内部成立了一个少年司法顾问专门小组来整理收集关于少年司法的观点和建议,并建立少年司法体系监督小组(Youth Justice System Oversight Group),将不同部门的高级政府官员集合在一起面对少年司法系统的挑战。经过上述调整,少年司法委员会的定位更加清晰,职能更加集中。

---

① 参见 Sec 41, Crime and Disorder Act 1998, http://www.legislation.gov.uk/ukpga/1998/37/section/41#commentary-key-97f01295df32c4d236f1552f08f5bc19, 2019 年 7 月 29 日访问。

② 2010 年联合政府司法部秘书发布了一项咨询报告《打破循环:有效的惩罚、再社会化和审判犯罪》,该报告要求简化审前处置,针对儿童和少年的初次犯罪或者轻微犯罪,给警察、皇家检控以及青少年犯罪小组更多的自由裁量权,甚至建议取消少年司法委员会,以进一步提高地方政府管理少年司法服务的灵活性。报告认为,青少年犯罪小组已经稳固地嵌入少年司法体系,不再需要一个独立机构进行监督,而应该把更多的精力放在如何有效干预初次犯罪的少年,减少再犯率和监禁刑的适用。See Jane Piceford, Paul Dugmore, *Youth Justice and Social Work*, Open Unicersity Press, 2013, p. 199.

根据少年司法委员会2018～2019年度报告，青少年犯罪小组的使命是在整个少年司法系统中减少犯罪儿童和青少年的数量、降低再犯率、改善和提高儿童和青少年的安全状况以及行为表现、促进更加积极有效的干预结果。少年司法委员会秉持“首先他们是儿童，其次他们是犯罪人”的理念，致力于实现儿童最大利益，鼓励儿童发展潜能，减少少年犯罪对其自身和对社区的影响，确保每一个少年儿童都生活在一个安全的环境，对社区做出有益的贡献。① 其核心举措是制定少年司法服务的国家标准，②用以指导和促进少年司法服务实践。2019年最新发布的《少年司法服务标准》以少年司法程序的不同阶段为界，设定了五类服务标准，即在法庭外服务标准、法庭服务标准、在社区服务标准、在安全设施服务标准、转移和安置服务标准。③ 少年司法委员会针对每一项服务都制定了详细的标准，具体内容会在下文结合少年司法相关程序进一步展开论述。

三、多机构合作支持体系与少年刑事司法程序的衔接机制

英国少年刑事司法多机构合作策略的实践，不单单是创设了相关机构，而且实现了其与整个少年刑事司法体系的有机衔接。目前，青少年犯罪小组已经稳固嵌入了少年刑事司法体系之中，形成了一个有机

---

① 参见 Youth Justice Board Annual Report and Accounts, 2018 to 2019, https://assets. publishing. service. gov. uk/government/uploads/system/uploads/attachment _ data/file/820763/YJB_Annual_Report_and_Accounts_2018 – 19_pages_web. pdf,2019年7月29日访问。

② 2000年少年司法委员会制定了青少年犯罪小组、安全屋安置以及风险评估工作的国家标准，该标准在2004年、2010年、2013年、2019进行了更新，文章以少年司法委员会网站2019年修订的国家标准为准。

③ See Standards for children in the youth justice system 2019, https://assets. publishing. service. gov. uk/government/uploads/system/uploads/attachment _ data/file/780504/Standards_for_children_in_youth_justice_services_2019. doc. pdf,2019年7月29日访问。

统一的针对少年触法者的社会控制之网,其中既有符合正当程序的惩罚之网,也有无缝对接的全程保护和关爱,一方面达到了控制和预防犯罪的目的,另一方面则可以促进涉罪少年更好回归社会,真正做到以少年为中心,从而在惩罚少年触法行为的同时,实现少年利益最大化。

(一)英国目前的少年刑事司法程序

英国目前的少年刑事司法体系总体上是以1998年《犯罪与社会失序法》为基础建立的,之后经过其他不同的法案不断更新和修订具体的内容。① 英国的少年刑事司法体系中的少年案件是指年龄在10～17岁的青少年犯罪案件。在整个刑事司法流程中涉及警察、青少年犯罪小组、皇家检控署、少年法庭、刑事法院以及各类少年安置机构,不同的机构各司其职,相互配合,共同致力于预防少年再犯,保护少年利益。总的来说,英国少年刑事司法程序可以分为庭外处置、起诉、法庭裁判和处置程序。

1. 庭外处置程序

英国未成年人刑事司法程序中设置了庭外处置程序,作为正式刑事程序的前置程序进行司法转处和分流。2012年以前,英格兰和威尔士地区少年司法庭外处置措施主要包括训诫和最终警告,目前的庭外处置框架则是根据2012年《法律援助裁判和惩罚犯罪法案》建立的。具体而言,针对少年的法定庭外处置包括:青少年警告和青少年附条件警告,此外,还包括一种非法定的选择,通常称为庭外决议。庭外处置程序主要针对罪行轻微的青少年案件,不涉及法庭审判或判决,其目的是使青少年今后不再参与刑事司法系统,这符合儿童和司法的最大利益。

---

① 英格兰没有一个综合单独的少年刑事司法法案,目前的少年刑事司法体系散见于不同的法案中,主要包括1998年《犯罪和社会失序法案》、1999年《少年司法刑事证据法案》、2000年《刑事法庭权力法案》、2001年《刑事司法和警察法案》、2003年《刑事司法法案》、2004年《儿童法案》、2008年《刑事司法和移民法案》、2012年《法律援助裁判和惩罚犯罪法案》等。

总体来说,在法庭外处置程序中,涉及的机构主要是警察和青少年犯罪小组,庭外处置会产生四种结果:不采取进一步行动、社区决议、青少年警告和青少年附条件的警告。当少年犯罪被警察发现或者逮捕,如果经调查没有实质性犯罪行为或者少年不认罪且没有足够的证据提起诉讼时,警察会释放该少年不采取进一步行动。如果少年承认犯罪,但是初次犯罪且罪行轻微,在考虑受害者意见的前提下,警察可以选择社区决议,即由犯罪少年、受害人以及相关利益方达成非正式的协议,也被称为"街头恢复性司法"。[①] 社区决议记录会保存在当地警察系统,但不构成犯罪记录,警察可以通知青少年犯罪小组协助该协议的执行。

如果少年承认犯罪,且有足够的证据证明犯罪,但是起诉不符合公共利益,警察可以向少年发出警告处置。当警察做出警告处置时,必须通知青少年犯罪小组,如果少年之前有警告记录,则青少年犯罪小组必须对少年进行评估,实施相应的康复计划,以防止其进一步犯罪。少年是否参与康复计划是自愿的,不遵守也不会受到惩罚,但是会影响未来的处置办法。当少年承认犯罪,且有足够证据证明,但出于公共利益不起诉,警察还可以做出附条件的警告,青少年附条件的警告最长期限 3 个月。当少年因某项罪行获得附条件警告时,该罪行的刑事诉讼便会停止,如果少年遵守相关条件,检控程序通常不会展开。附条件警告所附的条件具有强制性,可以是补偿性的,如与英国皇家法院服务机构达成协议收取罚款,也可以是恢复性的,比如与警方达成协议适用宵禁,只有在恢复和赔偿条件不适合或者不足以处理罪行时,才可采用惩罚性条件。附条件警告的执行期限一般是 16 ~ 20 周,由青少年犯罪小组负责监督执行;如果犯罪少年不遵守条件,又缺乏合理理由,则可能导致原来的罪行被继续起诉,附条件警告不再生效。警告只适用于 10 ~ 17 岁的犯罪少年,18 岁或以上的触法者,无论他们在何时触犯法例,均

① 参见 Out-of-court disposal work in youth offending teams, https://www.justiceinspectorates. gov. uk/cjji/wp-content/uploads/sites/2/2018/03/Out-of-court-disposal-work-in-youth-offending-teams-reportb. pdf,2019 年 8 月 4 日访问。

应给予附条件警告,如果属于应当公诉的犯罪,则须咨询皇家检控署的意见并得到授权后方可做出附条件的警告处置。此外,在英格兰和威尔士地区除了皇家检控署和警察以外,虽然还有其他机构可以提起诉讼,但是警告和附条件的警告只能由警察做出。

2. 起诉程序

如果警察决定起诉涉罪少年,案件将被转移到皇家检控署(The Crown Procecution Service),由皇家检控署决定是否最终起诉该少年。皇家检控署是少年司法系统中的一个中立机构,检控官将根据证据情况和公共利益综合判断是否提起诉讼,考虑的因素包括犯罪行为、证据情况以及犯罪结果、受害人以及未成年人之前的犯罪历史等。在起诉程序中会出现三种结果:终止诉讼、将案件移送回警察和向法庭提起公诉。经皇家检控署审查,认为证据不足或者不符合公共利益,会被终止诉讼;如果认为尽管有充分证据证明犯罪,但是起诉不符合公共利益,也可将案件移送回警察,由警察做出庭外处置,如果警察未能做出庭外处置,应该向皇家检控署作出解释,由皇家检控署通过还押听证会决定是否起诉;如果有充分的证据表明有定罪的现实可能性,且起诉符合公共利益需要,皇家检控署会提起公诉。其中 18 岁以下的少年犯罪案件一般会被移送少年法庭,①皇家检控或者律师提出诉讼的案件、涉及死亡的案件、涉及恐怖主义或者国家机密的案件、涉及仇恨犯罪或者家庭暴力的案件、暴力斗殴的犯罪行为、造成严重人身伤害的犯罪行为、对 18 岁以下少年性犯罪行为以及 2003 年授权法案规定的罪行等则被直接移送刑事法庭。此外,皇家检控署必须确保青少年犯罪小组可以获得任何有关犯罪的可以写入庭前报告的内容,包括证据相关内容,复制警察笔录、证人证言以及之前的犯罪情况等。

---

① 对于刑事案件的审理,英国设有两级初审法院:治安法院和刑事法庭,少年法院属于治安法院,负责审理 18 岁以下少年犯罪的案件,少年法院由 1 名地区法官或者 3 名非职业治安法官构成,且必须包含女性治安法官 1 名。参见宋英辉、孙长永、朴宗根等:《外国刑事诉讼法》,北京大学出版社 2011 年版,第 7 页。

3. 法庭裁判程序

少年法庭的设置相对不那么正式，受理范围包括保释的未成年人、声称无罪的、承认严重罪行但应被判处 2 年以下的案件。少年法庭可能做出罚款、转处令、赔偿令、恢复令、训练和监禁令、亲职令等裁判。

对于罪行轻微的少年犯罪，少年法庭可以做出赔偿令（raprationorder），赔偿令要求犯罪少年向被害人或者社区进行补偿，旨在让犯罪少年承担犯罪行为的后果，对被害者做出实际的补偿。①

转处令是一项特殊的法庭判决，首次在少年刑事司法领域纳入社区因素，最早由 1999 年的《少年司法与刑事证据法》提出，现在规定于 2000 年《刑事法院审判权力法案》。英国学者认为，转处令的创设实际上是以苏格兰儿童听证程序为基石，以福利原则为指导，其基本的理念是恢复、赔偿和帮助少年重新融入社会，其目的是改善少年犯罪行为，防止少年再犯。如果是少年初次犯罪，少年法庭可以做出转处令（referral order），将少年转移给青少年转处专门小组（Youth offender panel），青少年转处小组负责召集犯罪少年及其父母以及受害人等就改进少年犯罪行为达成具体协议，协议的内容可以包括赔偿、宵禁、和解或者参加特定的教育培训等。青少年犯罪小组必须在法庭做出转处令 20 天内招募培训社区志愿者建立转处专门小组，并向转处专门小组提供转介报告。转介报告不能提出任何有关协议的建议，主要是提醒专门小组考虑法庭量刑关注的重点以及受害者可能接受的赔偿方式。转处专门小组包括一名青少年犯罪小组成员和两名经过资格认证的社区工作人员，其中青少年犯罪小组成员担任顾问和监督的角色，负责向社区工作人员提供少年背景信息和建议并监督少年行为，社区工作人员是转介小组的决策者。犯罪少年及其家长必须参加该协商会议，如果被害人同意，被害人被要求尽量参加。转介期与犯罪行为的严重程度相适应，3～12 个月不等。如果达成了协议，转处专门小组将负责监控该协

① 恢复令、亲职令贯彻了新少年司法体系责任性的精神，是对之前借口文化的反应，要求犯罪少年在经被害人同意的情况下，做出实际补偿，或者在所在社区进行无薪劳动。

议,并在少年遵守协议的前提下,解除转介令。如果不能达成行为协议,或者少年违法协议条件,少年罪犯则会被送回法庭,以原罪判刑。①

2008 年《刑事司法和移民法案》创立了少年恢复令,该法令重新建构了少年法庭的裁判框架,取代了 1998 年《犯罪和社会失序法案》确立的 9 种社区处置,包括行动计划令、监管令、缓刑令、社区服务令等,简化了法庭裁判程序,提高了干预措施的灵活性,被英国学者称为"点菜式的判决""自助餐厅式的司法"。少年恢复令需要与少年犯罪严重程度相匹配,需要根据少年犯罪的特点选择相应的附加条件,最长期限是三年。其理论基础是对犯罪的干预需要与少年犯因性需求和风险因素相匹配。少年恢复令提供了"一揽子"的附加要求,根据少年司法委员会的指导,少年恢复令可以附加 18 项具体要求,如禁止具体活动要求规定特定的时间禁止做某事、宵禁要求、电子监控要求、毒品测试要求等。少年恢复令需要基于精算风险评估的结果,根据罪行严重程度选择相应的社区干预计划,最长期限是三年。对于附加要求的数量没有限制,但是附加要求必须与少年犯罪的严重程度相适应。

转处令、恢复令、赔偿令都是以社区为基础的法庭裁判令,要求在社区执行。青少年犯罪小组通过审前报告向法庭提出建议,协调被害人,负责恢复令的执行。

少年法庭还可以做出羁押和训练令,也被称为无缝判决,该处置的前半部分在羁押设施中服刑,后半段则在社区的监督下服刑。这样的羁押安排使少年罪犯能够"无缝地"从羁押场所转移到社区,其重点是明确的"判决计划",以确保羁押时间得到建设性的利用,并在释放后得到有效的监督和支持。②

此外,少年法庭还可以作出亲职令等辅助性处置,其中亲职令较为

---

① 参见 Referral Order Guidance October 2018, https://assets.publishing.service.gov.uk/government/uploads/system/uploads/attachment_data/file/746365/referral-order-guidance-9-october-2018.pdf,2019 年 7 月 30 日访问。

② See Anthony Bottoms, James Dignan, "Youth Justice in Great Britain", 31 *Crime & Just.* 21 (2004), p. 89.

特殊，之前提到的刑罚都是针对少年本身的，亲职令的裁判对象则是少年的父母。亲职令包括两种情况：第一种情况要求父母参加咨询或者指导会议，最长期限3个月；第二种情况要求父母或者监护人对少年进行某种程度的控制，比如确保少年上学或者确保其避开特定的人和地方。该命令也是由青少年犯罪小组负责执行，如果父母不遵守相关命令则可能构成刑事犯罪，最高可罚款1000英镑。

（二）以青少年犯罪小组为核心的多机构支持体系与刑事司法程序的衔接

以青少年犯罪小组为核心的多机构支持体系在英国少年刑事司法程序中发挥着重要作用，两者的结合使英国的少年司法在福利和惩罚、司法和行政之间达到了较好的协调。法律明确给予了青少年犯罪小组在不同刑事司法阶段的建议和决定权，在青少年犯罪小组和传统的警察、皇家检控和法庭等刑事司法机构之间搭建了桥梁，从而实现了对固有社会支持模式的超越。

1. 庭外处置阶段的支持服务

在庭外处置程序中，青少年犯罪小组与刑事程序的衔接体现在讯问阶段提供合适成年人服务，基于风险评估和社会调查对是否起诉，是否保释以及做出何种处置给出建议，并负责警告和附条件警告处置的监督和后续跟进。①

第一，协助警察做出庭外处置决定。根据2013年实施的《法律帮助、审判和惩罚犯罪行为法令》，警察和青少年犯罪小组必须有效合作确保法庭外的处置体系的有效运行。当做出一个青少年警告时，警察必须告知青少年犯罪小组，如果是以前有过犯罪经历，警察则需要根据青少年犯罪小组的评估，由警方和青少年犯罪小组联合做出决定。为了确保

① 参见 Youth Out-of-Court Disposals Guide for Police and Youth Offending Services, https://assets.publishing.service.gov.uk/government/uploads/system/uploads/attachment_data/file/438139/out-court-disposal-guide.pdf，2019年7月31日访问。

真正的联合决定,青少年犯罪小组中的警察不能作为警察或者青少年犯罪小组的决策者。青少年犯罪小组必须确保做好庭外处置的记录,将处置原因、处置结果等信息录入青少年犯罪小组信息库,并制定有效的干预措施以支持青少年警告和附条件的青少年警告的实施。(见图2)

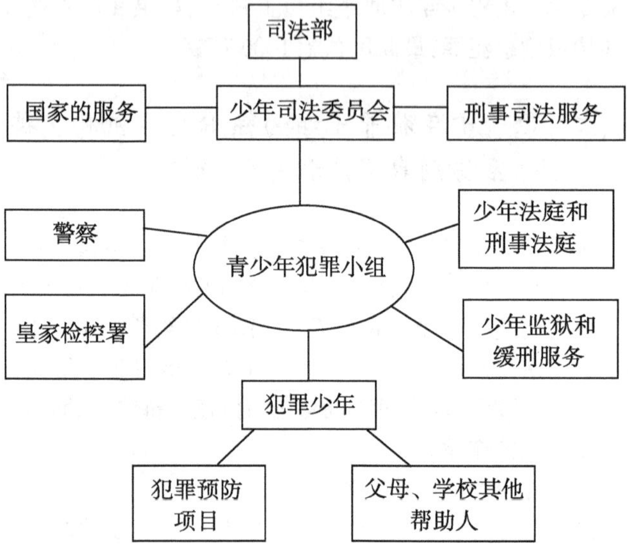

图2　以青少年犯罪小组为核心的少年刑事司法支持体系

第二,提供庭外处置保释的支持服务。在庭外处置阶段进行保释是为了进一步调查犯罪行为或者确保庭外处置程序的有效运行,保释可以发生在警察做出警告、附条件警告或者起诉之前,也可能在此之后。[①] 庭外处置程序中的保释需要警察和青少年犯罪小组的密切

① 在做出庭外处置之前进行保释的原因包括三种情况:需要对少年犯罪行为进行进一步调查;在国家警察计算机系统没有有罪的记录,需要转移给青少年犯罪小组对少年犯罪行为历史进行调查;为了确保后续正式的处置程序的作出,需要转移给青少年犯罪小组对少年进行评估。在做出庭外处置之后的保释原因包括两点:一是确保警告和附条件警告的作出,二是确保庭外处置程序中恢复性司法措施的运用,保障受害者的参与。

配合。[①] 青少年犯罪小组需要对少年保释的进行提供评估和支持。青少年犯罪小组应该建立该未成年人之前犯罪或者保释的历史档案、确认该未成年人是否在青少年犯罪小组或者其他相关机构有过接触记录、确认保释地址的适当性和稳定性,以此为基础向警察提出保释适当的建议。保释的期限由警方和青少年犯罪小组协商确定。由于越早地对少年进行干预效果越好,所以保释期限需要警察和青少年犯罪小组相互配合,最长不超过 20 个工作日,青少年犯罪小组应在 10 个工作日内使用风险评估工具对犯罪少年进行评估,警察应该在 15 个工作日内根据青少年犯罪小区的评估报告做出处置决定。

第三,提供合适成年人服务。根据 1984 年《警察与刑事证据法》的规定,当未满 17 岁的未成年人被警察逮捕或者警告讯问时,其父母或监护人或其他成年亲属应当在警察讯问时作为合适成年人在场。当上述人员不能到场时,青少年犯罪小组必须提供合适成年人到当地的警局,无论该未成年嫌疑人是否来自本地区。青少年犯罪小组提供的合适成年人服务必须做成手册放置于警察局,同时提供给担任合适成年人的人员。这种合适成年人服务必须保证一周 7 天都予以提供,且覆盖警察讯问可能发生的主要时段(比如早上 9 时到晚上 9 时),非工作时段应安排电话联系人。合适成年人由青少年犯罪小组负责在社区招募,但遴选必须依照严格程序进行,并考虑其性别、种族等相关因素。青少年犯罪小组负责对被招募的合适成年人进行培训并提供支持。[②]

2. 法庭审判阶段的支持服务

在法庭审判阶段青少年犯罪小组仍然是支持体系的核心,对法庭非监禁的判决影响巨大,但具体的指导原则和服务方式略有不同,在法

---

① 参见 Youth Out-of-Court Disposals Guide for Police and Youth Offending Services, https://assets.publishing.service.gov.uk/government/uploads/system/uploads/attachment_data/file/438139/out-court-disposal-guide.pdf. pp. 19 – 21,2019 年 8 月 2 日访问。

② 参见 National standards for the development and provision of appropriate adult schemes in England and Wales, https://www.appropriateadult.org.uk/index.php/downloads/national-standards,2019 年 8 月 2 日访问。

庭审判阶段青少年犯罪小组的支持服务以法庭审判为基本指导,建立在法庭审判的基本框架之上,处于辅助性的地位。多机构支持服务的内容包括两个方面:法庭职能服务和审前报告。法庭职能服务,是指为了确保法庭程序的正常运转,青少年犯罪小组协调相关机构和个人,并向犯罪少年及其父母、监护人提供相应的支持帮助,如帮助少年及其父母、监护人理解法庭命令和法庭程序、了解青少年犯罪小组的职能等,在这个过程中青少年犯罪小组来自法庭的工作人员发挥着重要作用。

审前报告是法庭审判支持服务的核心职能,也是青少年犯罪小组专业性和创新性的体现,对整个少年司法裁判产生了重大的影响。根据2003年《刑事司法法案》第158条,青少年犯罪小组有权向法庭提供审前报告(pre-sentence report)以帮助法庭找到处置少年犯罪最合适的方式。① 审前报告是青少年犯罪小组的法庭职责之一,出席法庭的工作人员会就报告内容及少年情况接受法官提问。审前报告对法官的量刑裁量具有重大影响,其目的是以少年福利和少年最大利益为原则,尽量促成少年非监禁刑罚。如果青少年犯罪小组不能如期提供审前报告,则必须向法庭做出说明。虽然法庭可以在没有审前报告的情况下做出判决,裁判的效力不会受到影响,但是根据2003年《刑事司法法案》第156条,可以就该判决提起上诉。② 根据庭审的具体情况,审前报告可以具体分为5种类型:使用现有报告、③休庭报告、④特定量刑报

① 参见Sec 158, Criminal Justice Act 2003, http://www.legislation.gov.uk/ukpga/2003/44/section/158,2019年8月2日访问。

② 参见Sec 156, Criminal Justice Act 2003, http://www.legislation.gov.uk/ukpga/2003/44/section/156,2019年8月2日访问。

③ 使用现有报告(use of an existing report),是指青少年犯罪小组在庭审前三个月经过Assectplus评估完成的报告,之后没有新的情况,在庭审时可以使用现有的报告,但是青少年犯罪小组的法庭工作人员必须出席法庭就新的犯罪行为做出口头或者书面的补充。

④ 休庭报告(stand down report),是指如果少年的情况相对比较简单,青少年犯罪小组对该少年很熟悉,可以选择在开庭当日以书面或者口头方式完成报告。休庭报告必须包含审前报告的核心要素,且必须符合法定的审核签字程序。休庭报告可以确保法庭程序的迅速执行,但是如果犯罪少年可能被法庭判处监禁刑罚,则不允许使用休庭报告。

告、①转介小组报告②和审前报告，③其中前四种是特定情况下的简易报告，最后一种是法定的完整意义上的审前报告。总的来说，评估是审前报告的核心内容，包括少年综合评估、④风险评估以及危险性评估。⑤其中风险评估是青少年犯罪小组的创新举措，风险评估包括再犯风险、伤害他人的风险和伤害自己的风险，青少年犯罪小组会通过少年司法委员会研发的 Assetplus 风险评估工具对少年进行专业的风险评估。⑥

---

① 特定量刑报告需要在提出请求的当日完成，同样必须符合审前报告的核心要求以及相应的审核签字程序。如果少年可能被判处监禁，同样不允许使用特定量刑报告。

② 转介小组报告（referral panel report），是指当少年首次犯罪，少年法庭准备适用转介令，青少年犯罪小组则提供转介报告，在转介小组会议上提供转介报告，帮助达成适合少年转介的干预方案；审前报告，是青少年犯罪小组根据少年法庭的要求在量刑前提交的报告，该报告就少年犯罪的原因、对犯罪的反应进行分析，对少年危险程度继续评估，并基于此提出量刑意见。

③ 参见 How to use reports: section 5 case management guidance, https://www.gov.uk/government/publications/how-to-use-reports/how-to-use-reports-section-5-case-management-guidance，2019 年 8 月 2 日访问。

④ 少年综合评估是对之前犯罪行为分析的补充，但不是重复地提供一个完整的生活史，而是选择与犯罪行为密切相关的因素进行评估，包括父母的支持性评估、少年参加帮派情况等类似于我国社会调查的概念。

⑤ 根据 2003 年《刑事司法法案》，当法庭可能判处监禁刑罚，在裁判过程中需要考虑少年的危险性程度（dangerousness），也就是说只有在法庭明确要求的情况下，审前报告才会考虑危险性评估。关于危险性评估，少年司法委员会专门制定了相关指南，对危险性行为和实践进行界定，用以指导青少年犯罪小组的评估。这里的危险性评估不同于文章所述风险评估，对危险的定性权在法庭，根据《刑事司法法案》第 229 条的规定，对危险性界定的最终决定权在法庭，如果法院认为少年有进一步犯罪行为，会对公众和社会造成严重伤害，则将少年评定为危险。青少年犯罪小组需要在审前报告中提供少年过去的犯罪历史的事实情况，比如犯罪行为的性质和情况、之前未被起诉的行为情况等，但是不对危险性作出判断。参见 Sec 229, Criminal Justice Act 2003, http://www.legislation.gov.uk/ukpga/2003/44/section/229，2019 年 8 月 2 日访问。See Public Protection Sentences and "Dangerousness" Guidance for youth offending teams, https://webarchive.nationalarchives.gov.uk/20110205191310/http://www.yjb.gov.uk/publications/Resources/Downloads/Public%20Protection%20Sentences%20and%20Dangerousness%20-%20Guidance%20for%20YOTs.pdf，2019 年 8 月 2 日访问。

⑥ 参见史立梅、周洋：《刑事司法中的风险调查与评估——以审前释放为视角》，载赵秉志主编：《刑法论丛》（2017 年第 4 卷），法律出版社 2017 年版。

3. 审判后安置阶段的支持服务

执行社区为基础的刑罚,需要青少年犯罪小组与少年及其父母保持密切的联系,并采取有效的干预措施,预防少年再犯。监禁刑的执行主要是在少年监狱部门,从少年法庭作出监禁处置到转移到少年监狱的过程中,青少年犯罪小组负责提供相应的支持服务。如果法庭对少年判处监禁处罚,青少年犯罪小组应该在24小时内通知少年监狱服务部门,将其掌握的相关评估资料转移给少年监狱服务部门,并在庭审结束后完成安置评估报告并提供给少年监狱服务部门,帮助其做出合适的安置行为。青少年犯罪小组必须确保少年理解法庭裁判的最终结果,并协助裁判的执行。青少年犯罪小组还需要与护送少年的工作人员保持联系,获取护送记录,并重点关注其是否有自杀或者自残行为,并纳入后续的审后安置报告中。如果青少年犯罪小组对少年监狱服务部门的安置决定有异议,可以申请对安置决定进行审查。青少年犯罪小组可以提供相关信息,建议少年监狱服务部门改变安置决定,采取更符合少年利益,更能规避风险的安置方式。

四、英国多机构合作策略与实践对我国的启示

通过跨专业、多机构合作,英国地区将政府和社会力量纳入少年刑事司法体系,在预防和减少少年犯罪方面取得了显著的成绩。根据英格兰少年司法委员会发布的年度工作报告,[①]近年来首次进入少年刑事司法体系的人数、再犯人数、监禁人数都在不断下降。以2018～2019年度报告数据为例,截至2018年3月,首次进入少年刑事司法系统的平均年龄是15.2岁,总人数是14,373人,总人数与2017年3月相比下降了14%,截至2017年3月,再犯率是40.9%,相比2016年同期

① 英格兰和威尔士少年司法委员会在少年司法委员会官网发布年度工作报告,收集和分析首次进入刑事司法系统的儿童人数、再犯儿童人数以及被监禁儿童人数等数据,并汇报该组织的最新角色及年度账目。

下降 13%，达到近十年来的最大降幅。①

英国多机构合作策略与实践所取得的瞩目成绩对于我国未成年人刑事司法制度改革颇具启发性。在英国少年司法的发展史中也可以看到一些中国未成年人刑事司法进程中同样面临的问题，如 20 世纪初恶性少年犯罪的出现导致了英国少年司法在福利和惩罚之间的摇摆和挣扎，并最终探索出一条以预防青少年犯罪和再犯为目标、集保护和责任于一体的未成年人刑事司法新模式。而我国近年未成年人恶性刑事案件频发，引起社会对未成年人犯罪是否应特殊保护的质疑，有学者甚至提出降低刑事责任年龄的建议。未成年人刑事司法该何去何从，此时的目标定位将直接决定我国未成年人刑事司法未来的发展方向。2012 年中国《刑事诉讼法》修改，设立未成年人刑事专章程序，规定了社会调查、合适成年人、法律援助、附条件不起诉等多种制度，增添了未成年人刑事司法中的保护色彩，但这些保护机制作用的发挥尚有赖于有效社会支持体系的建立。但是我国学界目前对未成年人刑事司法的研究大都还停留在 2012 年《刑事诉讼法》规定的制度层面，理论层面的深入研究极其缺乏，跨学科的研究也有待提高。② 虽然英国多机构合作策略并不完美，也存在诸多问题，比如，多机构合作的青少年犯罪小组成员容易受到母机构的影响以及不同地区青少年犯罪小组之间的沟通

---

① 参见 Justice Board Annual Report and Accounts, 2018 to 2019, https://assets. publishing. service. gov. uk/government/uploads/system/uploads/attachment _ data/file/820763/YJB_Annual_Report_and_Accounts_2018 - 19_pages_web. pdf, 2019 年 8 月 22 日访问。

② 参见宋志军：《论未成年人刑事司法的社会支持体系》，载《法律科学（西北政法大学学报）》2016 年第 5 期；宋志军：《未成年人刑事司法的社会参与问题研究》，载《北方法学》2016 年第 2 期；何明升：《司法模式与社会工作的关系及其渐进式亲和》，载《学术交流》2012 年第 11 期；何明升：《司法社会工作的理论来源和主要议题》，载《井冈山大学学报（社会科学版）》2015 年第 2 期。

协调不畅等,①但不能否认的是,多机构合作的举措开创了一种控制未成年犯罪的新范式,对我国具有相当的启发和借鉴意义。笔者认为,英格兰少年刑事司法多机构合作策略及其实践对我国未成年人犯罪预防及未成年人刑事司法的启示包括以下几个方面。

(一)明确犯罪预防的核心目标,构建完善的犯罪预防体系

英国少年刑事司法体系的显著特征即明确以预防儿童和青少年犯罪为核心目标。如前文所述,英格兰少年司法体系是当代精算司法理论的产物,顺应了当今社会应对少年犯罪问题的新趋势,其整个少年司法体系关注的重点从犯罪个体及原因转向关注整体系统性管理和控制,预防犯罪和减少再犯成为评价少年司法体系的核心指标。1988年的《犯罪与社会失序法》将预防儿童和青少年犯罪确立为整个未成年人司法体系的核心目标,因此依据该法建立起来的少年司法体系不论从实体上还是从程序上都有效贯彻了该原则,前者比如通过规定反社会行为令、性犯罪令,对于尚未构成犯罪但对社会和公众具有危害性的行为予以早期介入和制止;后者如通过警察警告、附条件警告措施将大量轻微犯罪行为及时转出刑事程序,以及通过法院对转介令、恢复令、赔偿令等非机构化、非监禁措施的适用实现轻微犯罪的非刑罚化。这些实体和程序上的措施对于预防未成年人犯罪和再犯罪具有非常重要的意义。然而,仅有这些非犯罪化、非刑罚化的措施是远远不够的,无论是针对尚未构成犯罪但具有危害性行为的人进行早期介入和干预,还是将涉罪少年转出刑事程序或监禁场所,均需要多样化的服务支持体系予之相配合,以使触法涉罪少年在得到保护的同时学会承担责任,

---

① 参见 Looked After Children: An inspection of the work of Youth Offending Teams with children and young people who are looked after and placed away from home, https://dera.ioe.ac.uk/16394/1/Looked_After_Children_Thematic_Report_ENG.pdf,2019年9月15日访问。

彻底消除其犯罪或者再犯罪的环境或者动机，以达到犯罪预防的最终目的。由此，1988年《犯罪与社会失序法》中规定的犯罪预防与其说是少年司法的核心目标，不如说是对少年司法提出的全方位要求，其充分体现了犯罪预防是一个从实体到程序、从司法到服务的全部过程。美国总统约翰逊一手组建的法律执行与司法管理委员会在1967年发布的《自由社会的犯罪挑战》报告中所提出的预防和减少青少年犯罪的六个核心策略：身份行为的非犯罪化（比如离家出走、逃学、需要监督等等）、将涉罪少年从法院程序中转出至公共或私立的治疗项目、将正当程序权利扩展至未成年人、处遇非机构化（尽量利用社区团体之家或者非居住治疗设施取代大型培训学校）、服务多样化、控制的非集中化。① 上述策略不仅为美国1974年《少年司法与犯罪预防法》绘制了蓝图，而且与英国1988年《犯罪与社会失序法》的内容体系高度一致。

来自英美的犯罪预防理念对我国未成年人司法具有极大的启发性。多年来，虽然我国也非常重视未成年人犯罪预防，而且还专门制定了《预防未成年人犯罪法》，对于未成年人不良行为、严重不良行为以及重新犯罪的预防和矫治进行了规定，但是其中存在的问题颇多，如对于不良行为、严重不良行为的界定模糊，预防和矫治措施以行政化、机构化为主且未体现出多样化，保护性、服务性措施不足，与司法程序缺乏有机衔接。而刑法、刑事诉讼法中有关专门适用涉罪未成年人的转处、非监禁措施的规定也严重不足，现有的转处措施（比如附条件不起诉）在实践中难以落地，适用比例极低。上述立法和司法现状严重制约了我国未成年人犯罪预防的效果。近年来，校园暴力案件、性侵未成年人案件、未成年人实施的恶性杀人事件频发，使我国的未成年人犯罪预防工作面临前所未有的压力。在这种情况下，吸收和借鉴英美的犯罪预防理念和举措，构建全面的犯罪预防体系极为必要。这至少包括以下几个方面：一是建立科学的分级处遇体系，将未成年人的罪错行为

① See Gordon A. Raley, John E. Dean, "The Juvenile Justice and Delinquency Prevention Act: Federal Leadership in State Reform", *Law & Policy*, Vol. 8, No. 4, 1996, p. 399.

划分为虞犯行为、违法行为、触法行为和犯罪行为[①]四级,并秉持儿童最佳利益原则针对上述四级行为规定不同的保护处分措施;二是建立未成年人司法服务体系,为上述罪错未成年人提供多样化的社会支持服务;三是规定专门适用涉罪未成年人的转处、非监禁措施,尽量将轻微涉罪未成年人转出刑事司法程序或者给予非监禁、非刑罚化处遇;四是充分发挥社区在犯罪预防和矫治方面的作用,建立以社区为基础、遵循最小限制原则的替代性设施体系,如寄养和照料中心、集体宿舍、中途之家、家务照管和家庭保健服务,以替代大规模、机构化的矫正场所(如收容所、工读学校)。

(二)借鉴多机构合作策略,通过多机构合作解决少年司法过程中的社会支持问题

为实现预防犯罪的目标,英国在多机构合作策略指导下成立了专门的青少年犯罪小组,在传统的刑事司法体系中创造性地纳入其他机构和专业力量,使得支持体系更加精准和全面,为其他国家少年司法改革提供了良好的范例。虽然英国学者对青少年犯罪小组作为一个刑事司法机构的地位有些争议,但是不可否认的是作为准少年刑事司法机构,它在传统少年刑事司法和社会支持力量之间建立了桥梁,建立了跨部门和跨专业的合作,促进了少年刑事司法的社会化进程。事实上在各国的少年司法改革中,都在寻求少年司法的多部门联动机制,我国近年来也不断倡导建立多部门合作的少年司法社会联动机制,鼓励政府购买社会支持服务。但是我国服务于少年司法的社会支持力量相对分散,尚难以为少年司法提供有效的社会支持服务。为加强我国未成年人刑事司法社会支持体系建设,2018年2月,最高人民检察院与共青团中央签署了《关于构建未成年人检察工作社会支持体系的合作框架协议》,决定共同加强未成年人司法社工的培育和引入,推动建立未成

① 参见姚建龙:《〈论预防未成年人犯罪法〉的修订》,载《法学评论》2014年第5期。

年人检察社会服务中心,及时转介、外包未成年人帮教和救助专业需求,构建未成年人检察工作社会支持体系,进一步加强未成年人检察社会支持体系建设。2019 年 4 月,最高人民检察院联合共青团中央确定了 40 个首批委托开展未成年人检察工作社会支持体系工作单位名单。① 从试点单位情况来看,我国目前的社会支持机构还没有实现跨部门、跨专业合作,且各地发展不均匀。以社会支持体系建设相对比较完善的北京和上海为例,社会支持的主体主要还是社会工作者,包括教育、医疗、卫生等在内的政府职能部门参与不足,政府的主导作用没有得到重视和强调。在推进社会支持体系建立的过程中,英格兰的多机构合作策略颇值得我国学习和借鉴,在政府和法律的强制力保障下建立综合多方力量的多机构合作体系,是在短期内加速少年司法社会支持体系建设的较好选择。

(三)强调风险评估,确保支持服务专业化

在青少年犯罪小组的实践过程中,风险评估工作发挥着重要作用,几乎贯彻其服务的全过程。少年司法委员会从成立之初就致力于研究开发统一的风险评估工具 Asset,目前 Asset 已经升级到 Assetplus 并覆盖了少年司法程序的各个阶段,包含不同的模块,工作人员在使用该工具的时候,可以根据不同需要选定不同模块进行评估服务。② 风险评估并不是传统刑事司法关注的重点,但是近年来,其不断向刑事司法领域渗透,比如缓刑中风险评估工具的使用,再如美国近年来的保释改革争论核心是否从法律上纳入风险评估。鉴于少年司法的特殊性,风险评估以风险、需求和责任原则为指导,切合了少年个性化处置的要求,可以根据少年风险、需求因素进行个性化的干预。少年司法委员会开

① 参见孙凤娟:《40 个单位试点未成年人检察社会支持体系建设》,载《检察日报》2019 年 4 月 12 日,第 1 版。

② 参见史立梅、周洋:《刑事司法中的风险调查与评估——以审前释放为视角》,载赵秉志主编:《刑法论丛》2017 年第 4 期,法律出版社 2017 年版。

发的 Assetplus 在我国的未成年人刑事司法程序中,虽然确立了全面社会调查的原则,由被委托的社会工作者或者其他机构工作人员对涉罪未成年人进行社会调查,相比之前的少年司法实践是一个明显的进步,但是里面隐含了一系列问题,比如其一,社会调查与风险评估的区分和界定问题。现有的社会调查报告虽然有时也会纳入一些心理学评估量表,给检察机关提供了一定的再犯可能性和社会危险性的评估,但是由于各地发展不均衡,目前的调查评估并不规范,没有形成系统的评估规则,也没有相应的专业技术支持。英格兰青少年犯罪小组提供的审前报告实际上同时包含了风险评估和社会调查的内容,并对评估内容进行了进一步的划分,包括:综合评估、风险评估和危险性评估。总的来说,英国青少年犯罪小组最后呈现给少年法庭的报告相比我国的社会调查报告更综合、更专业。其二,风险评估研究的匮乏。虽然我国刑事司法领域有学者关注风险评估的相关成果,但是没有进行深入系统的研究,其中可能的原因是专业和技术的限制,在国外风险评估一般由心理、医学领域学者主导,我国目前相应的交叉学科研究还处于刚刚开始探索的阶段,需进一步加强。

(四)重视审前转处,通过机构合作减少进入刑事程序的未成年人案件

在英国少年司法体系中,庭外处置是少年刑事司法支持体系的核心环节。根据英格兰和威尔士地区国家刑事司法联合调查署的统计报告,庭外处置在青少犯罪小组工作中所占比例越来越高,占到其工作的30%～80%。[①] 庭外处置的目的是尽量避免少年进入刑事司法程序,这也符合英格兰少年司法体系的核心目标。在英国,警察和青少年犯罪小组必须合作确保庭外处置体系的有效运行。笔者认为,英国的审

① 参见 Out-of-court disposal work in youth offending teams, https://www.justiceinspectorates.gov.uk/cjji/wp-content/uploads/sites/2/2018/03/Out-of-court-disposal-work-in-youth-offending-teams-reportb.pdf,2019年8月4日访问。

前分流及相应的社会支持体系带给我国的启示在于：一方面，重视审前分流，尽量减少涉罪少年进入正式刑事司法程序，避免标签化对少年发展产生不利影响；另一方面，明确多机构合作小组在审前分流中的核心作用，通过综合评估积极干预，与警察和检控部门配合，避免庭外处置程序的虚化，通过支持体系将庭外处置程序落到实处。

相比较而言，我国的未成年人刑事案件的审前转处相当欠缺，公安机关在侦查阶段没有自行处置案件的权力，对于犯罪事实清楚、证据确实充分，依法应当追究刑事责任的案件，必须一概移交人民检察院审查起诉。审查起诉阶段的酌定不起诉和附条件不起诉处分是审前阶段仅有的出罪机制，但因为酌定不起诉只是一种单纯不追究刑事责任的处理，没有后续的监督考察处分与之衔接，并非转处机制，因此只有附条件不起诉处分是目前未成年人刑事案件唯一的审前转处措施。从实践的角度来看，附条件不起诉目前的适用率较低，而且各地区之间极不平衡，比如 2015 年北京市海淀区人民检察院的附条件不起诉率达到了 16%[1]，而同期西南地区的四川省某市的附条件不起诉率仅为 1.77%。[2] 究其原因，主要在于不同地区的社会支持资源呈不均衡分布状态，并导致了刑事诉讼法规定的制度在各地实施时呈现较大的差异性。这种社会支持严重不足的现状也极大制约了我国审前转处在立法和司法中的扩张适用。大量轻微未成年人刑事案件通过侦查、起诉程序进入审判环节，而无论法院最终如何予以轻缓处理，被定罪的未成年人始终被贴上犯罪标签，即便是目前正在扩展适用的认罪认罚从宽制度也不能避免大量未成年罪犯的产生。笔者认为，与其通过犯罪记录封存制度避免犯罪记录影响未成年人的未来发展，不如通过审前转处使其彻底摆脱犯罪标签的影响，并通过警察、检察官与社会支持机构、社区之间的合作实现对其的保护和教育，相较于定罪后的非刑罚化

① 北京市海淀区人民检察院课题组：《附条件不起诉实证研究报告》，载《国家检察官学院学报》2017 年第 3 期。

② 李红豆：《附条件不起诉制度实施问题研究》，载《北京警察学院学报》2019 年第 1 期。

处置,这种非罪化处置更符合犯罪预防的初衷。因此,借鉴英格兰的经验,当务之急是在我国建立起多机构合作的社会支持体系,为审前转处提供足够的支持和服务,在此基础上赋予警察和检察官在侦查和审查起诉阶段的庭外处置案件的权力,尽可能避免轻微刑事案件进入刑事审判程序。

(五)强调少年责任,鼓励恢复性的非监禁处置

"责任化"是英格兰少年刑事司法体系的一个显著特征,对于那些涉嫌较严重犯罪的未成年人,一方面要求其直面犯罪的后果,承担相应的责任,①另一方面要求其父母承担相应的管教责任。此外,恢复性司法理念贯穿整个少年司法体系,以社区为基础的非监禁处置是其处置体系的主体,包括转介令、恢复令、赔偿令等。其中转介令和恢复令是近年来英格兰少年司法改革的重点,转介令主要针对首次犯罪且罪行较轻的少年,由社会志愿者和青少年犯罪小组成员组成的转处专门小组负责。恢复令则是根据少年犯罪特点由少年法庭做出的附带一系列条件的选择式裁判处置。两者都是以恢复性司法理念为指导,尽量采取社区处置,避免少年的监禁处罚,青少年犯罪小组和社区力量在其中发挥了重要的作用。在我国,随着经济和城市化的发展,农村留守儿童和城市"隐形流动儿童"的犯罪率较高,其中很大的原因是父母管教的缺位,因此可以考虑在我国的处置体系中增加父母的责任,或者是鼓励少年修复与父母、家庭的关系,这对从根本上预防和防止再犯有很大的帮助。此外,在我国,刑事和解、缓刑、社区矫正也都体现着非监禁和恢复性司法的理念,但是在具体的实践过程中,适用范围较窄,社会支持力量严重不足。2019年7月5日《中华人民共和国社区矫正法(草案)》正式向社会征求意见,其中第五章特别规定了未成年人社区矫正

---

① 1998年《犯罪和社会失序法》废除了之前10~14岁少年犯罪可反驳的推定,增加了10~14岁少年犯罪被起诉的可能,要求犯罪少年承担相应的责任。

特别规定,①要求成立熟悉未成年人成长特点的矫正小组,督促监护人履行监护责任,协调教育部门帮助未成年人完成义务教育等。目前草案尚未正式公布实施,且之后如何将其与其他社会支持力量相统一,如何与刑事司法体系相配合仍是需要加以解决的问题。笔者认为,我国未成年人刑事司法体系也应秉持恢复理念,鼓励非监禁处置,注重修复少年与家庭、少年与社区的关系,促进犯罪少年的再社会化。

五、结　　语

正如英国学者提出的,少年司法需要的或许不是一项成功的刑事司法政策,而是包容的社会控制政策,政府和社会需要为少年司法提供稳定的支持和服务。② 刑事司法的社会化趋势必然要求传统的刑事司法体系做出变革,尤其在社会性需求如此明显的少年司法领域。当然,英国少年司法近百年的探索也并非完美无缺,也存在一些挑战,如在具体的服务效果上尽管少年所犯罪行比十年前大幅度减少,但也有新的问题,如儿童抢劫和毒品犯罪的数目有所增加、来自黑人、亚洲人和少数民族(BAME)背景的儿童的监禁比例较高等。③ 故本文对英国少年司法的考察只是为我国少年司法改革的方向提供一些经验和建议。在预防和减少少年犯罪的路上,我们还有很长的路要走,且行且思,保持初心。英国少年司法在近20年的发展历程中一直秉持"首先他们是孩子,其次他们是犯罪人"的理念,正是这种理念确保了少年司法改革不偏离儿童最大利益原则。我国未成年人刑事司法不管未来采取何种改

---

① 参见《社区矫正法草案》,载 http://www.npc.gov.cn/npc/c36803/25885.shtml,2019 年 8 月 23 日访问。

② See Christina Stahlkopf, "Political, Structural, and Cultural Influences on England's Youth Offending Team Practices," *International Criminal Justice Review*, Vol. 18, No. 4 (December 2008), p. 456.

③ 参见 Annual report and accounts 2018/19, https://assets.publishing.service.gov.uk/government/uploads/system/uploads/attachment_data/file/820763/YJB_Annual_Report_and_Accounts_2018 - 19_pages_web.pdf,2019 年 8 月 2 日访问。

革方式,也应秉持儿童最大利益原则,强调对涉罪未成年人的保护和责任,调动国家、社会、家庭的各方面力量,积极进行跨专业、跨部门的合作和创新,因为只有我们共同努力,情况才会有所改变。

Multi-agency Cooperative Strategies and Practices Based on Juvenile Delinquency Prevention

—Lessons from England and Its Implications

Shi Limei & Zhang Lixia

[**内容摘要**]英国少年司法体系以预防儿童和青少年犯罪为核心目标,重视包容性的社会控制,采用多机构合作策略,建立少年司法委员会和青少年犯罪小组,通过风险评估、合适成年人、程序参与等机制,加强国家、社会以及政府不同机构之间的合作,与传统刑事司法程序形成稳定连接。我国的未成年人犯罪预防和社会支持机制都处于起步阶段,存在政府各机构之间合作不足,审前转处缺位等问题,需要借鉴英国少年刑事司法体系的有益经验,明确犯罪预防的核心目标,构建完善的犯罪预防体系。借鉴多机构合作策略,重视审前转处,通过机构合作减少进入刑事程序的未成年人案件,重视风险评估,确保处遇的专业性和精确性。强调少年责任,鼓励多机构支持的恢复性非监禁处置,确保在进行犯罪控制实现刑事司法目的的同时,实现儿童最大利益,最大限度地帮助涉罪未成年人重新回归社会。

[**关键词**]犯罪预防;少年司法;社会支持;多机构合作

Abstract: The principal aim of the youth justice in England is to prevent offending by children and young persons. It emphasis on inclusive social control. The governments play an important role in the youth justice system and adopt a multi-agency strategy, Creating Youth Offending Team and Youth Justice Board to support the youth criminal justice. It through risk assessment, appropriate adults, procedural participation, etc. , to form a stable connection with the traditional criminal justice process. In the process of preventing juvenile delinquency and establishing the social support mechanism of juvenile criminal justice, China needs to learn from the useful experience of juvenile criminal justice system in England. we should clarify the core goal of crime prevention, and construct a perfect crime prevention system. From various institutions cooperation strategy, pay attention to pre-trial turn, through the agency cooperation reduce the cases of minors in criminal procedure, emphasis on risk assessment, to ensure that support services specialization, emphasizes the responsibility, encourage institutions to support more restorative than imprisonment for disposal, ensure that for the purpose of the criminal justice and crime control, to achieve the best interests of children, the greatest degree with the help of the involved crime minors return to society.

Keywords: crime prevention; youth criminal justice; social support; multi-agency cooperation

揭开“传销式非法集资行为”的面纱

——“传销式非法集资行为”的刑法处遇*

王 筱**

目 次

一、问题的提出:“野蛮生长”的“传销式非法集资行为”
二、揭开“传销式非法集资行为”的面纱
三、“传销式非法集资行为”猖獗之因由
四、遏制“传销式非法集资行为”的司法路径
五、结语

一、问题的提出:“野蛮生长”的“传销式非法集资行为”

近日被警方查获的陕西璞真集团的非法集资活动,以“崭新”的经营模式,高额的回报率以及对于“信誉”的良好把握,在短短三年内,非法集资共计 6.65 亿元。另有广西壮族自治区百色市警方破获的一起特大网络传销案件,引起了当地部分群众的恐慌,该案件涉案金额高达 8 亿元,其中警方查获的现金就将近 5000 万元。① 近年来,类似的案件

---

* 本文系国家社科基金“把社会主义核心价值观融入法治建设”重大课题项目(批准号:18VHJ015)的阶段性成果。

** 北京师范大学法学院博士研究生。

① 参见 http://www.sohu.com/a/277308787_683514,2019 年 4 月 14 日访问。

层出不穷，它们涉及范围极广，涉案人员数量庞大，涉案数额惊人。由于非法集资活动没有实际经营内容，不存在资金循环再生的可能性，按照市场规律，下线的数量不可能无止境的增加，而一旦下线中断，资金链就必然会断裂，[①]发起人卷钱“跑路”的风险极大。如果仅以组织、领导传销活动罪对其进行处罚，于法于理都存在罪刑不相适应的嫌疑，对相关不法分子也无法起到有效的震慑作用。

从近几年来的非法集资案件中，我们可以发现，不法分子常打着精准扶贫、慈善助学、养老、金融创新等幌子，通过虚构项目，承诺高额收益，诱惑社会公众参与其中并不断发展下线。随着互联网时代的发展，投资理财、私募基金、炒外汇、电子黄金、原始股、民间互助小额理财等新名词不断涌现，使非法集资犯罪较之前更具迷惑性，互联网传销犯罪呈现出井喷势头。总之，非法集资的手段层出不穷，但是万变不离其宗，其往往具有“庞氏骗局”与“击鼓传花”的特征，并形成了“互联网+传销+非法集资”的新模式。这一新模式直接导致了理论上与实践中的定性分歧。对于这种类型的非法集资行为究竟应当认定为何种不法行为或犯罪行为，尚不好轻易下结论。

然而在现实中，由于这类非法集资行为具有要求参加者继续发展下线的情节，而被大多数人认定为新型的传销犯罪，加之其不存在实际的经营内容，不存在任何作为“噱头”的实际商品或服务，又被称作“纯资本运作”传销活动。但事实上，此类传销犯罪与传统的传销犯罪存在明显的不同，在传统的传销犯罪中，行为人通常存在以“推销商品、提供服务等经营活动为名，要求参加者以缴纳费用或者购买商品、服务等方式获得加入资格”的行为，而在这种“纯资本运作”传销活动中，行为人所推销的商品或服务一般不具有实体性，而是其声称的“具有投资价值”的虚拟商品或服务，以承诺“高分红”、“高提成”或“保本高回报”等作为诱饵，通过媒体、传单、推介会、短信或“口口相传”等方式向社会公众进行宣传，其结果是行为人采用出售虚拟产品的方式向社会

① 肖中华：《再论组织、领导传销活动罪界定的基本问题》，载《检察日报》2019年3月27日，第3版。

公众变相吸收资金。[①] 但从大量的司法判决书中发现,这一问题显然并未引起司法工作人员的广泛注意,进而导致这类不法行为在司法实践中常被直接认定为构成组织、领导传销活动罪。在笔者研读过的中国裁判文书网上的 100 个"纯资本运作"传销活动的判决书中,有 97 个案件被直接定性为组织、领导传销活动罪,另有三个案件存在一审与二审定罪不一致的情形。例如,河北省秦皇岛市中级人民法院将海港区基层人民法院判处的李某芹、马某芝非法吸收公众存款罪一案改判为组织、领导传销活动罪。[②] 笔者认为二审法院对该案的定性尚且存疑。实际上,对客观事实的判断本身就嵌入了判断者的主观因素,司法工作人员往往根据自身的认知来对案件的具体事实进行筛选,一审判决主要着眼于案件中符合非法吸收公众存款罪的犯罪事实,而二审判决则主要着眼于符合组织、领导传销活动罪构成要件的案件事实。因而该案的终审判决并不具有十足的说服力。

上述情况在司法实践中较为普遍,基本可以表明,对这类"纯资本运作"的非法集资行为,理论界与司法实践尚未给出一个为之定性的统一标准。这直接导致司法实践中认定不一的现象,也导致大部分判决未能真正起到威慑犯罪的效果。因此,针对这种新的非法集资模式,学界应当给予更多的关注与研究,方能在科学定罪的同时,实现对不法分子的有力打击。笔者将以此文,揭示"纯资本运作"传销活动的真实面目,探究该种犯罪模式出现的原因,以期为司法实践处理该类案件提供一些启发。由于这种所谓的"纯资本运作"传销活动呈现出"互联网 + 传销 + 非法集资"的特征,既具有传销活动的形式特征,又具有非法集资的本质属性,为了便于研究,笔者暂且称为"传销式非法集资行为"。

---

① 参见 https://mp. weixin. qq. com/s/uHQLbj9TiDPIXSvqzQ-pMw,2019 年 5 月 1 日访问。

② 河北省秦皇岛市中级人民法院刑事判决书,(2014)秦刑终字第 11 号。

二、揭开"传销式非法集资行为"的面纱

传销在我国经历了曲折的发展历程,从最初的自由生长,到后来被认定为行政违法行为,直到《刑法修正案(七)》被规定为独立的刑事犯罪,其违法性业已成为各界共识。政府对传销的打击力度也在逐步加强,但是近年来传销犯罪不仅有增无减,反而借助互联网平台、微信平台等途径,初步呈现野蛮生长的趋势。在 2019 年 3 月 12 日召开的第十三届全国人大第二次会议上,最高检检察长张军同志在工作报告中指出,2018 年,全国共起诉非法吸收公众存款、集资诈骗、传销等涉众型经济犯罪 26,974 人,同比上升 10.9%。全国起诉案件的上升,也从侧面反映了此类案件的多发。究其原因,并非政府对传销犯罪的预防与打击力度不够,而主要由于传销的犯罪成本较低,组织、领导传销活动罪的法定刑并未对传销犯罪产生足够的威慑力。如果一些涉嫌集资诈骗的案件最终被认定为组织、领导传销活动罪,不但与罪刑相适应原则背道而驰,而且无法有效实现刑法的一般性预防功能。

传销犯罪日渐猖狂,以及涉案数额不断刷新,上述问题必须引起我们足够的重视。然而目前学界大部分有关传销犯罪的文章主要着眼于对组织、领导传销活动罪的性质,组织、领导传销活动罪与诈骗罪、集资诈骗罪的区别与联系,以及传销犯罪所呈现的新的态势等内容。尤其是新型网络传销的出现,引发了学界极大的关注,论者们纷纷撰文,提醒社会各界注意传销发展的新态势。遗憾的是,少有论者对新型的"纯资本运作"传销的行为定性提出质疑,大多数论者尚未脱离组织、领导传销活动罪的范围来谈论这种新变化。其中有论者将这种新的非法集资形式称为"互联网金融传销",认为"其是对传统传销活动的继承与创新,既保留了传销活动的经营模式与组织结构,又吸收了互联网平台传播迅捷,隐蔽性强的特征"。[1] 殊不知,这种看似传销犯罪的非

---

① 陆岷峰、沈黎怡:《关于互联网金融传销治理策略研究》,载《银行家》2016 年第 12 期。

法活动,已悄然变成非法集资①的一种手段。

笔者认为,所谓新型传销,无非是利用互联网、微信平台等多媒体或社交软件,采用传销式发展下线、收取入门费等方式进行的非法敛财行为,其大部分上属于利用传销形式进行的非法集资犯罪。换言之,目前的非法集资已经趋向采用传销式和模式化。这些不法分子企图借用传销的模式,掩盖自己集资诈骗,非法占有他人财物的真实目的。看似互惠共赢的经营模式,其中却隐藏着巨大的风险,资金链一旦断裂,不法分子的诈骗行径将暴露无遗。因此在资金链断裂之前,非法集资行为人的首要选择就是转移财产,即便是案发时并无转移财产的行为,也不能因此否认其具有非法占有他人财物的主观心态。因此从本质上来看,传销式非法集资行为,又或"纯资本运作"传销行为与集资诈骗罪并无本质区别,只不过其采用了传销或秘密串联的手段掩盖其非法集资的事实。我们不能因为其形式上具备传销式的发展模式,就形而上地将其认定为组织、领导传销活动罪。而更应形而下地探究该类犯罪的本质属性,揭露出传销式非法集资行为的真实面目,防止不法犯罪有机可乘。

综上所述,笔者确信传销式非法集资行为属于非法集资类犯罪的一种,正如有论者所言,"广义上的传销犯罪是指所有以传销方式进行的对国家经济社会秩序和公民财产造成侵害的涉众类经济犯罪",②《最高人民法院关于审理非法集资刑事案件具体应用法律若干问题的解释》第 8 条第 2 款也规定:"明知他人从事……集资诈骗或者组织、领导传销活动等集资犯罪活动……"在我国《刑法》中,非法集资类犯罪并非一个单独的罪名,其是一系列犯罪的总称,其中包括擅自发行股票、公司、企业债券罪、非法吸收公众存款罪、集资诈骗罪、组织、领导传

① 根据《关于进一步打击非法集资等活动的通知》(银发〔1999〕289 号)的相关规定,"非法集资"归纳起来主要有以下几种:(1)通过发行有价证券、会员卡或债务凭证等形式吸收资金……(5)以发行或变相发行彩票的形式集资;(6)利用传销或秘密串联的形式非法集资……(8)利用现代电子网络技术构造的"虚拟"产品,如"电子商铺"、"电子百货"投资委托经营、到期回购等方式进行非法集资;(9)利用互联网设立投资基金的形式进行非法集资;(10)利用"电子黄金投资"形式进行非法集资。

② 郑蓉:《传销犯罪的界定与追诉问题研究》,载《社会科学辑刊》2011 年第 6 期。

销罪等。上述罪名实际上都存在一定的交叉,如集资诈骗罪在行为上也可能采取擅自发行股票、公司、企业债券的方式①,虽然这二罪在主客观方面存在明显的区别。因此,传销的发展模式也完全有可能被集资诈骗罪的犯罪分子加以利用,也就是所谓的传销式非法集资行为。如果仍旧将传销式非法集资行为不加区分的直接认定为组织、领导传销活动罪,将造成罚不当其罪的结果,极大地降低不法分子的犯罪成本,将十分不利于对该类犯罪行为的有力打击。

三、"传销式非法集资行为"猖獗之因由

关于传销式非法集资行为,又或"纯资本运作"传销出现的原因,多数论者是从互联网、社交软件等现代信息工具迅速发展的角度进行探讨。但笔者认为,此原因只是该类犯罪产生的一个表征,其产生的因由远远不止这一点。为了实现对这一犯罪现象的有效打击,以及对罪责刑相适应原则的切实落实,应当从多个层面探讨传销式非法集资行为出现的动因,从而寻找对传销式非法集资行为进行科学定性的基本路径。

(一)大规模迅速敛财需求的"煽惑"

综观互联网环境下纷繁复杂的非法集资行为,多数具备了传销的发展模式。笔者已经在上文中将其称为"传销式非法集资行为"。相比将其认定为新型网络传销犯罪,其更符合集资诈骗罪的本质特征。而不法分子之所以热衷于采用传销的发展模式进行非法集资,与传销本身所具有的特质是紧密相连的。例如,传销具有几何式增长下线的特质,其传播速度迅捷,运行成本低廉,上下线之间联系紧密,隐蔽性较强。这些特点都有助于不法分子在短时间内集聚大量的资金,且不易被告发或暴露。传销式非法集资行为采用传销模式发展下线,能短时间内实现参与人员的几何式增长,人员大规模的增加,就意味着资金投

① 参见 http://www.wqlsw.cn/m/view.php?aid=1820,2018年11月12日访问。

入将在短时间内实现大规模增长,这是不法分子从事传销式非法集资的首要目的,也是当下案件涉案数额巨大的主要原因。此外,传销通俗地讲就是在传播中销售,由于不便进行大张旗鼓的传播,其常选择从亲朋好友入手。传销式非法集资虽然经常借助于互联网、微信、相关app等现代化信息工具,但是其最终还是依附于人脉圈,这种非法集资行为往往在熟人之间建立起关系网,熟人之间的关系网相比其他人际关系更具稳固性,这种关系网一旦建立,就不容易破裂,这对不法分子而言是十分有利的,使他们在实现大量敛财的同时,大大降低了暴露的风险。

总之,不法分子进行非法集资的目的就是尽快地完成大规模敛财,但是其往往不敢大张旗鼓地面向社会公众进行非法敛财,为了降低曝光率、保证隐蔽性、提高自身的存活概率,犯罪分子常采用传销的发展模式,通过发放绩效奖金、分红、提成等方式鼓励投资者积极拉拢下线,以扩大投资群体的规模,实现短时期内非法集资的目的。

(二)组织、领导传销活动罪较轻法定刑的“庇护”

组织、领导传销活动罪的刑事惩罚力度过轻也是传销式非法集资行为肆虐的主要动因之一。换言之,采用传销式的发展模式,不仅能尽快聚揽大量的钱财,还为不法分子逃避更重的刑罚提供了可能性。从《刑法》的规定来看,集资诈骗罪的法定刑分为三档,[①]另外,根据《最高人民法院关于审理非法集资刑事案件具体应用法律若干问题的解释》规定,个人集资诈骗30万元以上、单位集资诈骗150万元以上的认定为“数额巨大”,可判处五年以上十年以下有期徒刑。反观组织、领导

① 参见《刑法》第192条的规定,以非法占有为目的,使用诈骗方法非法集资,数额较大的,处五年以下有期徒刑或者拘役,并处二万元以上二十万元以下罚金;数额巨大或者有其他严重情节的,处五年以上十年以下有期徒刑,并处五万元以上五十万元以下罚金;数额特别巨大或者有其他特别严重情节的,处十年以上有期徒刑或者无期徒刑,并处五万元以上五十万元以下罚金或者没收财产。

传销活动罪,《刑法》第224条之一[①]规定,该罪的法定刑分为两档,结合最高人民法院、最高人民检察院、公安部《关于办理组织领导传销活动刑事案件适用法律若干问题的意见》(以下简称《意见》)的规定,组织者、领导者“直接或者间接收取参与传销活动人员缴纳的传销资金数额累计达250万元以上的”才能判处五年以上有期徒刑。这就与集资诈骗罪的法定刑形成鲜明的对比。或许有人会反驳,集资诈骗罪与组织、领导传销活动罪的起刑点都是“五年以下有期徒刑或者拘役”,从法定最低刑上看并不存在明显的轻重区别。的确,集资诈骗罪与组织、领导传销活动罪之间并非像集资诈骗罪与非法吸收公众存款罪一样存在明显的重罪与轻罪之分。但是从目前的具体案件来看,传销式非法集资行为往往涉案金额巨大,当按照集资诈骗罪进行处罚时,行为人完全可能被判处十年以上有期徒刑或无期徒刑。例如,当非法集资行为人非法集资的数额为50万元,按照集资诈骗罪定罪可判处五年以上十年以下有期徒刑,而按照组织、领导传销活动罪定罪则只能判处五年以下有期徒刑。而当非法集资数额达到500万元时,按照集资诈骗罪最高可判处无期徒刑,而按照职责、领导传销活动罪最高只能判处十五年有期徒刑。[②] 另外,集资诈骗罪的法定最高财产刑为没收财产,而组织、领导传销活动罪的最高财产刑只能是罚金。可见,对传销式非法

---

① 组织、领导以推销商品、提供服务等经营活动为名,要求参加者以缴纳费用或者购买商品、服务等方式获得加入资格,并按照一定顺序组成层级,直接或者间接以发展人员的数量作为计酬或者返利依据,引诱、胁迫参加者继续发展他人参加,骗取财物,扰乱经济社会秩序的传销活动的,处五年以下有期徒刑或者拘役,并处罚金;情节严重的,处五年以上有期徒刑,并处罚金。

② 《关于办理组织领导传销活动刑事案件适用法律若干问题的意见》第4条:关于“情节严重”的认定问题对符合本意见第一条第一款规定的传销组织的组织者、领导者,具有下列情形之一的,应当认定为刑法第二百二十四条之一规定的“情节严重”:(一)组织、领导的参与传销活动人员累计达一百二十人以上的;(二)直接或者间接收取参与传销活动人员缴纳的传销资金数额累计达二百五十万元以上的;(三)曾因组织、领导传销活动受过刑事处罚,或者一年以内因组织、领导传销活动受过行政处罚,又直接或者间接发展参与传销活动人员累计达六十人以上的;(四)造成参与传销活动人员精神失常、自杀等严重后果的;(五)造成其他严重后果或者恶劣社会影响的。

集资行为来说,组织、领导传销活动罪与集资诈骗罪在法定刑上存在较大的差距。“根据组织、领导传销活动罪,即便是涉及金额较高,量刑也不会太重。”①这一事实完全可能被非法集资的不法分子所利用,使传销式非法集资模式成为逃避较重刑罚的屡试不爽的工具。

事实上组织、领导传销活动罪属于诈骗类犯罪的一种,但是相比之下,其他诈骗类犯罪法定最高刑均有无期徒刑,且设置了没收财产的规定,如合同诈骗罪、票据诈骗罪、信用卡诈骗罪。上述一系列诈骗类犯罪(包括组织、领导传销活动罪),其本质上都是为了骗取他人财物,都是以非法占有他人财物为目的,只是手段上有所不同。我们不能单纯因手段“平和”程度上的区别,就对本质上属于同一类犯罪行为的危害程度进行区别。

为了佐证笔者的观点,不妨以被《刑法修正案(九)》废除的嫖宿幼女罪为例,该罪在本质上与强奸罪并无区别,因为幼女本身不具备表达性自由的能力,换言之其对性并无自由支配的权利。然涉案的幼女往往存在卖淫的情节,嫖客的嫖宿的行为程度相对缓和,而被法律规定为与强奸罪不同的犯罪,并处以比强奸罪较低的法定刑。嫖宿幼女罪由此成了“有钱有势人的‘免死金牌’和逃避重罚的‘保护伞’”。② 最初我国《刑法》之所以针对嫖宿幼女的行为设立单独的罪名,主要是积极响应联合国《儿童权利公约》,以加强对幼女的保护,然而事与愿违,该罪名的设立不仅没有起到预期的作用,反而使不法分子纷纷对未成年女童伸出黑恶之手。因此为理论界与司法实践所诟病,最终该罪也被废除。反观组织、领导传销活动罪,其立法目的也在于响应世界各国对“老鼠会”这一不法行为的打击,但却被主观上为了进行集资诈骗,而形式上采用了传销模式的不法分子钻了空子,以此作为规避较重刑罚的手段。

---

① 聂玲:《传销治理的公法规制思考》,载《兴义民族师范学院学报》2016年第5期。

② 参见 http://news.sina.com.cn/c/zg/jpm/2015-08-24/19511391.html,2018年11月15日访问。

综上所述,刑事处罚力度不足和犯罪成本较低,某些程度上造成传销犯罪的屡打不绝,进而成为孕育社会治安隐患的“温床”。组织、领导传销活动罪与集资诈骗罪等诈骗类犯罪的法定刑存在一定的差距,这一法定刑上的失衡往往被不法分子巧妙地加以利用,企图用传销犯罪的外衣掩盖主观上集资诈骗的事实。我们应当积极寻找有效的路径,以最大限度地实现罪责刑相适应原则,防止不法分子借助二罪法定刑的不平衡继续钻法律的空子。针对组织、领导传销活动罪法定刑过轻的现实,全国人大代表、广东省佛山市公安局三水分局巡逻警察大队大队长张建国在接受接着采访时曾表示,为了加大对传销犯罪的惩处力度,防止不法分子卷土重来,应当参照集资诈骗罪的量刑标准,对组织、领导传销活动罪的量刑标准进行修改。① 张建国先生的观点也一定程度上佐证了文章命题的现实性与紧迫性。

(三)司法判决对“传销式非法集资行为”的“姑息”

笔者最初关注到传销式非法集资行为,主要源于对大量法院判决书的阅读。基于这些判决书,笔者发现目前大多数传销犯罪属于“纯资本运作”的形式,即完全不存在实物的交易,就犯罪结果而言,其与集资诈骗犯罪或非法吸收公众存款罪并无多大差别,但是却基本上被一律认定为组织、领导传销活动罪。笔者不得不用或许带有偏执的心理去揣摩,传销犯罪的基本模式也许已经被实际上意图实施集资诈骗罪的不法分子所觊觎,而成为其肆意实施集资诈骗的“防护衣”。事实上,从判决上来看,有些司法人员显然发现了其中的端倪,因而出现了许多同案不同判的现象,甚至出现一审与二审结论各异的情形。

笔者将通过以下几个案例对司法实践中存在的混乱现象进行研究与评析。

---

① 汤瑜:《孙建国代表:加大对组织、领导传销活动罪刑事处罚力度》,载《民主与法制时报》2019 年 3 月 10 日,第 22 期。

案例一:[1]

2011 年 3～8 月,被告人李某、马某伙同他人,以投资虚假原始股为名,要求参加者加纳一定的资金获得会员资格,每股 24,640 元,买入原始股后,60 天可以出售并收回成本,其中李某与马某分别发展下线 60 余人与 30 余人,并以此获得了相应的返利。值得说明的是该理财公司的创始人并非李某与马某本人。一审法院认为,被告人李某与马某违法国家金融管理法律法规,未经相关部门批准而在股票不具备真实内容的情况下,以虚假发售原始股的方式非法吸收资金,构成非法吸收公众存款罪。而二审法院则认为"上诉人李某、马某以股权投资等经营活动为名,要求参加者购买股票,以获得加入资格,并按照一定顺序组成层级,直接或者间接以发展人员的数量作为返利依据,引诱参加者继续发展他人参加,骗取财物,扰乱经济秩序,其行为已构成组织、领导传销活动罪"。从而由一审的十年有期徒刑改为二审的三年有期徒刑。

案例二:

2012 年风靡一时的"哈斯根金融"在珠海地区掀起一阵"传销热潮",珠海地区的活跃分子胡某大肆推广该金融理财,声称投资者投入 1 万美元就可以获得一个交易账户,并且集团将赠送 1 万美元作为优惠,实际上就是缴纳 1 万美元换取 2 万美元的额度,参与人通过软件可以进行自动交易,稳赚不赔,并且将定额结转交易的积分,同时返还投资款。胡某鼓动参与者继续发展下线,每介绍一人就可提成 10%,截至案发日,胡某已发展下线四十多人,参与人的总投入金额达到了 500 万元人民币,胡某获得 10 万余元的开拓市场提成。直到 2012 年 10 月,该集团网站无法登录,上层领导失去联系,"哈斯根金融"的骗局才逐渐浮出水面。[2] 香洲区人民法院一审认定行为人构成组织、领导传销活动罪,被告人不服提起上诉,二审法院改判上诉人胡某构成非法吸

---

① 河北省秦皇岛市中级人民法院刑事判决书,(2014)秦刑终第 11 号。

② 参见《哈根斯金融集团主犯改判非法吸收公众存款罪》,载 http://gd.sina.com.cn/zh/news/2014-08-20/074210194.html,2018 年 1 月 25 日访问。

收公众存款罪，认为参与人投入的资金并非"入门费"，而且不具有"直接或间接以发展人数作为计酬或者返利的依据"这一特征，对于参与人的提成奖励只不过是为了拉拢下线以扩大市场，是大范围吸收资金的一种手段，因此不符合组织、领导传销活动罪的犯罪构成。

案例三：

张某普等非法吸收公众存款罪、组织、领导传销活动罪一案，①张某普等被告人以北京锦平宝科技有限公司为依托，以建立"华强币"网络平外为借口，对外筹集资金，并分为两种筹资方式，分别是股权投资和债权投资。其中股权投资以"拉人头"、分级提成的方式对外发行股权。股权投资要求每人缴纳一万元，每人可直接发展 10 个下线，最多发展 19 层，奖金比例达到 43%。债权投资则是以分为活期与定期两种，理财额度不限，分别按照投资的时限分别计算利息，投资者拉来的投资款项越多，其投资越多。最终北京市二中院认定发售股权的行为属于组织、领导传销活动罪，而发售债权的行为则构成非法吸收公众存款罪，对被告人实施数罪并罚。

上述三个案件的审判人员都是以犯罪的分子所采取的手段作为区分此罪与彼罪的标准的。案例一中，一审法院主要着眼于行为人的非法集资行为，而二审法院则着眼于"发展下线""以发展下线的人数作为计酬依据"等形式。案例二同样是采用了形式标准对此罪与彼罪进行区分。案例三则是依据形式进行判断的典型案例，该案件中存在两种计酬模式，分别是保本付息模式与"以发展下线的人数作为计酬依据"的模式，并分别被认定为非法吸收公众存款罪与组织、领导传销活动罪。但是仅依据形式标准，是难以对相关案件进行科学定性的。

虽然上述几个案例涉及的并非组织、领导传销活动罪与集资诈骗罪之间的区分，但事实上并无多大差别，毕竟非法吸收公众存款与集资诈骗罪只隔着"以非法占有为目的"这层薄纱。因此以上述三个案例为样本并无不妥。关于组织、领导传销活动罪与集资诈骗罪的区别，也曾有论者试图从二罪的主观目的、组织形式、行为人以及组织参与者的

① 北京市第二中级人民法院，(2017)京 02 刑终 349 号。

角度加以区分。[①] 例如,组织、领导传销活动罪是以非法牟利为目的,而后者则是以非法占有他人财物为目的;前者的参与人获利的方式是集资者承诺的保本付息,后者参与者收益的来源是固定的提成;前者的参加者可能转化为传销组织的共犯,而后者的参加者一般不存在上述情形,等等。笔者认为上述论者的区分不无道理,但是这种形而上的比较方式于司法实践而言并无多大的指导意义。因为在法定犯时代,随着实践中犯罪事实的不断翻新与变幻,犯罪构成的严格区分常常在具体案件面前变得无能为力,正如张明楷教授所言,只有两个犯罪之间存在明显的排他关系时,才存在明显的界限,刑法理论上区分此罪与彼罪的法律依据往往存在曲解构成要件的情形,没有实际的意义,且增加了认定的难度。[②] 因此过多地着眼于形式标准,反而会忽略了传销式非法集资行为与集资诈骗行为在本质上的一致,忽略二者都是诈骗行为的事实。"倘若将以其他方式实施集资诈骗的行为以集资诈骗罪论处,将以传销方式集资诈骗的行为以组织、领导传销活动罪论处,明显违反刑法的公平正义性。"[③]换言之,不能过分地关注非法集资行为所采用的手段,而过多的依据行为的表面特征来对二罪进行区分。

在笔者收集的案例中,也存在对案件事实认定较为准确的案例。案件基本情况如下:2014年11月,陈某先后开发了"万达复利""中国梦"等理财平台,其以深圳某实业有限公司的名义制作虚假材料,通过微信和互联网进行宣传,承诺投入相应的资金即可成为理财产品的会员,不但每天可以获得固定的分红,而且发展下线还可以获得推荐奖和见点奖等奖励。陈某因此作为诱饵要求会员发展线下,按照一定的顺序形成层级。并为下线成员注册为会员以及在系统中以"万达币"的形式给予分红与奖励。[④] 灵宝市基层人民法院判陈某等人构成集资诈

① 刘棉春、李为民:《集资诈骗罪与传销犯罪的区别》,载《人民司法(应用)》2016年第34期。

② 张明楷:《犯罪之间的界限与竞合》,载《中国法学》2008年第4期。

③ 张明楷:《传销犯罪的基本问题》,载《政治与法律》2009年第9期。

④ 参见 http://www.zhiliaow.cn/html/2018/dachuan_1109/9931.html,2019年1月18日访问。

骗罪。被告人不服提出上诉,认为自己的行为属于组织、领导传销活动罪。最终河南省三门峡市中级人民法院作出维持原判的裁定。笔者认为,"万达币"一案在判决上符合罪刑相适用原则,符合公平正义,具备相当的指导意义。但遗憾的是,这类认定相对准确的案件始终为少数,尚不足以引起司法实践的注意。

笔者猜想,司法工作人员之所以通常将传销式非法集资行为认定为组织、领导传销活动罪,也可能是基于对罪疑唯轻的证据法学原则的遵循,即罪行轻重有可疑之处时,应从轻判处。举一个不是十分恰当的例子,即在无法认定国家工作人员不明收入来源何处时,即便事实上该财产确实来源于贪污、受贿行为,在证据不足的情况下,也不能直接认定为贪污罪或受贿罪,而只能认定为法定刑相对较轻的巨额财产来源不明罪。与此类似,司法工作人员可能基于难以证明传销式非法集资行为人主观上是否具有"非法占有的目的",退而将其认定为组织、领导传销活动罪。这也正好体现了理论上关于组织、领导传销活动罪的主观目的究竟是"非法牟利"还是"非法占有"的争论。无论是出于何种原因,司法实践常以组织、领导传销活动罪惩处传销式非法集资行为的做法,确实容易导致不法分子产生逃脱重罪的侥幸心理。因此应当尽快寻找合理可行的方案以指导司法实践,从而实现对传销式非法集资行为的有效规制。

四、遏制"传销式非法集资行为"的司法路径

立法上的些许不足,以及司法实践对传销式非法集资行为的欠妥处理,使该行为犯罪成本较低,刺激了该行为的猖獗滋生。但笔者并非"企图"从立法上废除该罪,而采取以往的做法,将传销犯罪分别认定为集资诈骗罪、非法经营罪、诈骗罪等,①也不苛求如人大代表孙建国

① 《关于〈中华人民共和国刑法修正案(七)〉(草案)的说明》指出:当前以"拉人头、收取、入门费"等方式组织传销的违法犯罪活动,严重扰乱社会秩序,影响社会稳定,危害严重。目前在司法实践中,对这类案件主要是根据实施传销行为的不同情况,分别按照非法经营罪、诈骗罪、集资诈骗罪等犯罪追究刑事责任的。

先生提倡的那样,呼吁立法机关在短时间内修改组织、领导传销活动罪,提高其法定刑标准。笔者还是认为该罪的设立具有其自身价值,而寄希望于司法实践。司法实践工作人员大可以"大竞合论"为指导,对发起人行为进行合理定性,并根据案件具体情况对积极参与人和一般参与人的行为进行科学处理,以加大对该类犯罪的打击力度,增加其犯罪成本,从而使不法分子规避重罪、逃避责任的美梦破产。在此需要说明的是,在某一传销式非法集资行为的具体案件中,由于涉案人员众多,而各被告人在案件中所处的地位、所实施的犯罪行为以及所具备的主观状态存在明显的区别,进而可能构成不同的罪名。

(一)以"大竞合论"对发起人的行为进行定性

在《意见》出台之前,鉴于不法分子常以传销活动的形式,向社会公众销售违法理财产品,以达到非法集资的目的,导致越来越多的集资诈骗行为类似于组织、领导传销活动的行为。但是按照组织、领导传销活动罪的规定,15年有期徒刑是其最高之法定刑,而集资诈骗罪的最高法定刑为无期徒刑,明显高于组织、领导传销活动罪的法定刑,导致使用传销手段集资诈骗的行为所承担的刑罚多数情况下轻于采用其他方法实施集资诈骗行为的刑罚。为了解决这一难题,很多学者试图论证该组织、领导传销活动罪与集资诈骗罪之间存在想象竞合或者法条竞合的关系。有观点认为组织、领导传销活动罪与集资诈骗罪之间是法条竞合的关系,对于集资诈骗罪而言,组织、领导传销活动罪是特别法,但是由于适用特别法可能导致处罚上的不公,改而采用从一重罪处罚的原则。① 张明楷教授则认为"若行为人组织、领导诈骗型传销组织的同时触犯集资诈骗罪或者诈骗罪的,如果涉案数额达到了后二罪规定的数额巨大的标准,或者存在其他严重情节,则以集资诈骗罪或者诈骗罪论处;否则以组织、领导传销活动罪论处"。② 陈兴良教授则认为,

① 许佳:《组织、领导传销活动罪罪数的区别》,载《中国检察官》2014年第10期。

② 张明楷:《传销犯罪的基本问题》,载《政治与法律》2009年第9期。

组织、领导传销活动罪与集资诈骗罪之间属于交互竞合关系，可以从一重罪进行处断。① 理论上，关于此二罪究竟是法条竞合关系还是想象竞合关系的争论可谓无止无休。

实际上上述这种现象在我国刑法中并非个例。立法上各种犯罪的错综复杂，很大程度上是为了避免存在处罚的空隙，弥补法律空白的同时，因此免不了导致部分法条之间相互产生交叉与重叠。② 但是在一些情况下，很难区分某一具体行为或案件事实到底符合法条竞合还是想象竞合，或许正是因为上述原因，“大竞合论”应运而生。“大竞合论”由陈洪兵教授正式提出，其基本精神是不必严格区分法条竞合或者想象竞合，只要犯罪构成之间存在一定的竞合关系，即可从一重罪论处。③ 然而“大竞合论”从提出至今遭受到了不少专家学者的批判，以陈兴良教授为代表的学者认为，法条竞合与想象竞合在本体上存在区分，应反对模糊法条竞合与想象竞合之间的界限的观点。④ 但笔者认为，在法定犯时代下，“大竞合论”在实现罪刑相适应原则、合理处理犯罪之间的界限以及克服立法缺陷等方面存在较大的积极作用。尤其是在处理传销式非法集资行为定性这一问题上，“大竞合论”确实能发挥平息纷扰、科学定性的作用。在讨论组织、领导传销罪与集资诈骗罪之间的关系时，陈兴良教授认为，组织、领导传销活动罪与集资诈骗罪之前既非想象竞合关系，也非法条竞合关系，而可以认为二者存在交互竞合关系，对此可以从一重罪论处。⑤ 虽然陈兴良教授不赞同“大竞合论”的主张，但是在论及组织、领导传销活动罪与集资诈骗罪的关系时，陈教授又提出了所谓的交互竞合的观点。交互竞合是一国错综复杂的立法规定与司法实践的现实需要相互作用的结果，从其效用上来讲，交互竞合与“大竞合论”并无多大区别。因而笔者大胆揣测，针对

① 陈兴良：《组织、领导传销活动罪：性质与界定》，载《政法论坛》2016 年第 2 期。

② 张明楷：《罪数论与竞合论探究》，载《法商研究》2016 年第 1 期。

③ 陈洪兵：《不必严格区分法条竞合与想象竞合——大竞合论之提倡》，载《清华法学》2012 年第 1 期。

④ 张明楷：《法条竞合与想象竞合的区分》，载《法学研究》2016 年第 1 期。

⑤ 陈兴良：《组织、领导传销活动罪：性质与界定》，载《政法论坛》2016 年第 2 期。

此二罪关系的问题,陈兴良教授似乎动摇了之前对“大竞合论”的绝对反对态度。

或许正是因为意识到了组织、领导传销活动罪与集资诈骗罪之间存在某种微妙的关系,尤其是在传销式非法集资案件中,这种关系更是“难分难舍”。因此才有了《意见》第6条①的规定。但较为有趣的是,在笔者研究的案例中,即便是将传销式非法集资行为认定为集资诈骗罪的案件,也并没有明确表示适用了《意见》第6条的规定。其中缘由不得而知,但笔者猜想,或许是因为《意见》第6条内容上的缘故,使审判人员在适用该解释时较为谨慎。根据第6条的规定,笔者做出以下理解:当行为人“以非法占有为目的”,组织、领导传销活动,才能同时构成组织、领导传销活动罪与集资诈骗罪,进而才能择一重罪论处。似乎言外之意是组织、领导传销活动罪本身并不以非法占有的目的,而当行为人具有非法占有目的时,则同时构成了集资诈骗罪。然而事实是组织、领导传销活动属于诈骗类犯罪,其行为人主观上必定具备非法占有的目的。虽然立法上有些许不足,但是在“大竞合论”的维度下,科学的对传销式非法集资发起人的行为进行定性依然没有任何阻碍。由于传销式非法集资行为的产生,使组织、领导传销活动罪与集资诈骗罪的界限变得不那么清晰,与其绞尽脑汁的区分二罪之间是法条竞合抑或是想象竞合②,不如只承认“大竞合”关系的存在,在处理具体的传销式非法集资行为时,只需择一重罪论处即可。另外需要指出的是,如果确实能证明行为人不存在非法占有的目的,则应当从组织、领导传销活动罪与非法吸收公众存款罪中,择一重罪论处。

在明确了以“大竞合论”处理传销式非法集资案件后,应当进一步分析哪些行为人属于“发起人”,以便防止扩大打击范围,造成对犯罪

① “以非法占有为目的,组织、领导传销活动,同时构成组织、领导传销活动罪和集资诈骗罪的,依照处罚较重的规定定罪处罚。”

② 刘传:《厘清认定难点,治理传销犯罪——专访东南大学法学院教授欧阳本祺》,载《人民检察》2017年第17期。

行为人的过度刑罚。《意见》第2条对“组织者、领导者”[①]的范围进行了界定。但基于笔者认为已经不宜将传销式非法集资行为直接认定为组织、领导传销活动罪，因此，本部分所指的“发起人”也不再完全等同于组织、领导传销活动罪中的“组织者、领导者”。这里的“发起人”是指非法集资活动的最先发起者及其核心人员。他们属于整个事件的操盘者，是非法集资活动的主要或最终获利人。发起人可以是一个人，也可以是多个人。他们最为清楚非法集资活动的具体性质，因此其主观目的也直接决定了犯罪的本质。在此，笔者将以一个具体案件对发起人的行为定性进行简要的分析。

以宋某娜犯集资诈骗罪，宋某林、王某等犯组织、领导传销活动罪一案[②]为例，该案被告人宋某娜谎称发展事业要进行融资，为此找到宋长林、王祝等人帮忙，经过商议，由宋某娜在澳大利亚注册名为“LFG”的公司，并以此公司为依托，谎称该公司的原始股可以增值，引诱他人投资加入，并不断发展下线，根据发展下线的人数设定相应的奖励措施，发展人数越多，所处级别就会越高，获得的奖金也会越多，奖金则是以虚拟的电子货币进行发放，会员可以进行自由买卖或者提现(扣除5%的手续费)，至案发日，其会员已经达到90层之多。最终法院判决宋某娜构成集资诈骗罪，而宋某林等人构成组织、领导传销活动罪。

在上述案件中，宋某娜属于非法集资活动的发起人，其对行为的性质具有明确的认知，即其进行非法集资的目的并非为了发展事业，而是用于个人挥霍，因此主观上具有非法占有的目的。其行为完全具备了“非法性”“公开性”“利诱性质”“社会性”这四个特征，说明其行为明显具备非法集资的性质。这也是判断其行为是否构成集资诈骗罪的前

---

① (一)在传销活动中发起、策划、操纵作用的人员；(二)在传销活动中承担管理、协调等职责的人员；(三)在传销活动中承担宣传、培训等职责的人员；(四)曾因组织、领导传销活动受过刑事处罚，或者一年以内因组织、领导传销活动受过行政处罚，又直接或者间接发展参与传销活动人员在十五人以上且层级在三级以上的人员；(五)其他对传销活动的实施、传销组织的建立、扩大等起关键作用的人员。

② 浙江省台州市中级人民法院刑事判决书，(2015)浙台刑二初字第6号。

提条件。① 虽然其非法集资活动采用了传销犯罪的发展模式,但是将其行为直接认定为组织、领导传销活动罪明显过轻,因此笔者认为上述案件判决较为合理。但是在将宋某娜直接认定为集资诈骗罪时,应当在判决书中说明定罪分析的整个过程,但该案的审判人员似乎并没有经过如同笔者一般的思考。又或者本案的审判人员已经默认可将传销式非法集资行为直接认定为集资诈骗罪,而无须借助其他说明,但是这种做法似乎走得过急,也是不可取的。

有案例可见,传销式非法集资行为的发起人对案件的性质具有明确的认知,其往往是采用传销的发展模式,行集资诈骗之实,暗度陈仓的把戏显而易见。这些传销式非法集资行为的发起人是集资款项的主要流向地,实际非法占有和支配这些资金,并可以随时对资金进行转移、藏匿、挥霍或用于其他不正当途径。因此,为了避免放纵犯罪,司法实践中应当依据"大竞合论"将传销式非法集资行为的发起人认定为集资诈骗罪。如此可避免形而上的区分此罪与彼罪,这对惩处传销式非法集资行为的发起人而言,更有利于实现罪责刑相适应原则。

另外应当指明的是,如果确实无法证明行为人具有非法占有他人财物的目的,则应当于组织、领导传销活动罪与非法吸收公众存款罪之间择一重罪对发起人进行定罪处罚。因为确实存在一些个人或公司采取类似于传销的行为进行非法吸收资金,但是这些资金确实被用于生产经营活动。② 因此,在处理传销式非法集资行为,又或"纯资本运作"传销活动时,司法工作人员应当避免先入为主、以偏概全,将一些正当的经营投入草率的认定为非法集资的"幌子"。而应当仔细审查行为人所投资的实体经营内容的真实情况。总而言之,在处理此类非法集资案件时,我们既应当减少放纵犯罪,也应当避免过犹不及。

---

① 参见 https://mp. weixin. qq. com/s/uHQLbj9TiDPIXSvqzQ-pMw,2019年5月1日访问。

② 同上。

（二）对积极参加者行为之定性

这里的积极参加者可以借鉴《意见》第2条[①]有关"组织者、领导者"的规定，但应当将第一类人员排除在外。总而言之，该部分所指的人员并非金字塔顶端的发起人，且对犯罪活动的性质及发起人的主观目的并不知晓（这种不知晓可能是由于辨别能力的不足，也可能是由于自身文化水平的低下）。换言之，其主观上并非与发起人一样具备明显的非法占有他人财物的目的。此外，从客观上来看，这部分积极参加者最终并未实际控制由其本人或者其他传销人员非法吸收的资金款项，也不具有决定该资金用途的权利。这部分人往往是出于牟利的心理，但是鉴于其在犯罪活动中起到了积极作用，应当将其行为认定为犯罪行为。至于对其行为如何进行定性，笔者认为上文中提到的宋某娜犯集资诈骗罪，宋某林、王某等犯组织、领导传销活动罪一案[②]的判决就给予了我们很好的启示。该案件中，宋某林与王某等人确实不知晓宋某娜具有非法占有他人财物的集资诈骗的犯罪目的，因此不应当对宋某娜的集资诈骗行为承担共同责任。在积极参与者并未与发起人在集资诈骗的犯罪故意之下进行合谋时，应当将其行为认定为组织、领导传销活动罪。所以，只要积极参与者主观上并不具有非法占有他人财物的目的，客观上又确实不明确发起人所实施的行为的性质，则将其认定为组织、领导传销活动罪更为适宜。

至于如何认定传销式非法集资行为的积极参与者，我们完全可以借鉴对组织、领导传销活动罪的积极参加者的认定标准。例如，有观点认为应当以参与人所发展的下线人数及其所处的层级来判定其是不是

① 传销活动罪的组织者、领导者是：一、在传销活动中起发起、策划、操纵作用的人员；二、在传销活动中承担管理、协调等职责的人员；三、在传销活动中承担宣传、培训等职责的人员；四、曾因组织、领导传销活动受过刑事处罚，或者一年以内因组织、领导传销活动受过行政处罚，又直接或者间接发展参与传销活动人员在十五人以上且层级在三级以上的人员；五、其他对传销活动的实施、传销组织的建立、扩大等起关键作用的人员。

② 浙江省台州市中级人民法院刑事判决书，（2015）浙台刑二初字第6号。

积极参与者。① 另有观点认为,除了处于传销金字塔顶端的组织者、领导者之外,各省、各地区的负责人,甚至引诱或胁迫他人参加的人员都应当属于积极参加者的范围。② 笔者认为,上述两种观点具有一定的合理之处,可以作为具体认定行为人是否具属于积极参加者的依据,但应当与其他判断标准结合使用,不能将个别指标单独作为判断行为人是否为积极参加者的标准。行为人的业绩总额、获利数额也可以作为判断是否积极参与其中的标准之一,业绩总额与其拉拢下线的人数有着直接或间接的联系,也关乎其在传销活动扩展中的贡献值,在一定程度上也表明了行为人行为的社会危险性程度。而获取非法的利益是行为人参与其中、积极开展业务的主要驱动力。这些人员通常是负责领导、协调、管理、宣传、培训的中上层,以及积极参与其中、大量发展下线,且"业绩"十分突出的人员。虽然各传销式非法集资活动中的人员称谓各异,奖励机制和称谓千差万别,但总体来讲,判断某一人员是否具备积极参加者的身份,司法工作人员应当参考的要素主要包括参与者所处的层级,发展下线的人数,发展下线获得的提成和团队计酬奖金等因素。

上述各标准对于判断行为人是不是积极参加者具有重要的指导意义,但是这些标准只是判断的一种手段,其结论也不一定是必然的,如果将上述标准绝对化,反而有失妥当,司法工作人员在判断的过程中应当以上述各标准为依据,结合案件的具体情况进行分析,切勿一概而论,虽然一般情况下,级别越高、业绩越多、非法获利越大的人,其所起到的作用也越大,但是也并非必然符合客观事实。此外,还应当严格按照主客观相统一的标准进行判断,如果某行为人单纯因为上当受骗而加入其中,依其认知能力确实无法认识到其参加的是非法活动,此种情

① 林静、周治成:《论组织、领导传销活动罪的若干问题》,载《中国检察官》2013 年第 6 期。

② 金栋:《论传销犯罪中组织、领导者的认定》,载《老区建设》2013 年第 18 期。

况下,由于其所实施违法行为并非出于本意,主观恶意性较小,①即便在级别、业绩、非法获利方面确实对犯罪活动的扩展具有突出贡献,也不应当认定其为积极参加者。

(三)对一般参加者行为之定性

一般参与者,是指参与其中,但并未发展一定数量的下线,业绩相对较低的群体。他们是除发起者、积极参与者之外的参与人员。一般参与者通常不具备明知发起人非法占有目的的可能性,其大多是受人蛊惑而参与其中,并意欲获得高额收益的人群。因此大多数论者认为,一般参与者处在被害人的地位,不应当对其行为追究刑事责任。但是随着社会经济发展、公民受教育水平的提高,不乏有关人员明知其行为属于违法行为,但为了通过发展下线谋取暴利,依然铤而走险参与其中。另有许多参加者虽然最开始确实是上当受骗,在发现自己上当受骗后,第一举动不是积极向公安部门报案或者向其他相关部门举报,而是继续发展下线,企图捞回自己亏损的资金。如果仅仅因为案发时相关人员没有来得及,或者由于其他客观原因而没有发展一定数量的下线,就将其定位为受害人,显然是对这类人员的放纵与包庇。因此笔者认为,即便是并未在犯罪活动中起到积极作用,也应当对其采取相应的处罚。但对一般参与者的行为不应认定为刑事犯罪,即便这些参与者存在拉拢人头的动机,或者已经在小范围内从事了“拉人头”的行为。但是其往往是为了尽快使自己解套而积极进行拉拢下线,且社会危害性往往不大。在日本,《无线连锁会防治法》将类似的一般参与者的行为认定为单纯的劝诱罪,但是刑事责任相对较轻,一般参与者将被判处20万日元以下的罚金。② 而对我国而言,从刑法谦抑性的角度来讲,如

① 邓红梅:《民族地区网络传销犯罪的限制、识别及预防》,载《贵州民族研究》2017年第4期。

② 张智聪、董锫锫:《日本对非法传销处罚的司法实践及启示》,载《中国检察官》2013年第10期。

果通过行政处罚手段能够解决问题,就没必要浪费有效的司法资源,并且通过行政处罚手段替代刑事手段也避免了犯罪的打击范围,防止由于刑事司法的启动所带来的不良的社会后果。既然一般参与者兼具违法者与受害者的角色,理应对其追究责任,但是选择行政处罚的方式对其进行罚款和教育更为适合。

但需要说明的是,若某些一般参与者仅是受单位指派而从事一些劳务性的工作,则一般不认为其构成传销行为。例如,负责看管传销参与者的打手、负责管理财务的会计以及纪律的管理者,①虽然他们在传销活动的运行过程中起到不可或缺的协助、管理作用,但是他们并未实际参与到传销网络中且并未发展下线。传销活动中看管成员的打手的职责属于对传销人员的控制与管理,财务会计则负责的是整个传销活动资金收支的管理与操作,而纪律管理者在传销活动中起到的作用则涵盖了管理、协调等方面,虽然这部分人对传销活动的正常运行和顺利扩展起着重要作用,②但是其行为并不具备积极发展下线的特征,且对传销规模的扩大没有明显或直接的作用,因此笔者认为其行为不属于传销行为,如果符合非法拘禁罪、故意伤害罪等其他犯罪的,应当按照其他犯罪对其定罪处罚。③ 此外,在传销活动中负责起居饮食管理的那部分人员,根据《意见》第2条第2款④的规定,其行为属于劳务性的行为,一般不追究其刑事责任。

---

①　傅跃建、胡晓景:《论组织、领导传销罪的主体范围》,载《浙江警察学院学报》2010年第1期。

②　金栋:《论传销犯罪中组织、领导者的认定》,载《老区建设》2013年第18期。

③　《关于办理组织领导传销活动刑事案件适用法律若干问题的意见》第6条第2款:犯组织、领导传销活动罪,并实施故意伤害、非法拘禁、敲诈勒索、妨害公务、聚众扰乱社会秩序、聚众冲击国家机关、聚众扰乱公共场所秩序、交通秩序等行为,构成犯罪的,依照数罪并罚的规定处罚。

④　以单位名义实施组织、领导传销活动犯罪的,对于受单位指派,仅从事劳务性工作的人员,一般不予追究刑事责任。

五、结　　语

传销式非法集资行为,又或"纯资本运作"传销活动确实采用了传销的发展模式,但是其不仅没有小于集资诈骗罪的社会危害性,反而因其自身的高度迷惑性而更易产生恶劣的社会影响。就以开篇笔者提到的广西特大传销案为例,如果将涉案8亿元的非法集资类案件认定为组织、领导传销活动罪,则其发起人最高也只会被判处15年有期徒刑,何以收到"大快人心"的效果,又何以起到警示其他潜在犯罪人的作用。因此在"大竞合论"的维度下,将传销式非法集资行为的发起人认定为集资诈骗罪,具有严厉打击此类犯罪现象的现实意义。当确实能证明发起人进行传销式非法集资行为的目的并非"非法占有他人财物",则可认定为组织、领导传销活动罪或非法吸收公众存款罪。总之,笔者认为,学界学者与司法实践工作人员应当高度重视这一特殊的犯罪,加强对此类犯罪现象的研究,寻找更加科学合理的解决方案,使企图逃避较重刑罚的不法分子无机可乘。

Lift the Veil of "the Pyramid Selling Illegal Fund-raising"

—The Criminal Judgment of "the Pyramid Selling Illegal Fund-raising"

Wang Xiao

[**内容摘要**]传销犯罪事实上属于非法集资类犯罪的一种,"传销式非法集资行为"与集资诈骗行为在本质上并无明显二致,应避免形而上的单凭行为方式的差异对此二罪进行区分。应当将披着传销外衣的"传销式非法集资行为"从传统传销犯罪中剥离出来,依据"大竞合论"将"传销式非法集资行为"的发起人认定为集资诈骗罪,若有证据证明其确实不具有"非法占有他人财物的目的",则于组织、领导传销活动罪与非法吸收公众存款罪之间择一重罪论处。对于其他非共谋的积极参与者,认定为组织、领导传销活动罪更为适宜。而对于一般参与者,则应当通过行政处罚对其进行教育和整改。

[关键词]传销;非法集资;集资诈骗;发起人

Abstract: The crime of pyramid selling actually belongs to a kind of crime of illegal fund raising. The illegal fund raising behavior of pyramid selling and the fraudulent behavior of fund raising are not obviously different in essence. The illegal fund-raising behavior of pyramid selling under the cloak of pyramid selling should be separated from the traditional pyramid selling crime, and its initiators should be identified as the crime of fund-raising fraud according to the "great competition and cooperation theory". If there is evidence to prove that the promoter does not have the purpose of "illegally possessing other people's property", it shall be punished as a felony between the crime of organizing and leading pyramid selling activities and the crime of illegally absorbing public deposits. Other non-collusion active participants shall be identified as the crime of organizing and leading pyramid selling activities. And general participants should be educated and rectified through administrative penalties.

Keywords: pyramid selling; illegal fund-raising; fund-raising fraud; the originator

图书在版编目(CIP)数据

刑法论丛. 2020 年. 第 2 卷 : 总第 62 卷 / 赵秉志主编. -- 北京 : 法律出版社, 2021
ISBN 978-7-5197-5592-8

Ⅰ. ①刑… Ⅱ. ①赵… Ⅲ. ①刑法－文集 Ⅳ. ①D914.04-53

中国版本图书馆 CIP 数据核字(2021)第 082463 号

刑法论丛(2020 年第 2 卷·总第 62 卷)
XINGFA LUNCONG (2020 NIAN DI-2 JUAN · ZONG DI-62 JUAN)

赵秉志 主编

责任编辑 黄倩倩
装帧设计 李 瞻

出版发行 法律出版社
编辑统筹 学术·对外出版分社
责任校对 王 丰 李景美
责任印制 陶 松
经　　销 新华书店

开本 A5
印张 18 **字数** 507 千
版本 2021 年 5 月第 1 版
印次 2021 年 5 月第 1 次印刷
印刷 北京建宏印刷有限公司

地址:北京市丰台区莲花池西里 7 号(100073)
网址:www.lawpress.com.cn
投稿邮箱:info@lawpress.com.cn
举报盗版邮箱:jbwq@lawpress.com.cn
销售电话:010-83938349
客服电话:010-83938350
咨询电话:010-63939796

书号:ISBN 978-7-5197-5592-8
定价:98.00 元
凡购买本社图书,如有印装错误,我社负责退换。电话:010-83938349